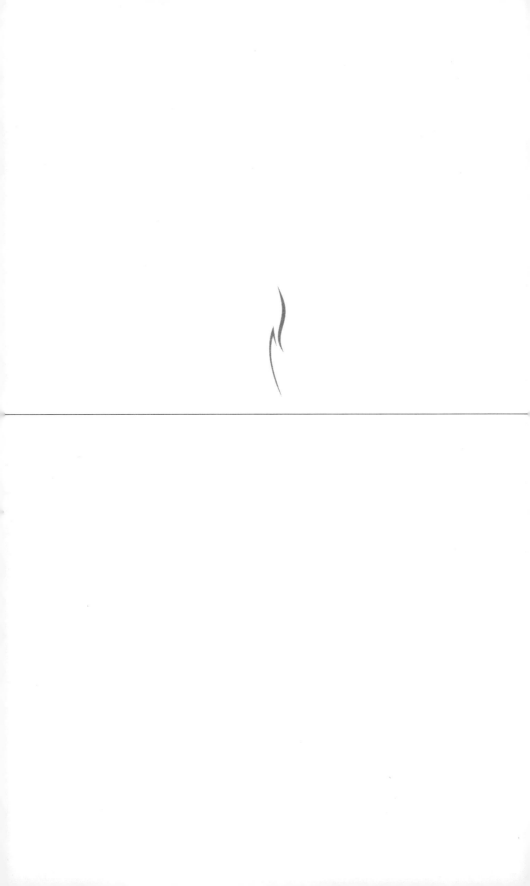

当 代 世 界 学 术 名 著

刑法理论的
历史展开

[日] 内藤谦／著

付立庆　郭谭浩／译

中国人民大学出版社
· 北京 ·

"当代世界学术名著"
出版说明

中华民族历来有海纳百川的宽阔胸怀，她在创造灿烂文明的同时，不断吸纳整个人类文明的精华，滋养、壮大和发展自己。当前，全球化使得人类文明之间的相互交流和影响进一步加强，互动效应更为明显。以世界眼光和开放的视野，引介世界各国的优秀哲学社会科学的前沿成果，服务于我国的社会主义现代化建设，服务于我国的科教兴国战略，是新中国出版工作的优良传统，也是中国当代出版工作者的重要使命。

中国人民大学出版社历来注重对国外哲学社会科学成果的译介工作，所出版的"经济科学译丛""工商管理经典译丛"等系列译丛受到社会广泛欢迎。这些译丛侧重于西方经典性教材；同时，我们又推出了这套"当代世界学术名著"系列，旨在迻译国外当代学术名著。所谓"当代"，一般指近几十年发表的著作；所谓"名著"，是指这些著作在该领域产生巨大影响并被各类文献反复引用，成为研究者的必读著作。我们希望经过不断的筛选和积累，使这套丛书成为当代的"汉译世界学术名著丛书"，成为读书人的精神殿堂。

由于本套丛书所选著作距今时日较短，未经历史的充分淘洗，加之判断标准见仁见智，以及选择视野的局限，这项工作肯定难以尽如人意。我们期待着海内外学界积极参与推荐，并对我们的工作提出宝贵的意见和建议。我们深信，经过学界同仁和出版者的共同努力，这套丛书必将日臻完善。

中国人民大学出版社

中译本序

内藤谦教授是日本著名刑法学家，其著作此前虽然并未被翻译介绍到我国，但我国学者经常引用其作品，例如《刑法讲义总论》。由此可见，内藤谦教授在我国刑法学界具有一定的学术影响力。《刑法理论的历史展开》是内藤谦教授的代表作之一，不同于刑法体系书，它是一部严格意义上的刑法专著，也许它更能反映内藤谦教授刑法理论研究的深度。在刑法著作中体系书是较为常见的，由于刑法体系书涉及刑法学科的全部知识，因而它的学术广度是毋庸置疑的。与刑法体系书相对应的是刑法专著，也就是所谓刑法的专题性著作。刑法专著以某个主题为核心，展开其学术论述，因而在学术深度上往往超过刑法体系书。《刑法理论的历史展开》一书属于刑法学术史性质的著作，当然它和以问题为导向的刑法专著有所不同，《刑法理论的历史展开》一书以刑法理论的演变为线索，勾画出刑法理论中重要学说和重要学派的发展过程，对于我们深入地了解并理解德日刑法理论的发展历史具有重要参考价值。

在本书中，内藤谦教授对刑法理论的历史描述涉及德国和日本两个部分，因而具有跨越不同国境的学术意蕴，这对于全面地把握德日刑法理论的内在逻辑具有启迪意义。以往我们通常都将德日刑法合为一体进行论述，其实，德日之间的刑法理论虽然具有承继性，但其知识内容和概念体系还是存在较大差别的。德国是现代刑法教义学理论的发源地，而日本是德国刑法教义学的继受国，因而日本刑法教义学受到德国的较大影响，这是毫无疑问的。但日本在继受德国刑法教义学的同时，结合其国情，对德国刑法教义学进行了必要的取舍，由此形成具有日本特色的刑法教义学理论。在这种情况下，对日本刑法理论的历史考察，必然涉及德国刑法理论的相关内容，因而将德日的刑法理论演变结合起来进行论述，具有其合理性。因此，本书不仅是一部日本刑法学术史的著作，而且可以说是一本德国刑法学术史的著作，其知识内容涵盖面相当广阔，是深入理解德日刑法理论的一本重要参考书。当然，本书并不是完全按照时间线索对刑法理论的发展进行描述的著作，而是选择刑法理论中的重要专题或者刑法理论发展中的重要学派展开论述，因而较好地将叙述性和论述性结合起来，阅读起来具有一种引人入胜的感觉，并不显得那么晦涩，这是值得称道的。当然，这也离不开两位译者在日文与中文之间语言转换的功劳。

内藤谦教授的《刑法理论的历史展开》一书分为三编，第一编主要论述德国的法益论的历史发展，第二编主要论述日本古典学派的历史发展，第三编主要论述外国刑法史和日本刑法史。由此可见，本书虽然分为不同主题展开叙述，但每个主题都具有一条理论发展的基本线索，从而十分清晰地勾画出这三个专题的刑法理论演变过程。

本书第一编的主题虽然是法益，但其论述是从德国的目的行为论开始的，这里涉及目的行为论与法益论之间的关系。目的行为论是德国学者韦尔策尔创立的，在德国刑法理论发展过程中具有里程碑的意义。然而，法益概念的产生时间远远早于目的行为论。本书将法益概念追溯到德国著名刑法学家费尔巴哈的权利侵害说，这一理论试图对犯罪的不法本质进行描述，因而为此后的法益论奠定了基础。权利侵害说将犯罪的不法性质界定为对国家本身的权利侵害并由此形成国家犯罪（Staatsverbrechen）和对国家赋予个人的权利侵害并由此形成个人犯罪（Privatverbrechen）。然而，权利侵害说并没有明确地对国家权力和公民权利加以区分，容易造成两者的混淆。尤其是权力系国家所具有，而权利则是国家所赋予的，因而权利侵害说是从国家本位的立场出发揭示犯罪的不法性质，难以对国家立法权形成限制，这也是权利侵害说的不足之处。而且，权利一词本身的内容较为空洞，其说服力较为有限。因此，法益论的真正起源还是要以毕恩鲍姆提出的"法的财"（rechtliches Gut）概念为标志。应该指出，"法的财"这个概念是日本学者对毕恩鲍姆所采用的德语的日文翻译。正如本书所言，毕恩鲍姆否定了犯罪中的权利侵害要件，将犯罪理解为对"财"（Gut）的侵害。然而，"财"的概念相对于"权利"的概念具有某种具象性，也不能否定"财"的概念本身所包含的物化性。毕恩鲍姆明确指出，从侵害一词中可以推导出人和物这两种客体。就此而言，似乎应当将人和物都包含在"财"的概念之中。但如何理解"人"属于"财"的范畴，则成为一个具有障碍的难题。唯一的办法就是将"财"的概念加以抽象化，在这个意义上正如本书所说，正是毕恩鲍姆为法益概念奠定了基础。毕恩鲍姆将"法的财"这一概念导入了实质的犯罪概念中，并明确了其犯罪客体的地位。法益概念的定型化是宾丁完成的，当然，宾丁首倡规范论，因此宾丁刑法学的关键词是规范，宾丁将法益概念引入规范论中，将法律所保护的利益定义为法益（Rechtsgut），认为，规范禁止惹起结果的目的就在于对法益进行维持，而要求对禁止的服从就是实现前述目的的必要手段。应该说，宾丁的规范论为法益概念提供了栖身之所。当然，最终奠定法益论在刑法教义学中的体系性地位的当属德国著名刑法学家李斯特，李斯特从刑罚目的入手界定法益的功能，认为刑罚的目的不是实现报应或者威吓，而是通过刑罚这一恶报来实现法益保护的目的。因此，刑法的功能就在于保护法益，由此而将法益确定为刑法所保护的客体。

李斯特虽然属于刑法学中的新派，但其犯罪论体系属于古典学派。因此，李斯特在方法论上坚持客观主义和存在论，其犯罪论以因果行为论为基础而展开。而韦尔策尔则在犯罪论上自成一体，对后世产生了重大的影响。韦尔策尔主张目的行为论，将目的性作为犯罪论的核心，以此对应于李斯特的因果性。因此，韦尔策尔在方法论上立足于主观主义和价值论。韦尔策尔将其目的行为论的犯罪论与李斯特的因果行为论的犯罪论对于法益的不同定位作了论述，指出：在因果的教义的违法之中，作为其关联物的法益侵害仅仅从结果事实（Erfolgssachverhalt）出发，将违法性理解为法益侵害。但是，法益侵害并非总是违法的。如果法律将所有的法益侵害都作为客观的不法（objektive Unrecht）进行禁止，那么社会生活必将立即陷入静止之中。由此可见，李斯特的法益侵害具有存在论特征，而韦尔策尔的法益侵害则具有价值论特征。存在论具有绝对性，价值论则具有相对性。尤其是韦尔策尔提出了建立在事物本质基础上的物本逻辑的概念，充分体现了其现象学的思维方法。可以说，将法益演变史与哲学方法论的演进结合起来考察，是本书的一大特色。由于法益论在德国刑法教义学中的重要地位，在某种意义上说，德国法益论发展的历史也就是德国刑法理论演变的历史。因此，内藤谦教授对法益论的历史考察，为我们理解德国刑法教义学的发展提供了基本线索，可以说是压缩版的德国刑法理论的历史。同时，在日本刑法理论的意义上，本书对贯穿于日本刑法学的行为无价值论与结果无价值论之争展开了论述。可以说，行为无价值论和结果无价值论是德国以法益为核心的不法理论在日本的映像，它反映了日本刑法理论中不法论的独特性，因而也是值得读者关注的。结果无价值论与行为无价值论在很大程度上反映了对待法益论的学术态度，因而体现了日本刑法学对法益论的选择，这也正是内藤谦教授将德国的法益论与日本的结果无价值论和行为无价值论放在一起进行考察的主要原因。

本书第二编的主题是日本古典学派理论的历史，这是专门针对日本刑法理论的历史叙述。内藤谦教授在这里所说的古典学派是指德国刑事古典学派意义上的古典学派，与之对应的是刑事实证学派，亦即近代学派。其中，前者称为旧派，后者称为新派。因此，这里的古典学派与犯罪论的古典学派并不能等同。例如，李斯特是刑事近代学派的代表人物，同时又是犯罪论的古典学派学者。由此可见，本书第二部分是对日本如何承接德国古典学派理论的历史论述。相对于行为无价值论和结果无价值论之争，刑事古典学派与刑事近代学派之争的影响在日本较小，然而其对日本刑法理论的发展还是具有不可忽视的作用。我们通常知道，日本新派的代表人物是牧野英一，而旧派的代表人物则是泷川幸辰和小野清一郎，当然，内藤谦教授在本书中所涉及的人物更多，介绍的细节也更生动。在论及日本学派之争与德国学派之争的关联性时，内藤谦教授指出：日本刑法理论中的学派之争，受到了自 1880 年以来在欧洲的刑法理论中，在古典学派（旧派，klassische Schule；L'école Classique）和近代学派（新派，moderne Schule；L'école Moderne）之间展开的、关联于目的在于制定新的刑法典的立法运动的学派之争，特别是德国的学派之争（Schulenstreit）的影响。因此，本书是在日本新旧刑法典制定的背景下展开对古典学派和近代学派之争的叙述的，从中可以看出德国学派之争的话语如何进入日本刑法理论并对刑法立法产生影响。本书对比了德国近代学派代表人物李斯特与日本近代学派代表人物牧野英一之间的差别。李斯特虽然主张刑事社会学派的观点，尤其是在刑罚目的问题上坚持目的刑和教育刑；但与此同时，李斯特坚持罪刑法定原则，以客观主义和存在论的方法建构犯罪论体系。这与李斯特将刑法教义学与刑事政策严格界分的观点是紧密相关的。李斯特有一句名言：罪刑法定原则是刑事政策不可逾越的鸿沟。这也就是罗克辛所说的李斯特鸿沟。然而，牧野英一虽然也主张近代学派的观点，但其在犯罪论中坚持主观主义，甚至否定罪刑法定原则，为类推解释大开方便之门。由此可见，同为近代学派的德日两位学者，在某些刑法重大问题上的立场并不相同。对此，内藤谦教授指出：两位代表论者（李斯特和牧野英一）观点的对比不仅表明了牧野英一并没有承认个人与国家和社会之间存在现实的紧张关系，同时也集中地体现了近代学派（新派）国家主义的威权主义的侧面，表明了其对个人权利和自由的危险性。当然，这种差别是与近代天皇制国家的日本所具有的特质相适合的。其实，在某种意义上说，古典学派与近代学派并不是刑法学派之争而是刑法教义学与犯罪学之间的学科之争。古典学派是一种刑法教义学理论，而近代学派则是一种犯罪学或者刑事政策理论，两者所要解决的问题并不相同。因此，在日本，近代学派的影响不如古典学派大。在这个背景下，本书对日本古典学派进行学术史的考察具有特殊的意义。在日本古典学派的学者中，由于小野清一郎的著作较早被翻译为中文，因而其在我国刑法学界具有较大的影响，尤其是其构成要件理论对于我国的阶层犯罪论的形成具有较大的助力作用。当然，德日两国的社会背景和政治制度的差异，决定了两国在刑法理论上的差别。例如就刑法的客观主义与主观主义而言，日本刑法理论更倾向于客观主义，而德国刑法理论则更具有主观主义的色彩。但在形式犯罪论与实质犯罪论上，德国刑法理论更接近于形式犯罪论，而日本刑法理论则更具有实质犯罪论的特征。如此等等，值得我国刑法理论借鉴。因此，内藤谦教授在本书中不仅浓墨重彩地专章介绍了日本古典学派学者泷川幸辰、小野清一郎的古典刑法思想，而且对它们进行了相互比较论述，这对于我国刑法理论的发展也具有重要的参考价值。

本书第三编的主题是通史，包括外国刑法理论史和日本刑法理论史。相对来说，由于上述内容篇幅较小但题目较大，因而具有宏大叙事的特点。尽管如此，将这部分内容作为理解前两编的背景资料来阅读，还是会有收获的。

内藤谦教授在本书前言中开宗明义指出："本书对刑法理论是以怎样的法律思想史、社会历史背景为基础形成、展开并发展至今的问题进行讨论。"在此，内藤谦教授将刑法理论的发展与法律思想史、社会历史背景结合起来进行考察，这样一种分析思路是十分正确的。也就是说，刑法本身是一定社会的产物，刑法理论也不能脱离社会发展而存在。这对于我们理解本书、理解刑法学术史都具有方法论的意义。鉴古可以知今，同样，他山之石可以攻玉。因此，学习刑法理论历史和参考他国刑法理论，对于我国刑法理论的发展具有促进作用。当前，建构中国刑法学自主知识体系的命题一再得到强调，这是完全正确的。然而，刑法学自主知识体系的形成是建立在学习和参考其他国家刑法知识基础之上的。改革开放四十多年来，我国的刑法知识经历了一个从无到有的发展过程，这与我国刑法理论紧密地联系刑法立法与刑法司法，形成与国家法治建设的命运共同体是不可分割的。与此同时，我国刑法理论又不是在孤立与封闭的环境中形成的，其中，引入和借鉴其他国家刑法理论，包括德日刑法理论，对于推动我国刑法理论的发展有不可或缺的作用。我国刑法理论将来的进一步发展，也不能离开德日刑法知识的参考。从这个意义上说，本书的翻译出版可谓正逢其时。

本书的两位译者，付立庆和郭谭浩为翻译本书付出了心血，这是值得嘉许的。付立庆是中国人民大学法学院教授，已经翻译出版了日本著名学者山口厚教授的《刑法总论》和《从新判例看刑法》等著作，对于我国学者了解日本刑法理论研究现状发挥了重要作用。付立庆教授的一个重要研究课题是日本近代刑法学术史，而本书的翻译正是日本近代刑法学术史研究的知识准备。我期待着付立庆教授的研究项目早日完成，由此而形成本人的学术特色。另一译者郭谭浩是付立庆在中国人民大学指导的博士研生，目前在东京大学深造，具有很好的日语基础和不错的刑法功底。我也祝愿他能在中日刑法学术交流等方面取得突出的成绩。

最后，我向有志于刑法理论研究或者有兴趣了解德日刑法学术史的读者隆重推荐本书。

是为序。

陈兴良

谨识于云南昆明滨江俊园寓所

2024 年 7 月 23 日

前　言

　　本书对刑法理论是以怎样的法律思想史、社会历史背景为基础形成、展开并发展至今的问题进行讨论。

　　在第一编中，本书首先在第一章中就目的行为论进行了法律思想史的考察。在战后*，目的行为论不仅在德国，也在日本得到了讨论。根据目的行为论，法益论的重要性是存在疑问的。因此在随后的第二、三、四章中，本书就法益论的历史的展开进行了讨论，并对其在现代的意义进行了再确认。在此基础上，本书在第五章和第六章就战后刑法学中与法益论密切关联的"行为无价值论"和"结果无价值论"的争论进行了讨论，并在第七章就战后日本刑法判例的形成和发展进行了考察。

　　本书在第二编的第一章和第二章中，首先考察了日本的"古典学派"（"旧派"）刑法理论是如何在与以牧野英一为代表的"近代学派"刑法理论进行对抗中逐渐形成并发展壮大的；并以小野清一郎和泷川幸辰的理论为中心，对其理论间的共通性和差异性进行了考察。随后在第三章，以第二次世界大战前期刑法修正的事业和治安维持法为对象，讨论了它们与

---

　　*　本书中所称"战前""战中""战后"，如无特别说明，均指"第二次世界大战"之前、之中或之后，特此说明。——译者注

1

"古典学派"刑法理论之间的对应关系。在第四章，讨论了小野清一郎和泷川幸辰两位学者之间的相互理解和评价。在第五章，讨论了两位学者对旧刑法向现行刑法的过渡问题的理解和评价。在第六章讨论了两位学者的刑法理论与判例、实务之间的关系。最后在第七章，专门以"罪刑法定主义论：刑法理论及其变迁""'社会基盘'论"和"向马克思主义的部分倾斜"三个问题为中心，就泷川幸辰的刑法理论进行了独立考察。

在第三编中，本书尝试对外国和日本的刑法理论进行了历史上的概述。通过整理新派、旧派的对立等刑法理论的发展谱系之间的关联性，也对现代刑法理论的基本动向进行了讨论。

本书的各章均是在曾经发表的论文的基础上进行增补而成。全书虽然尽可能地统一了引注的编号等格式，但引用文献则大多未及更新，仅有少数添加了备注。只有第一编第一章和第六章由于之后别有研究进展，在卷末又增加了"补说"。

本书的出版受到了曾在有斐阁学术中心任职的稼势政夫先生和有斐阁学术中心的奥贯清先生的许多帮助。在此向他们表示感谢。

内藤谦
2007 年 9 月 3 日

目　录

第一编　目的行为论·法益论·战后刑法学

第一章　对目的行为理论的
　　　　　法律思想史考察

一、前言

就第二次世界大战后的联邦德国刑法学而言，犯罪论的领域中最 ₂引人注目的问题是与目的行为论①相关的争论。在日本也是一样，目前已经有学者对目的行为论的内容进行过详细的介绍②，越来越多的学者对这一理论展现出友好的态度。③ 但是不容忽视的是，同样也存在

---

① 这里所谓"目的行为论（finale Handlungslehre）"是指通过"目的性（Finalitaet）"对行为概念进行规定，并将故意作为违法要素进行理解的犯罪论体系。

② 木村龟二：《刑法中的目的行为论——意义和价值》，载《季刊法律学》14 号（1953年），第 3 页及以下；福田平：《论目的行为论》，载《神户大学创立 50 周年纪念论文集·法学编（1）》（1953 年），第 133 页及以下；平场安治：《目的行为论的素描》，载《季刊法律学》24 号（1957 年），第 50 页及以下；下村康正：《韦尔策尔的行为论》，载《法学新报》第 64 卷第 4 号（1957 年），第 27 页及以下。

③ 对目的行为论展现出亲近态度的论者有：平野龙一：《论故意（一）（二）》，载《法学协会杂志》第 67 卷（1949 年），第 3 号第 226 页及以下，第 4 号第 351 页及以下；平场安治：《刑法中的行为概念和行为论的地位》，载植松正等编：《小野博士还历纪念〈刑事法的理论和现实（一）刑法〉》，有斐阁 1951 年版，第 33 页及以下；前引注②木村龟二文；前引注②福田平文；井上正治：《目的行为论的体系地位》，载《法制研究》第 20 卷第 2—4 合并号（西山教授还历祝贺论文集）（1953 年），第 197 页及以下。

持批判立场的学者。④ 本章着眼于犯罪论的全新结构，对目的行为论的理论是在何种法律思想史的背景之下得到诞生发展的，又是以怎样的法律思想为背景在当下得到主张的这两个问题进行讨论。以对法律思想史的考察作为线索，本章在最后尝试就目的行为论的内容进行若干讨论。⑤

二、新康德学派与刑法学

(一)

3　　在 1890 年至 1910 年间，德国刑法学界的兴趣主要集中在古典学派（旧派）和近代学派（新派）之间的所谓"学派之争"中；而他们问题的焦点又主要集中在刑罚论领域。但另一方面，在犯罪论的体系中，即便是
4 被称作近代学派之父的李斯特，也强调刑法具有自由大宪章的机能，而并没有完全与客观主义的立场划清界限。由此，似乎可以认为两个学派之间存在一定的相似性。而这种相似性的另一个证据是，两个学派在方法论上都受到了实证主义思想⑥的影响。古典的犯罪论体系正是在这样的学派之

　　④ 对目的行为论采批判立场的论者有：佐伯千仞：《刑法总论》，有斐阁 1953 年版，第 54 页；佐伯千仞：《刑法学的问题点》，载佐伯千仞编：《刑事裁判与人权》，法律文化社 1957 年版，第 392 页及以下；泷川春雄：《自由主义刑法的山脉与世界观》，载平场安治等编：《泷川先生还历纪念〈现代刑法学的课题（上）〉》，有斐阁 1955 年版，第 378 页及以下；井户田侃：《故意的地位——对目的行为论体系的一个考察》，载《立命馆法学》20 号（1957 年），第 1 页及以下。认为目的行为论中也有值得借鉴之处，但仍对其表现出批判态度的论者有：小野清一郎：《犯罪构成要件的理论》，有斐阁 1953 年版，第 53 页及以下；团藤重光：《刑法纲要》，创文社 1957 年版，第 69 页及以下。

　　⑤ 本章以对目的行为论的背景下的法律思想进行"思想史的考察"为重点。由此，讨论就主要集中在法律思想的内在的理论的、方法的侧面，而对法律思想的社会基础则没有进行充分的阐明。就这一问题，即对目的行为论的理论背景中的那些法律思想做"社会历史的考察"，则可留待日后再行研究。此外，本章的大部分都是在 1956 年 3 月所写；虽然尽可能地以到 1958 年为止的日文文献和外文文献为参考而进行了增补修改，但仍恐有遗漏之处。

　　⑥ 这里的实证主义（Positivismus），是指认为经验的事实背后不存在任何超经验的实在，所有知识的对象都仅限于通过经验获得的事实的思想。近代学派强调对通过经验获得的犯罪现象进行自然主义的、社会学的分析，从而与实证主义相联系（自然主义的、社会学的实证主义 naturalistisch-soziologischer Positivismus）。在强调作为经验所予的实定法所具备的连续性的场合中（历史的实证主义 historischer Positivismus），或者在重视对作为经验所予的实定法的结构进行分析的场合中（法律实证主义 Rechtspositivismus），都能够确认实证主义的影响的存在。

争中产生的。[7]

古典的犯罪论体系以对犯罪的客观的（外部的侧面）和主观的（内部的侧面）进行严格的区分为基础。这一体系首先讨论作为犯罪的最外延的"类"的征表，即行为；随后讨论对行为进行限定的"种"的征表，即构成要件该当性、违法性和有责性。[8] 所谓犯罪的外部的侧面，就是犯罪的行为和结果。古典的体系中对行为进行自然主义的理解，认为行为是有意的举动，即基于自由的意思进行的、因果地惹起了外界变动事实的身体举动。在被引起的因果关系中，意思的机能仅仅是成为行为的原因，其内容对行为而言没有意义。[9] 在构成要件该当性和违法性中，也都不考虑意思的内容的问题。在古典的犯罪论体系中，只有行为的外部的侧面是构成要件的要素，成为违法判断的对象。与此相对的，行为的内部的侧面，即意思的内容则全部是责任的问题。[10]

但是，仅仅有作为类的征表的行为概念，对于认定犯罪而言是不充分的。在此基础上，行为还受到作为种的征表的构成要件该当性、违法性、有责性的限定。首先，行为只有与构成要件所勾勒出的犯罪类型的轮廓相嵌合，才具有构成要件该当性；但在这一阶段还没有发生价值判断。[11] 价值判断是在进入违法性的阶段后才发生的。所谓行为的违法性，是指行为人客观上的所为违反了法律的秩序。[12] 而最后判断行为具备有责性，是指行为人与行为的外部侧面之间具有心理关系，从而使行为能够主观地归责

---

[7]　这里，以贝林在《犯罪的理论》（Die Lehre vom Verbrechen，1906）中阐明的体系作为思考的中心。拉德布鲁赫认为，李斯特的刑法体系由于是从行为的概念出发的，因而是"范畴论的体系"（katagorisches System）；这种体系通过贝林在构成要件的理论，为"目的论的体系化"（teleologische Systematik）开拓了道路。（Radbruch，Zur Systematik der Verbrechenslehre，Eestgabe fuer R. Frank，BD. I，1930. S. 160 ff.）但是，正如拉德布鲁赫自己也承认的那样，贝林也是从行为概念出发并使构成要件该当性成为行为的一个属性。贝林的理论，参见平野龙一：《贝林》，载木村龟二编：《刑法学入门》，有斐阁1957年版，第204页及以下。

[8]　Vgl. Busch，Moderne Wandlungen der Verbrechenslehre，1949，S. 3 ff. ；Gallas，Zum gegenwaertigen Stand der Lehre vom Verbrechen，ZSrW. Bd. 67，1955，S. 2.

[9]　Beling，Die Lehre vom Verbrechen，1906，s. 8 ff.

[10]　Beling，a. a. O.，S. 11.

[11]　Beling，a. a. O.，S. 112.

[12]　Beling，a. a. O.，S. 31 ff.

于行为人。这种心理关系表现为故意或者过失，也就是责任的种类；而责任的前提则是行为人的责任能力。⑬

这样的犯罪论体系被认为忠实于刑法的大宪章机能，而有其社会意义。其理由在于，构成要件是纯粹的外部的、记述的观念形象，并且行为的外部的侧面首先被理解为违法性的问题；在这之后才就与行为外部侧面之间的心理关系，即对责任的问题展开讨论。⑭

（二）

追寻古典学派和近代学派关于刑罚的激烈争论的足迹，能够发现德国刑法学所关心的对象，是以犯罪论的概念的构成这一问题为指向的。与此同时，对前述古典的犯罪论体系的批判也逐渐引人注目。那么，发生这种推移的原因是什么呢？首先应引起我们注意的是，对横跨了法律学科中所有部门法的法律实证主义的概念法学进行反省的声音逐渐提高了。以倡导目的法学的耶林为先驱，在康特洛维奇的自由法学、埃尔利希的法社会学等理论中都显现出了这种倾向。这种倾向的社会根据在于，资本主义逐渐高度化，并最终达到了所谓垄断资本主义的阶段。而由于与此相伴随的社会问题逐渐产生影响力，相比于法律实证主义式的形式合法性，实质的正义观念就得到了强调。⑮ 在私法的领域里，这种倾向通过动的安全的理论和对具体的妥当性的要求，得到了明确的表现。在刑法的领域里，这种倾向促使问题的重点从可罚性（Strafbarkeit）的问题移向当罚性（Strafwuerdigkeit）的问题；并且就当罚性意识而言，更是如"从自由主义的法治国家转向社会的福祉国家"的标语所表现的那样发生了变化。⑯

众所周知，李斯特受到了耶林目的法学理论的强烈影响。他在《马堡刑法纲领（马堡计划）》（Marburger Universitaetsprogramm）中论述了"刑法的目的思想"（Der Zweckgedanke im Strafrecht），强调刑法必须是

---

⑬　Beling, a. a. O., S. 42 ff.

⑭　参见前引注③平野龙一文，第229页。

⑮　参见加藤新平：《法律物神性》，载加藤新平编著：《法学的世界观》，有斐阁1950年版，第70页及以下。

⑯　Eberhard Schmidt, Einfuehrung in die Geschichte der deutschen Strafrechtspflege, 2. Aufl., 1951, s. 346 ff. 另参见平场安治：《构成要件理论的再构成》，载《泷川先生还历纪念〈现代刑法学的课题（上）〉》，有斐阁1955年版，第538～539页。

一种"有目的的法益保护"（zweckbewusster Rechtsgueterschutz）⑰。而在犯罪论的领域里反对法实证主义的立场并尝试运用目的论的方法的，有爱德华·科尔劳施（Eduard Kohlrausch）、费尔内克（Hold v. Ferneck）、多纳（Graf zu Dohna）等学者。⑱ 他们的一种共同的倾向是，都摆脱了认为犯罪仅仅是法律上受到禁止的东西的立场，而意图探究犯罪的实质内容。这种变迁要求一种能够取代实证主义的方法论的哲学，来推动对犯罪论体系的整体进行反省。由此，新康德学派就和刑法学发生了关联。

6

（三）

　　新康德学派是从观念论的立场出发，在对 19 世纪后半叶在德国思想界处于支配地位的实证主义的批判中产生的。就对形而上学的排斥而言，新康德学派与实证主义具有相同的立场；但是，新康德学派排斥实证主义所主张的将认识归于对经验所予进行感性知觉的观点，而是强调认识的相对独立性和固有性。康德在《纯粹理性批判》中指出了形而上学的不可能性，但在另一方面又根据认识论的研究为自然科学确立了坚实的基础。新康德学派是对康德的复归和继承。在新康德学派看来，经验能够使人们认识到一定的合法则性（Gesetzlichkeit），但无法使人认识到严密的必然性（Unvermeidlichkeit）和普遍的妥当性（Gültigkeit）。为了确保某一经验的认识具有普遍妥当性，就必须在理性自身的法则性中为其寻找基础。所有的科学，只要其基本原理无法还原为纯粹理性的概念，它所赖以立足的基盘就仍然不够安定。这是因为，作为认识对象的素材总是不规则且多样的，因而一切概念之中就必然蕴含了认识的统一性和认识的普遍妥当性的原理。由此看来，新康德学派通过对涉及某种法则、规律而使经验变得可能的先验的概念的追求，展开了一种结构主义的认识论。

　　新康德学派之中，马堡学派严格地贯彻了思维一元论，认为所有的认识中都能够严格地对形式的要素和素材的要素进行区分。与此相对，由文

---

　　⑰　Liszt, Der Zweckgedanke im Strafrecht, Marburger Universitaetsprogramm 1882. (Strafrechtliche Aufsaetze und Vortraege，Bd. I，1905，S. 126 ff.，s. 163.)

　　⑱　Dohna, Die Rechtswidrigkeit als allgemeingueltiges Merkmal im Tatbestand strafbarer Handlungen，1905，S. 56.

德尔班创立并经由李凯尔特完成体系化的西南学派则以确立文化科学的特殊构造为目的向着不同的方向演进。根据李凯尔特的学说，"现实"（Wirklichkeit）作为被给予的科学的认识的素材，其自身就是根据"被给予性的范畴"（Kategorien der Gegebenheit）⑲，和包含时间、空间、因果、实体等的"现实的诸范畴"（Kategorien der Wirklichkeit）⑳，即以"构建论的现实形式"（konstitutive Wirklichkeitsformen）而建构的世界。这样的理解之下，不论是对自然科学还是对文化科学来说，前述现实都是成为认识素材的唯一的现实。科学的认识在被给予实在的现实的同时，也通过"方法论的认识形式"（methodologische Erkenntnisformen）对其进行加工；这才客观地形成了体系。㉑ 这种以科学的成立为基础的方法论的认识形式，又可以分为"普遍性的形式"（Formen des Allgemeinen）和"个别性的形式"（Formen des Individuellen）两种。前者是自然科学的方法，它根据对象的普遍性对其进行整序，并确立对象的存在和变化的法则；后者则是文化科学的方法，它明确各个对象的个别性，并对其独特之处进行记述。话说回来，文化科学的理论关心之所以在于个别事物的个别性问题之上，是基于个别的事物对价值而言有着特殊的关系。价值并非是存在于现实之中的，而是附着于现实之上的。也就是说，特定的现实的事物作为意义的载体，与价值是相互关联的。据此，为了抽出个别的事物，就必须使现实与作为选择的原理的价值之间发生关联。如此这般，文化科学就具有了一种与价值相关联的概念结构，具有了与价值无关联的自然科学相区别的特征。㉒ 拉斯科㉓和拉德布鲁赫㉔在接受了李凯尔特的文化科学方法论之后，对法学方法论展开了进一步的思考，并就此在法解释学的方法论上确立了价值关系的方法。在前述场景中，价值概念与目的概念是具有相

---

⑲　Rickert，Gegenstand der Erkenntnis，6. Aufl.，S. 374.

⑳　Rickert，a. a. O.，S. 389.

㉑　Rickert，a. a. O.，S. 401ff.

㉒　Rickert，Kulturwissenschaft und Naturwissenschaft，4. Aufl.，S. 93. Derselbe，Die Grenzen der naturwissenschaftlichen Begriffsbildung，3. Aufl.，S. 240 ff.

㉓　Lask，Rechtsphilosophie，1905.

㉔　Radbruch，Rechtsphilosophie，1932.

同的含义的。㉕ 而前文所述在对法实证主义的概念法学的批判中得到主张的目的论的方法，正是通过西南学派的方法论才得以打下其哲学基础的。

（四）

新康德学派的结构主义的、价值关系的方法论是如何在犯罪论的概念构成之中得到体现的呢？㉖

这种影响首先在规范的构成要件要素论中展开。迈耶（M. E. Mayer）在构成要件论与违法性论的关系问题中首先发现了这一概念㉗；随后，梅兹格尔（Mezger）㉘、格林胡特（Gruenhut）㉙ 和埃里克·沃尔夫（Erik Wolf）㉚ 则基于新康德学派的方法论，对规范的构成要件要素的问题进行了正面的展开。与此同时，他们的问题意识集中在刑法的概念构成的一般问题上。在梅兹格尔和格林胡特的理论中，虽然对方法的素材形成机能进行了批评㉛，但沃尔夫仍受到了李凯尔特的强烈影响而详细展开了刑法学的方法论。

根据沃尔夫的观点，为了对被给予的素材进行加工（Umformung）而使其成为刑法学的概念，如下两个价值关系的方法是必不可少的。"第一次与价值发生关系，造就了刑法这一文化领域。"也就是说，"某种经验的事实，只有通过与刑法的价值（目的）相关联才得以成立"㉜。这种场合中，被作为最高的刑法价值的，是各个时代的国家理念。㉝ "这样，刑法学的素材，即法律（Gesetz）和法律适用（Rechtsanwendung）的前体系的概念就得以首先成立了。"㉞ 对这种前体系的概念，还要经过"第二次的加工（Umformung）使体系（System）得以建立。通过这次加工，

㉕　李凯尔特将价值看作是目的的同义语（Grenzen，S. 259），并提到了"目的论的"（tele-ologisch）概念结构（Grenzen，S. 343）。

㉖　就此问题，详细参见武藤文雄：《刑法中概念的规范的构成》，有斐阁 1934 年版。

㉗　M. E. Mayer, Der allgemeine Teil des deutschen Strafrechts, 1915，S. 182 ff.

㉘　Mezger, Vom Sinn der strafrechtlichen Tatbestaende, 1926.

㉙　Gruenhut, Begriffsbildung und Rechtsanwendung im Strafrecht, 1926.

㉚　Erik Wolf, Strafrechtliche Schuldlehre I, 1928.

㉛　Mezger, a. a. O., S. 31 ff., S. 41；Gruenhut, a. a. O., S. 15 ff.

㉜　Erik Wolf, a. a. O., S. 93.

㉝　Erik Wolf, a. a. O., S. 115 ff.

㉞　Erik Wolf, a. a. O., S. 93.

刑法学的素材就被纳入刑法学的体系形式中，成为科学的概念"。"这种加工仍然是通过与价值之间进行关联才得以完成的"；只是这时的价值已经是"科学的真理价值"（Wahrheiswert der Wissenschaft）⑤ 了。在沃尔夫的观点中，刑法学的体系概念正是通过这种二重价值关联的方法才得以成立的。

（五）

不过话又说回来，前述这种目的论的、与价值相关联的概念结构，是如何在犯罪论的基本概念中得到表现的呢？⑥

这种影响首先在违法性的概念上得到了体现。随着仅在对法秩序发生侵害即反规范性的意义上寻求违法性的形式的违法概念逐渐退居幕后，以法的保护目的为方向的实质的违法概念就取而代之粉墨登场了。这一观点认为，犯罪只有在侵害了受保护的法益⑦，或可能使其发生危险的情况下才被认为是违法的。⑧ 这样，运用法益衡量的原则就能够解决超法规的阻却事由的问题。⑨ 另一方面，作为对法益侵害发生影响的主观的要素，主观的违法要素⑩这一概念也就得到了接纳；而违法性判断的对象仅限于行为客观侧面的观点则遭到了质疑。

9　　随后，对构成要件而言，认为它是不涉及价值的单纯的记述的观点遭

---

⑤　Erik Wolf，a. a. O.，S. 93.

⑥　以目的论的、价值关系的方法论为基础的犯罪论的体系化，有代表性的观点参见 Mezger, Strafrecht, Ein Lehrbuch, 1. Aufl.，1931；Liszt-Schmidt, Lehrbuch des Deutsch Strafrechts，26. Aufl.，1932. 特别地，站在新康德学派的立场上展开其刑法学方法论的观点，参见 Erik Wolf，a. a. O. ；Schwinge，Teleologische Begriffsbildung im Strafrecht，1930；H. Mittasch，Die Auswirkungen des wertbeziehenden Denkens in der Strafrechtssystematik，1939。在日本对这一问题的讨论，参见前引注㉖武藤书。

⑦　最初在目的论的考察之中提出法益具有重要意义的是李斯特。参见 Listz, Rechtsgut und Handlungsbegriff im Bindingschen Handbuch，ZStW，Bd. 6，1886，S. 663 ff.（Strafrechtliche Aufsaetze und Vortraege 1. Bd.，1905，S. 212 ff.）. 对李斯特的这种观点进行发展，强调目的论的概念结构作为法益概念的选择原理的是 Schwinge，a. a. O. 。

⑧　Mezger，supra note 36，S. 197 ff.

⑨　Mezger，a. a. O.，S. 229 ff.

⑩　Vgl. Hegler，Die Merkmale des Verbrechens，ZStW. Bd. 36，S. 31 ff.，Derselbe, Subjektive Rechtswidrigkeitsmomente im Rahmen des allgemeinen Verbrechensbegriffs，Frank-Festgabe, Bd. 1，1930，S. 251 ff. ；Mezger, Die subjektiven Unrechtselemente，GS，Bd. 89，S. 207 ff.

到了否定；而构成要件被理解为一种充满价值的违法类型，是法律上对各种犯罪类型化的法益侵害的规定；构成要件成为违法性的存在根据。[41]

随着主观的违法要素的发现，违法性与责任、行为的客观侧面和主观侧面的相互对应变得困难起来。随后，又在非难可能性概念中新发现了规范的责任要素[42]，使得责任和违法（法益侵害）被实质地区别开来。如此这般，心理的故意、过失在责任中就不再具有支配的地位，而规范的要素就被认为是责任的本质。

如前所述，在目的论的、价值关系的概念结构体系下，一直以来记述的、形式的要素就被替换为规范的、实质的要素。在这种变化推移中，行为概念又是怎样被理解的呢？首先，就体系地位而言，在目的论的、与价值相关联的犯罪论体系中，对犯罪的理解是从价值之维，即法益的角度出发的。在这种体系中，实质的违法性概念占据了中心的地位，而行为概念则仅仅处于副次地位。相比之下，范畴论的、形式逻辑的体系中的行为概念则是犯罪论的出发点。就此，绍尔（W. Sauer）在《刑法原理》（Grundlagen des Strafrechts，1921）中将违法性概念置于行为概念之前。[43] 无独有偶，拉德布鲁赫为了贯彻目的论的体系，也主张应当以"构成要件的实现"（Tatbestandsverwiklichung）取代行为概念，来作为犯罪论的起点。[44] 然而，梅兹格尔（E. Mezger）和施密特（Eberhard Schmidt）并没有将前述观点贯彻到底，而是认为行为概念作为一种要素，即规范的要素必须与之发生关联的那种必要的要素，应当被理解为犯罪论的上位概念。[45]

但即使将行为概念理解为犯罪论的上位概念，在行为概念的概念结构自身中，也能够明显地看出价值关系的方法的影响。例如，梅兹格尔认为 *10* 行为虽然是受法律评价之前的概念，但并非单纯的事实概念，而是适格于对其施加法律评价的东西，是与价值相关联的概念（wertbezogener Be-

---

[41]　Vgl. Mezger, a. a. O.，S. 173 ff.

[42]　Vgl. Mezger, a. a. O.，S. 248 ff.

[43]　Sauer, a. a. O.，S. 207 ff.

[44]　Radbruch, Zum Systematik der Verbrechenslehre, Frank-Festgabe, Bd. 1, 1930. S. 162.

[45]　Mezger, a. a. O.，S. 91 ff. Liszt-Schmidt，supra note 36，S. 153 ff.

griff）；并进一步尝试对作为和不作为进行了统一。⑯ 在此，行为被理解为人类的举止（menschliches Verhalten）。⑰ 无独有偶，施密特也主张刑法学中的行为并不应"作为一种生理学的现象（Physiologisches Phanomen），以自然科学的观点为基础"进行考察，而应当"作为社会的现象（soziales Phanomen），在对社会的现实的作用（Wirkung auf die soziale Wirklichkeit hin）"中进行考察；并强调"对行为概念进行与价值相关联的考察"（wertbezogene Betrachtung des Handlungsbegriffs）⑱ 的必要性。由此，行为概念就应当被定义为："通过有意的举止使外界发生变动（Veranderung der sozialen Aussenwelt durch willkuerliches Verhalten）"⑲。在前述观点中值得注意的是，虽然行为并不是单纯的自然的事实，但是意思的内容同样没有作为一个问题在行为中得到讨论。⑳

三、对新康德学派的批判和目的行为理论的诞生

（一）

13   以新康德学派的价值关系的思考作为方法论的刑法学，在梅兹格尔的《刑法教科书》（Mezger，Strafrecht，Ein Lehrbuch，1. Aufl.，1931）以及施密特改订的李斯特的《刑法教科书》（Liszt-Schmidt，Lehrbuch des Deutschen Strafrechts，26. Aufl.，allg. Teil，1932）之中，大体上展现出了其完成形态。㉑

14   同时，在哲学界普遍兴起的对新康德学派的批判风潮也逐渐使人感到，新的刑法学体系的来临是有所预兆的。这种倾向作为一种哲学的方法论，是涉及对新康德学派展开批判的现象学（Phaenomenologie）、存在论

---

⑯ Mezger，a. a. O.，S. 102.

⑰ Mezger，a. a. O.，S. 91.

⑱ Liszt-Schmidt，a. a. O.，S. 153，Anm.

⑲ Liszt-Schmidt，a. a. O.，S. 154.

⑳ Mezger，a. a. O.，S. 91 ff. Liszt-Schmidt，a. a. O.，S. 153 ff.

㉑ 前引注③平野书，第237页。

（Ontologie）的。此外同样应当承认的是，纳粹主义所强调的民族共同体思想，以及其对刑法伦理化的强烈要求也都是这种倾向的背景。[52]

在新的刑法学体系中，实质的违法概念和行为概念被特别地作为问题得到了讨论。首先出现的，是基于对违法概念的人的、伦理的侧面的强调，认为犯罪并非单纯是对法益的侵害，而首先是对义务的侵害（Pflichtverletzung）的观点。这种违法概念的伦理化在体系上来看，一方面在否定对违法与责任的严密区别，而对两者进行统一理解（基尔学派）的观点中得到了体现[53]；另一方面也在放弃通过行为属性对犯罪进行分析，转而尝试通过行为类型和行为人类型进行分析的观点中得到了体现。[54] 而与这些倾向并行的，是着眼于行为的存在构造，以目的行为这一概念为理论内核构建新的犯罪论的尝试；这一理论正是目的行为论。

除了汉斯·韦尔策尔（Hans Welzel）[55]，目的行为的概念还得到了赫尔穆特·冯·韦伯（Hellmuth von Weber）、赫尔穆特·迈耶（Hellmuth Mayer）等人的主张。[56] 基尔学派的沙夫施泰因（Friedrich Schaffstein）也赞成这种理论。[57] 但是，韦尔策尔除了表明自己在思想观点上的立场，同时还基于目的行为论对建立新的犯罪论的问题进行了深入的研究。在当今的德国，他仍是目的行为论的代表论者之一。本节以韦尔策尔的著作为

[52]　Vgl. Gallas, Zum gegenwaertigen Stand der Lehre vom Verbrechen, ZStW. Bd. 67, S. 4.

[53]　Vgl. Etwa Dahm, Verbrechen und Tatbestand, 1935; Derselbe, DerMethodeenstreit in der heutigen Strafrechtswissenschaft, ZStW. Bd. 57, S. 230 ff.; Schafstein, Verbrechen als Pflichtverletzung, 1935; Derselbe, Rechtswidrigkeit und Schuld im Aufbau des neuen Strafrechtssystems, ZStW. Bd. 57, S. 295 ff.

[54]　Vgl. Erik Wolf, Tattypus und taetertypus, Z. der Akademie f. Deutsches Recht, 1936, S. 358 ff.

[55]　Welzel. Kausalitaet und handlung, ZStW, Bd. 51, S. 703 ff.; Derselbe, Naturalismus und Wertphilosophie im Strafrecht, 1935; Derselbe, Studien zum System des Strafrechts, ZStW. Bd. 58, S. 491 ff. 这里仅列出目的行为论诞生时代的著作。

[56]　Weber, Zum Aufbau des Strafrechtssystems, 1935.（转引自 Welzel, Studien zum System des Strafrechts；以及 Busch, Moderne Wandlungen der Verbrechenslehre, 1949, s. 7 ff.）另参见 H. Mayer, Das Strafrecht des deutschen Volks, 1936, S. 233 f.。近年来，迈耶也主张基于意思的行为概念（willensbezogener Handlungsbegriff）（Strafrecht, 1953, S. 43）。

[57]　Schaffstein, Rechtswidrigkeit und Schuld im Aufbau des neuen Strafrechtssystems, ZStW. Bd. 57 D. 312.

中心，对目的行为论是在何种法律思想史的背景下诞生的进行考察。

（二）

为了明确目的行为论的法律思想史的背景，本节首先考察采纳了批判新康德学派的立场的思想源流。

如前文所述，新康德学派尝试基于结构主义的认识论为所谓"文化科学"打下基础。这种理论继承了康德的哥白尼式转向的精神，认为对象完全是依存于认识这一方法才得以成立的。由此，新康德学派的考察主题即"文化"，就是受到了理论上的加工的、被对象化的文化；而直接的生存和存在自身只不过是构成文化的东西罢了。这样一来，第一次世界大战背景下的哲学界就以对生存和存在自身的寻求，和对现象学、存在论的形而上学、实在哲学的转向为其普遍趋势。⑱

现象学以"回到事物的本身"（Zu den Sachen selbst）作为其标语。⑲但是，事物自身并不是指在经验论的立场上得到理解的经验的事物。因而与其说是事物，不如说是事物的本质（Wesen）。那么，我们是如何获得这种本质的呢？根据胡塞尔（Edmund Husserl）的观点，所依据的是人的直观。人类除了具有感性的直观，还具有能够理解本质的本质直观（Wessensschau）。据此，从事实的世界进入本质的世界的过程的第一步就被称为"形象的还原"*（eidetische Reduktion）⑳；在此之后，还必须进行"先验的还原"（transzendentale Reduktion）以及"现象学还原"（phaenomenologische Reduktion）。这是因为，即使是在本质的世界之中，也存有如对外界的对象之本质那样的，对除意识——本质上并非是经验的意识，而是作为本质的意识——的超越的本质之外的（现象学的判断中止**）内在的本质的考察。㉑

就此而言，可以说现象学以先验的意识作为其内在的立场，以对这一

---

　　* 中文常见译法为"本质还原"。——译者注

　　** 即中文概念"悬置"（eposche）。——译者注

　　⑱ 参见高坂正显：《康德学派》，弘文堂 1940 年版，第 16 页、第 19 页。

　　⑲ Husserl, Ideen zu einer reinen Phaenomenologie und phaenomenologischen Philosophie, 2. Aufl., 1922, ss24.

　　⑳ Huserl, a. a. O., ss4.

　　㉑ Huserl, a. a. O., ss59−60.

意识进行记述作为其任务。这种现象学以如下思考为其基础：主观的东西并不是由客观的东西直接形成的；对于认识到的主观之物来说，客观的东西仅仅是一种被给予的对象而已。但在现象学之中，思维被课予被动的任务，这与结构主义的认识论相区别。⑫

现象学派的发展并没有被胡塞尔的先验意识论所束缚，而是从中脱离出来，以"到现象中去"作为基本态度，发展了其唯物主义（实在论）的 *16* 性格。后来的理论尝试对广泛的存在领域进行分析和描绘，展示出了建立一种形而上学甚至存在论的倾向。⑬ 例如，海德格尔（Martin Heidegger）⑭ 以前述"到现象中去"的基本态度作为出发点，认为人类的存在是一种特殊的存在，即此在（Dasein）。通过对此在进行分析，海德格尔打开了通往存在主义的道路。随后，马克斯·舍勒（Max Scheler）⑮ 也受到了现象学的影响，在反对康德的形式的伦理学的基础上，建立了以价值作为客观的存在的所谓实质的价值伦理学。尼克拉·哈特曼（Nicola Hartmann）⑯ 也受到胡塞尔的影响，以新康德学派中的马堡学派作为理论出发点，基于现象是对其存在的记述的观点，主张所谓存在论的形而上学和实

---

⑫ 关于现象学，参见山内得立：《现象学叙说》，岩波书店 1929 年版；下程勇吉：《胡塞尔》，弘文堂书房 1936 年版；佐竹哲雄：《现象学概论》，石崎书店 1954 年版。在日本的法学家中，对现象学的方法论展现出友好态度的有尾高朝雄博士。尾高朝雄：《现象学和法学》，载《法律时报》第 5 卷第 10 号（1931 年），第 3 页及以下；另参见尾高朝雄：《国家构造论》，岩波书店 1936 年版，第 32 页及以下；尾高朝雄：《法哲学概论》，学生社 1953 年版，第 187 页及以下。

⑬ Vgl. Lang-Hinrichsen, Zur ewigen Wiederkehr des Rechtspositivismus, Mezger-Festschrift, 1953, S. 63；另参见川田熊太郎、山崎正一、原佑著：《西洋哲学史》，东京大学出版会 1955 年版，第 207 页。

⑭ Heidegger, Sein und Zeit, 1927；Vom Wesen des Grundes, 1929.

⑮ Scheler, Der Formalismus in der Ethik und die materiale Wertethik, 1913/1916；Die Stellung des Menschen im Kosmos, 1928.

⑯ Hartmann, Grundzuege einer Metaphysik der Erkenntnis, 1921, 2. Aufl., 1825；Ethik, 1. Aufl., 1926. 3. Aufl., 1949；Das Problem des geistigen Sein, 1932；Zur Grundlegung der Ontologie, 1935；Moeglichkeit und Wirklichkeit, 1938；Der Aufbau der realen Welt, 1940. 尼克拉·哈特曼将一切认识作用之前就成立的对象的"自在存在（Ansichsein）"作为根本的前提。根据他的观点，认识就是对脱离了主观的自在存在的客观对象的理解。主观是根据客观规定的。（Grundzuege einer Metaphysik der Erkenntnis, 2. Aufl., 1925, S. 1 ff., S. 115 ff., S. 176 ff., S. 308 ff.）由此，对象就不是通过方法来规定的；认识首先要求对对象的具体的研究，方法则仅仅是之后的反省和自觉。（Das Problem des geistigen Seins, 1932, S. 24 ff.）

质的价值伦理学。正是哈特曼的哲学观点对韦尔策尔的目的行为论产生了重大影响。

（三）

韦尔策尔受到哈特曼思想的影响，对新康德学派和以新康德学派作为方法论的刑法学展开了批判，并试图基于存在主义的立场建立其目的行为理论。[67]

首先，在这里韦尔策尔对新康德学派的认识论进行了怎样的批判呢？

韦尔策尔认为，新康德学派是"实证主义的补充理论"（Komplementaertheorit des Positivismus）。"人们一般习惯于认为新康德学派与实证主义是截然对立的。但是，对立的两者相互联系在一起，其原因从来都不仅仅是一方对论敌的否定或两者间存在敌对关系；而一定是因为两者具备共通的基础。正是因为存在共通的基础，对它们的讨论才成为可能。"[68] 那么，新康德学派与实证主义之间有什么共通之处呢？首先，新康德学派在主张对所有的形而上学进行否定的问题上与实证主义相同。其次，"两者在现实概念（Wirklichkeitsbegriff）中表现出的一致性"则更加值得注意。"经验的现实主义"（Empirischer Realismus）虽然是新康德学派试图维持的学说，但其正"无比清楚地表明了新康德学派中实证主义的特征"。"所谓经验的现实，就是存在的事物与其意义、价值相分离而被给予；其最重要的范畴就是盲目的、机械的因果性。"[69] 用新康德学派自己的话来说，在客观现实中成为问题的就是，"通过在空间和时间之中作用的事物形成的现实的世界"。韦尔策尔正是在这一意义上对李凯尔特的论述进行了引用，主张对这一概念的规定与"实证主义的现实概念顽固地"结合在一

17

---

[67]　韦尔策尔在 1935 年写作了《刑法中的自然主义和价值哲学》（Naturalismus und Wertphilosophie im Strafrecht）一书。本书的副标题是《刑法的形而上学基础的探讨》，在其第一部分对"李斯特和实证主义哲学"之间的关系进行了讨论，在第二部分对"现代刑法解释学（特别是构成要件理论）和价值哲学"的关系进行了考察。作为对本书的介绍，参考小野清一郎：《刑法中的自然主义与价值哲学》，载《法学协会杂志》第 55 卷第 4 号（1937 年）；本文同时被《法学评论　下》（1939 年）第 139 页及以下所收录。正是从小野清一郎开始，韦尔策尔才被介绍到日本的。

[68]　Welzel, Naturalismus und Wertphilosophie im Strafrecht, S. 41, S. 42.

[69]　Welzel, a. a. O., S. 42.

起，强调了新康德学派与实证主义之间具有共同的基础的事实。⑦

但是，韦尔策尔也并不是仅仅指出两者的共通性；而是肯定"对于实证主义对这种现实概念的独断接受，新康德学派再次着眼于纯粹哲学的问题设定，将现实的先验的本质、范畴的基本前提作为问题进行了讨论；这正是新康德学派难以否定的历史功绩。""新康德学派从经验的实在这一与实证主义共通的基础出发，向下深入挖掘这一基础的先验的支撑，向上继续探寻这种基础所决定的价值。"新康德学派认为，"实证主义的世界是以其他的领域，即非现实的领域（Sphaere der Unwirklichkeit）作为补充物来进行补充的"。但同时，这也将导致"现实自身被毫不犹豫地交给了实证主义"这样的结果。⑦ 这样看来，韦尔策尔实际上是将新康德学派作为实证主义的补充理论进行理解的。也正是基于这种理解，韦尔策尔才将价值和存在理解为一对对立的概念，并进一步认为价值附着于存在的外部，因而其根基是不可能为人所理解的。⑦

（四）

随后，韦尔策尔是如何理解新康德学派的价值哲学和刑法学之间的联结问题的呢？

韦尔策尔认为，价值哲学的思想首先是通过构成要件的理论才得以纳入刑法学中的。其理由在于，两者的理论之中存在深刻的内在关联。"就像价值哲学在一般哲学的领域中是实证主义的补充理论那样，构成要件理论在刑法中也是实证主义的补充理论。"⑦ 构成要件作为刑法领域中实证 _18_ 主义的补充理论，与实证主义也具有共通的概念基础；而这正是通过行为概念得到表现的。在李斯特的理论中，实证主义的·自然主义的行为概念成为刑法教义学的内容，直接被原样地纳入构成要件理论中；而这也同样清晰地表现在构成要件之父贝林的理论中。在贝林的理论中，行为概念被

---

⑦　Welzel，a. a. O.，S. 42. 这里，韦尔策尔引用了 Rikert，Gegenstand der Erkenntnis，4. u. 6. Aufl.，S. 338.

⑦　Welzel，a. a. O.，S. 43.

⑦　Welzel，a. a. O.，S. 55. 另参见平场安治：《韦尔策尔》，载前引注⑦木村龟二书，第230 页及以下。

⑦　Welzel，a. a. O.，S. 64.

认为是"没有血肉的幽灵"（blutleeres Gespenst），仅仅具有排除行为之外的东西这样否定的意义。而行为所有积极的要素、所有的"性质"都被转移到了构成要件概念的领域中。由此，对实证主义的行为概念来说，构成要件概念就是"非时间的·非空间的·非实在的（zeitlos，raumlos，existenzlos）"纯粹的概念，是行为概念的补充。自身本不具有意义的行为正是从该当于构成要件开始，才被认为是犯罪的。在这样的主张之中，能够看出韦尔策尔的观点是与新康德学派的认识论中对实在进行的那种方法论上的加工相类似的。[74] 并且，韦尔策尔还指出，在梅兹格尔和施密特的行为概念中，行为的意思仅仅被看作是在因果的理解这一前提下外界变动的一个原因；而意思的内容是与行为相分离开来的。韦尔策尔认为，这显然是受到了实证主义的行为概念的影响。[75]

但同时，韦尔策尔也承认，正如在李斯特的刑法学中得以清晰地展现的那样，以新康德学派的方法论为基础的刑法学的方向是，对以实证主义为基础的自然主义进行否定，并尝试对刑法的世界并不是如机械一般的物理的、心理的过程，而是与价值或目的紧密相关的世界这一事实进行阐明。但说到底，韦尔策尔还是认为，新康德学派的方法论下，刑法学对"李斯特的自然主义的超越在本质上来看是徒有其表的"[76]。理由在于，"这种观点下，作为理论基础的存在仍然不包含目的和意义的要素，而仅仅是一种囊括了机械的、因果的过程的实在"[77]。而这种观点在李斯特对行为概念的理解中得到了明确的体现；韦尔策尔认为，这一观点将导致在理论和现实生活之间产生一道无法跨越的沟壑。

（五）

19　　在对以新康德学派为基础的刑法学进行了如上批判之后，韦尔策尔阐

---

[74]　Welzel，a. a. O.，S. 66. 另参见前引注[72]平场安治文，第232页。小野清一郎博士对韦尔策尔的理论进行了以下评述："作者进行的独创性的批判令人耳目一新，并且很有倾听的价值。""正如贝林的理论被称为'一名类型说'那样，他的构成要件理论也正是以元社会学的行为类型为基础的。而韦尔策尔的理论是从对这一基础的明确的自觉出发的，而决不是停止于单纯的形式的概念。由此应当注意的是，他的构成要件论是与远比价值理论的方法论更为具体的现实相契合的。"

[75]　Welzel，a. a. O.，S. 64.

[76]　Welzel，a. a. O.，S. 71.

[77]　Welzel，a. a. O.，S. 72.

明了作为自己刑法学的基础的方法论。

首先，应当如何对自然主义的实证主义进行克服呢？根据韦尔策尔的理论，刑法的对象是"社会中人类的生活和行为"，这一概念"并非仅止于单纯的物理的、生物学的、生理学的、联想心理学的事实；而首先是涵摄了伴随着具体的价值关系的、非常高度的精神生活全体"。"但是，并不是说自然事实在作为文化科学的法律领域中就不重要"。对于法律而言，重要的问题是"自然的，同时也是与精神的一切存在（ganzes natuerliches und gestiges Sein）相伴随的人类，以及围绕人类的生活的领域"。值得一提的是，"这种复合的存在已经依据概念而得以形成秩序，从而区别于其定型化之前的那些混沌的素材"。"存在最初就在自身中蕴含了其秩序和形态（Ordnung und Gestalt）；秩序和形态并非仅能从非实在的形式开始。"[78]

据此，所有的法律概念结构所直面的世界就是"被定型化的、并且充满了意义的现实的世界"。"这些法律概念，并不是通过某种方法论对无定型的素材（amorphes Material）进行加工，而是被定型的存在论上的存在（gestaltetes ontisches Sein）。""不过，作为对这种概念的记述，也并非单纯是对没有价值的存在要素的记述；而是对存在在具体的价值关系中的要素进行的记述。"[79] 这里，为了实现对对象的理解（Verstehen），情操的（情绪上的）、价值感悟的（emotional-werterfuehlend）而非单纯理性（主智主义）的认识的态度是必要的。"但是，这种认识也并非是通过给存在赋予一般价值的、理论的·加工的关系，才将存在加工成充满价值的存在的。充满价值的存在，在所有的理论和概念之前，已经经由人类存在的本质构造（ontische Wessensstruktur），由具体的人类存在对世界采取的那种对形而上学的东西铭刻在心的态度所决定了。"[80] "由此可见，将来的法律学科必须经由法律中规定的概念，沉潜到具体的现实生活的形成中去"。"法律秩序在两个方面也是现实生活的秩序。第一是其对象（遵从法律秩 *20*

---

[78] Welzel, a. a. O., S. 74.

[79] Welzel, a. a. O., S. 75.

[80] Welzel, a. a. O., S. 75.

序的素材中）。第二则是其内容（法律秩序使素材遵从法秩序的方法）。"因此，法律科学就应当与"历史的·经济的·社会学的·宗教的·哲学的生活紧密连接"[81]。这样，韦尔策尔就对刑法学中的价值关联的方法进行了批判，阐明了认为刑法学"本质地是一种存在关系（wessensmaessige Seinsbezogenheit）"[82] 的必要性。

（六）

韦尔策尔基于这种方法论，在论文《刑法体系的研究》（Studien zum System des Strafrechts，ZStW. Bd. 58. 1939）中展开了新的刑法学体系。正是这一著作为到现在为止不断发展的目的行为论打下了基础。

"时至今日，我们仍然缺少一个行为理论。这是至今为止的法解释学的主要缺陷。"在黑格尔学派和宾丁的理论中获得统一的行为概念，都将行为分割为客观侧面的因果关系，以及主观侧面的心理的责任要素；而一直缺少"在现实的社会生活中的本源上统一的，实在的、充满意义的整体的"（als urspruengliche Einheit und als reale, sinnvolle Ganzheit innerhalb des wirklichen sozialen Lebens）行为概念。[83] 然而，不进行概念的分析就不可能对对象进行认识，从而也就不能说这种分割本身是错误的；而只是分割的方式存在错误。例如，赫尔穆特·迈耶根据所谓"因果的教义"（Kausaldogma），认为行为的客观的侧面只是单纯的因果关系的做法就是一个典型。[84] 因果的教义将所有的犯罪现象理解为因果的经过（Verursachungsvorgaenge）；这种观点将行为与作为因果经过终点的法益侵害相联系，仅仅强调犯罪的结果的侧面，而忽视了行为的种类、方法和主观的侧面。[85] 这样，因果的行为论、纯粹客观的违法性论、以主观的心理的要素为责任的责任论的体系就得以成立。[86]

这种犯罪论的根基之中存在着对如下观点的确信。即，只有自然科学

---

[81] Welzel, a. a. O., S. 75.

[82] Welzel, a. a. O., S. 77.

[83] Welzel, Studien zum System des Strafrechts, ZStW. Bd. 59, S. 491；另参见前引注③平野龙一文，第 242 页及以下；前引注②福田平文，第 137 页及以下。

[84] Welzel, a. a. O., S. 491.

[85] Welzel, a. a. O., S. 492.

[86] Welzel, a. a. O., S. 493.

的存在才能够保证原本的、真正客观的现实。由此，在讨论刑法中的存在
要素（Seinselement）的时候，就首先接受了自然科学的范畴，即因果关
系概念。而以新康德学派的价值关系为基础的刑法学虽然也强调刑法中的
价值要素（Wertmoment），但由于其具有作为实证主义的补充理论的属
性，在关于存在要素的问题上也就难以摆脱自然主义的影响。[87] 但同时也
必须承认，"法律的现实是实际生活的现实"，并且"这种实际生活的现实
（praktische Lebenswirklichkeit）具有远比自然科学的存在更为丰富的内
涵。它有着难以纳入自然科学的概念世界中的构造"。而且，"这种构造对
于法律而言有着决定性的意义"[88]。

韦尔策尔站在前述这种立场上，率先对行为的存在构造展开了讨论。
韦尔策尔主张，在一直以来受到自然主义影响的行为概念中，对意思内容
（Willensinhalt）和意思作用（Willenswirkung）进行分离。在此基础上，
一面否定意思内容在行为中的机能，一面也否定仅仅将意思作用理解为行
为。行为作为一种自然的现实的现象形式，只要依其原样进行理解，就能
够尝试对"本源的统一、充满意义的整体"的行为概念的复归。[89]

具体而言，韦尔策尔认为，应当在人们的目的活动（menschliche
Zwecktaetigkeit）中寻找行为的存在构造。"对目的的实现，即利用外界
的原因要素，将其作为实现作为目标的一定的结果的手段——这就是人类
的行为的本质的特殊性。根据这种特殊性，所有人类的行为就都能够与单
纯的因果经过在原理上得到区分。"[90] 因果关系是盲目的、无目的的前进

---

[87]　Welzel，a. a. O.，S. 495.

[88]　Welzel，a. a. O.，S. 496.

[89]　关于新的行为概念的必要性，韦尔策尔以解释论为基础就以下方面进行了评论。第一，
在多数构成要件之中被认为是客观的行为的那些东西，都只有结合指向一定结果的行为人的意思
来进行思考，才能够理解其个别的意义；这是韦伯（H. v. Weber）已经提出过的问题。例如，
"狩猎（jagen）""设下埋伏（dem Wilde nachstellen）"之类的用语，如果不结合捕杀野兽的意思
是无法进行理解的。例如过失的狩猎等等则是矛盾的概念，自始就不可能存在。（Welzel，a. a.
O.，S. 499.）第二，在扩张的正犯概念和限制的正犯概念的争论之中，从法条的规定来看，故意
犯的行为和过失犯的行为之间存在明显区别的"杀人（Toeten）"之中，包含了"致人死亡
（Verursachen des Todes）"之外的意思。赫尔穆特·迈耶对这一问题进行了进一步的追问，并主
张故意犯的行为构造在本质上是具有目的性的。（Welzel，a. a. O.，S. 499.）

[90]　Welzel，a. a. O.，S. 502.

运动，由它产生的最多只是既存的原因要素导致的盲目的结果。只有当因果关系不涉目的时，它才能助益于有目的的活动；而人只要将足以带来一定的结果的原因要素集中起来就可以了。这样，因果关系就带来了人所期待的结果。这一过程中，为了实现目的，在对一定的因果关系具有预见的同时，还必须具备按照一定目的对因果关系进行整饬的意思。这种意思不单是对现实进行变更的要素，还是对现实进行形成的要素；体现了意思不同于主观性质的客观机能。"一切的文化的、社会的、法律的存在的基础都在意思的这种目的的、客观的机能之中。"[91] 正是因为能够对目的有所意识、对将来（Zukunft）有所形成的这种因果关系的原动力（意思）的存在，法律秩序才得以维持着现在这种有价值的状态，并且能够引起未来的有价值的状态。[92]

　　但是，意思的这种客观的、目的的机能，仅限于其预见且有目的地决定了的结果的范围内。因此，目的的行为仅在意思预见的范围内存在，这一范围外则仍处于盲目的因果关系的支配之下；例如过失的情形就仅仅是因果关系的发展而已。而不论是过失还是事故，即不论这样的情况是否能够被避免，它们从客观的（存在论的）过程上看都是没有差别的。当然，这样的盲目的、因果的结果在法律的视角下也具有其意义。而能够避免的结果惹起（过失）就尤其成为刑法上的一个问题。"但是，由于因果的惹起（存在论的 ontologisch）在构造上与目的的行为存在差别，就必须在法律的、社会的生活领域中，将两者进行决定性的区别。"[93] 这样，由于故

---

　　[91]　Welzel, a. a. O., S. 502.

　　[92]　Welzel, a. a. O., S. 502. 正如韦尔策尔自己承认的那样，他在对行为概念做如上理解时，受到了哈特曼（Nicola Hartmann）的强烈影响。Vgl. Naturalismus und Wertphilosophie im Strafrecht, S. 54 Anm. 8. Studien zum System des Strafrechts, ZStW. Bd. 58, S. 497 Anm, 12. 特别是在后者中，其"真的行为论"是从哈特曼的《伦理学》（Ethik），特别是从关于"精神的存在的问题"（Das Problem des geistigen Seins）中发现的。哈特曼对行为进行了如下表述："人（Person）通过将其愿望形成目的，并基于对使用能够预见的手段实现这一目的的领会，将因果的事实（Kausalgeschehen）向着希望的那样（Gewuenschtes）进行操纵（hinlenken）。"随后，正是通过与自己规定的那些目的的结合（Einfuegung eigener Bestimmungskomponenten），那些操纵（Hinlenkung）才成为行为。(Das Problem ddes geistigen Seins, 1932, S. 132.) Vgl. Hartmann, Ethik, 1926, S. 326 ff. 3. Aufl., 1949, S. 358 ff.

　　[93]　Welzel, a. a. O., S. 502.

意的行为和过失的侵害在客观上存在差别，故意就不应被当作是责任要素，而应被看作是行为要素。

那么韦尔策尔是如何理解责任概念的呢？在韦尔策尔看来，目的实现的决意只有以价值表象（Wertvorstellung）为前提才得以作出；而这正是行为的情绪的侧面（emotionale Seite），其中存在着责任非难的对象。"责任非难的对象是，以根据意思决定实施的违法行为为对象作出的价值决定。"[94] 责任非难并非是一种附加于行为的实体的要素（reales Element），而仅仅是评价的一种特殊的方法。因此，故意在作为一种责任要素之前，也应当是行为的要素和违法的要素[95]；因而即使是无责任能力的人也能够有故意。责任能力正是指对行为的违法有所认识，并能够据此行动的能力。[96]

韦尔策尔为了进一步夯实故意作为一种违法要素的基础，展开了新的违法性论。他首先抛出了违法相对于责任而言是否具备独立的意义这一问题，并对此进行了肯定的论证。正如在前文中已经提及的那样，责任是面向违法的价值判断，违法的判断已经预先地在责任之前完成了。并且，与行为人的责任或无责任相独立，也能够完成行为是正当的（recht）或不正当的（unrecht）的这一评价；即便是这一点，也表现了违法和责任相区别的内在的必然性。而在这之上，对违法和责任进行区分有着比单纯的技术问题更高层次的必然性；以至于哪怕这种区分是没有实益的——实际上在正犯概念和共犯论中是有其实益的——也仍然是必要的。[97] 而尽管如此，历来受到民法的强烈影响的、仅仅强调结果的否定价值的违法性论仍然是有失妥当的。"在因果的教义的违法之中，作为其关联物的法益侵害"仅仅从结果事实（Erfolgssachverhalt）出发，将违法性理解为法益侵害。[98]但是，法益侵害并非总是违法的。"如果法律将所有的法益侵害都作为客观的不法（objektives Unrecht）进行禁止，那么社会生活必将立即陷入静

[23]

---

[94] Welzel, a. a. O., S. 502.
[95] Welzel, a. a. O., S. 502.
[96] Welzel, a. a. O., S. 502.
[97] Welzel, a. a. O., S. 502.
[98] Welzel, a. a. O., S. 502.

止之中。"⑨　由此，"法律并不禁止全部的法益侵害，而是以对于有秩序的社会生活所营造的富有活力的机能而言必要且不得已为限度，仅仅禁止那些超过了这一限度的特定侵害"⑩。也即仅仅认为超过了"社会相当性"（soziale Adaequanz）的法益侵害是不法的。⑩　这里，行为的样态对于违法来说也具有重要的意义。行为的"目的性的要素（Moment der Finalitaet）作为结果惹起的一种特殊的事实样态（besondere Art der Herbeifue-hrung）而属于刑法上的不法"，由此"故意作为目的的活动（finale Zwecktaetigkeit）的要素，也就属于不法的构成要件（Unrechtstatbes-tand）"。这样，"故意犯和过失犯就完全在不法构成要件上得到了区分"⑩。

这样，韦尔策尔就论证了行为样态的重要性；他认为，为了阐明行为样态，"外部事实的特殊的定型性（besondere Typizitaet des aeusseren Geschehens）并不是必要的"；而"目的的行为支配"（finale Tather-schaft）则具有决定性的意义。⑩

在此基础上，韦尔策尔进一步将目的行为论适用于共犯论的领域中，在目的的行为支配中寻找正犯的征表。这样，作为一种将故意与过失分离开来的二元的刑法体系，目的行为理论就宣告诞生了。

在目的行为理论的最初的形态中仅仅着眼于各个犯罪行为的存在构造，因而可以说是在行为责任的基础上诞生的。⑩　但是，"目的行为理论使得行为这一综合的有机体中责任的本质和地位的问题得到了重新思考"。并且，"关于行为人责任（Taeterschuld）的现代的理论也……就人格（Persoenlichkeit）和责任的关联提出了全新的问题"⑩。这样，在论文《人格和责任》（Persoenlichkeit und Schuld. ZStW. Bd. 60. 1940，S. 428ff.）中，韦尔策尔借鉴了哲学的人类学（Philosophische Anthropol-

24

---

⑨　Welzel, a. a. O. , S. 502.

⑩　Welzel, a. a. O. , S. 502.

⑩　Welzel, a. a. O. , S. 502.

⑩　Welzel, a. a. O. , S. 502.

⑩　Welzel, a. a. O. , S. 502.

⑩　博格尔曼同时指出，在韦尔策尔的论文《刑法体系的研究》中，并没有对行为人责任的考虑。（Bockelmann, Studien zum Taeterstrafrecht, 2. Teil, 1940. S. 127 Anm. 1. ）

⑩　Welzel, Persoenlichkeit und Schuld, ZStW, Bd, 60, 1940, S. 428.

ogie）的观点，提出了人格责任的问题。这样，就能够对常习犯的问题进行如下回应："在这种情况下，责任概念是指对当为命令（Sollensgebote）的违背——而当为命令正是在就态度构造的结构（Aufbau des Haltungs-gefueges）而言有意义的决定（Entscheidungen）之中，由于无法充分地构成操纵行为（Steuerungsakte）而被给出的新的课题（Aufgabe）。"[106]

四、纳粹的法律思想和目的行为论

（一）

我们已经就目的行为理论以对新康德学派的批判的思想为基础的诞生 *29* 进行了梳理。韦尔策尔主要是以新康德学派的认识论为其批判对象的，但是对新康德学派的世界观和法律思想的批判并非只有这一种。当时，许多尝试对新康德学派的价值哲学进行批判的思想家实际上都不约而同地"在像纳粹思想那样的全体主义的政治动向的登台亮相中，扮演了先驱的角色"[107]。

作为重要的一面，新康德学派的法哲学具有民主主义的属性。这在纯粹法学的创造者凯尔森[108]的理论中，以及建立作为价值哲学的法哲学体系、并以相对主义为基础为民主主义的法律原理打下基础的拉德布鲁赫[109]的理论中都得到了明确的体现。这种属性也是魏玛共和国的代表制民主主义的法哲学表达。前文在认识论和科学方法论问题中谈到的李凯尔特仅仅认为法哲学的问题与伦理相关联，而没有进行深入讨论。但是，他从"使人格的自律性得到促进，还是受到阻止"[110]的问题开始，对国家和社会的诸种制度进行了考察；从个人伦理的立场出发，对社会的统合进行了理

---

[106] Welzel，a. a. O.，S. 460.

[107] 尾高朝雄：《法哲学概论》，学生社 1953 年版，第 123 页。

[108] Kelsen，Hauptprobleme der Staatsrechtslehre，1911；Allgemeine Staatslehre，1925；Staatform und Weltanschauung，1933；Reine Rechtslehre，1934.

[109] Radbruch，Grundzuege der Rechtsphilosophie，1914；Rechtsphilosophie，1932.

[110] Rickert，System der Philosophie，1921，S. 392.

解。李凯尔特认为，哲学并不给予人们"作为心情或者信仰或者命令的世界观"，而"必须在对世界的理论行动中对自身进行限定"⑪。"哲学规定了各种各样的价值概念，使其相互分离，并在最后表现为一个体系，使得所有的价值都能在其中找到适当的位置。"⑫ 这样，他在哲学中追求的就是一种所谓"失去激情的热情（Pathos der Pathoslosigkeit）"⑬。

30　　韦尔策尔认为，李凯尔特的这种思想是"后期自由主义思想（Spaet-liberales Denken）的最为概括的、同时也是其被赋予最为深刻的基础的精神上的表达"⑭；同时，也批评它是一种游离于现实生活的思想。⑮

在韦尔策尔看来，"停留在概念领域中的"价值是"价值的抽象化（Wertabstraktion）"，是欠缺"真正具体的东西和与存在间的更深层的关系"的。仅仅在"每个时代的国家理念"或者说"支配的文化观"（herrschende Kulturanschauung）中寻求其"具体化"（Konkretion）是不够充分的。因为"根据这种观点，国家理念或者说文化观的变迁就是在纯粹的非实在的领域中发生的"。"人类存在（Mensch-Sein）本身是必须扎根于人类存在的具体的、存在的本质构造中的；国家理念是扎根于具体的民族（konkretes Volkstum）的形而上的概念中的政治的态度（政治观念）；因此，真正的国家理念、作为一个国家而形成的民族的真正的价值是有必要存在于这个民族自身之中的。而前述观点无疑遗漏了这些命题。"⑯ 从韦尔策尔的这些主张来看，似乎很难再否定他的法律思想是受到了"纳粹"的民族全体主义的影响的。

如前所述，韦尔策尔强调"存在最初就在其本身之中有其秩序和形态"；并且认为"人类的共同体的生活是在其与生俱来的秩序与拘束之中的"⑰。值得注意的是，韦尔策尔的这种观点是受到了卡尔·施密特（Carl

---

⑪　Rickert，a. a. O.，S. 31.

⑫　Rickert，a. a. O.，S. 154 f.

⑬　Rickert，a. a. O.，S. 155.

⑭　Welzel，Naturalismus und Wertphilosophie im Strafrecht，S. 52.

⑮　Welzel，a. a. O.，S. 54.

⑯　Welzel，a. a. O.，S. 72.

⑰　Welzel，a. a. O.，S. 74.

Schmitt）的具体的秩序思想的影响⑱；而他自己也对此进行了承认⑲，并在此基础上就具体的秩序问题提出了独到的见解："具体的秩序的思想并不对各个生活的片断的领域进行考虑。"并且，"具体的生活秩序必须源自在具体的历史情况下具有必然性的民族共同体（Volksgemein- schaft）。而这种必然性在法的领域之中，表现为在最先得到表明的指导者（总统）的意思（Fuehrerwille）即法律（Gesetz）中那些被清楚明确地固化了的东西。这样，具体的秩序的思想就在法律（Gesetz）中找到了它最有价值的支撑。但是，具体的秩序的思想和法律之间的关系，与机械的、实证主义的思想和法律之间的关系是完全不同的。因为具体的

31

---

⑱　卡尔·施密特（Carl Schmitt）将法学的思考分为三个类型（Schmitt，Ueber die drei Ar- ten des rechtswissenschaftlichen Denkens，1934）。第一种是"规范主义（Normativismus）"，也就是"规则或者说法律的思考（Regeln-oder Gesetzesdenken）"；第二种是"决断主义（Dezisionis- mus）"，也就是"决断的思考（Entscheidungsdenken）"；第三种是"具体的秩序及其生成的思想（konkretes Ordnungs und Gestaltungsdenken）"。规范主义的思考倾向是，法律终局地看来是法规的集合，法秩序是与现实没有关系的观念的、规范的体系的秩序。（a. a. O.，S. 11 ff.）这是因为，法律是从规范中导出的；而如果再向规范去寻求规范根源，法律就最终凌驾于所有的权力之上了。决断主义（法律命令说）认为，法律追根究底是主权者的决定（命令）；法律的妥当性的根据应当从事实的政治的决断中去寻求。这种古典的表达参见霍布斯的著述（a. a. O.，S. 24 ff.）。作为对这种规范主义和决断主义（命令主义）的特殊的统合而有其特征的，是"法律实证主义（juristischer Positivismus）"。然而法律实证主义也有三种类型的区别，其自身并不是永恒的法学思想的类型。特别是19世纪的那些从精神的、社会的状态展开的说明，仅仅是那个时代下特有的思考。即，那是通过对法律的安全和预测可能性提出要求的，满足于政治的安定性的市民阶级的法律观。

　　但是，施密特认为前述两种法学思想都不具有从根本上解决法的问题的能力。规范主义导致了用与人类生命的要求毫不相关的规范去支配人类的无异议结论；而决断主义（命令主义）则预想法律成立之前的状态是完全无秩序的。根据施密特的观点，作为法律的根基的并非是法律规范的堆积，也并不是作为无秩序状态的休止符的实力的命令；而是共同体的具体的秩序，以及依据于它形成法律的那种效力。他将这种法学思想的第三类型命名为"具体的秩序及其生成的思想"。那么，施密特所设想的具体的秩序究竟是什么东西？虽然对其中最重要的一个问题，他本人也缺乏清晰的论述；但如果对大致上能够推知是"具体的秩序"的那些东西进行整理，可以发现这一概念就是"内在于共同体的生活之中的自然的秩序"，正如其名称所指的那样，是具体的生活秩序。但是，不能认为这就是市民社会的生活关系，因为施密特认为具体的秩序仅仅在一定的生活领域，即"并非是在交易的、技术的场合，而是在制度的生成"的场合中才产生。他举出了夫妻的共同生活、家族、社会、军队的共同生活等场合作为例证。（a. a. O.，S. 20.）进一步地，施密特的具体的秩序是指所有的个人根据其职能和阶级所获得的身份所形成的那种共同体的全体秩序。其典型是通过"忠诚（Treue）""信赖（Gefolgschaft）""纪律（Disziplin）""名誉（Ehre）"等基本概念生成的，贯彻着"指导者原理（Fuehrergrundsatz）"民族国家的秩序。（a. a. O.，S. 63.）概言之，施密特的具体秩序的思想成为一种助力于纳粹德国的民族全体主义的法哲学。

　　⑲　Welzel，a. a. O.，S. 73 Anm. 51，S. 74 Anm. 53.

— 27

秩序的思想不论是在法律之中还是通过法律，都能够追溯到具体的民族共同体的那些现实且有效的价值上去"[120]。

<h2 style="text-align:center">（二）</h2>

在韦尔策尔创立目的行为理论之时，其背景中存在纳粹德国的民族全体主义的思想，这是无法否定的事实。这种思想在目的行为理论中又是如何得到表现的呢？目的行为理论与作为纳粹德国代表的刑法理论的所谓基尔学派之间又有什么样的关系呢？[121]

首先，目的的行为概念广泛地承认行为中主观的要素，将故意作为行为要素甚至违法要素的观点，有着与作为纳粹刑法标志的"意思刑法"（Willensstrafrecht）[122] 的要求相符合的可能性。[123] 这也在韦尔策尔采纳目的行为概念，并主张"显而易见，主观的未遂论有其内部根据"的论述中得到了体现。[124] 这里，属于基尔学派的沙夫施泰因也赞同目的的行为概

---

[120] Welzel, a. a. O., S. 76.

[121] 关于基尔学派，参见佐伯千仞：《论刑法中的所谓"基尔学派"（一）（二）》，载《法学论丛》第 38 卷第 2 号（1938 年）第 286 页及以下、第 38 卷第 3 号（1938 年）第 526 页及以下。基尔学派是以对目的论的方法和法益论的批判为出发点的。Vgl. Schaffstein, ZurProblematik der teleologischen Begriffsbildung im Strafrecht, 1934. 这一方法论受到了现象学的基本概念"本质直观"的影响。指出这一点的是 Schwinge und Zimmerl, Wesenschau und Konkretesordnungsdenken im Strafrecht, 1937, S. 9 ff.。关于基尔学派和具体秩序的思想之间的关系，进一步参见 Schwinge und Zimmerl, a. a. O., S. 17 ff.。

[122] 纳粹刑法认为应当以"意思刑法（Wilensstrafrecht）"和"危险刑法（Gefaehrdungsstrafrecht）"取代历来的"结果刑法（Erfolgsstrafrecht）"和"侵害刑法（Verletzuungsstrafrecht）"。理由在于："国民共同体的法益保护对危险刑法来说是中心任务；换言之，在对多少看来是偶然发生的结果赋予过大的意义这一方面，危险刑法（意思刑法）通过取代侵害刑法，（为国民共同体的法益）提供了最优的保障。"（Nationalsozialistisches Strafrecht, Denkschrift des Preussichen Justizministers, 1933, S. 112.）

在意思刑法中，有认为应当以"着手（Unternehmen）"作为其中心概念的观点。"着手"是指"像以前的未遂那样的情况已经不再是与既遂对立的概念；不如说其自身就已经意味着既遂的行为"。（Denkschrift, S. 113.）"故意通过以对法益造成直接的危险为目的的行为而得到证立"之时，犯罪的着手就具备了。（Denkschrift, S. 134.）由此，通过对"着手"概念的使用，未遂犯就应当与既遂犯同等处罚。并且，"着手"概念在建立时强调"行为人的危险的意思"，因而能够解决不能犯的问题。（Denkschrift, S. 134.）此外，关于"意思刑法"，参见木村龟二：《纳粹刑法》，载杉村彰三郎、我妻荣、木村龟二、后藤清：《纳粹的法律》，日本评论社 1934 年版，第 157 页及以下。

[123] 特别对这一点进行强调的，是泷川春雄：《自由主义刑法的山脉与世界观》，载《泷川先生还历纪念〈现代刑法学的课题（上）〉》，有斐阁 1955 年版，第 376 页及以下。

[124] Welzel, Naturalismus und Wertphilosophie im Strafrecht，1935，S. 83.

念，并且认为行为概念"从一开始就具备了目的的本性（von vornherein finaler Natur）"，是"总括了全部构成现象所必要的各个要素的意义统一体（Sinneinheit）。而这种意义统一体正是通过使前文的诸要素与行为人的意思（Taeterwille）相关联才被给予的"[⑫]。

目的行为理论对构成要件理论展现出了否定的态度。并且在其批评历来的法益侵害说且轻视犯罪的结果的侧面上，也能看出其受到了纳粹刑法思想的影响。

但另一方面同样无法忽视的是，目的行为理论与基尔学派具有不同之处。特别是，这种差异即使受到了纳粹思想的影响，也随着目的行为论的成长而变得明确。

基尔学派仅仅强调违法性的本质是义务违反，而并没有试图为违法概 *32* 念打下积极的基础。与此相反，目的行为理论通过社会相当性（soziale Adaequanz）的概念，为新的违法性论打下基础的努力则是有目共睹的。并且，目的行为论主张至少应该对违法和责任进行区分，从哲学的人类学的立场出发，尝试对人格与责任的关联性进行阐明。[⑬] 应该注意到，目的行为论在这些方面是区别于基尔学派的。

五、第二次世界大战之后的自然法思想和目的行为论

（一）

自然法思想的再生是第二次世界大战后联邦德国的法律思想的一个特 *35* 征。[⑭] 在切身体验了充满苦难的战争又经历了纳粹的覆灭之后，对法律实证主义的批判的声音日渐高涨。法律实证主义将法律科学的对象限定为实

---

⑫　Schafstein, Rechtswidrigkeit und Schuld im Aufbau des neuen Strafrechtssystems，ZStW. Bd. 57，S. 312.

⑬　Welzel, Persoenlichkeit und Schuld，ZStW. Bd. 60. S. 428 ff.

⑭　就第二次世界大战后联邦德国的自然法思想而言，参见尾高朝雄：《战后德国的自然法思想》，载《法学协会杂志》第 71 卷第 3 号（1953 年），第 205 页及以下；另参见矢崎光国：《自然法》，载仁井田陞等编：《法律学体系·法学理论篇 18》，日本评论社 1953 年版；野田良之：《现代自然法》，载尾高朝雄等编：《法哲学讲座》第 5 卷下，有斐阁 1958 年版，第 123 页及以下。

定法，而对考察政治权力的不正当性则持一种漠不关心的态度。正是由于这种态度，如下观念逐渐侵蚀了法学研究者的内心，即：即使是对纳粹的暴虐政治，也应在其展现出合法的外观的范围内迫使国民去服从。[128][129]　就这一问题对法律实证主义展开批判的论者，大多也是以强调存在一种不受政治权力约束的、超越法律的自然法思想作为其论据的。他们的批判一方面展现了法律实证主义的界限，另一方面也展开了旨在阐明法律科学对立法者的权力应该采取什么样的态度的所谓抵抗权的问题，或恶法批判论。这样的自然法论者除了科殷（H. Coing）和米特埃斯（H. Mitteis）[130] 等人，韦尔策尔[131]也是其中之一。这里着重就韦尔策尔的自然法思想与目的行为论的关系进行讨论。

（二）

韦尔策尔在其著作《自然法与实质的正义》（Naturrecht und materiale Gerechtigkeit，1951）中，提出了"实质的法律伦理（materiale Rechtsethik）的问题"，即"与正当的社会行为的实质的诸原理——从历史的角度审视并以自然法为其中心——相关的问题"[132]，并考察了从希腊时代到现代的法律思想家对这一问题的看法。最后，认为自然法的理论对解决这一问题所付出的努力"可能也取得了些微的成果"，并进一步提出了如下引人注目的主张。"在附随的领域中，也就是以责任理论和行为理论为代表的问题领域中，已经取得了巨大的收获；在未来也将难以动摇。""自然法的不变的成果并非是在价值论的核心领域（axiologisches Kerngebiet）中，而是在存在论的周边领域（ontologisches Randegbiet）中——虽然在

36

---

[128]　参见前引注[127]野田文，第 206 页。

[129]　以拉德布鲁赫为例。"以两个原则作为工具，纳粹主义就能够既对士兵，也对法学家进行恣意控制。"（Gesetzliches Unrecht und uebergesetzliches Recht，1946，Anhang in：Rechtsphilosophie，4. Aufl.，1950，S. 347.）另外，拉德布鲁赫对法律实证主义的批判、对纳粹主义的批判以及对自然法理论的志向，参见矢崎光国：《拉德布鲁赫晚年的法哲学课题》，载《法律时报》第 23 卷第 10 号（1951 年），第 53 页及以下。

[130]　Hermut Coing, Die obersten Grundsaetze des Rechts, 1947, Gundzuege der Rechtphilosophie, 1950；Heinrich Mitteis, Ueber das Naturrecht, 1948.

[131]　Welzel, Vom irrenden Gewissen, 1949, Naturrecht und materiale Gerechtigkeit, 1951.

[132]　Welzel, Naturrecht und materiale Gerechtigkeit, 1951, S. 7.

多数场合中并未被发现——存在着。而在远离围绕实质的价值问题展开的争论和疑问之处，存在着特定的存在论的基本的所与（ontologische Grundgegebenheiten）。所有的评价都被拘束在这种基本的所与之中；由此所有评价得以划定确实的界限。"[133] 韦尔策尔着眼于这种所谓存在论的基本的所与，并在此基础上提出了问题："立法者并非仅仅受到例如单纯物理性质的法则的拘束，而是不得不顾虑在其规制之下的客体中存在的特定事物的逻辑构造（sachlogische Struktur）。[134] 如果不这样的话，立法者作出的规制就一定是错误的。"根据韦尔策尔的观点，"这样的存在论的、事物的逻辑的领域（ontologisches und sachlogisches Feld）中，存在着立法者无论如何也无法改变的世界的'永远的真理'"。"所谓法律科学，正是在其领域的永远的真理中，保持不变的对象的那种东西"[135]。概言之，"所有法律的素材，都贯穿着事物的逻辑构造；而这一事物的逻辑构造是在立法者和科学之前就已经被给予了的，不论是立法者还是科学——在各种各样的方法之中——都受到这种贯穿了法律素材的事物逻辑构造的约束。立法者和科学对它的把握可能是正确的，也可能有所疏误；但总归无法对其进行随意变更，更不要谈能够进行'创造'（schaffen）了。"[136] 这正是韦尔策尔的基本立场。

"为了对成果丰硕的自然法的工作进行进一步发展"，克服法律实证主义就成了残留待决的问题。就此问题而言，韦尔策尔进行了如下回答。法　*37*

---

[133]　Welzel，a. a. O. ，S. 197.

[134]　Welzel，a. a. O. ，S. 197. 另外，对 sachlogische Srtuktur 一词的翻译存在问题。Sache 一般被翻译为"事物"，是与 Person 相对立的概念。这一意义上，可以说行为是非人格的对象。（参见《哲学小辞典》，岩波书店 1949 年版，第 955～956 页。）科殷在说"Natur der Sache"之时，却使用了"Natur des Menschnen"的概念；将其翻译为"事物的本性"是没有问题的。但是，韦尔策尔在描述人类的行为之时，使用了"sachlogische Struktur"的概念。将其译为"事物的逻辑构造"就似乎是存在问题的。或许将其译为"实体逻辑构造"是更为妥当的。"实体"是指"作为变动的现象的基础，将现象的不同形态看作是其异化的那种永恒的、具有自我同一性的事物"。（前引《哲学小辞典》，第 979 页。）它还是"横亘于能够被知觉到的那些多种多样的性质、状态、作用的根基上，对其进行限制"。（《哲学事典》，平凡社 1954 年版，第 519 页。）韦尔策尔在说"sachlogische Struktur"之时，无疑是想要对与前述概念相近的东西进行表达。由此，笔者对于是否将"sachlogische Struktur"译为"实体逻辑构造"也存在困惑。这里在保留观点的基础上，仍然使用了"事物的逻辑构造"这一法。

[135]　Welzel，a. a. O. ，S. 198.

[136]　Welzel，Das neue Bild des Strafrechtssystems，2. Aufl. ，1952，S. 8.

律实证主义是在所有的评价之前就已经存在的。它无视了法律素材的事物的逻辑构造，认为"国家的立法者是全能的"。自然法思想必须克服这一教条。然而，克服的方法并不在于"向某种超实定的法律进行复归"；因为如果采取这种方法，"现实中的法律就失去了其本来具备的界限设定机能（grenzsetzende Funktion）"。而克服此问题的方法，正在于"明确在一切法律素材中存在的，先于所有实定的规制而存在的事物的逻辑构造"[137]。

如此，韦尔策尔的自然法思想就在强调"事物的逻辑构造"的重要性的同时，承认了实定法所具备的"界限设定机能"。

（三）

韦尔策尔紧接着提到了"已经没有约束力的法律的不法，和虽有拘束力但并不公正的法律之间的界限"的问题。"如果认为成为规范对象的人（Mensch）并不是人格（Person），而是被轻视为一种事物；那么这种规范就不是有拘束力的法律。理由在于，这样的规范对共同社会的秩序而言，是侵害了伦理上的最小限度要求（sittliche Mindestanforderung）的。与此相反，只要对伦理上的最小限度的内容有所尊重，那么规范即使是包含了对特定历史状况而言并不适当的规定（例如，在特定历史情况下，侵害了具有决定意义的平等原则），而确实是有失公正的，也仍然是有拘束力的法律。这样的法律只有通过比它更好的法律，才能得到废止。"[138] 这样，在这种场合下，"作为 Person 的人"就"不得仅仅单纯地作为他人的手段被利用"；而意味着"作为伦理的目的本身（sittlicher Selbstzweck）的人"[139]。由此，韦尔策尔才将对作为伦理的目的本身的人的尊重，看作是法律拘束力的前提。这样的思考虽然是抽象的，但却包含了对纳粹时代的恶法的批判。

38　此外，韦尔策尔还从自然法的立场出发，对法律和伦理的密切关联展开了论证，强调"法律中心情的要素"的重要性。其理由在于，"只有通

---

[137]　Welzel，Naturrecht und materiale Gerechtigkeit，S. 198.

[138]　Welzel，Vom irrenden Gewissen，1949，S. 28.

[139]　Welzel，a. a. O.，S. 27. 此外，韦尔策尔还认为，"对作为 Person 的人的概念来说，其基准在于对自律性的规定（Bestimmung zur Autonomie）；而并非实际上自律的行为本身。因此，儿童、无意识的人、犯罪人，甚至精神病人，都能够纳入 Person 这一概念中"（Welzel，a. a. O.，S. 27 Anm. 71）。

过将伦理的问题和法律的问题在实质上进行密切的关联，才可能对'自然法'中的法律和伦理（Recht und Sittlichkeit）进行统一的理解"⑩。那么，这两个问题又是如何得到关联的呢？"作为实践的行为（Verhalten）之价值的伦理和法律，分别有其各自的客观的侧面和主观的侧面。其客观的侧面与伦理的行为或法律行为的内容（目标）相关，即伦理（或法律）对什么进行命令或允许。而前述问题又是与伦理和法律的'实质的'侧面相关的。在这一实质的侧面中，前述两个价值领域是密切联系在一起的。"而作为这种主张的根据，韦尔策尔如下论述道："由正确的法律所命令的那些东西，与由正确的伦理所命令的那些东西在原则上是不可能有所差别的。如若不然，就同一个对象（也就是社会的行为目标）而言的人类行为的基本原理之中，将产生难以解决的矛盾；这样，伦理和法律要求人所作出的行为在原则上就是难以统一的。""由此，正当的社会行为（正当的社会的行为目标）的实质的问题在伦理和法律的不同视角下，原则上是必须以同一姿态得到展现的。实质的法律伦理（正义论），就是实质的社会伦理的一个断面。"⑪

随后，韦尔策尔认为，伦理与法律的"主观的侧面是实质的（法律的或者是道德的）行为目标和意思之关系的问题，也就是说伦理或者法律意义上的行为使得行为目标应该具有什么样的性质这样的问题。这一问题中，伦理和法律被分为道德性（Moralitaet）和合法性（Legalitaet）。而两者都是心情的问题（Gesinnungsproblem）；即，应当以什么心情（是否道德，或是否合法）来使得实质的、伦理上（法律上）的正当目标得以实现的问题"⑫。韦尔策尔主张，"将心情的概念限定在伦理的心情之中的做法，在伦理学和法哲学的通说之中是错误的"⑬，并强调了"法律的心情"在法律之中的

⑩　Welzel，Naturrecht und materiale Gerechtigkeit，S. 7. 在韦尔策尔处，Sittlichkeit 这一语词与黑格尔所用 Sittlichkeit（人伦）未必是具有相同的含义的。本书为了强调韦尔策尔所用 Sittlichkeit 区别于其主观的侧面的"道德性（Moralitaet）"，使用了"伦理"这一译法。

⑪　Welzel，a. a. O.，S. 7.

⑫　Welzel，a. a. O.，S. 8. 并且在韦尔策尔看来，"道德性（Moralitaet）是指义务或（我们的用语中）应当成为行为的动机的那些实质的、伦理的目标。也就是说，道德性之中，行为人应当实现内在于实质的、伦理的目标中的那些价值。与此相对，合法性（Legalitaet）则是指，对与实质的、伦理的价值的意识相区别的动机的承认"（Welzel，Gesinnungsmoment im Recht，in：Festschrift fuer Julius v. Gierke，1950，S. 293）。

⑬　Welzel，Gesinnungsmoment im Recht，S. 295 f.

39 重要性。也就是说在韦尔策尔看来，"心情是指内心精神的持续态度（seelische Dauerhaultung），是具有持续性质的评价和意欲。在这一意义上，就存在所谓合法的（法律的）心情 [legale (rechtliche) Gesinnung]，也即对法律义务的实现而言的持续的意思。对这种所谓法律的心情来说，其动机究竟是基于对自身有利的利益，还是基于价值意识（义务的实现）就是不成问题的。其理由在于，法律应该对全部这些要素有所促进。也就是说，不仅对依据于法律的价值内容的道德意识，还包括对依据于法律固定性的习惯，和依据于法律的强制的利己冲动有所促进"[⑭]。

此外，韦尔策尔还认为："所谓良心的问题（Gewissensproblem），也即对正当的行为目标的确认（Vergewisserung des richtigen Handlungszieles）是区别于前述心情的问题的。""在这一问题中，人（Person）不论是在伦理道德中还是在法律中，都必须为了获得对有良心的（gewissenhaft）、正当的行为目标有所认识而付出努力。因此不论是在法律还是伦理中，对责任问题（Schuldfrage）都采取了原则上相同的态度。"[⑮] 据此，韦尔策尔就认为，在客观的侧面和对其确认的问题中，法律和道德采取了相同的态度。而他之所以在心情的伦理（Gesinnungsethik）和责任的伦理（Verantwortungsethik）的对立中明确地采取后者观点[⑯]，大概是由于他采取了认可在伦理上看来是客观的侧面的观点作为其理论基础。

（四）

韦尔策尔的法律思想是如何在目的行为论之上得到表现的呢？

---

⑭　Welzel, a. a. O., S. 296.

⑮　Welzel, Naturrecht und materiale Gerechtigkeit, S. 197.

⑯　Welzel, Aktuelle Strafrechtsprobleme im Rahmen der finalen Handlungslehre, 1953, S. 15 f. 这本书的介绍参见内田文昭译，韦尔策尔：《目的行为论领域中刑法存在的几个问题》，载《北大法学论集》第 7 卷第 2 号（1956 年），第 119 页及以下。根据韦尔策尔的观点，"对于心情的伦理来说，如果用康德那样的表述的话，心情的纯粹性就与行为的结果是正确还是错误无关，行为人只要具备义务意识就足够了"。"与此相反，责任的伦理则在心情的纯粹性之前，在义务意识之前，就要求对真正的义务进行确认，即为了获得正当的决定而作出努力。"（Welzel, a. a. O., S. 15.）正如马克斯·韦伯在其论文《作为职业的政治》（Politik als Beruf）中提出的那样，这两种伦理的对立也为韦尔策尔所承认。在这一对立之中，韦伯对"责任的伦理"展现出了友好的态度，因而他的理论似乎与新康德学派的思想源流并无直接的关系。毋宁说新康德学派的观点是有可能与"心情的伦理"之间存在很强的联系。而这在认为韦尔策尔是"心情的伦理"的提倡者的亨泽尔（P. Hensel）的伦理学中得到了体现。（Vgl. Welzel, a. a. O., S. 15. Naturrecht und materiale Gerechtigkeit, S. 178.）应当认为韦尔策尔之所以主张"责任的伦理"，是因为受到了哈特曼的客观的、实质的价值伦理学的影响，而以一种承认伦理的客观的侧面的思考方法为其基础的。由此，他支持"责任的伦理"，就与他对新康德学派的批判的态度之间不相矛盾。

首先，在行为概念之上最能够明确地得到表现的，是强调对立法者和科学都具有约束作用的事物的逻辑构造的思想。因为"行为所具有的事物的逻辑构造在最初，在所有的评价和规则之前就已经被给予了。"由此，"意图对行为进行规制，就必须考虑行为的事物的逻辑构造。人类的目的活动和目的活动中的故意的机能，即使是立法者也无法改变"[147]。韦尔策尔立足于这种基本立场，对历来通说的行为理论进行了批评，认为其"受到了实证主义的影响"；而"臆造（erfinden）了刑法中的行为概念……并使其能够适合于其'需要'地进行创造"[148]。根据他的观点，"目的性（Finalitaet）是存在论的概念（ontologischer Begriff）"，是"人类行为的对象之结构法则（gegenstaendliches Strukturgesetz）"。因此，"目的性并不能够被发明出来（erfunden werden），而仅仅是被发现出来（gefunden werden）的"[149]。如此，根据目的性对行为进行规定的行为概念，就是以存在论的自然法思想为其基础的。

其次，同样的思想也在共犯论中也得到了体现。在韦尔策尔的理论中，"正犯—共犯的关系，并非仅仅是立法者创造出的概念"，"所有的共犯在本质上（事物的逻辑构造上）都是与作为目的的活动的实现的（有目的的）正犯行为相联系的。由此，没有考虑到这种事物的逻辑的从属性（sachlogische Abhaengigkeit）的规定，在其结论上就必然导致对生活关系的不正当歪曲"[150]。这样，虽然不要求正犯行为是有责的，但要求其是故意且违法（vorsaetzlich-rechtswidrig），这样的共犯论就获得了其理论基础[151]。

并且，强调事物的逻辑构造的思想，对于责任概念的结构来说也是有意义的。"将法律效果与有责的行为实现相联结的立法者，应当对责任的事物的逻辑构造有所顾虑。"[152] 在这种情况下，责任概念的前提是"行为人虽然有可能更好地行为，即有可能适合于规范地行动，但却不为这种行

---

[147]　Welzel，Naturrecht und materiale Gerechtigkeit，S. 197.

[148]　Welzel，Das neue Bild des Strafrechtssystems，2. Aufl.，1952，S. 8.

[149]　Welzel，Um die finale Handlungslehre，1949，S. 7.

[150]　Welzel，Naturrecht und materiale Gerechtigkeit，S. 197.

[151]　Welzel，Das deutsche Strafrecht，5. Aufl.，1956，S. 91 ff.

[152]　Welzel，Naturrecht und materiale Gerechtigkeit，S. 197.

为"的事实。"因此，行为人不知道或者不可能知道自己的行为是不法的情况下，其行为就不可能是有责的。"[153] 这样，就形成了以违法性的认识可能性作为非难可能性的要素的责任概念。[154]

此外，在将人看作是 Person（人格）的事实中寻求法律的拘束力的前提的思想，以通过"目的性"明确行为概念中的主体性的态度为代表，在目的行为论的所有的理论结构中都得到了间接的表现。而且，认为法律和伦理之间存在密切联系的主张，并且认可"法律中的心情要素"的重要性的思想，也在对刑法"社会伦理的机能（sozialethische Funktion）"的强调[155]以及人的不法概念（personaler Unrechtsbegriff）的结构[156]之中得到了表现。最后，韦尔策尔还尝试通过"责任的伦理"来为违法性的认识可能性的问题中的"责任说（Schuldtheorie）"奠定基础。[157]

（五）

如前所述，在第二次世界大战后的联邦德国，对目的行为论的主张是以存在论的自然法思想为基本背景的。由此，目的行为论成为刑法学界中理论争论的焦点；但其受到纳粹法律思想的影响而成长的事实，则至少在联邦德国并没有成为问题的中心[158]；而目的行为论的主张者还是对这一点进行考虑为好。那么它又表现在哪些方面呢？

首先，韦尔策尔指出，就目的行为论尝试使"不法主观化"，存在使"责任概念变得空虚"这样的批判；他随后进行了如下评论和回应："由于

---

[153] Welzel, a. a. O., S. 198.

[154] Welzel, Das deutsche Strafrecht, S. 130 ff.

[155] 韦尔策尔认为"刑法的使命在于，保护基本的社会伦理的心情（行为）的各种价值［sozialethische Gesinnungs-（Handlung-）werte］，而其内容正是对各个法益的保护"（Welzel, a. a. O., S. 4）。即，他主张"刑法的第一使命并不在于保护现实的法益"，而在于"确保有法的心情的作用的那种价值的实际的效力"（Welzel, a. a. O., S. 2）。并且，"刑法的最重要的使命在于，它具有积极的社会伦理性质。刑法是在法的心情所具有的基本价值在现实中被背反之时，通过对其进行排斥和处罚，而能够为国家所运用的最为印象深刻的方法。通过这种方法，就显示了法的心情的积极的作用的那种价值具有难以否定的效力，形成了国民关于社会伦理的判断，强化了国民忠诚于法律的心情"（Welzel, a. a. O., S. 3）。

[156] Welzel, a. a. O., S. 52.

[157] Welzel, Aktuelle Strafrechtsprobleme, S. 15 ff.

[158] 在民主德国，这一问题被进行了严格的追问。Vgl. John Lekschas, Die Leher von der Handlung unter besonderer Beruecksichtigung strafrechtlicher Probleme, 1953, S. 50 ff; Gerats, Die strafrechtliche Verantwortlichkeit in der Deutschen Demokratischen Republik, 1952, S. 68 ff.

故意被置于构成要件之中，客观的要素完全没有从构成要件之中流失。这样，构成要件就绝没有变成主观的东西；而另一方面，责任评价的对象也没有因此减少。这大概是因为，行为人对行为的心理的态度是非难可能性的构成要素。""不如说正因如此，该当于构成要件的行为的客观的和主观的全部内容，以及责任的本质和构成要素才得以明确。"因此，"目的行为论中……不能将不法与纯粹主观地决定的东西相混同。这正是基于对意思的客观的机能（objektive Funktion des Willens）的强调，使得刑法在这一方面得到了进一步的客观化"[159]。此外，韦尔策尔还主张通过采纳目的行为论，使规范的责任论能够得到纯粹化。[160]　随后，他就作为一种非难可能性的责任的表意要素（voluntatives Element），提出了期待可能性的问题。[161]　近年来（1956年），韦尔策尔认为应当将犯罪论体系中构成要件该当性所具备的独立地位，与罪刑法定主义的要求相联系。[162]　从这些尝试中能够看出，第二次世界大战后的目的行为论意图从纳粹刑法思想的影响中彻底脱胎换骨。

42

六、一些考察

（一）

至此，本章已经对目的行为论是在何种法律思想史的背景下诞生、成长的，在当下又是以何种法律思想为基础展开其理论的问题进行了考察。首先，本章明确了对新康德学派进行批判的那种存在论的倾向是目的行为理论诞生的基本背景。[163]　而随后出现的目的行为理论由于诞生、成长在纳

45

46

---

[159]　Welzel, Das deutsche Strafrecht, 5. Aufl., 1956, S. 114. 韦尔策尔为这种"刑法的客观化"举出的例子是，"共犯论中主观主义的行为人意思的限制"。

[160]　Welzel, a. a. O., S. 113.

[161]　Welzel, a. a. O., S. 145 ff.

[162]　Welzel, a. a. O., S. 41 ff.

[163]　内藤谦：《目的行为论的法律思想史的考察（一）》，载《刑法杂志》第9卷第1号（1958年），第14页及以下［本书第13页（此页码指日文版原书的页码，即本中译版的页边码，以下同此。——译者注）及以下］。

粹时代的理论体系中，因而难免受到当时法律思想的影响。[164] 诚然，目的
行为论并未与存在论的倾向和纳粹法律思想直接联系在一起，但难以否定
的是，认为存在自身之中就蕴含了价值的思想，与作为纳粹法律思想基础
的那种价值在民族全体主义的法律秩序自身中得到具象化的思想之间，存
在相互关联的可能性。并且，目的行为论并非是以为纳粹刑法提供理论基
础为目的而提出的理论。[165] 尽管如此，仍然不得不承认的是，目的行为论
与"意思刑法"的要求存在吻合的可能性；而"意思刑法"正是纳粹刑法
的标志。[166] 我们应当对前文所述的目的行为论的法律思想背景，以及其在
刑法学上表现出来的结论进行反省。

　　那么，我们在当下，对于被认为是目的行为论的法律思想背景的自然
法思想，以及以崭新的姿态得到呈现的目的行为论本身，应当采取什么样
的态度呢？此处就这一问题，以前文研究为线索稍加讨论。

（二）

　　如前所述，当今的目的行为论以存在一种不论是对立法者还是对法律
科学都有约束力的"事物的逻辑构造"作为其背景中的基本法律思想。这
种思想表明，作为法律评价对象的世界不论是对于立法者还是对于法律科
学而言都具有重要的意义。这样的思想在为立法者的恣意行动设定界限的
问题上，以及在说明立法者和法律科学应当借鉴从历史学、社会学、心理
学、生物学等自然科学获得的认识的问题上都值得注目。然而在另一方面
应当同时注意，对"事物的逻辑构造"的强调在可能意味着保持现状的态度
上有其危险；因为认为"事物的逻辑构造"中"存在着永恒的真理"的思
想，可能包含了价值只有在现实的社会中才能得到实现的态度的意味。[167] 而
47　由于"事物的逻辑构造"意味着什么的问题本身就不够明确，这种危险就

---

　　[164]　前引注[163]内藤文，第 30 页及以下（本书第 29 页及以下）。

　　[165]　值得注意的是，已经能够看出目的行为论的萌芽的韦尔策尔的论文《因果关系与行为》
（Kausalitaet und Handlung, ZStW. Bd. 51, S. 703 ff.）是在 1933 年纳粹政权建立以前，即 1931
年写就的。

　　[166]　前引注[163]内藤文，第 35 页（本书第 31 页）。

　　[167]　参见前引注[127]矢崎书，第 106 页及以下。

被进一步地加强了。[168] 并且，即使将这样的思想作为一种方法论，也无法否定，其可能忽视了法解释学的概念结构虽然在程度上有所差异，但其思考追根究底是无法完全脱离规范的评价的事实。[169]

韦尔策尔进一步认为，法律的拘束力的前提是将人作为 Person（人格）来进行把握。在承认法律应当尊重人类的主体性的问题上，这种思想无疑是正确的；但因为其主张非常抽象，所以无力为现实中出现的问题提出解决方案。并且，仅仅通过这样的观点无法穷尽对法律的拘束力的前提的说明。因此韦尔策尔更进一步地主张法律和伦理之间存在密切的关联性。但是，这种主张忽视了法律和伦理作为社会的、历史的存在，分别在不同的领域具有不同的机能。韦尔策尔为了坚持重视法律中的心情的要素的思想，而仅对刑法的"社会伦理的机能"进行强调，无疑也对刑法"保障机能"的重要性有所忽视。

（三）

韦尔策尔以前述法律思想为基础，通过"目的性"对行为概念作出了规定。[170] 本节首先就这种行为概念进行讨论。

行为是成为刑法评价的对象的那些事实的中心。[171] 由此，刑法中的行为概念既是构成要件该当性的判断对象，又是违法性和有责性的评价的对象。行为概念作为判断和评价的对象，必须有其具体的存在构造。由此，*48*

---

[168] 关于有着对"事物的逻辑构造"这一概念进行分析意图的文献，参见 Stratenwerth, Das rechtstheoretische Problem der "Natur der Sache", 1957. 作为其介绍，参见内藤谦：《冈特·施特拉腾韦特〈事物的本性〉的法理问题》，载《法学协会杂志》第 75 卷第 3 号（1958 年），第 125 页及以下。施特拉腾韦特认为，"事物的逻辑构造"是在一定的视点（Gesichtspunkt）下作为本质的东西所揭示出来的那种存在的所与（ontische Gegebenheiten）。而所谓"一定的视点（Gesichtspunkt）"就是"将人看作是人格（Person）"的视点（Stratenwerth, a. a. O., S. 17）。

[169] Vgl. Wuertenberger, Die geistige Situation der deutschen Strafrechtswissenschaft, 1946. S. 15.

[170] 韦尔策尔就"行为的基本构造"有如下论述："人类的行为是目的活动的实行（Ausuebung der Zwecktaetigkeit）。因此，行为是'目的的'事物（'finales' Geschehen）而不单只是'因果的'事物。行为的目的性，也就是行为有其目的，是以以下事实为基础的。即：人类有其能力基于因果法则的知识，对其活动所可能造成的结果在一定范围内进行预见，并据此设定行为的目的，进而有计划地追求目的的实现的事实。"（Welzel, Das deutsche Strafrecht, S. 28.）这样，基本的行为概念就通过"目的性"而得到了规定。在将行为概念置入构成要件中，使得构成要件的行为成为问题之时，作为法律概念的"故意（Vorsatz）"就成为其要素（Vgl. Welzel Das neue Bild, S. 11）。

[171] 团藤重光：《刑法纲要·总论》，创文社 1957 年版，第 67 页。

韦尔策尔追寻行为的构造的规律，以及阐明行为的存在构造的意图都是正确的。[172] 通过行为概念所具有的具体的存在构造，刑法解释学在方法论上获得了与刑事学、社会学以及其他各门科学的接触点。

但正如前文所述，刑法中的行为概念作为刑法评价的对象，不仅应当具有具体的存在构造，还应当适合于成为刑法评价的对象。并且，行为概念作为犯罪论中的一个概念，应当承担起为了分析犯罪而被赋予的那些机能。那么，行为概念在犯罪论中究竟应当具备怎样的机能呢？首先，行为概念应当具备统一在刑法中作为问题讨论的全部现象的机能。[173] 由此，通过行为概念就能够区分事实是否能够成为刑法评价的对象；行为概念在预先排除与刑法无关的事实上就具有实际的意义。[174] 此外，行为概念还具有为犯罪论体系的统一打下基础的理论意义。[175] 在行为概念的这种机能和意义的视角下，行为就应当包括过失犯罪和不作为犯罪。[176] 其次，行为概念

---

[172]　梅兹格尔也认为，行为概念必须是"现实关系的概念（wirklichkeitsbezogener Begriff）"，由此，也必须是"存在论的（ontologisch）［存在法则的（seingesetzlich）］概念"（Mezger, Strafrecht, Ein Studienbuch, Allgemeiner Teil, 6. Aufl., 1955, S. 44）。但是，梅兹格尔的"存在论（Ontologie）"和"存在论的（ontologiesch）"是在"存在之科学（Seinswissenschaft）"和"存在法则的（seingesetzlich）"的意义上使用的。由此，这一用法就脱离了哲学关于"存在论"的讨论；而必须将法学中的"存在论"的语词限定在"纯粹的对事实的考察这一经验的领域"中。也就是说，"我们将所有的'存在论'，都区别于对被给予的东西进行的价值判断和评价（Beurteilung und Bewertung des Gegebenen）；而将现实和价值（Wirklichkeit und Wert）的对立置于考察的中心"（Mezger, im Leipziger Kommentar, 6. u 7. Aufl., 1951 u 1953, S. 3）。这种观点在使用"存在论"这一表达的同时，也表明梅兹格尔受到了新康德学派价值·现实二元论的强烈影响。

[173]　Mezger, Strafrecht, Ein Lehrbuch, 3. Aufl., 1949, S. 94 f.

[174]　Maihofer, Der Handlungsbegriff im Verbrechenssystem, 1953, S. 9.

[175]　Maihofer, a. a. I., S. 7.

[176]　也存在前述这种否定统一的行为概念的观点。例如，平场安治教授将目的行为概念进行了理论上的发展，认为过失犯和不作为犯都不是行为；认为"统一了行为和非行为的犯罪概念的最外侧的标志"，在于"社会的事物"或者是"人对于他人的关系"。（前引注③平场安治文，第42页、第71页。）但是，这一概念"对于刑法评价的对象来说未必太过宽泛了"。（前引注⑰团藤重光书，第73页。）不仅如此，这种观点对刑法典中所使用的"行为"这一语词的忽视也显然是有失妥当的。[团藤重光：《刑法（改订版）》，创文社1955年版，第49页；另参见前引注④佐伯千仞文，第394页。]如果忽视前述几点，而承认没有行为的犯罪的话，那么根据构成要件的实现（Tatbestandsverwirklichung）似乎就能够完成对犯罪论的统一。（Vgl. Radbruch, Zum Systematik der Verbrechenslehre, in: Festgabe fuer R. Frank, Bd. 1, 1930, S. 162; Lang-Hinrichsen, Zum Handlungsbegriff im Strafrecht, Jur. Rundschau, 1954, S. 89.）而平野龙一教授正是通过构成要件实现刑法体系的统一的。（前引注③平野龙一文，第364页。）

应当具有成为犯罪成立要件的基础的机能。[177] 即，使得构成要件该当性、违法性和有责性能够作为一种属性附加在行为概念之上。这样，行为概念作为犯罪论的体系的基础，就具备了与构成要件该当性、违法性、有责性的判断循序渐进地联系起来的体系的意义。[178] 在行为概念的这种机能和意义的视角下，其内部就必须包含能够发展为前述犯罪的各种要素的全部素材；但仍然应当承认，不能因此就将产生于违法性、有责性的价值判断的领域中的要素纳入行为概念之中。

这样，刑法中的行为概念在有其具体的存在构造的同时，也应当实现其在犯罪论中被赋予的机能。这一意义上，行为概念究其本源就无法与刑法的评价相分离。只不过其概念的结构并非是随意地形成的，而必须以行为的具体的存在构造为其基础。[179]

就此，韦尔策尔首先通过"目的性"，对是否能够阐明行为的存在构造的问题进行了思考。他认为，行为的构造是：目的的设定→为了实现目的的手段（因果的要素）的选择→对与手段紧密连接的附随结果的考虑→基于由此而得到确立的计划，想着目的的达成而进行的因果的操纵的过程。基于对行为构造的如上理解，韦尔策尔对立于历来的因果行为论，转而强调行为具备"目的性"，主张行为是无法脱离于"意志的内容"而得到考察的。[180] 这种主张在批判了因果行为理论对行为主体性的忽视的意义上有借鉴价值。但是，行为的存在构造是否完全是通过以行为人个人的有意的心理作用为中心的"目的性"概念而得以形成的，这是存在疑问的。作为刑法的对象的行为，不仅是具备主体性的行为，还作为包含行为人的社会现象而有其意义；由此，它就应当具备与行为的环境以及行为的客观

49

---

[177]　Mezger，a. a. O.，S. 95.

[178]　Maihofer，a. a. O.，S. 7.

[179]　刑法中的行为概念应当被理解为，被认为是行为人人格主体的、社会的现实化的那些行为人的身体的动静。团藤重光教授也主张，"人的身体的动静与其背后存在的行为人的主体的人格态度是相联系的。在身体的动静被认为是行为人人格主体的现实化的情况下——也仅仅在这种情况下——才能够将其理解为行为"（前引注[17]团藤重光书，第 67 页），采取了与尝试对行为人进行具体的把握的人格责任论相关联的行为概念。这一观点中，对行为施加所谓"社会的"限定，是为了明确行为作为违法判断的对象的属性；也是为了尝试表明行为的社会学构造。团藤重光教授也承认行为所具有的社会学基础和行为所具备的社会的要素。（参见前引注[17]团藤重光书，第 68～69 页。）

[180]　Welzel，Das deutsche Strafrecht，S. 28 ff.

的要素相关联的社会学的构造。并且，如果将行为的存在构造作为问题进行讨论，同样不能忽视的是其生物学的基础。这样看来，如果仅仅通过"目的性"这一心理的要素对行为进行把握，就可能因此忽视行为的社会学的、生物学的构造。并且，将行为仅仅作为心理作用进行理解，就不可能对行为的主体性进行充分阐明。⑱ 这样，就应该认为不能仅仅通过"目的性"来把握行为的存在构造。

话说回来，正如前文所述，通过"目的性"概念使行为中的主观的、内部的要素获得了广泛的承认，就有着符合于纳粹刑法所提出的"意思刑

⑱　小野清一郎博士指出，韦尔策尔的"主观的目的概念仅仅是对自然主义的因果关系的反转，是其在主观中的反映；是对象的目的论。而对于能够征表主体的人格中意思能动性的行为所具有的意义，则尚未得到明确。"（参见前引注④小野清一郎文，第 54 页。）团藤重光教授则认为："首先，如果仅限于目的这一主观的、心理的要素之中，那么行为和行为人的人格之间的联系就将变得稀薄。但不容忽视的是，行为正是一种出自心理的东西，并且其深深扎根于超越于此的精神医学、生物学之中。其次，仅仅通过目的无法充分阐明行为人人格的主观方面。仅仅通过目的的设定和实现，是无法对在素质、环境的制约下对行为的方向进行设定的情况进行理解和把握的。这种目的的设定、实现，只有通过行为人自己的意志判断才得以进行。韦尔策尔虽然从存在论（Ontologie）的观点出发主张其行为理论，但是在没有将人类的存在理解为主体的自觉存在的情况下，是无法仅仅从存在法则性（Seinsgesetzlicheit）上得出这一结论的。再次，为了承认行为的主体性而要求以目的性作为行为概念，无疑是过多的要求。并非仅仅在目的设定这种有意识的心理作用发生作用的场合下才能承认行为的主体性。在仅仅具有微弱的意识或完全无意识的情况下也能够肯定主体性的人格态度。而一旦承认目的性是行为的要素，就不能将失犯作为行为进行考察。这样，就在将刑法的评价对象作为行为进行统一的理解之上有所牺牲。由此，应当说完全没有必要要求行为的目的性。"（前引注⑰小野清一郎书，第 71~72 页。）此外，他还主张："行为有其社会基础。行为是在人格与环境的相互作用下进行的；由此可以明确，社会首先作为行为环境（TatUmwert）而成为行为的基础。"（前引注⑰小野清一郎书，第 69 页。）并且，行为的这种社会学的构造是无法通过"目的性"的概念得到阐明的。与此相应，平场安治教授也认为韦尔策尔的"行为仍旧是从环境中抽象出来的行为概念；而社会的行为只有从行为与环境之间的相互关系中才能得到把握。在此意义上，真正的存在论的刑法学的建设仍然是留给未来的问题。也就是说，从行为的存在构造，向行为事实的存在构造前进，这是自然的方向"。（前引注⑯平场安治文，第 542 页。）此外，梅兹格尔也认为，人类的行为的本质在于"个人的目的—关系（Zweck-Beziehung）；但同时也不仅限于此，而是具有更宽广的意味"（Mezger，im Leipziger Kommentar，6. u. 7. Aufl. ，1951 u. 1953，S. 4，Vgl. Derselbe，Vom Sinn der strafbaren Handlung. Juristenzeitung，1952，Nr. 22，S. 674）。在此，梅兹格尔特别强调了行为所具有的社会的意义。如果将他在刑事法学中的思想贯彻到底，那么除了社会学的立场（soziologisches Verstehen）和性格学的立场（charakterologisches Verstehen），还必须同时考虑"行为人人格整体的综合意义（Sinnzusammenhang der ganzen Persoenlichkeit des Taeters）"（Mezger，Kriminologie，1951. S. 10）。

法"标语的要求的可能性。[182] 而由于目的行为概念轻视行为的客观的要素和结果的侧面，不将其视为违法性问题的中心，这种可能性就得到了进一步加强。但是，在此我们不能忽视的问题是，在责任的问题中处于中心地位的，常常是犯罪行为中的主观的要素。并且如果承认行为概念具有成为责任判断的基础的机能，就无法从行为概念出发去否定其主观的要素所具有的意义。在对行为主体性进行阐明的范围内，主观的要素对于行为而言具有重要的意义的思维方式也未必一定是与纳粹的、全体主义的思想相联结的。与"意思刑法"的要求相一致的危险，与其说是由承认行为中主观的要素的意义所导致的，倒不如说是由为了承认主观的要素而导致的对行为的客观的要素和结果的侧面所具有的重要性的忽视所导致的。

随后，下文在考虑行为概念的机能问题的同时，也对目的行为概念稍 *50* 作检讨。目的行为的概念是否能将过失犯和不作为犯包含在一个统一的行为概念之中呢？韦尔策尔通过潜在的目的性（potentielle Finalitaet）的概念，认为过失犯也是具备目的的行为。[183] 但是，正如尼采（Werner Niese）所批判的那样，潜在的目的性的概念并非一个存在论的概念，不以其存在还是不存在为其本质问题。[184] 而接受了这一批判，现在"如果使用被要求的目的性（gebotene Finalitaet）的话就能够加以避免的被否认的结果——盲目地、因果地——惹起、具备法律上不重要的目的性的行为（rechtliche irrelevante Finalitaet）"；通过前述说明，就使得过失犯也能够被目的行为概念所包含。[185] 但是，"被要求的目的性（gebotene Finalitaet）"的概念是在价值判断的领域中产生的概念，将其纳入行为概念中的做法违背了目的行为论追求行为的存在构造的基本态度。[186] 并且，如果以只有在违法性、

182　前引注[163]内藤谦文，第 35 页及以下（本书第 31 页及以下）。

183　Welzel，Das deutsche Strafrecht in seinen Grundzuegen，2. Aufl.，1949，S. 23.

184　Niese，Finalitaet，Vorsatz und Fahrlaessigkeit，1951，S. 43 f.

185　Welzel，Das deutsche Strafrecht，5. Aufl.，S. 103.

186　对于这种批判，韦尔策尔回应道："对人类行为的存在论考察，与以一定的目的关系为问题的行为究竟是现实的，还是假定的（gesollt）——即尚未成为现实的（noch unwirklich）——是不相关联的；而是关于行为的结构法则性（Strukturgesetzlichkeit）的研究。"（Welzel，a. a. O.，S. 36.）他认为，"假定的"就是"尚未成为现实的"。但是，"假定的"毕竟是以一定价值判断为前提的概念，有着超出单纯的"非现实的"这一表述的意义。由此，这种主张就不得不再次面临尼采的批判。

有责性的价值判断的领域中才成为问题的"被要求的目的性"为根据才能对行为作出规定，就与前述行为概念的第二个机能相矛盾。由此，以"法律上不重要的目的性"作为刑法中行为概念的本质要素，似乎是缺少意义的。[187] 这样，仅仅通过"目的性"规定行为概念，就不得不承认过失犯不是行为。[188] 而就不作为犯而言，韦尔策尔也认为其并非行为。[189]

这样，仅仅通过"目的性"规定行为概念，就不可避免地导致认为过失犯和不作为犯都不是行为的结论。但是，毕竟过失犯和不作为犯都是犯罪的重要组成部分；认为其不是行为的结论，无疑是与追求行为的存在构造、并以此为犯罪论打下基础的目的行为论的基本方法论互相矛盾的。此外，导致这样结论的行为概念，也难以实现犯罪论中行为概念的机能。

（四）

51　　如前所述，目的行为论在诞生之时，就对新康德学派的结构主义认识论与构成要件理论的方法论之间的类似性进行了评论，并对此持批判态度；从存在论的立场出发，意图以目的行为论概念为中心构建其犯罪论。[190] 由此，从目的行为论的创立经过来看，其展现出了与构成要件理论相疏离的特征。根据纳粹刑法学的政治主张，即将以构成要件为中心形成的犯罪论看作是自由主义的、个人主义的抽象思维的产物的观点，目的行

---

[187]　团藤重光教授指出"不得不认为它在方法论上就是存在错误的"。（前引注[171]团藤重光书，第72页。）

[188]　佐伯千仞博士承认典型的行为概念与体系的行为概念之间的区别，认为目的的行为概念是"展现了人类行为的典型概念；作为马克斯·韦伯的理想类型的方法论的概念而言具有重要的意义。"而"现实的犯罪行为虽然可能与这种典型相吻合，但也存在各种各样不相吻合的情况。这时，前述那种作为典型的行为概念，就以一种能够包含前述各种非典型行为形态的体系行为概念为其前提。而这种典型的行为概念是无法取代意图进行体系的记述的概念的。在强调前述典型的行为概念的重要性之余否定体系的行为概念的意义的做法是不正确的。而一个包含了过失犯的行为概念也无疑是不可或缺的"。（前引注[4]佐伯千仞文，第393页。）

[189]　韦尔策尔认为："从存在论的视角看来，不作为确实意味着不做某种行为，因而不是行为。"由此，不作为就通过"尚未完成一定行为的潜在的（可能的）目的性［potentielle（moegliche）Finaltaet］"而得到了说明。（Welzel, s. s. O., S. 164.）由此，他认为作为和不作为的上位概念就是"能够成为目的活动的意思所支配的那些人类的'行状'（menschliches, von zwecktaetigen Willen beherrschbares 'Verhalten'）"（Welzel, a. a. I., S. 27）。但是，这一概念并不是它在犯罪论的基础中通过"目的性"规定的行为概念。

[190]　前引注[163]内藤谦文，第20页及以下（本书第17页及以下）。

为论的这种特征就得到了强力的支持。⑲

但是，我们为了重视刑法的保障机能并在犯罪认定中坚持定型性，就应当将构成要件置于犯罪论结构的中心。这样，犯罪理论的结构就变得坚固，总论和分论之间的结合在方法论上就是可能的。为了实现这一机能，应当将构成要件理解为违法、有责的行为的法定类型。⑲ 在这样的理解下，构建以构成要件为中心的犯罪论，并非是对实定法立场的偏离。毕竟如果重视刑法所具有的保障机能，在犯罪论的体系中就不可能与实定法的立场相分离。

就此，目的行为论虽然在其成立的经过之中与构成要件论相疏离，但两者是否在方法论上也不具有结合的可能性呢？

确实，历来的构成要件理论都与自然主义的行为概念相联系。基于此，韦尔策尔在他富有倾向性的论述中，指出了在前述联系之中，存在由新康德学派的结构主义认识论导致的轻视实体的观点的影响。但是，构成要件论并非在方法论上必然与自然主义的行为概念相联系。如前所述，刑法中的行为概念是构成要件该当性的判断对象；由此，即使将构成要件置于犯罪论的中心，作为构成要件该当性判断对象的行为，也应该是有其具体的存在结构的。如果目的的行为理论有意探寻行为的存在构造，就应当 _52_ 认为这种意图存在和构成要件论相联系的可能性。

继而，韦尔策尔在最近*将构成要件作为"禁止的素材（Verbotsmaterie）"，即"被禁止的举动的具体记述（konkrete Beschreibung des verbotenen Verhaltens）"来把握，承认了它在犯罪论中的重要性。他不仅主张构成要件中包含与客观要素并列的主观的、心理的要素，还阐明了构成

---

* 1956 年。——译者注

⑲ Vgl. Etwa Dahm, Verbrechen und Tatbestand in: Grandfragen der neuen Rechtswissenschaft, 1935, S. 72 ff.

⑲ 在日本，这样的构成要件理论得到了小野清一郎博士的发展。集其理论大成的著作，是前引注④小野清一郎书。而团藤重光教授则认为构成要件是违法、有责的行为在法律上的定型（前引注⑰团藤重光书，第 75 页及以下）。团藤重光教授还指出，构成要件并非仅仅是行为类型，也包含行为人类型。"常习犯就是其代表。"（前引注⑰团藤重光书，第 93 页。）最近（1956 年），德国的加拉斯（Gallas）也认为构成要件不仅是不法类型，而且同时是有责类型。（Gallas, Zum gegenwaertigen Stand der Lehre vom Verbrechen, ZStW. Bd. 67, S. 16 ff.）

要件该当性应该在违法性之外具有独立的地位。⑬ 韦尔策尔关于这一问题的意见可谓正中靶心。

　　但尽管如此，韦尔策尔并没有尝试根据构成要件对犯罪进行定型的理解。他认为即使构成要件该当性在犯罪论的体系中被赋予了独立的地位，也仅仅是违法性的征表（Indiz der Rechtswidrigkeit），而并没有考虑到责任的类型化要求。认为构成要件中包含了主观的、心理的要素的观点，也源自对违法性概念自身就以心理的要素为其内容的观点的归结，这与将构成要件作为责任类型来把握的态度是不同的。进一步地，在构成要件和违法性的关系的问题上，韦尔策尔把构成要件作为"禁止的素材"进行形式的理解，而没有尝试将实质的意义内容填充到构成要件中去，并将其理解为违法类型。概言之，在目的行为论中，并没有根据构成要件对犯罪进行定型的理解。

---

　　⑬　根据韦尔策尔的观点，构成要件是"禁止的素材"，具有与刑法中的罪刑法定主义相关联的重要的意义。"通过禁止的素材，国民和法官才能知晓何种行为是受到禁止的。对于刑法来说，对禁止的内容进行具体化具有特殊的意义。其理由在于，正是在将禁止的素材进行具体的展示的过程中，'没有法律就没有刑罚'这一命题的要求才得以实现。"（Welzel, Das deutsche Strafrecht, 5. Aufl, S. 42.）此外，韦尔策尔还就规范（Norm）、构成要件（Tatbestand）和违法性（Rechtswidrigkeit）三者的关系进行了如下论述："构成要件是刑法上禁止规范（strafrechtliche Verbotsnormen）的内容。""禁止规范和构成要件（规范素材 Normmaterie）都属于观念的（ideell）（精神的—非现实的 geistig-unwirklich）的领域。构成要件是通过概念对人类能够采取的行为进行记述的所谓概念形象（begriffliches Gebilde）；而规范则是对这些行为实现的禁止。构成要件中通过概念记述的某种禁止规范的行为（例如杀人）得到实现之时，这种现实的行为就与规范的要求相矛盾了。由此，这种行为就产生了'反规范性（Normmwidrigkeit）'。某种禁止规范的构成要件实现（Tatbestandsverwirklichung）虽然全都是反规范的（normwidrig），但未必都是违法（rechtswidrig）的。理由在于，法律秩序并非仅仅是由规范（Norm）（禁止或者是命令 Verbote oder Gebote）所构成的，容许命题（Erlaubnissaetze）['承认'（Gewaehrungen）]也是其内容。"韦尔策尔举出了正当防卫情况下"杀人"这一构成要件的实现得到容许的情况，作为容许命题的例子。他指出，"这种场合下，构成要件的实现是适法（rechtsmaessig）的"。也就是说，"违法性是指某种构成要件的实现对全体的法秩序（并非是对某一条具体的规范！）之间的矛盾。""不论在何种条件下，违法性都是现实的行为与法秩序之间的矛盾状态。可能成为违法的，是构成要件的实现而并非构成要件（作为一种概念形象）。由此，虽然构成要件和违法性的同一化得到了不断的尝试，但这必然带来概念上的混乱。"（Welzel. a. a. O., S. 42-43.）这样，韦尔策尔就采取了对"将构成要件该当性和违法性进行融合的绍尔和梅兹格尔的两端的犯罪构成要件理论"进行批判的立场。

（五）

目的行为论并非仅仅是就行为概念提出的新理论。韦尔策尔认为，"历史地看来，目的行为论是主观的违法要素论和规范的责任论的成立所必要的基石；实际上也是建构统一的刑法体系的基石。"[⑭] 韦尔策尔首先指出，"随着主观的不法要素的发现，至今为止认为不法是被纯粹'客观地'规定着的体系之中就产生了深刻的矛盾"。而只有基于目的行为概念，把故意（Vorsatz）当做是"构成要件要素"，进一步使其成为"本质的不法要素（essentielles Unrechtselement）"，才能形成与主观的不法要素不相矛盾的犯罪论体系。[⑮] 随后，为了给这种不法理论寻找基础，韦尔策尔提出并支持了"人的不法概念（personaler Unrechtsbegriff）"[⑯]。下面也对这一主张稍作讨论。

正如前文所述，构成要件被理解为违法有责的行为的法律定型。由此，构成要件中就不仅包含了客观的要素，也包含了主观的要素。[⑰] 故意作为一种构成要件要素，就承担了犯罪个别化的机能。[⑱] 韦尔策尔主张故意是构成要件要素的前述观点无疑是正确的。[⑲]

但是，从故意是构成要件要素的观点出发，并不能直接推出它就是不法要素的结论。构成要件该当性的判断是以作为一个整体的行为为其对象的；而与之相反，违法性和有责性的判断是种类相异的价值判断，是对作为一个整体的行为的理论分析的体现。由此，在论及违法要素和责任要素

---

⑭　Welzel，Um die finale H andlungslehre，1949，S. 29.

⑮　Welzel，Das deutsche Strafrecht，5. Aufl. ，1956，S. 51 f.

⑯　Welzel，a. a. O. ，S. 52.

⑰　在构成要件中承认主观的要素本身未必是与构成要件的保障机能相矛盾的。当然，由于存在主观的要素而轻视构成要件中的客观的要素，或者使得客观的要素变得不明确的做法将造成有损于构成要件的保障机能的结果。但是，如果将构成要件的客观机能置于重要的位置，并且将这些客观的要素进行明确的规定的话，那么同时将犯罪的主观的侧面作为构成要件要素的定型化，就只具有丰富构成要件的内容的意义。而直接与构成要件的保障机能相矛盾的，其实是规范的构成要件要素。

⑱　参见前引注④小野清一郎书，第431～432页；另参见前引注④团藤重光书，第89页及以下。

⑲　韦尔策尔指出，如果不将故意理解为构成要件的要素，那么故意杀人和过失致人死亡的构成要件就不可能得到个别化。（Welzel，a. a. O. ，S. 51. ）

时所应当讨论的，就是各种应当由违法性和有责性的本质所决定的那些问题。

　　在违法性的本质问题上，韦尔策尔如下所述展开了人的不法概念。"不法（Unrecht）"并不是在其内容上剥离了行为人（Taeterperson）的结果惹起（法益侵害）。只有在依据行为人的意思内容给予其行为一定的特征，行为才作为特定的行为人的成果（Werk）而是不法的。行为人通过目的的活动而将何种设定好的目标赋予了客观的行为，行为人基于什么样的立场进行了行为，在这种场合下行为人负有什么样的义务……所有的这些要素与可能将要发生的法益侵害共同地决定了行为的不法。违法性通常是对与一定的行为人相关联的行为的否认。由此，不法就是与行为人相关的"人的"行为不法（taeterbezogenes，"personales"Handlungsunrecht）。⑳ 随后，韦尔策尔进一步批判了在法益侵害中寻求违法性本质的观点，认为："法益侵害（结果不法）对于刑法而言，只在'人的违法'的行为内部（行为的不法的内部）中有意义。人的行为的不法（personaler Handlungsunwert）才是刑法中全部犯罪的普遍的不法。事件的不法（Sachverhaltsunwert）（被侵害的，或者说被危殆化的法益），在众多的犯罪（结果犯和危险犯）中都并不是独立的要素。"㉑

　　如前所述，韦尔策尔通过人的不法概念完成了对法益侵害说的批判。就此我们能够想起的是，纳粹时代的刑法学所强烈主张的也正是对法益侵害说的批判。纳粹时代的刑法学将法益侵害说看作是由个人主义的、自由主义的思想所催生的东西而予以摈弃，转而强调犯罪的义务违反性。㉒ 很难否定纳粹刑法思想作为一种思想背景对于目的行为论对法益侵害说的批判，以及其对新的人的不法概念的提倡有所影响。由此，就人的不法概念对违法性问题中行为的客观的、外部的侧面以及结果的侧面所具有的意义

---

　　⑳　Welzel, a. a. O., S. 52. 此外，韦尔策尔对不法（Unrecht）和违法性（Rechtswidrigkeit）进行了如下区别："违法性是纯粹的关系（Relation）（两种关系要素之间的矛盾）；而不法是对这种关系而言的实体（Substantielles），也就是违法的行为自身。"（Welzel, a. a. O., S. 44.）

　　㉑　Welzel, a. a. O., S. 52-53.

　　㉒　Vgl. Etwa Schaffstein, Das Verbrechen als Pflichtverletzung, in: Grundfragen der neuen Rechtswissenschaft，1935，S. 108 ff.

进行轻视的范围内，就不得不承认它是与意思刑法或者说心情刑法的不法概念有所联系的。诚然，韦尔策尔的不法理论认为，并不是所有的法益侵害都是违法的；只有超过了社会相当性（soziale Adaequanz）的法益侵害才具有违法的意义。而如果明确了在违法性问题上行为的样态与法益侵害具有相同的重要性，那么韦尔策尔的不法概念的中心就是正确的。但是，韦尔策尔的人的不法概念毕竟超越了前述主张，而强调不法概念之中行为的主观的侧面、内部的侧面具有的重要意义，并轻视了行为的客观的、外部的侧面和结果的侧面。[203]

就结论而言，我们理解违法性问题，首先应当举出的是行为的客观的、外部的侧面和结果的侧面，违法性的判断也正应以行为的客观的、外部的侧面为方向进行。成为前述违法性判断对象的行为原则上应当是伴随着法益的现实侵害的；而即使是其例外也应至少伴随着法益的危殆化。在此意义上，法益的侵害就应当被看作是违法性的实质证据。[204][205] 违法性和有责性是对犯罪这一整体事实的理论分析；在将违法性的有无看作是责任问题的前提的基础上，违法性的问题首先是对这些要素的理解。如果不以对这些要素的把握作为违法性的中心问题，那么在犯罪论的体系中，依据刑法所保护的那些客体和行为的客观的、外部的侧面以及结果的侧面就很

---

[203] 最近强调这一点的文献是 Wuertenberger, Die geistige Situtation der deutschen Strafrechtswissenschaft，1957，s. 47 ff。

[204] 参见前引注⑰团藤重光书，第 85 页。团藤重光教授认为："违法性是指行为不为法秩序所容忍的情况；其虽然超越了单纯法益侵害，但必须承认其仍然以法益侵害作为实质根据。由此，作为违法类型的构成要件也应当包含了客观的、现实的法益侵害的要素。而这在原则上也应当被认为是罪刑法定主义的要求。"并且，虽然承认"就这一问题而言——从法益的重要性或对举证困难的救济等实际上的保护的需求出发——一方面……在危险犯和形式犯的形式之中，另一方面……在主观的构成要件的形式之中，都存在一定程度的例外"，但是"不能因此忽视前述基本原则"。（前引注⑰团藤重光书，第 85 页。）

[205] 这时，"法益"的意思是"为法律所保护的利益（rechtlich geschuetztes Interesse）"（Listz-Schmidt，Lehrbuch des Deutschen Strafrechts，26. Aufl.，Allg. Teil，1932，S. 4.），也可以说是"保护客体（Schuzobjekt）"或者是"存在法律所考虑的平均利益（Durchschnitsineteresse）的状态（Zustand）"。（Mezger，Lehrbuch，3. Aufl.，1949，S. 200.）这种通说的法益概念虽然强调了"法益概念的精神化"，但有着正确的理论核心。可以说对"为法律所保护的利益"的社会学的分析对于违法性理论而言具有重要的意义。关于法益概念，参见木村龟二：《刑法中的法益概念》，载木村龟二编著：《刑法的基本概念》，有斐阁 1957 年版。

难不处于被轻视的地位上。这种思考的基础是，法律以对社会的客观的、外部的秩序之维持为其重要目的之一；而在违法性的问题中，也存在应将这一目的作为中心进行考虑的要求。

如果对违法性的本质进行如上理解，那么对于韦尔策尔关于"故意——目的行为理论认为，这是通过行为的客观的形成要素所发现的——是不法概念的本质要素（Wessenselement des Unrechtsbegriffs）"[206] 的主张，以及在犯罪论的体系中也在不法论中处理故意问题的观点[207]，就难以进行直接的支持。确实存在像是未遂犯这样的，只有将故意理解为不法要素才能肯定其违法性的场合。[208] 但是，由此并不能得出故意是本质的不法要素的结论[209]；理由在于，故意当然是行为的主观的要素，也在其不超过客观的构成要件要素的范围这一点上，与所谓主观的违法要素具有不同的性质。由此，故意即使成为不法的要素，也不是本质的不法要素。

话说回来，目的行为理论本来就是与行为概念和不法概念相关联的理论，而不是直接指向责任论的理论。然而，其行为论和不法论中的特征，也间接地对责任论发生了影响。例如，韦尔策尔通过把至今为止被理解为责任要素的故意概念当做该当于构成要件的行为的要素，使评价和评价的客体得到了明确的区分；这就进一步使得责任作为"非难可能性（Vorwertbarkeit）"的评价，其属性得到了明确。[210] 在此意义上，目的行为论

---

[206]　Welzel, a. a. O., S. 52.

[207]　Welzel, a. a. O., S. 54 ff.

[208]　团藤教授认为："在以杀人的意图击发手枪但子弹并没有击中而成立未遂的场合中，纯粹客观地看来，由于没有实现目标而不具有命中对象的可能性，即不具有侵害法所保护的法益的可能性；但是，正是因为行为人有侵害行为对象的目的，而具备这种主观的要素就使得社会感到了行为的危险——对法所保护的法益发生侵害的可能性。也就是说，只有对行为进行主客观综合的考察，才能够肯定行为的违法性。从理论上讲，故意这一主观的要素之中内在包含了侵害法律保护的法益的可能性，在此意义上为违法性增添了色彩。"由此，就从法益侵害性的观点出发肯定了故意是违法要素。

[209]　韦尔策尔认为，故意作为本质的不法要素的根据在于，"未遂犯中，故意是主观的不法要素"，因此"在未遂犯向既遂犯发展变化的过程中，故意也应当发挥着同样的机能"。（Welzel, a. a. O., S. 51.）但是，即使认为未遂犯中故意是不法要素，似乎也难以否定该当于基本的构成要件的一部分的客观的行为自身才应当被作为违法性问题的中心得到讨论。

[210]　Welzel, a. a. O., S. 113 f. Derselbe, Um die finale Handlungslehre, S. 22 ff.

被认为"是为规范的责任论所需要的体系结构的基石"㉑。

这样，韦尔策尔承认责任的规范的属性，就有了正当的核心。但是，韦尔策尔区分评价和评价的客体，认为只有评价才是责任的观点㉒，可能与以目的行为理论对新康德学派的批判的态度为基础而诞生的那种注目于犯罪论的存在结构并对其进行构建的态度是自相矛盾的。换言之，韦尔策尔将新康德学派理解为"实证主义的补充理论"，并对新康德学派与实证主义的"实在"概念之间的关联性进行了强烈的批判。由此，韦尔策尔或许是将责任理解为一种纯粹的评价，但他至少认为这种评价的对象即行为有着具体的存在结构，在这一意义上他对新康德学派的批判态度或许就是一以贯之的。但是，如果在注目于犯罪论的存在构造的同时对它进行构建，那么即使是在责任概念的结构中，也不应忽视其事实的基础。并且，故意作为责任的事实的基础之一，也是为了将对行为的非难向行为人进行归属的必要要素。㉓ 由此，对故意应当进行以下理解："故意……在表示犯罪定型的特征的点上，应该理解为是构成要件要素；但是其本质显然仍然是在责任的领域之中的。故意……之所以能够成为构成要件的要素，主要是因为有责行为类型的侧面；因为其本就是责任的要素，所以前述思考才得以成立。"㉔

㉑　Welzel，Um die finale Handlungslehre，S. 29.

㉒　韦尔策尔现在认为："责任在其本来的意义上，仅仅是指对行为意思进行评价的非难可能性。其评价对象是违法的行为意思（并且，通过违法的行为意思而达至违法的行为全体）。"并且认同"被评价为有责的这一行为意思，就被称为是'责任'"。也就是说，"广义上来说，'责任'表现为一种具有无价值性质的、作为一个整体的行为意思，也就是说有责的意思（或者说有责的行为）"。此外，如果对责任进行广义的理解，那么也能够承认"故意也是归于'责任'"的；此时，"并非仅仅是故意，而是有故意的行为整体归属于'责任'。理由在于，被认为有责的不仅仅是故意，而是有着故意的行为整体。在这一意义上，'责任'是由行为和违法性和非难可能性三者构成的复合概念"。这样，"某个行为、某个行为意思被认为是有责之时，构成前者的责任要素就仅仅是非难可能性"。由此，"责任论中被考察的就只有非难可能性的内容而已"。（Welzel，Das deutsche Strafrecht，5. Aufl.，1956. S. 112.）据此，认为区别于"违法性"的"责任"的要素仅仅是作为一种评价的非难可能性而已的观点就得到了延续。

㉓　参见前引注⑩团藤重光书，第189～190页。

㉔　前引注⑩团藤重光书，第194页。此外，团藤重光教授还指出："故意和过失在责任判断的方面，作为责任的形式具有重要的意义。"（前引注⑩团藤重光书，第194页。）

（六）

最后，就对目的行为论进行的法律思想史的考察所能得出的结论进行简述。

目的行为理论的诞生，是以对新康德学派进行批判的实证主义的倾向为其基本背景的。其作为一种体系的理论，由于恰巧诞生成长在纳粹的时代，难免受到当时法律思想的影响。由此，目的行为理论是包含与"意思刑法"的要求相一致的可能性的。这表现为以下几点。第一，目的行为论依据"目的性"概念将主观的要素广泛地纳入行为概念之中，而并不承认行为的客观的、外部的要素的重要性。第二，通过与目的行为论紧密结合的"人的不法概念"，在违法性的问题中对行为的客观的、外部的侧面和结果的侧面所具有的意义进行正确的评价是非常困难的。第三，目的行为论中，并没有根据构成要件对犯罪进行定型的把握。

但是，一方面，目的行为论追求行为的存在论构造，并以此为犯罪论打下了基础的这种态度，虽然是作为纳粹时代的体系理论诞生并成长的，但却具有超越于这一制约的意义。应当为我们所瞩目的是，尤其是在第二次世界大战之后，存在一种承认在法律素材之中具有不论是立法者还是科学都不能恣意变动的要素的倾向；以及从这一立场出发，强调行为的存在构造所具有的意义的态度。当然，无法仅仅根据"目的性"来把握行为的存在结构；相反，还应当在明确行为的社会学的、生物学的结构的同时，对其客观的要素所具有的重要性进行正确的评价。但是，如果坚持前述观点，那么认为主观的要素对行为而言是具有重要意义的观点自身，在依据于此证明行为主体性的范围内，就有着正确的核心。目的行为论在故意犯中，将故意看作是构成要件要素，也无疑是正确的见解。从这样的主张中，我们应该承认目的行为论作为一种体系，有超越其诞生、发展的纳粹的时代背景的制约的意义。

【附　记】

关于本章内容最初发表后笔者对目的行为论的见解，参见内藤谦：《刑法讲义·总论（上）》有斐阁 1983 年版；内藤谦：《刑法讲义·总论（中）》，有斐阁 1986 年版；内藤谦：《刑法讲义·总论（下）Ⅰ》，有斐阁 1991 年版；内藤谦：《刑法讲义·总论（下）Ⅱ》，有斐阁 2002 年版。其中，关于行为论（行为概念），参见《刑法讲义·总论（上）》，第 150 页及以下、第 156 页；关于构成要件论，参见《刑法讲义·总论（上）》，第 181 页；关于人的不法论，参见《刑法讲义·总论（中）》，第 317 页及以下；关于责任论，参见《刑法讲义·总论（下）Ⅰ》，第 1016 页；关于新过失论，参见《刑法讲义·总论（下）Ⅰ》，第 1106 页；关于不能犯论，参见《刑法讲义·总论（下）Ⅱ》，第 1257 页；关于不作为犯和共犯参见《刑法讲义·总论（下）Ⅱ》，第 1441 页及以下。

笔者在本章中，将构成要件理解为违法、有责的行为的法律定型（本书第 51 页）；在未遂犯的场合中，认可了只有将故意理解为不法要素才能够肯定其违法性的观点（本书第 55 页）。但是，在这之后，笔者实际上将构成要件理解为违法行为类型，而将违法有责的行为类型作为犯罪类型来理解［其理由参见《刑法讲义·总论（上）》，第 193 页及以下］。此外，在未遂犯的场合中，也在一定情况下否定了将故意作为不法要素的观点［其理由参见《刑法讲义·总论（上）》，第 220 页以下；《刑法讲义·总论（下）Ⅱ》，第 1228 页以下］。

第二章　刑法中法益概念的
历史展开

前　言

67　　法益这一概念，是在 19 世纪前半段的德国刑法学中形成的。而作为
"Rechtsgut" 的法益概念开始在刑法学中占据重要的地位，则是在 19 世
纪后半叶的宾丁和李斯特建立其刑法理论之后的事情。[①] 在经过了纳粹刑
法学对法益概念的重要性进行否定的时期之后的当下，从例如目的行为论
等立场来看，法益概念是否占据了违法性论的中心地位仍然是亟待讨论的
问题。[②]

---

① 就法益概念而言，应当特别注意参考以下德语文献。Honig, Die Einwilligung des Ver-
letzten, 1919, S. 32 ff. ; Schwinge, Teleologische Begriffsbildung im Strafrecht, 1930, S. 21 ff. ;
Jaeger, Strafgesetzgebung und Rechtsgueterschutz bei den Sittlichkeitsdelikten. 1957. S. 6 ff. ; Si-
na, Die Dogmengeschichte des strafrechtlichen Begriffs "Rechtsgut", 1962；Stratenwerth, Hand-
lungs-und Erfolgsunwert im Strafrecht, SchwZStr, 79. Jg. Heft 3, 1963, S. 233 ff. ; Krauss,
Erfolgsunwert und Handlungsunwert im Unrecht, ZStW. Bd. 76, Heft 1, 1964, S. 19 ff. 此外，
从法社会学的立场出发对法益概念进行考察的观点有 Geiger, Vorstudien zu einer Soziologie des
Rechts, 1947, S. 117 ff. 。
② 从目的行为论的立场出发，对法益概念在违法论中的中心的地位表示出疑问的，例如
Welzel, Das deutsche Strafrecht. 9. Aufl. , 1965, S. 56 f. 。

在日本的学说和判例中，法益概念承担着重要的机能。③④ 但是对于认为法益概念在犯罪论中占据了中心地位的观点，特别是将违法性与法益概念紧密联系的观点来说，仍然存在着许多质疑的声音。⑤

在围绕法益概念的地位和机能问题展开的讨论中，对法益概念本身具有的意义的理解在不同历史背景下也有所差异。而由于法益概念的意义直至今日也没能得到明确⑥，对其地位和机能问题的讨论也就因此变得更加困难。

本章以法益概念是在怎样的思想和社会的背景之下形成并得到发展的问题作为考察的主题；并以历史的考察作为线索，尝试对法益概念的意义 *68* 进行进一步的探讨，以此作为对法益概念在刑法学中的地位和机能问题进行考察的前提。⑦

一、法益概念的形成过程

（一）前史——费尔巴哈的权利侵害理论

1. 法益概念的形成，是与将犯罪理解为对权利的侵害的费尔巴哈 *69*

---

③　日本关于法益概念的文献，参见木村龟二：《刑法中的法益概念》，载木村龟二编：《刑法的基本概念》，1984 年版，第 85 页及以下；日冲宪郎：《法益论》，载日本国刑法学会编：《刑事法讲座第 1 卷》，1952 年版，第 125 页及以下；小暮得雄：《违法论的系谱和法益论》，载《法学协会杂志》第 80 卷第 5 号（1964 年），第 39 页及以下。

④　法益概念，例如在犯罪的分类（对个人法益的犯罪、对社会法益的犯罪、对国家法益的犯罪；侵害犯和危险犯）之中，在刑法的解释、违法性有无的认定以及犯罪的个数的认定问题中，都承担着重要的机能。并且，《改正刑法准备草案》第 13 条（正当防卫）和第 14 条（紧急避险）之中，都在条文中规定了"法益"概念。

⑤　例如，参见福田平：《违法性的错误》，1960 年版，第 152 页及以下。

⑥　法益概念在当今的日本，被理解为"法律上受到保护的利益"（团藤重光：《刑法纲要》，1957 年版，第 10 页），"通过法律受到保护的利益或价值"（木村龟二：《刑法总论》，1959 年版，第 161 页）等。

⑦　在本章参考并引用的文献中，以 Birnbaum, Ueber das Erforderniss einer Rechtsverletzung zum Begriffe des Verbrechens, mit besonderer Ruecksicht auf den Begriff der Ehrenkraenkung, Archiv des Criminalrechts, Neue Folge, 1834, S. 149 ff. 为代表的若干文献，是笔者从 1962 年到 1964 年在德国留学期间，在科隆大学等地有幸阅读到的。这里，特别对给予我留学机会的东京都立大学和亚历克山大·冯·冯博鲁特基金会致以谢意。（此外，法益概念和法益论的问题参照本书第 120 页及第 139 页以下。）

(P. J. Anselm Feuerbach）的理论相关联的，也是以对这一理论的批判、修正为开始的。本节着眼于法益概念形成的前史，对费尔巴哈的权利侵害理论的历史的背景进行考察。

2. 18世纪后半叶的德国刑事司法处于极度不安定的状态。一方面，启蒙主义和启蒙时期的自然法思想的影响已经在理论和立法之中得到了体现；另一方面，一直以来的普通法（Gemeines Recht）的理论和实践仍然大行其道。

加洛林纳刑法典（Constitutio Criminalis Carolina）在18世纪后半期，作为德意志帝国的法律成为普通刑法的基础。⑧但是，这一法典毕竟只是16世纪前半期订立的法律；其受到历史的制约，给当时的刑法带来了许多混乱。启蒙主义和启蒙主义的自然法思想已经动摇了加洛林纳刑法典的宗教基础；特别是该法典严酷的刑罚长久以来也一直受人唾弃。法官为了避免适用严酷的刑罚而常常否定对实定法的适用，转而以作为自然法的理性法为根据，严重破坏了法律的安定性。⑨

70　　德国的启蒙主义"是通过与官宪国家达成同盟而获得影响力的"⑩，它以一种特殊的形态粉墨登场。这种特殊形态是由有数十个大公国的德国的政治分裂，以及根深蒂固的封建的土地所有关系，和与之相对的自生的市民层的缺位这样的社会背景所决定的。在当时的德国，并不具备从市民的立场上一般性地实现对绝对主义的秩序进行根本性的变革的社会条件。这样，启蒙主义的现实化就自普鲁士联邦开始，以适合于绝对

⑧　BarGeschichte des deutschen Strafrechts, 1882, S. 128 u. 153; E. Schmidt, Einfuehrung in die Geschichte der deutschen Strafrechtspflege, 3. Aufl. , 1965, S. 133 u. 222.

⑨　Bar, a. a. O. , S. 153; Loening, Ueber geschichtliche und ungeschichtliche Behandlung des deutschen Strafrechts, ZStW. Bd. 3, 1883, S. 264 u. 273 f; E. Schmidt, a. a. I. , S. 222f u. 247; Sina, Die Dogmengeschichte der strafrechtlichen Begriffs "Rechtsgut", 1963, S. 4.

⑩　Wieacher, Orivatrechtsgeschichte der Neuzeit unter besonderer Beruecksichtigung der deut-schen Entwicklung, 1952, S. 187. 弗兰茨·维亚克尔（铃木禄弥译）：《近代私法史》，1961年版，第380页。

主义公国的内情外势的、自上而下的改革的形态得到了推进。⑪

这样的德国的特殊的启蒙主义的立法中的典型表现是 1794 年的《普鲁士普通邦刑法典》（Allgemeines Landrecht fuer die Preussischen Staaten）。⑫ 随后，奥地利在 1787 年也颁布了"关于犯罪及其刑罚的一般法"（Allgemeines Gesetz ueber Verbrechen und derselben Bestrafung）。前述两者都是德国启蒙主义的刑事立法的代表。⑬

在进行了这样的立法的公国中，刑事司法的不安定状态在某种程度上得到了消解。但不容否定的是，自上而下的改革也有其界限。⑭ 而在没有将启蒙主义付诸立法的公国，刑事司法之中的不安定和矛盾就被原样保留了下来。⑮

18 世纪后半叶德国刑事司法的不安定状态也在当时的刑法学者对犯罪概念的不明确的定义之中得到了反映。例如赛尔文（Servin）认为，犯罪是"不遵守义务的有责行为"⑯；奎斯托普（Johann Christian Ernst Quistorp）认为，犯罪"不仅是违反法律的，而且是当罚（strafwuerdig）的、自由选择的、对他人有害的行为"⑰。

启蒙主义的刑法学者并非没有对当时刑事司法的不安定和矛盾，特别是对过于严酷的刑罚提出过改革的方案。这样的启蒙主义刑法学者的代表

---

⑪　关于德国启蒙主义的特殊的性质，Vgl. Troeltsch, Aufsaetze zur Geistesgeschichte und Religionssoziologie Gesammelte Schriften, Bd. Ⅳ, S. 540 ff. ; Krieger, The german idea of freedom, 1957，p. 21 ff. 矶村哲：《启蒙时期自然法理论的现代的意义（一）》，载《法律时报》第 28 卷第 4 号（1956 年），第 11 页；山崎正一：《西洋近代哲学史（二）》，1962 年版，第 2 页及以下；千叶正士：《法思想史要说》，1964 年版，第 154 页及以下。此外，关于德国启蒙主义的社会学背景，参见松田智雄：《近代的历史构造论》，1948 年版，第 11～30 页。

⑫　Vgl. Oehler, Wurzel Wandel und Wert der strafrechtlichen Legalordnung, 1950, S. 111ff. E. Schmidt, a. a. O., S. 251 ff. 关于以普鲁士为中心建立德国官僚制度的过程，参见上山安敏：《德国官僚制度成立论》，1964 年版。

⑬　Vgl Oehler, a. a. O., S. 105 ff. ; E. Schmidt, a. a. O., S. 256 ff.

⑭　普鲁士普通邦法典包括许多预防处分的规定，展现了警察国家法典的特征。Vgl. Bar, a. a. O., S. 162；Oehler, a. a. O., S. 117；E. Schmidt, a. a. O., S. 252 f. 奥地利的"关于犯罪与处罚的普通法"也有着威吓主义的性格，以保护领邦国家为其重点。Vgl. Bar, a. a. O., S. 160；Oehler, a. a. O., S. 106；E. Schmidt, a. a. O., S. 256.

⑮　Vgl. E. Schmidt, a. a. O., S. 222 u. 247.

⑯　Servin, Ueber die pelinliche Gesetzgebung uebersetzt u. herausgegeben von Grunner, 1786，SS1.

⑰　Quistorp, Grundsaetze des deutschen pelinlichen Rechts, I. Teil, 1770, 5. Aufl. , 1794, S. 26.

有胡梅尔（Karl Ferdinand Hommel）⑱、索农费尔斯（Joseph v. Sonnen-
71 fels）、格罗必许（Ernst v. Globig）以及胡斯特（Johann Huster）等
人。⑲ 然而遗憾的是，他们在 18 世纪后半段只是针对禁止刑讯和残酷的
刑罚等个别问题展开了改革的尝试。

　　3. 在 18 世纪到 19 世纪之交时，在启蒙主义影响下的刑法改革的流变
终于在德国刑法学的体系上以具体的姿态得到了展现。而"在学问的战场
上登场"的就是所谓"新世代的学者"⑳。作为其代表者的，是斯求贝尔
（Christoph Karl Stuebel）、格劳鲁曼（Karl Ludwig Wilhelm v. Grol-
mann）、费尔巴哈等人。但他们的观点在结论上存有许多差别。例如，格
劳鲁曼的特殊预防论与费尔巴哈的一般预防论之间就存在对立。但是，他
们的观点在以理性为基础探寻刑罚的基本原理的方面是存在共通性的。㉑
此外，在他们的理论中，自然法或者说理性法的概念都有着重要的意义。

---

　　⑱　胡梅尔的观点，参见中山研一：《胡梅尔的刑法思想（一）》，载《刑法杂志》第 14 卷第
1 号（1965 年），第 109 页及以下。Vgl. E. Schmidt, supra note 8, S. 219 f.

　　⑲　Vgl. E. Schmidt, a. a. O., S. 220 ff.

　　⑳　Leoning, supra note 9, S. 278. Vgl. Sina, supra note 9, S. 7.

　　㉑　关于对刑法基本原理的追求，例如斯求贝尔在《普通刑法体系》（System des allgemeinen
Peinlichen Rechtes mit Anwendung auf die in Chursachsen geltenden Gesetze, 1795）的第二卷序言
中进行了如下论述："我追求这一门学问的第一性的几个原则，尽可能不拘泥于现有的全部几种
学说之中，而是尽力尝试将其还原为几个原则。"（a. a. O., Bd. Ⅱ Vorrede.）此外，这也写在
了格劳鲁曼《刑法学的几个原则》（Grundsaetze der Criminalrechtswissenschaft, 1798）的序言
中。"所有深思熟虑的人，都毫无疑问注意到我们在对刑法改革的极其多的事情进行暗中摸索。
但是，人们依然忘记了将成为讨论对象的学问还原到一种究极的原理之中去。只有根据一种究极
的原理，才能够排除关于刑法的哲学和刑事立法的对象的那些虽然数量众多但浅薄且暧昧的诡
辩。排除这些缺陷，使得刑法的学问得以还原为这些究极的原理，并在确实坚固的原则之上得以
构建，这就是我们进行不断尝试的目的。"（a. a. O., Vorrede.）此外，费尔巴哈也进行过如下
论述："全体刑法都从一些基本概念出发，并且全部都能归结于这些基本概念。这些概念就是市
民的刑罚（vuergerliche Strafe）的概念。是否能够确定这一概念就是唯一的概念的问题，可以毫
不夸张地说，是由这些理论究竟是不是真理、全部的理论是否能够一以贯之和实务是否能够得到
安定三个问题所决定的。"（Revision der Grundsaetze und Grundbegriffe des positiven peinlichen
Rechts, I. Teil, 1799, S. ⅩⅧ f.）"在普通刑法的基础上，特别是关于行为的所谓归责的理论的
基础上，有着最重要的影响，就是对刑罚和施加刑罚的权力的性质进行正确的规定。因此，通
过对这些概念的研究，我们有必要开始再次检讨。"（a. a. O., S. 1.）"全部问题都能够归结于刑
法普遍的性质和几个原理的问题中去。在我们关于刑法全体的主要研究之中，我们必须以对这一
问题的回答为出发点。而如果不能对这一问题进行正确而明确的回答的话，刑法就不可能是一种
在理论上一以贯之的真正的学问。"（Ueber die Strafe als Sicherungsmittel, 1800, S. 4.）此外，
费尔巴哈还认为"市民的刑罚"的概念并非是与"刑事罚"（Criminal-Strafe）的概念相对立的，
而是在与"道德的其他处罚"相对应的意义上进行使用和理解。（Revision, S. 1.）

　　在 18 世纪后半叶的启蒙主义前期，刑法领域中的德国自然法思想以从宗教的拘束和严酷的刑罚中解放为主要课题。与此相对，在跨越了 18 世纪末叶到 19 世纪初期的启蒙主义后期这一期间，德国的自然法思想与康德的批判哲学紧密联系了起来，尝试去发现刑法的整个体系的基本原理。这一时期，刑法学和哲学产生了密切的关联。[22] 并且，为了克服 18 世纪以来刑事司法中存在的矛盾和不安定性，就不得不对刑法典

---

　　[22]　例如，斯求贝尔进行过如下论述：在探索刑法学第一性的几个原则的过程中（参考前引注[21]），"有必要在前一时代的教义的基础上进行发展。而为刑法学者所必要的，并非是从实定刑法的法规中发现什么，因为那些概念都并没有规定在其中。规定的根据并没有得到明示"（a. a. O.，Vorede），"刑法学在全部的法学的部门之中，特别地是以这些深远的哲学的原则作为其前提的"（a. a. O.，Bd. 1，S. 122）。

　　此外，正如格劳鲁曼所说，"经验是正如学者们所殚精竭虑地讨论的那样规定的。它为坠入了片面性的学者们提供了保护。但是，经验并不能给学者们提供方向"（Ueber die Begruendung des Strafrechts und der Strafgesetzgebung nebst einer Entwicklung der Lehre von dem Massstabe der Strafen und der juristischen Imputation，1799，S. 16.）。此外，格劳鲁曼还指出，在《刑法学的几个原则》（Grundsaetze der Criminalrechtswissenschaft nebst einer systematischen Darstellung des Geistes der deutschen Kriminalgesetze，1798）之中，第一编 "一般刑法" 与第二编 "实定德国刑法" 是被对置的。他认为："时至今日，在一个学说的展开之中，通常也对从德国的法规中获得的命题，和一般刑法以及立法哲学所导出的命题不加区分；而这常常导致混乱。"因此，格劳鲁曼尝试对 "刑法的理论" 与 "以德国的法规为依据的理论" 进行了区别。（a. a. I.，Vorrede.）

　　费尔巴哈对刑法学中哲学的方法也持疑问态度。例如，他曾作如下论述："在除实定法律学之外的全部领域之中，哲学都不过是被形式地运用着。哲学有助于获得明确的、无疏漏的实证的概念，对于从普遍的但却是实证的源泉中获得的几个原则的探究而言，它起到了引路人的作用。并且，在回应体系上的统一性的要求之时，也使得对全体和部分进行调和并使其相互结合起来成为可能，而不至于仅仅是勉强为之……"（Revision，Bd. 1，S. XX.）但是，费尔巴哈在讨论刑罚的概念与刑罚的适用和程度之间的关联的归责论（Imputationslehre）之时，肯定了哲学的作用 "不仅是形式的，更是实质的"。（Revision，Bd. I，S. XX.）随后，他在其 Revision 的第一卷中，也并没有以事实或实定法作为论据，而是从哲学的观点出发对刑罚的概念进行了定义。从这里可以看出，费尔巴哈认为法律和伦理正是人类理性的本质和理性的机能；而刑罚正是从对法律和伦理的本质的最终的洞察之中所寻获的东西；因而也是唯一值得讨论的概念。Vgl. E. Schmidt，a. a. O.，S. 237.

　　此外，对于当时刑法学与哲学的紧密结合，罗伊宁进行了如下批判："对国家的刑罚权来说最高的几个原则无论如何都不能从实定法中导出。那么我们应当如何寻获最高的几个原则呢？从很早之前开始，人们就习惯于现存的刑罚法规中存在的明显的缺陷，以及对法律感情的违反。而法学作为一种学问，其整体来看，正是通过对实定法规进行超越和克服的努力，才逐渐被唤起的。但是，现在这种学问有着以批判哲学的结论为其出发点的倾向。这样，只有通过哲学的思考这一方法才能得出刑法的究极的几个原理，就几乎是不言自明的。根据这种思想，就应当阐明一种纯粹的、绝对的真理。因此，这种思考不受任何权威和外部制约的约束。刑法的原理也自然不必顾虑既存的法律，而仅仅由每个个人的自由的思辨所决定。"（Loening，supra note 9，S. 280 f.）就当时的刑法学和哲学之间密切的关系，另参见 Vgl. Hippel，Deutsches Strafrecht. Bd. 1，1925，S. 289 f.；E. Schmidt，supra note 8，S. 224；Sina，supra note 9，S. 7.。

进行立法化；而对刑法基本原理的探究也通过这一实际要求得到了支持。㉓

在前述"新世代的学者"的理论中，费尔巴哈的学说㉔对19世纪前半期的德国刑法学产生了特别大的影响。而这正是因为费尔巴哈对罪刑法定主义、以心理强制说为基础的一般预防论、行为主义的原则等进行强调的客观主义的刑法体系，与当时逐渐得势的市民阶级所提出的社会要求是一致的。㉕

自18世纪末叶以来，以法国大革命为外在契机，德国的市民阶级的社会的地位逐渐在特别是以莱茵地区为中心的西南德意志地区获得了提升。㉖ 他们为了给国家权力设定明确的界限，要求在刑法的领域中对个人的市民自由进行保护。㉗ 并且，人们期待通过立法实现启蒙主义所要求的那种刑法改革，来给18世纪后半叶以来一直残留的法律的不安定状态画上休止符。㉘ 确实，后进的德国市民阶级没能以自己的力量克服绝对主义，而是通过与启蒙绝对主义权力相互妥协，走上了自上而下的资产阶级改革道路。但是，即使是具备了这样的特殊性格，在从18世纪末到19世纪初的期间的西南德意志逐渐形成了政治自由主义的事实也是不容否定

㉓　Vgl. Hippel，a. a. O.，S. 290；E. Schmidt，a. a. I.，S. 224 f.

㉔　费尔巴哈的观点特别应参见 ［德］拉德布鲁赫：《一位法学家的生涯——P. J. 安塞尔姆·费尔巴哈传》，［日］菊池荣一、［日］宫泽浩一译（《拉德布鲁赫著作集》第 7 卷，1963 年版）。

㉕　民主德国的刑法学者也认为，费尔巴哈是当时得势的市民阶级的利益的代表者。Vgl. Lehrbuch des Strafrechts der deutschen demokratischen Republik，1957，S. 89 ff.；R. Hartmann，P. J. A. Feuerbachs politische und strafrechtliche Grundanschauungen，1961，S. 51 ff. 此外，也有在强调启蒙主义的刑罚理论和资产阶级自由主义的刑罚理论之间存在决定性的差异的基础上，指出在费尔巴哈的理论之中有着资产阶级自由主义刑法理论的阶级上的界限的观点。Vgl. Lehrbuch，S. 89 u. 92 ff.；Hartmann，a. a. I.，S. 124 u. 137.

㉖　就西欧，特别是以莱茵地区为中心的德国市民阶级的成立，参见前引注⑪松田书，第 25 页、第 312 页及以下；武田隆夫编：《帝国主义论（上）》，（经济学大系）1961 年版，第 43 页及以下；户原四郎：《德国金融资本的建立过程》，1960 年版，第 18 页及以下。就当时德国的立宪主义，参见栗城寿夫：《德国初期立宪主义研究》，1965 年版，第 1～28 页。

㉗　Vgl. Gruenhut, Anselm v. Feuerbach und das Problem der strafrechtlichen Zurechnung，1922，S. 4 ff；Hartmann，a. a. O.，S. 51 ff.

㉘　Vgl. Hartmann，a. a. O.，S. 57.

的。㉙㉚ 并且，费尔巴哈的理论包含把犯罪理解为权利侵害的理论；这显然是在自由主义萌芽时期的刑法学中才存在的表达。㉛ 并且，这样的倾向在费尔巴哈主导制定的巴伐利亚刑法典中得到了刑事立法上的实现。㉜

4. 话说回来，在前述思想和社会背景之下，费尔巴哈是如何将犯罪理解为对权利的侵害的呢？他首先从社会契约论的立场出发，给市民社会和国家打下了基础。"为了保障所有的公民之间相互的自由，每个公民都将其意志和力量结合起来，使其成为市民社会（buergerliche Gesellschaft）的根据。服从一个共同的意志且由宪法组织起来的市民社会，就是国家。国家的目的是法律状态的实现，也就是人类遵从法规地共同生活。"㉝ 并且，"超越法律规定的自由界限的人，就是权利侵害（Rechtsverletzung）者"㉞。"所有种类的权利侵害归根到底都是对国家目的的背离。"㉟ 由此，国家应当采取措施，对权利侵害发生的可能性进行预防。为了实现这一课题，最优越的手段就是在法律中预告对权利侵害的刑罚。㊱ 实施违反了这种刑罚法规的权利侵害的行为，就是犯罪。如此这般，费尔巴哈所谓"犯罪就是……根据刑罚法规而得以确定的那种反对他人的权利的行为"㊲ 的观点就得以

73

㉙ 参见前引注⑪松田书，第312～314页；另参见前引注㉖武田书，第47～57页。此外，就当时德国的自由主义，Vgl. Sell, Die Tragoedie des deutschen Liberalismus, 1953, S. 11 ff.; Krieger, The german idea of freedom, 1957, p. 81 ff. 对于1848年之后的德国自由主义，参见赤木须留喜：《德国法治国家的理论和构造（一）～（四）》，载《国家》第78卷，第9—10号，第3页以下；第11—12号第3页及以下；第79卷，第1—2号第52页及以下，第3—4号第65页及以下。

㉚ 当时德国的自由主义的领导者，大部分是市民知识分子，特别是大学教授；因而其观点大多是观念的和抽象的。而这也与德国市民社会的成立的延迟，以及产业资本家在形成过程中的事实相照应。参见矢田俊雄：《德国三月革命和自由主义》，载《近代革命的再讨论（日本政治学会年报）》（1964年），第64页。

㉛ Vgl. E. Schmidt, supra not 8, S. 239; Oehler, supra note 12, S. 136.

㉜ Vgl. E. Schmidt, a. a. O., S. 263; Oehler, a. a. O., S. 139 ff.

㉝ Feuerbach, Lehrbuch des gemeinen in Deutschland Gueltigen Peinlichen Rechts, mit Anmerkungen u. herausgegeben von Mittermaier. 14. Ausgabe, 1847, S. 36.

㉞ Feuerbach, a. a. O., S. 45.

㉟ Feuerbach, a. a. O., S. 37.

㊱ Feuerbach, a. a. O., S. 37. 这里，他展开了心理强制说。

㊲ Feuerbach, a. a. O., S. 45.

产生。㊳㊴

　　费尔巴哈进一步地将犯罪区分为"国家犯罪（Staatsverbrechen）"和"个人犯罪（Privatverbrechen）"。国家犯罪是指"直接侵害国家的权利"的犯罪，个人犯罪是"使臣民（Unterthanen）的权利成为直接违反的对象"的犯罪。㊵ 个人犯罪常常发生在每个公民个人身边，因而具有最高的重要性；由此，在立法的体系上应将个人犯罪置于国家犯罪之前。㊶ 由此表明，费尔巴哈认为刑法的主要目的在于保护市民的自由。

　　此外，费尔巴哈还认为，"存在与政府的行为以及国家的意思表示相独立的权利"，并主张"当这种权利在由刑罚法规得到确保之时，它就成为狭义的犯罪的基础"。而在"狭义的犯罪"之外，就又不得不再对"违警罪（Polizeivergehen Polizei-Uebertretung）"的概念进行承认。但即使是在这种情况下，费尔巴哈也通过理论上的构建，认为"在要求对一定的警察法规进行遵从之时，在国家的权力被规定在刑罚法规中之时，违警罪的概念就成立了"㊷；主张违警罪是由一条条禁止命令所设置的国家的对

㊳　关于费尔巴哈将犯罪理解为对权利的侵害的观点，除此之外还可以参见 Revision der Grundsaetze und Grundbegriffe des positiven pelinlichen Rechts，I. Teil，1799，S. 65l Ⅱ. Teil，1800，S. 12 f.；Kritik des Kleinschrodischen Entwurfs zu einem Peinlichen Gesetzbuch，I. Teil，1804，S. 34。此外，就费尔巴哈的权利侵害理论，还可以参见前引注③木村文，第 105 页；前引注③日冲文，第 127 页及以下；福田平：《犯罪》，载《法哲学讲座》第 8 卷，1956 年版，第 223 页及以下；前引注③小暮文，第 62 页。

㊴　费尔巴哈的 Recht 概念是主观的（suvjektiv）。这一观点体现在他将 Recht 和 Moral 作为实践理性（praktische Vernunft）的两个机能进行了严格分离，并将 Recht 归于 rechtliches Duerfen 的领域，而将 Moral 归于 sittliches Muessen 的领域。（Fuerbach，Kritik des natuerlichen Rechts，1796，S. 247 ff.）这样，费尔巴哈的 Recht 概念就并非是客观意义上的法律，即规范或者是命令；而是主观意义上的法律，也就是一个个主体的权利和权能。费尔巴哈多在后者意义上使用 Recht 概念。Vgl. Gruenhut，Anselm v. Feuerbach und das Problem der strafrechtlichen Zurechnung，1922，S. 15 f. 由此，他在使用 Rechtsverletzung 的时候，意思应当是对权利的侵害。

㊵　Feuerbach，Lehrbuch，S. 49.

㊶　Feuerbach，Kritik des Kleinschrodischen Entwurfs zu einem Peinlichen Gesetzbuch，I. Teil，1804，S. 31. 此外，他所经手的拜仁刑法典之中，事实上也已将个人犯罪置于国家犯罪之前了。但是，在费尔巴哈的教科书之中并没有采用这样的体系，而是首先讨论了对国家的犯罪。

㊷　Feuerbach，Lehrbuch，S. 46. 此外，《拜仁刑法典》之中，规定了"行为自身虽然并未侵害国家或其臣民的权利，但却对法律上的秩序和安全造成了危险，因而通过刑罚被禁止或命令的作为或不作为"的情况下，就成立违警罪（Bayerisches StGB.，ss. 2 Absatz 4）。这里，违警罪被理解为不包含权利侵害的一类犯罪。被费尔巴哈看作是违警罪的那类行为，包括例如近亲相奸（Blutschande）、兽奸（Sodomie）、介绍卖淫（Kuppelei）、暴利（Wucher）、持有武器（Waffentragen）等。Vgl. Lehrbuch，S. 703 ff.

权利的侵害。而正如后文中即将展开的那样，这也成了指出费尔巴哈的权利侵害理论存在矛盾的观点的批判对象。

5. 费尔巴哈将犯罪理解为权利侵害的观点，对自中世纪以来就不断扩张而愈发暧昧的犯罪概念有实质限定的意义。[43] 理由在于，其不仅强调罪刑法定主义，还有意地与国家权力的恣意性和刑法的不安定性针锋相对，保护了个人的市民自由。这一意义上，费尔巴哈的权利侵害理论可以认为是对启蒙后期的自然法思想和政治自由主义的表达。[44]

（二）"法的财"的概念的成立——以毕恩鲍姆为中心

1. 将犯罪理解为权利的侵害的费尔巴哈的理论，在其提出后的将近 *79* 二十年里获得了多数支持。但是，进入 1820 年代之后，逐渐出现了对费尔巴哈的观点进行批判的声音。随后，在 1834 年，将犯罪理解为对"法的财（rechtliches Gut）"的侵害的理论被毕恩鲍姆（Michael Birnbaum）所主张。下文着眼于理论变迁的历史背景，对"法的财"的概念的成立进 *80* 行考察。

2. 普鲁士、奥地利、拜仁的刑法典的订立，使其公国中的法律适用有了基础。虽然迎来了 19 世纪，但其他国家的刑事司法仍然没能完全摆脱 18 世纪以来的不安定状态。[45] 确实，各个公国在其个别的命令（Verordnung）中对启蒙思想的人道主义倾向有所考虑这一点上，与 18 世纪时存在差异；实定法所反映出来的法律的状态，和包括裁判官在内的知识阶层的观点之间的区隔有所减少。但是，这些个别的命令原则上只具有一时的性格，并且其对象仅仅是与刑法全体缺乏直接联系的个别的问题。此外，这种个别的命令也缺乏与历来的法律之间的调和，各个命令之间也包含了许多矛盾。并且，由于个别的命令中没有对作为刑法普遍理论的一些重要问题进行充分考虑，在以此为依据进行归责和刑的量定时，裁判官就被置于了法律的不安定的立场之中。[46]

---

[43] 团藤重光：《刑法纲要·总论》，1957 年版，第 129 页；另参见前引注⑤福田书，第 225 页。

[44] Vgl Sina, supra note 9, S. 11 f.

[45] 就 19 世纪初期德国刑事司法的状态，Vgl. E. Schmidt, supra note 8，S. 282. 。

[46] E. Schmidt, a. a. O., S. 282.

19 世纪初以来，德国刑法学在质和量上都变得丰富多彩起来。[47] 但是，在刑法学中缺乏统一的制定法基础；德意志普通刑法在多数公国中也已经失去了其效力。普鲁士、奥地利、拜仁等公国的刑法典也各有不同的原则，存在显著差异。[48] 由此，刑法学"向哲学逃避的倾向就是不可能完全消失的"[49]。

但同时，对这种倾向的批判也愈发强烈。"进入 1820 年代后，对刑法学历来的纯粹哲学倾向提出的批判逐渐得到了主张；而这种主张最先又是由刑法学的哲学倾向所导致的那些实务中的弊害和混乱所引起的。"[50] 确实，理性法虽然是以哲学命题的形式展开的，但这些命题未必是与实定法相一致的，而法官的裁判也就失去了实定法的确实性。[51] 此外，浪漫主义的思想倾向也为对启蒙主义的批判提供了助力；当此情境也难以否定私法中的历史法学派是有影响力的。这就导致在刑法学中，历史的思考的重要性也得到了强调。[52]

81

---

[47] 费尔巴哈和格劳鲁曼在 1798 年至 1804 年期间，编辑了《法学和法理学全书》（*Biblion-thek fuer peinliche Rechtswissenschaft*）一书。1799 年以来，克莱因和克莱因施罗德在其上发表了《刑事法档案》（*Archiv des Criminalrechts*）。而这一论文在 1816 年到 1833 年之间被以《新刑事法档案》（*Neues Archiv*）的形式，在 1834 年至 1857 年之间被以续编（Neue Folge）的形式，得到了当时代表性的刑法学者［其中包括米特麦耶（K. J. A. Mittermaier）和维施塔（Waechter）］的编辑。而下面要谈的毕恩鲍姆阐明其观点（本书第 91 页，注[65]）的论文，也刊载在这一续编之中。

教科书或者概论，参见 Tittmann（1806/1810），Wirch（1822），Henke（1823/1828），Jarcke（1827/1830），Luden（1847），Rosshirt（1821），Martin（1820/1825），Waechter（1825/1826），Bauer（1827），Heffter（1833），Klenze（1833），Abegg（1836），Marezoll（1841）等为数众多的著作。Vgl. E. Schmidt, a. a. I., S. 283；Hippel, supra note 22, S. 302 Anm. 3.

[48] Vgl. E. Schmidt, supra note 8, S. 283.

[49] E. Schmidt, a. a. O., S. 283.

[50] Loening, supra note 9, S. 330.

[51] Vgl. Loening, a. a. O., S. 330；Sina, supra note 9, S. 14.

[52] Vgl. Bar, supra note 9, S. 197；Loening, a. a. O., S. 342 ff.；E. Schmidt, a. a. O., S. 285 ff.；Sina, a. a. O., S. 15. 米特麦耶认为，"我们所生活的时代在给予我们警告的同时，也为我们所很好地理解了的过去进行彻底的研究"的必要性进行了强调。（Mittermaier, Ueber den neuesten Zustand der Kriminalwissenschaft in Deutschland, Neues Archiv Bd. 4, 1821, S. 82 f.）此外，关于米特麦耶的历史的方法，Vgl. Loening supra note 9, S. 343 ff.。除此之外，作为历史的研究的代表的还有 Waechter, Lehrbuch des Roemisch-deutschen Strafrechts, 1825/1826；Beitraegen zur Deutschen Geschichte, insbesondere zur Geschichte des Deutschen Strafrechts, 1845；Biner, Ueber die historische Methode und ihre Anwendung auf das Criminalrecht, Neues Archiv Bd. 10, 1829, S. 400-428；Wilda, Strafrecht der Germanen, 1842.

这样，对启蒙主义后期的自然法思想的理性法和哲学的倾向的批判、对建立于不确实基础之上的实务的考虑、对历史的思考的重视三个要素，就是 1820 年到 1840 年期间德国刑法学讨论倾向的表现。[53] 刑法学的这种倾向，被称为"稳健的实证主义倾向（gemaessigte positivistische Richtung）"[54]。

3. 这种"稳健的实证主义倾向"是以 1820 年代至 1840 年代之间德国资本主义社会的形成为其社会背景的。这一时期，德国的社会经过了多次工业化和产业革命。在西欧，则发生了拿破仑统治和法国大革命那样的社会解放运动，产业资本也完成了其原始积累。在东欧，则发生了施泰因-哈登贝格推动的普鲁士农奴改革，确立并发展了容克地主阶级的统治地位；而在此之后，普鲁士才完成了关税改革并逐渐将其扩大为全德关税同盟。由此，德国资本主义社会的形成与其说是自然而然产生的，不如说是在外部压力之下、由自上而下的改革所导致的。[55] 在这一过程中，德国的市民阶级在接受了外部压力，认可了自上而下的改革的同时，也期待压制统治者、官僚、法官的恣意妄为，并且追求法律的安定性。与此同时，从启蒙主义后期的自然法思想导出的市民的自由理念也在此期间得到了现实化。[56][57]

---

[53]　Vgl. Sina, a. a. O., S. 16.

[54]　罗伊宁将其命名为"gemaessigte positivistische Richtung"（Loening, a. a. O., S. 335.）。他在引述约旦（Sylvester Jordan）将其称为"Schule der Gemasessigten"的同时，进行了如上表述。而被约旦称为"Schule der Gemasessigten"的东西，正是"致力于调停哲学和实定法之间的纷争，在两者之间构建一种以调和地相互作用为本质的自然的关系"的东西。（Jordan, Inwiefern soll der allgemeine Teil der positiven Criminalrechtswissenschaft philosophisch sein, Neues Archiv Bd. 11, 1830, S. 215.）此外，艾伯哈特·施密特（E. Schmidt）也在引用罗伊宁的表达的基础上，将当时的刑法学称为是具有"gemaessigte positivistische Richtung"的（E. Schmidt, a. a. O., S. 283.）

[55]　参见前引注⑪松田书，第341页及以下；前引注㉖户原书，第19页及以下；前引注㉖武田编书，第48页及以下。

[56]　参见矶村哲：《启蒙时代自然法理论的现代的意义（二）》，载《法律时报》第28卷第6号（1956年），第72页。此外，民法典之中历史法学派的社会学背景，参见戒能通孝：《萨维尼》，载戒能通孝编：《法律思想家评传》，1950年版，第69页及以下；另参见前引注⑪千叶书，第208页及以下；村上淳一：《普鲁士城市自治和萨维尼》，载村上淳一编：《德国的近代法学》，1964年版，第139页及以下。

[57]　当时德国的自由主义，Vgl. Sell, a. a. O., S. 73 ff.；Krieger, op. Cit., p. 216 ff.。

在 18 世纪末叶到 19 世纪初的这一时期中，启蒙主义的自然法思想将理性法，或者说法哲学观念与形成中的市民的法秩序置于同等地位。[58] 而在进入 19 世纪 20 年代之后，虽然德国刑法尚未完全脱离不安定的状态，但与 18 世纪末叶相对比的话仍可以发现，它在通过实定法使市民的刑法秩序得到现实化的道路上向前迈进了一大步。[59] 这时，在实定法之外还存在其他的理性法或是哲学，就反而使得法律（因为被批判而——译者注）失去了安定性。这就促使启蒙主义后期的自然法思想对理性法的、哲学的方法进行反省和批判。随后，仅仅通过理性法或哲学无法孕育统一的刑法，也无法使市民的自由得到实质的现实化的观念，就逐渐在刑法的实证的、历史的研究的问题意识中得到了阐明。由此，"稳健的实证主义倾向"就成为能够与德国资本主义创立时期市民阶级对刑法的要求互相呼应的理论。

4. 从"稳健的实证主义倾向"的立场出发，启蒙主义后期的自然法思想中的理性法的、哲学的方法就因为具有不当的"一般化"倾向而受到了批判。而将犯罪理解为对权利的侵害的费尔巴哈的理论正是这种"一般化"的表现。[60]

对费尔巴哈权利侵害理论的批判主要有以下几点。首先，将犯罪概念限定在权利侵害范围内是不适当的。仅因没有造成权利侵害就认为值得处罚的行为不成立犯罪，这在道德观念的视角下无疑是难以忍受的。[61] 其次，费尔巴哈的权利侵害理论在体系上有失妥当。费尔巴哈认为，本来不包含权利侵害的违法行为成立"违警罪（Polizeivergehen）"；即在费尔巴哈看来本来不应作为犯罪处罚的行为，也能够作为广义上的犯罪的一种在其他名目下进行处罚。这正说明了他的体系中存在矛盾。[62]

在对费尔巴哈的权利侵害理论进行批判的风潮中，也不乏权利侵害理

---

[58] 参见前引注[56]矶村文，第 74 页。

[59] 参见本书第 80 页。

[60] Mittermaier，Ueber die Grundfehler der Behandlung des Criminalrechts in Lehr-und Strafgesetzbuechenrn，1819，S. 11 f.

[61] Mittermaier，a. a. O.，S. 32；Jarcke，Handbuch des gemeinen deutschen Strafrehcts，Bd. 1，1827，S. 107 Anm. 7.

[62] Mittermaier，a. a. O.，S. 23；Jarcke，a. a. O.，S. 101.

论的拥护者。例如，德罗斯特·许尔斯霍夫（Droste-Hüelshoff）就强调费尔巴哈的犯罪概念在其明确性以及在国家范围内对市民自由的保障机能的问题上具有优越性。[63]

但是，拥护权利侵害理论的观点在当时仅仅是少数说。多数刑法学者对将权利侵害作为犯罪的要素的观点都表现出疑问的态度。[64]

5. 权利侵害对犯罪概念而言是否必要的问题得到了进一步的讨论。其中，毕恩鲍姆在1834年发表了题为《对犯罪概念而言权利侵害的必要性——对名誉毁损概念的特殊考虑》的论文。[65] 在这篇论文中，毕恩鲍姆 *83* 将一个新的概念置于了与犯罪客体相关的理论的中心，即"财（Gut）"的概念。[66]

在前述论文中，"从事物的本性来看，对是否仅有权利侵害应当作为犯罪处罚进行研究"并非毕恩鲍姆主要的课题。相反，他认为"与其从立法，不如从关于法律适用的观点出发"来提出一个问题。[67] 这就说明，毕恩鲍姆没有采取哲学的、演绎的方法，而是接纳了"稳健的实证主义倾

---

[63] Droste-Hüelshoff, Ob nur Rechtsverletzungen vom Staate als Verbrechen bestraft werden duerfen?, Neues Archiv, Bd. 9, 1824, S. 602 ff.

[64] Sina, supra note 9, S. 19.

[65] Birnbaum, Ueber das Erforderniss einer Rechtsverletzung zum Begriffe des Verbrechens, mit besonderer Ruecksicht auf den Begriff der Ehrenkraendung, Archiv des Criminalrechts, Neue Folge, 1834, S. 149 ff. 毕恩鲍姆除了前述论文，还在以 Ueber den Unterschied zwischen crimen und delictum bei den Roemern, Neues Archiv, Bd. 8, nr. 14 u. 22, Bd. 9, nr. 16 为代表的几篇论文中进行了历史性的研究。而据庞贝尔克所说，费尔巴哈对年轻的毕恩鲍姆进行了"如同父亲一样的帮助和建议"（前引注㉔拉德布鲁赫书，第174页。）

[66] 毕恩鲍姆的理论，参见前引注③木村文，第106页；前引注③日冲文，第128页；前引注③小暮文，第62页及以下；此外，将"Gut"翻译为"财"，虽然有着仅仅限定在经济上的"财货"的意义上的危险，但是由于没有其他合适的概念与之对应，不得已只好以"财"进行翻译。

希培尔关于犯罪并非对权利的侵害而是对财的侵害的观点，是为了对德国首个对动物虐待进行刑罚处罚的规定，即1838年《萨克森刑法典》中关于虐待动物的罚则进行说明。在1836年，希培尔评论了冈特（Guenther）的观点，认为其观点"明显已经在当时广为流行"了（Hippel, supra note 22, S. 11 Anm. 5）。确实，冈特认为犯罪的本质在于"普遍的，虽然并非全部如此但主要是在于，对财（Gut）的侵害"（zit nach R. v. Hippel, Die Tierquaelerei, 1891, S. 113）。但是，财的概念在其后20年里并没有被作为问题讨论；特别是，并没有被作为犯罪论的问题讨论。这也表明，前述观点在当时并没有广为流行（Vgl. Sina, a. a. O., S. 20 Anm. 27）。

[67] Birnbaum, a. a. O., S. 157 f.

向”的立场。

为了对作为犯罪的一般要素的权利侵害进行考察，毕恩鲍姆首先从“侵害（Verletzung）”这一概念出发，将“侵害的最为自然的概念”理解为“人（Person）或者事物（Sache）”，特别是“我们认为属于我们的东西；即他人通过行为能够从我们这里夺取或能够使其减少的，那些在我们看来与‘财（Gut）’有关的概念”[68]。对于“侵害”这一概念来说，立法者采取了“应当避免本来就不过是对侵害的比喻的表达，或者说从近代哲学的抽象概念中部分地向法律的语言语法进行移用所代表的那种表达”[69]的立场。而作为其结论，毕恩鲍姆认为巴登州的新法（1831 年 12 月 28日）就名誉毁损的问题，在第 3 条将“对他人的名誉权利故意进行侵害”的行为作为规定的对象是有失妥当的。[70]

随后，毕恩鲍姆对费尔巴哈的权利侵害理论进行了讨论，指出其违警罪的分类违背了他自己提出的理论。费尔巴哈认为：“在要求对特定的警察法规进行遵守，即当一定的国家权利（国家法益——译者注）被刑罚法规所规定之时，违警罪的概念就成立了。”而警察法规也规定了国家的权利的观点，与他将犯罪定义为“通过刑罚法规规定的与他人的权利相悖反的行为”——也就是说，行为本身是在被刑罚法规规定以前就已经存在的[71]，且这一行为必须是对权利的侵害——的观点之间存在逻辑矛盾。[72]此外，毕恩鲍姆还批评道，费尔巴哈虽然将犯罪分为“狭义的犯罪”和“违警罪”，但却没有明确两者的界限应该在哪里。[73] 就结论而言，毕恩鲍姆否定了犯罪中的权利侵害要件，将犯罪理解为对“财（Gut）”的侵害。其证据在于，“我们的权利的对象”，即“财”受到“夺取、或者说被减损”的场合中，“我们的权利本身并没有减少，也没有被夺取”[74]。并且，比起权利概念，将侵害的概念与“财”的概念相关联更适合于语言的自然

[68]　Birnbaum, a. a. O., S. 150.
[69]　Birnbaum, a. a. O., S. 150.
[70]　Birnbaum, a. a. O., S. 150 f.
[71]　参见前文第 73 页。
[72]　Birnbaum, a. a. O., S. 168 f.
[73]　Birnbaum, a. a. O., S. 169 f.
[74]　Birnbaum, a. a. O., S. 172.

用法。⑦

如此这般，毕恩鲍姆就得出了如下的犯罪的实质概念："从事物的本性来看，应当被看作是犯罪的，或者说在理性指导的国家中应当受到处罚的，是对应当通过国家权力对所有的公民施加同样的保障的那些'财'的侵害或者危险；而这种侵害或者危险还必须是能够归责于人的意思的。"⑦

在毕恩鲍姆将犯罪理解为对"财"的侵害的情况下，就能如前所述那样地避免对哲学的、演绎的方法的采用，而尽可能地采用实证的、归纳的方法。⑦ 这正表明了毕恩鲍姆"稳健的实证主义倾向"的立场。但是，这并不能否定在毕恩鲍姆的思想基础中，仍然存在启蒙主义后期的自然法思想的传统。例如，除了对前述犯罪概念，毕恩鲍姆还主张"以相同的方法对于在国家之中生活的所有公民对'财（Gueter）'的享受进行保障，不论这种'财'是自然给予人类的，或者是人类社会的发展和市民的结合的结果；而这也正是国家权力的本质。"⑦ 此外，他还进一步强调："财——一国之中所有的人都应受到相同的保障，因而对财的享受是与各个公民的权利领域直接关联的——其一部分是由自然给予的，而另一部分是由人类社会的发展而收获的；这是不容置疑的。"⑦

这样，毕恩鲍姆就将"财"的概念导入了犯罪的实质概念之中。显然，这使得"法益"概念在 1870 年代的刑法学中获得了重要的地位。 *85*

6. 话说回来，究竟应当如何理解毕恩鲍姆所谓"财"的概念呢？由于毕恩鲍姆没有对这一概念进行定义，只能姑且以他关于"财"的论述的片段为线索对这一问题进行考察。

首先，毕恩鲍姆关于"侵害的最为自然的概念"的论述能够提供一种启示。正如前文所述，毕恩鲍姆认为对"侵害"这一概念的使用，应当与"人（Person）或者事物（Sache）"，"特别是我们认为属于我们的"东西，

---

⑦　Birnbaum, a. a. O., S. 174 u. 176.

⑦　Birnbaum, a. a. O., S. 179.

⑦　霍尼希着眼于这一点，认为毕恩鲍姆是"社会学的实证主义（soziologischer positivismus）"的先驱者。(Honig, Die Einwilligung des Verletzten, Teil I, 1919, S. 60 ff.)

⑦　Birnbaum, a. a. O., S. 177.

⑦　Birnbaum, a. a. O., S. 177.

也即"对于我们来说是'财'的那些东西"有所联系。⑳

从这种描述中能够确定，毕恩鲍姆认为的"财"首先是"人或者事物"。但是，他认为"人或者事物"仅仅是对"财"的一种列举，而"财"则未必全部都是"人或者事物"。由此，从这种描述中是无法得出明确的结论的。

除此之外，毕恩鲍姆还主张"侵害"概念应当避免比喻的、抽象的用法。㉛ 同时，有必要注意强调侵害的本质特征在于"对有形事物（koerperliche Sache）的破坏"㉜。据此，也可以认为毕恩鲍姆将"财"理解为是具体的、有形的对象。但另一方面，毕恩鲍姆也多次将名誉看成是"财"㉝；此外，他也将例如"宗教的、伦理的观念的全体"称为"公共的财（Gemeingut）"㉞。就此来看，这一解释也是无法令人赞同的。在其他一些场合中，毕恩鲍姆还将"财"理解为"我们权利的对象"；其作为例子举出的，则是"生命、人类的诸种能力、名誉、人格的自由和财产"㉟等等。

这样看来，毕恩鲍姆所谓"财"的概念未必有其明确的内涵；通过前例也能够说明，毕恩鲍姆认为"财"未必仅仅限于有形的对象。但是，仍然必须承认的是，在大多数场合下"财"首先被作为一种有形的、具体的东西来看待。而这也在毕恩鲍姆关于"侵害的自然的概念"的主张，以及他列举出的主要事例，即使事物"被夺取或者发生减损"中得到了清楚的阐明。

这样，毕恩鲍姆的"财"的概念就染上了强烈的有形的、具体的东西的色彩。不论从何种角度看，他对"财"的概念的理解都并非只是流于形式，也并非仅限于根据例如立法者或社会通念产生的理解的范围内。他一方面认为"财"的一部分是"社会的发展的产物"，另一方面也明确地肯

㉚　参见前文第 80 页。

㉛　参见前文第 83 页及以下。

㉜　Birnbaum, a. a. O., S. 172.

㉝　Birnbaum, a. a. O., S. 180 u. 183 ff.

㉞　Birnbaum, a. a. O., S. 178.

㉟　Birnbaum, a. a. O., S. 172.

定"财"的另一部分是"已经由自然给予人类"[86] 的东西。

话说回来，毕恩鲍姆并没有使用"法益（Rechtgut）"这一表达。相反，他使用了"在法律上（rechtlich）能够归属于我们的财（Gut）"[87] 或者"根据规定（Gesetze）应当受到保护的财"这一概念[88]的表达。这种表达与"法益"具有几乎相同的意义。由此可以认为，正是毕恩鲍姆为法益概念奠定了基础。[89] 可以说正是毕恩鲍姆将"法的财（rechtliches Gut）"这一概念导入了实质的犯罪概念中，并明确了其犯罪客体的地位。

7. 就毕恩鲍姆的"法的财"侵害的理论所具有的意义问题，下文以它与费尔巴哈的权利侵害理论之间的关系为线索进行考察。

毕恩鲍姆的"法的财"侵害的理论，是作为"稳健的实证主义倾向"对费尔巴哈的权利侵害理论进行批判和修正而产生的。毕恩鲍姆的理论用具有强烈的经验性、实证性的要素"财（Gut）"取代了具有强烈的观念性的要素"权利"；并将其导入了与犯罪客体相关的理论中。相比于权利侵害理论，这包含了犯罪客体扩张的萌芽。理由在于，不论是将权利理解为其是自然所给予的，还是将其理解为其他什么，权利的概念上都有着私法长久以来的传统所规定的那些限制。而相较于此，"财"的概念就其内容而言无疑是更加广泛的。特别是在对其内容进行形式的理解，即认为其内容受到立法者或者社会一般观念的评价所决定之时，其内容就变得更为宽泛。而实际上在 1870 年以后的法律实证主义的视角下，对法益（rechtsgut）概念也确实是这样理解的。[90] 诚如毕恩鲍姆所述，他虽然并没有采取这种形式的理解，但这并不排除"法的财（rechtliches Gut）"这一概念相比于权利的概念，有进行扩张的理解的可能性。

在另一方面，"法的财"这一概念也有对启蒙主义后期的自然法思想和权利侵害理论的继承的一面。作为"财"这一概念的思想基础的"稳健的实证主义倾向"虽然对启蒙主义后期的自然法思想和权利侵害理论进行

---

[86] 参见本书前文第 84 页。

[87] Birnbaum, a. a. O., S. 172.

[88] Birnbaum, a. a. O., S. 176.

[89] Vgl. Hippel, Deutsches Strafrecht, Bd. I, 1925, S. 11.

[90] 参见后文第 102 页及以下，以及第 108 页。

了批判，但这并不导致对两种理论在刑法的体系化和防止国家权力的恣意性的方面所实现的功绩的否定。毕竟"稳健的实证主义倾向"也有着使市民的自由得到实质的现实化的意图。由此，即使是在"法的财"的概念之中，启蒙主义后期的自然法思想和权利侵害理论在对犯罪概念进行体系上的限定的倾向上也有其现实意义。

　　在毕恩鲍姆的意图中已经很明确地表明，"财"之中包括"自然给予人类的"那些东西；并且，对犯罪概念应当以"从事物的本性来观察……"和"依据理性……"的方式来思考。⑨⑪ 这些都是毕恩鲍姆的思想基础中受到启蒙主义后期的自然法思想影响的证据。

　　除此之外，毕恩鲍姆还明确承认，"法的财"这一概念具有对犯罪客体进行实质的限定的机能。例如，他将雅克（Jarcke）在犯罪的法律概念和犯罪的伦理（道德）概念之间设定区别的观点推向极端；而对海茵胡特（Heinroth）等人认为所有恶行都是犯罪的观点则进行了明确的否定。随后，"如果采取这种方法，那么刑法学就无法从其通过近五十年的努力所欲图驱逐的概念的那种混乱状态中逃离了"⑨⑫。并且，对于拥护费尔巴哈权利侵害理论的德罗斯特-许尔斯霍夫（Droste-Hüelshoff）所主张的，应当避免由体系的缺乏导致的混乱和对国家中市民的自由产生不利益的观点⑨⑬，毕恩鲍姆也仍然坚持："德罗斯特-许尔斯霍夫有许多与这些新观点（雅克和海茵胡特的前述观点——引者注）相反的观点。在我看来这是非常值得感铭的事情。虽然我认为他的基本观点（费尔巴哈的权利侵害理论是正确的——引者注）是难以赞成的……"⑨⑭

　　随后，毕恩鲍姆强烈地反对了将公共的危险性作为犯罪的客体的观点。"特别是如果认为公共的危险性（Gemeingefaehrlichkeit）是所有犯罪的本质，将导致以下见解：例如，应当处罚谋杀行为作为一种国家权力的义务，其理由并不在于应当对各个公民的生命进行保护，而是在于应当对

---

⑨⑪　参见前文第 84 页。
⑨⑫　Birnbaum, a. a. O., S. 154.
⑨⑬　参见本书前文第 82 页。
⑨⑭　Birnbaum, a. a. O., S. 154.

一个作为整体的国家进行维持。"⑨⑤ 而毕恩鲍姆反对的理由则在于："对于
人类的利益来说国家未必具有必要性；但国家的存续却不能没有人类的
存在。"

　　这样，"法的财"的概念虽然是以"稳健的实证主义倾向"为思想背
景而得以形成的，但它也依据以 18 世纪末叶到 19 世纪初期的启蒙主义后 *89*
期的自然法思想为基础的权利侵害理论对实质的犯罪概念的规定，而有着
进一步确保法律的安定性和市民的自由的侧面。⑨⑥ "法的财"概念也正是
当时市民的自由在刑法中的表达。这种自由主义的侧面在毕恩鲍姆自己的
意图中表现得非常明确。

　　"法的财（rechtliches Gut）"即法益（Rechtsgut）的概念的实证主义
的侧面，在 1870 年代以后受到了很多关注。在宾丁的法律实证主义的犯
罪论和李斯特的社会学的、实证主义的犯罪论中都具有重要地位。⑨⑦ 但
是，法益概念的历史的、自由主义的内容在这之后的刑法学中并没有得到
充分的关注。而对法益概念的历史的、自由主义的内容抱有强烈兴趣的，
是纳粹时代根据基尔学派的观点对法益概念的重要性进行否定的尝试。而
基尔学派否定法益概念重要性的根据，正是在于法益概念对自由主义的内
容的强调。⑨⑧

二、黑格尔学派刑法学和"法的财"的概念

（一）

　　如前所述，德国刑法学在 1820 年到 1840 年期间，以"稳健的实证主 *93*
义倾向（gemaessigte positivistische Richtung）"作为其特征之一。正是以
这种倾向作为其思想背景，毕恩鲍姆才对将犯罪理解为对"法的财（re-

---

⑨⑤　Birnbaum，a. a. O.，S. 180.

⑨⑥　Vgl. Sina，supra note 9，S. 27.

⑨⑦　参见后文第 102 页及以下。

⑨⑧　参见内藤谦：《目的行为论的法律思想史考察（二）》，载《刑法杂志》第 9 卷第 2 号
（1958 年），第 77 页（本书第 54 页）。另参见本书第 148 页。

chtliches Gut)"的侵害的观点进行了主张和发展，并最终使法益概念的基础得以形成的。而这一"法的财"概念之所以有着对法律的安定性和当时的市民的自由进行确保的侧面，正是因为其继承了以18世纪末到19世纪初的启蒙主义后期的自然法思想为背景的费尔巴哈的权利侵害理论，而对犯罪的客体进行了实质的限定。[99]

但是，进入1840年代后，德国刑法学再次展现出了观念的、思辨的倾向。在黑格尔哲学的强烈影响之下，所谓黑格尔学派直到1870年为止都占据着德国刑法学的主流地位。[100] 在黑格尔学派的刑法学中，"法的财"概念被迫失去了它在毕恩鲍姆那里的重要性。因此我们在下文主要着眼于黑格尔学派与"法的财"概念之间的关系问题，以其历史背景为着眼点进行考察。

（二）

在1840年前后，刑法典接二连三地在德国的领邦中得到颁行。例如，萨克森（1838年）、符腾堡（1839年）、汉诺威（1840年）、布伦瑞克（1840年）、黑森-达姆施塔特（1841年）、巴登（1843年）等公国都颁布了自己的刑法典。随后在1851年，成为现在德国刑法典基础的普鲁士刑法典也得到了颁行。[101]

但是，德国刑法学并没有以前述诸公国（邦国）的刑法典为素材，并基于对其的分析展开。相反，支配刑法学的是找出一种前述诸公国的刑法典所包含的共通之处，并将其作为新的普通法的动向；这就导致德国刑法学再次试图在哲学之中寻找新的普通法的线索。这样，刑法学就同黑格尔哲学之间建立了联系。[102]

德国刑法学这种倾向的社会背景是，对德国的统一和自由提出要求的民

---

[99]　参见内藤谦：《刑法中法益概念的历史展开（一）》，载《东京都立大学法学会杂志》第6卷第2号（1967年），第60～75页（本书第79～93页）。

[100]　Vgl. Lorning, Ueber geschichtliche und ungeschichtliche Behandlung des deutschen Strafrechts，ZStW. Bd. 3, 1883, S. 349 ff.；Landsberg, Geschichte der deutschen Rechtswissenschaft, 1910, S. 668；Hippel, Deutsches Strafrecht, I, 1925, S. 305 ff.；E. Schmidt, Einfuehrung in die Geschichte der deutschen Strafrechtspflege, 3. Aufl., 1965, S. 294 ff.

[101]　Vgl, Hippel, a. a. O., S. 304 i. 314 ff.；E. Schmidt, a. a. O., S. 313 ff.

[102]　Vgl. Hippel, a. a. O., S. 304 f.；E. Schmidt, a. a. O., S. 313 ff.

族（国家）主义运动。在长期苦于政治上的分裂和来自发达国家的干涉压迫的德国，谋求个人自由的运动与民族独立和国土统一的要求相结合有其必然性。由此，德国的自由主义带有了被称为民族自由主义的特殊的性格；而个人的自由被认为只有与民族共同体相结合才有意义。特别是在进入 1840 年代后，在愈发扩大的产业革命背景下，德国的市民阶级在推进政治变革的同时，也强烈地渴求着在四分五裂的德国国土上整合形成一个统一的国内市场。但是，以莱茵地区的市民阶级为中心的政治解放运动在 1848 年的三月革命中遭遇了挫折；随后在 1850 年代的反动时期，贵族和容克地主阶级又重新确立了难以动摇的优势地位。而德国的统一和自由这一课题，就是在贵族和容克地主的妥协之下，以普鲁士联邦为中心得到实现的。[103] 在这种社会背景之下，追寻国家的理念和个人的自由的综合统一的黑格尔哲学[104]就对刑法学产生了莫大的影响。[105]

（三）

　　下文以对黑格尔学派的刑法学和"法的财"概念的关系的探讨为前提，首先在与犯罪客体相关的范围内[106]，对黑格尔有关犯罪的理论进行考察。

　　黑格尔认为，犯罪是对"作为法律的法"的侵害。根据他的观点，犯

---

　　[103] 从 1840 年到 1870 年期间，德国的自由主义的特征参见 Sell, Die Tragoedie des deutschen Liberalismus，1953，S. 271 ff.；Krieger, The german idea of freedom，1957，p. 305 ff.；栗城寿夫：《三月革命前期巴登的宪法生活中的二元主义（三）》，载《法学杂志》第 7 卷第 3 号，第 60 页及以下；另参见前引注⑩矢田文，第 62 页及以下；赤木须留喜：《德意志法治国家的理论和构造（一）》，载《国家法学》第 78 卷第 9～10 号，第 7 页及以下；赤木须留喜：《德意志法治国家的理论和构造（二）》，载《国家法学》第 79 卷第 11～12 号，第 3 页及以下；上山安敏：《法社会史》，1964 年版，第 319 页及以下。

　　[104] 黑格尔的法哲学，参见金子武藏：《黑格尔的国家观》，1944 年版；平野秩夫：《新黑格尔学派》，载《法哲学讲座（第 5 卷・上）》，1960 年版，第 161 页及以下；千叶正士：《法思想史要说》，1964 年版，第 201 页及以下。

　　[105] 弗兰茨・维亚克尔在承认黑格尔哲学强烈地影响了刑法学的同时，也指出它并没有将触手及于私法学之中。其理由在于，司法中"历史法学派是在人文主义、浪漫主义的文化哲学之中成长起来的，与其说其核心是历史的，不如说其核心是人文主义的或文献学的。因而历史法学在逻辑公理的问题上与康德的观点紧密相连，而在体系和方法的问题上也与其理性法论紧密相连。"[前引注⑩弗兰茨・维亚克尔（铃木禄弥译）：《近代私法史》，1961 年版，第 497 页。]

　　[106] 这里所谓的"犯罪的客体"概念尚未对行为的客体和保护的客体进行区分；是对为犯罪行为所侵害的对象的泛指。

罪是"对具体意义上的自由定在（Freiheit der Dasein），也就是'作为法的法'的侵害"。换言之，犯罪是"完全意义上的否定的无限判断（negativ-unendliches Urteil）。它不仅仅使特殊物，也就是使物从属于我的意志受到否定，而且同时，在'我的东西'这一谓语中的普遍的东西（im Praedikate des Meinigen）和无限的东西，也就是法权能力（Rechtsfaekigkeit），也不经过我的意见（Meinung）的中介，甚至藐视我的意见的中介，而受到了同等的否定"[107]。

在黑格尔看来，对普遍者的否定只有在量的并且也是质的特殊化之中才能进行。理由在于，普遍者（普遍意志）应当被作为定在来理解。对此黑格尔这样说道："只有达到了定在的意志（dasseiender Wille）才会受到侵害；而这种意志一旦达到定在，就进入了质的规定同时也是量的范围的领域，从而与此相应地也各有不同。在前述限度内，这种定在以及对其的一般规定是否在其全部的范围中，因而也是在与这一概念相同的无限性上受到侵犯（例如杀人、强令为奴、宗教强制等）；还是仅仅是一个部分受到侵犯；抑或是在某些质的规定上受到了侵犯；这也正是犯罪在其客观方面得以互相区别的根据。"[108]

如此这般，在黑格尔看来犯罪的本来的客体就是普遍物，是作为法的法，是具体意义的自由的定在。这三者对黑格尔来说具有相同的意义。并且，量的范围或者是质的规定领域虽然是必然之物，但也仅仅是中介物而已；通过这一中介物，普遍物就作为犯罪客体受到了侵害。侵害的这种中介物对于黑格尔来说是"特殊物，也就是从属于我的意志的那些事物"[109]。

除了这种特殊物是普遍物的特殊化，黑格尔本人并没有在其论述中明确犯罪概念具有什么样的性格。而作为残留下来的问题，被犯罪侵害的普遍物的中介物，即犯罪的直接客体的性质和重要性问题也在黑格尔学派刑法学的内部进行了进一步的讨论。

---

[107]　Hegel, Grundlinien der Philosophie des Rechts, 1821, Lassonsche Ausg, 2. Aufl., 1921, ss 95. 另参见黑格尔（高峰一愚译）：《法哲学（上）》，1953 年版，第 160 页。

[108]　Hegel, a. a. O., ss 96. 另参见前引注[107]高峰一愚译作，第 161 页。

[109]　就包含了刑罚理论的黑格尔的刑法理论，特别参见木村龟二：《黑格尔的刑法理论在当今的意义》，载《刑法解释的诸问题·第一卷》，1939 年版，第 30 页及以下。

（四）

黑格尔关于犯罪客体的理论是怎样被黑格尔学派刑法学采纳的呢？"法的财"概念在黑格尔学派刑法学中又占据怎样的地位呢？

首先，黑格尔学派刑法学的代表学者凯斯特林指出，犯罪与其他的不法相区别，并非是对"法的一定的现象（eine bestimmte Erscheinung des Rechts）"的侵害；而是对"法的本质（Wesen des Rechts）的侵害"[⑩]。确实，在凯斯特林看来，犯罪中的"现象"要素虽然是必然的事物，但其仅仅具有"特殊化和个别化（Besonderung und Vereinzelung）"的意义。在这种特殊化和个别化之中，成为"犯罪的本质的侵害对象"的仍然是"法律实体（Subsanz des Rechts）"本身。[⑪]

在凯斯特林看来，"现象"的要素是在"特殊的法（besonderes Recht）"中存在，其根据也在于"法规（Gesetz）"。而"法规"正是法律的特殊化的"适当的形式"。这样，成为法规根据的法，就应当被理解为"主观的权利（subjektives Recht）"[⑫]。凯斯特林据此批判说，费尔巴哈的权利侵害理论是对前述特殊化、个别化的要素的片面坚持；而没有考虑到犯罪中本质的东西，也就是对普遍性中的法的侵害。[⑬]

在受到了黑格尔强烈影响的贝尔纳发展自己的理论时，犯罪则被理解为"单个人侵害普遍意志（allgemeiner Wille）的反人伦（unsitliche Handlungen）的行为"，继承了黑格尔关于犯罪是对法的侵害的观点。[⑭]

值得一提的是，在凯斯特林和贝尔纳处，"法的财"的概念虽然构成了犯罪理论的一部分，但并没有占据重要的地位。

并且，在认为犯罪本来的性格在于对"法自身（Recht an sich）"的侵害的观点中，赫尔什纳也受到了黑格尔的影响。他认为"距离犯罪最近的客体"所在的"法律的特殊的形式和形态（besondere Eorm und Gestalt

---

　⑩　Koestlin, System des deutschen Strafrechts, Allg. Teil, 1855, ss 6. 就这一问题，凯斯特林认为犯罪与其他的不法之间存在差异。

　⑪　Koestlin, a. a. O., ss 33. Vgl. Auch derselbe, Neue Revision der Grundbegriffe des Criminalrechts, 1845, S. 40 u. 43 f.

　⑫　Koestlin, System, ss 10.

　⑬　Koestlin Neue Revision, S. 70.

　⑭　Berner, Lehrbuch des deutschen Strafrechts, 8. Aufl., 1876, S. 114.

des Rechts)"都"不过仅仅是手段而已"。而"在这种手段之中，反抗法律本身或意志的志向，就通过现象"得到了表达。⑮

黑格尔学派刑法学关于犯罪客体的前述观点，是与普遍物只有经过特殊化才能得到实现这一黑格尔哲学的思想紧密关联的。黑格尔学派刑法学的基本立场是，认为犯罪的本质的客体是普遍物［即，法律实体（凯斯特林）、普遍意志（贝尔纳）、法自身（赫尔什纳）等等表述］；其中的普遍物总是在其特殊化之中才被具体化为犯罪的直接客体。

黑格尔学派的这种观点明显区别于费尔巴哈的权利侵害说和毕恩鲍姆的"财"侵害说的。并且，它与将犯罪认为是对普遍法秩序或者说是对国家自身的侵害的观点有所不同。黑格尔学派刑法学认为犯罪是对在特殊化之中表现出来的普遍物的侵害的观点，可以说正是对前述两种观点的"扬弃"。

将普遍物特殊化的性格要求阐明犯罪所侵害的直接对象；而这种尝试所具有的意义在黑格尔学派刑法学中也逐渐得到了重视。

沿着这一思路，赫尔什纳将犯罪客体这一普遍物的特殊化定义为"法的财（rechtliche Gueter）"⑯，或者说"权利和法的财（Rechte und rechtliche Gueter）"⑰。此外，还存在"道德的或法的财以及制度"（sittliche und rechtliche Gueter und Institutionen）⑱ 以及"在有其作为定在（Dasein）的资格的意义上，为法规所承认并受到保护的权利、法律制度、道德的各种力量"⑲ 等说法。赫尔什纳非常重视这样的普遍物的特殊化即"法的财"，并进行了如下论断："法是有限的定在（endliches Dasein）——就此而言，法律能够成为犯罪行为侵害的直接对象——如果它只有在权利和法的财（Rechte und rechtliche Gueter）的形式下才是可能的，那么犯罪不论在什么场合下，都应当以对这种对法的财的侵害为其前

⑮　Haelschner，System des Preussischen Strafrechts，I，1855，S. 3.

⑯　Haelschner，a. a. O.，S. 94－95.

⑰　Haelschner，a. a. O.，S. 214.

⑱　Haelschner，Die Lehre vom Unrecht und seinen verschiedenen Formen，GS.，1869，S. 92.

⑲　Haelschner，System，I，S. 1－2.

提。"[120] 这样，赫尔什纳就通过"法的财"这一概念，对犯罪的直接客体进行了理解。

但是，并不能就此认为赫尔什纳属于黑格尔学派；相反，人们认为他是标志着刑法中黑格尔学派的支配发生衰退的学者。[121] 他使用了"法的财"这一表述并且承认这一概念所具有的意义，但这一概念无疑与黑格尔 　99 学派的刑法学具有不同的性质。

（五）

如前所述，黑格尔学派刑法学就被特殊化的法这一概念，有多种不同的表述；但是，这些表述在犯罪的直接客体这一问题上，可以认为与毕恩鲍姆使用的"法的财"的概念在某些方面是相似的。特别是，赫尔什纳还实际使用了"法的财"这一概念。

尽管如此，这一概念在黑格尔学派刑法学中所具有的体系性的意义也不同于之前的任何概念。如前所述，毕恩鲍姆的"法的财"概念是对费尔巴哈的权利侵害理论的继承和修正。在确立实质的犯罪概念、阻止国家恣意的权力的观点上，其是对费尔巴哈的权利侵害理论的自由主义的属性的继承。但是在黑格尔学派刑法学中，"法的财"的概念已不再具备这种属性了。其理由主要有以下两点。

第一，黑格尔学派刑法学中，"特殊的法"或是"法的财"的概念失去了概念的实质的性格。这是从黑格尔哲学中的辩证逻辑产生的结论。在辩证的过程中，各个构成部分的实质性被剥去；而对事物固有的重要性进行否定，正是黑格尔的辩证法理论的特征。由此，在黑格尔的思考中，"特殊的法"或"法的财"的概念就仅仅是辩证法理论的一个环节而已。[122]

第二，黑格尔学派刑法学中，犯罪的本来的、实体的要素，归根到底仍然是对普遍物的侵害。其本质并不在于对"特殊的法"或者是"法的

---

　　[120]　Haelschner, a. a. O., S. 214.

　　[121]　Landsberg, supra note 100，S. 687；Hippel, supra note 100，S. 310. 将这一问题作为违法性认识的问题进行论证的，是福田平教授。参见前引注⑤福田平书，第22～23页。此外，关于黑格尔学派的刑罚理论，另参见齐藤金作：《黑格尔学派的刑罚理论》，载《共犯判例和共犯立法》，1959年版，第247页及以下。

　　[122]　Vgl. Sina, Die Dogmengeschichte des strafrechtlichen Begriffs "Rechtsgut", 1962, S. 36.

财"的侵害，而是对"作为法的法"的侵害。对"特殊的法"或者是"法的财"的侵害仅仅作为一种"现象的要素"才是必然之物。⑫

100　　这样，在黑格尔学派刑法学中，"法的财"或者"特殊的法"的概念就必然地失去了作为实质的犯罪要素对犯罪客体进行限定的机能。

三、宾丁的刑法学和"法益"概念

（一）

102　　1871 年，德国完成了国家的统一，德意志帝国宪法得到公布。同年，帝国刑法（Strafgesetzbuch fuer das deutsche Reich）也得到公布。从这时起，德国才终于有了一部统一的刑法典。

话虽如此，进入 1870 年代后，德国刑法学逐渐受到了实证主义（Positivismus）的影响。⑭ 实证主义首先在宾丁以规范论的法律实证主义为基础的刑法理论中"得到了极其宏大的展现"⑮。在宾丁以规范的违反为中心的刑法理论中，法益概念虽然受到来自法实证主义立场的制约，但也在法益（Rechtsgut）这一表述之下占据了一席之地。

宾丁规范论的法律实证主义的基本立场是，在否定规范逻辑之外的评价的介入的同时，从对实定法规的分析中形成刑法理论⑯；这确实有着自由主义的侧面，也与德意志帝国刑法的订立颁行以及在此意义上法律的形

---

⑫　Vgl. Sina, a. a. O., S. 37.

⑭　在此情况中，所谓实证主义是指，认为不存在经验的事实背后存在某种超经验的实在、否定形而上学的考察、认为所有的知识的对象都被限定在作为经验的所与的事实的范围内的思想。宾丁的法律实证主义不仅否定了自然法思想，并且重视对作为经验的所与的事实的实定法规进行分析。这一点上，可以说是受到了实证主义的影响。

⑮　E. Schmidt, Einfuehrung in die Geschichte der deutschen Strafrechtspflege, 3. Aufl., 1965, S. 304. 此外，阿尔明·考夫曼也在认可宾丁是一位实证主义者（Positivist）的同时，认为宾丁的理论并非是从法规的文字，而是从事物的本性（Natur der Sache）出发，强调其理论是从对实体的逻辑结构（sachlogische Strukturen）的认识之中推导出来的。（Armin Kaufmann, Lebendiges und Totes in Bindings Normentheorie, 1955, S. 273 ff.）

⑯　例如，施密特（E. Schmidt）就强调宾丁的实证主义的、自由主义的侧面。（E. Schmidt, a. a. O., S. 304 ff.）

式化、合理化进程的逐步推进相关联。但同样无法否定的是，宾丁的刑法理论中强烈地反映出新德意志帝国的权威的、阶层的社会结构。[127]

例如，宾丁试图将国家对犯罪人施加刑罚的权利和犯罪人容忍这种刑罚的义务看作是个别的权利义务关系（Strafrechtsverhaeltnisse）[128]；这能够看作是他刑法理论自由主义的一个侧面。但是，宾丁刑法理论中的核心概念"规范（Norm）"的基础在于，要求他人进行服从的国家权利（后文第 104 页参照）。此外，宾丁还主张在规范之中表现出尖锐的"上、下的秩序关系（Verhaeltniss der Ueber-und Unterordnung）"[129]，以此强调规范背后存在着国家权力。而这种主张正说明了宾丁的刑法理论也兼有威权主 *103* 义的一面。[130] 由此，宾丁的"法益"概念就具备了二重的性格。

（二）

宾丁的刑法学是以"规范（Norm）"概念作为其核心的。但同时，他也通过 Rechtsgut 这一概念将"法益"概念导入了其刑法学中。

宾丁 1872 年在《规范论》第 1 版中，就已经使用了 Rechtsgut 这一表述。他写道："对结果惹起的禁止，只有在被禁止的行为所引起的状态违反了行为前适合于法律上的利益的那种状态，因而与法的利益（Interesse des Rechts）相矛盾的情况下才能得到说明。而一种状态只要不应通过变更被排除，那么它对于法律来说就都是有价值的；人们就能够将这种状态命名为法益（Rechtsgueter）。因此，规范禁止惹起结果的目的就在于对法益进行维持；而要求对禁止的服从就是为了实现前述目的的必要的手

---

[127] 新德意志帝国是在对顽强维持着容克地主经营的易北河东岸地区，和已经向机械制造大工业进行了跃进的易北河西岸地区，这两个异质且对立着的社会结构进行了强力的、"自上而下"的统一之后，才终于得以形成的。这一特质在新德意志帝国的权威的、阶层的社会结构中得到了概括的表现。在新德意志帝国中，普鲁士的支配地位在宪法上得到了保证；并且通过三级选举法，实际统治了普鲁士的容克地主阶级得以保护其自身的利益。在此之外，容克地主阶级所保有的权力和地位还有着军队和官僚两大支柱的支持。参见前引注⑪松田书，第 319 页及以下；另参见村濑与雄：《德国现代史》，1954 年版，第 96 页及以下；大野英二：《德国资本主义论》，1965 年版，第 15 页及以下。

[128] Binding, Handbuch des Strafrechts，I. 1885，S, 183.

[129] Binding, a. a. O.，S. 186.

[130] Binding, a. a. O.，S. 161.

段。"[131] 随后，宾丁承认："法益这一概念一直以来受到了很多误解；为了使这一概念发挥应有的作用，有必要对其进行更深入的斟酌。"[132] 随后，宾丁引用了毕恩鲍姆的论文来阐明法益概念的基础所在（前文第 82 页及以下）；他还同时认为，赫尔什纳的观点（前文第 98 页参照）也是与法益概念紧密关联的。[133]

这样，在宾丁的"规范论"之中，法益概念就被理解为"刑法教义学中的市民权"[134]。直到法益概念最终在刑法学中占据中心地位为止，其概念在内容上仍然受到了宾丁的观点的影响。下面将对宾丁刑法学中法益概念的地位和内容进行进一步的讨论。

（三）

宾丁的犯罪理论的出发点在于对规范和刑罚法规进行区分。他认为，规范是在概念上就先行于刑罚法规的法命题，而对规范的有责的违反就是 Delikt（犯罪行为）。[135] 与此相对，刑罚法规却并不能被行为所违反，而只能被行为所充足。[136] 刑罚法规的课题在于，"规范决定了——侵害它的那些事物就要求着刑罚"[137]。这样，在宾丁看来，Delikt 就是对规范的违反；而 Verbrechen（犯罪）就是通过刑罚法规宣告了其可罚性的 Delikt。[138]

如此，宾丁认为的规范的违反就是以 Delikt 为中心的。而这一概念与其基本态度和法益概念之间有着怎样的关系呢？

104

---

[131]　Binding, Die Normen und ihre Uebertretung, Bd. I, Abt. 1, 1. aUFL. , 1872. s. 188 f.

[132]　Binding, a. a. O. , S. 186.

[133]　Binding, a. a. O. , S. 186.

[134]　Armin Kaufmann, Lebendiges und Totes in Bindings Normentheorie, 1954，S. 69. 宾丁自己也在《规范论》的第 3 版中，特别地就其第 1 版中对法益展开的论述，进一步论述道："法益的概念深深地浸入德国的理论和实务之中"，"几乎在所有的方面——甚至是在最高裁判所的判例中——都被广为接受。"（Normen I, 3. Aufl. , S. 329 Anm. 18. ）

[135]　Binding, Normen I, S. 4 u. 134（这里将 Die Normen und ihre Uebertretung, Bd. 1, 3. Aufl. , 1916 略称为 Normen I. ）; Binding, Handbuch, Vorrede, S. Ⅷ. S. 155 u. 499（这里将 Handbuch des Strafrechts, Bd. 1, 1885 简称为 Handbuch.). 此外，宾丁的规范理论，参见竹田直平：《法规范及其违反》，1961 年版，第 70 页及以下；另参见福田平：《犯罪》，载《法哲学讲座（第 8 卷）》，1956 年版，第 230 页及以下。

[136]　Binding, Normen I, S. 4.

[137]　Binding, Normen I, S. 189.

[138]　Binding, Normen I, S. 134 u. 189；Handbuch, Vorrede, S. Ⅷ. S. 155 u. 499.

规范的"基本的课题"在宾丁看来，是"阐明决定了人的作为和不作为的一身专属的义务的根据"。而"这些全部的义务之间的共通之处在于对一个命令意志的遵从。即，义务就是服从（Gehorsam）或是对支配的接受（Botmaessigkeit）的义务"[139]。并且，"对法律上的义务的考察是无法脱离与其相对的权利的"，规范也总是由权利和义务组成的。要求义务履行的权利，是"要求服从或者接受支配的支配者的权利（Herrscher-recht），而并没有其他的内容"[140]。这种支配权的前提是，作为被支配的对象的人是出于自身的意志，才在服从义务的动机之下遵从规范的。由此，成为支配对象的人必须具备"行为能力（Handlungsfaehigkeit）"。也就是说，"规范只约束那些有能力实现规范要求，但同时也有违反这些要求的能力的人"[141]。这样，宾丁就通过规范，为服从义务和服从要求权奠定了基础。违反规范的有责的行为，就被称为 Delikt（犯罪行为）。[142]

此外，宾丁还提出规范分为"禁令（Verbot）"和命令（Gebot）两个类别。其中，"禁止的动机（Motivdes Verbots）"存在于"被禁止的行为的作用（Wirkung），也就是对法律生活不利益的结果之中。而另一方面，命令（Gebot）则是为了通过被命令的行为获得有利的结果才成立的"[143]。从国家的视角来看，规范是为了了实现"确保可能被有责的人类在将来侵害的法的财（rechtliche Gueter）的完全性"这一目的的一种手段。[144] "既然前面已经提到那是一种利益（Interesse），那么如果选用更妥帖的表述的话，法益（Rechtsgueter）概念就正是宣告了那种不可侵害的东西的概念。并且法益概念还能够实现对人的行为进行调整，使其不发生对法益的损害的要求。"[145] 如此这般，宾丁将规范，也就是禁止或命令的动机理解为"法益"。

105

---

[139] Binding, Normen I, S. 96.

[140] Binding, Normen I, S. 97.

[141] Binding, Normen I, S. 99 u. 243.

[142] Handbuch, S. 499.

[143] Binding, Normen I, S. 52.

[144] Binding, Normen I, S. 54.

[145] Binding, Normen I, S. 54.

随后，如果从犯罪客体⑭的角度来看这一问题的话，宾丁认为犯罪的"攻击客体（Angriffsobjekt）"在于"要求服从的权利（Recht auf Botmaessigkeit）"⑭。同时，他主张在他所说的攻击犯（Angriffsobjekt）——包括侵害犯（Verletzungdelikt）和危险犯（Gefaehrdungsdeliket）——之中，在"不服从这一外壳之下，隐藏着财的侵害（Gutsverletzung）这一核心"⑭。并且，他还主张："对规范的服从，不过是为了维持法的财的完全性的手段而已；而对财的侵害则在各个不同的场合中使法律通过规范追求的目的受到了挫折。对规范的不服从则正是其令人生厌的手段。"⑭ 由此，"攻击犯"就应当被称为"实质的—形式的不法（materiell-formelles Unrecht）"；进而被分为"被禁止的法益侵害（verbotene Rechtsgueterverletzung）"和"被禁止的法益危险化（verbotene Rechtsguetergefaehrdung）"⑭。

宾丁通过前述主张，避免了陷于形式主义而因此受到批评。他本人即指出："这种观点在多个角度看来……可能会被认为是形式主义的而受到批评，但这是无法理解的。我的观点比任何人的观点都要更加强调使不服从的要素退居于权利侵害或财侵害的要素的背后，以及必须通过后者的要素对犯罪的轻重进行评价的必然性。"⑭

106　　　但是，宾丁紧接着发表了如下观点："但是，对法规的反抗对于任何犯罪来说都是不可或缺的。……社会学者只要注视着这一现象足矣——对于法学家来说，不服从正是犯罪所不可欠缺的标志。"⑭ 这样，宾丁认为在前述"攻击犯"之外，还存在与"单纯的不服从"相关的犯罪⑭——他认为，

---

⑭　这里所说的"犯罪客体"仍然没有对行为客体和保护客体进行区别，仅仅是泛指为犯罪所侵害的对象。

⑭　Binding, Normen I, S. 299. Vgl. auch Normen I, S. 308；Handbuch, Vorede, S. Ⅷ, Ⅸ，169，186.

⑭　Binding, Normen I, S. 365. Vgl. auch S. 329.

⑭　Binding, Normen I, S. 365.

⑭　Binding, Normen I, S. 411.

⑭　Binding, Normen I, S. 365 Anm 1；Vgl. Auch Handbuch, S. 186.

⑭　Binding, Normen I, S. 365 Anm 1.

⑭　Binding, Normen I, S. 397 ff. 违警罪大多符合这一描述。

这只是"纯粹的形式的不法（rein formelles Unrecht）"[154]。

不论如何看待，宾丁所理解的法益概念究竟能否被认为是犯罪概念的实质的要素，是否能因此免于被认为是形式主义的非难，仍然是成问题的。这样，就有必要对宾丁的法益概念的内容进行进一步的讨论。

（四）

想要明确宾丁的法益概念的内容并不是一件容易的事情[155]。下文对宾丁关于法益概念的论述进行总结整理。

在宾丁看来，"法益首先是法的支配权（Rechtsgewalt）的对象，也就是处在权利者支配之下的某种人（Person）或事物（Sache）"[156]。法律支配权的对象在宾丁看来，可以概括为"人、物以及状态（personen，Dinge und Zustaende）"[157]；他们在"健全的共同生活的事实上的条件"的范围内，作为法益概念而受到保护。[158]

在此基础上，宾丁对法益概念提出了如下理解："法益自身并不是法（Recht）；但在立法者看来，法益作为法律共同体的健全的生活条件，因为法律共同体而是有价值的；在法律共同体自身的视角来看，这种状态不被变更、不被搅乱而得以保持自身就是有利益的。因此，立法者通过规范努力确保而不希望其遭受侵害或危险化的全部的那些东西，就都是法益。"[159] 这是宾丁关于"法益"概念作出的说明中，最为详细也是最为完整的一个；应当认为这就是他关于"法益"概念的定义。

这样，根据宾丁的观点，立法者将怎样的人、物、状态视为"健全的共同生活的事实上的条件"或者"法益"，就完全是由立法者自己决定的。在宾丁看来，对这种法益概念的承认，是基于"价值判断（Werturteil）"

---

[154]　Binding，Normen I，S. 411.

[155]　宾丁的法益概念受到了李斯特强烈的批判。（参见后文第113页及以下。）

[156]　Binding，Normen I，S. 344.

[157]　Binding，a. a. O.，S. 339.

[158]　Binding，a. a. O.，S. 339.

[159]　Binding，a. a. O.，S. 353-355. Vgl. Auch Handbuch，S. 169. 木村龟二教授认为，宾丁的这一定义"可以说是比较正确地对法益概念进行了阐明"。（前引注③木村龟二文，第119页。）

才得以进行的[160]；而"这种价值判断毫无疑问是立法者通过法律施加保护的唯一的动机"[161]。并且，"在法益的创造中，或者说在保护法益的规范（Schutznormender Rechtsgueter）的创设中，法源（Rechtsquelle）只受到其自身的考量和逻辑的限制"[162]。

在立法者的价值判断中重要的东西，是宾丁在关于法益概念的定义中所展现出来的那样的因为"法律共同体"而被判断为有价值的东西。宾丁通过如下论述对其进行了具体的阐明："所有这些财都具有社会的价值（Sozial Wert）。而社会的价值没有被侵害，其重要性就并不在于这个或那个的价值，而在于存活的共同体整体的价值。正因如此，前述这些财就受到了社会的保护（Sozial Schutz）。这时，用个人主义的考察方法将个人的财与社会和国家的财进行严密的区别的尝试就不能说是错误的。"[163] 并且，宾丁还进行了如下论述："不论如何从个人的视角出发，法益概念都总是全体的法益。在全体的'利益'（gesamt-'interesse'）之中，个人的感情、生命和名誉都受到保护。"[164] 此外，他还有如下论述："对财和状态的个人的价值判断，在与法共同体的社会的价值判断不一致的范围内，不能够成为立法的动机。个人的价值判断的对象只有作为社会的财即法的财（Rechts Gueter）而并非是作为个人的财（Individual-Gueter），才受到了法的保护。"[165] 这一场合下，法律共同体就具有国家的意义；法益概念的内容就是由对法律共同体而言是否具有价值而决定的，而这也就与认为法益是对国家而言有价值的东西的观点在实质上相同。[166]

总结而言，在宾丁将法益概念理解为"人、物、状态"的范围内，其

108

---

⑯　Binding, a. a. O., S. 356 ff.

⑯　Binding, a. a. O., S. 357.

⑯　Binding, a. a. O., S. 340.

⑯　Binding, a. a. O., S. 340-341. 另参见前引注③木村龟二文，第119～120页。

⑭　Binding, a. a. O., S. 358. 另参见前引注③木村龟二文，第120页。

⑮　Binding, a. a. O., S. 360. 另参见前引注③木村龟二文，第120页。

⑯　参见前引注③木村龟二文，第120页。木村教授指出，宾丁的观点"就结果而言，以保护客体与以国家的利益（staatliches Interesse）的思想在实质上完全一致"。

理解是实质的。[167] 但是，法益概念的内容是通过立法者的价值判断，而被限制在对共同体而言有价值的范围内的；这样看来的话，法益概念的内容就是根据立法者的价值判断决定的；而如此理解的话，法益概念就失去了其实质性。宾丁自己恐怕也已经意识到了这一问题，因而他在追寻"前实定的犯罪行为（vorpositives Delikt）的要素"的同时也曾明言道："对我们法学家来说，就只有放弃（Resignation）这一个选项"[168]；因为"在探究禁止和命令背后的违法性的道路上，弥漫着阻碍前进而又无法刺穿的浓雾"[169]。而这正是宾丁自己对追求实质的法益概念，以及一种实质的违法性的不可能性的承认。

（五）

宾丁的法益概念在法益概念的历史发展的过程中有着怎样的地位呢？

宾丁的法益概念有着与毕恩鲍姆"法的财"的概念相联系的一面。宾丁认为，犯罪（这里仅仅指宾丁所说的攻击犯）并不仅仅是对要求服从的权利的侵害，而更是对法益的侵害。由此，就避免了关于他是形式主义的批判。在此范围内，宾丁的法益概念与毕恩鲍姆的"法的财"的概念是一致的。在这里，宾丁的法益概念展现出了其自由主义的侧面。

但同时，宾丁还认为法益概念的内容是通过立法者的价值判断，根据是否对法共同体（国家）有价值来决定的。这一主张则导致了法益概念形式化；而法益概念在形式化的同时，也就失去了其作为犯罪概念的实质的要素的机能。与法益概念的这种形式化相并行，宾丁还明确地对认为法益侵害中作为客观的事实的不利益性要素，即认为实质的变更的要素是"可

---

[167]　宾丁一方面将法益概念理解为一种对象。Vgl. Binding, Handbuch, S. 170. 这里，法益被理解为"被现实地侵害了的东西，或者是能够被破坏的、能够被攻击而在价值上被减损的东西"。Vgl. Binding, Normen I, S. 344 ff. Vesonders S. 353 Anm. 1. 但是，阿尔明·考夫曼认为宾丁的法益概念中也包含了"行为无价值"。作为其例证的是，宾丁将"人们遵守一夫一妻的原则的遂行［第 171 条（重婚）］"，和"性生活只有是一种夫妻之间的行为才具有排他性［第 172 条（通奸）］"，以及"近亲间性交的排他性（Ungeschlechtlichkeit［第 173 条（近亲相奸）］）"，和"人类一般的人类间的性交［第 175 条（反自然的猥亵行为）］"，和"宣誓的纯粹性［第 154 条（虚假宣誓）］"等均看作是法益。（Armin Kaufmann, Lebendiges und Totes in Bindings Normentheorie, 1954, S. 70 Anm. 205. ）

[168]　Binding, Normen Ⅱ, S. 159-160.

[169]　Binding, a. a. O., S. 161.

109　罚的行为的本质"的观点进行了否定；认为"客观的事实上的不利益性，只不过是禁止行为的动机而已"[170]。由此，在宾丁看来，就存在一种不法的内容是与单纯的不服从有关的犯罪；因而不应认为法益侵害是犯罪概念的必然要素。归根到底，在宾丁看来本质的东西就只是对要求公民服从的国家权利的形式的侵害。而这种主张无疑是与宾丁通过强调法益侵害的必要性，而所意图避免的那种认为他的理论是形式主义的非难相矛盾的。从这一矛盾上也能看出宾丁的法益概念有着威权主义的一面。

　　这样看来，不论是在法益概念之中，还是在法益概念的形成过程之中，宾丁的理论都使"法的财"这一概念失去了其原本的机能。

四、李斯特的法益概念

（一）

　　宾丁将"法益"概念导入了刑法理论之中，并使其成为理论体系的一个支柱。而李斯特则赋予了"法益"概念更加重要的地位，认为法益是刑法学的核心概念。

113　　宾丁和李斯特[171]都受到了实证主义的影响[172]，但两人的视角是完全不同的。宾丁的理论是以 1850 年代到 1860 年代德国资本主义实现跃进、新德意志帝国完成统一为其时代背景的，因而他的理论追求的是形式的合法性。而李斯特理论的时代背景则是，德国资本主义的发展导致新的社会状况被催生，特别是常习犯、累犯、少年犯的数量激增；为了应对这些情况，李斯特所追求的就是一种有着实质内容的刑法理论。宾丁将德国刑法

---

　　[170]　Binding, Handbuch I, S. 186. 此外，另参见前文第 104 页。

　　[171]　关于李斯特，特别参见木村龟二：《李斯特》，载《法律思想家评传》，1950 年版，第 189 页及以下。另参见庄子邦雄：《李斯特》，载《刑法学入门》，1957 年版，第 83 页及以下。最近的文献，参见藤尾彰：《李斯特的刑法思想的现代的意义》，载《新潟大学法经论集》，第 14 卷第 4 号，第 343 页及以下。

　　[172]　李斯特的刑法理论在重视对作为经验所予的犯罪现象进行生物学的和社会学的分析这一点上，与实证主义紧密联系。参见本书第 109 页注[124]。就其思想背景，参见前引注[171]木村龟二文，第 193 页及以下。就其历史意义的问题，参见前引注[171]庄子邦雄文，第 111 页及以下。

学从思辨的前提中解放，以实定法的教义学为其基础。而李斯特则尝试将刑法学与社会学、生物学结合起来。⑬⑭

前述这种视角的差异，在宾丁和李斯特的法益概念的结构中也得到了清楚的体现。

（二）

李斯特在 1882 年发表了题为《刑法中的目的思想》的论文，阐明了其区别于宾丁的法律实证主义的、崭新的理论目标。在这篇论文中，李斯特受到了耶林的目的思想的强烈影响，认为刑罚客观化的方向在于"从盲目的反动，转向目的意识的法益保护（zielbewusster Rechtsgueterschutz）"⑮。在本文中，李斯特就已经指出，法益是"法律上被保护的利益（rechtlich geschuetzte Interesse）"⑯。这样，他通过目的思想为刑罚打下基础，而获得了法益概念。

李斯特在其 1886 年的论文《宾丁书中的法益和行为概念》中，对宾丁进行了毫不留情的批判，认为由于他将犯罪理解为对规范的违反，因而没有正确地理解法益和行为概念的意义。从这一批判中能够看出李斯特对法益概念的主张。

李斯特首先明确了其立场："法律科学不仅仅是优越的体系性的学问，同时也是优越的实践的学问。……在概念的抽象之中，法律科学充分地理

---

⑬　这样的视角的差异，是与跨越了法学整体的、对法律实证主义的概念法学的批判的潮流联系在一起的。以耶林的目的法学作为先驱，这一潮流就与康特洛维奇的自由法论、埃尔利希的法社会学和赫克的利益法学相联系了起来。而这种倾向的社会背景，正是德国资本主义的发展所伴随的社会问题的增多。为了对此进行应对，在法律实证主义的形式合法性之上，就又对实质的妥当性进行了强调。而司法领域，也明确地提出了动的安全理论和具体的妥当性的要求等理论。而在刑法之中，问题的重点则从可罚性（Strafbarkeit）的问题转向了当罚性（Strafwuerdigkeit）的问题；而在当罚性的意识问题中，又存在如同"从自由主义的法治国家向社会的福祉的国家"的标语所昭示的那种转换。Vgl. E. Schmidt, a. a. O., S. 353 ff. 另参见加藤新平：《法律物神性》，载《法学的世界观》，1950 年版，第 70 页及以下。

⑭　但是，李斯特强调刑法的大宪章机能，认为"刑法是刑事政策所不能跨越的栅栏"。〔Liszt, Ueber den Einfluss der soziologischen und anthropologischen Forschungen auf die Grundbegriffe des Strafrechts, 1893（in：Strafrechtliche Aufsaetze und Vortraege Ⅱ，S. 80）.〕

⑮　Liszt, Der Zweckgedanke im Strafrecht, Strafrechtliche Aufsaetze und Vortraege I, S. 132.

⑯　Liszt, a. a. O., S. 147.

解了大众（Volk）的法律生活。对我来说，使这种单纯的思想对于法律科

114　学的方法论来说所具有的意义得到明确化，是具有极其重要的意义的。

（一）惯行或者说在法律中得到表明的法律命题自身，就是对法律生活的

多样的经验进行抽象而产生的。……法律科学是从事实中产生的，以与事

实有关联的概念为其研究对象。（二）法律的概念结构的价值、概念体系

的学术意义在于，概念结构和体系使得在法律生活的事实中对法律命题的

适用变得容易和确定。"[⑰]

　　基于这一立场，李斯特对宾丁的学术方法进行了批判："宾丁参照被

他'发现'的那些规范，对所有的东西进行观察，即认为犯罪就是对规范

的违反。根据这种观点，规范和规范违反就都不过是我们思维的抽象而

已。进一步推论可知，规范和规范违反就都不过是我们从在其根基中存在

的那些事实中获得的概念而已。而不论我们如何理解犯罪概念，现实世界

中与犯罪概念相对应的那些东西都是充满了外界的意义的事件，或是人和

物所引起的变动，又或是遵循支配自然的因果法则而发生的变化。而这些

都是为宾丁所没有看到的。"而这就导致宾丁的规范论堕入了"将法律的

理论的抽象看作是已经准备好的血和肉，从这些概念中构建一个世界，并

从这个世界中找出完全的满足这样的形式主义"之中。[⑱]

　　以这种立场为前提，李斯特如下展开了自己的法益理论："我认为法

益概念之中，有着对一般法律理论和刑法理论的基础的意义；而这尤其是

以我主张的，法益概念是使法律理论抽象化的界限的概念的观点为理由

的。通过对现行法律中存在的法律命题进行的彻底的抽象化并由此诞生出

法律的那些事实，就与法律效果——法律的内容，权利和义务，以及法律

关系——的发生相互联系了起来。这种事实和这种法律效果，就是横跨了

法律科学的全部领域的最高的两个概念；也是一般法律理论的最终、最高

115　的概念。在刑法中，这最高的两个概念就被定义为犯罪和刑罚。"而"这

样的话，法律为何要使法律效果与某种事实相联系呢？法益概念给出了回

---

　　⑰　Liszt, Rechtsgut und Handlungsbegriff im Bindingschen Handbuch，Aufsatze I，S. 217-
218. 另参见前引注⑰庄子邦雄文，第99～100页。

　　⑱　Liszt, a. a. O., S. 221-222；另参见前引注⑰庄子邦雄文，第100页。

答。当我们使用法益概念时，'法'是为了所有的人类而存在的；而人类的'益'，也就是个人以及全体的利益；它既是通过法的规定得到保护的，也是应当通过法律而得到促进的。于是，我们将这种受到法律保护的利益（rechtlich geschuetzte Interesse）命名为法益。与'法益'相同步地，目的思想也被纳入了法律理论的领域中；就此，对法律的形式逻辑的考察宣告终结，而对法律的目的论的考察也就得以开始"⑰。

李斯特赞同宾丁对法益概念的重要性作出的强调。但也正是在此范围内，他才认为宾丁对法益概念的理解是成问题的，并尝试对宾丁所理解的法益概念进行检讨。作为其结论，李斯特指出："宾丁的法益概念只是虚有其表的概念（Scheinbegriff），不过是没有内容的词语。"⑱ 也就是说，"宾丁的法益，是能够表现为任何姿态的最初的东西，是在今天和明天可能表现出完全不同意义的词汇，是每个人都能够用适合于其自己的内容对其进行随意填充的空白支票"。随后，李斯特还追加了如下激烈的批判："宾丁的概念可以说并不是一个概念，而只是意义不断发生变化的空虚的词汇罢了。它时而是一种抽象，时而又是意义世界的对象；时而是一种状态，转瞬之间就又变成人或者物。这样看来，以这种假想的概念为根据建立的学说体系就是不攻自破的。"⑱

话说回来，李斯特将对犯罪进行考察的立场区分为"技术的法律的立场"和"自然科学的立场"。前者是"对被给予的事实适用被给予的法规"的立场；而后者是"对犯罪的原因进行说明"的立场，又能够分为"生物学的考察"和"社会学的考察"⑱。而法益概念作为"使法律理论抽象化的界限的概念"，就是对从"技术的法律的立场"出发进行法律理论的理解，与"自然科学的立场"以及基于目的思想的刑事政策的理解两者的结合。⑱

---

⑰ Liszt, a. a. O. , S. 222-223；另参见前引注⑰庄子邦雄文，第100～101页。

⑱ Liszt, a. a. O. , S. 224；另参见前引注⑰庄子邦雄文，第101页。

⑱ Liszt, a. a. O. , S. 230；另参见前引注⑰庄子邦雄文，第101页。

⑱ Liszt, Das Verbrechen als sozial-pathologische Erscheinung, 1898, Aufaestze Ⅱ, S. 230 ff.

⑱ Vgl. Liszt, Der Begriff des Rechtsgutes im Strafrecht und in der Encyklopaedie der Rechtswissenschaft, ZStW. Bd. 8, 1888, S. 139 f. ; Sina, a. a. O. , 49 f.

116　　　李斯特在 1950 年出版的《刑法教科书》的第 14 版和第 15 版中，进一步地在犯罪论体系中明确地主张了实质的违法性论，并将法益概念置于其体系的中心。而这可以说是受到了李斯特的学生多纳（Graf zu Dohna）对教科书的续写的影响。[184] 李斯特本人对形式的违法性和实质的违法性进行区别，明确地主张实质的违法性的内容是对法益的侵害，以及这种侵害的危险化。[185] 在此基础上，李斯特认为："不法的这种实质的（反社会的）内容，是与立法者对其进行的正确的评价相互独立的。法律规范是从不法实质中被发现的[186]，而并不是被创造出来的。"就此而言，李斯特的观点与宾丁的规范理论的法律实证主义有着显著不同的态度。

（三）

　　　正如前文指出的那样，法益概念在李斯特的刑法学中占据了极其重要的位置。但其实，对法益概念的争论在当时就已经展开了。

　　　例如，当时凯斯勒（Kessler）认为，"财（Gut）"和"利益（Interesse）"是不同的概念；对"法益是法的被保护的利益"的定义提出了疑问。[187] 对此，李斯特也承认："在'财'和'利益'两者之间画等号，从根本上来看未必是正确的。"因此，李斯特一面否定在两者之间进行区别的理论的和实际的意义，一面又认为两者是无法完全等同视之的；可以说是接受了凯斯勒的批判。[188]

　　　此外，李斯特还进行了如下论证："如果一定要对两者（财和利益）进行区别的话，那么我们可以进行如下区别。'利益（Interesse）'是指，一定变动的发生或者不发生对当事人而言所具有的那种价值；而'财（Gut）'与利益相区别，是指对于它而言变动是有其价值的那些东西。而

---

　　[184]　Dohna, Die Rechtswidrigkeit als allgemeines Verbrechensmerkmal im Tatbestand strafbarer Handlungen, 1905.

　　[185]　Liszt, Lehrbuch des Deutschen Strafrechts, 14 u. 15. Aufl. 1905, S. 139. Vgl. Sina, supra note 122, S. 50 f.

　　[186]　Liszt, a. a. O., S. 140.

　　[187]　Kessler, Rechtsgut, oder rechtlich geschuetztes Interesse, oder subjektives Recht?, GS. Bd. 39, 1887, S. 95. 另参见前引注③木村龟二文，第 89 页。

　　[188]　Liszt, Der Begriff des Rechtsgutes im Strafrecht und in der Encyklopaedie der Rechtswissenschaft, ZStW. Bd. 8, 1888, S. 141.

这种东西——在那些利益中存在着外界的变动的发生或不发生，以及法律关系的当事人的行为或不行为——究竟是什么，则由以下命题所道明。即，所有的法律都是为了人类而存在的，所有的法律都保护人类的生活利益。因此，人类的存在（menschliches Dasein）就是法益。在这种存在的各种不同的结构中，法益概念就出现了区分。"⑱⑨

这样，李斯特通过借助人类的存在对"利益"和"财"进行了统一。基于此，在利益和财之间进行"区别的理论的和实践的意义就都被全面地否定"了。⑲⓪

此外，李斯特还主张："在被作为对法律的侵害的情况下作为犯罪的对象的那种法律所保护的利益，和在被作为行为的场合中作为犯罪对象的那种洋溢着利益的感觉的具体化，有必要受到明确且首尾一贯的区别。"⑲①从这些论述中能够看出，李斯特已经暗示了保护客体（法益）和行为客体之间存在的区别。⑲②

（四）

如前所述，李斯特将法益概念定义为"法律上被保护的利益"。法益概念是"为抽象化的法律理论划定界限的概念"。此外，他还阐明了法益的内容应当在实定法制定以前的存在之中探寻；正是为了对其进行保护，法律规范才有其存在的必要。

这样，与宾丁的形式的法益概念相对比，李斯特的法益概念就是能够与实质的内容相结合的。并且，李斯特还明确主张："法益（Rechtsgut）并不是法或者法秩序的财（Gut des Rechts oder der Rechtsordnung）——正如宾丁所支持的那样——而是为法律所承认，且受到法律保护的人类的财（Gut des Menschen）。"⑲③ 在此意义上，李斯特的法益概念在其形成过程之中，就作为"法的财"而有其历史的机能；也就是作为实质的要素对犯罪概念进行限定的机能。当然，李斯特所理解的法益概念的内容难免受

117

---

⑱⑨　Liszt，a. a. O.，S. 141-142.

⑲⓪　Liszt，a. a. O.，S. 141.

⑲①　Liszt，a. a. O.，S. 151.

⑲②　Vgl. Sina，a. a. O.，S. 52.

⑲③　Liszt，Lehrbuch des Deutschen Strafrechts，14 u. 15 Aufl.，1905，S. 65 Anm I.

到当时经验科学的发展阶段的制约。但是，李斯特根据法益概念将刑法解释学和经验科学结合起来的方法论仍然十分值得注目。

不论是宾丁还是李斯特，都认为法益概念在刑法学中具有重要的地位。但是，法益概念不论是就其内容而言，还是就其机能而言，都尚且留有许多值得探讨的问题。随后，围绕法益概念的争论，就这些问题进行展开。

118

第三章　保护法益：性质、分类与顺序
——立法论的检讨

一、刑法分则的体系和通过"法益"进行的分类

在立法上的体系中和学说上的体系中，刑法分则中的各个犯罪通常是 *120* 以各个犯罪的保护法益为基准进行分类的。刑法以保护法益为任务；而对法益的保护则是刑法的基本机能。由此，采用前述分类方法就不仅是妥当的，而且是理所当然的。并且，如果以保护法益为基准对刑法分则中的各个犯罪进行分类的话，那么在大多数情况下，都能将其大体上分为对个人法益的犯罪、对社会法益的犯罪和对国家法益的犯罪。虽说在立法体系中的分类本来就并非如学说体系中的分类那样严密的东西，但是纵览日本现行刑法典，还是可以发现其分则中的各个犯罪都被以法益为基准进行了区分，并在实质上大致是以对国家法益的犯罪、对社会法益的犯罪和对个人法益的犯罪的顺序进行规定的。

当然，也有可能依据除法益之外的方法进行分类。例如，根据犯罪的动机进行的分类（利欲犯、贫困犯、冲动犯等），或者根据犯罪的手段进行的分类（将以暴力、胁迫等手段实施的犯罪分为一组），抑或根据刑罚的轻重进行的分类（重罪、轻罪、违警罪等），又或者根据处罚造成的种 *121* 种社会效果进行分类（打击暴力团、规制企业活动、规制政治行为等），

等等；这些方法也都是可能的。其中，依据动机进行的分类对犯罪学研究是有意义的；而依据社会效果进行分类则在对刑法的机能进行考察时具有重要意义。

但是，与前述这些分类相比，根据法益进行的分类也有其优势。第一，社会一般人关心的是刑法通过规定刑罚究竟保护了什么的问题；而对一般人来说，根据法益作出的分类更具明了性。第二，根据法益进行的分类在解释论上更能发挥作用。例如，在通过解释使一个个的犯罪类型变得明确的时候，首先面临的问题就是其保护的法益是什么。而在总论的视角之下，在违法性阻却的一般原理之中，对有着一定价值顺序的法益进行比较衡量也有着无法否认的重要意义。此外，在作为违法性阻却事由的被害人的同意和罪数论等问题中，也存在许多由保护法益是什么这一问题所决定的要素。正是因为保护法益的种类和内容在解释论中具有前文所述那样的重要性，从这一点上看来，根据法益对刑法分则中规定的各个犯罪进行分类比起依据其他方法进行的分类就更能发挥其作用。①

二、法益的性质、分类和分则规定顺序的基本问题

（一）

在认为刑法以保护法益为其任务的情况下，"法益"这一概念具有什么样的意义呢？一般来看，"法益"被定义为"通过法律得到保护的利益或价值"②。举例而言，这样的法益概念不论是为了对给定的刑罚法规进行目的论的解释，还是为了将通过正当防卫、紧急避险而能够得到保护的东西进行概括的表达，都是有其意义的。但是，如果将前述法益概念进行极度的抽象化、扩张化的话，那么只要其是被法律所保护的，即使是国家和政府的一切利益，就也都能被包含在"法益"之中；这就导致比如说，被政府看作是不利言论的那些言论就都能够成为被处罚的对象。但是，

122

---

① 参见平野龙一：《刑法各论的诸问题1》，载《法学演习》第 197 号（1972 年），第 18 页。
② 例如，木村龟二：《刑法总论》，1959 年版，第 161 页。

"法益保护"是刑法所应当完成的任务；在此被提出的"法益"概念，即立法论中的法益概念应当也必须有其更加实质的和限定的内容。这时，似乎就有必要对以宪法为基础的法律的整体结构进行考虑，并在"在宪法的价值取向上应当受到刑法保护的重要利益或者说价值"的意义上提出一个宪法性的、实质的法益概念。[3] 而为了使这一概念能够与刑法的机能中的谦抑性（补充性）、片断性的原则相结合，就必须对前述立法论意义上的"法益"概念施加前文所述的那些限定。而如果从这一视角来看的话，刑法究竟应当从什么样的角度对什么样的"法益"进行分类并加以保护呢？

（二）

在第二次世界大战后的日本，正如在战后宪法的改正中所表现的那样，国民的价值观发生了从国家主义价值观向个人主义价值观的巨大转变和剧烈变动。其具体表现为：从认同天皇的神圣性，转变为认同公民个人的尊严；从认为国家是超越个人的自为的存在，转变为认为国家不过是为了保护个人的尊严和共同存在而存在的机构；等许多方面。而在宪法之中，更是在国家机构的规定之前就优先设置了详尽的保护个人基本人权的规定；这也正是前述价值观转变的一个表现。而基于现在的价值观和宪法，刑法应当最优先保护的，是个人的生命、身体、自由、财产等个人的法益。

刑法确实以保护国家的基本政治组织和作用等国家法益为任务。例如，刑法通过内乱罪保护国家的基本组织，通过妨害公务罪保护国家的作用。但即使是在这些场合中，刑法也并非是将国家作为超越个人的自为（自己目的）的存在予以保护的；相反，应当认为刑法是将国家作为为了保护个人的生命、身体、自由、财产的机构才予以保护的。[4] 当然，就与

---

③　最近，关于"法益"概念问题的联邦德国文献有：Rudolphi, Hans-Joachim, Die verschiedenen Aspekte des Rechtsgutsbegriffs, Festschrift fuer Richard M. Honig, 1970, S. 151 ff. ; Marx, Michael, Zur Definition des Begriffs (Rechtsgut), 1972. 不论哪一篇，都赋予了法益概念比以往而言更加实质的内容。

④　参见平野龙一：《现代的刑法机能》（1965 年），载《刑法的基础》，1966 年版，第 95 页及以下。

123　法律界限相关的内乱罪的保护法益问题，有许多观点都是从国家的存立本身来进行说明的。但是，将国家看作是超越作为其成员的各个国民的个人利益的那种自为的（自己目的的）存在（例如，最高的道德共同体、抑或是社会伦理的创造者等）的说明；显然是站不住脚的。即使是在内乱罪的问题上，国家在现行宪法的价值观之下也只是保护国民个人的生命、身体、自由、财产的机构；而不经过宪法上的手续就通过暴力变更经由宪法承认的国家这一基本组织，无疑是对国家这一经由宪法承认的保护个人利益的机构的破坏。由此产生的混乱最终将导致多数国民的个人利益受到侵害。

此外，刑法也应当对社会的法益进行保护。但这里所说的"社会"并不是与一个个的人相分离开的超个人的实体。尽管"社会"概念在一个侧面上存在社会组织和社会过程（例如，高度的社会分工的生产、流通的过程）这样的、与这些概念相对应的事实基础，但是"社会"仍然并非是统一的实体，而不如说是各个人类的行动的各种过程或作用的综合，究其根本而言是以各个人类的行动为其支撑的。更进一步地说，根本就不应该认为存在一种与一个个的人的现实的意识和情感相独立的"社会自身"的意识和情感。⑤ 这样，在讨论社会法益概念时，也就不应以超过各个人类"社会"的利益或价值作为问题。例如，在所谓公共危险罪中"公共的危险"的概念就不应该以超越个人的社会所面对的危险作为问题，而只有意味着对"不特定或者多数"的"个人"的生命、身体或重要财产的危险，才成为对作为个人集合的社会危险问题。并且，在各种伪造犯罪中，所谓的"交易中的公共信用"也只有在意味着作为"个人"的集合的不特定、多数人在流通过程中对交易手段所具有的信赖的情况下，才能将关于交易的公共信用——即交易安全——作为保护法益。此外，即使是在所谓针对风俗的犯罪中，例如猥亵罪的保护法益也并非健全的性的风俗这一观念的秩序和"社会自身"的情感，而应当认为是一个个的人类的性的情感。⑥

---

⑤　碧海纯一：《法与社会》，1967 年版，第 41 页及以下。

⑥　参见前引注①平野龙一文，第 19 页。

(三)

如果将前述在刑法所应当担负的任务上的价值转换付诸实践，那么在 *124*
刑法的全面改订中，就规定的顺序而言，就首先应当要求将对个人法益的
犯罪置于分则的开头，随后规定对社会法益的犯罪，最后才规定对国家法
益的犯罪。而正如后文详细考察中所展开的那样，外国的一些新刑法典或
刑法草案也越来越多地采取了前述的规定顺序。例如，瑞士刑法典、瑞典
刑法典、纽约州刑法典、联邦德国 1962 年刑法草案、奥地利 1971 年刑法
草案等皆是如此。此外应当得到注目的还有，正如在俄罗斯联邦刑法典、
民主德国刑法典中所表现的那样，即使是在社会主义国家也表现出了将对
个人的生命、身体、自由的犯罪进行了前所未有的升格、首先对这类犯罪
进行规定的倾向。但是，日本的准备草案（刑法改正草案）与以明治宪法
为基础的现行刑法完全相同地，将对国家法益进行的犯罪规定在了分则的
开始，随后才规定了对社会法益的犯罪，并将对个人法益的犯罪排在了最
后。而从刑法所应承担的任务的视角看来，不得不说仍有进一步深入检讨
的必要。

(四)

将对个人法益的犯罪规定在刑法分则的开头，并非仅仅是刑法的任务
中价值转换的要求，而且在立法技术上有其作用。社会的一般人对如何通
过刑法保护自己的生命、身体、自由和财产等个人法益这一问题有着最为
强烈的兴趣，并且从犯罪的数量来看，对个人法益的犯罪也远比对国家法
益的犯罪要多。由此，在刑法分则中最先规定犯罪数量最多的对个人法益
的犯罪，就能够更好地回应一般人兴趣的要求；而这也可以说是一种更容
易为人所理解的立法方法。

此外，在对国家法益的犯罪中所用的暴行、胁迫、逮捕、监禁等等
行为的概念，均是在对个人法益的犯罪中就确定好了的、独立的犯罪行
为中的概念。对国家法益的犯罪中各个概念的解释也以对个人法益的犯
罪中概念的解释为前提，并且必须以后者为其出发点。综上所述，只有
先于对国家法益的犯罪就规定对个人法益的犯罪，在立法技术上才是有 *125*
优势的。

三、比较法的考察

（一）

最近欧洲的刑法典明确地表现出了将对个人法益的犯罪规定在刑法分则的开头，而随后再以对社会法益的犯罪和对国家法益的犯罪的顺序进行规定的倾向。

1. 这种倾向首先在《瑞士刑法典》（1937 年）中得到了表现。瑞士刑法典将对生命、身体的犯罪（第一章）规定在刑法分则的最开头，随后规定了对财产的犯罪（第二章），再之后才规定了对名誉等的犯罪（第三章）、对自由等的犯罪（第四章）。在这之后，才以如下顺序规定了对风俗的犯罪（第五章，包括对性的自由等的犯罪、传播淫秽物品罪等）、对家庭的犯罪（第六章）、公共危险等犯罪（第七章—第九章）、各种伪造罪（第十章、第十一章）、对公安的犯罪（第十二章，包含骚扰罪）。而在最后的部分，则以如下顺序规定了对国家和国防的犯罪（第十三章，包含内乱罪、背叛国家罪、间谍罪等）、对国民意思的犯罪（第十四章，选举犯罪）、对公权力的犯罪（第十五章）、妨害与外国间关系的犯罪（第十六章）、对司法的犯罪（第十七章）、职务犯罪（第十八章）。如此，瑞士刑法典在刑法分则的规定中，就以对个人法益的犯罪、对社会法益的犯罪和对国家法益的犯罪的顺序进行了排列。但是，瑞士刑法典在对个人法益的犯罪的排序中，将对财产的犯罪（第二章）置于对名誉和自由的犯罪（第三章、第四章）之前，这仍然是留有疑问的。

2. 无独有偶，联邦德国的 1962 年政府草案也将规定了对个人的犯罪的章（第一章，包括对生命、身体、自由、名誉等的犯罪）置于分则的开头；这与其现行法有所不同。而在此之后，按照对风俗（Sittenordnung）的犯罪（第二章，包括对宗教上平等的犯罪、对家庭的犯罪、强奸等对性的自由的犯罪、传播淫秽物品罪、不救助罪等犯罪），对财产的犯罪（第三章），对公共秩序的犯罪（第四章，包括骚扰罪、各种伪造罪、公共危险罪、交通犯罪、滥用麻药罪、赌博罪等犯罪），对国家和国家组织的犯罪（第五章，包括内乱罪、叛逆罪、对选举的犯罪、妨害公务罪、伪证罪、诬告罪、收受贿赂犯罪、滥用职权罪等犯罪），对民族共同体的犯罪（第六章，包括种族灭绝等犯罪）的顺序进行了排列。之所以先于财产犯罪规定风俗犯罪，是因为其"理念的法益"相较于财产犯罪中的物质的法益，与第一章的对个人的犯罪的法益更紧密地关联在一起。[⑦] 如此，联邦德国 1962 年草案原则上也是按照对个人法益的犯罪、对社会法益的犯罪、对国家法益的犯罪的顺序进行规定的。而特别值得注意的是，在德国，个人主义的价值观虽然至今为止都称不上是有力的，但联邦德国的草案在分则规定的排序上仍然将对个人法益的犯罪置于最开始，而将对国家法益的犯罪置于其后。

在联邦德国的刑法修正工作中，最先明确地主张应当在刑法分则的开头就规定对个人的犯罪的是毛拉赫。他认为，刑法修改资料之中之所以存在这样的顺序，不仅是因为受到了法律的一目了然性和平易近人性的要求，同时更是受到了那种应当被实现的法律世界观的基础要求。对人的保护当然应当前置于通过人才得到维持且与人紧密关联的各种价值的保护之前；由此，对共同体的保护所具有的意义就不比对个人的保护而言要小； [127] 相反，对保护共同体的认可以及这种保护的有价值性，正表现了这种保护是以对人格的尊重为绝对必要的前提的。由此，毛拉赫指出，一个国家使对国家所代表的价值的保护优先于对个人的保护，无疑是僭用了不适合于这个国家的立场；同时也错误地理解了国家是由人组成的且应当为人服务的观点。由此，刑法分则的规定在法益保护的顺序上从对国家的犯罪开始进行排列，无疑是误解了人和单纯的机构之间的关系。[⑧]

随后，在刑法大委员会审阅的过程中，联邦司法省提案的草案与 1962 年草案采取了基本相同的规定顺序；这一草案获得了几乎全部委员

[⑦]　E. 1962，Begruendung，S. 264.

[⑧]　Maurach, Die Systemaatik des Besonderen Teiles eines neuen Strafgesetzbuchs, Materialien zur Strafrechtsreform, 1. Bd.，1954，S. 238. 另参见《德国刑法改正资料》第 1 卷（下），（法务资料第 373 号），第 105 页及以下。

的支持。⑨

1962 年草案的理由书就采取新的规定顺序的理由而言，首先指出，基本法的规定也是从个人的基本权利开始的。随后，理由书还指出了体系上的各种考虑。即：（1）刑法分则的规定是以能够使人领会为其出发点的，这一目的非常清楚。（2）将在日常生活中最开始也是最直接地与人发生关联的各种法益，也就是生命、健康、自由、名誉置于刑法分则的开头，随后经由家庭、风俗的价值，再经由财产的价值，在其后才终于到达跨越了更广范围的公共秩序、国家及民族共同体；这样的排列即使未臻完善，也远比现行法更为清晰；且有利于对未来进行展望。（3）能够使得各个构成要件无矛盾地接续在一起。（4）能使在后规定的构成要件以在先规定的构成要件中的各个概念为其前提。⑩

不过话说回来，1962 年草案的理由书却并未就前述新的结构与现行法的结构在保护法益的问题上的不同进行评价，其实际规定的各罪排列顺序也并没有表明前述排列顺序的原则。在对这一部分的说明中，可以看出刑法分则的新的规定顺序与价值体系之间是没有关系的。但是，在前述说明中作为其根据被举出的例子，是包含了最重的罪之一的种族灭绝罪这样的对民族共同体的犯罪的章节被置于了刑法分则的最后部分⑪；而像内乱罪、妨害公务罪这样的对国家法益的犯罪却并没有被规定在对个人法益的犯罪之后；这一点无疑是值得我们特殊注意的。并且，这里得到讨论的种族灭绝罪这一罪名，是由于第二次世界大战以及相关的特殊情况才成为新的犯罪化的对象的。因此毋宁说 1962 年草案理由书承认了这一修改与宪法以个人的基本权利为出发点这一事实之间的关联性，从中或许能够看出，理由书采取新的规定顺序的几点理由都存在一个默示的前提，即新刑法典的结构与前文所述的价值体系中发生的重点转换之间是存在关联的。并且，至少应当承认，在对个人法益的犯罪和对国家法益的犯罪的关系的问题上，前述价值的转换是讨论的前提。

---

⑨　Niederschriften ueber die Sitzungen der Grossen Strafrechtskommission，5. Bd.，S. 137 ff.，S. 259 ff.；10. Bd.，S. 370 ff.，S. 485 ff.

⑩　E. 1962，Begruendung，S. 264.

⑪　E. 1962，Begruendung，S. 264.

3. 联邦德国代替草案（AE-WGM）的刑法分则的好几个部分都是单独公布施行的，因此就分则整体而言，规定的排列顺序未必就是明确的。但是，从其基本思想来看，或者是从已经发表的部分来看，对个人法益的犯罪比起对国家法益的犯罪而言，确实是得到了优先的规定。

代替草案中特别引人注意的，是1962年草案就"对风俗的犯罪"所采取的态度。代替草案以"对风俗的犯罪"这一章的名称非常含混暧昧，且在这一章中规定的犯罪都是从非常道德化的观点出发才能得到判断的为理由，废止了这一章名。随后，将在这一章中规定的犯罪的一部分改置于"对性的自由的犯罪"中；而将其他部分编入了"对未成年人的犯罪"一节中；两者都被规定在"对个人的犯罪"一章中。⑫ 这种基本的态度与共犯猥亵罪、制作淫秽物品罪的废止这种"性的表现犯罪"的非犯罪化的方向是紧密相连的。

代替草案还认为，放火罪、爆炸罪、解除自然力量罪等"公共危险罪"的犯罪，如果从在环境的危险中对人类的生命和健康进行保护（也就是"环境保护"）的观点看来，就应该被规定在新增设的"对人们有危险的行为（Personengefaehrdungen）"一节中；而1962年草案中规定的交通犯罪，从认为其保护法益主要在于生命和身体的观点看来，则应被规定在"交通中带来危险的行为"一节中；而前述这些犯罪都属于"对个人的犯罪"一章。⑬ 但是，这些犯罪历来都是被作为所谓的"对社会法益的犯罪"来理解、并按照这一顺序进行规定的。代替草案尝试将这些犯罪都编入"对个人法益的犯罪"中，这无疑是值得注意的。可以认为，这表明了一种将社会法益中的"社会"看作是个人的集合的态度。

4. 话说回来，当时的联邦德国在刑法分则领域的改正工作中，倾向于采取对现行法进行连续的部分改正的形式。由此，在规定的排列顺序问题上也就没能直接采用1962年草案的新的结构。但是，这些部分改正也在分则的开头处继承了代替草案的旨趣和精神。例如，在1968年等新设

---

⑫　AE. Sexualdelike, 1968, S. 9, S. 19, S. 39; Straftaten gegen die Person（Erster Halband）, 1970, S. 89, S. 91 ff.

⑬　AE. Straftaten gegen die Person（Zweiter Halband）, 1971, S. 49 ff., S. 101 ff.

了"破坏和平罪"（第 80 条和第 80 条 a）。这一犯罪的保护法益虽然在其一个侧面上也包含了国家的外在安全，但其第一位的法益是国际和平。除此之外还值得注意的是，这一犯罪被规定在了典型的对国家法益的犯罪，即内乱罪之前。

5. 奥地利 1971 年刑法草案也将对个人法益的犯罪排列在了刑法分则的卷首。其首先规定了对身体和生命的犯罪（第 1 章），对自由的犯罪（第 2 章）、对名誉的犯罪（第 3 章）、对私人领域和一定职业上的秘密的侵害的犯罪（第 4 章）、对财产的犯罪（第 5 章）。随后以如下顺序，规定了对公共危险的犯罪（第 6 章）、对宗教和死者的安息的犯罪（第 7 章）、对婚姻和家族的犯罪（第 8 章）、对风俗的犯罪（第 9 章，包括对性的自由的犯罪和与性的表现相关的犯罪）、动物虐待罪（第 10 章）、文书伪造罪（第 11 章）、货币伪造罪（第 12 章）这些对社会法益的犯罪。在这之后，又以如下顺序规定了内乱罪和其他攻击国家的犯罪（第 13 章）、攻击最高国家机关的犯罪（第 14 章）、叛变罪（第 15 章）、对军队的犯罪（第 16 章）、对选举的犯罪（第 17 章）、对国家权力的犯罪（第 18 章，妨害公务罪）、对公共秩序稳定的犯罪（第 19 章，包含寻衅滋事行为）、对司法的犯罪（第 20 章）、违反职务上义务的犯罪（第 21 章）、滥用职权和用不正当手段获得公职罪（第 22 章）、对外交的犯罪（第 23 章）这些对国家法益的犯罪。在最后则如同联邦德国 1962 年草案那样，规定了种族灭绝罪（第 24 章）。

130

奥地利 1971 年草案的说明书中，也没有表明在前述规定的排列顺序中是否存在从最重的犯罪向着最轻的犯罪这样的价值的倾斜。但是在这一说明中，作为例子被举出来的正是与联邦德国 1962 年草案理由书中同样的例子，即将种族灭绝罪的规定置于最后的情况。[14]

6.《瑞典刑法典》（1965 年）中，也首先规定了对生命、健康、自由、稳定、名誉等的犯罪（第 3 章～第 5 章）。并且在此之后，规定了对道德的犯罪（第 6 章，包括强奸罪等对性的自由的犯罪）和对家族的犯罪（第 7 章）；再之后则规定了财产犯罪（第 8 章～第 12 章）、公共危险罪

---

[14] E. 1971, Erlaeuterungen. S. 189.

（第 13 章）、伪造罪（第 14 章）、伪证罪（第 15 章）和对公共秩序的犯罪（第 16 章）等犯罪。而在最后的部分，才就对公共活动的犯罪（第 17 章，包括妨害公务罪、贿赂罪）、背叛罪（第 18 章）、对王国安全的犯罪（第 19 章）和公务中的犯罪（第 20 章）等犯罪进行了规定。这样，瑞典刑法典实质上也是按照对个人法益的犯罪、对社会法益的犯罪和对国家法益的犯罪的顺序对规定进行排序的。

并且，《瑞典刑法典》的一大特征还在于，其在规定与犯罪、刑罚、制裁等相关总则规定的细节问题之前，就先对属于刑法分则内容的部分进行了规定。其理由在于，起草刑法典的工作人员认为，何者应受处罚不仅应当被告知给法律专家，也应当被告知给普通民众；因为对各个犯罪的定义最为关心的并不是法律专家，而是普通民众。于是，刑法典的规定就从人民群众最为关心的对生命和健康的犯罪开始了。[15]

（二）

近期，美国的刑事立法和草案中也将分则的犯罪进行了体系化的排序。其体系虽然并不像欧陆的刑法典那样清晰，但也能看出将对个人法益的犯罪先于对国家法益的犯罪排列的倾向。

1. 美国法律协会制定的《模范刑法典》（1962 年）首先规定了对人身的犯罪（第 210 章～第 213 章，除杀人罪、暴行伤害罪之外，还包括绑架罪、性犯罪等）、对财产的犯罪（第 220 章～第 224 章，包括放火罪、文书伪造罪等犯罪）和对家庭的犯罪（第 230 章，包括堕胎罪、怠于继续抚养罪等犯罪）。随后又规定了对公务的犯罪（第 240 章～第 243 章，包括贿赂罪、伪证罪、妨害公务罪、叛逃罪、滥用职权罪等）。在这之后，才规定了对公共秩序和风俗的犯罪（第 250 章～第 251 章，包括骚扰罪、药物滥用罪、侵犯隐私罪、公然猥亵罪、卖淫罪、发布淫秽文书罪等犯罪）。

当然，就《模范刑法典》的结构而言，其在对人身的犯罪之前，也是能够插入规定对州的存立和安全的犯罪的。但是，《模范刑法典》以包括内乱罪和间谍罪在内的这类犯罪主要是联邦政府的问题、在对州的安全的

131

---

⑮　参见 1965 年《瑞典刑法典》（法务资料第 406 号）收录的序文（I. 斯特拉斯执笔），第 5 页及以下。

犯罪的定义中必须对该州所特有的政治状况进行考虑、美国法律协会的资力有所限制三个理由，将其从立法对象中加以排除。⑯ 由此，就在缺乏规定的内容的情况下，仅仅对设置这一规定的可能性进行了承认。

2. 受到《模范刑法典》的影响而出台的《纽约州新刑法典》（1967年）将伤害、杀人、性犯罪、监禁、绑架、抢劫等对人身的犯罪规定在了刑法分则的最开始（H章），在这之后的几章（I～K章）则分别规定了与财产有关的各种犯罪（包括放火罪、伪造文书罪、非公务员贿赂罪等犯罪），在此之后则规定了对公务的犯罪（L章，职权滥用罪、妨害公务罪、贿赂罪、叛逃罪、伪证罪等犯罪），在这之后则以对公众健康和道德的犯罪（M章，关于危险药物的犯罪、赌博罪、卖淫罪、猥亵罪），对公共秩序、公众情感和隐私权的犯罪（N章），以及对婚姻、家族以及儿童和无能力的人的福祉的犯罪（O章），和对公共安全的犯罪（P章，包含关于枪支和其他危险武器滥用的犯罪）的顺序进行了条文的排布。这一法典将对公务的犯罪置于对人身的犯罪和财产犯罪之后，而在此之后才设置了以对社会法益的犯罪为中心的若干规定；这一点上与《模范刑法典》是有相似性的。并且，由于新刑法典并没有沿用旧刑法典中关于背叛罪的规定，其并没有解决在模范刑法典中尚存有问题的对州的存立、安全的犯罪的规定问题。

132　　此外，伊利诺伊州的《新刑法典》（1962年）也以对人身的犯罪（第2章）、对财产的犯罪（第3章）、侵害公众的健康、安全和品性的犯罪（第4章）、妨害政府作用的犯罪（第5章）的顺序对条文进行了排列。这一法典中，对州的存立、安全的叛逆罪（第30条）被规定在妨害政府职能的犯罪中，而被排列在法典的最后的部分。由此，比起《模范刑法典》和《纽约州新刑法典》来说，这部法典中条文的排列顺序与欧陆刑法中所具有的倾向是更加接近的。

话说回来，美国最近的《联邦新刑法典草案》（1970年，联邦刑法改

---

⑯　The American Law Institute, Model Penal Code, 1962, p. 123. 参见美国法律协会《模范刑法典》（刑事基本法令改正资料第8号），1962年版，第91页。

正国家委员会制定)⑰ 在分则的卷首规定了叛逆罪等对国家安全的犯罪（第 11 章。）此外，还规定了对外交关系的犯罪（第 12 章）、对政府职务的犯罪（第 13 章）、税务犯罪（第 14 章）、选举犯罪（第 15 章）；这些犯罪都被规定在了对人身的犯罪（第 16 章）和对财产的犯罪（第 17 章）之前。而对公共秩序、健康、安全、情感的犯罪（第 18 章）则被规定在了最后。但其之所以采取这种将对国家法益的犯罪置于对个人法益的犯罪之前的规定方式，是因为联邦法是对州法的补充；因而有其特殊性。联邦政府的保护直接成为联邦刑法的对象，但杀人罪等对个人法益的犯罪原则上只是州法的问题；只有在特别的地域实施时才能成为联邦刑法的问题。因此，在对个人法益的犯罪的场合中，联邦刑法的适用就只是例外而特殊的；这也是前述规定排列的一个大背景。

（三）

社会主义国家的刑法典通常将叛逆罪（叛国罪）等典型的国家犯罪规定在刑法分则的开头。但是，较之以往，最近的刑法典有提升对个人法益的犯罪的地位，并将其排布在前面部分的倾向。

1.《俄罗斯共和国刑法典》（1960 年）在分则的最开始规定了国家犯罪（第 1 章，对祖国的背叛、谍报行为等），和对社会主义国家所有制的犯罪（第 2 章）。在这之后才按照如下顺序，规定了对生命、身体、自由、名誉的犯罪（第 3 章），以及对市民政治上和劳动上的权利的犯罪（第 4 章）和对市民个人所有权的犯罪（第 5 章）。在这之后，又按照如下顺序规定了经济犯罪（第 6 章），职务犯罪（第 7 章），对裁判的犯罪（第 8 章），违反行政秩序的犯罪（第 9 章），对公共安全、秩序和居民健康的犯罪（第 10 章），地方习惯残余引起的犯罪（第 11 章），军事犯罪（第 12 章）。相比之下，旧刑法典（1926 年）则在国家犯罪（第 1 章）、违反行政秩序的犯罪（第 2 章）、职务犯罪（第 3 章）、违反政教分离原则的犯罪（第 4 章）、经济犯罪（第 5 章）之后，才规定了对生命、身体、自由、名誉的犯罪（第 6 章）和财产犯罪（第 7 章）；而在这之后又规定了对居民

133

---

⑰　The National Commission on Reform of Federal Criminal Laws，Study Draft of a aNew Federal Criminal Code（Title 18，United States Code），1970.

的保健和公共的安全、秩序的犯罪（第 8 章），军事犯罪（第 9 章），部族习惯残余导致的犯罪（第 10 章）。对比新旧刑法，应该引人注目的是，在规定排列的顺序上，对个人法益（生命、身体、自由、名誉、新设的政治和劳动上的权利以及个人财产）的犯罪的地位和排序都得到了显著的提升。而这被认为是与新刑法"市民的权利保障"的理念相对应的。⑱

2. 民主德国刑法典（1968 年）则以在卷首规定了对民主德国（DDR）的主权、和平、人道和人权的犯罪（第 1 章，包括计划、实行、宣传侵略战争等行为）为其特征。在此之后，则规定了对国家也就是对 DDR 的犯罪（第 2 章，内乱罪、叛国罪等）。但在这之后，则立即规定了对人格的犯罪（第 3 章，对人的生命和健康、自由的犯罪，以及对人的自由和价值的犯罪），对少年和家庭的犯罪（第 4 章）；在其后才开始以如下顺序对规定进行了排布，即：对社会主义所有制和国民经济的犯罪（第 5 章），对个人的、私人的所有权的犯罪（第 6 章）和对公共安全的犯罪（第 7 章，放火和其他危害公共安全罪、对健康和劳动的保护的犯罪、对交通安全的犯罪、对通信的犯罪、滥用武器和爆炸物的犯罪）；在最后的部分，则规定了对国家秩序的犯罪 [第 8 章，对选举实行的犯罪、对国家和公共秩序的犯罪（妨害公务罪、骚扰罪），对司法的犯罪，侵害职务义务的犯罪等]，军事犯罪（第 9 章）。

这样，民主德国刑法典也将对社会主义所有制的犯罪先于对生命、身体、自由等的犯罪进行了规定；而这无疑是对苏维埃刑法所表现出的那种倾向的进一步放大。

四、对改正刑法草案的讨论

134 正如前文所述，日本法制审议会制定的《改正刑法草案》（1974 年）将对国家法益的犯罪置于刑法分则的开头，随后规定了对社会法益的犯罪，而在最后才规定对个人法益的犯罪；这与现行刑法是相同的。但是，

---

⑱ 参见中山研一：《苏维埃法概论 刑法》，1966 年版，第 276 页、第 284 页及以下。

如果要对在明治宪法的背景下制定的现行刑法进行全面的改正，那么就有必要从在现行宪法这一大背景下发生的价值转换的观点［前文二（二）、（三）］、立法技术的观点以及比较法的观点出发，尝试对现行法律的规定排列顺序进行根本性的再讨论；进而得出应当将对个人法益的犯罪规定在刑法分则的开头处，并将对国家法益的犯罪规定在刑法分则的最末尾处的结论。至于所谓对社会法益的犯罪，原则上应当将其规定在前述两类犯罪中间。但是，如果从认为"社会"是个人的集合的立场出发的话，就不得不考虑存在应将这类犯罪规定在与对个人法益的犯罪更加接近之处、甚至是将其规定在对个人法益的犯罪之中的情况。但是，在改正草案的审议过程中并没有围绕这些关于规定排列顺序的问题进行详细讨论。

可能存在反对的观点，认为刑法分则中规定的排列顺序只不过是形式问题而已。但是，改正草案所采取的这种将对国家法益的犯罪规定在刑法分则的开头处，而将对个人法益的犯罪排列在最末尾处的这种形式的表现还是影响了草案的实质的内容。这种影响表现在以下方面。

第一，改正草案并没有扩大国家机关的犯罪，而是扩大了国家权力和国家机关的对立一侧的犯罪。例如，草案虽然没有新设强迫自白罪的处罚规定，但却将帮助内乱的未遂行为纳入了处罚范围（第 118 条）。在妨害公务罪中，不仅没有明文规定执行公务的"适法性"要件，反而增加了本罪的法定刑（第 145 条）。此外，还新设了从保安设施、少管所逃走罪（第 153 条）和罪犯集团反抗罪（第 154 条）。并且，对于有对国家权力犯罪的实质的骚动罪，则不仅处罚其附和随行者（参加者），还处罚其帮助者；同时还显著提升了其法定刑（第 167 条第 3 款）。此外，还新设了骚动预备罪（第 168 条）。[19]

第二，改正草案对于类似的几个法益，在其属于国家的法益时进行了着重保护，而在其属于个人的法益时则并未进行充分保护。例如，对于秘密的保护而言，改正草案对于国家和地方公共团体的机密的保护，不仅新设了公务员泄露机密罪（第 136 条），还新设了开封公用秘密文书罪（第

---

⑲　参见平野龙一：《概括的批判》，载平野龙一、平场安治编：《刑法改正——刑法改正草案批判》，载《法律讲座（增刊）》，1972 年，第 20 页及以下。

147 条）；但是对于个人秘密的保护而言，不仅没有规定对公务人员泄露
在职务上能够获知的个人秘密的行为的处罚，也没有采取将个人的隐私从
公务人员的侵害中予以保护的态度。但是在现代社会中，一方面国民的知
情权得到了强调，另一方面公务员能够在职务上知晓个人的秘密的机会也
相应地增大了；如果要设立新的规定的话，是应当以公务员泄露个人的秘
密为其对象的。不仅如此，如何从公务员的侵害之中对个人的隐私进行刑
法上的保护，特别是以窃听器等器材为手段的情况，也是值得考虑的问
题。而前述这些情形也都是发生在刑法任务上的价值转换所要求的。

　　第三，改正草案使国家站在被害者的立场上，从强调侵害国家利益的
观点出发，展现了将对并未妨害国家权力的作用、且以对个人的犯罪在相
同的平面对待并无不妥的行为规定为对国家法益的犯罪的态度。例如，改
正草案将免除强制执行罪（第 149 条）和串通招投标罪（第 150 条）规定
在妨害公务这一章中；这与现行法相同。但是，即使是在 1940 年（昭和
15 年）的改正刑法草案之中，免除强制执行罪（第 462 条）也是被规定
在"妨害权利行使罪"的一章中的，而串通投标罪（第 416 条）则被规定
在"关于信用、业务以及招投标的犯罪"一章中；两者都被规定为对个人
法益的犯罪。并且，战后最高裁判所的判决曾因为免除强制执行罪所着眼
的是债权人的债权保护，而将其解释为对个人法益的犯罪。据此，对这两
个犯罪的成立都应当进行限定的理解［最判昭和 35 年（1960 年）6 月 24
日判决，载《刑集》第 4 卷第 8 号第 1103 页］。当然，这两个犯罪在通过
1941 年（昭和 16 年）的刑法的部分改正而被作为对国家法益的犯罪而纳
入现行法的时候，就已经表明了当时（战争时期）的国家主义思想。也正
是因为如此，在当时想要对刑法进行全面的改正的话，即使仅仅从前述最
高裁判例所表明的态度出发，也应当将这两个犯罪规定为对个人法益的
犯罪。

　　此外，改正草案不仅将公用文书毁弃罪从现行法的毁弃、隐匿的犯罪
一章中移入了妨害公务的犯罪一章中（第 148 条），还在这一章中新设了
开封公用秘密文书罪（第 147 条）。在这两个犯罪中，都以妨害公务的犯
罪处罚了实际上并未妨害公权力运行的行为；这一点是存在问题的。基于
现行宪法，行政事件诉讼的审理和裁判基本上都采纳了依据在于民事诉讼

法的诉讼原则；而在民事诉讼法中，不论是对国家还是对个人，都能够向裁判所提起诉讼。如果与此相对应的话，就可以认为国家除了在其权力作用的运行的场合，都是与私人处在同一立场上的。而在刑法上也是一样，妨害国家的非权力运行的行为应当与对个人的犯罪在同一平面上处理；在刑法上得到特别对待的国家权力的运行，原则上应仅限于国家适法的权力运行的范围内。[20] 但与此相反，改正草案并未将妨害公务罪的对象限定在国家权力运行的范围之内，并且没有明示履行职务行为的适法性要件。这里，改正草案将对国家法益的犯罪规定在卷首所表现的那些意图，就在其实质内容之中得到了明确的反映。

第四，改正草案将公然猥亵罪（第 245 条）和传播淫秽资料罪（第 247 条）等规定在"危害风俗的犯罪"一章（第 21 章）中，而将强奸罪（第 269 条）、强制猥亵罪（第 297 条）等则规定在"奸淫罪"一章（第 30 章）中；将两组犯罪在不同的章中进行了规定。这就使得前者被作为对社会法益（性风俗）的犯罪，而后者被作为对个人法益（个人的性自由）的犯罪。这样的排列顺序不仅继承了之前的假定草案和准备草案的立法态度，还进一步地强调了两组犯罪在保护法益上的差别；可以看作是接受了对将两组犯罪都置于对社会法益的犯罪中的现行法表示出疑问态度的学说的见解。[21] 这种观点更为本质的问题在于，将"性风俗"或者说性的社会伦理这样冷冰冰的观念的秩序作为"保护法益"本身就是存在问题的。对性的自由的犯罪姑且不论，独立设立一章对以性风俗作为保护法益的"对风俗的犯罪"进行规定，在一个侧面上似乎也涉及了对改正草案中传播淫秽资料等犯罪的处罚扩大化。而从猥亵罪的保护法益是不特定或者多数的"个人"的性的"情感"的观点出发，两组犯罪当然应当被规定在同一章中；并且应当是与现行法基本不同地被规定在包含对个人法益的犯罪的章节中；而这也正是值得进行理论上探讨的问题。[22] 对这一问题的讨论，可以从将与性的表现相关的犯罪，与比如说从是否违反了人们的意思而侵害

---

[20] 参见前引注[19]平野龙一文，第 22 页；另参见前引注①平野龙一文，第 19 页。

[21] 例如，团藤重光：《刑法纲要各论》，1957 年版，第 266 页、第 393 页。

[22] 参见前引注①平野龙一文，第 19 页。

138　了其性的感情方面对犯罪成立进行限定的立法紧密结合起来。

【附　记】

　　本章原文是以法制审议会刑事法特别部会上发表的《改正刑法草案》（1972 年，即所谓"部会草案"）为对象的。由于条文的内容是一致的，因此就使用了 1974 年法制审议会《改正刑法草案》的条文编号。

第四章　法益论的考察

一、前言

对于在刑法任务论、违法论、刑法分则的体系化和各个刑罚法规的解释等问题中承认"法益"概念具有核心重要性的构想而言——本文将这一构想称为"法益论"——最近展开了新的批判性研究。对其进行批判的论者，例如联邦德国的克努特·阿梅隆和我国的伊东研祐，都对"法益"概念和"法益论"的历史的展开过程进行了批判性的再检讨；并以此为基础，提出了刑法学中法益论的研究，特别是提出了对于认为刑法的任务在于法益保护（法益保护论）的观点的疑问。这些论者中有些虽然也采取了规范论的思路，但并未将"规范"假定为"社会伦理规范"或"道德规范"，因而有着崭新的问题意识。例如，阿梅隆以系统论的规范论为基础主张社会有害性论；而伊东研祐则指出了法益论的问题性和界限，以通过纯粹法规范而得到保护的实在对象为中心，尝试对法益概念进行重新定义。① 在最近的这些对法益论的批判中，有许多值得学者注意的、能引起对法益论进行再讨论的论点。

本章并未对最近关于法益论的批判进行全面的探讨；而是在与这些批判的中心论点相关联的范围内，重新梳理了法益论的历史展开和现代展开的问题点，并尝试进行一些考察。

二、法益论的历史展开及其问题

（一）

140　　最近对法益论的批判以齐纳对关于"法益"概念的学说史的研究②进行的批判为出发点。并且这些批判中包含了对深受齐纳研究影响的笔者观点的批判。本节首先就"法益"概念和法益论的历史展开，对至今为止笔者发表过的观点的概要进行简述。

1. "法益"（Rechtsgut）概念的基础首先在于，毕恩鲍姆（Birnbaum Michael）提出的法的"财"（Gut）的概念。毕恩鲍姆将犯罪理解为对法的"财"的侵害（在1834年的著作中）。而作为其前史的，则是费尔巴哈的将犯罪理解为对"权利"的侵害的权利侵害说。法的"财"这一概念最

---

① Amelung Knut, Rechtsgueterschutz und Schutz der Gesellschaft, Untersuchungen zum Inhalt und zum Anwendungsbereich eines Strafrechtsprinzips auf dogmengeschichtlicher Grundlage. Zugleich ein Beitrag zur Lehre von der "Sozialschaedlichkeit" des Verbrechens, 1972. [同书的详细介绍参见甲斐克则：《克努特·阿梅隆著：〈法益保护和社会保护（一）（二）（三）〉》，载《九大法学》第45、46、47号，1983－1984年；克努特·阿梅隆著，日高义博译：《德国刑法学中的法益保护理论的现状》，载《法学家》770号，1982年。]

伊东研祐：《法益概念史的再讨论——到方法论的、目的论的法益概念的出现为止》，载《金泽法学》第23卷第1、2号（1981年）（以下简称为《概念史》）；伊东研祐：《现代法益概念的谱系和刑事不法论的客体（一）～（六）》，载《法学协会杂志》第98卷第7、8、9、11号（1981年），第99卷第1、3号（1982年）（以下简称《谱系》）。以前述两篇论文为基础，进行了若干的补充和修正，形成了伊东研祐：《法益概念史研究》，1984年版（以下简称《研究》。由于该著作的出版是在本章内容原文的校对阶段，因而只能尽可能地对本书进行参考和引用）。

② Sina Peter, Die Dogmengeschichte des strafrechtlichen Begriffs "Rechtsgut", Basel, 1962.

终得以形成，其思想背景是在 1820 年开始至 1840 年这一期间的德国刑法学中出现的所谓"稳健的实证主义倾向"（gemaessigte positibistische Richtung）。在此背景下，毕恩鲍姆在承认并非"权利"的东西也能成为犯罪侵害的对象（犯罪的客体）的基础上，从实证主义视角出发对"权利"概念进行了批判和修正，最终形成了比"权利"这一概念包含着更加浓厚的实证的、经验的要素，并且在内容上能够进行更加扩张的理解的"财"的概念。但另一方面，毕恩鲍姆的"财"的概念和"财"侵害说通过在犯罪客体问题上，对费尔巴哈在启蒙主义后期的自然法思想的背景下提出的权利侵害说进行实质限定，有着从国家权力当中保障市民自由的所谓自由主义的侧面。这样看来，毕恩鲍姆的"财"概念和"财"侵害说通过对被犯罪所侵害的对象进行实证的、实质的限定，就避免了对观念的、形式的犯罪概念的主张（"恶的行为"或"义务违反"等）所导致的犯罪概念的扩张混乱；在保障当时的市民自由和法律的安定性上有其意义。

法的"财"或者说"法益"概念的实证主义侧面，在 1870 年之后同样引起了人们的强烈兴趣。例如，宾丁就将"法益"概念导入了其以规范理论和法律实证主义为标签的刑法理论中，将其作为以规范理论为核心的犯罪论体系的一个支柱。而在李斯特处，"法益"概念则获得了更加重要的地位，成为其社会学的、实证主义的刑法理论的核心概念。但是，在彼时的刑法学之中，尚没有人充分地意识到法益概念的历史的、自由主义的内容。相反，对法益概念的历史的、自由主义的内容表现出强烈的关心的，是纳粹时代尝试通过对法益概念的自由主义的内容进行强调，而否定其重要性的基尔学派。③

----

③ 详细参见内藤谦：《刑法中的法益概念的历史展开（一）》，载《东京都立大学法学会杂志》第 6 卷第 2 号（1966 年），第 47 页及以下；内藤谦：《刑法中的法益概念的历史展开（二）》，第 7 卷第 2 号（1967 年），第 129 页及以下［下文简称为《展开（一）》或《展开》（二）］。这篇论文在受到齐纳的研究（注①）的影响和启发的同时，也尝试对法益概念的历史展开过程的社会背景稍加探讨。

2. "法益"概念在李斯特之后成为刑法分则体系化的基础和核心概念。并且在讨论违法的实质问题时，采取了法益论路径的"法益侵害说"占据了核心地位。这里，"法益"概念和"法益侵害说"虽然是对费尔巴哈权利侵害说中"权利"概念的修正和扩张，但是如果与在对违法性的实质这一问题的探究中采取了规范论的路径并强调规范违反的侧面的规范违反说相比的话，更能表现出来的就是其继承自费尔巴哈的权利侵害说的一面。而比起对"规范"和"规范违反"的实质侧面进行讨论，"法益"和"法益侵害说"至少在分析和验证上是可能的。

作为纳粹刑法学的代表，基尔学派对作为启蒙主义、自由主义、个人主义、分析哲学思想产物的"法益"概念和"法益侵害说"进行了强烈的批判，并强调犯罪的义务违反性。而这也恰好说明了"法益"概念和"法益侵害说"有着历史的、自由主义的性格。④

3. 在日本的刑法理论史上，考察的着眼点应当在于，泷川幸辰在1932年（昭和7年）之后逐渐明确了其自由主义刑法理论的立场；由此导致历来认为违法性的实质在于"对为国家所承认的道理的违反"即"国家的道理违反"的观点逐渐转向了对"法益"（"生活利益"）的侵害和危险的观点。这种转向是对泷川幸辰明确地采取了客观的违法论的反映，同时也有着对法律与道德进行明确区别的意义。但是，在当时已经明确地采取了规范论路径的小野清一郎对泷川幸辰的刑罚理论进行了批评，认为其保留着"消极自由主义的政治性"。随后，小野清一郎以"违法性的实质

（接上页）此外，"法益"概念的"历史的和自由主义的内容"这一表达，意味着法益概念在特定的历史的状况中，有着自由主义的内容和性格，而并不是说"法益"概念自身内在地包含了自由主义的内容和性格［前引注①伊东研祐《谱系（一）》，第74页及以下；《谱系（四）》，第159页及以下；前引注①伊东研祐《研究》，第10页及以下、第309页等］。笔者也肯定这样的主张。并且，笔者曾指出宾丁的"法益"概念同时有着"自由主义的侧面"和"威权主义的侧面"［《展开（二）》，第139页］，也是对前述观点的表明。即使使用了"法益"这一概念，刑法理论和政策也未必就总是自由主义的（参见内藤谦：《保护法益：性质、分类与顺序》，载平场安治、平野龙一编：《刑法改正的研究 2 各论》，1973年版，第39页）。由此，在纳粹的时代才可能对"与共同体相关联的法益概念"进行主张。［参见伊东研祐《谱系（一）》，第111页以下，伊东研祐《研究》，第147页及以下。］

④　参见内藤谦：《违法论的基本问题（一）》，载《法学教室》第20号（1982年），第92页及以下。

应当是更深层的民族共同体的道义观念，即客观的精神、文化规范，又或者是作者（泷川幸辰——引用者注）所谓'条理（伦理规范）'的要求"为由，对泷川幸辰在违法性的实质的问题中采取的在研究路径上的前述修正进行了反对。⑤ 这样，"法益"概念和"法益侵害说"的历史的自由主义的性格就也在日本刑法理论的历史展开之中得到了表现。

（二）

最近对法益论展开的批判，是就法益概念和法益论的历史的发展过程的前述理解，以对其提出的若干质疑为出发点的（但并未涉及我国的刑法理论史的问题）。本节讨论其主要观点。

1. 批判的论者首先强调，毕恩鲍姆的"财"侵害说和费尔巴哈的权利侵害说与启蒙后期自然法思想之间存在割裂。因此，认为前者作为对后者的继承而有着自由主义的侧面的观点是存在疑问的。其主要的论据是，毕恩鲍姆将"宗教的、伦理的观念的总体"作为"公共的财"纳入了"财"的概念之中。⑥ 这一批判及其论据并没有停留在仅仅针对毕恩鲍姆的"财"侵害说的范围内，而是成为对在这之后展开的法益论，特别是对战后的法益论所展开的批判的基础［参见后文三（三）1］；在这一点上，它有着重要的意义。

笔者同样认为，毕恩鲍姆的"财"的概念和"财"侵害说是（1）从"稳健的实证主义倾向"出发，对费尔巴哈的权利侵害说进行批判和修正才得以形成的理论；并且，（2）使"宗教的、伦理的观念的整体"包含于"公共的财"这一概念中，导致无法把"财"这一概念理解为有形的对象，这无疑是其赞成扩张"财"这一概念的一个例证。⑦

———————

⑤ 参见内藤谦：《泷川幸辰的刑法理论3》，载《法律时报》第52卷第9号（1980年），第105页；前引注④内藤谦文，第93页及以下。另参见本书第349页、第362页、第421页。

⑥ Amelung, a. a. O., S. 15 ff. 另参见前引注①伊东研祐《概念史》，第140页及以下；前引注①伊东研祐《研究》，第29页及以下。就这一点而言，另参见新谷一幸：《对十九世纪前半叶德国的犯罪和刑罚的考查——法益思想的导入以及宗教犯罪和风俗犯罪的复活》，载《大阪市立大学法学杂志》第28卷第1号（1981年），第106页及以下。

⑦ 参见前引注③内藤谦《展开（一）》文，第66页及以下（本书第82页及以下、第85页及以下）。

但是，以前述（2）为主要论据，似乎不足以否定毕恩鲍姆的"财"侵害说是对以启蒙主义后期的自然法思想为背景的费尔巴哈的权利侵害说的继承，而有其自由主义侧面的观点。

首先以宗教犯、风俗犯的问题为中心，对权利侵害说和"财"侵害说的关系进行重新讨论。费尔巴哈确实认为，"犯罪"是通过刑罚法规得到规定的、直接侵害对个人或者国家的各种权利的行为；但是，他并未将宗教犯和风俗犯包含在前述犯罪概念之中。就此可以说，权利侵害说得到了理论上的贯彻。但是，费尔巴哈同时也不得不在这种"狭义的犯罪"之外承认"违警罪（Polizeivergehen）"的概念；而在"违警罪"之中，则包含了近亲相奸、兽奸、介绍卖淫等风俗犯。费尔巴哈认为，"在要求人们遵守特定的警察法规，即通过刑罚的规定确认国家的权利之时，违警罪的概念就成立了"。但是在"稳健的实证主义的倾向"的立场看来，这种理论以"违警罪"处罚在权利侵害说看来本不应作为犯罪处罚的行为；不过是以不同的名目对广义上的犯罪进行处罚罢了。由此，这种体系就因为理论上存在矛盾而受到了批判。而毕恩鲍姆也正是基于对"违警罪"的分类与权利侵害说在理论上存在矛盾，即"狭义的犯罪"与"违警罪"之间界限模糊进行了批判，才主张了"财"侵害说。[8]

费尔巴哈的权利侵害说将宗教犯和风俗犯从"狭义的犯罪"中排除出去的做法本身，在贯彻启蒙主义的刑法思想看来表现了其非犯罪化的志向，无疑值得较高的评价。但是，着眼于费尔巴哈同时又以"违警罪"对风俗犯进行处罚这一侧面时，他的权利侵害说与毕恩鲍姆的"财"侵害说之间的差别就仅仅止于犯罪分类上的差异了。与此问题相关的是，法益论的批判者们也纷纷表明了其对费尔巴哈权利侵害说的自由主义性格的怀疑态度。[9]

此外，正如最近（1978年）刚刚翻译为日语而终于使我们得以一观

----

⑧ 参见前引注③内藤谦《展开（一）》文，第58页及以下、第65页、第67页（本书第73页及以下、第82页、第83页）；另参见文中列出的其他文献。

⑨ 参见前引注①伊东研祐《概念史》文，第33页及以下；另参见前引注①伊东研祐《研究》书，第17页及以下。

全貌的那样：在 1824 年拜仁王国刑法典的费尔巴哈草案中，费尔巴哈在宗教犯和风俗犯的问题上从自己提出的权利侵害说的制约中解放了出来；他为了能将"犯罪"的领域向非权利侵害进行扩张，而采取了更为柔软的立场。⑩ 由此可见，费尔巴哈在后期的观点变得和毕恩鲍姆的观点更加接近了。而与此问题相关，法益论的批判者们对费尔巴哈刑法学的自由主义性格的怀疑就变得更为强烈了。

如何看待费尔巴哈刑法学的自由主义性格的问题，与对刑法理论的历史发展的观察方法有关。确实，在现代刑法理论的视角下，不论是毕恩鲍姆的"财"侵害说还是费尔巴哈的权利侵害说都有其矛盾和缺陷。但是，在考察历史上的刑法理论时，必须注意对其意义和问题性进行的体味必须置于其赖以存在的历史和社会的制约之中。因此，不论是费尔巴哈的权利侵害说还是毕恩鲍姆的"财"侵害说的考察，都必须对其孕育诞生时德国的特殊历史背景，即克服绝对主义的刑法制度和刑法理论并进一步建立近代刑法和近代刑法理论的历史有所认识。而从这样的认识出发，以启蒙主义后期的自然法思想为背景的费尔巴哈的权利侵害说，就是走在自上而下的资本主义改革道路上的德意志的特殊的自由主义萌芽的表现⑪；而对权利侵害说进行批判和修正的毕恩鲍姆的"财"侵害说及作为其基础的 1820 年以后的"稳健的实证主义倾向"，则是在后进的德国资本主义社会 *145* 的成立和市民刑法的秩序通过实定法向现实化迈进的社会背景下，对为德国的市民阶级所要求的自由的实质的现实化和法律的安定性的回应。⑫ 同理应当注意到的是，费尔巴哈在 1820 年代后期与权利侵害说在事实上的

---

⑩　Schubert Gernot, Feuerbachs Entwurf zu einem Strafgesetzbuch fuer das Koenigreich Bayern aus dem Jahre 1924, 1978；格努特·舒伯特著，山中敬一译：《1824 年拜仁王国刑法典费尔巴哈草案》，1980 年版，第 26 页及以下。特别参考第 34 页。

⑪　参见前引注③内藤谦《展开（一）》文，第 53 页及以下（本书第 71 页及以下）；另参见文中列出的其他文献。

⑫　参见前引注③内藤谦《展开（一）》文，第 63 页及以下（本书第 81 页及以下）；另参见文中列出的其他文献。

决裂，同样也是在前述社会背景之下发生的。⑬

　　如果从前述德国的社会背景和历史发展过程中基本的方向性来看的话，就能够在历史的视角下肯定费尔巴哈的权利侵害说有着自由主义的侧面；而毕恩鲍姆的财侵害说作为对权利侵害说的继承，就同样有着自由主义的侧面。随后，就宗教犯、风俗犯的问题而言，费尔巴哈的权利侵害说和毕恩鲍姆的财侵害说之间的差别，在一个侧面上就也仅仅是犯罪分类上的差异而已。此外，如果顾及从后期费尔巴哈的理论在特定的社会背景下实际上更加接近于在其之后出现的毕恩鲍姆的基本立场的事实，那么以宗教犯和风俗犯的问题为主要论据强调两人的理论之间存在断裂，进而否定或者轻视两者之间继承性的侧面的观点就是存在疑问的。这里，我们对被毕恩鲍姆认为是"财"概念的内容的东西进行整理。毕恩鲍姆认为，"财"首先是"人（Person）或者事物（Sache）"，并进一步分为"生命、人的各种力量（权能）、名誉、人格的自由、财产"等等。正如前面提到的那样，他所说的"财"虽然并未限定于有形的对象的范围内，但却带着强烈的有形的、具体的色彩。并且，在将"财"理解为由立法者创造出的东西这一意义上，毕恩鲍姆并没有采取实定法的、形式的理解。他不仅承认"财"之中存在着"人类"从"自然中获得"的东西，而且并未将作为"人类社会的发展"以及"市民的结合"的结果的那些"财"仅仅理解为立法者创造出的东西。从这一意义上，可以说毕恩鲍姆对"财"的概念进行了前实定法的、实质的理解。⑭

　　2. 随后，根据毕恩鲍姆自己的观点，对毕恩鲍姆的"财"侵害说和费尔巴哈的权利侵害说以及启蒙主义后期的自然法思想之间的关联进行整理。毕恩鲍姆主张，（1）犯罪的本质概念，即："从事物的本性看来应当被认为是犯罪的东西，或者根据理性在一国范围内应当受到处罚的东西，

146

────────────

　　⑬　就费尔巴哈的理论在后期"与权利侵害说在实际上的诀别"的问题，也被指出"自由主义的思想的财产，不仅在刑法的领域中，也在更为广阔的政治的领域中获得了一定的地位"。"与权利侵害说的实际上的诀别对于费尔巴哈而言并不是非常困难的；理由在于，其在 19 世纪前半叶的正中在拜仁的立法活动中深刻地感到，存在以刑法解释学为手段对市民领域的官员或立法者的干涉进行限定的必要性。"前引注⑩舒伯特书，第 35 页及以下。

　　⑭　参见前引注③内藤谦《展开（一）》文，第 67 页及以下（本书第 84 页及以下）。

是一种对应当通过国家权力对全体公民进行同等保障的财（Gut）的侵害或者危险；并且它应当被归责于人的意思。"同时，（2）就对财的保护与国家权力之间的关系问题，他主张："对国家之中生存的全体公民来说，国家权力的本质在于对人们从自然中获得的某种财的享受，或者存在于人类社会的发展以及市民阶级的结合的结果之中的某种财（Gueter）的享受，以同等的方法进行保障。"此外，（3）他对于将公共的危险性作为犯罪本质的观点进行了如下反对。即："特别是将公共的危险性（Gemeingefaehrlichkeit）作为所有犯罪本质的观点，将导致例如应当处罚谋杀罪这一国家权力的义务，从应当保护公民自身的生命这一国家权力的义务转向应当维持作为一个整体的国家的义务的观点。而这将导致国家并不是为公民的利益所必要的，但公民是为了国家的存在而存在的结论。"⑮

如前所述，在毕恩鲍姆的主张中，就（1）而言，"财"的概念作为犯罪的客体，也作为向"人类的意思"进行归责的对象，被明确地与人的主观的东西区别开来。这也就是将违法和责任进行区别分析的思考方式的原型；同时也展现了通过"财"的概念对犯罪概念的客观、实质的限定。此外，这里所说的"从事物的本性来看"和"根据理性"的思考则表明，启蒙主义后期的自然法思想对毕恩鲍姆观点的思想基础有所影响。而在其主张（2）之中，则认可了在应当通过国家权力进行保障的"财"之中，存在"人类的社会发展和市民阶级的结合的结果"。而毕恩鲍姆在这之前就先举出"财"之中包括了"人类从自然之中获得的东西"，则能够表明他认为应当在前实定法的意义上就对那种个人的生命、身体、自由等进行平等保障。在前述主张（3）中，也能看出毕恩鲍姆在使对个人生命的保护成为国家权力的义务的同时，也主张公民并非是为了国家而存在的，但国家是为公民的利益所需的观点。而前述（2）和（3）的主张同样能够表明，毕恩鲍姆的"财"的概念和"财"侵害说作为对费尔巴哈的权利侵害说的继承，有着自由主义的侧面。

147

---

⑮　参见前引注③内藤谦《展开（一）》文，第 67 页及以下、第 74 页（本书第 84 页、第 88 页）。

3. 以阿梅隆（Knut Amelung）为代表的法益论批判者强调，在毕恩鲍姆的财保护论以及其后的法益保护论，与启蒙主义刑法任务论（刑事证策论）之间存在着割裂。但是，这种场合下为启蒙主义的刑法任务论所假定的刑法的任务，在于"保障人类共同生活的条件"的构想。而如果认为在现代也仍有必要使这种构想焕发生机的话，那么法益保护论就无法发挥其作用。⑯ 由此，阿梅隆从前述构想出发，提出并主张了以系统论为基础的社会的有害性论（Theorie der Sozialschaedlichkeit）〔详细参见本章的三（三）2、3〕。

但是追根到底，启蒙主义的刑法任务论仅仅假定为对"人类共同生活的条件"的保障是否妥当呢？在启蒙主义刑法思想的基础中，社会契约论认为社会和国家的成立根据在于社会契约；而这一契约的当事人正是以个人为单位的人（个人主义的思想）。社会契约论的特征在于，其认为社会和国家都不是自然而然存在着的有机整体，而是通过作为不可分割的独立单位的个人的自由决断（契约）才得以形成的结构体。在这样的社会契约论基础下，启蒙主义的刑法任务论就以保护个人的生命、身体、自由、财产等个人的利益为其首要任务；而社会和国家作为实现对前述保护个人利益的目的所不可或缺的条件，对其利益的保护也就是刑法的任务。费尔巴哈的国家目的论及其刑法分则的体系结构正表明了这种观点。⑰ 正如前文标题 2 下的（2）和（3）处所阐明的那样，毕恩鲍姆在其财保护论之中也将个人的"财"本身作为首要的问题，并将其与作为人类社会的发展和市民阶级的结合的结果而受到保护的"财"相区别开来。

相反，如果认为刑法的任务仅仅在于对"人类共同生活的条件"进行保障的话，就将导致仅仅是人类共同生活的"条件"的一部分的个人的生命、身体、自由等无法得到保护。〔这一在现代提出的问题，将在本章的后文三（三）2、3进行详细讨论。〕这样的刑法任务论虽然能够与社会有机体说和社会系统论较好地结合，但其已经不再是启蒙主义的刑法任务

148

⑯ Amelung, a. a. O., S. 16 ff., 48. 69. 此外，参见前引注①伊东研祐《概念史》文，第147 页；前引注①伊东研祐《研究》书，第40 页。

⑰ 参见前引注③内藤谦《展开（一）》文，第 57 页（本书第 72 页）。

论了。

4. 法益论批判者主张，与前文 1 处的主张相关联的、纳粹刑法学的主流，特别是基尔学派的沙夫施泰因以"法益"概念形成的过程中毕恩鲍姆的见解为其依据，提出的"法益"概念和"法益侵害说"是启蒙主义的、个人主义的、自由主义的思想的产物的观点，完全是由沙夫施泰因对法益概念和法益论的历史的解释有所误解才导致的。⑱

但是，虽然沙夫施泰因的理解中确实有着包含政治要素的夸大其词，但却并不能就此断言其观点是出于对历史的误解。而沙夫施泰因为了表明其前述理解，作为证据举出的例子则是对前文 2（2）中阐明的毕恩鲍姆的见解的引用。⑲ 而不论怎么说，在纳粹时代中作为纳粹刑法学代表的基尔学派都以前述"法益"概念和"法益侵害说"具有的历史的自由主义的性格而对其进行了强烈的关注和批判，并由此导致基尔学派在强调犯罪的义务违反性的同时，因为法益概念以及法益论的研究具备自由主义的性格而对其进行了否定。在强调这是不可动摇的事实的同时，我们也应同时关注到其所具有的历史意义。⑳

5. 法益论的批判者，特别是霍尼希和施温格提出的方法论的、目的论的法益概念，因为受到了新康德学派的价值关系的方法论的影响，而将"法益"理解为一条条刑罚法规的意义或者是目的，甚至是其立法理由；这样，就将对"法益"概念进行价值的把握作为亟待讨论的问题。在这之后，方法论的、目的论的法益概念很快就被指出是存在问题的。其在对"法益"的内容进行"精神化"的、价值的理解的同时，又认为刑法的任务并不在于判断对价值选择是否妥当；由此，就将价值关系的考察方法中

---

⑱　Amelung, a. a. O., S. 236 ff. 此外，参见前引注①伊东研祐《谱系（一）》文，第 106 页；另参见前引注①伊东研祐《研究》书，第 140 页及以下。

⑲　Schaffstein Friedrich, Das Verbrechen eine Reshtsgutsverletzung?, Deutsches Strafrecht, Bd. 2, 1935, S. 101. Vgl. Schaffstein, Das Verbrechen als Pflichtverletzung, in: Grundfragen der neuen Rechtswissenschaft, 1935, S. 108 ff; Der Streit um das Rechtsgutverletzungsdogma, Deutsches Strafrecht, Bd. 4, 1937, S. 355 ff.

⑳　参见内藤谦：《目的行为理论的法律思想史的考察（二）》，载《刑法杂志》第 9 卷第 2 号（1958 年），第 77 页（本书第 54 页）。

与价值相关的选择完全委任给了立法者，对于纳粹刑法学及其刑事立法非
但没有任何抵抗能力，反而使其具备了合理性。此外，虽然前述对法益概
念进行实定法的理解的批判仍称不上是过度的，但比起对法益概念的"精
神化"和扩张的倾向的批判来说，显然后者才是更成问题的。㉑ 而对反对
法益概念的"精神化"的批判意见的讨论，就引出了对韦尔策尔的对法益
概念的再评价［详细参见后文三（三）4］。

至今为止笔者一直认为，被"精神化"的方法论的、目的论的法益概
念由于失去了事实基础和实质内容，而不论在刑事立法中还是在刑法的解
释适用中都能够包含任意的价值内容（例如，国家理念或伦理的价值本
身）；因此，这一概念至少不应被理解为应当以"结果无价值论"为前提
的法益概念。㉒

但是，施温格和齐默尔等人的前述法益论在纳粹时期的时代背景下，
也被认为是作为启蒙主义、个人主义、自由主义、分析思想的产物的"法
益"概念和法益论，并受到了来自基尔学派的强烈攻击。但在当时（纳
粹）的背景下，两位学者仍然尽可能地保持了魏玛时代的德国刑法学［梅
兹格尔的刑法教科书（1931 年），李斯特·施密特的刑法教科书（1932
年），等等］的骨骼架构，并在此之上进行了发展；这也是不能忽视的事
实。今天的法益论虽然与百年前的理论相去甚远，但也仍然只有在前述历
史脉络之中，才能够理解施温格和齐默尔以"共同体思想"为方向并且助
益于"纳粹精神"的渗透的悲剧的主张。㉓ 在当时，如果两位学者不进行
前述主张的话，就无法维持被认为是启蒙主义的、自由主义的、个人主义
的、分析思想的产物而受到攻击的"法益"概念和法益论。而现如今，施
温格和齐默尔在维持"法益"概念和法益论的基础上，对基尔学派强调
"本质直观""具体的秩序思想"和"整体的考察"，以及对法益论和构成

㉑ 参见前引注①伊东研祐《谱系（一）》文，第 100 页及以下。另参见前引注①伊东研祐
《研究》书，第 134 页及以下。Amelung, a. a. I., S. 130 ff., 229.

㉒ 内藤谦：《战后刑法学治中行为无价值论和结果无价值论的展开（二）》，载《刑法杂志》
第 22 卷第 1 号（1977 年），第 95 页及以下（本书第 246 页）。

㉓ Schwinge Erick u. Zimmerl Leopold, Wessenschau und konkretes Ordungsdenken im
Strafrecht，1937，S. 64.

要件论、违法与责任之间的区别进行否定的观点进行了激烈的反对。[24] 而应当为我们所特别注意的是，正如在同一时期出生的恩吉施所说的那样，在当时的状况下两位学者的主张正是出于"勇气和良心"[25]。

三、法益论的现代展开及其问题

（一）

在第二次世界大战后的联邦德国，法益论自 1950 年代后期开始又发 *152* 生了新的展开。

1. 首先，耶格尔着眼于刑事立法中法益保护论的作用，提出了"没有法益保护就没有刑法规范。疑罪不具有可罚性"的原则，对性风俗、性道德作为保护"法益"的性质问题提出了疑问；主张风俗犯的非犯罪化（1957 年）。瑞士的齐纳对法益概念的学说史进行了概述，并论述了法益概念的自由主义的内容（1962 年）。罗克辛着眼于法益保护与宪法（基本法）之间的关系，将其作为刑法的重要任务，展开了其刑法基础理论（1966 年）。而在随后的刑法改正代替草案中，对"法益的保护"也和使行为人向社会复归一同被规定为刑法的任务［1966 年，参见后文三（一）2］。至此为止，法益概念的法政策的机能和法解释学的机能终于在鲁道菲的尝试下得到了综合；他为了通过实定法对立法者进行约束，尝试以宪法为媒介而对法益概念的内容进行阐明（1970 年）。在这之后，马克斯通过将法益概念规定为"为了人类自由的自我实现而必要的对象"而主张了个人主义的法益论（1970 年）。哈赛默在论述法益论的"内在于体系的构想"和"超越于体系的构想"的同时，也以社会学和心理学的知识对法益

---

[24] Schwinge u. Zimmerl, a. a. O., S. 17 ff., 33 ff., 78 ff.

[25] Engisch Karl, Wessenschau und konkretes Ordnungsdenken im Strafrecht, Mschrkrim, 29. Jg., 1938，S. 134.

论的内容进行了充实（1973 年）。㉖ 在这种情况下，出现了对阿梅隆的法益保护论的批判的研究（1972 年）。

2. 这里应该特别注意的是，在联邦德国刑法修正工作开展的过程中，在刑法改正草案（总论·1966 年）中明文规定了刑法的任务在于"法益保护"和"行为人向法共同体的复归"（第 2 条第 1 项）。这一改正草案在刑法任务论和刑法机能论中所表明的那种法益论的路径，就与仍然残留在 1962 年政府草案中的浓厚的道德报应思想和以此为根据的扩大犯罪化的倾向发生了对抗。由此，1966 年代替草案就不仅意味着对刑法道德主义的摆脱和对刑事政策的或机能的考察方法的重视，还意味着在分则中将犯罪的范围限定在为了保护可以通过实践检验且明确的"法益"的必要最小限度（具备补充性和有效性的限度）的范围内。此外，代替草案的这种法益论的路径还表现在，例如，将同意堕胎罪几乎实质性地置于刑法的范围之外（第 105 条～第 107 条）；废止了公然猥亵、发布猥亵文书等犯罪（旧刑法第 184 条）；以及将经过同意的伤害行为在原则上做不可罚处理（第 112 条）；等方面。代替草案的前述构想虽然并未在联邦德国新刑法中得到完全的实现，但这一构想已经对新刑法中对堕胎罪规定和性犯罪规定的修正等方面产生了较大的影响。㉗

（二）

纵览第二次世界大战后日本刑法学的状况，自 1965 年（昭和 40 年）

㉖　Jaeger Herbert, Strafgesetzgebung und Rechtsgueterschutz bei Sittlichkeitsdelikten, Eine kriminalsoziologische Untersuchung, 1957; Sina, supra note 2; Roxin Claus, Sinn und Grenzen staatlicher Straf, . JuS. 1966, S. 376 ff.; Rudolphi Hans-Joachim, Die verschiedenen Aspekte des Rechtsgutsbegriffs, in: Festschrift fuer Richard M. Honig, 1970, S. 151 ff.; Marx Michael, Zur Definition des Begriffs "Rechtsgut". Prolegomena einer materialen Verbrechenslehre, 1972; Hassemer, Winfried, Theorie und Soziologie des Verbrechens, Ansaetze zu einer praxisorientierten Rechtsgutslehre, 1973.［同书的详细介绍，参见山中敬一、元家范文、立石雅彦：《温弗里德·哈赛默:〈犯罪的理论和社会学〉（上）（下）》，载《关西大学法学论集》第 26 卷第 2 号、第 3 号（1976 年）]。

㉗　Alternativ-Entwurf eines Strafgesetzbuches Allgemeiner Teil, 1966. 就这一问题而言，参见内藤谦：《刑法学说史（一）外国》，载《现代刑法讲座》第 1 卷（1977 年），第 141 页及以下（本书第 547 页及以下）；内藤谦：《联邦德国新刑法的订立》，载《现代刑法讲座》第 1 卷（1977 年），第 7 页及以下、第 40 页及以下。

开始，就有学者对以法益论的路径为基础的"结果无价值论"进行了再评价；而日本的结果无价值论在对以"行为无价值论"为依据的违法的主观化、伦理化进行批判的同时，自然而然地在对抗中得到了展开。而其重要契机之一，就是在刑法修正的问题中，对依据道义的报应思想以及以此为依据的有着浓厚的扩大犯罪化色彩的改正刑法准备草案〔1961年（昭和36年）〕和改正刑法草案〔1974年（昭和49年）〕的批判和制衡。㉘

如前所述，日本和联邦德国不论是在刑法学说还是在刑法修正工作中，都受到了新展开的观点的许多启发。在笔者看来，以历来的讨论为基础的话，法益概念和法益论大概而言包含了如下观点。

1."法益"概念和法益论的历史的自由主义的性格和内容，并不是从"法益"概念的概括的或形式的定义中直接产生出来的。"法益"一般而言大多被定义为"受到法律保护的利益或价值"。但是，如果对这种概括的、形式的"法益"概念进行极度的抽象化并进行扩张的话，那么只要总体来说是通过法律得到保护的东西，不论是国家的理念还是所有的政府的利益，就都能够被包含在这种"法益"概念之中。而例如对国家和政府而言不利益的言论或结社的事实就难以避免地成为应受处罚的对象。实际上同样应当回想起的是，即使是在治安维持法中也存在着多义且不明确的"国体"和概括的"私有财产制度"这样的"法益"（参考第1条和第10条）。

2.从这样的视角看来，在与人权保障机能同时被提出的法益保护这一刑法机能之中，"法益"的概念就应当具有更为实质的、限定的内容。而在考虑法益概念的历史的自由主义的性格和内容的同时，如何对法益概念的实质内容和在其根基中存在的基本观点进行理解，就是格外重要的问题。这样的话，作为通过刑罚法规得到保护的客体的"法益"概念，就应该是在对以日本宪法为基础的法律全体进行考虑的基础上，在"宪法的基

154

㉘　详细参见前引注㉒内藤谦文，第68页及以下；特别参见第77页及以下（本书第218页及以下，特别参见第226页及以下）。

本原理和构造的视角下值得通过刑罚法规得到保护的生活利益"这一意义上的"宪法的、实质的法益概念"。

由此，正如从明治宪法到当今日本宪法的变革之中所展现的那样，从国家主义到个人主义、自由主义的价值原理的转换，也应该在刑法的保护法益机能之中得到反映。从日本宪法的基本原理和构造来看，刑法应当进行优先保护的是个人尊严的基础之所在的生命、身体、自由和财产等生活利益这一意义上的个人法益。而应当得到刑法保护的社会法益和国家法益，就应该是对于保护前述个人的生活利益而言必不可少的作为外部前提条件的那些社会、国家之中的生活利益。并且，前述特定的生活利益既然不是被"精神化"的东西，那么其至少应该具有一定的现实或事实的基础，从而可以成为被犯罪所侵害的对象。如前所述，日本宪法的基本原理和构造在于保障有着各样价值观的个人的尊严和共存；在这一视角下，应当认为在宗教的、伦理的、政治的、性的以及其他价值观本身之中，至少就是不包含刑罚法规所保护的客体即"法益"的。就此而言，由于作为"法益"内容的"生活利益"必须是"根据刑罚法规而值得保护"的东西，前述"法益"概念就必须是能够与刑法的法益保护机能所蕴含的谦抑性、断片性、适应性这几个原则相结合的。

155　　3. 如果依照前述对刑法的法益保护机能和法益概念的理解，即使认为刑法的任务和机能在于保护法益，也并非是将所有的生活利益都通过刑法进行保护。对于社会统制而言，刑罚本身也并非一种理想的手段，而是最后的手段；刑法的发动也应当被限定在其他手段（例如通过行政程序的制裁、民事的损害赔偿等法律手段，或者是伦理道德上的非难、社会一般人中的否定性评价等非法律的手段）不够充分的范围之内。这一意义上，谦抑性、断片性、适应性这几个原则就作为前提，成为刑法法益保护机能的内在制约。并且，在判断刑法究竟在什么场合下才为了保护生活利益而不得不介入的问题（也就是"犯罪化和非犯罪化"的问题）时，不应以大概率是依照直觉决定其内容的"社会伦理"为其基准；而是应当以宪法的基本原理和构造为基本视点，以前面提到的几个原则为前提，以社会学、心理学、医学、历史学等相邻学科的知识为线索，来具体地把握判断的

方法。㉙

（三）

最近对法益论的批判的研究中，也存在批判前述［参见本章前文三（一）］联邦德国的法益论的现代展开的观点。这也包含对受到前述法益论的现代展开的启发的笔者观点［参见本章前文三（二）］的批判。下面，笔者对这种法益论批判的主要观点进行讨论。㉚

1. 最近的法益论批判是以如下批判为基础的。即，认为耶格尔、齐纳和罗克辛等人的法益概念和法益论所尝试的个人主义的、自由主义的构成，是在启蒙主义的刑法理论以及权利侵害说和"财"保护论以及法益保护论之间的关系问题上，对历史的错误解释的批判；以及，认为前述学者在对法益概念的定义和法益论的内容中均存在矛盾且具有不明确性，只不过是一种包含不明确的价值判断要素的刑事政策的方案而已的批判。

但正如前文已经论证过的那样，战后的法益论并非是在对历史的错误解释之上展开的（本章前文二所述）。并且，即使其在对历史的解释问题上采取了错误的立场，也无法仅仅借此就使得战后的法益论失去在刑法解释学和立法上所具有的意义。批判的见解仅仅拘泥于历史的解释和学说史之中，未免过低地评价法益论所具有的现实意义。并且，批判的观点就刑法解释学和刑事立法的问题所提出的取代法益论的那些具体建议也未必都是清楚明确的。

法益概念和法益论之中包含法政策的（刑事政策的）价值判断的要素；这在刑法任务论和立法论之中是理所当然的，在刑法解释学及其概念中也同样是无法避免的。自不必说的是，对刑法解释学及其概念而言理论

156

㉙ "宪法的实质的法益概念"在其内容上包含了以刑法各论为方向的具体化；其详细参见前引注③内藤谦《保护法益：性质、分类与顺序》文，第 39 页及以下（本书第 121 页及以下）；另参见前引注㉒内藤谦文，第 95 页及以下（本书第 246 页及以下）；内藤谦：《刑法讲义总论（上）》，1983 年版，第 8 页及以下、第 43 页及以下、第 51 页及以下、第 207 页及以下、第 211 页及以下；内藤谦：《违法论的基本问题（一）（二）》，载《法学教室》第 20 号（1982 年），第 94 页；第 21 号，第 52 页及以下。

㉚ Amelung, supra note 1, S. 10 ff., 263 ff., 300 ff. 另参见前引注①伊东研祐《谱系（四）》文，第 157 页及以下；伊东研祐《谱系（五）》文，第 9 页及以下、第 15 页及以下；前引注①伊东研祐《研究》书，第 308 页及以下、第 333 页及以下、第 341 页及以下。

的整合性是不可或缺的。但是，这种理论的整合性未必意味着一种包含法政策的价值判断的要素的理论的整合性。反倒不如说，完全不包含法政策的价值判断的要素的刑法解释学及其概念，正是因为隐蔽了其实际包含的法政策的价值判断，才反而是危险的。[31]

此外，法益概念的定义的内容理所当然应当尽可能地精确。但同样不能否定的是，这里的"定义"也有与其伴随的必然界限（本章后文四处详述）。

2. 法益论的批判者阿梅隆批判认为，法益概念在其成立的同时，在尚未精确地认识"社会"自身即"人类的共同生活"的情况下，就开始尝试说明犯罪的社会结果。[32] 作为法益保护理论的代替品，阿梅隆采取了基于社会系统论的社会的有害性论；此时刑法的任务就不在于保护法益，而在于"保障人类共同生活的条件"[33]。无独有偶，伊东研祐教授也在批判历来的法益论的同时，将"为相应社会成员的共同生活的存立所必不可少的条件"作为其阐明的"法益"概念定义的一部分［后文三（三）5详述］。

这样，聚焦在"保障人类的共同生活的条件"之上的观点，确实对于理解"社会的法益"和"国家的法益"而言有着重要的意义。但即使在这种观点中，形成法益的也不应该是超越个人的社会自身的条件，而应当是由个人组成的社会生活的那些必要不可欠缺的外部条件。[34] 这样，仅仅从"保障人类共同生活的条件"的视角来把握个人的生命、身体和自由这样的"个人的法益"的观点就存在根本性的疑问。正是在这种视角之下，阿梅隆才认为个人并非是因为其自身，而是因为社会才得以受到保护。[35]

157

---

[31]　刑法解释学的概念和法政策的价值判断之间的关系，参见前引注[29]内藤谦：《刑法讲义总论（上）》，第106页及以下、第136页及以下、第144页及以下、第261页及以下。

[32]　Amelung, a. a. O., S. 48.

[33]　Amelung, a. a. O., S. 1 ff., 350 ff.

[34]　参见前引注[3]内藤谦《保护法益：性质、分类与顺序》文，第40页及以下（本书第122页及以下）；另参见前引注[29]内藤谦《刑法讲义总论（上）》书，第8页及以下、第52页及以下。

[35]　Amelung, a. a. O., S. 389.

　　在一些现代的课题中，例如在关于死亡的定义中采取"脑死亡说"之时，问题就产生了。如果将生命这一法益理解为"人类共同生活的条件"的话，那么作为"人"的终末期的"脑死亡"就并非是包含脑干在内的全脑机能的不可逆的丧失；而可以仅仅是指大脑的机能的不可逆的丧失。而根据前述对生命的理解，如果大脑的机能发生了不可逆的丧失，那么在包含知觉、情感、意志的精神作用，甚至是作为其基础的"意识"都失去了回复的可能性之时，作为"人类共同生活的条件"的生命，也就是作为超越自然的社会存在的人类的生命就已经不可能存在了。但是，作为刑法保护的"法益"的生命，归根到底而言是具有自然存在的侧面的"个体的生命"；作为"人"的终末期的死亡也应当被理解为"个体的死"。这样，作为个人尊严基础的个人的生命也并非是因为社会，而正是因为其个人才应当受到保护的。由此就可以推论出，个人的生命并非是被作为"人类共同生活的条件"，而是被作为"个体的生命"才受到保护的。而这一推论即使在采取"脑死亡说"时，也能够成为死亡是包含脑干在内的全脑机能的不可逆丧失的观点的理论基础。例如，在中止维持生命所必需的治疗（即所谓"尊严死"）的问题中，将患者的自己决定权作为其核心问题进行讨论的见解正是从将个人的生命理解为"个人的生命"而非"人类共同生活的条件"的观点之中才得以产生的。[36]

　　追根到底，如果认为刑法的任务仅仅在于"保障人类共同生活的条件"的话，将可能导致允许对患有不治之症的残疾人进行"抹杀"的结论。理由在于，这些人的"生命"是不可能成为"人类共同生活的条件"而应将其看作是"没有生存价值的生命"的。而以"立法者眼中，作为法共同体中健全的生活条件而对法共同体有价值"的东西为核心充实了其"法益"概念定义的内容的宾丁[37]（比起李斯特的"法益"概念，宾丁的

---

　　[36]　详细参阅内藤谦：《尊严死（一）（二）（三）》，载《法学教室》第43号，第85页及以下；第44号，第59页及以下；第45号，第76页及以下，1984年。

　　[37]　关于宾丁的法益概念，参见前引注[3]内藤谦《展开（二）》文，第138页及以下（本书第102页及以下）。这里，比起宾丁那种实定的、形式的法益概念，李斯特采取的前实定的、具有实质的要素的法益概念得到了更高的评价。这一观点参见前引注[3]内藤谦《展开（二）》文，第150页及以下（本书第112页及以下、第117页及以下）。

观点在近年来受到了法益批判论者的较高评价，并被认为有重新评判的必

要）㊳ 则认为，允许"抹杀没有生存价值的生命"有着理论上的理由。㊴

　　法益论在个人主义的、自由主义的限度内，将"社会的法益"和"国家的法益"理解为对由一个个的人所构成的社会生活而言必要不可欠缺的外部条件。但是，"个人的法益"，特别是生命、身体和自由有其独自的特征；它不能仅仅被理解为"人类共同生活的条件"，而必须认为其本身就有应当受到前实定法保护的侧面。应当注意的是，这一特征即使是在毕恩鲍姆的"财"保护论中也是存在的。〔参见前文二（二）2 和 3〕

　　3. 法益论的批判者阿梅隆主张，通过基于系统论的"社会的有害性论"来取代法益保护论。而他以系统论为基础展开的"社会的有害性论"，是对"刑法的任务仅仅在于保障人类共同生活的条件"这一命题的实现。其最重要的主张在于，"对社会而言有害"的，是"机能障碍的现象（dysfunktionale Erscheinung），也就是对社会中的社会系统克服并解决其自己的存续问题进行阻碍或者是使其发生困难的社会现象"。而"犯罪不过是这种机能障碍的现象的特殊事例而已"。所谓"刑法的机能"就在于，对在系统问题的解决中犯罪所带来的阻碍，以"一种社会统制的组织结构进行对抗"㊵。通过对这种以系统论为基础的"社会的有害性论"的提倡，阿梅隆使停留在与刑法的单纯保护"客体"相关的讨论中的法益保护论，转向了对与社会系统中相互行为（Interaktion）的理想状态相关的问题的讨论。

　　即使在采取了刑法的任务在于法益保护的立场之时，在判断刑法为了保护生活利益而不得不在何种场合下介入的问题的时候，系统论也是一种能够提供参考的社会学方法〔参见前文三（二）3〕。但这说到底不过是诸种方法之一而已。在对系统论进行应用之时，也应当注意这一理论与在其暗流中存在的社会有机体说之间的关系。根据系统论，为了使维持社会存

　　㊳　Amelung, a. a. O., S. 52 ff., 187 ff. 另参见前引注①伊东研祐《概念史》文，第 178 页及以下；前引注①伊东研祐《研究》书，第 79 页及以下。此外，也参见后引注㊵。

　　㊴　Binding-Hoche, Die Freigabe der Vernichtung lebensunwerten Lebens, 1920.

　　㊵　Amelung, a. a. O., S. 361.

续的社会系统发挥其机能，即使是在特定的行为没有干涉特定他人的生活领域（例如，性的自己决定自由的领域）的情况下，也能够将其看作是 *159*
"机能障碍的现象"的一种而将其作为犯罪。由此，系统论更有可能是对可罚性的范围进行扩张而非进行限缩的理论。此外，如果彻底贯彻系统论，就不得不容许对有害于社会系统，甚至仅仅是无益于社会系统的人（例如，不可逆转地丧失了大脑机能的患者［参见前文三（三）2］，或者是不可能回复意识的植物人，抑或是罹患了不治之症的残疾人）进行排除和杀害；因为他们阻碍了目的在于社会存续的社会系统发挥其机能。[41] 而法益论正是为了避免得出这样的结论，才以对个人的生活利益的保护作为法益保护论的出发点。

当然，阿梅隆自己也通过规范的前提，即基本法（第 1 条、第 2 条）的要求，为系统论设定了不得以"伦理规则（Sittengesetz）"作为国家限制自由的普遍的正当化根据和不得对"纯粹的不道德（reine Unmoral）"进行处罚这两条制约。[42] 这在理论结构和结论本身上都是妥当的；但是，通过基本法的规范前提所设定的制约，必定很难与系统论之间进行调和。因而在笔者看来，这正是阿梅隆的系统论的界限和矛盾所在。

4. 近年来（1967 年以来——译者注），对法益论的批判研究通过对韦尔策尔的法益概念进行再评价，对法益概念的"精神化"导致的过度扩张和不明确性进行了反对。

韦尔策尔认为，应当将法益概念理解为"应当通过规范，即法的命令或禁止保护的东西；而并非应当通过刑罚保护的东西"。并且，"所谓法益，并不是被命令的或被禁止的行为状态本身，而仅仅是这种行为状态涉及其物质的或观念的行为客体的东西"[43]。这里，韦尔策尔对"法益"与"行为客体"的理解是相互重合的。而韦尔策尔的前述"法益"概念，就

㊶　参见克劳斯·罗克辛著，浅田和茂译：《"对案"以后刑事政策的展开》，载《关西大学法学论集》第 29 卷第 6 号（1980 年），第 112 页。

㊷　Amelung, a. a. o., S. 315 ff. 363 Fn. 67.

㊸　Welzel Hans, Studien zum System des Strafrechts, ZStW. Bd. 58, 1939, S. 511 Anm. 30 (S. 513).

在法益论的批判者将"法益"概念限定地理解为规范所保护的、作为能够因果地变更的实在的对象的情况下，与作为"机能内存在"的法益观同时得到了重新评价。㊹

诚然，韦尔策尔的"法益"概念在表明了"法益"有必要以事实为基础这一点上是值得我们注意的。但是，韦尔策尔在对"法益"概念进行前述限定理解的同时，也据此正面承认了对"法益"没有侵害或危险的犯罪的存在。例如，韦尔策尔将近亲相奸罪（德国旧刑法第 173 条）看作是"虽然没有法益侵害，但其自身就被禁止的违反伦理的行为状态"。他一方面限定"法益"，另一方面又通过承认缺乏"法益"侵害和危险的犯罪，主张"被禁止的、在社会意义上违反伦理的行为状态（而并非法益侵害）是所有规范的普遍的无价值的内容"㊺。这样，如果将"事态无价值（侵害或危险化的法益）"与"行为无价值（违反社会伦理的行为状态）"相区别开来的话，韦尔策尔的"法益"限定论就是为了强调"行为无价值"才展开的。而这一展开与他将不能犯论中（可罚的）不能未遂作为虽然欠缺了"事态无价值"但却可以留有"行为无价值"的一个例子，通过从法益的侵害和危险中独立出来的"行为无价值"为不能犯和未遂犯的区分问题中的主观说奠定基础的事实也是相联系的。㊻ 而如果采取了韦尔策尔那样从正面对缺乏"法益"侵害或危险的犯罪进行肯定的立场的话，对"法益"概念的限定就可以被容易地完成。但是这样的话，承认了缺乏"法益"侵害或危险的犯罪，并且从强调"行为无价值"的"行为无价值论"的立场出发而得到主张的韦尔策尔的"法益"限定论，其所出发的问题意识，就与从以对"法益"的侵害或危险为处罚根据、为所有犯罪的成立条件的"结果无价值论"的立场出发而得到构想的"法益"论是有所不同的。在这一意义上，韦尔策尔围绕"法益"展开的构想就仍然残留了很多问题。

———————————

㊹　Amelung, a. a. O.，S. 187 ff. 另参见前引注①伊东研祐《谱系（三）》文，第 62 页及以下；前引注①伊东研祐《研究》书，第 219 页及以下、第 251 页及以下。在认为法益并不是通过之（刑罚）才得到保护的对象，而是通过规范得到保护的对象的观点，以及以立法者的价值判断为规范的根基的观点上，韦尔策尔的法益概念与宾丁的是相同的。

㊺　Welzel，a. a. O.，S. 511 Anm. 30（S. 513）.

㊻　Welzel，Das Deutsche Strafrecht, 11. Aufl. , 1969，S. 62，193.

但是，韦尔策尔并没有仅仅将"法益"理解为一种价值；从他表明了"法益"概念有必要以事实为基础这一观点来看的话，在这一点上也有必要充分地倾听来自"结果无价值"立场的意见［前文三（二）2］。只是，从"结果无价值论"的立场出发的话，在例如不能犯论之中就倾向于客观的危险说；这是因为无法承认对有着事实基础的"法益"没有侵害或危险的犯罪。此外，对于在立法论中无法提出有事实基础的"法益"概念存在的确凿证据之时，也只能主张进行非犯罪化。

顺便一提，韦尔策尔在主张"法益"是应当通过规范得到保护的东西之时，其所谓"规范"是指命令和禁止。这种规范的动机并不在于通过刑罚进行威慑，因而是一种纯粹的规范（即法益论的批判者所谓的"纯粹规范"）。韦尔策尔认为，"法益"正是通过前述（纯粹）规范（法律的当为规范）得到保护的、由法律的构成机能（即评价机能）所形成的有秩序的状态。[47]

这样，作为通过（纯粹）规范得到保护的实在对象的"法益"概念虽然在近年来得到了法益论批判者的再评价，但这一场合中作为（纯粹）规范的法的命令和禁止是如何生成的，又有着怎样的实质内容，就都是成问题的。韦尔策尔将这种规范理解为社会伦理规范；但阿梅隆并没有将规范理解为社会伦理规范，且否认将"道德律"作为国家限制自由的普遍的正当化根据。根据阿梅隆的观点，规范是系统论的规范，是为了确保人类共同生活的条件的普遍化的"道具（Instrument）"[48]。伊东研祐认为："韦尔策尔在规范之中要求'社会伦理'规范的属性，这在现代看来是否妥当，还值得讨论。"[49] 是否采取了系统论的规范是不明确的。而在这种（纯粹）规范的实质内容未必明确的情况下，作为据此得到保护的对象的"法益"的内容的不明确性也是有增无减的。此外，也有论者以立法者的价值判断

161

---

[47] Welzel，Naturlismus und Wertphilosophie im Strafrecht，1935，S. 85. 此外，法益论批判者赋予"纯粹规范"这一概念非常重要的意义，但其表现并非是韦尔策尔所使用的那样，而是如同宾丁所理解的那样，将"规范"理解为"并非是纯粹的（rein）形成动机的东西，尤其不是通过刑法的威吓来形成动机的命令"（Handbuch des Strafrechts，1885，S. 164），在这一意义上进行使用。参见前引注①伊东研祐《谱系（三）》文，第83页；另参见前引注①伊东研祐《研究》书，第241页。

[48] Amelung，a. a. O.，S. 350 ff.，388. 另参见前引注①伊东研祐《研究》书，第266页。

[49] 参见前引注①伊东研祐《谱系（四）》文，第121页；另参见前引注①伊东研祐《研究》书，第266页。

作为这种（纯粹）规范的根基所在的价值判断。而如果认为（纯粹）规范是根据立法者的价值判断生成的，那么为这种规范所保护的对象即"法益"，就只能被理解为是实定的、形式的。这样看来，（纯粹）规范的实质内容及其生成过程之中，仍然存留着非常多的问题。

不论如何，根据将"法益"理解为通过规范得到保护的对象的观点，都展现了一个脱离于刑罚效果和与刑法（刑罚法规）联结的"法益"概念，即：一个考虑到了全部法律领域的问题的、一般法论中的"法益"概念。而为了与刑罚效果相结合，"法益"也必须有其他特征。在这一意义上，就否定了"刑事政策的法益概念"[50]。

确实，"法益"这一概念在其他法律领域也得到了使用，因此一般法论上的"法益"概念也是存在的。在刑法之中，例如在于违法阻却的判断中进行对"法益"的衡量之时，就将行为所承载的生活利益作为"法益"，使其成为衡量的对象。这时，通过宪法和其他法律法规得到保护的生活利益（例如，表达的自由、劳动者的团体行动权等等）就都是广义的"法益"[51]。

但是，在这种一般法论上的法益概念的范围之中，作为刑罚法规（刑法）保护的对象的"法益"概念之所以被认为是必要的［参见前文三（二）2］，是因为只有在刑罚这种制裁手段是激烈的最后手段的情况下，这一"法益"概念才必须是一种更为限定性的、明确且能够得到实证的东西；这也正表现了其意义。这样的"法益"概念，也正能够成为包含违法的相对性在内的可罚的违法性论的理论基础。

如果坚持韦尔策尔主张的对法益概念进行再评价的立场，那么前文中将刑罚效果与法益概念直接挂钩的观点就可能受到批判，即它容易使刑法学者的视野局限于一隅。[52] 但是，由于犯罪正是科处刑罚的前提条件，因

---

[50] 参见前引注①伊东研祐《谱系（三）》文，第 84 页；另参见前引注①伊东研祐《谱系（四）》文，第 122 页；前引注①伊东研祐《谱系（六）》文，第 122 页；另参见前引注①伊东研祐《研究》书，第 241 页、第 267 页、第 412 页。

[51] 参见前引注㉒内藤谦文，第 79 页（本书第 249 页）。

[52] 参见前引注①伊东研祐《谱系（三）》文，第 84 页；前引注①伊东研祐《研究》书，第 242 页。

而不论是在立法论上还是在刑法解释学上，一个概念都不可能与刑罚效果完全分离开来。在这一意义上，法益概念的架构中包含了法政策的要素，这就使得刑法学者的视野变得开阔，有可能在刑法解释论中将周边学科的知识也纳入考虑，从而构建一种实质的、限定的"法益"概念。

5. 伊东研祐在对法益概念史进行了详细的批判性检讨的基础上，对法益概念进行了如下定义："法益，应该是在一个作为国家的、（应当是）根据宪法形成的社会中，其各个成员的共同生活的存立所必不可少的条件；并且还应当是根据纯粹规范受到保护的、能够对因果进行变更的对象"[53]。

在伊东研祐的前述定义中，将"法益"看作是"能够对因果进行变更的对象"这一部分的观点表明，"法益"并非"由非物质或价值所构成的东西"，而是作为一种"实在"、由所谓物质所构成的东西。这并不是要求法益具备"有体性（die Koerperlichkeit）"这种"属性"，因为例如"作为占有权限等各种各样权限的集合体的、应当观念化的所有权在现实中存在被行使的可能性"之类的"状态"，也是"能够对因果进行变更"的而能够成为"法益"[54]。这种"能够对实在或因果进行变更"的属性，表明"法益"概念应当具有事实的基础。对这一点应予以高度评价。正如伊东研祐指出的那样，在将"法益"概念的危险性判断理解为事实判断的基础上，"法益"就应当是"能够被因果地变动的对象"。在笔者看来，应当成为所谓"结果无价值论"的前提的"法益"概念，不应该是被"精神化"的东西，而应该是"有能够成为犯罪所侵害的对象的现实的、事实的基础"的东西[55]；这与伊东研祐的观点有着相同的取向。

在将"法益"概念理解为"能够对因果进行变更的对象"的情况下，如果伊东研祐对缺乏"法益"的侵害或危险的犯罪的存在进行否定的话，

---

[53] 参见前引注①伊东研祐《谱系（六）》文，第39页；前引注①伊东研祐《研究》书，第414页。

[54] 参见前引注①伊东研祐《谱系（六）》文，第38页及以下；另参见前引注①伊东研祐《研究》书，第414页。

[55] 参见前引注㉒内藤谦文，第95页及以下（本书第247页及以下）；另参见前引注㉙内藤谦《刑法讲义总论（上）》书，第211页及以下。

那么在不能犯的场合中，对于不能进行因果变更的行为对象就只能得出成立不能犯的结论。例如，如果客观地理解危险判断的话，在行为人对已经失去了生命的尸体进行攻击的情况下，就只能得出成立杀人罪的不能犯的结论（虽然这并不是伊东研祐直接展现的结论）。(56) 在笔者看来，这一结论是妥当的。并且在前述问题中，伊东研祐恐怕也会得出与彻底贯彻“结果无价值论”的场合相同的结论。

此外在前述定义中，伊东研祐通过“作为国家的、（应当是）根据宪法形成的社会中……”的论述，主张立法者权限的一个内在界限在于其与宪法的关系；这一点是妥当的。(57) 只是由于笔者认为尊重基本人权的原理和国民主权的原理的基础都在于个人尊严这一最高价值，因而在笔者看来伊东研祐虽然仅仅举出了“社会”，但是立法者（进一步而言，也包括了法律解释者和法律适用者）的权限的范围并不应仅限于“社会”的
164 “结构”之中，而应当同时存在于个人法益的结构之中［参见前文三（二）2］。

正如在前文中已经论述过的那样，前述定义中“为其各个成员的共同生活的存立所必不可少的条件”这一部分，在例如对作为个人法益的“生命”或者是作为行为客体的“人”的理解问题上，仍然残留有诸多问题［参见前文三（三）2］。伊东研祐似乎并没有重视前述部分与生命、身体、财产等之间的关联性。他在定义的前述部分中进行了如下论述：“正如经常在各种行政法规中见到的那样，由于是从外国传来的观点，就不加异议地否定作为法益被把握的生命、身体、财产等的对象之间的直接关联；不如说，那种妥当状态本身中就包含了应当被理解为‘条件’的（纯粹）规范。机能地来看的话，其中还包括了超出‘保护’领域的、能够‘形成’一种适合于目的的事态的（纯粹）规范。（例如，为了防止对水质、大气

(56) 就这一点而言，中义胜曾经进行过介绍和讨论。参见中义胜：《刑事法学的动向》，载《法律时报》第55卷第4号（1983年），第170页。

(57) 参见前引注①伊东研祐《谱系（四）》文，第121页；另参见前引注①伊东研祐《研究》书，第266页。

等环境污染而考虑对各种废弃物在量上进行规制。)"⑤⑧ 但是，即使是就前例中举出的在废弃物的量的问题上进行规制的法令而言，也不能从"规范的合理状态"，或者说"（纯粹）规范"的视点出发，而必须从对不特定或多数人的生命、健康以及与生命、健康紧密联系的生活环境的保护"法益"的侵害危险的视点出发，才能够对处罚根据和犯罪成立条件进行理解。就此而言，可以说在"法益"概念的问题上，只有具体的、实质的，才是合理的（《水质污浊防止法》第 1 条、《大气污染防止法》第 1 条）。

四、法益论的课题——代结语

正如前文所述的那样，最近对法益论展开的批判性的研究提出了许多应当关注的问题。但是，本文仅仅在与本文论点相关的范围内进行了讨论，得出了基本能够维持笔者至今为止关于法益论的构想的结论。但是，这并不意味着关于法益论的诸多问题就此得到了解决，而是仍然留下了许多应当进行讨论的课题。

法益论的第一个课题在于，精密地明确每一条刑罚法规的保护"法益"；这也正是刑法各论的基本问题。本文仅就"生命"展开若干讨论，而这一课题的完善仍需通过对个罪进行具体的研究而缓慢推进。⑤⑨

---

⑤⑧　参见前引注①伊东研祐《谱系（六）》文，第 38 页；另参见前引注①伊东研祐《研究》书，第 413 页。

⑤⑨　例如，冈本胜：《论放火罪中保护法益（一）》，载《刑法杂志》第 22 卷第 1 号（1978 年）；冈本胜：《论放火罪中保护法益（二）》，载《刑法杂志》第 22 卷第 2 号（1979 年）；关哲夫：《侵入住宅罪的保护法益·序说》，载《早稻田大学大学院法学研究论集》第 24 号（1981 年）；关哲夫：《侵入住宅罪的保护法益·德国的学说状况（一）》，载《早稻田大学大学院法学研究论集》第 30 号（1983 年）；关哲夫：《侵入住宅罪的保护法益·德国的学说状况（二）》，载《早稻田大学大学院法学研究论集》第 32 号（1984 年）；甲斐克则：《法益论的一个侧面——关于人工心肺器遮断的容许性》，载《九大法学》第 45 号（1983 年）；林干人：《财产犯的保护法益》，1984 年版；伊藤司：《关于骚扰罪保护法益的考查——在刑法中"社会"概念的视角下（一）》，载《北海道大学法学论集》第 34 卷第 1 号（1983 年）；伊藤司：《关于骚扰罪保护法益的考察——在刑法中"社会"概念的视角下（二）》，载《北海道大学法学论集》第 35 卷第 1 号（1984 年）。

第二个课题在于，在刑法法益保护的任务和机能之间的关系的意义上，探明包括立法论在内的，刑法介入的必要范围和界限。这也就是所谓犯罪化、非犯罪化的问题。研究这一命题，必须以法益的具体内容和法益论的精密化为前提条件。就此问题而言，泛泛而谈非常容易，但具体实行起来非常困难。但不论多么困难，这都是今后法益论的重要课题。

第三个课题是法益概念的定义。虽然很难否定就这一定义的不一致性和不明确性，问题被混乱化了；但是，作为嵌入所有刑罚法规的共通项的"法益"概念的一般定义，其内容在某种程度上有着不得不变得概括、抽象的界限。这也就是"定义"这种东西的界限。并且，定义并非是将对象完全调查明白的东西；在这一意义上，其总是近似的、相对的东西。在意识到这样的"定义"的界限的同时，就必要对"法益"概念的定义进行明确，这也是法益论的课题。这使得围绕"法益"展开的论者相互的批判、讨论成为可能，同时，也就个别的研究展现了基本的视点。但应当确认的是，只有通过法益的对象自身的发展和就对象的个别研究的进展，法益概念的定义才能得到深化。

第五章　违法论中的行为无价值论
　　　　　和结果无价值论

—— 结果无价值论立场的考察

一、行为无价值论和结果无价值论的所谓
对立的意义

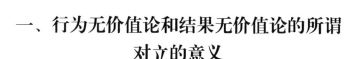

在违法论中存在行为无价值论和结果无价值论的对立。[①] 这种对立有 *169*
什么意义呢？

使"行为无价值（Handlungsunwert）"和"结果无价值（Erfolgsun-
wert）"的概念相对立，是目的行为论的立场所提倡的观点。目的行为论
的主张者韦尔策尔将法益侵害称为"结果无价值"，并批判了在法益的侵
害或危险中寻求违法性的实质的见解（法益侵害说），提倡强调"行为无
价值"的"人的不法概念（personaler Unrechtsbegriff）"[②]。

所谓"行为无价值"的内容，以及"行为无价值"与"结果无价值"
之间的关系都是不甚明确的。但是，在日本，强调"行为无价值"的学说

---

　　① "行为无价值论"和"结果无价值论"的概念，是由平野龙一教授开始使用的。参见平
野龙一：《刑法总论Ⅰ》，1972 年版，第 49 页及以下；另参见中山研一：《刑法总论的基本问题》，
1974 年版，第 1 页及以下；藤木英雄：《可罚的违法性》，1979 年版，第 78 页及以下、第 100 页
及以下等。
　　② Welzel, Das Deutsche Strafrecht, 11. Aufl., 1969, S. 62.

都或多或少受到了韦尔策尔的观点的影响。③ 也存在支持"人的不法观"这种新的违法观的论者④，但从他们的观点中也能看出韦尔策尔提倡的强调"行为无价值"的人的不法概念这一原型。

170　　　　韦尔策尔曾进行过如下论述："不法在内容上，并不限于与行为人相分离的结果惹起；而行为只有作为一定的行为人的作品（Werk）才是违法的。行为人通过（有）目的的活动将怎样的目标设定赋予了客观的行为，行为人以怎样的心态进行了行为，行为人在前述过程中负有什么样的义务，上述所有因素与可能发生的法益侵害一起，共同决定了行为的不法。而所谓违法性，通常正是对涉及特定的行为人的行为的否定。因此，不法就是涉及行为人的'人'的行为不法。"不得不承认的是，韦尔策尔在明确法益侵害说的结果（法益）侧面的意义上有其功绩；对于大多数的犯罪来说对法益的侵害或危险也正是其本质。但是，法益的侵害或危险仅仅是"人的违法的行为的部分要素"而已，仅仅通过法益侵害（结果无价值）无法充分地阐明行为的不法。此外，韦尔策尔还进行了如下论述："刑法上的法益侵害（结果无价值），只有在人的违法的行为（行为无价值）之中才有意义。人的行为无价值是在全体刑法之中的普遍的无价值。事态无价值（Sachverhaltsunwert，被侵害的或被暴露在危险中的法益）在众多犯罪（结果犯和危险犯）中都是非独立的要素。在具体的情况中，可能虽然欠缺事态无价值但仍具备行为无价值。例如不能未遂就是如此。"⑤

　　在日本，强调"行为无价值"的学说得到主张之时，其内容基本上是受到了韦尔策尔前述观点的影响。但是，在日本，强调"行为无价值"的学说即使是在支持"人的不法观"的情况下，也是以如下形态，即在违法性中应当与法益侵害（结果无价值）相伴随地将行为无价值作为问题进行

---

　　③　福田平：《作为违法要素的故意和过失——对人的违法观的考察》，载《神户法学杂志》第9卷第1号、第2号（1960年），第148页及以下；另参见福田平：《违法性的错误》，1960年版，第149页及以下；福田平：《新版·刑法总论》，1976年版，第107页及以下；木村龟二：《刑法总论》，1959年版，第245页及以下；前引注①藤木英雄书，第77页及以下。

　　④　参见前引注③福田平文，第167页及以下；另参见前引注③福田平《新版·刑法总论》书，第108页。

　　⑤　Welzel，a. a. O.，S. 62.

讨论的形态和结果无价值与行为的样态（行为的种类、方法、主观的要素等等）都应当在违法性判断之中得到考虑的形态得到主张。⑥ 在此意义上，能够看出将行为无价值和结果无价值并列理解的倾向。⑦ 而比起明确指出"法益侵害"（结果无价值）只有在刑法上的人的违法行为之中才是有意义的观点来，韦尔策尔仅仅认为对法益的侵害或危险是"人的违法行为的部分要素"，而这就带有了折中的色彩。这种观点在韦尔策尔对可罚的不能未遂的说明中得到了明确的表现。如前所述，韦尔策尔认为，在缺乏法益的侵害或危险但残留有行为无价值的场合中，在区别不能犯和未遂犯的问题上的主观说就是以行为无价值为其基础的；而为他所拒绝的客观说则是在未遂犯的问题中对因果的教义的支持的必然结论。⑧ 这里，通过不涉及法益的侵害或危险的行为无价值对不能未遂的可罚性进行肯定，就并非是在讨论结果无价值的同时也对行为无价值进行讨论的。与韦尔策尔的这种观点相对，日本强调行为无价值并支持人的不法观的论者也在不能犯与未遂犯的区别中采取了具体的危险说⑨，这表现了其折中的性格。

　　如此看来，似乎可以说在日本的所谓行为无价值"论"与结果无价值"论"是非常接近的。如果认为行为无价值与结果无价值同等重要的话，将强调"行为无价值"的学说称为行为无价值"论"就是不无疑问的。不管怎么说，在日本强调行为无价值的学说之中，行为无价值和结果无价值之间的关系未必就是明确的。如果被认为是行为无价值的行为样态只有在涉及对法益的侵害或危险时才能引人注目，那么在这种理解之下，就行为无价值和结果无价值的关系而言，结果无价值就是第一次的要素，而行为无价值就成了第二次的要素。⑩ 而这无疑与所谓结果无价值"论"相去

---

⑥　参见前引注③福田平文，第 167 页及以下；另参见前引注③福田平《新版·刑法总论》书，第 108 页。

⑦　参见前引注③木村龟二书，第 245 页；藤木英雄：《刑法讲义·总论》，1976 年版，第 76 页及以下。这两本书中也对行为无价值和结果无价值进行了并列的理解。

⑧　Welzel, a. a. O., S. 193.

⑨　参见前引注③福田平《新版·刑法总论》书，第 181 页。

⑩　例如，前引注①藤木英雄书，第 96 页就指出："在重视第一次的结果无价值性的同时，再在实质的判断基准上加上第二次的行为无价值性，并将两者综合起来对违法的有无进行判断；这一意义上""就主张了一种行为无价值论"。但是，这种"行为无价值"并不意味着法益侵害的危险性，而是被害行为的（对一般社会的）逸脱性。

甚远。

但是，在对认为违法的实质在于法益的侵害或危险的观点进行批判并采取了强调行为无价值的立场，特别是在对将人的不法观作为一种新的违法观进行支持之后，就不能像前文所述的那样将行为无价值和结果无价值的关系并列理解；而只能采取承认行为无价值中有着从结果无价值中独立出来的含义，并广泛地承认行为无价值之中行为人的主观的（内心的）要素的立场。这一立场在将对于结果无价值而言并非新的补充（附加物）的普遍"故意"作为违法要素的观点中得到了明确的表现［后文二（五）中所述］。根据这种立场，下文中所称的"行为无价值论"，就是对认为违法的实质是法益的侵害或危险的见解予以批判、认可行为无价值有独立于法益的侵害或危险的意义（这一意义上的行为无价值无法还原为对法益的侵害或危险）、认为包括普遍故意在内的主观的要素是广义的违法要素的观点。⑪

此外，"结果无价值"这一概念和结果无价值"论"的名称也都存有很大的问题。首先，"结果无价值"这一语词兼有有形的结果在现实中发生的意义，存在被误解的可能性。但是，这一概念和名称本来就不是采取所谓结果无价值"论"的学者所使用的。以结果无价值"论"为名的不法论本身就不存在。这里必须再次着重指出的是，最初使用"行为无价值"和"结果无价值"这一对对立的概念的，是提倡人的不法观这一新的违法观的目的行为论。所谓结果无价值"论"，本来就并非自己对其主张的观点冠以这一名字的。认为违法的实质在于法益的侵害或危险的观点，不过是因为强调行为无价值的学说在对其观点进行的批判中使用了行为无价值和结果无价值的概念，才使用了结果无价值"论"这一名称的。

以此为前提，以下所谓"结果无价值论"，就是指认为违法的实质在

⑪　采取了这种立场的观点，参见前引注③福田平文，第148页。另参见前引注③福田平《新版·刑法总论》书，第70页及以下、第107页及以下；前引注③木村龟二书，第202页及以下、第245页及以下；平场安治：《行为意思和故意》，载《佐伯博士还历祝贺论文集：〈犯罪和刑罚（上）〉》，1968年版，第243页及以下；井上正治：《法益的侵害》，载《佐伯博士还历祝贺论文集：犯罪和刑罚（上）〉》，1968年版，第265页及以下；前引注⑦藤木英雄书，第77页及以下、第138页等。

于法益的侵害或危险的观点。[12] 行为样态也并不是从对法益的侵害或危险中独立出来得到讨论的，而是从其具有的法益侵害的普遍危险性上得到考虑的（在这一意义上，它能够被还原为法益侵害或危险）。[13] 而就是否要对主观的违法要素进行否定或至少对肯定进行限制的问题，在结果无价值论之中观点也有所差异。但结果无价值论一致认为，不能将普遍的故意作为主观的违法要素；只有在其超出了客观构成要件要素范围，即为法益侵害添附了新的要素的范围之时，才能对主观的违法要素进行例外的承认。

行为无价值论和结果无价值论的对立并未局限在违法论本身，而是对未遂、共犯论等均产生了影响。但在日本，这一对立并未在未遂论和共犯论中得到充分的展开。就前述命题，本章就从结果无价值论的立场出发，在两者对立的基础中固有的思考方式的问题和为违法论所固有的问题的范围内，对两者的对立问题进行考察。

二、争论点的讨论

（一）

行为无价值论和结果无价值论的对立，其基础在于在刑法的任务和机　*174*

---

⑫　泷川幸辰：《犯罪论序说（改订版）》，1947 年版，第 67 页及以下、特别参见 80 页；另参见佐伯千仞：《刑法讲义总论》，1968 年版，第 162 页及以下；吉川经夫：《改订·刑法总论》，1972 年版，第 80 页及以下、第 120 页及以下；前引注①平野龙一书，第 49 页及以下；平野龙一：《刑法总论Ⅱ》，1975 年版，第 212 页及以下；前引注①中山研一书，第 58 页及以下；等。前述著作中，学者都采取了结果无价值论的立场。但是，内藤谦：《目的行为理论的法思想史的考察（二）》，载《刑法杂志》第 9 卷（1958 年），第 75 页及以下（本书第 53 页及以下）之中，从结果无价值（虽然没有直接使用这一概念）出发，对韦尔策尔的人的不法概念进行了批判。

结果无价值论所谓"法益"，意味着依据法律得到保护的生活利益或价值。立法者将一定的生活利益或价值设定为是值得通过法律得到保护的，使得这样的生活利益或价值上升为"法益"；因而"法益"概念有着实定法的侧面。但即使这样认为，也不能认为立法者在什么是刑法上的"法益"的问题上是完全自由的。生活利益和价值必须是从宪法的价值观和构造看来值得通过刑法保护的重要的东西。就此问题，参见内藤谦：《保护法益：性质、分类与顺序》，载平场安治、平野龙一编：《刑法改正的研究 2 各则》，1973 年版，第 38 页及以下（本书第 120 页及以下）。另外，也参考后文注释 50.

⑬　参见前引注⑫佐伯千仞书，第 175 页；前引注⑫平野龙一《刑法总论Ⅱ》书，第 216 页。

能问题上存在观点的差别。

行为无价值的特征在于，强调无法还原为对法益的侵害或危险的行为无价值。这里的行为无价值有怎样的含义，又应以怎样的标准进行判断，是两个极为重要但尚未得到明确的问题。当行为无价值论者指出，行为无价值是对社会相当性的逸脱之时，其就将"从社会相当性中逸脱出来"理解为对在社会生活中历史性地形成的社会伦理秩序的违反。由此，追根究底来看，行为无价值就意味着对社会伦理秩序的违反，应当以社会伦理为基准进行判断。[14] 这样，行为无价值论就强调了刑法的社会伦理形成的机能，以刑法有着对社会伦理进行维持和形成的任务的立场为基础。这在日本的学说中虽然也得到了肯定，但在提倡人的不法观（行为无价值论）的韦尔策尔的理论中无疑是更为清楚明确的。[15]

但是如果强调刑法的社会伦理机能，就忽视了法律和伦理作为历史的和社会的存在，应当具有独立的领域和机能的事实。近代社会以对法律和伦理的区别作为其前提之一；近代法律和作为其一个部门的刑法也并非是为了向人们传授社会伦理，而是为了保护人类的重要的生活利益才存在的。与此相对，近代社会中的伦理本来就以人的内心为其问题，是存在于比刑法所在的不应通过刑罚进行强制的领域更高的次元之中的东西。如果强调刑法的社会伦理机能的话，就不得不在原则上承认刑法对人的内心的介入。而这在行为无价值论广泛地将主观的、内心的要素作为违法要素的这一点上也得到了表现。同时，只有在将国家看作是社会伦理规范的创造者的前提下，才可能对刑法的社会伦理机能进行强调；而根据前述行为无价值论的看法，在人的价值观逐渐多样化的现下，就变成国家通过刑罚强制个人遵守社会伦理规范；尽管这只是内容不甚明确的、基于国家自己的价值观判断为正确的伦理规范。[16]

---

　　[14]　参见前引注③福田平《新版·刑法总论》书，第108页及以下；另参见前引注①藤木英雄书，第81页；藤木英雄：《可罚的违法性的理论》，1957年版，第56页。

　　[15]　参见前引注③福田平《新版·刑法总论》书，第2页；另参见前引注⑦藤木英雄书，第6页及以下；等。Welzel, a. a. O., S. 2 ff.

　　[16]　平野龙一：《现代刑法的机能》，载平野龙一编：《刑法的基础》，1969年版，第101页及以下；另参见前引注①平野龙一书，第43页及以下；前引注⑫内藤谦《目的行为理论的法思想史的考察（二）》文，第63页（本书第47页）。

结果无价值论认为，违法的实质是从对法益的侵害或危险这样的客观的要素中获得的；其基础在于，认为刑法的任务和机能在于保护人类的生活利益（从其出于通过法律得到保护的阶段来看的话，将其称为"法益"更好）的观点。刑法并非在社会伦理规范被违反的时候就介入，而是在他人的生活利益遭受了侵害或危险之时才能介入。⑰

与此相对，行为无价值论并没有否定刑法的任务在于保护法益，并提出刑法只有在对法益造成侵害或危险的行为同时也是违反社会伦理规范的形态时才进行干涉的反对观点。但是即使作如上理解，行为无价值本来也正如其提倡者韦尔策尔在观点中所展现的那样，以"刑法的任务基本在于，对社会伦理的心情（行为）价值（sozialethische Gesinnungs-［Hand-lungs-］werte）的保护；而正是自被包含在这种价值中，各个法益才得到了保护"⑱ 这样的想法为基础，将对社会伦理的行为价值的保护作为刑法的直接的、第一次的任务，而将法益保护作为间接的、第二次的任务。而即使是将社会伦理的行为价值作为应当保护法益的选择基准，或者说作为使对法益的保护现实化的方法的问题，这种基准或方法中的社会伦理的行为价值说到底也不过只是对社会伦理的机能的强调而已；因而仍然是存在疑问的。

而即使是在结果无价值论以对生活利益的保护为刑法的基本任务的场合下，也并不是使全部的生活利益都能通过刑法得到保护。由于刑罚是不得已而为之的最后手段，规定了刑罚的刑法的发动，必须被限制在其他的社会统制手段（例如，行政的手段、民事的损害赔偿等法律手段，或者伦理上的非难、媒体报道中的否定评价等法外的手段）不够充分的情况之下。在这一意义上，就要求以刑法的补充性（谦抑性）为前提。⑲ 在判断刑法究竟在什么情况下才不得不为了保护生活利益而介入之时，不应以社会伦理这种很可能是通过直觉得出的判断作为其基准，而应当在宪法的价值观这一基本视点之下（参照后文注㊿），采取以社会学、心理学等科学

---

⑰　参见前引注①平野龙一书，第31页。

⑱　Welzel, a. a. O., S. 4.

⑲　参见前引注⑫佐伯千仞书，第81页；另参见前引注①平野龙一书，第48页及以下。

的认识为基础进行判断的态度。

（二）

行为无价值论在违法判断之中，虽然认为故意和过失等主观的要素具有重要的意义［后文（五）（六）］，但是同样主张这与现在的通说即客观违法论（以法律规范包含了评价机能和命令机能的理解为前提，将违背于评价机能的东西定义为"违法"，区别于违背法规范的命令机能的"责任"）之间不存在矛盾，且不至于使违法和责任发生混同。客观的违法论意味着违法判断基准的客观性，这样的违法判断就不仅被指向行为的客观的要素，也被指向其主观的要素。使故意、过失这样的主观的要素成为违法判断的对象，就与客观的违法论不相矛盾。[20]

177　　但是，虽说在行为无价值论的前述观点中区别了客观和主观，但这只不过是判断基准的客观性（以一般人为基准）和主观性（以本人为基准）之间的区别而已；行为无价值论所谓的客观的违法论和主观的违法论［以法规范是命令（意思决定）规范的理解为前提，认为只有在虽然能够遵从命令地行为但却仍然违反了规范的场合下，行为才是违法的。这也最终造成了违法和责任的界限的消失］之间仅仅有着非常细微的差异。[21] 客观的违法论本来的旨趣就不仅仅在于以一般人为评价基准；因为法律的产生正是为了对生活利益进行保障，所以对行为或者事实与为了保护生活利益而作为一种客观的生活秩序存在的法律之间究竟是相互调和的还是互相矛盾的进行判断，这样的评价机能就应当是先行于法律的命令机能的。在这一意义上，违法性的判断就被认为是客观的。而与作为客观的生活秩序的法律相矛盾，就是对某种法益的具体的侵害或危险化。[22] 由此，就应当认为违法的实质应从对法益的侵害或危险中获得的结果无价值论的立场，不仅担保了违法判断的客观性，而且是与客观违法论的本来的旨趣相一致的。而从主观的违法论出发，广泛地承认主观的违法要素就是当然的，在客观的违法论的立场上则认为违法原则上是客观的要素，主观的要素原则上应

---

[20]　参见前引注③木村龟二书，第238页及以下；前引注③福田平《新版·刑法总论》书，第102页及以下；前引注⑦藤木英雄书，第78页及以下。

[21]　前引注①平野龙一书，第51页；前引注⑫佐伯千仞书，第174页。

[22]　参见前引注⑫佐伯千仞书，第165页。

当是责任要素；即使承认主观的违法要素，也仅仅应当停留在一种例外——超出客观的要素，在为法益侵害添加新的内容的范围内。

（三）

行为无价值论的另一个根据是，法律并没有认为所有的法益侵害都是违法的并对其进行禁止，而仅仅认为逸脱于社会相当性的法益侵害是违法的；因而在违法性之中，也不应仅考虑法益侵害（结果无价值），而同时应以行为无价值为其问题。据此，在主张使依据社会生活实态进行的违法判断成为可能的同时，就可以展开可罚的违法性论。[23]

但是，结果无价值论也并非将全部的法益侵害都作为违法进行禁止。即使该当于构成要件的行为侵害了法益，在有优越的利益通过行为得到保护的场合下，违法性也就被阻却。如此这般，即使是结果无价值论，以法益衡量为基本的利益衡量为根据，通过承认违法阻却，也并非将所有的法益侵害都作为违法。只不过，为了承认即便存在侵害法益也不违法的原理，其中的根据，并非是在行为无价值论那样的社会相当性［社会伦理秩序中得到容许的、根据直观判断的东西。前文（一）］之中，而是在依据社会生活的实际状态进行的利益衡量中［后文（八）］。此外，结果无价值论也通过使法益侵害的质和量都成为问题，使得可罚的违法性论得以展开。[24]

（四）

行为无价值论主张，只有根据其理论才能在违法性问题中对行为样态进行考虑。[25] 但是，并非只有根据结果无价值论才能对发生在现实中的有形的结果进行考虑［前文（一）］。问题在于，所谓行为样态具有什么样的意义。如果将行为样态理解为法益侵害的方法、样态的话，这一意义上的行为样态就有着造成法益侵害的普遍的危险性；由此，认为违法的实质在

---

[23] 前引注③福田平《新版·刑法总论》书，第 107 页及以下；前引注⑦藤木英雄书，第 76 页及以下、第 126 页及以下。

[24] 参见前引注⑫佐伯千仞书，第 176 页及以下。

[25] 前引注③福田平《新版·刑法总论》书，第 107 页及以下；前引注⑦藤木英雄书，第 76 页及以下。

于法益的侵害及其危险的结果无价值论也就纳入了考虑之中。㉖ 虽然行为无价值论所谓的行为样态的意义未必是明确的，但至少并非仅仅止于法益侵害的客观的方法、样态，而包含不可能从法益侵害的普遍危险性上得到把握的主观的要素。㉗ 相反，结果无价值论则认为，不能将以前述主观的要素为代表的行为无价值性和社会伦理违反性直接纳入对违法判断的考虑中。

（五）

行为无价值论与目的的行为论相结合，将普遍故意作为违法要素。目的行为论认为人们的行为是目的的活动的遂行，而目的的意思是行为的本质的要素。并且就行为的基本构造来说，前述认识与就违法性而言的行为无价值论相关联，认为以构成要件的结果实现为方向的目的意思即故意就是违法的要素。㉘

但是，在犯罪论体系中，犯罪被拆分为违法和责任；如果作为责任前提的违法不存在，就没有必要讨论责任的问题。采取这样的犯罪论的体系，是为了在犯罪的认定之余，响应首先在违法的问题中对法益侵害发生影响这种比较明确的事实进行认定的要求。而作为违法的核心问题，如果不举出行为的客观的外部的侧面和结果的侧面（对法益的侵害或危险）的话，这些侧面就将被迫在犯罪论中受到轻视。㉙

顺便一提，故意作为对客观的犯罪事实的认识，是行为人主观上对客观的构成要件要素的反映。这种反映作为一种一般的主观的、内心的要素，并不是对行为的法益侵害性的新的添加。将这种一般的主观的要素作为违法要素而使违法主观化，不得不说是对前述将犯罪分为违法和责任的

㉖　参见前引注⑫平野龙一《刑法总论Ⅱ》书，第216页；另参见前引注⑫佐伯千仞书，第175页；前引注⑫内藤谦《目的行为理论的法律思想史的考察（二）》文，第77页（本书第54页）。

㉗　前引注③福田平《新版·刑法总论》书，第107页。

㉘　参见前引注③木村龟二书，第202页及以下；另参见前引注③福田平《新版·刑法总论》书，第49页及以下、第70页及以下；前引注⑦藤木英雄书，第69页及以下、第138页及以下。

㉙　参见前引注⑫平野龙一《刑法总论Ⅱ》书，第90页；另参见前引注⑫内藤谦《目的行为理论的法律思想史的考察（二）》文，第68页（本书第54页）。

想法的意义的否定。并且，这与客观的违法论的本来的旨趣相矛盾［前文（二）］。故意果然还是应当被作为责任要素的。[30]

当然，即使采取结果无价值论的立场，也存在应当例外地对主观的违法要素进行承认的情况。在主观的要素对行为造成法益的侵害或危险是否存在、强弱程度发生影响的场合就是如此。特别是，在目的犯中的目的，例如各种伪造罪中"行使的目的"等场合中，由于只有存在这种目的客观的伪造行为才发生法益侵害的危险性，因而难以否定其是主观的违法要素。前述目的犯之中的目的，作为一种超过了客观的构成要件要素的范围的主观要素，在影响了行为的法益侵害性的点上，与故意是相互区别的。[31]

真正成为问题的，是未遂犯中的故意（使结果发生的意思）。未遂犯的违法性的中心在于，行为所具有的法益侵害的客观的、现实的危险性。在未遂犯中，存在只有将故意纳入考虑才能对行为的法益侵害的客观的现实的危险性进行判断的场合。在此意义上，很难否定在未遂犯中，故意是主观的违法要素。[32] 与此相关联，从行为无价值的立场出发，如果在未遂犯中承认故意是主观的违法要素，那么在既遂犯中也同样应该承认故意是

---

[30]　参见前引注⑫佐伯千仞书，第189页及以下；另参见前引注①平野龙一书，第128页；前引注①中山研一书，第68页等。

[31]　参见前引注⑫佐伯千仞书，第186页及以下；另参见前引注①平野龙一书，第122页及以下。当然，从结果无价值论出发的观点参见：泷川幸辰：《刑法中构成要件的机能》，载《刑法杂志》第1卷第2号（1950年），第24页及以下；在这一论文中，泷川幸辰否定了主观的违法要素。另参见前引注①中山研一书，第79页及以下；这里，中山进行了极为限定性的认定。也就是说，目的犯中的目的作为危险的故意仅仅是责任要素；而只有在爆炸物取缔罚则等罚则中得到规定的所谓"不告知罪"中对一定事情的认识，才是主观的违法要素。［在附记中，笔者对自己之前认为目的犯中的目的是主观的的违法要素的观点进行了修改，否定了主观的违法要素。其理由参见内藤谦：《刑法讲义·总论（上）》，1983年版，第217页及以下。］

[32]　参见前引注⑫佐伯千仞书，第188页及以下；另参见前引注①平野龙一书，第124页；前引注①内藤谦《目的行为理论的法律思想史的考察（二）》文，第78页（本书第55页）；等。只是，在前引注①中山研一书第71页处，中山研一教授否定了未遂犯的故意是主观的违法要素的观点。作为对这一观点的批判，参见前引注⑫平野龙一《刑法总论Ⅱ》书，第315页。［在附记中，笔者对自己之前认为未遂犯中的故意能够例外地成立主观的违法要素的观点进行了修改。其理由参见内藤谦：《刑法讲义·总论（上）》，1983年版，第221页及以下；另参见内藤谦：《刑法讲义·总论（下）Ⅱ》，2002年版，第1228页及以下。］

主观的违法要素。㉝ 但是，未遂犯中的故意是超过于客观的要素范围的主观的要素；在只有据此才能判断相应行为的法益侵害具有客观的、现实的危险性的情况下，这种故意与前述目的犯中的目的具有相同性质，而与既遂犯中的故意有所差别。㉞ 此外，未遂犯只有在于各个刑法分则的条文中得到规定的情况下才处罚，对其处罚是例外性的。并且，这一例外的未遂犯中，所谓不将故意纳入考虑就无法对行为的法益侵害的危险性进行肯定的场合更是极为少数的例外。以在本来就是一种例外的未遂犯中，被例外地作为主观的违法要素作为论据，认为在既遂犯中故意也是一般的违法要素，不得不说是一种对例外现象的不正当的一般化，并且是违法的主观化。㉟

<h2 style="text-align:center">（六）</h2>

行为无价值论，特别是在对过失犯的违法性的阐明上有其意义。其主张，过失犯的违法性的本质并非在于结果的发生，而是在于不注意的行为（对社会生活上受到要求的基准行为的逸脱）或结果回避义务违反这样的行为无价值之中。而如果运用"被允许的危险"理论的话，对社会有益的、必要的行为所导致的事故，特别是因为欠缺行为无价值而不违法——如果符合基准行为的话，即使发生了结果也是适法的——从而不成立过失犯。㊱ 这里，"信赖原则"就与被允许的危险和社会的相当性相结合，通过行为无价值论获得了其基础。㊲

根据行为无价值论，成为过失犯论的理论核心的是"不注意的行为"，但是，其内容是不明确的。虽说是考察对基准行为的逸脱，但基准行为本身是什么就是不明确的。基于行为无价值的过失犯论归根到底仍然导致了

㉝ 参见前引注③福田平文，第159页及以下。

㉞ 参见前引注⑫佐伯千仞书，第188页；前引注⑫平野龙一：《刑法总论Ⅱ》，第314页。

㉟ 参见前引注⑫佐伯千仞书，第189页。

㊱ 参见前引注⑦藤木英雄书，第238页及以下；藤木英雄：《过失犯的理论》，1969年版，第22页及以下；福田平：《过失犯的构造》，载日本刑法学会编：《刑法讲座3卷》，1963年版，第119页及以下。

㊲ 参见前引注⑦藤木英雄书，第244页及以下；西原春夫：《交通事故和信赖原则》，1969年版，第29页及以下。

"对没有采取合理行动的人进行处罚"的、不加限定的处罚，包含罪刑法定主义上的问题。[38]

过失犯的违法性，不应在于前述不明确的行为无价值之中，而应当是在于过失行为所具备的结果发生的实质的危险性（也可以说是对结果的"某种程度的高度的"、客观的预见可能性）以及使这一危险得到现实化的结果发生中。[39] 这样将过失行为的危险性作为违法性的问题，正如其主张者所指出的那样，是对只要在行为和结果之间存在因果关系就足够了这样的传统观点的一种修正。[40] 但是，将结果发生从而法益侵害的实质的危险性及其现实化作为违法性的问题，果然还是以结果无价值为其基础的。比起基于行为无价值的对基准行为的逸脱这样的观点，从结果发生的实质的危险性的观点出发，尝试对过失犯的实行行为进行客观上的限定，至少给出了更加明确的判断基准。

行为无价值论强调，故意犯和过失犯在违法性的轻重程度上有差异。这使得违法被伦理化、主观化；而从法益的客观的侵害或危险的观点来看的话，应当说两者在违法性的轻重上是没有差异的。

从这样的观点来看，与行为无价值论相联系而被强调的"被允许的危险"的观念的根据，即以对社会有益的、必要的行为虽然侵害了法益但不具备违法而不可罚的论证就是有失妥当的。其不过是意味着，在没有结果发生的实质的危险（缺乏对结果的客观的预见可能性）的场合下，因为不具备违法而不作为过失犯处罚而已。[41] 此外，"信赖原则"也不过是说，在被害人违反法规而没有采取回避危险的行为的盖然性很低之时，就不能认为被告人的行为具有实质的危险性，从而无法成立过失犯。如此这般，"信赖原则"作为过失犯的一般成立要件，就不过是对行为的实质的危险性的明示表达，并不能成为一项特别的原则或者要件。[42]

---

[38]　参见平野龙一：《刑法的基础　过失》，载《法学演习》第 132 号（1967 年），第 39 页。对基于行为无价值论展开的过失犯理论展开详细且尖锐的批评的是井上祐司，参见井上祐司：《行为无价值与过失犯论》，1973 年版。

[39]　参见前引注①平野龙一书，第 193 页及以下。

[40]　参见前引注①平野龙一书，第 194 页。

[41]　参见前引注①平野龙一书，第 198 页。

[42]　参见前引注①平野龙一书，第 197 页及以下。

（七）

就正当防卫中防卫意思是否必要的问题而言，行为无价值论认为防卫意思是必要的[43]，是从将违法性存在与否的问题与主观的要素挂钩的立场得出的必然的结论。但是，违法与否应当客观地决定，将作为防卫的意图和动机的防卫意思都在违法判断中考虑，是有失妥当的。确实，司法判决认为防卫意思是必要的，但却展示了其内容极其稀薄这样的方向。[44] 此外，在对防卫事实的认识这一意义上的防卫意思，从违法与否应当被客观地决定的观点来看的话，在成立正当防卫的客观事实存在的基础上，认为对这种事实的认识是不必要的，是较为妥当的。这样的防卫意思，由于没有导致主观的要素超过客观的要素，与所谓主观的违法要素的场合是有差别的。[45]

并且，同样作为违法阻却事由的紧急避险同样应以前述理由，认为避险意思是不必要的。

（八）

就违法阻却的一般基准（一般原理）而言，行为无价值论通常采取社会相当性说或者目的说。采取社会相当性说的学者以行为无价值论为背景，以行为具备社会相当性作为违法阻却的一般基准。据此，在违法阻却判断中，不仅使对法益的价值这种结果的事态，而且使行为的样态（行为价值）成为判断的资料，就是可能的。[46] 但是，在社会相当性说中"社会相当性"的概念确是非常多义的，其内容也是含混笼统的。如果将这一概念作为前述论者主张的内容的话［前文（三）］，那么就会过分强调应当与法律相区别的社会伦理的秩序。即使这一概念意图在内容上对社会生活的实态和社会意识进行考虑，如何对其作出判断也是不明确的。

采取与行为无价值论相联系的目的说的论者认为，违法阻却的一般基准在于"行为是为了达成在国家层面上受到调整的共同生活的目的而采取的适当的手段"。目的说在法益侵害这一结果的价值之外，还考虑到了行

㊶ 参见前引注③木村龟二书，第 261 页；另参见前引注③福田平《新版·刑法总论》书，第 117 页；前引注⑦藤木英雄《刑法讲义·总论》书，第 165 页。

㊹ 最判昭和 46 年（1971 年）11 月 6 日刑集第 25 卷第 8 号第 996 页。

㊺ 参见前引注⑫平野龙一《刑法总论Ⅱ》书，第 241 页及以下；另参见前引注①中山研一书，第 73 页及以下。

㊻ 前引注③福田平《新版·刑法总论》书，第 108 页及以下；第 111 页。

为的目的这一行为的价值；在这一意义上，其更加概括因而是妥当的。[47]
但是，论者所谓"行为的目的"的意思确实不够明确。如果其是指行为人
的主观的目的的话，那么在违法判断中将主观的要素就那样纳入考虑，是
存在问题的。目的说所谓"国家层面上受到调整的共同生活的目的"的内
容虽然也具有许多含义，但其至少是对国家的立场的强调。然而，并非不
可能将其理解为客观的法益保护。但是，为了达成这一目的而采取"适当
（相当）的手段"，这样的想法是不够明确的。如何对其作出判断，也是不
够明确的。由此，不论哪一种"目的说"，其内容都过于概括抽象，不适
合于成为违法判断的一般基准。

183

相比之下，从结果无价值的立场出发，则通常主张以法益衡量说作为
违法阻却的一般基准。在法益冲突的场合中，法益衡量说以牺牲价值小的
法益而救助价值大的法益作为违法阻却的一般基准（优越的法益维持的原
则。依据被害者同意的违法阻却的场合中，则以法益欠缺的原则为妥）。[48]

对于法益衡量说，存在哪一方的法益是较大法益并不明确、因而无法
进行法益比较这样的批判。确实难以否定，对法益价值的大小进行明确是
非常困难的。但是，法益的价值大小，以及对其的比较衡量，如果与"社
会的相当性"和"为了实现正当的目的的相当的手段"相比较的话，其是
比较明确的。首先，宪法展现了法益的基本的价值基准。而就在刑法中直
接得到保护的法益而言，法定刑则给予了法益价值的大小判断一个线索。
此外，也存在各个法令展现在违法阻却中法益衡量的具体的存在状态的场
合〔例如《优生保护法》（现在的《母体保护法》）第14条〕。对法益的价
值的大小的阐明时常与困难相伴随着，并不是由于"法益"的价值是无法
得到衡量的，而是因为对价值的正确认识是存在界限的。并不是说只要使
用法益以外的概念，这种界限就不再存在了。反而是在使用了法益概念的
场合中，通过以宪法为代表的实定法作为线索，判断具有客观性；再者，
相应判断也存在着根据实定法而成为评价对象的事实基础。从这两点上来

---

[47] 前引注③木村龟二书，第252页及以下。
[48] 参见前引注⑫佐伯千仞书，第197页。另参见前引注①中山研一书，第88页；前引注⑫
平野龙一《刑法总论Ⅱ》书，第213页等。当然，这些学说并不是原样采用了法益衡量说。比
如，参见前引注⑫佐伯千仞书，第198页。另参见前引注①中山研一书，第89页；前引注⑫平野
龙一《刑法总论Ⅱ》书，第215页等。

看，法益价值的大小虽然是相对的，但其判断仍然是更明确的。

如此这般，法益的衡量在违法阻却的判断中就可以成为基本的基准。只是，在进行法益衡量的时候，如果认为它意味着法益具有在一般的价值顺位中固定的价值量并仅仅以此对其进行比较衡量的话（所谓法益的抽象的比较衡量），对违法阻却的全部场合进行完全的说明就是困难的。为了在法益冲突的场合中认定违法阻却，以对具体的状况中法益的要保护性予以明确这一观点为基础，对于法益侵害的容许性有利和不利的事情全都应该得到具体的、概括的衡量。在此意义上，应当以对一般的价值顺位中的法益所具备的价值进行的衡量为基础，将受保护的法益和被侵害的法益的量和范围、法益侵害的必要性的程度，以及行为的方法或样态所具备的法益侵害的一般的危险性的程度等与法益的要保护性相关的事情全部纳入考虑，通过具体的利益（价值）衡量；因而违法阻却的一般基准就在于，保护比侵害的利益（价值）更大的利益（价值）这一点上。〔优越的利益说（利益衡量说）。就通过被害者的同意被阻却的违法而言，利益不存在的原则是其根据。并且，法益衡量说和优越的利益说通常被当成一种学说。但在前者仅仅以对法益的抽象的比较衡量为依据这一点上，两者未必是一致的。〕⑭

在前述采取优越的利益说的场合中，如何衡量法益的价值的大小、将什么看作是优越的利益、如何对与其要保护性相关联的所有事情进行衡量并达成结论等等问题，在受到历史的、社会的制约的意义上，都是流动的和相对的。⑮　优越的利益说展现了违法阻却判断的结构，据此得出的结论

---

⑭　参见内藤谦：《刑法改正和犯罪论（上）》，1974 年版，第 392 页及以下；内藤谦：《刑法改正和犯罪论（下）》，1976 年版，第 671 页及以下；内藤谦：《违法性》，载中山善之助监修：《现代法学事典 1》，1973 年版，第 40 页；内藤谦：《被害人的承诺》，载中山善之助监修：《现代法学事典 4》，1973 年版，第 53 页及以下。

⑮　什么是优越的利益这一价值判断的基本观点，在现行宪法的价值观（个人是有尊严的，国家是为了对个人的尊严和共存进行保障的机构这样一种价值观）之下，刑法应当优先地对个人的生命、健康、自由、财产等个人的法益进行保护；而在通过刑法对国家基本的政治组织和作用等国家的法益进行保护之时，也不能将国家看作是超越个人的自己目的的存在，而应当将其看作是为了保护前述个人法益的机构来对其加以保护。所谓社会的法益也并不是超越一个个人的"社会"的利益和价值，而应当将其看作是作为不特定或多数"个人"的集合的社会的利益和价值。详细的内容，参见内藤谦：《保护法益：性质、分类与顺序》，载平场安治、平野龙一编：《刑法改正的研究 2 各则》，1973 年版，第 38 页及以下（本书第 120 页及以下）。此外，也请参考笔者在前述论文中引用的文献。

并非依据目的说或社会相当性说就不可能得出。只是，优越的利益说不仅与认为刑法的任务在于保护生活利益的观点相结合，而且使对互相对立的法益及其要保护性相关的若干事情进行价值判断的过程的分析成为可能；在这一点上，其比起其他的观点是更为妥当的。

三、今后的课题及展望

正如至今为止所说的那样，结果无价值论对通过行为无价值论导致的违法的伦理化和主观化进行了反对。就违法性问题而言，难以否认两者的想法中存在根本的差异。但是，两者在当下日本的现实状况中，也在某种程度上展现出了接近的倾向；日本的行为无价值论并不否定对法益的侵害或危险所具有的意义；结果无价值论也承认，应当在违法判断中将认为行为的方法、样态是法益侵害的一般危险性的观点纳入考虑。但是，行为无价值和结果无价值的对立，在以刑法的机能和任务的观点上存在的差异为基础的范围内，两者的完全融合恐怕是困难的。采取结果无价值论的立场的笔者，对行为无价值论，在阐明"行为无价值"的实质的内容和其与结果无价值的关系的同时，也期待着进一步讨论一下："行为无价值"真的不能还原为法益侵害的危险性吗？另一方面，笔者也自觉地认识到，对于结果无价值论来说，"法益"概念的实质、内容、法益侵害的"危险性"的内容，等等，还有诸多课题仍需讨论。通过对行为无价值论和结果无价值论的各种各样的前述问题进行追问，开启违法论的新的展望。

第六章　战后刑法学中行为无价值论和结果无价值论的展开

一、前言

　　战后刑法学的违法性论中，存在所谓行为无价值论和结果无价值论之间的对立。本章就前述所谓行为无价值论和结果无价值论是如何展开的这一问题，着眼于各种各样的主张的问题意识进行考察，并尝试对今后的课题和展望稍加反思。①

---

　　①　本章是在日本刑法学会第 50 次大会（1975 年 10 月 15 日和 16 日）的共同研究《战后刑事法学的回顾和展望——违法论》的报告的基础上补充、补正而来的。由于这一共同研究中并没有就本章的题目从所谓行为无价值的立场进行论证的报告者，因而本章内容也尽可能地回避了从争论的视角出发对问题进行讨论。但是，由于笔者基本采取了结果无价值论的立场，因而相应内容是从这一立场出发的研究是无法回避的事实。争论的视角参见内藤谦：《违法性中的行为无价值论和结果无价值论——从结果无价值论的立场出发》，载中义胜编：《论争刑法》，1976 年版，第 34 页及以下（本书第 169 页及以下）。

　　此外，就可罚的违法性问题而言，前述共同研究中有独立的报告。而笔者在学会的报告中并未涉及这一问题。因而本章中就可罚的违法性问题的讨论也仅限于与主题相关的范围内。

二、行为无价值论和结果无价值论的所谓对立的意义

对本章所指命题的回答，必须以对行为无价值论和结果无价值论的所　*190*
谓对立②之意义的检讨为其前提。③

（一）

首先，这一问题中包含行为无价值"论"和结果无价值"论"的名称
的问题。使得"行为无价值（Handlungsunwert）"和"结果无价值（Er-
folgsunwert）"这两个概念被对立起来的观点，本来是从目的行为论的立
场出发得到提倡的。目的行为论的主要提倡者韦尔策尔将对法益的侵害称
作"结果无价值"，在对认为违法的实质是从法益的侵害或危险中获得的
观点（即所谓法益侵害说）进行批判的同时，提倡"人的不法概念（per-
sonaler Unrechtsbegriff）"，从而使"行为无价值"得到了强调。④ 在日
本，不论是哪一种强调"行为无价值"的学说，都或多或少受到了韦尔策
尔前述观点的影响。但是，这种观点是否能够被称为"行为无价值论"，
特别是对日本的这些学说而言，仍然有疑问的余地。

韦尔策尔认为，行为人的目标设定、心态、义务所有这些与可能发生
的法益侵害一起，决定了行为的不法。他在将人的不法概念定义为"与行
为人相关的'人的'行为不法"的同时，也将对法益的侵害或危险看作是
"人的违法的行为的部分要素"，并主张"法益侵害（结果无价值）只有在
刑法上的行为人的违法行为之中（行为无价值中）才有其意义，人的行为
无价值是刑法上所有犯罪的普遍的无价值"。在此之上，韦尔策尔认为，
"事态无价值（Sachverhaltsunwert）即受到侵害或者处于危险中的法益"。

---

② "行为无价值论"和"结果无价值论"在名称上的对立使用，参见平野龙一：《刑法总论
Ⅰ》，1972 年版，第 49 页及以下；另参见中山研一：《刑法总论的基本问题》，1974 年版，第 1 页
及以下；藤木英雄：《可罚的违法性》，1975 年版，第 78 页及以下、第 100 页及以下等。

③ 将两者进行对立的意义，整体而言参见前引注①内藤谦文，第 34 页及以下（本书第 169
页及以下）；另参见内藤谦：《结果无价值和行为无价值》，载《法学教室》第 2 期"法学家"别
册（1974 年），第 110 页及以下。

④ Welzel，Das Deutsche Strafrecht，11. Aufl.，1969，S. 62.

在韦尔策尔看来，"'结果无价值'意味着法益侵害；其与法益的危险化共同构成了'事态无价值'。后者是包含了'结果无价值'的、比结果无价值更加广阔的概念"。"事态无价值"是多数的犯罪（结果犯和危险犯）中 *191* "并不独立的要素"，在具体的场合中，应该承认存在缺乏"事态无价值"而仍然具备"行为无价值"的情形；（可罚的）不能未遂就是其中一个例子。⑤ 如此这般，通过从对法益的侵害或危险中独立出来的"行为无价值"，他就为不能犯问题中的主观说打下了基础。⑥ 韦尔策尔的这种观点将"行为无价值"看作是犯罪的普遍的无价值，认为即使欠缺了"事态无价值"（当然"结果无价值"），也就是欠缺对法益的侵害或危险，只要存在"行为无价值"，也就可以进行处罚。这也正是被称为行为无价值"论"的理论。

但是，在我国强调行为无价值的见解得到主张的场合中，其主张的内容之间虽然存在微妙的差异，但大多认为，在违法性中在将法益侵害即结果无价值作为问题讨论的同时，也应将行为无价值作为问题讨论；以及在违法判断中，不仅应当考虑结果无价值，还应当考虑行为的样态（行为的种类、方法以及主观的要素等）。⑦ 在此意义上，能够看出将行为无价值和结果无价值并列理解的倾向。⑧ 并且，我国强调行为无价值并支持"人的不法观"的学者就不能犯的问题，有采取具体危险说的。⑨ 如果注意到这些方面的话，那么在对我国强调行为无价值的这些学说与前文讨论过的韦尔策尔观点进行对比时，就带有了强烈的折中说的色彩。此外，强调行

---

⑤　Welzel, a. a. O. , S. 62.

⑥　Welzel, a. a. O. , S. 193.

⑦　例如，福田平：《作为违法要素的故意和过失——对人的违法观的考察》，载《神户法学杂志》第 9 卷第 1 号、第 2 号（1960 年），第 167 页及以下；另参见福田平：《违法性的错误》，1960 年版，第 149 页及以下；福田平：《新版·刑法总论》，1976 年版（1965 年旧版），第 71 页、第 108 页。

⑧　将行为无价值和结果无价值并列理解的，参见木村龟二：《刑法总论》，1959 年版，第 164 页、第 245 页；另参见藤木英雄：《刑法讲义·总论》，1975 年版，第 67 页及以下。详细论述参见前引注①内藤谦文，第 35 页及以下（本书第 170 页及以下）；另参见前引注③内藤谦文，第 110 页。

⑨　前引注⑦福田平：《新版·刑法总论》，第 181 页。与具体危险说相近的学说，参见前引注⑧藤木英雄书，第 266 页及以下。

为无价值的学说但不将自己的观点称为行为无价值"论"的情形也很多。⑩ 这样，这种学说是否能被称为行为无价值"论"，就仍然会存在疑问的余地；反倒不如称其为"所谓行为无价值论"更为准确。

此外，结果无价值"论"这一名称之中存在着更大的疑问。结果无价值"论"的名称，存在被误解为仅以有形的结果现实地发生作为问题的可能。但是，"结果无价值"或"行为无价值"的说法正如前文所述，是从目的行为论的立场出发，才被对立地使用的。所谓结果无价值论，也并非是自己冠以这个名称并主张自己的见解的。⑪ 认为违法的实质在于对法益的侵害或危险的学说，只不过是因为根据对其学说进行批判的、强调行为无价值的目的行为论，对"行为无价值"和"结果无价值"的概念进行了对立的使用，才与其相对应而使用了"结果无价值论"这一名称的。⑫ 由此，在这里将其称为"所谓结果无价值论"也是更为妥当的。

（二）

但是，即使在概念的名称中存在前述问题，也不能否认我国的"所谓行为无价值论"和"所谓结果无价值论"之间在基本想法上存在差异。这种差异表现在，是否承认"行为无价值"有从"结果无价值"（意味着对法益的侵害或危险。下文所称的"结果无价值"都是在这一意义上使用的。这也就是韦尔策尔所谓"事态无价值"）中独立出来的意义，以及是否广泛地承认与其相关联的"行为无价值"之中行为人的主观的（内心的）要素。这在所谓行为无价值论并未对结果无价值增添新的东西的普遍"故意"作为违法要素的点上，得到了明确的表现。这里，作为下文讨论的前提，认为"行为无价值论"是指对认为违法的实质是从对法益的侵害或危险中获得的观点进行批判，而承认"行为无价值"中有着从对法益的侵害或危险中独立出来的（在这一意义上，无法还原为对法益的侵害或危

右边页码：192

---

⑩　木村龟二和福田平均未将自己的理论称为行为无价值"论"。前引注⑧木村龟二书，第245页及以下；另参见前注⑦福田平：《新版·刑法总论》，第71页、第108页等。

⑪　虽然认为违法的实质在于对法益的侵害或危险，但并没有将自己的理论称为结果无价值"论"的学者，参见泷川幸辰：《犯罪论序说（改订版）》，1947年版，第13页、第67页及以下、第80页及以下；另参见佐伯千仞：《刑法讲义总论》，1968年版（1974年改订版），第162页等。

⑫　参见前引注②平野龙一：《刑法总论Ⅰ》，第49页及以下；另参见平野龙一：《刑法总论Ⅱ》，1975年版，第122页；前引注②中山研一书，第1页及以下、第58页及以下等。

险）的意义、包含一般"故意"的主观的要素被广泛地作为违法要素的观点。⑬ 而与此相对，"结果无价值论"则认为违法的实质是从对法益的侵害或危险中获得的，不认为包括一般"故意"在内的主观的要素是违法要素。⑭ 在行为的方法、样态成为问题的场合中，结果无价值论也并不将其看成是与对法益的侵害或危险相独立的问题，而是从其具备的法益侵害的危险性的观点出发对其加以考虑（在这一意义上，能够还原为对法益的侵害或危险）。就是否认主观的违法要素还是限定地承认主观的违法要素的问题，在结果无价值论之中也存在差异；但结果无价值论仅仅在超出客观的要素的范围、且对法益的侵害或危险添加了新的内容的范围内，才例外地承认主观的违法要素；而且并不将一般"故意"作为违法的要素。结果无价值论在这些观点上是完全一致的。⑮

（三）

行为无价值论和结果无价值论之间对立的基础之中，存在着对刑法的任务和机能的看法上的差异。

193　　　行为无价值论在对独立于对法益的侵害或危险的行为无价值本身——广泛地包含了主观的要素——的强调上有其特征，但在这一场合中，以什么为基准对行为是无价值的进行判断未必是明确的。但是，行为无价值论在说出行为无价值是对社会相当性的逸脱的时候，这种所谓从社会相当性中逸脱出来，就是对在社会生活中历史地形成的社会伦理秩序的违反。由此，行为无价值追根到底就意味着对社会伦理秩序的违反，是以社会伦理

⑬　参见前引注⑦福田平文，第 149 页及以下；另参见前引注⑦福田平：《新版·刑法总论》，第 70 页及以下；前引注⑧木村龟二书，第 202 页及以下、第 245 页及以下；平场安治：《行为意思和故意》，载《佐伯博士还历祝贺论文集〈犯罪与刑罚〉（上）》，1968 年版，第 243 页及以下；井上正治：《法益的侵害》，载《佐伯博士还历祝贺论文集〈犯罪与刑罚〉（上）》，1968 年版，第 265 页及以下；前引注⑧藤木英雄书，第 77 页及以下、第 138 页等。前述这些著作都可以说是采取了行为无价值论的立场。

⑭　参见前引注⑪泷川幸辰书，第 13 页、第 67 页及以下、第 80 页；另参见前引注⑪佐伯千仞书，第 162 页及以下；吉川经夫：《改订·刑法总论》，1972 年版，第 80 页及以下、第 120 页及以下（1963 年旧版的话，是第 78 页及以下、第 115 页及以下）；前引注②平野龙一书，第 49 页及以下；前引注⑫平野龙一书，第 212 页及以下；前引注②中山研一书，第 58 页及以下等。前述这些著述可以说是采取了结果无价值论的观点。

⑮　参见前引注①内藤谦文，第 37 页及以下（本书第 172 页及以下）。

为基准进行判断的。[16] 这样，行为无价值论就强调刑法的社会伦理秩序的形成机能，并且以认为刑法有维持社会伦理的任务的观点为其基础。这也在提倡人的不法观与行为无价值论的韦尔策尔的观点中得到了明确："刑法的任务是保护基本的社会伦理的心情（行为）价值［sozialethische Gesinnungs-（Handlungs-）wert］；各个法益只有被包含于此，才能得到保护"[17]。这在我国的学说之中，特别是在对行为无价值论进行了更加具体的展开的昭和 30 年代以后，也是能够得到承认的。[18]

与此相对，结果无价值论之所以认为违法的实质在于对法益的侵害或危险，是以这样的观点为基础的，即：刑法的任务和机能在于对生活利益（在通过法律才得到保护的阶段来看的话，也可以说是对"法益"）的保护。刑法并不在社会伦理被违反的时候介入，而只有在对生活利益的侵害或危险发生之时才能够介入。[19]

在刑法的任务和机能上的差异在违法阻却的一般基准（一般原理）中也得到了反映。就此基准而言，通常，行为无价值论采取社会相当性说或者目的说；而与此相对的结果无价值论则采取法益衡量说或以法益衡量为基础的利益衡量说的立场。[20]

三、行为无价值论观点的登场
——以昭和 20 年代为中心

（一）

在战后，即使从明治宪法到现行宪法的法律制度发生了根本的变革，*195*

---

⑯　前引注⑦福田平：《新版·刑法总论》，第 108 页及以下；另参见藤木英雄：《社会的相当行为》，1975 年版，第 56 页（同样的内容也收录于藤木英雄：《可罚的违法性的理论》，1967 年版）；前引注②藤木英雄书，第 81 页。

⑰　Welzel, a. a. O., S. 4.

⑱　前引注⑦福田平：《新版·刑法总论》，第 2 页及以下；另参见前引注⑧福田平书，第 6 页及以下。

⑲　前引注⑪泷川幸辰书，第 68 页及以下；另参见前引注②平野龙一书，第 43 页及以下、第 51 页等。

⑳　就这一问题而言，详细参见前引注①内藤谦文，第 46 页及以下（本书第 182 页及以下）。

不过在刑法学违法论的领域之中，也并没有因为发现宪法变革的新的动向而立即得到体现。其原因之一，就是刑法典自身虽然与向现行宪法的过渡相对应地进行了部分修改，但基本上没有发生变化。但不能否定的是，这里就遗留下了相应的问题。

（二）

在战后刑法学的起点上，虽然没有使用结果无价值论的名称，但却存在这样的想法。其中最为明确的主张者，是泷川幸辰博士。泷川幸辰博士在战前就曾主张违法的实质在于对法益的侵害或危险的结果无价值论[21]，战后也否定了主观的违法要素，更加坚定地贯彻了他的立场。[22] 此外，佐伯千仞博士也贯通战前战后地采取了结果无价值论，并通过其立场为可罚的违法性论的思考打下了基础。[23] 在当时还是年轻学者的泷川春雄、宫内裕两位博士则在指出法律的阶级性的同时，在解释法学的意义上展现出结果无价值论的观点。[24]

（三）

但正在这时，行为无价值论的思想登场了。平野龙一、平场安治、井上正治等教授正是在展现这种思想的同时，在学界登台亮相的。而这又是基于怎样的问题意识的呢？

1. 平野教授的问题意识在于，在对刑法的社会学的考察的视角下，认为犯罪的本质在于对保护法益的侵害，以及仅仅通过与保护法益之间具有因果关系来说明犯罪，是不充分的。不对价值和存在进行严格的区别，而在承认两者连续性的基础上，通过对"作为一个活的整体的行为"的把握，打开了面向社会学的犯罪类型的道路。他在分则中的成果

㉑　泷川幸辰：《犯罪论序说》（初版），1938 年版，第 17 页、第 106 页。

㉒　泷川幸辰：《刑法中构成要件的机能》，载《刑法杂志》第 1 卷第 2 号（1950 年），第 24 页及以下。

㉓　佐伯千仞：《刑法总论》，1944 年版，第 173 页及以下；佐伯千仞：《违法性的理论》，载日本刑法学会编：《刑事法讲座第 1 卷》，1952 年版，第 195 页及以下（收录于佐伯千仞：《刑法总论》，1953 年版，第 71 页及以下）。

㉔　泷川春雄：《刑法总论讲义》，1951 年版；另参见宫内裕：《犯罪论——违法性》，载泷川春雄、宫内裕、平场安治：《刑法理论学　总编》，1950 年版，第 124 页及以下、第 140 页及以下。

是论文《对赃物罪的考察》㉕，而在总论中平野教授在论文《论故意》㉖中，将故意（作为心理要素的）理解为违法要素。而平野教授将故意理解为违法要素的论证，是以法益概念的所谓"精神化"为基础的。

平野教授曾进行过如下论述："客观的违法论虽然是以超人格主义，也就是文化主义为基础的"，但是"文化概念并非客观的东西，其具备的并非作为人造'物'的客观性，而是创造它的人类的行为自身所具备的客观性"。"这样的话，所谓违法就不能脱离于行为自身的价值和反价值"。这样看来，"当下的法益的观念就已经被精神化了"。而由此，"将法益概念理解为客体"就是"不可能的"。"正如加拉斯（Gallas）所说的那样，法益概念并非侵害的客体，而是评价的尺度。""只有这样，在对法益的侵害是违法的时刻，法益侵害总归是无法脱离'行为违反了法律'这一客观的评价机能的。""故意可以是违法要素。但是这种情况下，故意并不是作为与行为相区别的其他的要素被评价为违法，而是与其他客观的要素作为一个整体，形成了整体的行为概念，再整体地接受是否违法的判断。正如韦尔策尔所说的那样，故意也可以说是行为自身的一种客观的性质。""将包含意思内容在内的行为作为一个整体进行考察。""我们的心理学的故意和非难可能的犯意之间重叠的区别，在于行为和责任不相混同，并且作为一个活着的整体的行为被把握。这一作为整体的行为概念，方才使行为的类型的意义得以明确；随后才会铺平通向社会学的犯罪类型的道路。这里就存在着体系化的刑事科学的意义。"㉗

平野龙一教授通过如上论述，在受到韦尔策尔目的行为论影响的条件下，采取了行为无价值的立场。只是平野教授在论证故意是违法要素时，提出应对法益概念进行缓和的理解，使得故意作为一种评价的尺度，也对法益的侵害性发生影响；在这一点上其与韦尔策尔根据目的行为论展开的

197

㉕ 平野龙一：《赃物罪的考察》，载《小野博士还历纪念论文集〈刑事法的理论和现实（一）刑法〉》，1951年版，第343页及以下（本文另收录于平野龙一：《刑法的基础》，1966年版，第198页及以下）。

㉖ 平野龙一：《论故意（一）》，载《法学协会杂志》第67卷第3号（1949年），第34页及以下；平野龙一：《论故意（二）》，载《法学协会杂志》第67卷第4号（1949年），第63页及以下。

㉗ 参见前引注㉖平野龙一：《论故意（二）》，第70～77页。

论证稍有不同。㉘ 现在平野龙一教授又指出，韦尔策尔虽然区分了行为无价值与事态无价值，但认为只要具备两者之一就存在违法，这是不可能从旧的法益观念中脱出的。平野龙一教授认为，行为无价值应当尽可能避免仅仅以脱离于法益侵害性的社会伦理的无价值判断为其基础。随后，平野龙一教授也强调了应当开辟一条使包含意思内容在内的整体的行为概念成为社会学的犯罪类型的道路。㉙

2. 平场安治教授在昭和 20 年代之中，将精力集中于对行为概念的研究。由此，在这一阶段他并没有在违法论中表明立场。但是，已经可以看出他关于行为无价值论的思考。平场教授问题意识的中心在于，刑法学中导入行为概念的意义在于，为外界发生的事情向人类进行归属的过程中行为事实的可归责性（Zurechnung zur Tat）找到理由；那么，就要考虑这一意义应如何得到满足。从这一问题意识出发，平场教授在认为"行为是

<hr />

㉘　参见前引注㉖平野龙一《论故意（二）》文，第 74 页。

㉙　平野龙一教授在之后进行了如下论述。"在战后复员并开始刑事法研究之时，单纯解释法学的空虚，以及对高唱道义的疑虑，都粘在了内心深处。立足于刑事科学等其他诸学科对刑事法学进行实质理解的愿望，以及对道义和理论进行经验的把握的欲求，都或明或暗地为我之后的研究生活指明了方向。（下一行）作为助手论文……写出《赃物罪的研究》［其中，《对赃物罪的一个考察》作为一个部分发表在《小野博士还历纪念论文集〈刑事法的理论和现实（一）刑法〉》，1951 年版中］，也是对我前述志向的一个表现；而之后写就《论故意》……并纳采韦尔策尔的目的行为论，也是受到了他关于法受到存在的基本构造的制约这种思想的启发。"（平野龙一：《研究经过报告》，载东京大学法学部研究《教育年报 3》，1975 年版，第 142 页。）

并且，在平野教授对亡故的泷川幸辰博士的悼文（1962 年）中也有如下叙述："学生时代时，我只是通过《犯罪论序说》对先生有所了解。但我立刻就被它漂亮的论述和明快的理论所吸引了。我对刑法发生兴趣并在后来深入学习，可以说也是从这本书开始的……""我从战争中复员并开始刑法学的学习时，曾预想战后的日本的刑法学界将终于迎来泷川刑法的回归；并彻底贯彻先生的'罪刑法定主义'和'客观主义'；而自由主义、个人主义的刑法在战后的所谓'民主主义'的社会中，也理所当然应受到欢迎。但是，在全国无差别地遍布泷川刑法，是非常无趣的。因此，我就毫无反抗地选择了目的行为论……""然而又怎样呢？出现了许多对目的行为论的赞成者，反而在我国占据了甚至可以说是压倒性的地位。但自不必说，目的行为论的实质，是将故意看作是适（注：这里或许应是'违'平野）法要素；如果承认这一点的话，在其他方面提出怎样的异议也仍可以看作是目的行为论。而这种状况对我自己来说也是非常意外的。"随后，平野教授在昭和 32 年（1957 年）或昭和 33 年（1958 年）左右，在斯坦福与进行欧美旅行的泷川幸辰博士有过一次会面。"泷川先生比预想的要弱势；他说：'近来的日本的刑法学界是朝着完全是反对我的方向行进的，这让我大有孤城落日之感。'每当旅行累了的时候，先生悄然的身姿就浮现在我眼前。'这一定是因为日本的学界在哪里是有问题的'，我如是想到。"［《泷川幸辰先生二三事》，载《法学教室》第 6 号（1963 年）"法学家"别册，第 12 页。］

意思的表现"这一传统的行为概念应当得到维持的同时，也认为"意思"
是"不仅限于心理的预见、意欲乃至因果连锁的第一环的东西，而是作为
行为的推进原理、动因，乃至全部因果关系的构成原理，具有非常重要的
意义"。它取代了"意思表动"这一表达，使得对"行为"概念的把握得
以遵从于韦尔策尔的"目的行为支配"。由此，平场教授将过失理解为
"目的支配下的不作为或不行为"⑨。如此这般，平场教授对目的行为论进
行了积极的支持，将故意作为违法要素。⑪

　　平场教授虽然从目的行为论的立场出发，尝试对犯罪论体系进行构
成，但其基本的立场在于"在承认犯罪是鲜活的、具体的存在，也就是事
实和价值不可分割的一个整体的同时，在不破坏犯罪这一鲜活的有机体的
整体构造的同时，对其事实的侧面和规范的侧面进行分别讨论"。在犯罪
的事实的侧面中，对行为、不行为（不作为和过失行为）和归责主体进行
讨论；而在犯罪的规范的侧面中，则对违法性和责任进行讨论。⑫　如此这
般，平场教授与平野教授同样，都采取了从价值与存在是不可分割的命题
出发的立场。

　　3. 井上正治博士在继承了不破武夫博士的人格责任论的基础上，基
本接受了平野教授的故意论［本章前文三（三）1］，并以恩吉施在过失犯
论中的成果为基础，对以韦尔策尔的目的行为论为根据的犯罪论体系进行

198

---

　　⑨　平场安治：《刑法中的行为概念和行为论的地位》，载《小野博士还历纪念论文集〈刑事
法的理论和现实（一）刑法〉》，1951年，第41页及以下（本篇论文还收录于《刑法中的行为概
念的研究》中，参见《刑法中的行为概念的研究》，1961年版，第47页及以下）；此外，当时在
与正犯概念相关联的问题上主张导入目的行为论的先驱论文，参见中武靖夫：《主观的正犯概念
（一）》，载《论丛》第56卷第3·4号（1949年）；中武靖夫：《主观的正犯概念（一）（二）》，载
《论丛》第57卷第4号（1950年）。

　　⑪　平场安治：《刑法总论讲义》，1951年版，第1页及以下、第67页。

　　⑫　前引注⑪平场安治书，第32页及以下。

　　平场教授在这之后进行了如下论述："我之所以会对行为论产生兴趣，是受到了韦尔策尔的
影响。随着昭和21年（1946年）战争失败而返回京都大学的我……在《整体刑法学（ZStW）》
杂志第58卷上读到了韦尔策尔的论文之时，感到眼前一亮。于是我就对几乎相同的问题进行了
论述，并且试图提供一种更为完美的解决方案。在这之后，对刑法学的学习也变得快乐了起来。
……韦尔策尔的理论无疑是我内心中秘密的爱人。"（前引注⑨平场安治书，序文第1页。）

了讨论，尝试构建了与这种故意论相应的新的过失论。㉝

井上博士以违法和责任之间可能存在比历来的犯罪论中都紧密的关联为其问题意识的中心。"行为是行为人的行为，如果认为行为在本质上与行为人的人格相连并成为其一环的话，那么作为对行为的判断的违法性和对行为人的评价的责任性之间，就能够存在更为紧密的纽带。"㉞ 从这一问题意识出发，井上博士"对故意和过失的统一性及其界限进行了追问，将构成它们的现实的心理要素还原为违法要素。从这里能够看出，违法性和责任性之间的有机的关联。换言之，以行为人人格为轴线的话，在违法性和责任性之间，就能够构建一种通过可罚的规制对规范的评价的进行相互否定的纽带。"㉟ 而从这一观点出发，就产生了作为违法性的结果回避义务，和作为责任的结果预见义务这样的过失犯构成论。

199　　井上博士认为，过失中的"注意义务"并非是意思的紧张，而应当以"应当对结果进行回避的有意识的、无意识的谨慎的态度"为内容来理解。对"结果回避义务"的违反，就是过失的违法性的问题。㊱ 而为过失所特有的，专门为了对过失和偶然的结果进行区别的概念，即结果预见义务，作为责任性的问题，是被主观地决定的，与应受非难的人格构造有很深的关联。㊲

井上博士的这种过失论，并非将过失的违法性的核心置于结果的发生

㉝　井上正治：《刑事责任的本质》，载《法政研究》第 17 卷合并号及第 18 卷第 1 号（1950年）；另参见井上正治：《故意和过失的界限——与主观的违法要素相联系》，载《刑法杂志》第 1卷第 2 号（1950 年）；井上正治：《过失犯的实证的研究》（《法学理论篇》），1950 年版；井上正治：《故意和过失的界限——以认容说为中心》，载《小野博士还历纪念论文集〈刑事法的理论和现实（一）刑法〉》，1951 年。

㉞　井上正治：《违法和责任的关系——一个备忘录》，载《法律时报》第 21 卷第 11 号（1949 年），第 8 页。

㉟　井上正治：《刑法学（总则）》，1951 年版，前言。井上正治博士在其"前言"中进行了如下阐述："在刑法理论中，不论是行为人的人格还是作为其基调的态度，都并不是仅仅在观念上得到主张的东西；而应当着眼于它与它赖以成立的产业结构之间的关系，即，明确其赖以存在的阶级基础。而这也正是刑法学作为一个社会科学得以成立的根本。为此，我认为有必要将刑事责任论中的主张向违法论中扩张并对其间互相矛盾的联系进行考察。"

㊱　井上正治：《过失犯的实证的研究》，1950 年版（收录于井上正治：《过失犯的构造》，1958 年版；即其第二章"过失犯的体系构造"，第 55 页及以下）。

㊲　前引注㊱井上正治文（前引注㊱井上正治书，第 52 页、第 81 页及以下。）

或法益侵害之中，而是放在结果回避义务的违反，也就是，从没有采取适合于应当回避结果的合适的时机的谨慎的态度中寻求违法性。在这一点上其无疑是以行为无价值论的思想为基础的。而在这一基础之中，过失的本体并不是心理状态，而是对行为应然状态的认识。这也就是所谓新过失论的先驱。

（四）

通过前述平野、平场、井上等几位教授的主张，行为无价值论的思想终于在昭和 20 年代登陆了日本的学界。在此，三位教授虽然或多或少地受到了韦尔策尔的目的行为论的影响，但他们对目的行为论的态度却有着若干差异。首先，平野教授将目的行为论把行为理解为活的整体的态度自身，看作是通向刑法的社会学的考察的道路。而除引入前述观点之外，平野教授并没有对目的行为论的内容的全部都进行积极的支持。[38]［参见本章前文三（三）1］

平场教授潜心于对行为概念的研究中，并以此为出发点接纳了目的行为论；仅仅从这一点来看，其对目的行为论的支持的态度是更加根本的和积极的。当然，平场教授的观点与韦尔策尔的目的行为论在内容上并非完全一致。平场教授使得当时的韦尔策尔的目的行为论更为彻底化，认为过失犯和不作为犯都并非行为。[39]［参见本章前文三（三）2］

井上博士从探寻违法性和责任的关联的立场出发，作为从违法性之中看出责任的征表的手段，接纳了目的行为论；但其对目的行为论的支持态度并非是全面而积极的。井上教授的强烈关心在于，从人格责任论的立场出发，通过与行为人的人格的相互关联使得违法要素得以形成。[40]［参见本章前文三（三）3］

不论是三位教授中的哪一位，都主要是因为韦尔策尔的论文《刑法体系的研究》才采纳行为无价值论或接受行为无价值论的思考的。比起他前后的其他著作，韦尔策尔对一种作为"现实的社会生活中实际存在的、充 [200]

---

[38] 参见前引注[29]。

[39] 参见前引注[32]。

[40] 井上正治：《目的行为论的体系的地位——犯罪论的一个体系》，载《法政研究》第 20 卷第 2～4 合并号（1953 年），第 197 页；另参见前引注[35]井上正治书。

满意义的整体"的行为，也就是"作为社会现象的行为"的追求的态度，在这一论文中被突出地且鲜明地提了出来。[41] 大概也正是这一点吸引了三位教授的目光。确实，韦尔策尔在前述论文之中，主张"所有的规范的普遍的无价值内容"并非在于"法益侵害"，而是在于"被禁止的、社会的反伦理的态度"[42]。但是，或许是因为这一主张并未在前述论文中被明确地提出，它也就没有成为前述三位日本教授的视角下关心的直接对象。

（五）

前述三位教授之后，福田平教授对韦尔策尔的目的行为论进行了详细的介绍并进行了积极的支持。[43] 当时的年轻学者基本上都展开了支持目的行为论和以其为基础的行为无价值论观点的主张，这些尖锐的观点也对学界带来了非常大的影响。这种行为无价值论观点的影响终于在木村龟二博士的体系书中得到了表现。[44] 团藤重光博士的体系书也对行为无价值论的思想作出了很高的评价。[45]

（六）

但自然而然的是，昭和 20 年代后半期以后的学界也并非全都是目的行为论和以其为基础的行为无价值论的思想。例如，佐伯千仞博士、泷川春雄博士、高桥敏雄教授在当时就展现出了批判的观点。

佐伯千仞博士认为，由于必须维持犯罪是行为这一命题，目的行为论就只不过是一种典型的行为概念而已。[46] 在进行前述批判的同时，他还坚

---

[41]　Welzel，Studien zum System des Strafrechts，ZStW. Bd. 58，1939，S. 491 ff.

[42]　Welzel，a. a. O.，S. 51 ff.，Anm. 30.

[43]　福田平：《论目的行为论》，载《神户大学创立 50 周年纪念论文集》（1953 年），第 133 页及以下（收录于福田平：《目的行为论与犯罪理论》，1964 年版，第 59 页及以下）。

[44]　参见前引注⑧木村龟二书，第 202 页及以下、第 245 页及以下；另参见木村龟二：《刑法中的目的行为论——意义及价值》，载《季刊法律学》第 14 号（1953 年），第 3 页及以下。［这一论文在第 8 页中，对目的行为论和韦尔策尔的人的不法观进行了介绍，强调其归根到底不过是对违法性是"行为为社会伦理所不能忍受"进行了主张而已（Welzel，Um die finale Handlungslehre，19494，S. 14 f.）。］

[45]　团藤重光：《刑法纲要（总论）》，1957 年版，第 90 页。

[46]　佐伯千仞：《刑法学的问题点》，1956 年版（收录于佐伯千仞：《刑事裁判和人权》，1957 年版，第 392 页及以下）。

持了认为违法的实质应当从对法益的侵害或危险中获得的立场。⑰

泷川春雄博士认为："行为首先通过客观的结果被认识，在依据于此对违法性的界限进行了划分之后，才在此范围内导入责任这一对人格的评 201 价；这有利于对人权的保障。"他以前述观点为理由，对目的行为论进行了批判，认为目的行为论向行为概念中导入了丰富的意思的内容，而以意思这种具有流动性的、不确定且不明确的东西作为基干来决定行为的话，就欠缺了法则性（规律性）；这对人权的保障来说就潜藏了致命的问题。泷川博士还指出，正是目的行为论为纳粹的意思刑法给予了理论上的武装。⑱

高桥敏雄教授认为，根据韦尔策尔的观点对自然主义的行为论和法益侵害说展开的批判，混淆了法益这一属于价值的世界的保护客体，和作为经验的实在的行为的客体。从认为违法的实质是从对法益的侵害或危险中获得的立场来看，将故意作为违法要素无疑是存在疑问的。⑲

笔者也在这样的状况的基础上，撰写了"目的行为理论的法律思想史的考察"⑳，在其中尝试对韦尔策尔的人的不法观（＝行为无价值论）进行了若干批判性的讨论。前述论文的问题意识之中指出，韦尔策尔对法与伦理的紧密联系进行了论述，并在以此作为重视法律中心情的要素的观点的说明的同时，对刑法的社会伦理的机能进行了强调。但是，韦尔策尔的这种观点无疑是一种没有认识到法律和伦理作为历史的、社会的存在，应该分别有其互相独立的领域和机能；并且忘记了刑法的保障机能的重要性

---

⑰　佐伯千仞：《刑法总论》，1953 年版，第 52 页及以下、第 73 页、第 89 页及以下。

⑱　泷川春雄：《自由主义刑法学的山脉和世界观》，载《泷川先生还历纪念论文集〈现代刑法学的课题〉（上）》，1955 年版，第 397 页。

⑲　高桥敏雄：《客观的违法性和主观的违法要素》，载《刑法杂志》第 3 卷第 2 号（1952 年），第 120 页及以下、第 125 页。

⑳　内藤谦：《目的行为理论的法律思想史的考察（一）》，载《刑法杂志》第 9 卷第 1 号（1958 年），第 1 页及以下；内藤谦：《目的行为理论的法律思想史的考察（二）》，载《刑法杂志》第 9 卷第 2 号（1958 年），第 49 页及以下（本书第 2 页及以下）。文中虽然并没有将目的行为理论作为纳粹刑法的理论诞生的基础，但目的行为理论和体系理论诞生、成长正值纳粹大行其道之时；因而其难免受到其时代背景下法律思想的影响，并受到这一时代背景的约束。另一方面，这一理论在追求行为的存在构造、并将其作为犯罪论的基础上的态度，却有着比前述背景上的制约更重要的意义。

的主张。⑤ 违法性和有责性是对犯罪这一统一的事实的理论的分析，在违法性的有无被作为责任问题的前提的基础上，如果不能首先在违法性的问题中对行为的客观的、外部的侧面和结果的侧面进行考察的话，那么就将导致这些侧面在犯罪论的体系中占据的地位不可避免地受到轻视；这样的观点也是确实存在的。⑥ 而从这样的问题意识出发，笔者采纳了违法的实质的支撑是从对法益的侵害或危险中获得的立场⑥；并进一步认为，韦尔策尔的人的不法观（＝行为无价值论）在不法理论中的违法性的问题上，主张行为的样态与法益侵害具有同样的重要性的观点，在理论核心上是正确的。但是，由于这种观点是在纳粹时代基于对法益侵害说的批判才得以成立的，因而其也有着超越前述主张，在不法概念中强调行为的主观的、内部的侧面具有的重要意义，而忽视行为的客观的、外部的侧面和结果的侧面的一面。而这样的观点有着与意思刑法甚至是心情刑法相结合的危险，能够看出其受到纳粹思想的影响的一面。在这一点上，韦尔策尔的观点又是存在疑问的。⑭

昭和 30 年代之中，对目的行为论和人的不法观（＝行为无价值论）

---

⑤　前引注⑩内藤谦：《目的行为理论的法律思想史的考察（二）》，第 63 页（本书第 47 页）。

⑥　前引注⑩内藤谦：《目的行为理论的法律思想史的考察（二）》，第 77 页（本书第 54 页）。

⑥　从本文的问题意识出发，笔者认为，违法性的问题首先应对行为的客观的外部的侧面和结果的侧面进行讨论。违法性的判断原则上是面向行为的客观的、外部的侧面的，而成为这样的违法性判断的对象的行为，原则上就必须是对法益造成现实的侵害，或例外地也是对法益进行危殆化的行为；在这一意义上，法益的侵害才是违法性的实质根据［前引注⑩内藤谦：《目的行为理论的法律思想史的考察（二）》，第 77 页（本书第 54 页）］。此外，这一场合下的"法益"并不是精神化的法益，而是"受到法律保护的利益"，也就是理解为"为法律所考虑到的平均利益存在的状态"。可以说这样的"法益"的社会学分析对于违法性理论而言有重要的意义［前引注⑩内藤谦：《目的行为理论的法律思想史的考察（二）》，第 81 页（本书第 64 页），脚注 205］。从这样的立场出发，笔者指出，韦尔策尔在主观的要素尚未超出客观的构成要件要素范围的情况下，就认为故意也是"本质的不法要素"，这是有疑问的［前引注⑩内藤谦：《目的行为理论的法律思想史的考察（二）》，第 78 页（本书第 55 页）］。

⑭　前引注⑩内藤谦：《目的行为理论的法律思想史的考察（一）》，第 53 页（本书第 31 页）；前引注⑩内藤谦：《目的行为理论的法律思想史的考察（二）》，第 77 页、第 82 页（本书第 54 页、第 56 页）。此外，这一论文中并没有使用"行为无价值论"和"结果无价值论"的名称；就此，参见本书第 593 页注①。

的批判的见解终于得到了吉川经夫⑤、井户田侃⑥、藤尾彰⑤、樱木澄和⑧、木村静子⑨、小暮得雄⑩等学者和米田泰邦⑪律师等人的主张。

综上，对目的行为论和以其为基础的行为无价值论的思想，就有了相当数量的批判者。

四、行为无价值论的展开——以昭和 30 年代以后为中心

战后刑法学的出发点中，虽然存在结果无价值论的思想［本章前文三 ²⁰⁷（二）］，但在昭和 20 年代后半期，随着行为无价值论的思想逐渐在学界登场［本章前文三（三）（四）（五）］，对行为无价值论思想的批判的观点逐渐得到了主张［本章前文三（六）］。

（一）

时间进入昭和 30 年代。行为无价值论在木村龟二、福田平、藤木英雄等几位教授的支持下，自 20 年代起就被明确地展开了。并且，行为无

---

⑤　吉川经夫：《刑法总论》，1963 年版，第 78 页及以下（另参见前引注⑭吉川经夫书，第 80 页及以下）。

⑥　井户田侃：《故意的地位——就目的行为论体系的考察》，载《立命馆法学》第 20 号（1957 年），第 1 页及以下。

⑤　藤尾彰：《论所谓 Personales Unrecht》，载《东京都立大学创立 10 周年纪念论文集·法经篇》，1960 年版，第 225 页及以下；另参见藤尾彰：《对刑法中违法性概念的考察》，载《东京都立大学法学会杂志》第 1 卷第 2 号（1961 年），第 89 页及以下。

⑧　樱木澄和：《论人格的违法行为论》，载《法学新报》第 67 卷第 3 号（1960 年），第 18 页及以下。

⑨　木村静子：《客观的违法和行为的无价值性——关于人的违法论》，载《论丛》第 68 卷第 4 号（1961 年），第 1 页及以下。

⑩　小暮得雄：《违法论的谱系和法益论》，载《法学协会杂志》第 80 卷第 5 号（1964 年），第 39 页及以下。

⑪　米田泰邦：《刑法的行为概念的条件——论社会的行为论》，载《司法研修所创立 20 周年纪念论文集第 3 卷》，1968 年版，第 28 页及以下；另参见米田泰邦：《作为法律概念的行为——纯粹的社会的行为概念》，载前引注⑬《佐伯千仞博士还历纪念论文集》，第 189 页及以下；米田泰邦：《主观的目的行为论和体系的行为概念——行为论的理论的意义》，载《判夕》第 259 号，1971 年版，第 2 页及以下。

价值论在新过失论［本章后文四（二）］和可罚的违法性论［本章后文四（三）］等问题上，以比 20 年代更为具体的形态得到了主张。

1. 木村博士以"站在主观主义的基本立场上，在进行理论的自省的同时，应主动与客观主义理论结合，努力采用目的行为论并将其容纳至我们的刑法解释论中"[62] 的观点作为其问题意识的一个表现，展现了其行为无价值论的立场。木村博士受到了韦尔策尔的人的不法观［前文二（一）］的影响，认为将实质的违法性理解为对法益的侵害或危险的法益侵害说，违法性的中心在于结果无价值之中，在对行为无价值的重要性有所错漏之处是不妥的。[63] 他采取了将实质的违法性理解为行为对于全体法秩序的视野下受到国家承认的那些目的的违反，或者是对于这种目的达成而言不适当的立场。[64]

当然，木村博士也指出，法益对于决定违法性的有无这一问题而言有着重要的机能。全面否定作为违法性的实质的对法益的侵害或危险这样的结果无价值的要素的意义也是错误的。[65] 在这一意义上，木村博士将行为无价值和结果无价值进行了并列的理解［前文二（一）］。[66]

208

此外，木村博士在以目的行为论为基础、与前述行为无价值论的违法观相结合，并进而认为故意是违法要素的同时[67]，认为过失犯的违法性不仅在于结果无价值，更应在于其行为的价值性。在他看来，这种行为无价值（＝注意义务违反）并不是责任要素，而是过失犯固有的违法要素。[68]

---

[62]　前引注⑧木村书，序第 1 页。

[63]　前引注⑧木村书，第 164 页（对韦尔策尔主张"人的不法概念［前文二（一）]"的部分进行了引用），第 245 页；另参见木村龟二：《犯罪论的新构造（上）》，1966 年版，第 233 页。

[64]　前引注⑧木村龟二书，第 245 页及以下；另参见前引注[63]木村龟二书，第 245 页。

[65]　前引注⑧木村龟二书，第 164 页。

[66]　木村龟二博士为了在违法阻却的一般原理这一问题上对目的说进行主张，认为即使是在法益之间的相互关系的意义上来看，目的和手段之间的相当性也能理解为是为了救助较大法益而牺牲较小法益；因而也对优越的利益说的观点进行了考虑。参见前引注[63]木村龟二书，第 241 页。

[67]　参见前引注⑧木村龟二书，第 202 页及以下；另参见前引注[63]木村龟二书，第 147 页及以下。

[68]　参见前引注⑧木村龟二书，第 246 页及以下；另参见前引注[63]木村龟二书，第 186 页及以下；木村龟二：《过失犯的构造》，载《泷川先生还历纪念论文集〈现代刑法学的课题（下）〉》，1955 年版，第 579 页及以下。

　　而作为前述实质的违法性论的反映，在违法阻却的规制原理中，木村博士采取了目的说的立场。目的说意味着，在结果的价值之外对"行为的目的这一行为的价值"也进行考虑；因而比起优越的利益说（或者法益衡量说）更为概括而具有妥当性。这样的"行为的目的"的意义未必是明确的，但比起"结果的价值"来说行为的价值能够通过"行为的目的"这一主观的东西，从而是有其特征的。⑨

　　此外，木村博士在实质的违法性问题中，还认为强调对文化规范或社会伦理规范的违反的观点不仅在内容上是模糊的；并且还存在没有考虑到行政刑法那样的、与文化规范和社会伦理规范毫无关系的场合的缺陷。⑩木村博士虽然承认社会伦理秩序对于违法判断来说具有一定的意义⑪，但在违法性问题中并没有强调其反社会伦理性和反规范性。木村博士的行为无价值论强调社会伦理秩序的违反的程度，比起韦尔策尔的人的不法观〔即行为无价值论，前文二（一）（三）〕，以及通过福田平教授和藤木英雄教授得到展开的行为无价值论〔后文四（一）2以及四（一）3〕，有着微妙的差异。从这些差异中能够看出，木村博士的学说有着以近代学派（新派）的观点为出发点的鲜明特征。木村博士的行为无价值论比起日本主流的行为无价值论观点，被认为有着强烈的与"主观主义的基本立场"结合的侧面。这一侧面也在木村博士就未遂犯与不能犯的区别问题采取了主观危险说（行为人危险说）的立场⑫，和就共犯问题维持了共犯独立性的理

---

　　⑨　参见前引注⑧木村龟二书，第253页。当然，目的说在木村龟二博士看来，"应当认为，行为是为了达成在国家治理下共同生活的目的必要手段，这是违法阻却的一般原理"。（参见前引注⑧木村龟二书，第252页。）虽然这一"目的"可以理解为客观的目的，但在目的是否能被理解为"行为的目的"这样的主观的目的的意义上，目的说也不无疑问。参见前引注㊳木村龟二书，第235页。

　　⑩　参见前引注⑧木村龟二书，第245页及以下；另参见前引注㊳木村龟二书，第235页及以下。

　　⑪　木村博士在对目的说的适用中，强调为了达成国家所承认的目的的相当的手段，并以此肯定了社会相当性说也包含了社会相当性的观点（前引注㊳木村龟二书，第241页）。随后，木村博士赞同了社会相当性说，特别是韦尔策尔主张的那种以社会相当性在共同生活的社会伦理秩序之中有其根源的观点作为习惯法的正当化事由的学说（前引注㊳木村龟二书，第239页）。

　　⑫　前引注⑧木村龟二书，第356页；另参见前引注㊳木村龟二书，第32页及以下。

论⑦的观点中得到了体现。

2. 福田平教授出于对目的行为论基本上赞成的立场，认为故意是违
法要素。以前述观点为基础，他在问题意识中支持了韦尔策尔的"人的不
法观"作为违法性的一般理论。福田平教授认为，并非所有的法益侵害都
是违法的，只有社会上不相当的法益侵害才是违法的。因而在违法性问题
中，应当将行为无价值与法益侵害＝结果无价值作为同等的问题进行讨
论。这恰是韦尔策尔的所谓人的不法观的结论，因而应当对"人的不法
观"进行支持。⑦ 因此，福田教授的主张与前述韦尔策尔的"人的不法概
念"的原型相对比，对行为无价值和结果无价值进行了并列的理解，其意义也
是有折中说的意义的［前文二（一）］。本来，福田教授就认为违法性的实质在
于逸脱于社会相当性的法益侵害；而将社会的相当性作为违法阻却的统一的原
理的情况下，这种社会相当性就与韦尔策尔所提出的"在社会生活中被历史地
形成的社会伦理秩序的范围内"这一概念的意味有着基本相同的旨趣。⑦ 由

---

⑦　前引注⑧木村龟二书，第 394 页；另参见前引注⑥木村龟二书，第 141 页及以下。

⑦　前引注⑦福田平：《违法性的错误》，第 167 页；另参见福田平：《刑法总论》，1965 年
版，第 77 页、第 114 页及以下；前引注⑦福田平：《新版·刑法总论》，第 71 页、第 108 页。

⑦　前引注⑦福田平：《刑法总论》，第 114 页；另参见前引注⑦福田平：《新版·刑法总
论》，第 108 页、第 111 页；团藤重光编：《注释刑法（2）之Ⅰ·总则（2）》，1968 年版，第 91 页
及以下（福田平执笔）。

齐藤诚二教授认为，韦尔策尔在其教科书第 9 版（1965 年）中，对"社会相当性"的定义进
行了修正，将"普通的"历史形塑下的社会生活秩序的范围看作是社会相当性；指出，应（1）
在至今为止的定义基础上加上"一般的"这一定语；（2）在至今为止的定义的"社会伦理的"描
述前加上"社会的"；对韦尔策尔的"社会相当性"的定义进行了改变。在社会相当性问题上，
这一理论虽然并未从韦尔策尔的定义出发，将社会相当性理解为行为无价值、社会伦理秩序的违
反，但在这一理论中认为社会相当性就是对行为无价值＝社会伦理秩序的违反未必是不可能的。
此外，齐藤诚二教授对笔者的论文［内藤谦：《违法性中的行为无价值论和结果无价值论——从
结果无价值论的立场出发》，载中义胜编：《论争刑法》，1976 年版，第 34 页及以下（本书第 169
页及以下）］进行了如下评价，认为："内藤教授一方面认为必须对行为无价值的思想原型进行探
究，并将韦尔策尔教科书的第 11 版作为其原型，但另一方面，社会相当性的概念在比韦尔策尔
的第 8 版教科书还要古老的文献中就得到了使用；这是经过福田平教授等人考证的。内藤教授如
此认为的理由尚不明确。"［齐藤诚二：《因果的行为论和目的的行为论——一个备忘录》，载《警
察研究》第 48 卷第 11 号（1979 年），第 26 页及以下。］首先对这个问题进行回答。

（1）笔者在前述论文中的问题意识在于，在日本有所争论的问题。由此，就社会相当性的概
念问题，以日本的论者的观点为前提进行讨论就是理所当然的。

（2）笔者在前述论文中，在讨论"韦尔策尔提倡强调'行为无价值'的'人的不法概念'的
原型"的问题时，引用了韦尔策尔第 11 版的记叙。［严密地来说，如果这里使用的是"原形"一词

此，福田平教授所谓逸脱于社会相当性（＝行为无价值），就意味着社会

———————————

的话，那么齐藤教授所论才是有道理的；即对第 11 版的引用就是不被允许的。而就"原型"与"原形"的差异问题，参见《广辞苑（第 2 版）》，1969 年版，第 705 页。］笔者在本文中强调的是，在日本强调行为无价值的学说，基本是受到了韦尔策尔的间接的影响。并且本文是为了展现本国观点与韦尔策尔的理论的不同的特征，才进行了前述引用的。［内藤谦：《违法性中的行为无价值论和结果无价值论——从结果无价值论的立场出发》，载中义胜编：《论争刑法》，1976 年版，第 34 页及以下（本书第 169 页及以下）。］也可以说，问题的焦点仅仅是在于日本学者的学说。

（3）在对韦尔策尔的学说如何理解这一问题上，以福田教授为代表的许多我国学者就"社会相当性"的概念，采取了韦尔策尔在其教科书第 8 版以前的定义而一直没有进行改变；不如说是把握住了韦尔策尔学说的基本取向。（这一点留待后述）

（4）社会的相当性这一概念具有非常多的含义，这在前述论文中已经得到了阐明；而在这里，也仅仅是以日本学者的主张为前提展开论述的。［内藤谦：《违法性中的行为无价值论和结果无价值论——从结果无价值论的立场出发》，载中义胜编：《论争刑法》，1976 年版，第 46 页及以下（本书第 182 页及以下）。］

除此之外，正如上文所述的那样，齐藤诚二教授认为"从韦尔策尔对社会相当性的定义出发，虽然说的是行为无价值＝社会秩序违反，但却未必是指行为无价值＝社会伦理秩序违反"；并以笔者的观点为例［内藤谦：《违法性中的行为无价值论和结果无价值论——从结果无价值论的立场出发》，载中义胜编：《论争刑法》，1976 年版，第 38 页及以下（本书第 174 页及以下）］提出了质疑的意见。

但是首先，笔者所说的本来就并不是韦尔策尔本人的学说；而是就日本国的行为无价值论而言，行为无价值的判断有何意义、以什么为基准的问题尚未得到明确、存在认为行为无价值是指社会相当性的逸脱的观点的论者的问题。我国的行为无价值论者在对刑法的任务和机能进行讨论的时候，并没有像韦尔策尔那样明确地提出对"社会伦理的行为价值的保护"。但是，在这些论者对行为无价值究竟是指什么的问题进行讨论时，也都明确地将刑法的第一次的任务看作是对"基本的社会伦理的心情（行为）价值的保护"。［前文二（三）］就此而言，他们在刑法任务论上讨论的行为无价值就都是与社会伦理相紧密联系的。而行为无价值又是对行为价值的否定，因而就必须承认行为无价值是与社会伦理的违反相紧密联系的。相反，齐藤诚二教授也指出："在全体来看，韦尔策尔的刑法理论将对社会伦理的保护作为刑法的任务。"但是，韦尔策尔的刑法任务论在其理论自身之中，基本没有对行为无价值是什么的问题进行回答。而在其对社会相当性的定义中，"社会伦理的"这一概念中"社会的"定义也是不断变动的；因而，倒是可以说，即使是韦尔策尔，其关于行为无价值是什么的见解也是处在变动之中的。

不仅如此，韦尔策尔对社会相当性这一概念进行的定义和为其赋予的理论地位，在其初期的论文之后也产生过巨大的变化；在是否使用"社会伦理的"这一概念的问题上持摇摆态度。例如，韦尔策尔在主张社会相当性的体系地位是构成要件的问题之时，就没有使用"社会伦理的"这一概念；而在认为社会相当性是一个正当化事由的问题时却使用了"社会伦理的"这一概念（就这一点，参见福田平：《社会的相当性》，载日本刑法学会编：《刑法讲座 2 行为·违法》，1963 年版，第 106 页及以下。特别参照第 109 页的注①中指出的韦尔策尔在其教科书第 9 版中展现出来的变动也可以作为一个例证）。韦尔策尔本人的这种动摇在讨论社会相当性的定义问题时，无疑非常重要。由此也可见的是，对此进行讨论的福田平等教授对韦尔策尔的观点进行了精准的把握。

这样，行为无价值和社会伦理秩序的违反的关联性，至少在日本历来的行为无价值论的主流和韦尔策尔的学说之中是得到了承认的。但是笔者仍然认为，这两者之间的联系并不是必然的和本质的。［就此，参见前文三（三）1、三（六）、四（一）1、后文六（二）2、3、后注⑭—⑮。］

伦理秩序的违反，是以社会伦理秩序为基准得到判断的。并且，福田平教授以"将犯罪作为一种行为，即作为一种有着主观和客观的整体构造的东西被把握；而有着这样的意义的犯罪就被作为行为人人格的现实化和具体化，而对于其反规范性和反社会伦理性，也对行为人在刑法上进行非难"的观点作为其犯罪的基础理论。[76] 即使是在这里，行为的反社会伦理性也被当作刑法的非难对象。就这一点而言，福田教授的观点与强调刑法的社会伦理机能的韦尔策尔的基本的立场是一致的。

3. 藤木英雄教授首先也有着为所谓的新过失论找到其基础的问题意识。在韦尔策尔的影响之下，就违法性的实体而言，认为"其并非单单只是惹起了法益侵害，而应当与惹起这一侵害过程中的道义的、伦理的意义一同得到考虑"；主张"只有对在社会伦理的、道义的观点看来是逸脱于常规的、难以容忍的法益侵害的惹起，才是违法的"[77]。作为违法性的一般理论，违法性的实质是从逸脱于社会的常态、在社会伦理的观点看来不可容忍的法益侵害之中获得的。[78] 这里，行为无价值和结果无价值被并列地理解，但行为无价值是通过社会伦理的立场来得到判断的。

210　　4. 就这种以行为无价值论为基础的违法性的普遍理论的具体表达而言，特别值得瞩目的是在过失犯的结构中，在藤木、福田等教授的主张之下占据了有力说地位的、以行为无价值论为基础的所谓新过失论。此外，藤木教授还在可罚的违法性论的领域中，展开了重视行为无价值的可罚的违法性论。至此进入昭和 40 年代，藤木教授在名誉毁损罪中对事实真实性的误信和假想防卫等问题中，对着重强调了行为无价值的观点进行了主张。

---

[76]　参见前引注[74]福田平：《刑法总论》，第 21 页，另参见前引注[7]福田平：《新版·刑法总论》，第 19 页。

[77]　参见藤木英雄：《过失犯的考察（一）》，载《法学协会杂志》第 74 卷第 1 号（1957 年）；另参见藤木英雄：《过失犯的考察（二）》，载《法学协会杂志》第 74 卷第 3 号（1957 年）；藤木英雄：《过失犯的考察（三）》，载《法学协会杂志》第 74 卷第 4 号（1957 年）（收录于藤木英雄：《过失犯的理论》，1969 年版，第 46 页）。

[78]　参见藤木英雄：《社会的相当行为》，载《警察研究》第 28 卷第 1 号（1957 年）（收录于藤木英雄：《可罚的违法性的理论》，1967 年版，第 56 页）。此外，参见藤木英雄：《刑法》，1971 年版，第 59 页及以下；前引注[8]藤木英雄书，第 74 页及以下。

（二）

新过失论认为，与其认为过失犯的违法性本质在于结果的发生，不如认为其在于存在过错的行为（逸脱于社会生活上受到要求的基准行为），或者是对结果回避义务的违反这样的行为无价值。通过这样的主张，新过失论就与行为无价值论紧密地联系在了一起。而由对社会有益的或必要的行为导致的事故，则由于欠缺行为无价值而并不违法，因而不成立过失犯。而作为这一主张的根据，"被允许的危险"的理论，即认为即使行为导致了危害结果，如果其与基准行为相一致的话就是适法的观点也就得到了适用。⑲

此外，在西原春夫等教授看来内容没有得到明确表述的信赖原则，在其法理上也是与被允许的危险或社会相当性相结合，而以行为无价值理论为其基础的。因而可以说是在新过失论的延长线上得到展开的。⑳

新过失论最初的问题意识在于，基于对历来的过失论运用结果责任的倾向展开的批判，对应于汽车等高速运输工具的显著发展所伴随的事故的激增，试图使对减轻注意义务的负担变得合理化。㉑ 而这也恰好有着对过失犯的不当扩大进行限定的侧面。也正是因为这一问题意识非常吸引人，新过失论所指出的基本方向得到了许多学者的支持。

比起历来的过失论认为过失的理论结构是以结果预见可能性为中心的，新过失论认为过失的理论结构应当以过错或对结果回避义务的违反为中心。虽然新过失论有着前述特征，但在藤木教授当年的新过失论中，仍然认为对某一结果的预见可能性是回避这一结果的可能性的前提，因而结果预见可能性也是必要的。并且，与具体的每个构成要件结果相对应的过失的态度是成为问题的；正因如此，结果预见可能性就不单只是抽象的，而应当结合具体的因果关系的进程进行考察。㉒ 然而进入昭和 40 年代之

---

⑲　参见前引注⑰藤木英雄：《过失犯的理论》，第 22 页及以下；另参见前引注⑱藤木英雄：《刑法》，第 121 页及以下；前引注⑧藤木英雄书，第 233 页及以下；福田平：《过失犯的构造》，载日本刑法学会编：《刑法讲座 3 卷》，1963 年版，第 119 页及以下；福田平：《目的行为和过失犯》，载《目的行为论和犯罪理论》，1964 年版，第 95 页及以下。

⑳　参见西原春夫：《交通事故和信赖原则》，1969 年版，第 29 页及以下。

㉑　前引注⑰藤木英雄书，第 60 页及以下。

㉒　前引注⑰藤木英雄书，第 51 页及以下。

后，藤木教授将对公害等未知的危险的探知和结果回避义务相关联，认为结果预见可能性的内容是在一般人的标准中旨在防止某种结果的措施的负担；而只要在施加这种负担的命令被认为是合理的程度的范围内，行为人对命令（结果）具有的"危惧感"就成为认定其具备过错（行为无价值）的理由。[83] 这样，新过失论在进一步明确其行为无价值的性格的同时，也展现了其对过失犯成立范围进行扩张的侧面。但是在新过失论的支持者中，也有如福田教授[84]等对这种"危惧感"说持疑问态度的学者。

（三）

藤木教授在可罚的违法性论的领域中，对其判断基准的重要因素展开了着眼于"行为无价值"的理论。

可罚的违法性论是佐伯（千仞）博士在防止违法概念的形式化导致的刑罚权滥用的问题意识之下，以结果无价值论为基础展开的理论。佐伯博士的可罚的违法性论以违法性的量（被害法益的轻微性）和违法性的质（从被害法益的性质等因素来看不适宜用刑罚进行干涉）作为其判断基准。而在欠缺可罚的违法性的情形中，又存在着对构成要件不该当的情况和虽然具备了构成要件该当性但阻却可罚的违法性的情况。不论是前述哪一种情形，都是对构成要件中规定的罚则的解释的问题。[85]

相比之下，藤木（英雄）教授主张的可罚的违法性论则以被害的轻微性（结果无价值的侧面）和行为的相当性（行为无价值的侧面）的综合判断为其基准。在欠缺可罚的违法性的情况下，仅仅对构成要件该当性本身

---

[83] 藤木英雄：《论食品中毒事故中的过失和信赖原则——以森永奶粉中毒事件为展开》，1969 年（收录于前引注[77]藤木英雄书，第 196 页）；另参见前引注[8]藤木英雄《刑法讲义　总论》，第 240 页。（一般地来看至少有可能发生这种结果，而抱有具体的危惧感的话就成立过失。）

[84] 福田平：《过失犯中预见可能性和监督义务违反——森永奶粉中毒事件》，载《评判》第 186 号第 37 页［收录于《判例时报》第 743 号（1974 年）第 159 页］。（"只具有危惧感是不够的；必须对具体的结果发生具有预见可能性；换言之，对作为具体结果发生的条件的外部的事情，以及由此导致结果发生的可能性有所预见。"）

[85] 佐伯千仞：《可罚的违法性序说——为了防止通过违法概念的形式化而导致刑罚权滥用》，1962 年版（收录于佐伯千仞：《刑法中违法性的理论》，1974 年版，第 16 页及以下）；另参见前引注[11]佐伯千仞书，第 176 页及以下。

进行否定。[86] 其特征在于，在欠缺可罚的违法性的情况下，在犯罪论的体系的结构的视角下对构成要件该当性进行否定；并且在考察行为逸脱于相当性的程度时，着眼于对"行为无价值"即行为的目的（意图）、行为人的意思状态等主观的要素、行为样态的伦理的、情绪的无价值，以及对此的社会通常的处罚的情感（"惹起实害的方法"是残虐的、严苛的、粗暴的、无耻的，足以显著刺激一般人情绪的感觉和廉耻的感觉的）的考察。[87] 在违法性判断中，这种重视行为无价值性的观点无疑是以行为无价值论为基础的。

212

就藤木（英雄）教授的可罚的违法性论的问题意识而言，其重点在于：相比以法益衡量为基础的超法规的违法阻却论，其在减少被扩大适用的可能性的同时，更容易被实务所接受。藤木教授在进行可罚的违法性的判断时，着重对行为无价值进行了强调，认为在欠缺可罚的违法性的情况下应否定构成要件该当性本身；同时，他对在法益冲突的情况下承认以法益衡量为基础的超法规阻却事由的观点展现出了消极的态度。而这样的理论结构正反映了藤木教授的前述问题意识。[88] 当然，在同样采取了行为无价值论立场的学者之中，也有例如福田教授等对藤木教授在可罚的违法性论中主张的犯罪论体系上的结构展现了疑问态度的学者。[89]

此外，藤木教授基于行为无价值论的违法性判断之中强调行为人的主观的要素的观点，也在进入昭和 40 年代之后受到争议的名誉毁损罪中得

---

　　[86]　藤木英雄：《可罚的违法性的理论》，载《法学协会杂志》第 83 卷第 7、8 合并号（1966 年）（收录于藤木英雄：《可罚的违法性的理论》，1967 年版，第 3 页及以下）；另参见前引注⑧藤木英雄书，第 176 页及以下。

　　[87]　前引注⑦藤木英雄：《可罚的违法性的理论》，第 39 页及以下；另参见前引注⑧藤木英雄书，第 123 页。

　　[88]　前引注⑦藤木英雄：《可罚的违法性的理论》，第 44 页及以下。

　　[89]　福田教授对藤木教授的理论展开了质疑，认为其在欠缺可罚的违法性的情况下一般地对构成要件该当性进行否定，将具体的、非类型的价值判断过度地带入了抽象的、类型的判断的构成要件该当性的阶段之中，弱化了作为违法类型的构成要件的保障机能，不具有妥当性。随后，福田教授对可罚的违法性的不存在进行了类型性的把握，在无法该当于一个个的构成要件要素的概念的情况下，阻却构成要件该当性；而在并非如此的场合下，则认为行为虽然该当于构成要件，但仍基于具体的事情而可以阻却可罚的违法性。这样，在可罚的违法性在犯罪论体系中的地位问题上，福田教授就与佐伯教授采取了同样的立场。参见前引注⑦福田平：《新版·刑法总论》，第 110 页。

到了直白的表现。根据他的观点，如果是在基于确实的证据资料才产生了对名誉毁损罪中事实真实性的误信的情况下，则不应当仅仅应阻却故意或者责任；而且是以欠缺行为无价值为核心理由，成立《刑法》第 35 条规定的正当行为而阻却违法性。⑨⑩ 同理，在基于客观的证据而对存在急迫不法的侵害产生误信，并由此进行了假想防卫的情况下，也并不应当仅仅阻却故意或者责任，而是应当认为成立正当防卫，阻却违法性。⑨①

（四）

以前述行为无价值论在昭和 30 年代之后的具体展开为背景，产生了根据行为无价值的思想和社会相当性的理论，依据社会生活的实际状态建立犯罪论的问题意识。⑨② 这一问题意识在一个侧面上，延续了昭和 20 年代以来行为无价值论的思想追求一种作为社会现象的活的整体的犯罪行为的问题意识。但在昭和 30 年代之后，主流的行为无价值论在其理论展开时重视将"行为无价值"与社会伦理违反相结合；在此方向上有着区别于昭和 20 年代行为无价值论的特征。

五、结果无价值论的再评价及其展开——以昭和 40 年代以后为中心

（一）

时间终于进入了昭和 40 年代的后期。这一时期，行为无价值论的展开被关注并受到批判；而结果无价值论在佐伯千仞、平野龙一、中山研一、井上祐司教授等人的倡导下得到了再次讨论，并自觉地进行了理论的

---

⑨⑩　藤木英雄：《对事实真实性的误信和名誉毁损罪》，载《法学协会杂志》第 86 卷第 10 号（1969 年），第 1 页及以下、特别参见第 14 页及以下；另参见藤木英雄：《刑法讲义各论》，1976 年版，第 245 页及以下。

⑨①　藤木英雄：《假想防卫和违法性的阻却》，载《法学协会杂志》第 89 卷第 4 号（1972 年），第 1 页及以下、特别参见第 22 页及以下；另参见前引注⑧藤木英雄书，第 172 页及以下。

⑨②　前引注㉔福田平：《刑法总论》，第 114 页及以下；另参见前引注⑦福田平：《新版·刑法总论》，第 107 页及以下；前引注㉗藤木英雄《过失犯的理论》，第 7 页及以下；前引注㉘藤木英雄：《可罚的违法性的理论》，第 14 页及以下；前引注⑧藤木英雄书，序言（第 1 页）、第 25 页。

展开。

1. 佐伯千仞博士自战前开始，就采取了认为违法的实质在于法益的侵害或危险的结果无价值论的观点［前文三（二）］。在战后行为无价值论和人的不法观得势的情况下，他也始终持对抗的态度，没有改变自己结果无价值论的立场。佐伯教授问题意识的核心在于，既然对违法的实质在于对法益的侵害和危险这一观点的批判是来自纳粹刑法学的，那么在这一认识的基础上，对法益侵害的理解就仅应限制在采取客观的违法论且维持违法和责任的区别的范围内。佐伯博士对行为无价值论（＝人的不法观）的观点进行了批判，认为："所谓行为无价值，正是因为惹起了结果无价值的危险才是无价值的；因而它实质上可以归结于预先的结果无价值（或者有着结果发生危险的行为）。"佐伯博士还认为："对财产法益的普遍的侵害并不是犯罪，而只有以盗窃、抢夺、诈骗、侵占等样态实施的侵害才被认为是犯罪（行为无价值）。这些样态都能够被还原为对占有、自由或者信赖关系等个别的法益的侵害。并且，结果无价值大多是指对法益的侵害或实害，而行为无价值则大多仅仅是指对法益的威胁或危险。"[93] 由此可见，佐伯博士认为，被评价为行为无价值的那些东西，都应当从法益侵害的危险性或个别的法益侵害出发去理解；在这一意义上，能够还原为对法益的侵害或危险。 *219*

此外，佐伯博士还对藤木英雄教授以行为无价值论为基础的可罚的违法性论［前文四（三）］展开了批判。他指出，在藤木教授观点中，构成要件该当性—违法性—有责性的犯罪论体系演变为违法性—构成要件该当性—有责性的体系；而且在这种可罚的违法性论中，可罚的违法性也仅仅被作为违法的轻重即程度的问题得到考虑，但进一步，违法性的质的问题也必须得到考虑。并且，如果在不具备可罚的违法性的场合下对构成要件该当性进行全部否定，就会使构成要件本身变得不明确，恐怕会使其具备的罪刑法定主义的机能被稀薄化。同时也存在批判认为，这一立场不仅过于狭窄而显得不够现实，并且其只不过是自说自话地维持自己的见解［前

---

[93]　收录于前引注⑧佐伯千仞书，第13页及以下；另参见前引注⑪佐伯千仞书，第174页及以下。

文四（三）〕而已。㉛

2. 平野龙一教授早年间认为一般故意是违法要素，在这一点上表现出其行为无价值论的思想〔前文三（三）1〕。他是从什么样的问题意识出发转而支持结果无价值论的呢？

首先应当注意的是，平野教授自始至终的问题意识都在于，认识到对刑法进行社会学的考察的必要性。在这一延长线上，他对经验法学表现出强烈的兴趣，并强调了对刑法进行机能的考察的重要性。由此，平野教授明确表明，刑法的任务和机能并不在于维持社会的伦理，而在于对法益进行保护。㉟ 这样的立场使得他的理论与违法论中的结果无价值论的主张紧密联系了起来。其次，平野教授以经验法学的方法对刑法进行机能的考察，这与其尝试尽可能地在能够进行经验的分析、验证的东西的基础上构建刑法学的态度是有所联系的。由此，平野教授认为违法论的核心并不应在于缺乏明确标准的行为无价值，而应当在于对法益的侵害或危险，即法益考量这种能够进行分析并验证的东西。㊱ 再次，平野教授在与犯罪论体系相关的问题意识中，认为将犯罪分为违法和责任的时候，对责任这种主观的要件的认定也是不明确的；因此在这之前，就应当对比较能够进行统一的判断的客观的违法性的有无进行判断，排除不违法的东西。这样的话，责任判断就被限定在违法的行为范围内，不至于有所溢出。并且，这种观点使"就什么承担责任"这一责任的内容问题变得明确。㊲ 而在这一

220

㉛　参见前引注⑪佐伯千仞书，第 180 页及以下；另参见佐伯千仞：《可罚的违法性理论的拥护》，1970 年版；佐伯千仞：《可罚的违法性》，1971 年版。（收录于前引注㉟佐伯千仞：《刑法中违法性的理论》，第 390 页及以下、第 437 页及以下、序言。）

㉟　平野龙一：《现代刑法的机能》，1965 年版（收录于平野龙一：《刑法的基础》，第 93 页及以下）。另参见平野龙一：《刑法的基础③ 现代刑法的基本原则》，载《法学讲堂》第 123 号（1966 年），第 15 页及以下；另参见前引注②平野龙一书，第 43 页及以下；B. J. 乔治、平野龙一、田宫裕：《经验刑法入门》，1966 年版，特别是平野教授所写的序言第 1 页及以下。此外，参见平野龙一：《研究经过报告》，载《东京大学法学部研究·教育年报》，1975 年版，第 142 页及以下（其中一部分参见前引注㉙）。

㊱　平野龙一：《刑法的基础⑭违法阻却事由》，载《法学讲堂》第 134 号（1956 年），第 41 页及以下、特别参见第 45 页；另参见前引注⑫平野龙一书，第 212 页及以下、特别参见第 216 页。

㊲　前引注②平野龙一书，第 90 页。

问题意识之中，对法益的侵害或危险，即对法益的考量这种有着统一标准的判断也成为构建违法论的基础。最后，平野教授自昭和 30 年代初期开始就参与了刑法修改的工作，他应该是在对这一工作的方向所在的道义刑法或社会伦理刑法的观点进行亲身体会的同时，提出了与它无论如何都无法调和的观点的。[98] 想必平野教授否定行为无价值论而主张结果无价值论的重要的契机，正是在于给他对于刑法修改工作的基本方向提出的批判的观点打下理论基础吧。

从前述问题意识出发，平野教授采取了认为违法性的实质在于对法益的侵害和危险的立场。他对一般故意是违法要素的观点进行了否定，而主张其应是责任要素。同时，在违法阻却的实质基准的问题上，平野教授以"法益的考量"为基础。[99] 此外，平野教授还在考虑违法性或违法性阻却的问题时，认为应当在现实地发生的结果之外，将行为的方法和样态也纳入考虑范围。只是"即使在这种场合下，也只是将方法和样态所具有的法益侵害的一般的危险性纳入考虑之中，而并非是对其具备的反伦理性和行为无价值性进行考虑"[100]。

平野教授的结果无价值论的另一个值得注意之处是，他从对新过失论的批判观点出发构建了他关于过失犯的理论。平野教授认为，以行为无价值论为基础的新过失论［前文四（二）］，在其核心概念"有过错的行为"对"基准行为"的违反的判断中，由于对基准行为的定义是极为不明确的，因而新过失论归根到底仍然是"对没有采取合理的行动的人进行处

---

[98] 平野龙一：《刑法改正草案的概括批判》，载《法学协会杂志》第 89 卷第 1 号（1972 年）（收录于平场安治、平野龙一：《刑法改正的研究 1 概论·总则》，1972 年版，第 3 页及以下）；另参见平野龙一：《刑法改正草案的概括的批判》，载平野龙一、平场安治编：《刑法改正——刑法改正案批判》，载《法学讲堂》1972 年增刊，第 6 页及以下。此外，还可以参见前引注⑮平野龙一：《研究经过报告》，第 143 页及以下。

[99] 平野龙一：《刑法的基础⑥犯罪的一般要件》，载《法学讲堂》第 126 号（1966 年），第 38 页及以下；另参见平野龙一：《刑法的基础⑦犯罪的一般要件》，载《法学讲堂》第 127 号（1966 年），第 32 页及以下、特别参见第 35 页；前引注⑯平野龙一文，第 44 页及以下；前引注②平野龙一书，第 49 页及以下、第 122 页及以下、特别参见第 128 页；前引注⑨平野龙一文，第 40 页。

[100] 前引注⑫平野龙一：《刑法总论Ⅱ》，第 216 页。另参见前引注⑨平野龙一：《刑法的基础⑥犯罪的一般的要件》，第 40 页。

罚"，将导致处罚的扩大化。而对这样的"未被规定的构成要件"的承认也自然是违反罪刑法定主义的。而依据这样的批判，过失犯的违法性就不在于前述这种不明确的行为无价值之中，而在于过失行为所具有的、对结果发生的"实质的不被允许的危险"（也可以说是对结果的"某种程度上

221　高度的"客观的预见可能性），以及作为其危险的现实化的结果发生之中。此外，"信赖的原则"即"被允许的危险"的法理，其基础也不应在于以行为无价值论为依据的新过失论及其理论延长线上［前文四（二）参照］，而是应以前述"实质的危险"的不存在为证据，且不应强调除此之外的特别的原则。⑩ 正如平野教授自己所承认的那样，以"过失行为的危险性"作为犯罪的成立要件的观点，是对传统的观点，即认为只要在行为和结果之间存在因果关系就足够了的观点的一种修正。⑫ 但是，不论是将结果发生（＝法益侵害）的实质的危险，还是将作为这种危险的现实化的结果发生作为违法性的问题讨论，都正是以结果无价值论为基础的。

　　与此同时，平野教授还对新过失论中的所谓"危惧感"说［前文四（二）］进行了质疑，认为如果仅仅具备模糊的危惧感程度上的过错就足以认定过失的话，其范围未免就太过广泛了。过失犯也仅就其所导致的结果承担责任，因此行为人对于这一结果的客观的或主观的预见可能性就是不可或缺的（本来，导致结果发生的"因果的过程"不必是在科学上有预见可能性的东西）。仅仅认为过失犯应当具备一定的过错，或者具有模糊的危惧感是不够充分的；在这一意义上，新过失论恐怕在实质上有抛弃责任主义的危险。⑬

222　　关于可罚的违法性的问题，平野教授指出，如果在违法性的实质问题中采取规范的或伦理的观点的话，那么就只能得出违法或不违法的结论，而不可能存在违法性程度的问题；因此，行为无价值的观点与可罚的违法性的问题是难以调和的。而以法益为中心对违法性进行讨论的话，违法性

---

　　⑩　前引注②平野龙一：《刑法总论Ⅰ》，第 190 页及以下；另参见平野龙一：《刑法概说》，1977 年版，第 85 页及以下；平野龙一：《刑法的基础⑫犯罪的一般成立要件——过失》，载《法学讲堂》第 132 号（1967 年），第 36 页及以下。

　　⑫　前引注②平野龙一：《刑法总论Ⅰ》，第 194 页。

　　⑬　前引注⑩平野龙一：《刑法概说》，第 194 页。

就当然地成为有着程度大小之分的概念，因而自然就蕴含了可罚的违法性的问题。并且，如果认为违法性是对法益的侵害的话，那么违法是就对何种法益的侵害而言的就成为问题，因而违法性判断就当然是相对的，相对性就成了没有必要特别讨论的东西。[104] 在平野教授看来，只有结果无价值论而非行为无价值论才适合成为可罚的违法性论的基础。

随后，平野教授认为，一般来说被称为可罚的违法性的狭义的可罚的违法性的问题，被分为对在构成要件中规定的法益的侵害极其轻微的情况（实质地不该当于构成要件的场合），和虽然违法性未被完全阻却，但以其侵害的法益为基础进行考虑的话则其违法性尚未达到可罚的程度而应被阻却的情况（虽然对在构成要件中规定的法益造成的侵害未必称得上是极其轻微的，但如果这一行为是拯救其他法益所必不可少的手段的话，那么在其侵害的法益仅仅稍微大于其挽救的法益的情况；以及即使尚未达到"不得已"的程度，但行为所侵害的法益远远小于其所拯救的法益的情况下；都属于这种情况）。而藤木英雄教授以行为无价值论为基础的可罚的违法性论［前文四（三）］则将可罚的违法性限制在构成要件的范围内，从而无法对如第二种情形中那样的违法阻却事由及其周边的情形进行说明；在这一点上是存在疑问的。而正如平野教授所指出的那样，像第二种情形中那样，存在互相对立的若干利益存在冲突而不得不对刑罚权的介入进行最为慎重的判断的情形，可以说正是可罚的违法性论最主要的适用场景。（从与劳动者的团结权和言论自由相关的劳动事件以及公共安全事件中对可罚的违法性论问题的讨论中，能够得出前述结论。）[105]

3. 中山研一教授同样对以行为无价值论为根据的违法的主观化和伦理化进行了反对，采取了结果无价值论的立场。中山教授的问题意识虽然表现为基于对经验法学的关心，对刑法进行机能的考察的重要性/予以强调；但其核心在于，通过采取结果无价值论，使违法性判断的真正的客观性得到担保，从而对刑法的人权保障机能提出的要求进行回应；以此避免

---

[104]　前引注⑫平野龙一：《刑法总论Ⅱ》，第 213 页、第 217 页、第 219 页；另参见前引注⑯平野龙一：《刑法的基础⑭违法阻却事由》，第 46 页及以下。

[105]　前引注⑫平野龙一书，第 219 页及以下；另参见前引注⑩平野龙一：《刑法概说》，第 63 页及以下。此外，还可参见前引注⑯平野龙一：《刑法的基础⑭违法阻却事由》，第 46 页及以下。

行为无价值论所允许的命题对处罚范围客观化和明确化的原则的破坏，和对刑法形式侧面的保障机能的破坏；防止近代刑法的原则陷入本质的危险中。从这样的问题意识出发，中山教授自觉地对佐伯（千仞）和平野（龙一）的结果无价值论进行了关注和拥护。[106]

中山教授批判了以行为无价值为基础的新过失论［前文四（二）］。他在深入研究了井上祐司教授的过失论［后文五（一）4］之后认为，应当警惕所谓"规范的相当性"的大幅导入，因为这将导致评价的基准失去明确性。他虽然承认对仅以因果关系和主观的预见可能性（责任）作为概念工具的传统的过失论进行维持的观点是存在问题的，但他关注了平野教授的过失论，并从结果发生的危险（结果无价值）的观点出发尝试对过失进行客观限定的努力，与传统的过失论是不相矛盾的。[107] 此外，中山教授在可罚的违法性论的问题上，以结果无价值论的立场为基础，认为对社会常规性的轻微的逸脱不仅是能够，更是应当还原为法益侵害的轻微性的。[108]

比起佐伯教授和平野教授的理论，中山教授的结果无价值论在对主观的违法要素的承认上要更为限定。佐伯和平野教授都承认，目的犯中的目的和未遂犯中的故意由于在法益侵害之外添加了新的要素，因而例外地可以成为违法要素。[109] 但中山教授认为，目的犯中的目的作为危险的故意是责任要素；未遂犯中的故意也并非违法要素，因为从实行行为所固有的客观的危险中应当且能够看出未遂犯的违法性。这样，中山教授的立场与泷川幸辰博士的立场［前文三（二）］就是非常接近的。但是，中山教授《爆炸物取缔罚则》和《轻犯罪法》规定的"不告知罪"中，认为对事实的认识是违法要素；因而他在这一限度内还是承认主观的违法要素的。[110]

此外，就主观的正当化要素问题而言，平野教授认为在缺乏对正当防

---

⑩　中山研一：《刑法中新旧两派理论的再讨论》，载《法学讲堂》第 145 号（1968 年）（收录于中山研一：《现代刑法学的课题》，1970 年版，第 99 页）。另参见中山研一：《刑法总论的基本问题》，1974 年版（第一分册出版于 1971 年、第二分册出版于 1973 年），序言第 1 页及以下、第 59 页及以下、第 67 页及以下。

⑩　前引注⑩中山研一：《刑法总论的基本问题》，第 192 页及以下。

⑩　前引注⑩中山研一：《刑法总论的基本问题》，第 80 页及以下。

⑩　前引注⑪佐伯千仞书，第 186 页及以下；另参见前引注②平野龙一书，第 122 页及以下。

⑩　前引注⑩中山研一：《刑法总论的基本问题》，第 68 页及以下。

卫的事实具备"认识"的意义上的防卫意思的情形下，因为没有发生违法的结果所以不成立既遂，但根据具体情况仍可能成立未遂。⑪ 但中山教授认为，如果行为在客观上看起来是防卫行为的话，那么防卫行为的着手，即（对法益的）客观的危险就是不存在的；那么就缺乏使得对客观上不得不承受反击的人的法益的侵害（既遂）甚至是危险（未遂）成为违法的力量，因而未遂的成立也就被否定了。⑫

此外，就不能犯的问题而言，中山教授展现出了对区别绝对的不能和相对的不能的客观危险说进行再评价的姿态。除对排除主观的事实的观点进行再评价之外，在应当全面地对进行事后的判断予以否定这一点上也有着再次讨论的余地。⑬ 这是因为，就法益侵害的"危险性"的内容问题，中山教授展现了比起基于结果无价值论的立场而认为具体的危险说是基本妥当的佐伯、平野两位教授的观点⑭更加客观的立场。

这样，中山教授的结果无价值论比起佐伯和平野两位教授而言，可以说是更为彻底的。

4. 井上祐司教授也采取了结果无价值论的立场，对以行为无价值论为基础的新过失论［前文四（二）］和可罚的违法性论［前文四（三）］进行了明确且详细的批判。

在井上教授看来，由于新过失论的理论结构难以从其自身中抽出有个别性的东西，而在判决的过程中，在实际适用中被类型化的普遍的各种规则和行政规定则能够立刻容易地被作为标准的行动的内容；由此，这种注意义务的内容就很容易被无视了具体的事件所具有的特别的情况的那种抽象的而普遍的东西所取代。由此，新过失论所谓对标准的态度（行为，Verhalten）的脱离这种行为无价值的观点在此无疑是存在疑问的。此外，比起传来的过失论所采取的以被告人的现实的能力为基础的对具体结果的

---

⑪ 前引注⑫平野龙一：《刑法总论Ⅱ》，第 243 页。另参见平野龙一：《刑法的基础⑬违法阻却事由》，载《法学讲堂》第 133 号（1967 年），第 28 页。

⑫ 前引注⑩中山研一：《刑法总论的基本问题》，第 74 页及以下。

⑬ 前引注⑩中山研一：《刑法总论的基本问题》，第 231 页及以下。

⑭ 前引注⑪佐伯千仞书，第 312 页及以下、特别参见第 319 页；另参见前引注⑫平野龙一书，第 325 页及以下；平野龙一：《刑法的基础⑳未遂犯》，载《法学讲堂》第 139 号（1967 年），第 47 页。

预见可能性这一基准来说，新过失论的基准无疑有着将行为人能力一般化、舍弃事件的个别性、仅仅提出一种非常粗略的基准就草草了事的倾向；这也正是为井上教授所批判的。⑮

在前述对新过失论的批判中，井上教授问题意识的中心在于，新过失论的实践的要求与所谓"福祉国家"理论相同，有着忽视现实存在的社会矛盾的倾向，同时也忽视了对个人的考虑；这无疑是存在疑问的。就这一疑问而言，井上教授认为个人主义的原理虽然是传统的过失论中主观说的背景理论，但这一原理即使是在今天也应当被认为是妥当的。⑯

此外，对于平野教授在过失论［前文五（一）2］中为"危险性"和"预见可能性"设定程度和阶段的做法，井上教授认为，这最终将导致行为的可能性（危险性）只有在与其所担负的社会有用性之间存在紧张关系的情况下，才受到法律评价和比较衡量，因而比起结果发生的客观的概率来说，被允许的危险的法理就成为其实质的基准。在对平野教授的观点提出疑问之后，井上教授还认为，有必要对"某种程度的概率"和"相当程度的注意"的内容进行理论化。井上教授在否定了前述依据程度性的过失犯的理论结构之后，认为只要是在存有某种程度的因果关系的范围内，即使在客观上仅仅是偶然的联结，或者在主观上仅仅具有些微的过失，也能够成为刑罚的对象。⑰

井上教授认为，藤木教授的可罚的违法性论［前文四（三）］是根据行为无价值，对以结果无价值为中心的构成要件的实体进行了筛选；即从表面上（形式上）具备了构成要件该当性的行为之中选出特定的行为，而并非是将历来在构成要件之后独立进行的违法评价移至构成要件该当的判断之中。在进行如上理解的同时，井上教授还批判说，藤木教授的理论中被纳入构成要件论的行为无价值的重点在于，以生活中社会伦理的情绪性

---

⑮　井上祐司：《行为无价值和过失犯论》，1973 年版，序言第 1 页及以下；另参见本书收录的诸论文。

⑯　井上祐司：《过失犯中的构成要件和违法》，载《法政研究》第 32 卷第 2—6 合并号（1966 年）（收录于前引注⑮井上祐司书，第 35 页）。

⑰　井上祐司：《信赖的原则与过失犯的理论》，载《法政研究》第 39 卷第 1 号（1972 年）（收录于前引注⑮井上祐司书，第 132 页及以下）。

为基础的可罚的情感的判断，而无法忽视的是，这种判断失去了所谓权利冲突和法益衡量的色彩。[118] 井上教授前述主张的基础在于，从以"法益侵害"和"法益冲突"对构成要件和违法性进行区别出发，使得依据法益衡量以及目的和手段之间的相当性（不论哪一种，都可以看作是以冲突的两个结果价值的比较衡量为其实体的）的超法规的违法阻却事由的立场（即井上教授所说的混合说型），与依据结果的轻微性的否定构成要件该当性的立场（井上教授所说的结果的轻微说型）获得正当性。[119]

随后，井上教授提出了以下问题：在战后判例的违法论的变迁之中，就包含了宪法上的自由权和团体行动权侵害的事实问题，通过东大波波罗事件第一审判决，而得以展开的，前述类型的超法规的违法阻却事由的立场（即被井上教授称为"以人权感觉为基础的市民的违法论"的东西）的诞生，为什么很快就被其他类型的违法论（井上教授将其分为紧急性说、行为的轻微性说、社会通念型说等）或者可罚的违法性论（采用藤木教授理论的类型）所取代了呢？[120] 而这一问题也正是井上教授对基于行为无价值论的可罚的违法性论进行批判的问题意识的起点。

此外，着眼于井上教授对平野教授的结果无价值论进行的再评价［前文五（一）2］的话，认为行为无价值论中无法还原为结果无价值的行为无价值的问题，在于以行为的违法评价之中纯粹的主观的动机或目的（超过了单纯意欲的动机）为中心。而如果坚持违法和责任的区别的话，这一点就是无论如何都不能得到承认的。由此，井上教授认为，不如说问题在于，能够还原为结果无价值的行为违法的问题，也就是与危险或行为的样态等等被客观化的态度的意义相关的；而这些都并不是行为人意图的问题，而是以被客观化的态度的因果的（向着利益侵害的）倾向性为其实质

226

---

[118]　井上祐司：《最高裁四·二两判决和可罚的违法性的理论》，载《法律时报》第 4 卷第 13 号（1972 年）（收录于井上祐司：《争议禁止和可罚的违法性论》，1973 年版，第 79 页及以下、第 49 页及以下、第 92 页、第 137 页及以下）。

[119]　井上祐司：《补论——社会的相当性与违法的问题　一、买卖物件所提出的社会的相当性》，载《判夕》第 218 号（1968 年）（收录于前引注[118]井上祐司：《争议禁止和可罚的违法性论》，第 4 页及以下、第 19 页及以下、第 48 页、第 109 页及以下、第 133 页及以下、第 179 页及以下）。

[120]　参见前引注[118]井上祐司文（收录于前引注[118]井上祐司：《争议禁止和可罚的违法性论》，第 166 页及以下、特别参见第 172 页）。

的。这里，存在超越单纯的自然因果的、因此并未到达行为人意图的、中间的社会现象之中的因果的问题。而当今，在这一领域中将"社会的行为概念"进行理论化也是值得讨论的问题。此外，井上教授指出，不论是"被允许的危险"还是"社会相当性"概念，行为无价值的思想都作为内在原理存在；而将这样的"一般条款"还原为一个个的问题进行处理的态度是值得支持的。⑫

（二）

如前所述，特别是从昭和 40 年代开始，结果无价值论就不断受到重新评判；学者们逐渐认识到了行为无价值论的主张，同时对这种主张进行了批判。并且，自然而然地以与其相对抗的形态得到了展开。这里，不论是被展开的结果无价值论的内容，还是其主张的根基中的问题意识，都正如前文所述的那样，在不同学者处是有所差异的。但是，在对由行为无价值论导致的违法的主观化和伦理化展现出疑问、尝试使违法论更为客观化、认为违法的实质在于对法益的侵害或危险、以法益衡量为违法阻却的基准这些观点上，学者们也在原则上达成了一致。⑫

这种结果无价值论表现出了承认违法判断中对行为样态，特别是行为的客观的方法、样态所具有的意义的倾向；而在此之中也确实表现出了行为无价值论的影响。但是，这种行为的方法、样态，应当从法益侵害的危

---

⑫　井上祐司：《我国的社会相当性理论——以齐纳培尔〈被允许的危险〉未展开》，载《法政研究》第 34 卷第 2 号（1968 年）（收录于前引注⑬井上祐司：《争议禁止和可罚的违法性论》，第 184 页及以下）。

⑫　近期的研究，参见生田义胜：《违法论中的"结果无价值"和"行为无价值"》，载《阪大法学》第 82 号（1972 年），第 47 页及以下。生田从"有必要从对公民安全的实际侵害及其危险中观察违法性的本质"以及"立足于人权的视角的违法观无法与行为无价值论相兼容"的观点出发，以 19 世纪末以来的德国违法性理论为中心，对现代违法性理论中行为无价值论和结果无价值论的发展进行了各个方面的考察，并对作为日本宪法集结号的"从人权的立场出发的违法性理论"的观念进行了展望。在这里，生田对承认不披露罪中的犯罪认识是主观的违法要素的观点［参见前文五（一）3］提出了质疑。他认为，之所以只在这种情况下承认主观违法要素，是因为不披露罪与不作为犯罪具有相同的结构，而不作为犯罪中对作为义务违反或结果回避的主观可能性的考察是违法性的问题。就此生田进一步主张，由于（在生田的"对人权的侵害或危险是结果不法"的语境下）即使没有违反作为义务也可能存在侵犯人权或者其危险，因此违反作为义务就并不是违法性的问题而只是归责或责任的问题。这样，生田就（通过观点整理回避了"不披露罪"中主观的违法要素的问题而）成功地主张了一种彻底的结果无价值论。

险性，或者对个别的法益的侵害的观点出发进行理解，而不能认为它是对反社会伦理性或者反规范性的行为无价值的考虑［前文五（一）1、2、4］。在这一意义上，结果无价值论的基本立场得到了维持。

结果无价值论这样的再评价和自觉展开，其不可否认的重要契机在于，与刑法改正问题相对应。昭和 30 年代以后，刑法全面改正事业得到了全面推进；其基本方向即在于，以强调刑法的道义性和社会伦理性的观点为基础，在犯罪处罚对象的范围问题上，特别是在对国家的犯罪和对社会的犯罪的领域中，展现出了比现行法更为扩张的倾向。就此，强烈地认识到同样是在现行宪法之下发生的，从国家主义的价值观到个人主义的价值观的转换，以及与个人主义的价值观相伴随的个人价值观的多样化现象，并以此对刑法改正的基本方向提出疑问的论者，基于对刑法的任务和机能的基础理论的考察，迫使人们展开了对"什么是应当受处罚的行为"这一立法论的讨论。这种立法论的讨论，导致对究竟什么才是"犯罪"这种值得科处刑罚的行为的问题进行了再讨论；而这在与违法性相关的普遍理论中也得到了反映。

如此这般，基于刑法的任务和功能并不是对道德和社会伦理的维护和塑造，而是对生活上利益（法律保护阶段的"法益"）的保护的观点，同时考虑到"刑罚"被认为是通过预防犯罪来保护生活利益的最后手段（刑法的谦抑性、补充性），就能够得出以下推论。即"犯罪"应当被限定在（1）其存在能够被确实地认定，且（2）不得不采取"刑罚"这一最后手段的场景中，即至少已发生了客观的后果（侵犯法益）或至少是有可能造成这一后果的情况之中。在价值观发生剧变并逐渐多样化的大背景下，这种观点对刑法的立法论提出了如下要求。即（1）质疑对危害国家和社会的犯罪的偏重，（2）主张在优先考虑危害个人的犯罪的前提下对刑法条文进行形式和实质意义上的整体重构，以及（3）支持对所谓"无受害人犯罪"的"非犯罪化论"。而这种观点在违法论的讨论中，则推动了对结果无价值论的重新评价，使其在理论上涅槃重生。正因如此，对集中彰显了前述刑法改正工作动向的"改正刑法草案"，结果无价值论者普遍采取了

227

立场鲜明的批判态度。⑬

（三）

对应于至此为止看到的结果无价值论的再评价的展开，昭和 40 年代以后，从行为无价值论的立场出发的反对观点也再次展开了其主张。

1. 平场教授对佐伯博士的结果无价值论［前文五（一）1］进行了考察，对法益侵害说和结果无价值论提出了以下疑问。

平场教授认为，从因果的行为论出发，必然导致结果无价值论的违法观。而它作为一种与目的行为论相联系的价值观，至少存在两种可能的方向。一种是在韦尔策尔的立场上，即在目的的正犯概念及其结合之中，对行为人的义务违反的归属；即人的违法观的行为无价值的义务违反的违法观。另一种则是将主观的违法要素一般化，重视意思的法益侵害作用的立场；这种立场虽然从因果的行为论的事后的立场（ex post）转向了事前的立场（ex ante），但仍然可以说是处在法益侵害的违法观之中的。而平场教授显然采取了后者的立场。

从这样的立场出发，平场教授就将法益侵害作为违法性的思考的出发点。但是，因为法律调整的是人与人之间的关系，所以不得不从作为一个整体的法秩序的立场出发，对各种各样的正当性进行评价；而在这一点上，就应当认为行为的违法性评价之中不仅包含结果的侵害性，而且包括意思操纵的方向和意思操纵的可能性；并且将与行为意思相区别的故意理解为违法要素。在这一意义上，平场教授并没有远离其当初的行为无价值论的立场。

随后，平场教授从强调行为时的违法判断这一事前的立场出发，针对结果无价值论的观点列举了以下几个存疑之处：首先，结果无价值是专门从被害人的角度出发来思考违法性的，但是也应当将加害者的立场纳入考

---

⑬　参见前引注㊟平野龙一：《现代刑法的机能》；另参见收录于佐伯千仞：《刑法修改的概括批判》，1975 年版中的若干论文。此外，还可参见中山研一：《概括的批判——犯罪论（各论）》，收录于平场安治、平野龙一编：《刑法修改的研究 1 概论·总则》，1972 年版，第 56 页及以下；中山研一：《改正刑法草案的概括批评》，载《法律时报》第 46 卷第 6 号（1974 年），第 8 页及以下；井上祐司：《对各则草案的治安刑法基调的批判》，载《法学家》第 498 号（1972 年），第 64 页及以下。

虑之中；其次，从客观的违法论之中并非只能导出结果无价值论，而由于评价和决定是同一个规范的不同机能，违法性评价又是面向人的行为的，因此不能以无法归属于行为人的结果不法为理由对其科处保安处分；等等。[124]

此外，平场教授在承认结果无价值论在立法论中具有的意义的同时，并没有在考察问题的时候远离行为无价值的立场。他在强调以何种形态将规范违反的行为规定为构成要件（在具体的犯罪类型的意义上）不仅是一个价值论的问题，同时也是个政策论的问题的基础上，特别是在应当包含政策论的立场这一点上，对改正刑法草案进行了批判。[125]

2. 井上正治以平野龙一的结果无价值论［前文五（一）2］为前提，在不存在结果违法就不存在犯罪的意义上，认为将结果无价值作为违法论中本质的要素是无法否定的。并且，他在承认对结果违法的重视展示了刑法与道德的区别的同时，也认为结果违法无法通过对行为本身的违法评价而穷尽，从而坚持了自己行为无价值论的立场。他指出，自己采取前述观点的基本理由在于，法秩序并不是一个直接被赋予的概念，它是依据构成

229

────────────────

[124]　平场安治：《行为意思和故意》，载《佐波博士还历祝贺论文集〈犯罪与刑罚（上）〉》，1968 年版，第 243 页及以下。

[125]　平场安治教授在涉及立法论的问题中，在对构成要件形成的价值论的结构进行探讨之时，既肯定了其出发点是在法益之上，同时也主张构成要件并非是直接从法益中导出的，在其中必须有规范的介入；而因果行为论正是在这里犯了错误。随后，在规范理论中通常认为，从与法益保护相伴随的故意行为犯、过失犯、不作为犯之中能够分别导出其违反的三种规范；但是在价值论的视角下，也能够在行为无价值的意义上主张前述几种规范违反之间存在价值的差异（而从结果无价值论来看的话，就很难承认这些价值之间的差异）。当然平场安治教授也认为，这些规范违反是否为构成要件所采用是立法政策的问题，没有必要对全部的违法都处以刑罚。

此外，平场教授还认为，在立法政策上不应将单纯的不遵守作为刑法上的犯罪。虽然在法益的关系上对侵害犯、具体的危险犯、抽象的危险犯进行了区分，但从中进行选择并非仅仅是政策论的问题，而同时也是价值论的问题。并且，虽然在这一问题上从结果无价值的视角进行说明是容易的而从行为无价值的视角进行说明是困难的，但从行为无价值论的立场来看的话，结果无价值只不过是附着于行为无价值上面已，并且可能采取认为结果无价值是行为无价值的成果而可归属于行为无价值的人的不法观。

平场安治教授强调，在考虑规范违反的行为在什么条件之下才可罚的问题并对构成要件（在具体的犯罪类型的意义上）进行确定这一立法论的最后阶段之中，重要的不仅是价值论的考虑，还有政策论的考虑。这样，平场教授在基本采纳了行为无价值论的同时，也通过对政策论的考虑的接纳，表明了其对改正刑法草案的批判的观点。参见平场安治：《各则的几个基本问题——绪论》，载平场安治、平野龙一编：《刑法修改的研究 2 各则》，1973 年版，第 5 页及以下。

秩序的主体（人）才存在的，它的形成也是以人的合法的行为（Verhalten）为基础的。因而即使是发生了结果，也只有通过结果，在行为（Verhalten）并不令人满意的这一意义上对行为（Verhalten）本身进行评价。

井上正治认为，从强调行为违法的观点对违法论进行理解的立场（行为无价值论）出发，以违法性的本质在于"义务违反"和广泛地承认主观的违法要素的观点为依据，将导出对"违法论的主观化"的结论。而这一结论正是对应当在责任非难的一个征表的意义上将义务违反性理解为违法性的本质的观点的归结。这样，认为违法和责任之间存在密切的联系、采取了行为无价值的立场的井上正治最初的问题意识［前文三（三）3］就得到了延续。并且，井上博士主张，前述犯罪论体系由于在违法论之中也考虑了"行为人"而是一种以犯罪人处遇为目的的、机能的考察的东西；同时，在不以伦理为前提的动机过程中对这种"行为人"进行把握，而只要以对法律或法秩序来说是"危险的"行为人为前提就足够了这一点上，主张对法律和伦理进行区别。⑬

3. 藤木教授也认为，法益侵害说的一个优势在于，其至少在与关于传统型犯罪的范围内，将与客观的明确的外形相伴随的有害的事态置于违法性概念的中心，因而能给违法性的评价提供客观的事实的基础。而法益侵害说的另一个优势在于，将外在的、有形的法益侵害置于违法性概念的中心的观点，比起从基础的价值观出发对违法性进行演绎的主张而言，更能够在价值多样化的背景下保证违法性评价的客观性。因而在这一意义上，法益侵害性即所谓的结果无价值性作为违法性的"基础"，无疑是更为重要的。⑰但藤木教授同时也认为，仅仅通过法益侵害性无法完成对违法性的说明，有必要强调反社会伦理性的行为无价值的重要性；并基于对结果无价值论进行批判，对行为无价值论的立场进行了再主张。⑱

---

⑬　参见前引注⑭井上正治：《法益的侵害》，载《佐伯千仞教授还历祝贺论文集》，第257页及以下；另参见井上正治：《违法论的法理》，载《法政研究》，第33卷第3—6合并号（1967年），第497页及以下、特别参见529页。

⑰　参见前引注⑧藤木英雄书，第76页及以下。

⑱　参见前引注⑧藤木英雄书，第77页及以下；另参见藤木英雄：《刑法导读第八讲　违法性的实质和违法性的阻却》，载《法学演习》第266号（1977年），第63页及以下。

藤木教授观点的问题意识的中心在于，当今社会逐渐失去了与往日那样的同质性，而迈向了价值观的分裂化和多样化。而从将所谓的失范状态（有权威的传统的价值基准崩坏、由此导致个人的行为模式失去制约、社会组织全面无秩序化的状态，这样一种道德的无政府状态）看作是一种有着慢性的发展倾向的状况的观点出发，在这种状况之下，刑罚在最小限度地维持社会伦理秩序方面所发挥的必不可少的功能是，防止失范状态的急速发展所导致的共同生活的混乱，确保市民生活的安全和平稳。[129]

从这样的问题意识出发，藤木教授认为在社会生活复杂化、多样化，并且对无形的利益和精神的、人格的利益的保护得到重视的当下，对法益的界限进行阐明和对法益的优劣顺序进行排列都是困难的；由此，他对结果无价值论仅仅举出法益的价值、实害的程度、实害发生的危险性等结果发生的侧面作为违法（或者说其阻却）的判断基准的不妥之处进行了批判。随后，藤木教授主张，应在考虑加害行为的样态，也就是加害行为的目的是否在为了维持共同生活的最小限度的社会伦理规范的基础上具有妥当性，以及行为人具体选择了什么手段、方法，以及此时加害者考虑了什么等等的意思方向、心态等问题的基础上，对其是否无法忍受地逸脱于共同生活的伦理基准进行判断。这样，藤木教授就对作为反社会伦理性的行为无价值的重要性进行了强调，并在这一意义上采取了行为无价值论的立场。[130]

藤木教授从这种行为无价值论的立场出发，指出在立法论中围绕刑法 *231* 改正的问题展开的非犯罪化论与结果无价值论之间存在联系，并展现了他对非犯罪化论的消极的态度。他认为，在通过刑法进行道德秩序的保护的问题上，无论如何都不能对其进行全部否定、采纳所谓非犯罪化论；相

---

[129] 参见前引注[128]藤木英雄：《违法性的实质和违法性的阻却》，第 64 页。

[130] 参见前引注[128]藤木英雄：《违法性的实质和违法性的阻却》，第 65 页；另参见前引注②藤木英雄书，第 79 页及以下、特别参见第 81 页。此外，还可以参见前引注⑧藤木英雄书，第 77 页（在这本著作中，藤木英雄虽然强调了行为无价值的重要性，但并没有表明其采取了行为无价值"论"。并且，书中没有使用"社会伦理规范"这一用语，而是使用了"社会观念上被认为是妥当的基准"这一表述）。

反，应当对其进行积极推广，因为维持一定限度的道德秩序能够使刑法的保护机能更好地得到落实。藤木教授还认为，从对关于风俗犯等犯罪的法律规制一直都比较宽容的日本的现状来看的话，非犯罪化论也很难说是有说服力的；似乎最多能够将其看作是对既存的刑罚法规进行限定解释的时候的一个标准。⑬

此外，藤木教授还回应了基于结果无价值论的立场对其新过失论和可罚的违法性论展开的批判。

首先，就对其新过失论进行批判的观点和与其相关的平野教授的过失论［前文五（一）2］而言，藤木教授认为，过失行为是否是实质的危险，并非完全是由这一行为所具有的被数量化的、导致结果发生的可能性（概率）的程度所决定的；而是由行为是否具有一般意义上的安心感所决定的。由此，被看作是过失行为的行为，其实体在只要履行了注意义务（安全义务）的话就不会发生结果的意义上，就是不具备危险感的行为；相反，只有具备了违反注意义务的过失，行为的危险感才能提高到可罚的违法的程度。由于这里的危险感的根据在于对注意义务不履行的事实，将过失行为理解为是过失地对形式的注意义务的违反（基准行为违反）就是更为妥当的观点。⑬

并且，藤木教授假定责任主义是与社会的应然存在方式紧密联系的，并尝试对认为其新过失论中"危惧感"说有违反责任主义的危险的批判［前文五（一）2］进行了回应。他假定，在历来的产业社会中，与积极奖励并助长产业的发展这一机能的要求相结合，人们仅应在有科学上预见可能的范围内承担责任。但是，科学技术的开发和应用也具备巨大的破坏力，对公众生活造成了威胁；因而在当下的高度产业社会之中，理应规定一种更为严格的责任负担，以包含对这种未知的危险的未然的预防排除措

232

---

⑬　参见前引注⑧藤木英雄书，第 8 页及以下；另参见藤木英雄：《刑法导读第三讲　传统型犯罪、现代型犯罪和刑罚理论》，载《法学演习》第 261 号（1976 年），第 38 页及以下；另参见前引注⑬藤木英雄：《违法性的实质和违法性的阻却》，第 128 页。

⑬　参见前引注⑧藤木英雄书，第 239 页。

施。由此，"危惧感"说与责任主义之间就不存在矛盾。[133]

随后，藤木教授对就其可罚的违法性论的批判进行了回应。

第一，就其可罚的违法性论会导致构成要件—违法—责任的体系崩溃的批判［前文五（一）1］而言，藤木教授认为，自己的理论并没有认为应在构成要件该当性的阶段对所有的实质的违法性进行判断。即使是在肯定了构成要件该当性的情况下，也是以应当在之后对是否具备违法性阻却事由进行进一步讨论为前提。因而，并不存在应改变以前的犯罪论体系、采取违法性——构成要件该当性——有责性的体系的问题。[134]

第二，针对认为可罚的违法性论将导致构成要件实质化，引起构成要件的保障机能降低，导致其明确犯罪成立范围的机能遭到破坏的批判观点［前文五（一）1］，藤木教授作出了如下辩驳。他认为，批判论者大多也并不完全否定超法规的违法阻却事由的存在，而这种认为违法性阻却事由存在弹性认定的余地的观点，无疑进一步模糊了罪与非罪的界限，加剧了犯罪认定的不明确性。藤木教授还进一步指出，比起随意地承认超法规的违法阻却事由的观点来说，自己的观点更能在刑法的运用中确保判断的客观性。并且一般而言，行为是否应由刑法调控的问题也最好是在刑事判断的早期即构成要件该当性的阶段就能得到判断。相反，如果这一问题只有在违法性阻却的阶段之后才能得到明确，就可能导致一般市民产生"虽然是犯罪但仍可为"的误解。这一意义上，扩张违法性阻却事由来解决问题的观点将可能导致一般市民的误解而引起争议。[135] 最后，藤木教授还指出，认为违法性的微弱性也是广义上的超法规的违法阻却事由（也就是正当化事由），并将其积极地界定为正当行为的观点也存在疑问，这种观点至少与人们对正当行为的认识和相关司法实践无法兼容。[136]

藤木教授的前述观点也可以看作是对认为其可罚的违法性论无法在违

233

---

⑬ 藤木英雄编：《过失犯——新旧过失论争》，1975 年版，第 65 页及以下、特别参见第 68 页。

⑭ 参见前引注⑧藤木英雄书，第 119 页及以下。

⑮ 参见前引注⑧藤木英雄书，第 120 页。

⑯ 参见前引注⑦藤木英雄：《刑法》，第 62 页。

法阻却事由的周边场合得到适用的批判［前文五（一）2］的回应。

第三，对于必须在可罚的违法性论之中也对违法性的质的问题进行考虑的批判［前文五（一）1］，藤木教授回应道，自己的理论同样自始就并非仅仅对违法性的量的问题，而是同时就违法性的质的问题进行考虑的。除此之外，还应同时对从法益保护的目的出发来看的质的侧面，以及违法性的阶段性和相对性等问题进行考虑。⑬

（四）

如前所述，值得注意的是，行为无价值论是在明确了昭和 40 年代以后对结果无价值论的重新评价和展开的基础上，对其进行批判并且与其进行对抗，从而得到了有力的主张。在此情况下，正如前文所述，行为无价值论也将法益侵害性（＝结果无价值）作为违法性的"出发点"［前文五（三）1］、"本质的要素"［前文五（三）2］、"基础"［前文五（三）3］，而承认其在违法论中具有的意义。虽然就像是昭和 30 年代中的行为无价值论那样，行为无价值和结果无价值仍然被并列地理解，但这里不得不说，结果无价值论的主张的影响变得更强了。但尽管如此，作为与结果无价值所无法融合的东西的行为无价值仍然广泛地包含了主观的要素，重视在违法判断中的反社会伦理性和反规范性。并且，其行为无价值并不是从法益侵害的危险性或者个别的法益的侵害的观点来把握的［前文五（三）1、2、3］。⑱ 在这一意义上，

⑬ 参见前引注⑱藤木英雄：《刑法》，第 62 页；另参见前引注②藤木英雄：《可罚的违法性》，第 9 页、第 93 页及以下。

⑱ 平野龙一：《刑法概说》，1979 年版，第 51 页。在这里平野龙一指出，"行为无价值论认为，行为违反了社会伦理或法律规范就是违法的；而法益侵害的有无以及法益侵害的危险性的有无不过是对行为的规范违反性进行判断之时的资料之一罢了"。这表明了行为无价值的典型，而行为无价值论的原型即韦尔策尔的人的不法观或行为无价值论或许也正是如平野教授所说的那样。但是，我国的"所谓行为无价值论"正如本章中所讨论过的那样，展现了将行为无价值和结果无价值进行并列的、对立的理解的倾向，在违法性的判断中认为法益侵害和危险有着比"作为判断行为的规范违反性的一个资料"更大的意义。由此，本书前文二（一）也已指出，行为无价值"论"这一名称是存在质疑的余地的。而作为考察的前提，本书只在根据本章的二（二）部分提出的分类范围内，对"行为无价值论"这一用语进行使用。

行为无价值论的基本的立场得到了维持。⑬⑭

六、今后的课题及其展望

（一）

至此为止，本书已经着眼于各家观点中的问题意识，对战后刑法学在 *239*
违法论中的行为无价值论和结果无价值论的展开进行了考察。确实，无法
对行为无价值论和结果无价值论在基本的考察方法上存在的差异进行否

---

⑬ 最近的研究有，板仓宏：《违法性中的行为无价值论和结果无价值论》，载中义胜编：
《争论刑法》，1976 年版，第 19 页及以下。板仓宏的这篇文章就表明了前文所说的，表现出将行
为无价值论和结果无价值进行并列的理解的倾向的那种日本特有的"行为无价值论"的立场。

在最近的著作中，西原春夫将行为无价值理解为"着眼于行为的反伦理性，对此作出否定的
价值判断"，将结果无价值理解为"着眼于行为对法益造成的侵害或危险这一结果惹起的侧面，
对此作出否定的价值判断"。这一部分参见西原春夫：《刑法总论》，1977 年版，第 114 页及以下。
西原春夫还认为，根据结果无价值虽然能画出"违法性的外延"，但违法性的判断无法排除"行
为无价值"的观点。由此，西原在将故意看作是违法要素的同时，基本上采取了新过失论的立场，
他还认为社会相当性是违法阻却的原理，因为具备社会相当性的行为是处于社会伦理秩序的
范围内的。这一部分观点参见前引西原春夫：《刑法总论》，第 110 页、第 154 页及以下、第 172
页及以下。由此可以看出，西原春夫所采取的立场与本书所讨论的，表现出将行为无价值和结果无
价值进行并列理解的倾向的那种日本特有的"所谓行为无价值论"的立场是非常接近的。按照本章
中的分类方法，西原春夫《刑法总论》中的观点可以被归类为"行为无价值论"的立场。

在最近的著作中，内田文昭也认为法益侵害是犯罪的实质，而"犯罪"的实质是人类的"行
为"。而法益侵害说本来并不是结果无价值说，打个比方来说的话，"结果无价值"和"行为无价
值"的结合体才是"法益侵害"。这样看来，内田文昭所说的"行为无价值"就不能理解为从人
伦的视角看来不能容许的行为；而必须理解为有着法益侵害的危险性的行为。这种观点参见前引
内田文昭：《刑法Ⅰ总论》，1977 年版，第 21 页及以下。从这种立场出发，违法阻却的原理就是
"优越利益原理"。这一观点参见前引内田文昭：《刑法Ⅰ总论》，第 179 页及以下。而包含了故意
在内的主观的违法要素就无法得到承认。这一观点参见内田文昭：《刑法Ⅰ总论》，第 166 页及以
下。这种观点虽然在结果无价值和行为无价值的分割上存在疑问，但按照笔者的考察方法，其似
乎更接近"结果无价值论"的立场。

⑭ 最近的研究中，泽登佳人：《违法性既不是行为无价值也不是结果无价值，而是体制关
系的无价值》，收录于《平场博士还历祝贺论文集〈现代的刑事法学（上）〉》，1977 年版，第 182
页及以下。本文对行为无价值论和结果无价值论进行了批判性的讨论，指出："行为的违法性并
不是指对行为自身的判断，而应判断：'①如果放任与这一行为同种的行为的话，是否会使体制
的根基发生动摇并引起其崩坏；而且②如果对这一行为及其同种行为作出处罚和禁止，是否不至
于与体制的利益发生根本的矛盾。'在这一意义上，行为的违法性就是体制关系的无价值性。"

定。在犯罪论中，这些差异在违法性实质的理解、违法性阻却的一般基准的考察方法、故意的体系的地位、过失的理论构成、可罚的违法性的判断基准和适用领域等方面得到了表现。在立法论中，这些差异也表现在对所谓"非犯罪化"问题的回应上。但是就我国的现状而言，行为无价值论和结果无价值论仍然在相当程度上展现出了相互接近的倾向。行为无价值论也肯定了对法益的侵害和危险即结果无价值对于违法判断而言所具有的意义［前文五（四）］；而结果无价值也承认在违法判断中应当对行为的方法和样态即行为无价值进行考虑［前文五（二）］。在这一意义上，可以说行为无价值论的重视对行为方法和样态的观点在结果无价值之上，而结果无价值论的以法益侵害和危险为基准的观点则在行为无价值之上，相互产生了重大的影响［前文五（二）、（四）］。并且这种相互作用被认为展现了一种对于违法论的发展而言是基本妥当的方向。正因如此，就我国的现状而言，在行为无价值"论"和结果无价值"论"的名称上是存在质疑的余地的。

这里，作为今后的课题，应当尝试对行为无价值论和结果无价值论的综合；并且可能已经存在实现了这种尝试的观点。

现在，采取行为无价值论立场的学者主张在违法性判断中应结合行为无价值和结果无价值［前文四（三）参照］。⑭ 这无疑是对前述综合的一种尝试。但是，这里的综合并不认为法益侵害性即结果无价值性作为违法性的基础是重要的，也不认为违法性的实质在于对法益的侵害或危险。并且，当其在结果无价值论之外强调行为无价值的时候，行为无价值就是从反社会伦理性的观点出发而得到把握的，在这种行为无价值之中，广泛包含了从认为违法性是对法益的侵害或危险的观点出发无法得到理解的主观的（违法）要素［前文五（三）3］。在这一意义上，从对法益的侵害或危险之中独立出来的行为无价值，正是从反社会伦理性的观点出发，并忠实地在违法判断中得到重视的。由此，前述综合的尝试就是以行为无价值论的立场为基础的，同时也仅仅是在这一立场下才得以实现的。

此外，采取结果无价值论立场的学者在主张应当在违法判断中对行为的方法或样态＝行为无价值进行考虑之时，虽然没有使用"综合"一词或表明这种意图［前文五（一）1、2、4］，但或许能称得上是对综合的一种

---

⑭　前引注⑧藤木英雄：《刑法讲义·总论》，第 78 页。

尝试。但是在这一场合下，站在违法性的实质在于对法益的侵害或危险的立场上，只有在与法益的侵害或危险有关系的范围内才考虑行为的方法或样态即行为无价值；而并不应在违法判断中忠实地对反社会伦理性进行考虑。由此，即使将这种观点看作是对"综合"的一种尝试，也应当认为它是以结果无价值论的立场为基础才得以形成的观点。

241

如此，现阶段对行为无价值论和结果无价值论之综合的尝试都还没有脱离其基本的立场。而这也反映了行为无价值论和结果无价值论的对立是以关于刑法的任务与机能的基本观点的差异为基础的［前文二（三）］。并且，前述差异在本性上是无法被简单地消解的。由此，对行为无价值论和结果无价值论的完全的综合不仅远未完成，而且难说是易于完成的。

当然，前述差异并不意味着在例如刑法改正问题的处理等立法论的领域中，采取行为无价值论立场的论者和采取结果无价值论立场的论者之间就现状展开合作是不可能的。两种理论现在已经在相当的程度上展现出了接近的倾向，并且立法论自身也有着强烈的政策论的侧面［前文五（三）1］，即使只是学者的立法论，在相互合作之时也有必要进行一定限度的妥协。而现实中，这样的合作并不少见。[142]

但是，在刑法学上关于违法性的一般理论的主张之中，并不应当轻易妥协，也不应该简单地凑合。相反，不论是行为无价值论还是结果无价值论，在现阶段都有必要倾听批判者的意见，进一步发掘进行综合或相互接近的可能性，对理论进行进一步的深化和发展。

（二）

至此，在行为无价值论和结果无价值论相互批判的前提下，今后的课题应该是什么呢？笔者自身基本上采取了结果无价值论的立场［前文三（六）］[143]；在承认这一立场对问题提起有所制约的同时，笔者认为可能存

---

[142]　平场安治、平野龙一编：《刑法改正的研究1概论·总则》，1972年版；另参见平场安治、平野龙一编：《刑法改正的研究2各则》，1973年版。这两本书是刑法研究会共同研究的成果，而这一研究会的成员中既有行为无价值论者，也有结果无价值论者。

[143]　内藤谦：《目的行为论的法律思想史的考察（一）》，载《刑法杂志》第9卷第1号（1958年），第1页及以下；另参见内藤谦：《目的行为论的法律思想史的考察（二）》，载《刑法杂志》第9卷第2号（1958年），第49页及以下。另参见前引注①内藤谦：《违法性中的行为无价值论和结果无价值论——从结果无价值论的立场出发》，第34页及以下。

在如下课题。

242　　1. 在我国得到主张的行为无价值论，表现出了在违法性问题上将行为无价值和结果无价值并列地理解的倾向［前文二（一），四（一）1、2、3，五（四）］。而比起人的不法观（＝行为无价值论）的提倡者，即韦尔策尔认为即使不存在对法益的侵害或危险＝结果无价值，而仅存在行为无价值就可能成立犯罪的观点［前文二（一）］，在避免了与意思刑法或心情刑法相联系的危险上表现出了更为妥当的方向性。但是，行为无价值论在对行为无价值和结果无价值进行考虑之时，未必对两者的关系进行了明确。

　　如果行为无价值论仅仅在对法益的侵害或危险即结果无价值的关系上讨论被认为是行为无价值的行为方法和样态的问题，那么就这种行为无价值与结果无价值的关系而言，结果无价值就是第一次的、本质的要素，而行为无价值就是第二次的要素；这样的话，对行为及其方法和样态的考虑就与从对法益的侵害或危险的观点出发的结果无价值论几乎没什么不同。但是，如果行为无价值论采取了从对社会伦理秩序的违反或规范违反的观点出发对行为无价值进行理解的立场的话，在此范围内就无法对行为无价值和结果无价值的关系进行前述理解。理由在于，这时的行为无价值并不依存于结果无价值，或者说是有着独立于结果无价值的意义的；也应当重视这种行为无价值。⑭

　　话说回来，在行为无价值论强调违法性与结果无价值之间不相关联、并对行为无价值与结果无价值进行并列的理解之时，由于行为无价值论之中也以结果无价值作为违法判断的要素（作为违法性的"出发点""本质的要素""基础""外延"等），也仍然是以只有根据行为无价值才能明确

---

　　⑭　例如，前引注②藤木英雄：《可罚的违法性》，第96页。这里，藤木英雄指出："在重视第一次的结果无价值性的同时，也实质性地将行为无价值性加入判断的基准中，综合两者来判断违法性的有无。"在这一意义上，藤木主张的就是"一种行为无价值论"。但是，这里的"行为无价值"并不是指法益侵害的危险性，而是意味着"惹起被害的样态的那种社会相当性的逸脱"；这里的"社会相当性"就是指"根据在当下多样的社会之中为大多数的成员所肯定的那种价值观（未必是传统上得到维持的那种价值观），被认为是处在社会伦理的共同生活秩序的范围内"的那种性质。但这种理论虽然"重视行为无价值的方面，但认为行为无价值和结果无价值的综合判断是必要的"；因而有着以行为无价值论为基础的可罚的违法性论的特征。

法律并没有将全部的结果无价值即法益的侵害或危险都作为违法进行禁止，使得符合社会生活的实态的违法判断成为可能的观点［前文四（四）］作为其基础的。这种想法本身是正确的。但是，结果无价值论同样认为，并非所有的结果无价值＝对法益的侵害或危险都要作为违法而被禁止。该当于构成要件的行为即使造成了法益的侵害和危险化，也能通过承认法益衡量或者以法益衡量为基础的利益衡量进行违法阻却，从而使得违法判断能够符合社会生活的实际状态。由此，问题就是，在行为造成了法益的侵害或危险化但并不违法的场合中，究竟是认为排除违法的原理（一般基准）在于其不具备行为无价值，也就是在社会伦理秩序内（社会相当性）更为妥当；还是通过为达成被国家承认的目的而采取的适当手段来说明更为妥当；抑或是认为其在于以法益衡量为基础的利益衡量之中更为妥当［就这一问题，参见后文六（二）5］。⑭

　　不论前述哪一种，在行为无价值论将行为无价值和结果无价值进行并列的理解之时，至少应当根据现实的解释论明确其是以行为无价值或结果无价值的哪一方面为重点的。例如，当新过失论将过失或者说基准行为违反（行为无价值）置于过失犯的违法性的中心之时，就应当明确，结果的发生究竟不过是为了使过失犯的处罚范围变得明确的第二次的要素，还是作为比行为无价值还重要的违法要素是过失犯的本质的和第一次的构成要素。就此问题的态度差异也被认为在就结果的预见可能性的内容而言的"危惧感"说的采纳与否的问题［前文四（二）］中，作为一个侧面得到了反映。此外，在以行为无价值论为基础的可罚的违法性论中则并未表明其重点究竟是在于行为无价值还是结果无价值。一般而言，存在将结果无价值作为第一次的要素的情况⑯，但实际判断基准将行为无价值作为重点［前文四（三）］。而在基于结果无价值论的情况下，对前述问题的阐明也能够展现即使只是对违法阻却事由的周边的场合而言的法益衡量，与承认可罚的违法性论的适用的观点之间接近的可能程度。

---

　　⑭　这一问题上，笔者的观点参见前引注①内藤谦：《违法性中的行为无价值论和结果无价值论——从结果无价值论的立场出发》，第46页及以下。

　　⑯　参见前引注⑭的内容。

此外，行为无价值论将重点置于行为无价值还是结果无价值，在同一论者之处也未必是统一和连续的。例如，即使采取行为无价值论，就不能犯问题而言采取具体的危险说［前文二（一）］的话，也就将结果无价值放在了相当重点的位置。但另一方面，这一论者在正当防卫中强调防卫意思的必要性；这一点上又重视主观要素，将行为无价值放在重点的位置。[147] 此外，在假想防卫、毁坏名誉罪之中，也存在因对事实的真实性产生误信而阻却违法性的场合［前文四（二）］；在违法阻却判断中，显然是将行为无价值的欠缺放在了重点位置。

如此这般，对于行为无价值论来说，今后的课题就在于明确行为无价值与结果无价值之间的关系，或者说至少是明示将重点放在两者中的何者之上。依据于此，能够获知行为无价值论和结果无价值论的接近程度，并且能就具体的问题明确两论论争的焦点，能够避免没有意义的争论。

2. 行为无价值论在明确违法判断中行为的方法和样态即行为无价值所具有的重要性的意义上有其价值。但针对这一问题，从结果无价值论的立场出发提出的基本疑问就在于，被作为行为无价值的判断基准和内容都存在不明确性。确实，行为无价值论将其所重视的行为无价值理解为社会伦理秩序违反或规范违反，而如果广泛地包含了与此相关联的主观的（内心的）要素的话，就不仅向意思刑法或心情刑法有所倾斜，其判断也有根据判断者的直觉进行的倾向，有很大的危险使得对违法判断的过程进行分析和验证发生困难。此外，这一判断就其实质而言，也有可能仅仅是根据传统的、处在支配地位支配的立场的人的价值观而作出的。[148]

为了回答前述疑问，行为无价值论应当至少对行为无价值的判断基准和实质的内容进行明确，使其违法性判断的过程变得能够分析和验证。其线索之一在于，从结果无价值论的立场出发，提出了行为无价值是否无法还原为对法益的侵害或危险问题的讨论。此外，就所谓的逸脱行动，或者说与行为的方法和样态相关的社会意识而言的社会学分析也可能成为其线

---

[147] 前引注⑦福田平：《新版·刑法总论》，第117页；另参见前引注⑧藤木英雄：《可罚的违法性论》，第165页及以下。

[148] 参见前引注⑫平野龙一：《刑法总论Ⅱ》，第212页；另参见前引注⑩平野龙一：《刑法概说》，第49页。

索之一。行为无价值论在最先被韦尔策尔所提倡的时候，就有着追求作为现实社会生活中所存活的全体的行为、作为社会现象的行为的一面。这一侧面从昭和20年代行为无价值论的思想在日本出现之时起，就引起了采纳这一观点的论者的注意［前文三（三）、（四）］。在日本现在的行为无价值论者之中，也有依据于此，将使根据社会生活的实际状态作出的违法判断成为可能作为其问题意识的。在这一问题意识看来，行为无价值并没有直接与反社会伦理性或反规范性相连接的必然性。相反，对被作为行为无价值的东西的社会学分析才对于今后的违法论而言有重要的意义。

3. 话说回来，如果认为行为无价值和结果无价值两者被理解为违法判断的构成，而作为行为无价值的内容的除行为的方法和样态之外还包含主观的要素的立场，并且将刑法的任务和机能限定在法益保护，而将其主观的要素限制在结果无价值即对法益的侵害和危险的范围内的话，那么对行为无价值概念进行与反社会伦理性不相联系的理解就未必是不可能的。如果进行这样的理解，刑法上的行为无价值就应当限定为是以对法益的侵害或危险即结果无价值为其志向的、通过客观地该当于构成要件的方法和样态来获得结果无价值的行动的无价值。由此，对法益的侵害或危险＝结果无价值，就在为行为无价值设定界限的基础上具有决定的意义。并且，行为无价值在它是从结果无价值中产生的意义上是依存于结果无价值的。[14] 在这一意义上，结果无价值就是违法判断的第一次的、本质的要素，而行为无价值就应当被看作是第二次的要素。如此理解的话，根据作为本章考察的前提的分类［前文二（二）］，也可以说其是与结果无价值论相接近的。当然，这种观点将结果无价值和行为无价值两者都作为违法判断的要素，而由于行为无价值之中包含了以结果无价值为志向的无价值，在违法的程度的问题上，故意犯与过失犯之间就仍然是有所差异的。即使发生了同样的结果即法益侵害，比起过失犯的行为来，故意犯的行为因为直接以结果无价值为志向，其法益侵害的危险性一般来说就要更高。在这 246

---

[14] 从认为刑法的任务在于法益保护的立场出发，行为无价值论就并不是与反社会伦理性相联系的，而是以结果无价值为志向的无价值；在联邦德国采取了这种以获得结果无价值的努力为不法的构成的观点，参见 Rudolphi, Inhalt und Funktion des Handlungs-unwerrtes im Rahmen der personalen Unrechtslehre, in: Festschrift fuer Reinhalt Maurach, 1972, S. 51 ff. 。

一意义上，故意虽然并不是违法的第一次的、本质的要素，但仍然可能是违法要素。在日本的行为无价值论之中，重视意思对于法益侵害而言的作用的观点［前文五（三）1］或许正与前述观点有所相似。⑮ 但是，就结果无价值是否是第一次的、本质的违法要素的问题而言，结果无价值对于违法判断而言具有的意义和重要性就未必是足够明确的。

　　前述这种理解将刑法的任务限定在法益保护上，可以说是对行为无价值论和结果无价值论的综合的一种尝试。⑮⑮

---

⑮　前引注⑬平场安治：《行为意思和故意》，第 250 页。"相信意思具有客观的机能的论者认为，在放置有目的地创造的危险性的相当因果关系的进行中，危险性是增加的；而在意图避免却最终发生的场合中危险性是降低的。"这是一种认为在发生了同一法益侵害的情况下，肯定故意犯、结果加重犯和过失犯三者之间的违法性程度存在差异的立场；这种立场注目于"意思的法益侵害作用"，认为前述差异并不是行为所具有的法益侵害的"危险性"的程度差异。在这一意义上，从法益侵害的危险性的观点出发，对行为意思所承担的行为无价值进行把握。

⑮　中义胜：《刑法总论》，1971 年版，第 84 页及以下。社会伦理的规范的实质的理由是，值得保护的生活利益和价值的观念。这一意义上，他赞同以对法益的侵害和威胁作为违法性的本质。但是，仅仅将违法性理解为结果无价值的话视野未免过于狭小，而将其与行为无价值相并列的考虑是更为妥当的；在违法性轻重的确定上，除了着眼于犯罪是对结果状态的变更或者是惹起的特定的种类、方法，至少还可以区分故意犯结果加重犯和过失犯（例如，故意杀人、伤害致死和过失致死的情形）。中教授认为，虽然在这里故意被看作是一种主观的违法要素，但是另一方面"违法状态"的观念也得到承认。中教授的这种观点在并没有将行为无价值与反社会伦理性直接结合起来这一点上，与笔者本章的思考是十分接近的。中教授最终也明确了自己认为刑法的任务在于保护法益的立场（中义胜：《刑法理论的争论》，收录于中义胜编：《论争刑法》，1976 年版，第 10 页及以下），并同时再确认了自己认为故意是主观的违法要素的观点［中义胜：《故意的体系地位》，收录于《平场博士还历祝贺论文集〈现代的刑事法学（上）〉》，1977 年版，第 151页及以下］。

⑮　最近的研究参见振津隆行：《不法中的结果无价值和行为无价值——违法及其阻却的考察（一）》，载《关西大学法学论集》第 26 卷第 1 号（1978 年），第 154 页及以下；振津隆行：《不法中的结果无价值和行为无价值——违法及其阻却的考察（二）》，载《关西大学法学论集》第 26 卷第 2 号（1978 年），第 81 页及以下。这篇文章对包括最近发生在联邦德国的争论在内的学说进行了学说史上的详细讨论，特别是接受了鲁道菲的学说，并认为行为无价值和结果无价值的综合说是妥当的。这种综合从认为实质的违法性是法益的侵害和危险化的观点出发，以法益保护作为刑罚的任务，同时反对以保护社会伦理的心情作为刑罚的任务，并进一步尝试在"法益侵害的样态"或"对法益侵害的有意影响"两方面上构成行为无价值的评价。例如财产犯罪中特定的侵害方法，就是"法益侵害的样态"；而例如杀人罪和伤害致死以及过失致死三者在违法性的轻重上明显的区别，就是"对法益侵害的有意影响"。据此，违法性的实质就不仅是结果无价值，而且应考虑行为无价值，并由此得出一种更为妥当的结论。通过这种综合，就没有滑向"义务思想"，而是依据"法益保护思想"，最终使得对违法性概念进行更为实质的也是更为全面的理解成

4. 对结果无价值论来说，"法益"是其基础概念。结果无价值论认为，刑法的任务和机能在于保护生活上的利益，从其达到了通过法律进行保护的阶段来看的话就是对"法益"的保护。以这种思考为基础的话，违法性的实质就在于对"法益"的侵害或危险，而违法性阻却的一般基准也就以对"法益"的衡量为其基础。"法益"概念通常而言被概括地、形式地定义为受到法律保护的利益或价值。但是，就这一概念的实质的内容而言，仍然残存有许多应当得到探讨的问题。

历史地看来，"法益"概念是作为一种有着自由主义性格的东西被导入刑法学的。在将犯罪理解为对"法益"的侵害之时，"法益"这一概念从其形成过程的基本性格来看的话，是为了通过给予模糊的形式的犯罪概念实质的内容，对被扩张的犯罪概念进行客观的限定，来从国家权力之中对特定的市民自由进行确保，才被导入刑法学并最终在犯罪论中占据中心的地位的。[153] 结果无价值论以"法益"作为其基础概念，也可以说是对法益概念的这种历史的、自由主义的性格的继承。但是，法益概念的这一旨趣无法直观地在前述概括的、形式的定义之中得到体现。

问题就在于，如何理解被形式定义为通过法律得到保护的利益或价值的法益概念的实质的内容。在这一意义上，对于结果无价值论而言今后的 *247*

为可能。振津隆行的立场虽然是以平场安治教授的观点为基础才得以立论的，但与前引注⑮中义胜：《刑法总论》中的观点基本是同旨趣的。

此外，前述论文还讨论了违法性阻却和主观的正当化要素等具体问题。就正当防卫中防卫意思的要否问题而言，本文讨论了在行为人虽然认识到了不法的侵害，但却以其他的意思实施了行为的情况下行为人是否可罚的问题。文中指出，这种情况下由于缺乏努力使结果无价值得以实现的那种行为无价值，因而只不过是具有了心情无价值而已；就此看来，其缺乏为处罚所必要的不法，因而不应将其认定为犯罪。随后，本文还讨论了偶然防卫，即缺乏防卫意思的防卫的问题。这种场合下，以结果无价值为志向的行为无价值和对法益的具体危险这一意义上的结果无价值（在行为时的事前一般人判断标准下，只要达到一般人能够感知具体的危险的状态就能肯定结果无价值）同时存在为理由，一般来说都作为未遂犯处罚。而倾向于将行为无价值和结果无价值进行并列理解的日本的行为无价值论者也从防卫意思必要说的立场出发，认为前述两个场合一般而言不能阻却不法，而是成立犯罪既遂。两相对比可以发现，综合说特别值得瞩目的是，它在将刑法的任务限定在法益保护上。

⑮　内藤谦：《刑法中法益概念的历史展开（一）》，载《东京都立大学法学会杂志》第6卷第2号（1966年），第47页及以下；另参见内藤谦：《刑法中法益概念的历史展开（二）》，载《东京都立大学法学会杂志》第7卷第2号（1967年），第129页及以下。此外，另参见前引注⑭内藤谦：《目的行为理论的法律思想史的考察（二）》，第77页。

重要命题就是，将"法益"概念的历史的、自由主义的性格纳入考虑，并实质地明确这一概念的内容。

从前述观点来看的话，就不应将"法益"概念精神化，并将其理解为各个刑罚法规的意义和目的甚至是立法理由。诚然，如果以精神化的法益概念为前提的话，将普遍故意和其他行为无价值自身都包含在对"法益"的侵害或危险中可能就并没有那么困难。现在在日本，也存在以此为基本的视点，将法益概念理解为评价的尺度而并非侵害的客体，并将行为无价值论的思考对法益侵害性造成的影响作为其观点基础的尝试〔前文三（三）1〕。但是，这种被精神化了的、方法的和目的论的法益概念失去了其实质的内容和现实的实体基础，而能够在刑法的立法和解释适用中将随意的价值内容（例如国家理念，抑或是伦理的价值）填充入其中。因而可以说前述概念已经不再是以结果无价值论为前提的"法益"概念了。

在结果无价值论看来，应当作为其前提的"法益"概念至少应被理解为保护的客体；即使是概括的和形式的，也意味着受到法律保护的特定的生活利益，必须具备能够成为被犯罪侵害的对象的现实的实体基础。此时，特定的生活利益自身就是作为实定法以前的所予而存在的东西，是前实定法的东西。而因为法律是为了保护人类的生活利益才存在的，所以法益概念之中的生活利益的前实定法的性格，就使得对现行法律体系进行批判的检讨是可能的。法益概念的这种前实定法的、批判现行法律体系的侧面，就特别地在法益保护这一刑法任务或展开立法论之上有其意义。但另一方面，一定的生活利益值得通过刑罚法规进行保护又是立法者决定的，这种生活利益也只有作为刑罚法规保护的客体才成为"法益"，因此"法益"概念中也包含了实定法秩序的价值判断，在这一意义上也有作为实定法上的概念的侧面。然而，法益概念的这种实定法的或现行法体系内在侧面的内容和界限仅仅通过法规是无法得到明确的，其只有在向社会现实的规范适用中才能得到明确。法益概念的这种侧面也存在于现实和价值的紧张关系中，两者的相互关系也成为问题。由此，对同时具备前述两个侧面的法益概念的实质的内容和界限的探寻，就必须结合各个具体犯罪，通过法学和社会学、心理学、历史学等交叉学科的共同作业才能实现。此外，即使是在法益概念的实定法和现行法体系的内在的侧面之中，就什么才是

248

作为受到刑罚法规保护的客体的"法益"这一问题而言，不论是立法者还是刑法解释适用者，都不能认为他们是随意的。就这一问题而言，存在从宪法赋予刑法的任务之中就产生出来的限定。立法者应当仅仅将不仅对受到宪法保障的个人的自由和生活是重要的，对在宪法范围内发展的社会生活而言也是重要的，并且是值得受到刑法保护的生活利益作为"法益"来理解。由于这样的"法益"具备了作为实定法上的概念的侧面，从而在解释论上对于刑法的解释和适用者而言，也存在着从与宪法之间的契合性之中产生的限定。在这一意义上，似乎应当认为作为受到刑罚法规保护的客体的"法益"概念，就是"从宪法的旨趣（基本原理和构造）来看值得受到刑法保护的生活利益"。也就是说，它应当是所谓宪法的或实质的法益概念。[154]

如果从前述视点来看的话，在保障有着各种各样的价值观的个人的尊严和共同生存的现行宪法看来，至少应当认为宗教的、伦理的、政治的和其他价值观自身不能为作为受到刑罚法规保护的客体的"法益"所包含。并且，由于作为这种"法益"的内容的生活利益必须是"值得受到刑法保护的重要的"东西，因而前述"法益"概念也应当是能够与作为生活利益保护的手段的刑法的谦抑性（补充性）、有效性、最小限度手段性等若干原则相联系的东西。

这样的法益概念中的生活利益虽然是具备一定价值的状态或者作用，但这一状态或作用并不是静止的或固定的东西，而是在宪法的框架内发挥其机能并不断发展着。由此，法益概念的实质的内容不可能是固定的东西。而从法益概念的这种机能的、发展的性格来看的话，对于什么样的生活利益在何种场合下可以成为受到刑罚法规保护的客体的问题，就应当采取一种以宪法为基础的价值原理作为基本视点，并以社会学、心理学、历史学等若干学科的认识为线索的方法进行判断。

249

---

[154]　内藤谦：《保护法益：性质、分类与顺序》，收录于前引注[144]平场安治、平野龙一编：《刑法改正的研究 2 各则》，第 39 页及以下。这里，笔者从有必要在立法论上建立一种"宪法的、实质的法益概念"法益概念的观点出发，对刑法应当对怎样的"法益"、从何种角度进行分类并进行保护的问题进行了探讨。正如本文所述，解释论上的法益概念也有必要是"宪法的、实质的法益概念"。

此外值得一提的是，"法益"自身并不限于受到刑罚法规的直接保护的范围内。而在"受到法律保护"的"法律"之中，当然地包含了宪法和其他法律，因而通过宪法和其他法律得到保护的生活利益，例如言论自由、劳动者的团体行动权等都是"法益"。在违法阻却判断之中，这些概念对从结果无价值论的立场出发进行"法益"的衡量而言有重要的意义。

如此这般，借着对宪法的或实质的法益概念的展望，我认为特别是对结果无价值论来说今后的课题就在于，明确法益概念的实质的内容。⑮⑯

5. 从结果无价值论的立场出发的话，通常而言认为法益衡量说是违法阻却的一般基准（原理）。法益衡量说认为，在法益发生冲突的情况下牺牲较小法益而拯救较大法益，是违法阻却的一般基准（优越的法益维持原则。根据法益欠缺的原则，在得到被害人同意的情况下阻却违法

---

⑮　关于法益论的最近的研究，参见奈良俊夫：《目的行为论和法益概念》，载《刑法杂志》第 21 卷第 3 号（1976 年），第 17 页及以下。本文对法益论的发展过程和现状、韦尔策尔的法益概念、人的不法论的妥当性、刑法的基本任务上的对立等问题进行了详细的探讨，并在此基础上认为由韦尔策尔的人的不法论所提起的几个问题对于刑罚理论的深化来说是极为有益的，但仍应维持以法益概念为基础构建的违法论。奈良俊夫在得出这一结论的同时，也指出对法益论的体系的追求正是今后的课题。

⑯　在第二次世界大战结束后的联邦德国，有许多关于法益论的研究。例如，Vgl. Jaeger, Strafgesetzgebung und Rechtsgueterschutz bei Sittlichkeitsdelikten, 1957；Sina Die Dogmengeschichte des strafrechtlichen Begriffs "Rechtsgut", 1962；Rudolphi, Die verschiedenen Aspekte des Rechtsgutsbegriffs, in：Festschrift fuer Richard M. Honig zum 80. Geburtstag, 1970, S. 151 ff.；Otto, Rechtsgutsbegriff und Deliktstatbestand, in：Strafrechtsdogmatik und Kriminalpolitik (Hg. Heinz Mueller-Dietz), 1971, S. 1 ff.；Marx, Zur Deginition des Begriffs "Rechtsgut", Prolegomena einer materialen Verbrechenslehre, 1972；Amelung, Rechtsgutsschutz und Schutz der Gesellshaft, 1973；Gassemer, Theorie und Soziologie des Verbrechens, Ansaetze zu einer praxisorientierten Rechtsgutslehre, 1973。

山中敬一、元家范文、立石雅彦：《温弗里特·哈赛默：〈犯罪的理论和社会学〉（上）》，载《关西大学法学论集》第 26 卷第 2 号（1976 年），第 211 页及以下；山中敬一、元家范文、立石雅彦：《温弗里特·哈赛默：〈犯罪的理论和社会学〉（下）》，载《关西大学法学论集》第 26 卷第 3 号（1976 年），第 173 页及以下。这篇论文对前述哈赛默的著述进行了详尽的介绍，也对前述文献的内容和意义进行了讨论，介绍了联邦德国法益论的现状。

本文的问题意识也受到了前述文献的启发。

就是妥当的）。⑮

从行为无价值的立场出发，对法益衡量说提出了如下批判。即，哪一方的法益的价值较大是无法清楚明白地得到比较的［前文五（三）3］。确实无法否认，对法益价值大小的阐明是与困难相伴随的。但是，比起行为无价值论主张的"社会的相当性"或"为了达成在国家调整下的共同生活的目的而采取的适当手段"等思考方法及其内容来说，法益价值的大小及对其进行的比较衡量被认为是更为明确的。首先，宪法展现了法益的基本的价值基准。就通过刑法得到直接保护的法益而言，法定刑给予了法益价值大小判断一个限缩。也有在法令中展现法益衡量的具体应然形态的［例如，《优生保护法》（现在的《母体保护法》）第 14 条］。之所以明确法益价值大小是与困难相伴的，并不是因为无法对"法益"的价值进行衡量，而是因为对"价值"这一一般量进行精确的认识是有界限的。而即使是对于法益之外的概念而言，这一界限也并不是不存在的。倒不如说，对法益概念而言，正是因为其有着为以宪法为代表的实定法为线索的客观性，并且有着根据实定法而成为评价对象的事实的基础，才能在说它是相对而言更为明确的。但尽管如此，对于结果无价值论来说，在意识到衡量法益价值大小的困难性的基础上，尽可能地对其"价值"的量的认识进行精确化，就是仍待解决的问题。

即便存在前文所述的难以回避的界限问题，法益的衡量仍可以在违法阻却的判断中成为基本的基准。只是在进行比较衡量之时，如果认为它仅仅意味着将法益看作是在一般的价值顺位中有着固定的价值量的东西并对此进行比较衡量的话（也就是对法益的抽象的比较衡量），那么恐怕很难

250

---

⑮　佐伯千仞：《改订刑法讲义（总论）》，1974 年版，第 197 页；另参见前引注②中山研一：《刑法总论的基本问题》，第 88 页；前引注⑫平野龙一：《刑法总论Ⅱ》，第 213 页等。当然，这些学者也并没有原样采用法益衡量说。参见前引佐伯千仞：《改订刑法讲义（总论）》，第 198 页；前引注②中山研一：《刑法总论的基本问题》，第 89 页；前引注⑫平野龙一：《刑法总论Ⅱ》，第 214 页等。

仅仅通过法益衡量就对违法阻却的全部情况进行说明。^⑱ 由行为无价值提出的问题的重要性也正在于此。既然如此的话，通过"社会相当性"或者说"为了达成在国家调整下的共同生活的目的而采取的适当（相当的）手段"这种概括的、抽象的思考方法来对前述问题进行解决，就存有很大的质疑空间。^⑲"社会相当性"这一概念有很多含义，其内容并不明确。如果将其作为行为无价值论者主张的内容的话［前文四1、2，后文注⑭］，就将导致对应当与法律相区别的社会伦理秩序概念的过分强调。这一概念虽然在内容上考虑了社会生活的实际状态和社会意识，但并未阐明如何将其纳入判断之中。此外，所谓目的说之中的"为了达成在国家调整下的共同生活的目的而采取的适当的手段"就内容而言也具有多重含义，其至少有着过分强调国家立场的风险。但是，并非没有将其解释为客观的法益保护的可能性。在此范围内，这一观点与法益衡量说或优越的利益说是可能接近的。然而，该说中对为了达成目的而采取的"适当的（相当的）手段"的考察方法是并不明确的；如何对其进行判断也未被阐明的。因而不论是哪一种目的说，其在内容上都过于概括和抽象，不适合被作为违法阻却判断的一般标准。相反，如果想要在法益冲突的情况下承认违法阻却，就必须在明确相互冲突的法益在具体情况中所具有的要保护性的前提下，就法益侵害是否应当被容许的问题，对所有积极的事实和消极的事实都进行具体或概括的衡量。就此而言，违法阻却的一般基准就应当是优越利益说（法益衡量说）。而优越利益说要求以一般的价值顺位为基础，对所有与相互对立的法益之要保护性有关的客观事实进行综合性的考察。这些事

251

---

⑱ 例如，与健康和身体的完整性这些法益相比，生命这一法益在一般的价值顺位中明显有着更高的价值。但是，为了保护生命而造成身体伤害的行为，通常不能认定为紧急避险而阻却其违法性。这里，就必须以作为急迫性要件的对生命的"危险的程度"，和作为补充性要件的伤害的"必要性程度"作为衡量的要素。此外，在一些场合中可能也应当对健康和身体的完整性的侵害的量和范围进行考虑。另一方面，健康和身体的完整性比起财产法益来说，在法益的一般价值顺位中有着明显更高的价值。但是，在例如自家的房子着火时，对于实施妨害灭火行为的邻居，房主在没有其他选择的情况下不得已将其打倒并对其造成极为轻微的伤害的行为也具备了急迫性和补充性的要件；在考虑到伤害程度的轻微性的情况下，也应当承认其能够成立紧急避险而阻却违法性。

⑲ 参见前引注①内藤谦：《违法性中的行为无价值论和结果无价值论——从结果无价值论的立场出发》，第46页及以下。

实可能包括：受到保护的法益和受到侵害的法益的程度和范围，为了保护法益而发生侵害的必要性及其程度，行为的手段方法一般而言造成法益侵害的危险性程度，等等。通过对这些事实进行具体的利益（价值）衡量，在保护的利益（受到保护的法益的要保护性）大于侵害的利益（受到侵害的法益的要保护性）的时候，就能承认违法阻却。⑯（据此，不存在利益即不存在法益的要保护性的原则就是被害人同意阻却违法的根据所在。需要赘言的是，虽然一般而言法益衡量说和优越利益说被认为是完全相同的理论，但在前者仅仅要求法益的抽象的比较衡量，而后者却要求具体的比较衡量这一点上，两者并不相同。）优越利益说作为违法阻却判断的一般标准，其重点在于对保护法益的必要性的程度判断，因而其在可罚的违法性阻却的判断中也能适用。

　　在采取前述优越的利益说的观点的情况下，如何在一般的价值顺位中对法益的价值大小进行衡量，如何将与法益的要保护性相关的客观的事实纳入考虑并进而承认优越的利益说，就是随着其受到的历史的、社会的制约而流动的，是相对的。但即使以此作为前提，将什么看作是优越的利益的基本观点也仍然应当通过基础在于现行宪法的价值原理来予以确认。⑯确实，优越的利益说的考察方法自身仅限于对违法阻却判断的框架进行揭示。但是，即使将其看作是一个框架，优越的利益说也并不是只能与认为刑法的任务在于对生活利益进行保护的结果无价值的立场相联系；在使得就与对立的法益及其要保护性相关的客观事实而言的判断过程进行分析和验证成为可　　*252*

---

　　⑯　参见前引注①内藤谦：《违法性中的行为无价值论和结果无价值论——从结果无价值论的立场出发》，第 47 页及以下。另参见内藤谦：《刑法改正和犯罪论（上）》，1974 年版，第 329 页及以下；内藤谦：《刑法改正和犯罪论（下）》，1976 年版，第 671 页及以下；内藤谦：《违法性》，收录于中川善之助监修：《现代法学事典 1》，1973 年版，第 40 页；内藤谦：《被害人承诺》，收录于中川善之助监修：《现代法学事典 4》，1973 年版，第 53 页及以下。
　　⑯　什么是优越的利益这一价值判断的基本观点，从以现行宪法为基础的价值观（即，认为个人是有尊严的，国家是以保障个人的尊严为目的的机构的价值观）来看的话，刑法应当优先保护的就是个人的生命、健康、自由、财产等个人法益。应当认为，国家的基本政治组织和作用等国家的法益并非是作为一种超越了个人的自己目的的存在，而是作为前述那种以保护个人的法益为目的的机构才受到保护的。社会的法益也不能理解为是超越了社会中的各个个体的那种"社会"的利益和价值，而应当理解为是在不特定多数"个人"的集合这一意义上的"社会"的利益和价值。详见前引注⑭内藤谦：《保护法益：性质、分类与顺序》，第 38 页及以下。

能这一点上，它被认为比其他的考察方法更为妥当。然而，这种违法阻却判断的框架如何适用于具体的问题之中，也是仍旧留待今后解决的课题。

6. 对于结果无价值论而言，法益侵害的"危险性"这一概念有着重要的意义。这是因为，结果无价值论表现出了这样一种倾向，即将根据行为无价值论被认为是行为无价值的东西，特别是行为的方法和样态，从法益侵害的"危险性"的观点出发，对其与结果无价值之间的关系进行考虑。并且，在以结果无价值论为基础的过失论之中，通过将在过失行为这一事实判断中被认为是行为无价值的东西向结果无价值进行还原，违法性判断获得了事实的且客观的基础；在使其价值判断尽可能精确化的同时，也使得对违法判断的过程进行分析和验证变得可能。

然而，就结果无价值论所说的法益侵害的"危险性"的内容而言，即使是在结果无价值论者之中，其观点也未必一致。存在认为这种"危险性"并非是纯粹的物理的可能性（或者说盖然性）本身，而是站在一般人的立场上进行判断的法益侵害的可能性（或者说盖然性）的论者[162]，也有认为应当在危险性判断中更广泛地考虑纯客观的、事后的判断的论者[163]，还有明确指出应当以科学规律上的可能性为前提的论者。[164] 在结果无价值论的内部，这样的差异在例如不能犯的问题上，就表现为虽然都认为具体的危险说是基本上妥当的[165]，但在是否采取与客观的危险说（旧客观说）相近的观点[166]上仍存在差别。此外，就"实行的着手"是指什么的问题而言，在结果无价值论的内部以法益侵害的客观的"危险性"的有无作为判断基础的时候，也存在在判断资料上将行为的意思内容纳入考虑的观点和

---

[162] 　前引注②平野龙一：《刑法总论Ⅰ》，第 119 页；另参见前引注⑫平野龙一：《刑法总论Ⅱ》，第 326 页。

[163] 　前引注②中山研一：《刑法总论的基本问题》，第 231 页及以下。

[164] 　大谷实：《不能犯》，收录于中义胜编：《争论刑法》，1976 年版，第 140 页及以下。

[165] 　前引注⑩佐伯千仞：《改订刑法讲义（总论）》，第 319 页；前引注⑫平野龙一：《刑法总论Ⅱ》，第 325 页；前引注⑭平野龙一：《刑法的基础⑳未遂犯》，第 47 页及以下（但是在客体不能或客体欠缺的情况下，由于大多都是被害者不存在的情形，因而应当对何种程度上存在实质的被害可能性进行事后的判断）。

[166] 　前引注②中山研一：《刑法总论的基本问题》，第 231 页及以下；前引注⑭大谷实：《不能犯》，第 131 页及以下。

认为应当仅仅以行为的客观的要素进行前述判断的观点［前文五（一）3］。并且，就过失行为的"实质的危险性"的内容而言，在认为有必要对其进行进一步理论化的论者之中，也有结果无价值论者［前文五（一）4］。如此这般，就法益侵害的"危险性"的内容和判断基准而言，结果无价值论仍有进行进一步的深入分析和探讨的必要。⑯⑯

253

7. 此外，即使采取了结果无价值论的立场，学者对在正当防卫⑯、紧急避险⑰、被害者的同意⑰等场合中阻却违法性的根据和范围的观点也未必是一致的。相反，在前述个别的问题的细节中，观点的微妙差别甚至比

---

⑯ 近期关于危险犯的研究，参见冈本胜：《"抽象的危殆犯"的问题性》，载《东北大学法学会·法学》第 38 卷第 2 号（1974 年），第 1 页及以下、特别是第 34 页及以下。

⑯ 最近的研究，参见山中敬一：《帮助的因果关系》，载《关西大学法学论集》第 25 卷第 4～6 合并号（1975 年），第 109 页及以下。这篇论文展开了包含最近联邦德国的学说在内的学说史的讨论之后，认为如果就事论事地认为刑法的任务在于防止法益侵害（危殆）并保护法益的话，那么事后判断的危险增加理论就能够成为解决帮助犯的因果关系问题的基础。这是因为，危险增加理论因为包含了事后判断而保证了危险判断的客观性，因而并没有单纯强调行为无价值，而是强调了结果无价值。

⑯ 关于正当防卫阻却违法的根据问题，参见前引注②平野龙一：《刑法总论Ⅰ》，第 213 页及以下；这里，平野否定了侵害者法益的法益性。另参见前引注②中山研一：《刑法总论的基本问题》，第 99 页；这里，中山认为对侵害者的法益进行保护的程度降低了，而其结果法益也就因此获得了优越性。此外，还可参见前引注⑯内藤谦：《刑法改正和犯罪论（下）》，第 671 页及以下；这里，笔者认为能够证证法秩序在现实中存在的利益也是受到衡量的要素之一，如果综合地来看能认为被害者方面存在优越的利益，那么侵害者的法益就失去了要保护性。

⑰ 关于紧急避险问题，参见前引注⑯佐伯千仞：《改订刑法讲义（总论）》，第 206 页；这里，佐伯认为避险行为只要救助了优越的法益就是违法阻却事由，而在法益大小相同无法比较的时候则是责任阻却事由。另参见前引注②中山研一：《刑法总论的基本问题》，第 213 页；这里，中山认为在法益衡量（同时也考虑法益侵害的"必要性"的有无和程度）的视角下，在救助了优越的法益（或至少是同等的法益）的情况下，应认可避险行为是一元的违法阻却事由。另外，还可参见前引注⑯内藤谦：《刑法改正和犯罪论（上）》，第 392 页及以下；这里，笔者认为如果以法益衡量为中心，在对所有事实进行概括而具体的利益衡量的情况下能够认可优越的利益的存在，那么避险行为就是违法阻却事由；而不具备之时则是责任阻却事由。

⑰ 关于被害人的同意成为违法阻却事由的根据的问题，参见前引注⑯佐伯千仞：《改订刑法讲义（总论）》，第 218 页及以下；这里，佐伯认为只有在法益主体全员都同意（例如就伤害而言，除本人的同意之外还必须有亲属和国家的同意）的情况下，才能认为法益不存在。另参见前引注⑫平野龙一：《刑法总论Ⅱ》，第 248 页及以下；这里，平野以法益性的缺乏为理由，认为伤害是否有"重大"性的或有导致"死亡的危险"性决定了被害人的同意能否成立违法阻却事由。此外，还可参见前引注②中山研一：《刑法总论的基本问题》，第 121 页及以下；这里，中山认为应当基于法益侵害的程度，通过类型化来为承诺设定界限。

在采取行为无价值论立场的场合中的要更为明显。但是，结果无价值论与行为无价值论毕竟存在不同，这表现在，其避免用"社会的相当性"或"社会伦理"或"为了实现正当目的的相当的手段"等概括的、抽象的观点作为违法阻却的一般基准，而是以更为具体的法益衡量作为考虑问题的手段。结果无价值论的优势之一在于，其使得对将与对立的法益及其要保

（接上页）最近的研究参见曾根威彦：《"被害人承诺"阻却违法的根据》，载《早稻田法学》第 50 卷第 3 号（1975 年），第 1 页及以下；这里，曾根在对日本和德国的学说进行了探讨之后，认为正是"个人人格的自律性"为财或者法益奠定了基础；这种人格的自律性的整体才是法律保护的对象，而将这种对象与其保护本身相结合来构成其法益概念的观点（即施特拉腾韦特的观点），是一种伟大的观点。基于这种要求，只有在使处在这种要求范围内的人格或个人的自由遭到了不可能回复程度的否定，杀人行为的可罚性才是有根据的；在伤害的场合中，被害人对自己的自由和利益的充分理解有着决定性的意义——基于承诺的侵害如果只是轻微的或一时的，那么被害人自己决定的基础就没有遭到永久不可逆的侵害；这时承诺就是有效的。与此相对，以重大的身体伤害或残疾为内容的承诺则构成了对自由的根本的、不可恢复的干涉；而以此为内容的承诺原则上是无效的——在这种观点看来，对承诺的根据和界限的说明是一元的；其基准只有"个人人格的自律性"一个而已。在这篇论文中，曾根认为违法性的本质应当是结果无价值，而行为无价值只有在与结果无价值存在联系的情况下才能使行为的违法性得到确定，因而行为无价值相比结果无价值而言是附随性的。换言之，在没有结果无价值的情况下不可能存在行为无价值。由此，对人格上的自由的行使就使得"侵害"行为的客体所具有的法益性被否定，而由于客体不存在、结果无价值不存在，就更不可能存在行为无价值。这种观点中最引人注目的，是其采取了将"个人的自由"置于基础地位，并在法益概念的内部对承诺阻却违法的根据进行讨论的方法。

［附记］

与"行为无价值论"和"结果无价值论"相关联的，本文完成后笔者的其他观点，参见内藤谦：《刑法讲义总论（上）》，1983 年版（简称"上"）；内藤谦：《刑法讲义总论（中）》，1986 年版（简称"中"）；内藤谦：《刑法讲义总论（下）Ⅰ》，1991 年版（简称"下Ⅰ"）；内藤谦：《刑法讲义总论（下）Ⅱ》，2002 年版（简称"下Ⅱ"）。其中，一般性的观点，参见"上"第 45 页及以下、第 50 页、第 117 页及以下；行为概念，参见"上"第 148 页及以下、第 150 页及以下、第 156 页、第 164 页；构成要件论，参见"上"第 182 页及以下、第 184 页及以下、第 196 页；结果概念，参见"上"第 206 页及以下；法益概念，参见"上"第 211 页及以下；主观的构成要件要素和主观违法要素的问题，参见"上"第 215 页及以下；违法性论的基本问题，参见"中"第 317 页及以下；规范论，参见"中"第 301 页及以下，"下Ⅰ"第 762 页及以下；违法阻却的一般原理，参见"中"第 306 页及以下；偶然防卫的问题，参见"中"第 343 页及以下；假想防卫的问题，参见"中"第 363 页及以下；被害人同意的问题，参见"中"第 576 页及以下、第 584 页及以下、第 595 页及以下；被允许的危险问题，参见"中"第 626 页及以下；可罚的违法性论，参见"中"第 651 页及以下；道义责任论和法律责任论，参见"下Ⅰ"第 742 页及以下；过失犯的构造论，参见"下Ⅰ"第 1104 页及以下；未遂犯处罚的实质根据，参见"下Ⅱ"第 1217 页及以下；未遂犯中的故意和犯罪计划，参见"下Ⅱ"第 1226 页及以下；间接正犯的实行着手，参见"下Ⅱ"第 1233 页及以下；不能犯与未遂犯的区别问题，参见"下Ⅱ"第 1256 页及以下、第 1264 页、第 1269 页；共犯的处罚根据问题，参见"下Ⅱ"第 1323 页及以下。

护性有关的全部事实都纳入考虑的违法性判断的过程进行分析、验证成为可能。在追求这一点的基础上，也可以认为不同学者对违法性判断的过程和结论有所差异就当然是清楚明确的。在此前提之下，对前述个别的问题进行解决和阐明，就是结果无价值论今后的课题。

（三）

如前所述，不论是行为无价值论还是结果无价值论，都留有很多悬而未决的问题。随着在行为无价值论和结果无价值论的相互批判这一前提下，对前述各个问题展开的探索和对理论的进一步深化和发展，违法性论也一定能够得到新的发展。

第七章　战后日本刑法判例的
形成和展开

前　言

²⁶¹ 　　本章对第二次世界大战后刑法的判例是如何在日本形成和展开的问题进行讨论。本章讨论的对象虽然以与宪法问题直接相关的刑法判例为中心，但也包含了关于犯罪总论的判例。即使是下级审的判决，其中展现出与最高裁判所判决不同的判断的判决也是值得注意的。这表明了下级审判决和最高裁判决相互之间的关系，也是为了动态地理解判例的形成和展开过程。

一、犯罪总论的几个问题

（一）超法规的违法阻却事由

　　所谓超法规的违法阻却事由概念，是在第二次世界大战前的日本刑法理论中，涉及终止妊娠等超法规的紧急避险（超法规的紧急状态）的学说之中形成的。[①] 与此相对应，在 1950 年代中期以后的战后的日本，就具

---

　　①　武藤文雄：《刑法中概念的规范结构》，1934 年版，第 85 页；另参见牧野英一：《重订日本刑法上卷》，1939 年版，第 381 页等。

体的事件对超法规的违法阻却事由问题也展开了新的讨论。即，当在为宪法所保障的权利和自由（学术自由、思想和机会以及言论自由等）被警察的违法闯入或间谍的活动等行为所侵害的情况下，为了对这种侵害进行排除并对同种侵害进行预防，而在现场实施了轻度的暴力行为之时，是否应承认超法规的违法阻却。在为了应对违法的侵害而在现场实施暴力行为这一意义上，这一问题有着在正当防卫的延长线上的属性；即所谓的"超法规的正当防卫"（也存在在条文适用上将刑法第 35 条作为问题的观点）的问题。而在以实质的违法性论为背景这一点上，这一问题在战前与战后虽然是有共通性的，但问题的背景有所差异。

在 1954 年前后，下级审判决对于这一性质的事件作出了几个承认超 ²⁶²法规的违法阻却事由的无罪判决。

①东大波波罗事件第一审、第二审判决（东京地方裁判所昭和 29 年 5 月 11 日判例时报第 26 号第 3 页；东京高判昭和 31 年 5 月 8 日高刑集 5 卷 5 号第 429 页）。

②舞鹤事件第一审判决（东京地判昭和 31 年 5 月 14 日判例时报第 76 号第 2 页；一名无罪，认定另一行为人成立防卫过当，最终免除刑罚）。但在第二审判决（东京高判昭和 35 年 12 月 27 日下级刑集 2 卷 11、12 号第 1375 页）中，却并未承认违法阻却而认为两名被告人有罪。

③大阪学艺大学事件第一审判决（大阪地判昭和 35 年 12 月 27 日判例时报第 307 号第 4 页）。在第二审判决（大阪高判昭和 41 年 5 月 19 日下级刑集 8 卷 5 号第 686 页）中，通过可罚的违法性论维持了第一审判决的无罪结论。最高裁决定（最高裁判所昭和 48 年 3 月 20 日判例时报第 701 号第 25 页）中，也驳回了检察官的抗诉而最终确定无罪。

④齿轮座事件第一审判决（京都地判昭和 47 年 2 月 29 日判例时报第 668 号第 99 页）。但是，第二审判决（大阪高判昭和 52 年 2 月 7 日判例时报第 863 号第 120 页）驳回了原判决，而认为其有罪。

但是，最高裁判所在 1963 年到 1964 年这一期间，表明了对前述①②两个下级审作出的无罪判决的否定的态度〔最高裁判所昭和 38 年 5 月 22 日刑集 17 卷 4 号第 370 页（驳回了第一审判决和第二审判决，并发回重审。东大波波罗事件），最高裁判所昭和 39 年 12 月 3 日刑集 18 卷 10 号第 698 页（维持了有罪的第二审判决。舞鹤事件）〕。最高裁判所在否定前述情形是对宪法上权利和自由的侵害（对学术自由和大学的自治的侵害）的基础上，否定了侵害的存在（东大波波罗事件），或者干脆没有将这种侵害（对思想、表达、机会等自由的侵害）纳入考虑范围。此外，最高裁判所还维持了对超法规的违法阻却事由的要件之一——补充性原则——进行了极度严格的解释的第二审有罪判决（舞鹤事件），没有在具体的案件中承认超法规的违法阻却事由。②

当然，最高裁判所判例并没有一概地对超法规的违法阻却事由进行否定。即使是从 1973 年之后的所谓久留米车站事件的判决方式（最大判昭和 48 年 4 月 25 日刑集 27 卷 3 号第 418 页，就劳动刑事案件而言的有罪判决）来看，对行为有无违法阻却事由的判断也都是"将这一行为的具体背景和其他各种事实全部纳入考虑，对其在法秩序全体的视角来看是否是应被容许的东西"的判断；在并没有限定于以法规为根据的判断这一点上，可以说是并没有否定超法规的违法阻却事由的存在可能性。③

不管怎么说，最高裁判所对超法规的违法阻却事由都采取了极为限定的态度。在前述与劳动关系相关的公共安全事件中，对可罚的违法性问题的讨论正是以这样的限定态度为背景的。（前述③大阪学艺大学事件的第二审判决即是其中一例。）

（二）可罚的违法性

以不具备可罚的违法性（具备值得科处刑罚程度的质和量的违法性）为理由否定犯罪成立的可罚的违法性论，是以 1910 年大审院就一厘事件（明治 43 年 10 月 11 日刑录第 16 辑第 1620 页）作出的判决为线索，在第二次世界大战之前就已经完成了奠基的理论。

在战后，可罚的违法性论自 1965 年起逐渐通过判例和学说得到了有力的展开。这时，其适用范围就不仅限于一厘事件那样的危害极度轻微（绝对的轻微型）的事件中，而是扩张到了劳动公安事件等较大的范围

---

② 超法规的违法阻却事由的判例、相关事实、学说的动向，详细参见内藤谦：《刑法讲义·总论（中）》，1986 年版，第 706 页及以下。

③ 前引注②内藤谦书，第 690 页。

（法益衡量和相对的轻微型，合宪限定解释型，违法的相对性型）内。包含最高裁大法庭判决［东京中邮事件、都教组事件。参见本章后文四（三）1、2］在内，以可罚的违法性的欠缺为实质的理由作出的无罪判决或对有罪的原判决的驳回，被刊载在公开出版物上的案件有超过 130 个［具体参见本章四（三）3］。可罚的违法性论本来是为了阻止对违法概念的形式理解导致的刑罚权的滥用并在各个事件中得出具体的妥当的结论，而以刑法中谦抑主义的原则为基础才得以形成、展开的理论。就此看来，前述判例的倾向无疑是有充分的理由的。但是以 1973 年全农林警职法事件最高裁大法庭判决［具体参见本章四（四）1］对判例进行的变更为转折点，判例的情况发生了巨大的变化［具体参见本章四（四）3］。④

　　但是，最高裁判所并没有对可罚的违法性论一概否定。实际上在如大阪学艺大学事件的二审判决中，也根据可罚的违法性论维持了其一审判决的无罪结论；在这一事件中，1973 年最高裁的决定（昭和 48 年 3 月 20 日判例时报第 701 号第 25 页）驳回了检察官的控告，使无罪判决得到了最终的确定［前文（一）③］。

　　并且，就绝对的轻微型事件而言，1986 年"魔法电话"事件的最高裁决定（昭和 61 年 6 月 24 日刑集第 40 卷第 4 号第 292 页）认为，行为人在安装好电话线路和能够使得拨出方的电话费无法计算的"魔法电话"机器之后，仅仅打出了一次电话，就因为对违反刑事法律抱有危惧感而立即进行了拆除，也仍然成立诡计业务妨害罪，并且违反了有线电气通信法第 21 条的规定（客观的竞合）（谷口正孝裁判官提出了反对意见。第一审判决了无罪、第二审判决了有罪）。这一判决表现了对适用可罚的违法性论得出不可罚的结论的严格态度。

（三）违法性的错误

　　最高裁判例继承了大审院的判例，认为不论是对自然犯还是对法定犯，故意的成立都不需要违法性的认识（意识），采取了认为违法性的错误并不阻却故意的基本态度（最大昭和 23 年 7 月 14 日刑集 2 卷 8 号第

---

④　可罚的违法性的判例、相关事实、学说的动向，详细参见前引注②内藤谦书，第 647 页及以下。

889 页；最判昭和 24 年 11 月 28 日刑集 4 卷 12 号第 2463 页等）。但是，最高裁判例并没有对采取违法性意识不要说的理由进行明确的论述，并且表明其基本态度的判例直到 1960 年左右才首次在公开出版物上发表。而在 1959 年最高裁判决 ［昭和 34 年 2 月 27 日刑集 13 卷 2 号第 250 页 （物品税法违反事件）］ 中，虽然仅仅是少数意见，但仍表明了 "在法定犯的场合中，在有相当的理由不可能对法律有所认知的情况下，这种不知阻却犯罪的成立" 的意见 （藤田八郎裁判官）。（大审院判例之中，自 1932 年以后，也存在与判例的主流相左、认为在违法性的错误是 "有相当的理由" 的情况下阻却故意的一连的判例 ［大判昭和 7 年 8 月 4 日刑集 11 卷第 1153 页 （否定犯罪的成立） 等］。）如此这般，似乎并不能断定最高裁判例中认为违法性的错误并不阻却故意因而可以认可犯罪成立的基本态度是铁打不动的。

　　并且，在第二次世界大战后对刑法进行全面改正的过程中，1961 年《改正刑法准备草案》（第 20 条第 2 项）以及 1974 年法制审议会《改正刑法草案》（第 21 条第 2 项）之中，也就违法性的错误问题新设了在 "有相当的理由" 之时不进行处罚的规定。

　　而在第二次世界大战后包括高裁判决在内的下级审判决之中，出现了不少就违法性认识错误的问题，认为 "有相当的理由"（或者没有违法性认识的可能性）而承认对故意的阻却，否定犯罪的成立的判决；这反映了前述状况，而与最高裁判例的基本态度相左 ［作为其代表的，有①东京高判昭和 27 年 12 月 26 日高刑集 5 卷 13 号第 2645 页 （盗窃蒟蒻丸子现行犯逮捕事件）；②东京高判昭和 44 年 9 月 17 日高刑集 22 卷 4 号第 595 页 （电影《黑色的雪》事件）；③东京高判昭和 55 年 9 月 26 日高刑集 33 卷 5 号第 359 页 （石油卡特尔（生产调整）事件）；等等］。这些高等裁判所作出的无罪判决与最高裁判所作出的判例观点有所出入，而在实质上是一种 "判例违反"。但是，由于检方并未以此为由提起上诉，这些高等裁判所判决也产生了既判力。这一意义上，这些生效判决并不能表明最高裁判所的立场。

　　并且，在 1970 年代后半期以后的最高裁判例之中，并不是不存在以对违法性的错误有相当的理由为由而承认对故意或责任的阻却的判例。相反，存在能够理解为是表现了可以有对历来的基本立场即违法性意识不要说进行再讨论的余地这一问题意识的判例。

首先，①在 1978 年羽田空港游行示威事件第二次上告审判决（最判昭和 53 年 6 月 26 日刑集 32 卷 4 号第 967 页）中，就违法性的错误问题，对支持了第一审判决中以有相当的理由为依据而阻却犯罪成立并得出的无罪结论的第二次控诉审判决（东京高判昭和 52 年 6 月 1 日高刑集 29 卷 2 号第 201 页）进行了驳回和责令再审。然而值得注意的是，尽管本案的上诉理由是"判例违反"，但最高裁判所的判决并未对此作出明确认定。最高裁判所之所以撤销了原审判决，是因为原审判决以被告人欠缺违法性认识为基础作出了判决，其对被告人欠缺违法性认识的事实认定却存在错误。最高裁判所之所以回避了"判例违反"的问题，有可能是因为考虑到了判例制度本身的问题，即在出现更合适的案件之前，暂不宜通过判例变更来确定裁判规则。⑤

其次，②1987 年的百元纸币模造服务券作成事件最高裁决定（昭和 62 年 7 月 16 日刑集 41 卷 5 号第 237 页），对于就违法性的错误是否"存在相当的理由"的争论，作出了值得注意的判决。本决定在对事实关系作出详细说明的基础上，认为在这样的事实关系之中即使欠缺对违法性的认识，也因为并不构成"有相当的理由"的情形而能够肯定原判决的判断；因而作出了"这一情形中，原判决认为不待讨论是否采取在欠缺对行为违法性的认识是具有相当的理由的情况下就否定犯罪的成立这样的观点，就得出了本案中的各个行为都是有罪的结论；这并没有错误"的判决。而从基本被最高裁判例所采取的违法性意识不要说的立场来看的话，在以违法性的错误为论争焦点的本案之中，仅仅承认原判决作出的有罪的结论就足够了。本决定在其判决中，在对相当理由说（也就是学说上有力的所谓"违法性意识可能性必要说"）采取了保留的态度的同时，对在具备了相当的理由的情况下仍认为并不具备的原判决的判断进行了承认；也不过是一个异例而已。即使如此，从本决定敢于作出前述判决中，也能看出其问题

---

⑤　参见佐藤文哉：《本判决调查官解说》，载《法曹时报》第 32 卷第 8 号（1990 年），第 219 页。

意识在于，对最高裁判例所传统地采取的违法性意识不要说的观点可能存在再检讨的余地。⑥ 这样，就本决定来看的话，对于认为在违法性的错误上如果具备"相当的理由"就应否定犯罪的成立的判断是妥当的那类案件而言，在其被提起上告的情况下，最高裁判所仍有作出判例变更的可能性。⑦

（四）期待可能性

267　　　　对于期待可能性的理论而言，展现出先驱意义态度的判例在大审院时代就已经存在了［大判昭和 8 年 11 月 21 日刑集 12 卷第 2072 页（第五柏岛丸事件）］；战后，至 1955 年为止的社会混乱时期中，以经济统制法规违反事件和劳动事件为中心，以欠缺期待可能性为理由承认超法规的责任阻却而作出的无罪判决，仅在公开出版物上刊载的高等裁判所判决就已经超过了 15 件。最高裁判所在 1956 年的判决中，一般性地认为期待可能性的欠缺是超法规的责任阻却事由［最判昭和 31 年 12 月 11 日刑集 10 卷 12 号第 1605 页（三友碳坑抗议事件）］，但是，就这是否是对期待可能性的积极的承认而言，并未进行肯定或否定。最高裁判所在对原审高裁以缺乏期待可能性为理由作出的无罪判决［福冈高判昭和 24 年 3 月 17 日刑事裁判资料 48 号第 225 页（三友碳坑抗议事件）、东京高判昭和 28 年 10 月 29 日高刑集 6 卷 11 号第 1536 页（东芝川岸工厂失业保险金拒绝给付事件）］提出上告之时，在维持无罪的结论的基础上，存在以缺乏违法性为理由（前述昭和 31 年三友碳坑抗议事件判决），或者以不该当于构成要件为理由［最判昭和 33 年 7 月 10 日刑集 12 卷 11 号第 2471 页（东芝川岸工厂失业保险金拒绝给付事件）］而认为犯罪不成立的情况。作为不同事例的解决而言，这无疑是妥当的理论构成。但同时也应得到注意的是，存在毫无保留地维持以缺乏期待可能性为理由而得出无罪结论的高判判决（东京高判昭和 28 年 4 月 6 日高刑集 6 卷 4 号第 458 页）的最高裁判决［最判昭和 33 年 9 月 12 日判时 163 号第 5 页（肥料公团职务侵占事件）］。

---

⑥　参见仙波厚：《本决定调查官解说》，载《法曹时报》第 42 卷第 8 号（1990 年），第 219 页。

⑦　违法性的错误的判例、相关事实、学说的动向，详细参见内藤谦：《刑法讲义·总论（下）Ⅰ》，1991 年版，第 1004 页及以下。

在 1960 年代之后，下级审以缺乏期待可能性为理由作出的无罪判决逐渐变少了〔东京简易裁判所判决昭和 35 年 7 月 15 日下刑集 2 卷 7、8 号第 1066 页（墓地外区域遗体埋葬事件）、松江地滨田支判昭和 38 年 12 月 11 日下刑集 5 卷 11、12 号第 1166 页（不法出国事件）。但是，这一判决被广岛高松江支判昭和 46 年 4 月 3 日刑裁月报 3 卷 4 号第 483 页的判决所驳回、一宫简易裁判所判决昭和 48 年 12 月 22 日判时 739 号第 137 页（非法行医 X 光照射事件）等〕。这样的动向，表明了社会生活从战后的混乱时期之中脱离出来的状况；也对自 1965 年起依据可罚的违法性论作出的无罪判决的增加造成了影响。但是，根据期待可能性的不存在而肯定超法规的责任阻却事由，并不意味着其失去了作为刑法世界的紧急出口的意义。⑧

（五）共谋共同正犯

最高裁判例沿袭了大审院的判例，肯定了共谋共同正犯。1958 年最高裁大法庭就练马事件作出的判决〔昭和 33 年 5 月 28 日刑集 12 卷 8 号第 1718 页（伤害致死事件）〕作为结论而言维持了原审的有罪判决，但①共谋共同正犯的成立要求两人以上的人为了实施特定的犯罪，而在共同意思之下成为一个整体而互相利用他人的行为，并进行以将各自的意思付诸实行为内容的谋议；据此就必须认定实行了犯罪的事实。②这样，在认定了谋议（共谋）参加的事实的基础上，即使是并未参与直接实行的人，也在"将他人的行为作为自己的手段来实施犯罪这一意义上"，两者之间刑事责任的成立并无差异。③由于前述谋议（共谋）正是在共谋共同正犯中"成立犯罪所必要的事实"；为了对其进行认定，"严格的证明"是必要的；对此也出现了新的判决。

前述练马事件大法庭判决指出，在共谋共同正犯中仅以"意思的联络"或"共同犯罪行为的认识"作为谋议（共谋）的内容是不足的；相反，必须再具备①和②的内容。同时，可以认为谋议并不仅仅是一个主观的要件，而是应当与实行的共同正犯中的客观要件即"两人以上的人对实

---

⑧　期待可能性的判例、相关事实、学说的动向，详细参见前引注⑦内藤谦书，第 1185 页及以下。

行行为的分担"进行比较，将其看作是共谋共同正犯的客观要件（也就是客观的谋议说）。⑨ 这里，"谋议"的具备这一事实就是"成立犯罪所必要的事实"，因而对其进行"严格的证明"就是必要的。

随后，最高裁判所在一年多之后的 1959 年的松川事件大法庭判决〔昭和 34 年 8 月 10 日刑集 13 卷 9 号 1419 页（汽船倾覆致死事件）〕之中，引用了前述练马事件大法庭判决，认为作为谋议的中枢的国铁（当时）组合一方和东芝组合一方之间的联络谋议存在疑问，尚无法进行严格的证明，因而对事件整体的认定发生了影响，导致原审判决中包含四个死刑判决的有罪判决被驳回并发回重审（小谷胜重等七位裁判官的多数意见）。对此的反对意见（田中耕太郎等五位裁判官）则站在重视主观意思间存在的一致性的基本立场上，认为即使对联络谋议的认定存疑，根据其他的谋议和实行行为等的存在，也能够推定存在某种意思联络的事实；这就足够了（也就是主观的谋议说）。但是，多数意见仍然排斥了这种观点，认为有必要对客观的联络谋议进行严格的证明（也就是客观的谋议说）。这里，练马事件大法庭判决可谓是发挥了影响的。结果，松川事件中最终确定全员无罪。

之后，在关于走私大麻罪而成立共谋共同正犯的 1982 年最高裁决定（昭和 57 年 7 月 16 日刑集 36 卷 6 号 695 页）之中，计划走私大麻的甲拜托乙作为实行担当者，并向乙表达了入手大麻的意愿；乙以自己在缓刑期间为由拒绝了甲的邀请，并向知情的丙说明了情况并寻求其帮助；最终由丙代替乙在甲的撮合下约定好接收走私来的大麻的一部分，并向甲提供一部分资金（这一部分大麻的价金共 20 万日元）。这时，乙通过甲和丙的实行，使得其"谋议"被达成了（团藤重光裁判官的"意见"）。

本决定虽然是对事例作出的判断，但能够得出仅仅单凭"参加谋议"是无法肯定共谋共同正犯的，而应当对被告人的意思内容，以及其在谋议

---

⑨ 参见岩田诚：《本判决调查官解说》，载《最高裁判所判例解说·刑事篇·昭和 33 年度》，1959 年版，第 399 页及以下。

但是这一判决认为，对谋议发生的时间、场所、具体内容进行具体的判明是不必要的。并且共谋参加者所"起到的作用"对共谋共同正犯的"刑事责任本身的成立并无影响"。在前述这两点上，这一判决无疑是存在问题的。就共谋共同正犯的判例、相关事实、学说的动向，详细参见内藤谦：《刑法讲义·总论（下）Ⅱ》，2002 年版，第 1367 页及以下。

269

之外的犯罪实行过程之中具体承担的功能及其重要性等内容进行综合的考虑，以此方法对被告人是否达成了"谋议"进行认定。⑩

二、死刑的合宪性

（一）1948 年最高裁合宪判决

就死刑并不属于被宪法第 36 条所禁止的"残虐的刑罚"，而是合宪的 *270* 问题而言，战后初期的 1948 年最高裁大法庭判决（昭和 23 年 3 月 12 日 刑集）也在之后的判决中得到了引用和继承，并延续至今。前述大法庭判决中，①宪法第 13 条在违反了公共福祉的场合下，预想了对生命这一公民基本权利进行立法上的限制或剥夺；②宪法第 31 条规定了通过法定的合理手续科处对生命进行剥夺的刑罚；应当认为宪法预想并认可了死刑的 *271* 存置。在此基础上，③以火烧、车裂、枭首、烹煮等方式执行的死刑，就因为"在其时代和环境中的人道主义的观点看来能够承认这种执行方法有着一般的残虐性的情况下"，违反了宪法第 36 条。但是，"作为刑罚本身的死刑无法当然地被认为该当于宪法第 36 条关于残虐的刑罚的规定"，因而认为死刑是合宪的。⑪

当然，前述大法庭判决仍附有岛保等四位裁判官的补充意见。其虽然在对宪法第 31 条进行反对解释的基础上认为死刑是合宪的，但同时认为，

---

⑩ 参见木谷明：《本决定调查官解说》，载《法曹时报》第 35 卷第 5 号（1983 年），第 144 页及以下。

⑪ 在 1948 年最高裁判所的大法庭判决中，还提出了① "在现代的多数文明国家中都是如此"；② "通过死刑的威慑力能够实现一般预防，通过死刑的执行能够从根源上消除特殊的社会的'恶'，并以此完成社会防卫"；③ "使对整体而言的人道观优先于对个人而言的人道观"三点理由，作为死刑合宪论的实质的理由。但是就理由①而言，目前仍然保留死刑的发达国家就只有美国（并且已经有 12 个州废除了死刑）和日本而已，因而现如今已经不能成为理由（本书撰写于 2001 年，相应的数据与信息截至当时。——译者注）；就理由②而言，社会防卫论在认为通过死刑的威慑力实现一般预防的效果和通过死刑的执行实现无害化的效果（抹杀效果）这两种效果都能够成为死刑正当化的理由这一点上，就死刑存废论的问题点而言存在很大的疑问。而理由③的含义虽然不甚明确，但其在将全体与个人相对立、并使全体处于优位这一点上表现出了全体主义的思想，因而是存在疑问的。

在与文化和社会的发展相适应的"国民感情"发生变化之时，对宪法第
31 条的解释自身就因受到其限制，而使得死刑成为"残虐的刑罚"而
违宪。

（二）1993 年最高裁合宪判决中的补足意见

近年的 1993 年最高裁第三小法庭判决〔平成 5 年 9 月 21 日最高裁判
所裁判集（刑事）262 号第 421 页〕中，大野正男裁判官的补充意见与
1984 年最高裁大法庭判决的补足意见和"基本的思考相同"，都从对宪法
第 31 条的文理解释出发，对死刑的合宪性进行了肯定。但是，大野裁判
官的补足意见对 1948 年最高裁大法庭判决以后的 45 年间以死刑制度为基
础的立法事实产生的重大变化——废止死刑的国家的增加，对联合国《旨
在废除死刑的〈公民权利和政治权利国际公约〉第二项选择议定书》（所
谓"死刑废止条约"）的采纳和生效，以及在再审中对 4 名已经被判处死
刑的人宣告无罪——进行了承认。尽管如此，大野裁判官的补充意见指
出，死刑是合宪的主要理由仍然在于对死刑的"国民感情"（正如在各种
舆论调查中所展现的那样）并没有发生什么变化，大多数人对死刑的存置
仍然持支持态度这一点上。从这种国民感情以及裁判所对死刑的限制使用
的现状来看，在当下仍不足以断定死刑是一种违反宪法的、导致罪刑不相
均衡的过剩的刑罚。

但是另一方面，大野裁判官也在补充意见中指出，像现在这样保持国
际上的动向与国民意识之间存在如此巨大的差异并不能令人满意。为了对
两者进行整合，大野裁判官在补足意见中还提出了在一定期间内实验性地
停止死刑的执行以观察其与犯罪增加之间是否有相关关系，或通过在现行
刑法的无期徒刑之外设定其他种类的无期徒刑以实现罪刑均衡等立法措
施；将死刑的存废和改善的方法委任给了立法机关。这可以看作是对通过
立法废止死刑的强烈的支持。在最高裁判决中通过补足意见表明这样的观
点，无疑是值得特别讨论的。

诚然，比起裁判所通过合宪和违宪进行的判断，死刑的存废问题更适
合于通过立法进行解决。然而，即使是采用从宪法第 31 条的文理解释出
发进行合宪性判断的判例、通说的理论，对残虐性的判断也是随着文化和
社会的进展内容发生变化的东西。而将现在的国际的动向纳入视野、在判

272

例和学说中对死刑是否属于为宪法第 36 条所禁止的"残虐的刑罚"进行再次审查的时期被认为是到来了。如前所述，1948 年最高裁大法庭判决也承认，对残虐性的判断从"其时代和环境中人道上的观点看来"是有变化的余地的，这一判决的补充意见也明确地提出了其展望。结合前述大法庭判决后 45 年间新发生的事实来看的话，在近期作出的 1993 年最高裁判决中大野裁判官的补足意见就承认了"将死刑评价为是符合'残虐的刑罚'的规定的余地显著地增大了"[12]。

三、杀尊亲属罪重罚规定的合宪性

（一）1950 年最高裁合宪判决

在战后初期的 1950 年最高裁大法庭判决（昭和 25 年 10 月 11 日刑集 4 卷 10 号第 2037 页）中，认为尊亲属伤害致死罪的重罚规定并不违反宪法第 14 条第 1 项的规定。对以尊亲属为对象实施的杀人、伤害致死等行为科处较重的刑罚，在"最基本的人伦"或"人类普遍的道德原理"的基础上被认为并非是不合理的差别对待而具有合宪性（存在真野、穗积等裁判官的反对意见）。而杀尊亲属罪（刑法第 200 条，1995 年删除）并非是对平等原则的违反这一命题，也正如前述判决的旨趣所表明的那样得到了阐明［最大判昭和 25 年 10 月 25 日刑集 4 卷 10 号第 2126 页（存在前述各裁判官的反对意见）］。

就此而言，在刑法全面改正的工作中，1961 年"刑法改正准备草案"（刑法改正准备会）不仅删除了杀尊亲属罪的规定（第 200 条），还删除了伤害尊亲属致死罪（第 205 条第 2 项）等全部与尊亲属相关的加重规定。[13]其理由不仅在于其有违反宪法第 14 条的嫌疑，还同时在于刑事政策的理

273

---

⑫　笔者关于死刑的合宪性和作为立法政策的死刑存废论的详细观点，参见内藤谦：《死刑废止论的现状和课题》，载佐伯千仞、团藤重光、平场安治编著：《寻求死刑的废止》，1994 年版，第 91 页及以下。另参见前引注⑨内藤谦书，第 1470 页及以下。

⑬　刑法改正准备会：《刑法改正准备草案·理由书》，1961 年版，第 264 页及以下、第 273 页、第 276 页。

由。随后在 1974 年的"改正刑法草案"（法制审议会）中，同样对与尊亲属有关的加重规定进行了删除。

（二）1973 年最高裁违宪判决

最高裁大法庭判决在 1973 年终于对其判例进行了变更，判定刑法第 200 条（杀尊亲属罪）是对宪法第 14 条第 1 项的违反（昭和 48 年 4 月 4 日刑集 27 卷 3 号第 265 页）。只是在这一判决的多数意见的理由中，就杀尊亲属罪比起普通杀人罪更重处罚本身而言，认为由于"应当认为对尊亲属的尊重和感恩是社会生活上的基本道义；而对这样的自然的情感和爱或普遍的伦理的维持正值得刑法上的保护"，因而对被害人是尊亲属这一事实进行"类型化，并且在法律上作为刑罚的加重要件进行规定，进行了相当大的差别对待，无法直接对其缺乏合理的根据作出判断"。在此基础上，仅仅"加重的程度非常的极端，作为达成前述立法目的的手段而言显著地有失均衡，因而在无法提出能够将其进行正当化的根据之时，就不得不认为这种差别是明显不合理的"。因而刑法第 200 条杀尊亲属罪在其法定刑被限定为死刑和无期徒刑这一点上，显然超过了为了达成其立法目的所必要的限度，因为违反了宪法第 14 条第 1 项的规定而归于无效。

虽说如此，在本判决之中也附有田中二郎等六位裁判官的"意见"。这一意见指出，前述立法目的本身就是违宪的；规定与普通杀人罪相区别的杀罪等尊亲属犯罪、并以杀尊亲属为由承认法律上的差别对待本身就是对宪法第 14 条第 1 项的违反。根据这一意见，不仅仅是杀尊亲属罪的规定，包含伤害尊亲属致死罪在内的与尊亲属相关的加重处罚规定均被认为是违宪而归于无效的。

前述 1973 年大法庭判决的多数意见基本没有改变 1950 年判决的观点，而仅仅在差别对待的程度这一点上认为刑法第 200 条是不合理的规定。现在，在其后的 1976 年最高裁判决中，也判定伤害尊亲属致死罪中的加重处罚规定（第 205 条第 2 项）"没有超出基于合理的根据进行差别对待的范围"，而是合宪的（昭和 51 年 2 月 6 日刑集 30 卷 1 号第 1 页）。

正因如此，国会在此之后也并未通过修正立法而对第 200 条进行删除。这样，杀尊亲属罪就被保留在了刑法典中；但由于实务之中逐渐不再根据第 200 条对行为人进行追诉，杀尊亲属罪实质上处于被废止的状态。经过这一过程，在 1995 年（平成 7 年）对刑法典的语言进行平易化的修改之时，对包括第 200 条在内的与尊亲属相关联的加重处罚规定［前述第 205 条第 2 项、第 218 条第 2 项（尊亲属保护责任者遗弃罪）、第 220 条第 2 项（尊亲属逮捕监禁罪）］的规定全部进行了删除。作为其理由，就第 200 条而言，举出的是要回避 1973 年以来的违宪判决状态，以及量刑实际情况。就其他加重规定而言，也举出了与删除第 200 条之间的均衡性和量刑的实际情况。[14] 从对尊亲属相关的加重规定的全部删除来看，可以认为其基本是以 1973 年大法庭判决中六位裁判官的"意见"的观点为基础的。

四、对公务员的劳动基本权利的限制和刑法处罚

（一）问题的提出

现行法律中一律禁止非现业公务员 * 从事抗议行为（《国家公务员法》（后文简称"国公法"——译者注）第 98 条第 2 项，《地方公务员法》（后文简称"地公法"——译者注）第 37 条第 1 项）。虽然设置了对其"煽动"等行为进行处罚的规定（国公法第 110 条第 1 项第 7 号，地公法第 61 条第 4 号），但其法律制度在与保障劳动基本权的宪法第 28 条之间的关系上存在合宪性的问题。并且，虽然并没有对成立实行行为的抗议行为本身进行处罚的规定（由于劳动基本权受到保护因而是理所当然的），但仍然将其前阶段的行为和周边行为，例如"煽动"或"预谋"等广泛而不明确的概念作为处罚的对象，这就刑事立法的应然状态而言也是一种异常的例子；其妥当性也受到了质疑。这样的立法形式在战前的《治安警察法》1900 年（明治 33 年）的第 17 条中有所体现，但这一条文也在 1926 年

---

　　*　日本公务员法分为"现业公务员"和"非现业公务员"。前者是指从事现场作业的公务员，如厨师、司机等；后者是指非现场作业的公务员，如书记等。"现业"是"现场作业"的简称，"现业公务员"则是一个法律概念。——译者注

　　[14]　麻生光洋、井上宏、三浦透、园部典生：《论对刑法进行部分改正的法律——以表述的平易化等为目的的刑法改正》，载松尾浩也编：《刑法的平易化》，1995 年版，第 57 页及以下。

（大正 15 年）被废除。

　　并且，在行为人是现业公务员［国营企业职员（即原先的公共企业体等职员）］时，抗议行为被一律加以禁止［《国营企业劳动关系法》第 17 条（旧《公共企业体等劳动关系法》（下称公劳法）第 17 条）］；但法律并未规定违反这一禁令的罚则。然而，特别的事业法规定了将国营企业（即原先的公共企业体）的业务的停废行为作为刑罚处罚的对象的情形［邮便法第 79 条第 1 项（不处理、接受邮便物罪）］。自不必说对现业公务员的劳动基本权的限制在合宪性上存在疑问；并且，仅仅因为对事业法的违反就对现业公务员的违反"争议禁止"规定的行为进行处罚，无疑是对其抗议行为本身进行的处罚；在前述场合中，能否依据对劳动组合法（下称劳组法）第 1 条第 2 项的适用的肯定对其进行刑事免责也不无疑问。

　　就此问题而言最高裁判例的态度虽然在公务员的"抗议行为禁止"规定并不违反宪法的结论上是一致的，但在符合宪法的理由，以及与其相关联的罚则的解释上，存在值得注目的戏剧性的变化。[15]

（二）第一阶段——至 1960 年代前半期为止

　　战后初期的最高裁判例在尚未对公务员是"全体的服务人员"（宪法第 15 条）的规定或"公共的福祉"（宪法第 13 条）的规定的内容进行具体的说明的情况下就对其进行了援引，并简单地判令对公务员的抗议行为进行一律的禁止和处罚的法律制度是合宪的［最大判昭和 28 年 4 月 8 日刑集 7 卷 4 号第 775 页（政令 201 号违反事件）］。

　　并且，就对公共企业体等组织的职员（即现在的国营企业职员，以下相同）的抗议行为进行禁止的法律制度而言，"鉴于公共企业体对国家经济和公共的福祉而言的重要性，即使对禁止一切抗议行为这样的限制进行承认也不至于违反宪法第 28 条的规定"［最大判昭和 30 年 6 月 22 日刑集 9 卷 8 号第 1189 页（三鹰事件）］。与这样的宪法理论相对应，在 1963 年的国劳桧山丸事件判决之中（最判昭和 38 年 3 月 15 日刑集 17 卷 2 号第 23 页）有如下判令："在对公共企业体等组织的职员的抗议行为进行禁

---

　　[15]　对公务员的劳动基本权的限制和刑事处罚的判例、事实以及判例的变迁，详细参见前引注②内藤谦书，第 490 页及以下。

止，并对其争议权本身进行否定的基础上，就已经没有再就其抗议行为的正当性的界限在哪里的问题进行讨论的余地了；由此，劳组法第 1 条第 2 项就无法得到适用。"也就是说，在如果成立公劳法上的违法就一定成立刑法上的违法这一意义上，采取了严格的违法一元论，而否定了可罚的违法性论。

（三）第二阶段——1960 年代后半期以后

进入 1960 年代后半期之后，最高裁判例终于出现了变化。判例展示了公务员的职务的性质、劳动基本权的限制的必要性、对保证这一限制的刑事处罚的应有状态的仔细衡量，使得刑事处罚的适用受到了限定。

1. 东京中邮事件判决书

首先，关于现业公务员的 1966 年东京中邮事件最高裁大法庭判决（昭和 41 年 10 月 26 日刑集 20 卷 8 号第 901 页）指出，"劳动基本权直接联系着劳动者的生存权，而对保障生存权所必要的重要手段"进行考虑的话，为了使对劳动基本权进行的限制是合宪的，就必须"对尊重保障劳动基本权的必要性，和对增进维持国民生活全体的利益的必要性进行比较衡量"，并确立"应当限制在能够认可其合理性的必要最小限度范围内"的原则（从对"国民生活全体的利益"的保障的观点来看，作为其"内在的制约"的是对劳动基本权进行限制的四个条件）。由此，中邮事件最高裁大法庭判决就对历来的判例［前文（二）1963 年国劳桧山丸事件判决］进行了变更，使得劳组法第 1 条第 2 项的适用也及于违反公劳法第 17 条的抗议行为，进而使得只要存在抗议行为（正如正当性判断的三个基准所表明的那样），就不因为违反邮便法第 79 条第 1 项而成立犯罪；进而撤销了认为有罪的原审判决，发回重审（奥野、草鹿、石田、五鬼上各裁判官持反对意见）。在东京中邮事件的判决之中，以尊重劳动基本权、将对其的限制限定在必要最小限度范围内的宪法论为基础，在公劳法上抗议行为被认为是违法的，并不意味着就预先判定其是作为刑事处罚的对象的违法行为。这一意义上，承认了违法的相对性，采取了可罚的违法性论。

2. 都教组事件判决

其次，1969 年都教组事件最高裁大法庭判决（昭和 44 年 4 月 2 日刑集 23 卷 5 号第 305 页）继承了东京中邮事件判决的宪法论的旨趣，就非现业地方公务员的问题，认为如果对地公法第 37 条第 1 项和第 61 条第 4 号的规定应当按照其字面意思的旨趣进行理解，使得所有的地方公务员的一切的抗议行为都受到禁止，并对其抗议行为中的"煽动"等全部进行处罚的话，"就违反了保障公务员的劳动基本权的宪法的旨趣"，因而"无法排除其违宪的质疑"。在此基础上，就地公法第 61 条第 4 号而言，抗议行为就仅在"其自身就具有了强烈的违法性"，以及超过了"通常伴随其发生"限度而具有强烈的违法性的"煽动"行为等的范围内，才应当成为处罚的对象（所谓二重限定论），从而撤销了有罪的原审判决（第一审判决通过限定解释作出了无罪认定），并作出了无罪的判决。［赞成无罪、破弃的多数意见由横田（正俊）、入江、城户、田中（二郎）、松田、岩田、色川、大隅、饭村几位裁判官支持；与此相对，奥野、草鹿、石田、下村、松本等裁判官则持反对意见。并且，与本判决同日宣判的仙台全司法事件大法庭判决（刑集 23 卷 5 号第 685 页）之中，在采取二重限制论的同时，认为"煽动"行为以及成为其对象的抗议行为的双方都有着强烈的违法性，因而维持了原审的有罪判决。］本判决中作出了尊重劳动基本权的合宪的限定解释，将"值得刑事处罚的违法性"作为问题，采纳了可罚的违法性论。

3. 东京中邮事件和都教组事件判决的地位和影响

前述最高裁判决是对在当时的下级审判决中表现出来的司法动向的集中反映（两个事件的第一审判决都宣告了无罪），并且对这之后的下级审判决造成了很大的影响。特别是在两个最高裁判决中采纳的可罚的违法性论，也被下级审判决在公务员关系以外的一般劳动刑事事件之中广泛地采纳（例如，①日本铁公所事件控诉审无罪判决，大阪高判昭和 46 年 4 月 21 日刑裁月报 3 卷 4 号第 501 页；②光文社事件控诉审无罪判决，东京高判昭和 48 年 4 月 26 日刑裁月报 5 卷 4 号第 484 页等）。

此外，前述最高裁的两个判决中尊重宪法上权利的基本观点，也在逐渐发生的下级审就公安条例违反事件依据可罚的违法性论作出的无罪判决之中得到了反映（例如，①关于东京都公安条例的羽田空港游行事件第一次控诉审判决，东京高判昭和 46 年 2 月 15 日刑裁月报 3 卷 2 号第 84 页；②大阪市条例事件控诉审判决，大阪高判昭和 47 年 5 月 31 日高刑集 29

278

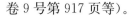

卷 9 号第 917 页等）。

此外，就公务员行使其表明政治意见自由的限制而言，也出现了下级审适用违宪无罪判决。例如，在北海道的猿扩村的邮局职员将众议院议员的选举用海报张贴在公营宣传栏上，并进行散发的情况下，由于其违反了国家公务员法［国公法第 102 条第 1 项，人事院规则第 14—7 条（政治的行为）第 5 项第 3 号、第 6 项第 13 号］的规定而被起诉的事件（即所谓"猿扩事件"）中，第一审和第二审作出了如下判决，即仅参与机械劳动的现业国家公务员，在其勤务时间之外、且并未利用国家设施实施的行为的范围之内，对其适用刑事处罚就不能说是在必要最小限度的范围内，因而是违宪的（旭川地判昭和 43 年 3 月 25 日下刑集 10 卷 3 号第 293 页；对此进行支持的控诉审判决，札幌高判昭和 44 年 6 月 24 日判例时报第 560 号第 30 页。另有超过 10 件以同样理由作出的下级审判决）。 *279*

（四）第三阶段——1973 年以后

然而，这样的判例的动向也随着最高裁判所裁判官的交替以及由此带来的法律政策判断的变化，即在 1969 年的都教组事件判决 4 年后的 1973 年，发生了巨大的逆转。

1. 全农林警职法事件判决

1973 年的全农林警职法事件最高裁大法庭判决（昭和 48 年 4 月 25 日刑集 27 卷 4 号第 547 页）就非现业国家公务员的抗议行为，以"从国民全体的共同利益的立场出发的制约"为根据，对负责的职务内容不加区分地，强调其是公务员的事实本身，即"公务员的地位的特殊性和职务的公共性"，对抗议行为一律进行了全面的禁止；并判定将抗议行为作为煽动行为等进行处罚的国公法的规定是合宪的（并举出了所谓勤务条件法定主义论、lockout 不能论、市场抑制力缺乏论、代替措施论等理由）。由此，就废弃了在都教组事件判决和仙台全司法事件判决中得到确立的"二重限定论"［前文（三）2］，认为对"煽动"等行为应一律进行处罚；并将仙台全司法事件判决（国公法事件）在与本判决相抵触的范围内进行了变更。在这之后，根据本判决的旨趣，1976 年的岩手县教组事件最高裁大法庭判决（昭和 51 年 5 月 21 日刑集 30 卷 5 号第 1178 页）中，推翻了与地方公务员法相关的都教组事件判决。

不论是从最高裁历来采取的、并不将以政治为目的的抗议行为看作是正当的抗议行为的立场（东京中邮事件判决和仙台全司法事件判决都采取了这种立场）来看，还是从本判决的少数意见也展示出同样的见解这一情况来看，即使不对仙台全司法事件的判决进行变更，也可以对上告作出弃却（即维持原判的有罪判决）的判断的判决［田中、大隅、关根、小川、坂本五位裁判官（二重限制论的维持）以及岩田裁判官对少数意见的主张。此外，色川裁判官也持反对意见］，来解决与为反对警职法改正而进行斗争这一政治目的下作出的抗议行为相关的事件。尽管如此，本判决仍然专门对判例进行了变更；因而可以说其理由在于，在并非是出于政治目的的场合中，也一律地对公务员的抗议行为进行全面的禁止，并积极地主张对其进行处罚是合宪的。

但不如说更加本质的，是对通过在都教组事件判决和仙台全司法事件判决中主张如果对关系公务员法的规定进行了字面意思上的解释的话就不能免除违宪的疑虑，因而进行合宪解释的二重限制论的根深蒂固的反对意见，其以裁判官的交替为契机，而得以隔绝少数意见的强烈反对并以 8 对 7 这样极其微小的优势（就上告弃却的结论而言是 14 对 1），就在仅仅经过 4 年后强行对这样重大的判例进行了变更（多数意见由石田、下村、村上、藤林、冈元、夏天、岸、天野八位裁判官作出）。就此来看的话，虽然无论如何也不能说宪法解释的错误是显而易见的，但本判决在对事件的解决来说完全没有必要、将对司法实践产生重大的影响、且对相关公务员来说将导致预测困难这样的不利后果的情况下，仍然以最小优势的多数决对判例进行了强行变更；其在是否满足了对宪法的判例进行变更的条件这一问题上，无疑是存在很大疑问的。⑯

就对通过合宪的限定解释提出的二重限定论进行废弃的理由而言，本判决指出，"这样不明确的限定解释，不如说使得犯罪构成要件完全失去了其保障机能；因而存在违反对构成要件的明确性提出要求的宪法第 31 条的问题"。但如果这样认为的话，那么一律地对抗议行为的"煽动"等进行全面的处罚，就能够被看作是犯罪构成要件的保障机能而适合于宪法

---

⑯ 参见芦部信喜：《现代人权论》，1974 年版，第 335 页。

第 31 条的吗？显而易见，本判决正是因为仅对宪法第 31 条即罪刑法定主义进行了形式侧面的理解，才认为只要存在刑罚法规就当然可以进行处罚的。而正是因为存在如本判决那样的理解，认为宪法第 31 条要求刑罚法规的内容必须是"适正"的东西，才被认为是有所必要的。在这一意义上，以都教组事件最高裁判决为代表的判决正是在罪刑法定主义的实质的侧面，也就是在以"实体的正当程序"观点为基础的刑罚法规适正的思考的根基之中，考虑到了劳动基本权，并通过合宪的限定解释对刑罚法规进行了二重限定的解释的。如果认为这种解释欠缺明确性的话，就必须选择通过认为法令违宪的方法，将具体基准的设定委托给立法的道路了。⑰　　*281*

2. 名古屋中邮事件判决

就现业公务员的抗议行为，1977 年的名古屋中邮事件最高裁大法庭判决（昭和 52 年 5 月 4 日刑集 31 卷 3 号第 182 页）以与前述全农林警职法事件最高裁判决的旨趣基本相同的宪法论为基础，认为对违反公劳法第 17 条的抗议行为不适用劳组法第 1 条第 2 向，因而喊人参加这一抗议行为的行为无法摆脱被以邮便法第 79 条第 1 项犯罪的帮助犯处罚；从而撤销了无罪的原审判决（团藤、环等裁判官持反对意见）。这样，就对 1966 年的东京中邮事件的判决［前文（三）1］也作出了变更。

3. 全农林警职法事件判决和名古屋中邮事件判决的影响

以全农林警职法判决为开端，一直到名古屋中邮事件判决为结束，最高裁判例的流变中展现出的逆转现象不单只是对有关公务员的劳动刑事案件产生了重大影响，而是波及了诸多领域。在包含一般的劳动刑事案件在内的诸多案件中，最高裁判所逐一驳回了以可罚的违法性理论为基础而宣告罢工抗议无罪的下级审判决，并最终作出了有罪处理。（例如，日本铁工所事件，最判昭和 50 年 8 月 27 日刑集 29 卷 7 号第 442 页；光文社事件，最判昭和 50 年 11 月 25 日刑集 29 卷 10 号第 929 页；等。这些案件的二审法院都驳回了一审的有罪判决并重新作出了无罪判决［前文（三）3］，但最高裁驳回了这些无罪判决，并最终维持了一审法院的有罪判决。）

---

⑰　内藤谦：《刑法讲义·总论（上）》，1983 年版，第 36 页及以下；另参见前引注②内藤谦书，第 509 页及以下。

此外，就公安条例违反事件而言，以可罚的违法性论为基础进行无罪宣告的下级审判决，也被 1975 年一连串的最高裁判决所撤销［例如，前文（三）3 东京高判、大阪高判的无罪判决，也被最判昭和 50 年 10 月 24 日刑集 29 卷 9 号第 777 页，最判昭和 50 年 10 月 24 日刑集 29 卷 9 号 860 页，所逐一撤销］。随后，关于限制公务员表明其政治意见的自由的猿扩事件下级审适用违宪无罪判决［前文（三）3］，也在并未对公务员的职种、职务权限、是否在勤务时间内、是否利用国家的设施等进行区别的情况下，就被强调行政的中立运营的 1974 年的最高裁大法庭判决（昭和 49 年 11 月 6 日刑集 28 卷 9 号第 393 页）所撤销，并最终宣告了有罪。

　　前文中的判例表明，当前日本的司法判例趋势发生了逆转。从前的判例认为必须尊重公务员的基本劳动权利，只能在必要最小限度内对其进行限制，主张只能在极为限定的范围内对"煽动"争议等行为进行刑事处罚。相反，当前的判例则采取了积极处罚的态度，认为现行法律中应不加区分地一律进行处罚的规定是合宪的。这种逆转在相当广泛的范围内，对包括一般的劳动公共安全事件、限制公务员的政见表达自由事件等一系列案件的司法判断，都产生了深远的影响。

282

第二编　日本"古典学派" 刑法理论的形成和展开

第一章 "古典学派"刑法理论的
形成过程

一、前言

日本的刑法理论之中，从明治末期到大正期间开始，横跨昭和年代的 ₂₈₄ 战争期间，展开了以牧野英一、宫本英修、木村龟二等为代表的"近代学派（新派）"，与以大场茂马、小野清一郎、泷川幸辰等为代表的"古典学派（旧派）"之间的"学派之争"。对两学派的主张进行极度的类型化并进行抽象概括的话，可以说"近代学派"在基本立场上采取了目的刑论特别是教育刑论和主观主义的犯罪论；而"古典学派"则在基本立场上采取了报应刑论和客观主义的犯罪论。

前述日本刑法理论中的"学派之争"，受到了自 1880 年以来在欧洲的刑法理论中，在"古典学派（旧派，klassische Schule；ecole classique）"和"近代学派（新派，moderne Schule；ecole moderen）"之间展开的、关联于目的在于制定新的刑法典的立法运动的"学派之争"，特别是德国的"学派之争（Schulenstreit）"① 的影响。之所以这样认为，是因为日本

---

① 笔者曾对发生在欧洲的"学派之争"，及其与现代刑法理论的基本思潮之间的关系进行过概括性的介绍。参见内藤谦：《刑法学说史（一）外国》，载中山研一、西原春夫、藤木英雄、宫泽浩一编：《现代刑法讲座第一卷》，1977 年版，第 121 页及以下（本书第 526 页及以下）；另参见内藤谦：《刑法讲义总论（上）》，1983 年版，第 60 页及以下、第 88 页及以下。

在明治时期之后，借鉴了欧洲的近代的刑法典和刑法理论，并以此为基础制定了与作为一个近代天皇制国家的日本所具有的特质相适合的近代刑法典，同时形成并展开了其刑法理论。但在另一方面，日本刑法理论中的"学派之争"又具有与欧洲的"学派之争"不同的特征。即，日本的"学派之争"是以近代天皇制国家和明治宪法为基础而展开的争论；它是由作为其前史的旧刑法典和现行刑法典的成立过程，以及以此为中心的学说的状况所决定的。②

作为对日本的"学派之争"中"古典学派（旧派）"的刑法理论所具有的意义及其界限进行讨论所必不可少的准备工作，本章以"古典学派"的代表性主张者小野清一郎和泷川幸辰的刑法理论的形成过程为中心，对学派之争的形成过程进行考察。③ 为此，就必须首先从前述"前史"开始讨论。

二、前史——旧刑法典和现行刑法典的成立及学说的状况

（一）旧刑法典的成立和折中主义（新古典学派）的刑法理论

1. 以确立统一的国家权力和通过制定近代法典对不平等条约进行改正为目的，在施行治罪法（刑事诉讼法）的同时，也在 1882 年（明治 15 年）施行了旧刑法（明治 13 年太政官布告第 36 号）。旧刑法是在从法国招聘来的司法省顾问，即法学家波索纳德（Grustave Boissonade）所起草的刑法草案的基础上，在刑法草案审查局进行审查修正后，再经过元老院的审议才公布的法典。波索纳德是折中主义的刑法理论［école éclétique，也被称为新古典学派（école néo-classique）］这一直到 19 世纪后半期都在

---

② 笔者曾对日本的"学派之争"及其特征，以及其与现代刑法理论的基本思潮之间的关系进行过概括性的介绍。参见前引注①内藤谦：《刑法讲义总论（上）》，第 77 页及以下、第 88 页及以下。

③ 文中使用的"古典学派（旧派）""近代学派（新派）""前期古典学派""后期古典学派"的概念，来源于前引注①内藤谦《刑法学说史（一）外国》和前引注①内藤谦：《刑法讲义总论（上）》。参见前引注①内藤谦：《刑法讲义总论（上）》，第 62 页。

法国处于支配地位的学说，特别是奥尔多兰（J. Ortolan）的刑法理论的热心支持者。他是以 1810 年法国刑法典这一基础在于"古典主义（前期、古典学派）"刑法理论的法典为基础，并在参考比利时刑法典、德国刑法典、意大利刑法草案的同时，从折中主义（新古典学派）刑法理论的立场出发对其进行了诸多修正才得以完成前述草案的。这些修正包括对未遂犯、从犯在法定刑上进行必要减轻；对刑罚的酌量减轻规定的调整；对责任，特别是故意以及关于不知法律的详细规定等方面的提案。在这一意义上，旧刑法典虽然是直接以 1810 年法国刑法典为母法的，但同时也是对折中主义刑法理论的立法化。

正如旧刑法典规定了波索纳德草案中没有规定的"凶徒聚众之罪（第 136 条以下）"，并且规定了"对皇室的犯罪（第 116 条以下）"将可能被处以死刑那样，这部法典有着适合于明治时代的日本这个近代天皇制国家所具有的特质的侧面。但是，旧刑法典在（1）对罪刑法定主义进行明文规定（第 2 条，第 3 条第 1 项）；（2）通过在犯罪的成立要件中要求故意、过失和责任能力，采纳了责任主义（第 77 条—第 82 条）；（3）通过废止"闰刑"制度，废止了刑罚在身份上的差别对待等若干方面，展现了其近代刑法典的性格。此外，旧刑法典中，（1）规定了有必要减轻对未遂犯、从犯的刑罚（第 112 条、第 109 条）；（2）规定了对刑罚的酌量减轻（第 89 条、第 90 条）；（3）规定了关于故意和不知法律的情形（第 77 条）等，在法国 1810 年刑法典中所没有的规定；这表明了旧刑法典是对折中主义刑法理论立法化的尝试。[④] 日本仅仅用了五年就完成了从明治初年的新律纲领［1870 年（明治 3 年）］和改订律例［1873 年（明治 6 年）］向旧刑法典的变革，而这在欧洲几乎跨越了一个世纪才完成；这无疑具有非凡的

---

④ 就明治时期的刑法和刑法理论的基本情况，参见小野清一郎：《旧刑法和波索纳德刑法学》，收录于小野清一郎：《论刑罚的本质·其他》，1955 年版，第 425 页及以下；另参见佐伯千仞、小林好信编：《刑法学史》，载鹈饲信成等编：《讲座日本近代法发达史第 11 卷》，1967 年版，第 209 页及以下；另参见西原春夫：《论表现在刑法制定史中的明治维新的性格》，载西原春夫：《刑事法研究第 2 卷》，1967 年版，第 213 页及以下；堀内捷三：《法典编纂和近代法学的成立——刑事法》，载石井紫郎编：《日本近代法史讲义》，1972 年版，第 113 页及以下；泽登俊雄：《继受法国刑法的时代——明治前期概观》，载《法律时报》第 50 卷第 4 号（1978 年），第 83 页及以下。

意义。但是在制定旧刑法典时,"近代学派(新派)"的刑法理论在欧洲尚
未得到确立,因而旧刑法典的立法与"近代学派"的理论之间并没有
关系。

2. 波索纳德通过在司法省的明法寮开设课程,培养了宫城浩藏、井
上正一等许多刑法学者。直至 1890 年(明治 23 年)为止,折中主义的刑
法理论都在法国刑法学的影响之下,通过这些学者的学说在日本占据了通
说的地位。

法国的折中主义刑法理论又被称为"新古典学派";而正如这种称呼
所表明的那样,它属于市民社会的成立期间所形成的"古典学派"(前期、
古典学派);是对其进行了修正的理论。所谓"古典学派"确实带来了对
旧制度(Ancien Regime)的刑法制度的大变革。但是,基于"古典学派"
的立法试图贯彻罪刑法定主义,而彻底否定裁判官的裁量余地;并且,由
于其以一般预防的观点为依据,仅仅追求刑罚的功利的目的性,犯罪性的
量就只决定于其对社会造成恶害的程度,因而法定刑就失去了幅度而变得
固定。特别是与反映了法国大革命理念的 1791 年法国刑法典相比较,
1810 年法国刑法典(拿破仑刑法典)还将刑法的重点置于镇压犯罪这一
目的上,并且显著地强化了刑罚;这反映了第一帝国帝制的反动性格。而
为了缓和在追求功利的目的性的过程中被苛酷化的刑罚,与自由主义思想
的发展相伴随的、将刑罚的目的性(社会效用)和报应性(正义)相结合
的折中主义刑法理论逐渐成为 19 世纪后半期在法国占支配地位的学说。
这种折中主义的刑法理论是通过主张犯罪不仅是对社会的恶害(mal so-
cial),也是对道德的恶害(mal moral)来实现折中的。⑤

折中主义的刑法理论有如下两个支柱。首先,只有在行为具备了(1)是
对社会造成的恶害的原因;(2)是违反(道德的)义务而作出的行为两个
要素时,才能将这种行为评价为犯罪。其次,行为的义务违反性(有责
性,culpabilite)是有着程度之分的概念,其就此区别于行为的可归责性
(imputabilite)。如果立足于前述两个理论的支柱的话,就能够使对社会造
成恶害(违法)的程度和义务违反性(有责性)的程度结合起来,依此确

---

⑤ 参见前引注④佐伯千仞、小林好信:《刑法学史》,第 225 页及以下。

定犯罪性的量；并最终使得量刑在理论上变得有弹性。而在"古典主义"的刑法理论之中，仅依据对社会造成恶害的程度就能确定犯罪性的量，因而法定刑就是没有幅度的、固定的；并且责任只能被理解为"可归责性"而只存在"有或者无"的问题。与此相对，折中主义的刑法理论的进步性就表现在，其在从社会的恶害出发的同时也注目于"有责性（culpabil-ite）"，并赋予了量刑一定的弹性。⑥ 这样看来，前述法国的折中主义（新古典学派）刑法理论就不仅是对前期古典学派刑罚理论进行修正，同时也是在其延长线上、有着自由主义性格的理论。

宫城浩藏和井上正一借鉴了前述折中主义（新古典学派）的刑法理论，对旧刑法典进行了解释并提出了其适用指南。⑦ 特别是被称为"东洋的奥尔多兰"的宫城浩藏，他在"刑罚权的基础"问题上采取了"折中主义"的立场，主张"对违反道德的恶行，在其没有使社会遭到损害之时，不得对其科以刑罚"；同时"损害了社会的凶行如并未违背道德，同样不应对其科以刑罚"⑧。除此之外，宫城浩藏还在刑罚论中，将"刑罚"定义为"以犯罪为理由通过社会公权对犯罪人科处的痛苦"，在概念论上承认了刑罚的报应性；并且进一步认为"刑罚的第一目的在于防止再犯的危险；而防止再犯危险就要将其认定为犯罪人并使其悔悟向善"。而"刑罚的第二目的在于防止看到犯罪的其他人受到感染；为了达成这一目的就要将罪恶必罚的事实展现给他人以对其进行劝诫"。也就是说，宫城浩藏认为刑法的目的在于"惩戒（特殊预防）"和"善例（一般预防）"⑨。此外，

---

⑥ 参见前引注④泽登俊雄：《继受法国刑法的时代——明治前期概观》，第 86 页；另参见泽登俊雄：《犯罪人处遇制度论（下）》，1975 年版，第 52 页及以下。

⑦ 宫城浩藏：《刑法讲义》，1885 年版；另参见宫城浩藏：《日本刑法讲义》，1884 年版；宫城浩藏：《刑法正义》，1893 年版；井上正一：《日本刑法讲义》，1888 年版；泽登俊雄：《宫城浩藏的刑法理论 1》，载《法律时报》第 50 卷第 5 号（1978 年），第 62 页及以下；泽登俊雄：《宫城浩藏的刑法理论 2》，载《法律时报》第 50 卷第 7 号（1978 年），第 90 页及以下；泽登俊雄：《井上正一的刑法理论》，载《法律时报》第 50 卷第 7 号（1978 年），第 95 页及以下；泽登俊雄：《补遗》，载《法律时报》第 51 卷第 1 号（1979 年），第 145 页。

⑧ 参见前引注⑦宫城浩藏：《日本刑法讲义第一册》，第 45 页及以下；另参见前引注⑦泽登俊雄：《宫城浩藏的刑法理论 1》，第 64 页及以下。

⑨ 参见前引注⑦宫城浩藏：《刑法讲义第一卷》，第 171 页及以下；另参见前引注⑦泽登俊雄：《宫城浩藏的刑法理论 1》，第 65 页及以下。

他还强调了罪刑法定主义的历史意义及必要性，主张禁止援引比附（类推解释）。⑩并且，宫城在犯罪论中将责任与自由联系起来，在责任的量随着自由的量而变动这一前提下，对"不论罪和减轻（旧刑法第4章）"进行了解释，并在这一点上表明了自己"折中主义"的责任论立场。⑪此外，在宫城浩藏从对社会的恶害及其危险出发对未遂犯论的问题进行考察这一点上，也能够看出其折中主义的和客观主义的立场。他在未遂犯论中，强调如果允许刑法在"外部的行为"尚未得到充分表明的阶段就对"内部的行为"即思想进行干预的话，那么"人们的自由"就不能得到"保全"；因而在预备和着手的区分标准问题上，就只有在"犯人的行为进入了犯罪构成的事实的范围内"，并且已经"与犯罪构成的事实不可分离地紧密相连"的情况下，才能认定犯罪已经实行着手。相反，"绝对的不能"即使在思想上具备了反道德性，也因为没有对社会造成恶害而不应受到处罚。⑫

宫城浩藏等人的这种折中主义（新古典学派）的刑法理论在欧洲有其传统，它是对法国近代刑法学的借鉴；它为稳固日本近代刑法学的基础作出了贡献，成为其土壤。⑬确实，宫城浩藏等人的折中主义的刑法理论占据通说地位的期间非常短暂；而较新的"近代学派（新派）"刑法理论也逐渐成为有力的学说，并强烈地影响了现行刑法典的订立［参见本章后文（二）］。但是尽管如此，就现行刑法展开的司法实务（判例）并没有贯彻特殊预防的目的刑论，也并没有压制主观主义的解释而采取客观主义犯罪论的立场；其一大要因正是在于，折中主义刑法理论

---

⑩　参见前引注⑦宫城浩藏：《刑法讲义第一卷》，第120页及以下；另参见前引注⑦泽登俊雄：《宫城浩藏的刑法理论1》，第67页及以下。

⑪　参见前引注⑦宫城浩藏：《刑法讲义第一卷》，第469页及以下；另参见前引注⑦泽登俊雄：《宫城浩藏的刑法理论2》，第90页及以下。

⑫　参见前引注⑦宫城浩藏：《刑法讲义第一卷》，第646页及以下；另参见前引注⑦宫城浩藏：《日本刑法讲义第一册》，第818页及以下；前引注⑦泽登俊雄：《宫城浩藏的刑法理论1》，第94页。宫城浩藏和井上正一的刑法理论的详细介绍，以及两人刑法理论的差异同样在前述论文中得到了体现。

⑬　参见前引注⑦泽登俊雄：《宫城浩藏的刑法理论2》，第96页及以下。

的土壤作为一种无意识的传统持续存在于日本的司法实务中。⑭ 这一意义上，宫城浩藏等人的折中主义刑法理论虽然并未意识到在其之后的"近代学派"理论，并且与欧洲的近代和古典两学派（新旧两学派）之间的"学派之争"没有直接的联系；但它作为日本的近代刑法学的土壤，直到现在都仍有一定的意义；特别是对在其之后成立的"古典学派（旧派）"的刑法理论来说，可以说起到了理论先驱的作用。

（二）对"近代学派（新派）"刑法理论的借鉴和现行刑法典的成立

1. 但是，在 1880 年代的欧洲，"古典学派"和"新古典学派"的刑法理论受到了批判，而与其相对抗的"近代学派（新派）"刑法理论逐渐产生了。在自 1887 年（明治 20 年）开始的犯罪数量急速增加这一大背景下，在进入明治 20 年代中期之后，在受到法国刑法学影响的同时，宫城浩藏、井上正一等人的法国式的折中主义刑法理论也与旧刑法典一同受到了对加罗法洛的近代学派（新派）理论进行介绍并对其作出高度评价的富井政章博士的批评，被认为是过于"宽弱"的犯罪对策，是非常无力的。*290* 而作出这一批判的富井政章则将其重点放在了近代学派（新派）的社会防卫论所具有的国家主义和威权主义的侧面上，强调应通过刑法的严格化以保卫国家和社会不受犯罪侵害。⑮

随后，师从龙勃罗梭的胜本勘三郎在理论上将近代学派（新派）的理论导入了日本。胜本勘三郎首先在日本对欧洲的学派之争问题进行了研究；为近代学派（新派）理论的确立作出了贡献。胜本教授虽然在刑罚论上排斥了报应主义而采取了近代学派的保护刑主义，但在犯罪论中并没有采取严罚主义的社会防卫论和主观主义理论，而是广泛地采取了客观主义的理论。⑯

此外，东京大学最初的刑法讲座担当者冈田朝太郎也立足于进化主义

---

⑭ 参见前引注④小野清一郎：《旧刑法和波索纳德刑法学》，第 425 页及以下；

⑮ 参见富井政章：《刑法总论》，1889 年版；另参见富井政章：《刑法学理的革新》，载《法学协会杂志》第 9 卷第 5 号（1891 年），第 7 页；小林好信：《富井政章的刑法理论》，载《法律时报》第 50 卷第 6 号（1978 年），第 119 页及以下。

⑯ 参见胜本勘三郎：《刑法析义各论之部》，1899—1900 年版；另参见胜本勘三郎：《刑法的理论及其政策》，1925 年版；中义胜、山中敬一：《胜本勘三郎的刑法理论》，载《法律时报》第 50 卷第 10 号（1978 年），第 112 页及以下。

（社会进化论）的基本立场，展开了主观主义的近代学派（新派）理论。[17]牧野英一的老师古贺廉造也主张与严罚主义的社会防卫论和主观主义相结合的近代学派（新派）的理论。[18]

　　2. 值得一提的是，虽然在旧刑法施行的一开始就已经确定了对其进行改正的动向，但在进入明治 30 年代后，以资本主义的急速发展和与此相伴随的犯罪现象的持续增加为背景，从近代学派的立场出发对旧刑法典和折中主义的刑法理论进行的批判也急剧地增加了。随后，以明治 14 年政变为契机，为了确立近代天皇制国家，以普鲁士宪法为蓝本制定了明治宪法。这标志着日本的法律制度得到了重整，从法国的法制度逐渐转向了德国的法制度。以这一情况为背景，在经历了数次改正工作之后，更多地参考了 1871 年德国刑法典及其改正运动的现行刑法典（明治 40 年法律第 45 号）终于在 1908 年（明治 41 年）得到了施行。

尽管现行刑法典继受了旧刑法典的许多规定，或处于旧法规定的延长

291
线上；但另一方面它也受到了在欧洲的刑法改正运动中占据了主导地位的近代学派（新派）刑法理论的强烈影响。与旧刑法典两相对比的话，这种影响特别地表现在：（1）对犯罪类型进行了更为概括的、弹性的规定；（2）显著地扩大了法定刑的幅度；（3）在犯罪的成立范围和量刑的问题上给予了裁判官广泛的裁量余地；（4）将刑罚的执行犹豫（缓刑）［根据明治 38 年（1905 年）的《关于刑罚的执行犹豫的文件》（同年法律第 70 号）而得到采用］等各种刑事政策上的制度纳入了刑法典的规定中；等方面。这也意味着日本通过从旧刑法典到现行刑法典的转换，将在欧洲花费了近 20 年的时间来进行讨论的问题大胆地付诸了实行。

（三）牧野英一的刑法理论

将"近代学派（新派）"的刑法理论作为现行刑法的解释论而在理论

---

　　[17]　冈田朝太郎：《日本刑法论总则之部》，1894 年版；另参见冈田朝太郎：《日本刑法论各则之部》，1896 年版；冈田朝太郎：《刑法讲义》，1903 年版；小林好信：《冈田朝太郎的刑法理论 1》，载《法律时报》第 51 卷第 8 号（1979 年），第 89 页及以下；小林好信：《冈田朝太郎的刑法理论 2》，载《法律时报》第 51 卷第 9 号（1979 年），第 104 页及以下。

　　[18]　古贺廉造：《刑法新论》，1898 年版；另参见中义胜、浅田和茂：《古贺廉造的刑法理论》，载《法律时报》第 50 卷第 9 号（1978 年），第 85 页及以下。

上和体系上进行展开，最终构建了壮大的刑法学体系，并使其成为在从明治末期到昭和战前期的这一期间中有代表性的观点的，是师从菲利和费尔巴哈的牧野英一。他认为，由于在现行刑法典成立时"近代学派（新派）"理论是有力的学说，现行刑法典自身也受到了"近代学派（新派）"理论的强烈影响，再加上与之相对立的"古典学派（旧派）"理论的存在远说不上根深蒂固；因而以"近代学派（新派）"的理论对现行刑法进行解释并将其体系化就是比较彻底的，同时也是比较容易完成的。

牧野英一以进化论的思想为基础，认为如果对以社会和个人的调和为最后目标的社会进化的趋势进行考察的话，那么刑罚理论就应当从作为社会的反射运动的报应刑论，向着作为自觉意识的目的刑论，特别是教育刑论进化和发展。并且，犯罪理论应该从重视犯罪事实（实害或危险）的客观主义犯罪论向以犯罪人的社会危险性（恶性）为基准的主观主义犯罪论发展。据此，就有可能对作为社会中生存竞争的余弊的犯罪进行合理的社会防卫。[19]

牧野英一的近代学派（新派）的刑法理论虽然有着其固有的问题性，但其特别是在大正时代的前半段这一时期，仍有一定的积极意义。在这一时期，牧野英一从正面批判了从明治时代后期开始就占据了支配地位的概念法学的法律实证主义的思想方法，并通过主张"法律的社会化"展开了其自由法论。[20] 但同样难以否定的是，牧野英一的这种方法论以国家权力和个人权利之间的紧张关系为直接对象，在本应受到罪刑法定主义的原则支配的刑法理论的领域之内，也过于容易且广泛地肯定了刑法和刑罚的积极的机能，给个人的权利和自由带来了危险；这正是其问题所在。但正如前文所述，在日本现行刑法典成立的当时，除稍后介绍的大场茂马的刑法理论之外，并不存在有着根深蒂固的传统的、重视罪刑法定主义且以法律

292

---

⑲　参见牧野英一：《刑事法学的新思潮和新刑法》，1909 年版；另参见牧野英一：《增订刑法通义》，1909 年版，第 5 页及以下；牧野英一：《日本刑法》，1917 年版，第 12 页及以下；牧野英一：《重订日本刑法上卷》，1937 年版，第 19 页及以下；牧野英一：《刑法总论上卷》，1958 年版，第 19 页及以下。

⑳　其代表观点参见牧野英一：《论法律的社会化》，收录于牧野英一：《现代的文化和法律》，1918 年版，第 1 页及以下。

实证主义的方法论为基础的古典学派（旧派）理论，因而缺少值得牧野进行批判的对象。这种学说状况的大背景无疑使得对前述问题性的明确认识变得更为困难。

但是，在大正时代前半段的民主状况的背景下，牧野英一的刑法理论虽然包含了前述问题性；但立足于其方法论，能直接将"社会"这一从"国家"概念中相对独立出来的概念作为其讨论的对象，并从刑法上"公平"的观念出发对由这种"社会"矛盾所导致的问题进行处理；在这一点上是有意义的。也正是在这一意义上，牧野英一的刑法理论成为当时作为社会政策的刑事政策的基础要素。并且牧野在例如对治安警察法第 17 条的废止问题上，还从承认罢工作为一种权利的视角出发对问题进行了考察，这表明他的理论在解释论上也是有一定积极意义的。[21] 此外，牧野英一对教育刑论的主张在思想上和实践上也极大地影响了日本的行刑理论。

但是，牧野英一的进化论的思想在某个侧面上，本来就不是根据对国家和社会的现实状况的充分分析，反而是根据对这种现状的轻易肯定所得出的结论；这也导致牧野英一持一种乐天的国家观。而这种国家观又进一步导致牧野英一在进入昭和时期之后，通过对从 19 世纪的法治国思想向 20 世纪的文化国家思想的进化和展开的讨论[22]，在主张法解释的无限性的同时也暗示了罪刑法定主义的消解。[23] 而在昭和的战前、战中时期，牧野英一所主张的确信犯也应受到教育的教育刑论和社会防卫论也最终导致他积极地支持了《思想犯保护观察法》[昭和 11 年（1936 年)][24]，并不加批

---

[21]　参见牧野英一：《治安警察法第 17 条——论所谓结盟罢工权》，收录于牧野英一：《法律中的正义和公平》，1920 年版，第 13 页及以下；另参见收录于前引注[20]牧野英一：《论法律的社会化》中的其他论文。（日本《治安警察法》是日本政府为对付政治结社以镇压工农运动于 1900 年 3 月颁布的法律，共 32 条。这一法律规定，任何政治结社、室内室外集会都必须事先向警察当局呈报登记；凡集会均应有警察到场监督；只要警察署认为必要，可限制、禁止或解散集会；违反规定者，分别按情节轻重处 1 年以下的监禁或 50 日元以下的罚金。其中第 17 条规定了禁止进行劳动者抗议的行为。——译者注）

[22]　参见牧野英一：《刑法中法治国思想的展开》，1931 年版，第 1 页及以下。

[23]　参见牧野英一：《罪刑法定主义的消解》（1935 年版），收录于牧野英一：《刑法研究第 6 卷》，1936 年版，第 90 页及以下。

[24]　参见牧野英一：《论〈思想犯保护观察法〉的思想的意义》，载《刑政》第 49 卷第 7 号（1937 年)，第 9 页及以下。

判地接受了《治安维持法》中规定的预防拘禁［昭和 16（1941 年）］制 *293*
度。㉕并且，牧野英一在犯罪论的领域中对主观主义的贯彻，导致在发现了例如犯意等的主观的要素的行为之时，就在原则上扩张地承认犯罪成立的解释论（例如，在实行的着手问题上采取了主观说，在不能犯问题上采取了主观的危险说，在共犯论问题上采取了独立性说㉖等）。

德国"近代学派（新派）"的代表论者李斯特，在确认了坚持罪刑法定主义这一由启蒙思想所导出的传统原则所具有的意义的基础上，并没有背离客观主义的犯罪论结构的立场（例如，他在不能犯问题上采取了具体危险说，在共犯论问题上采取了从属性说）。而与此相对，牧野英一轻视罪刑法定主义的学说和主观主义的犯罪论就有其独立性。两位代表论者观点的对比不仅表明牧野英一并没有承认个人与国家和社会之间存在现实的紧张关系；同时也集中地体现了"近代学派（新派）"国家主义的威权主义的侧面，表明其对个人权利和自由的强烈危险性。

三、"古典学派"刑法理论的形成

（一）大场茂马的刑法理论

在现行刑法典成立之后，自明治末期到大正前期这一期间中，师从德 *295*
国刑法学家毕克麦耶的大场茂马从"正统学派"即"古典学派"的立场出发，展开了其对立于牧野英一所代表的"近代学派（新派）"刑法理论的理论阵营。大场茂马采取了法律实证主义的立场，重视包含禁止类推解释在内的罪刑法定主义的原则，在法律条文的解释问题上采取了严格的态

㉕ 参见牧野英一：《预防拘禁制度的思想的意义》，载《刑政》第 55 卷第 2 号（1942 年），第 12 页及以下。

㉖ 参见前引注⑲牧野英一：《日本刑法》，第 163 页及以下、第 169 页及以下、第 207 页及以下；另参见前引注⑲牧野英一：《重订日本刑法上卷》，第 251 页及以下、第 331 页及以下、第 441 页及以下。此外，牧野英一的刑法理论还可以参见中山研一：《牧野英一的刑法理论 1》，载《法律时报》第 51 卷第 4 号（1979 年），第 81 页及以下；另参见中山研一：《牧野英一的刑法理论 2》，载《法律时报》第 51 卷第 5 号（1979 年），第 78 页及以下。

度。㉗ 他主张报应刑论，认为刑罚必须与"正义报应"的观念相一致。这里所说的"正义报应"，是指"与行为人想要行为的意思及其所实施的行为相对等的正当的报应"。换言之，"与罪责成正比例的恶害，其实质上就是正义的报应㉘。此外，他还主张"报应刑"不仅能"满足人的根本的人性和情感的要求，还能满足道义的要求"；而"报应的观念"形成了"民众道义的常识"，"报应的人性"使得对"正义观念的实行"成为可能。㉙ 大场茂马还在因果关系问题上采取了客观的相当因果关系说，在未遂犯和不能犯的区别问题上基本采取了客观说（相对不能和绝对不能区别说）㉚，通过对相关学说的主张，建立了将重点放在行为的客观结果这一侧面的客观主义犯罪论。

296 　　大场刑法理论的基础中的思想方法是，认为刑法的目的在于对"生活利益的保护"和对"法律秩序的保护"（两者都能够最终归为对"利益的保护"），但是，"如果想要最大限度地维持法律秩序或保护生活利益的话，就应当通过以法律对世道风教进行保护，对公民的道德观念进行声援，以此增加并确保民众一般所行的道义准则的威力"的思想方法。㉛ 随后，大场对"近代学派（新派）"进行了激烈的批判，认为如果某种理论否定了对犯罪的"镇压"而将对犯罪的"预防"作为其目的的话，那么这种理论就只能是一种"刑法否认论"；并且，近代学派（新派）有着"轻视道德观念"并"蔑视刑法的威严信用"的倾向，这种刑事政策在基础上就是错误的；此外，新派的"保安处分的刑法"还将导致"人的权利和自由"陷入危机，是最为拙劣的刑事政策。㉜ 但与此同时，大场茂马并未完全否定改善、威吓、特殊预防的效用；他也同时指出，这些效用并非刑罚的目的所在，而仅应在与贯彻刑法的宗旨而"确

㉗　大场茂马：《刑法总论上卷》，1912 年版，第 255 页及以下、第 276 页及以下。
㉘　前引注㉗大场茂马：《刑法总论上卷》，第 170 页及以下。
㉙　大场茂马：《刑事政策大纲》，1909 年版，第 151 页、第 157 页。
㉚　大场茂马：《刑法总论下卷》，1917 年版，第 472 页及以下、第 844 页及以下。
㉛　前引注㉗大场茂马：《刑法总论上卷》，第 143 页及以下、第 148 页。
㉜　前引注㉗大场茂马：《刑法总论上卷》，第 85 页及以下、第 109 页及以下。

保刑法的威严信用"这一刑罚的目的不相矛盾的范围内得到讨论。㉝

（二）"古典学派（旧派）"刑法理论的形成

这样，通过大场茂马对"古典学派"的刑法理论的主张，日本刑法学界也明确地注意到了两理论间的对立，开始了"近代学派（新派）"和"古典学派（旧派）"的论争。而这主要受到德国"学派之争"的影响。

"古典学派"的刑法理论在大场茂马之后，分别在大正中期和大正后期得到了泷川幸辰和小野清一郎的有力的形成和展开，并与以牧野英一为代表的"近代学派"的刑法理论形成了对抗。泷川幸辰在大学时代就拜读了大场茂马的《刑法总论》，对"古典学派"的理论产生了兴趣㉞；小野清一郎也对大场茂马的刑法学作出了很高的评价。㉟ 因而虽然在泷川幸辰和小野清一郎的著作中都鲜少有对大场茂马学说的直接引用，但这或许是因为泷川和小野都并未直接师从大场茂马教授，而是分别在贝林和 M. E. 迈耶的指导下形成其刑法理论的。但仍应承认的是，泷川和小野确实都受到了大场茂马刑法理论的影响。因而大场茂马才是日本"古典学派"刑法理论的先驱者。

297

㉝　前引注㉖大场茂马：《刑法总论上卷》，第 161 页及以下。大场茂马的刑法理论和刑事政策论，可另参见堀内捷三：《大场茂马的刑法理论》，载《法律时报》第 50 卷第 11 号（1979 年），第 74 页及以下；大野平吉：《大场茂马的刑事政策论》，载《法律时报》第 51 卷第 2 号（1979 年），第 100 页及以下。另外还可参见前述学者论文中提到的文献。

㉞　泷川幸辰在大学一年级时曾拜读过大场茂马的《刑法总论》一书，认为"本书非常有趣"。而在胜本勘三郎的考试中，曾提到"请对新旧两学派的学说中刑事上的责任概念进行论述"的问题；泷川幸辰以大场茂马的目的刑主义批判的观点为基础，对新派理论进行了批判；并主张了报应刑主义。["受教于泷川幸辰先生"，收录于利谷信义、乾昭三、木村静子编：《法律学和我》，1967 年版，第 208 页及以下；另参见泷川幸辰：《京都大学的刑法讲座》（1946 年），收录于泷川幸辰：《刑法学的周边》，1949 年版，第 185 页及以下。]

㉟　小野清一郎指出："大场茂马曾在德国留学，师从于毕克麦耶；他支持古典学派即旧派的刑法思想而批判新派刑法学的态度是非常明确的。在这一点上，他是日本刑法学史中不可忽视的重镇。"在小野清一郎的《刑法总论》和《刑法各论》中也指出："恐怕在当今日本所有的刑法专著中，大场茂马是著作最多、理论结构最为坚实、引用最为精致的；比起牧野英一和泉二新来说也有过之而无不及。这是因为他继承了德国古典学派的长处。但是大场茂马并不是形式主义的法学家，他从自己的立场出发，创作了许多关于刑事政策的论文；他关于刑事统计的德语论文至今为止仍受到德国学者的引用。"出自小野清一郎：《刑法学小史》，收录于小野清一郎：《论刑罚的本质·其他》，1955 年版，第 420 页。

小野清一郎和泷川幸辰几乎是于同一时期在学界崭露头角的，但泷川幸辰率先表明了其"古典学派"刑法理论的立场。泷川幸辰在大正中期，也就是 1917 年（大正 6 年）至 1921 年（大正 10 年）这一期间，就已经发表了能够表明其"古典学派"刑法理论的若干论文［参见本章后文四（一）］；而自此之后到 1926 年（大正 15 年）为止，他又通过若干论文，对其古典学派的立场进一步明确化［后文四（三）］。之后，从昭和初期开始，泷川展现出了向马克思主义的一定的倾斜［后文四（五）］，加之其《刑法讲义》（改订版，1930 年版）等一系列的体系概说书，展现了其古典学派刑法理论的总体样貌［后文四（六）］。到 1930 年（昭和 5 年）左右为止，可看作是泷川幸辰刑法理论的形成过程。

　　与泷川幸辰相反，小野清一郎最初的论文《犯罪的时间及其场所》［1918 年（大正 7 年）］与学派之争并无直接的联系；并且在这之后，其在担当刑事诉讼法讲座的教师［1922 年（大正 11 年）］期间虽然发表了许多与刑事诉讼法相关的著作、论文和关于外国刑法和草案的比较法研究成果，但他直到 1924 年（大正 13 年）才发表了足以表明其在刑法理论的问题上立场的论文。并且，他的观点在当时也不过只是理论萌芽而已，并非明确地展现出他在解释论上的结论。与此相对的，小野清一郎在当时以"正义"和"文化"的概念为中心，对自己的刑法理论的法理学上的基础进行了思考［参见本章后文五（一）、（二）］。直到 1928 年（昭和 3 年），小野清一郎终于以其"文化主义的正义观"为基础，明确表明了其"古典学派"的刑法理论，在《刑法讲义》［1931 年（昭和 7 年）］中展现了其刑法理论的整体样貌［参见本章后文五（五）］，并在 1933 年的论文中明确了其对客观主义犯罪论的采纳［参见本章后文五（六）］。因而可以说直至 1933 年（昭和 8 年），小野清一郎才终于结束了其刑法理论的形成过程。

四、泷川幸辰的刑法理论的形成过程

（一）大正中期（诞生期）古典学派的立场
——泷川幸辰刑法理论框架的形成

1. 泷川幸辰[36]刑法理论的诞生期，是自他在 1917 年（大正 6 年）发 *299*
表其第一篇论文到 1921 年（大正 10 年）的这一期间。在这一期间中，泷
川幸辰在犯罪论中①认可"共犯的从属性"并采取了极端从属性说（1917
年）[37]；并且主张②"违法性认识"应当是故意的要素（1919 年）。[38] 此
外，他还在刑罚论中对③刑法的"本质"在于"报应"进行了论证（1921
年）。[39] 前述三个主张不论哪一个，从类型上来看都是属于"古典学派"
刑法理论的主张。

但是，①泷川幸辰在共犯问题上采取极端从属性说之时，其重要的论
据在于"日常生活的观念"。这里所谓"日常生活的观念"，其内容是"日
常生活中，在人们遭遇犯罪之时……以在现实中显现的结果为起点，追溯
其因果关系，首先探寻是什么人使结果得以实现；换言之，也就是想要知
道究竟是谁实行了法律上的犯罪行为"[40]。

---

[36] 泷川幸辰的经历、业绩和刑法理论，参见小田中聪树：《泷川幸辰的经历、业绩和刑事
程序论》，载《法律时报》第 52 卷第 6 号（1980 年），第 86 页及以下；另参见内藤谦：《泷川幸
辰的刑法理论 1、2、3、4、5》，载《法律时报》第 52 卷第 7 号（1980 年），第 65 页及以下、第 8
号第 75 页及以下、第 9 号第 100 页及以下、第 10 号第 72 页及以下、第 11 号第 75 页及以下。另
参见前引文献中出现的其他文献。

[37] 泷川幸辰：《论共犯的从属性》，载《京都法学会杂志》第 12 卷第 9 号（1917 年），第
113 页及以下。

[38] 泷川幸辰：《论违法性认识（违法性认识是否能成为犯罪要件？）（一）》，载《法学论丛》
第 2 卷第 2 号（1919 年），第 19 页及以下；泷川幸辰：《论违法性认识（违法性认识是否能成为
犯罪要件？）（二）》，载《法学论丛》第 2 卷第 3 号（1919 年），第 17 页及以下。Vgl.
M. E. Mayer. Rechtsnormen und Kulturnormen, 1903.

[39] 泷川幸辰：《论作为刑罚本质的报应》，载《法学论丛》第 5 卷第 6 号（1921 年），第 9
页及以下。

[40] 参见前引注[37]泷川幸辰：《论共犯的从属性》，第 28 页及以下。

并且，②泷川幸辰在主张违法性认识是故意的要件之时，认为"违法"是指对"日常生活的规则秩序的违反"。这一"秩序违反"的概念虽然已经受到了 M. E. 迈耶的"文化规范"论的影响，但泷川幸辰在这里是从将"犯罪"定义为"实质地破坏了人的生活条件的行为"的观点出发，进一步主张"社会的生活条件"是通过对其进行调整的"秩序"得到"保护"的。而由于"秩序"和"社会生活的条件"之间有着"通常看来是难以分开的关系"，因而"应该说犯罪就是违反人们日常生活秩序的行为；换言之，应该将犯罪的实质意义进行更加形式的还原"。据此，这里所说的"日常生活的秩序"所意指的，就是目的在于对"生活条件"进行"保护"的那些"秩序"。并且，泷川幸辰还将"生活条件被破坏"这一结果是否"能够归属于完成了其原因所在的意思活动的人"，作为"责任能力"和"责任条件"的问题进行了讨论。[41]

　　此外，③泷川幸辰在主张刑罚的"本质"是"报应"之时，其所谓"本质"是指"作为刑罚的这种现象能够与其他现象在概念上得到区别"。在这一意义上，"报应"是"唯一一种使犯罪和刑罚关联起来的普遍妥当的"要素；其根据在于，"对恶行的恶报"和"对动的反动"这一意义上的"报应"是"人类与生俱来的性质"，对此毫无经验的人是"不可能存在在这个世界上"的。[42] 这样，泷川幸辰的刑罚的"本质"报应论就是就现实的刑罚这一问题而言的概念论，而并非是从"报应"中寻找刑罚的"目的"或"正当性"的理论。在这一意义上，泷川幸辰的报应刑论就只是相对的报应刑论而已。也正因此，泷川幸辰认为刑罚的"本质"和"目的"以及"正当性"三者是有所不同的，并且在这一阶段有意识地回避了对刑罚的"目的"进行正面的论证，在保留自己观点的同时主张刑罚的正当性在于"文化的要求"。也正因如此，泷川幸辰认为自己的"报应刑论"并不意味着"犯罪必罚"；而他之所以承认起诉犹豫（不起诉）和刑罚的执行犹豫（缓期执行）具有正当性，也正是因为从"文化观

300

---

　　[41]　参见前引注㊳泷川幸辰：《论违法性认识（违法性认识是否能成为犯罪要件?）（一）》，第 19 页及以下。

　　[42]　参见前引注㊴泷川幸辰：《论作为刑罚本质的报应》，第 15 页及以下。

念"中能找到其根据［关于泷川幸辰的"文化"概念，参见本章后文（四）3］。㊸

此外，泷川幸辰在这一时期就已经发表了其对贝卡利亚、费尔巴哈等人的启蒙主义刑法思想或前期古典学派的研究成果，都表明他对这些理论抱有强烈的兴趣并倾服于此。㊹

2. 这样，泷川幸辰刑法学的初心就在于，从"日常生活的观念"和"日常生活的秩序"出发对犯罪论的问题进行讨论，并将这些问题与"日常生活中当人们遭遇犯罪的场合"和"人们的生活条件"这类经验和事实结合起来进行考察。并且，泷川幸辰还在刑罚论中将"报应"和"经验"结合起来，进一步在由于"事实上不可能"排除"报应感情"，因而报应情感就是"不容易消灭"的这一意义上，主张了"经验的报应刑论"而非"先验的报应刑论"㊺；同时，他还采取了作为"认识形式"的意思决定论，并尝试构建"以决定论为基础的报应刑论"㊻。从前述两点中也能明显地看出相同的思考路径。此外，泷川幸辰还采取了从作为经验事实的客观结果，即"在现实中显现的结果"和"对生活条件的破坏"以及"对动的反动"这些方面着手，并以此为出发点对刑法问题进行考察的态度。而不论是这种经验主义、客观主义、结果无价值论的研究方法，还是泷川对 *301*
前期古典学派的强烈兴趣和倾服，都表明了他在之后的完整的刑法理论的根基中具备的方法论上的特征。此外，泷川幸辰还在刑罚论中采取了刑罚的"本质"报应论，在故意论之中采取了违法性认识必要说，在共犯论中采取了极端从属性说；而泷川的刑法理论在就这三个问题的结论上自始至终都没有发生变化，也表明了其理论在内容上的特征。因而在前述意义

㊸　参见前引注㊴泷川幸辰：《论作为刑罚本质的报应》，第 9 页及以下。

㊹　泷川幸辰：《论心理强制主义和意思自由——兼论费尔巴哈刑罚论的本质》，载《论丛》第 4 卷第 3 号（1920 年），第 1 页及以下；另参见泷川幸辰：《康德的学徒费尔巴哈》，载《论丛》第 4 卷第 3 号（1920 年），第 118 页及以下；泷川幸辰：《切萨雷·贝卡利亚和大宪章》（1929 年），收录于泷川幸辰：《刑法史的一个断面》，1933 年版，第 219 页及以下。

㊺　泷川幸辰：《决定论的报应刑的一个典型——梅尔克尔的决定论》，载《论丛》第 5 卷第 1 号（1921 年），第 50 页及以下。

㊻　参见前引注㊺泷川幸辰：《决定论的报应刑的一个典型——梅尔克尔的决定论》，第 37 页、第 54 页；另参见前引注㊱内藤谦：《泷川幸辰的刑法理论 1》，第 67 页、第 70 页。

上，可以说泷川幸辰的刑法理论的古典学派的骨骼在其诞生期就已经形成了。

（二）泷川理论与大正中期的"近代学派（新派）"的刑法理论特别是牧野英一的刑法理论之间的关系

1. 然而，直到1921年（大正10年）左右为止，泷川幸辰的刑法理论都存在与"近代学派"特别是牧野英一的刑法理论具有亲近性的一面；其典型就是，泷川幸辰受到牧野英一的影响而允许在刑法中进行类推解释。⑰ 此外，泷川幸辰在将违法的认识作为故意的要件之时［参见本节前文（一）1②的论述］，就不仅在原则上承认了牧野英一认为科处刑罚的根据在于"行为人的反社会性"的观点，还在此基础上进一步以最能表现其"行为人的反社会性"的是行为人所具备的违法性认识的观点作为自己的主要论据（1919年）。⑱ 泷川幸辰在采纳这些主张之时，其理论根基的基本思想在于对国家或社会和个人的"调和"与"协调"；而这与牧野英一的是完全相同的。⑲

2. 应当承认的是，牧野英一的刑法理论在大正时代的前半段中所具有的特定的积极意义［参见本章前文二（三）处的论述］或许影响了年轻的泷川幸辰。而泷川幸辰自那时起就引用了李斯特的观点，并将刑法理解为"利益保护"法［参见本章后文四（四）1的论述］。此外，泷川还在对"秩序"概念的使用上是与M.E.迈耶的理论相关联的；而在对罪刑法定主义和意思决定论的论述中，泷川又曾引用过耶林的观点。因此，泷川幸辰的刑法理论的基础就包括了耶林、李斯特和M.E.迈耶的理论；包含了对概念法学的实证主义进行批判的要素和功利主义的思想。并且，在泷川幸辰自其研究生活的初期开始就表现出强烈的兴趣和倾服的前期古典学302 派和作为其源流的启蒙主义刑法思想之中，制度、理论、政策的基础都在

---

⑰　泷川幸辰：《罪刑法定主义的历史考察》，载《论丛》第1卷第6号（1919年），第56页及以下、特别参见第82页及以下的部分。

⑱　前引注⑱泷川幸辰：《违法性认识（一）》，第34页及以下、第37页；泷川幸辰：《违法性认识（二）》，第40页。

⑲　参见前引注⑰泷川幸辰：《罪刑法定主义的历史考察》，第84页；另参见前引注⑱泷川幸辰：《违法性认识（一）》，第34页及以下。

于人类合理的理性；这种思想在不承认无法通过感性经验得到认识的东西的意义上，是对形而上学的思想方法的否定。也正是在这一点上，这种思想与"近代学派（新派）"理论是有所联系的。⑩ 因而虽然泷川刑法理论的基础中直到昭和时代为止都延续着前述思想，但正如下文所述的那样，随着泷川幸辰自1921年（大正10年）开始逐渐加强了对"近代学派（新派）"，尤其是对牧野英一的刑法理论的批判，他的理论中与牧野英一的刑法理论具有亲近性的一面也就逐渐被擦除了。

（三）大正时代后期"古典学派（旧派）"刑法理论的明确化
——对近代学派（新派）刑法理论的批判

1. 首先，泷川幸辰接近了新康德学派（西南学派）的科学方法论，对将"刑法学"完全"自然科学"化的观点提出了质疑。他在将"责任"理解为"理解秩序的心情状态"的同时，在这一意义上主张了"没有责任就没有刑罚"这一原则。并且，他还以"新学派（新派）否定了责任观念"这一理解为前提，认为"责任观念是新旧两学派的分水岭"，指出"像新学派（新派）那样将归责能力理解为对刑法的适应能力"是缺乏正当性的。此外，他还认为"归责能力的根据在于社会的法律确信，即正义——而这一概念中包含了法律所应具备的一切要素"；将"归责能力"的"实质的意义"理解为"理解社会秩序，并据此行为的能力［1921年（大正10年）］"⑪。

随后，泷川幸辰将"责任"理解为"在以行为为依据对行为人进行非难之时其基础所在的精神状态"，并主张违法性认识是故意的本质要件；而这种基础在于反对动机形成的观点与其在1919年的论文［参见前文（二）1］中的主张有所差异。泷川幸辰以对秩序违反性的认识为基础构建责任论的观点表明，他对牧野英一主张的反社会的性格是故意的本质的观点持质疑的态度［1922年（大正11年）］。⑫

---

⑩ 详细内容，参见前引注㊱内藤谦：《泷川幸辰的刑法理论1》，第69页。
⑪ 泷川幸辰：《论归责能力的本质》，载《志林》第23卷第10号（1921年），第33页及以下、第48页、第50页、第51页。
⑫ 泷川幸辰：《论归责条件的本质》，载《论丛》第7卷第2号（1922年），第45页及以下、第48页、第50页、第60页。

在刑罚论中，泷川幸辰在新黑格尔学派的学者科勒的影响之下，认为刑罚的痛苦，即对法益进行剥夺的理由或正当化根据在于“痛苦的赎罪净化作用”，即“通过刑罚带来的痛苦，使罪过得到清偿，使责任得到消解，使社会恢复纯洁的状态”；简言之，即在于赎罪能够“回复伦理价值并使社会得到调和”。除此之外，他还从认为“刑罚是对犯罪的报应，是对责任的清偿”的、有着“赎罪性质”的报应刑论出发，论证了“无犯罪就无刑罚的原则”，同时还在“有必要使刑罚只有在作为对责任的清偿时才是妥当的”意义上，推导出“犯罪与刑罚之间的均衡关系”的“要求”。这里所谓的“犯罪与刑罚”之间的均衡不仅是“价值的均衡”，也是“对伦理价值的清偿这一意义上的罪刑均衡论”［1924 年（大正 13 年）］。这种“赎罪”刑论一直延续到了昭和时期；并且可以说，在基本采取了经验的、合理的、逻辑性的思想的泷川幸辰的刑法理论中，“赎罪”刑论也可以说是有着最为浓厚的形而上学色彩的主张。而泷川幸辰本人也对此有所认识，并指出“刑法的意义或精神”这样的“最为根本的问题”仅仅在“逻辑上”是无法得到解决的，其“归根结底是每个人的确信，是信仰或直觉的问题；因而应该是处于逻辑之外的”⑤。

泷川幸辰还在“决定论与非决定论”的对立中，指出意思决定论“必将归于对某种神秘之物的探寻”，而对此持怀疑态度；同时他还对近代学派（新派）的征表主义（犯罪征表说）和性格责任论等观点进行了批判，主张了行为责任的立场［1925 年（大正 14 年）］。⑤ 此外，他首先对菲利草案的根本思想进行了批判，主张“责任”的“基础在于道德之中”，并且至少在“现代的法律感情”上是要求将“道义的责任”作为“处罚的本质条件”的；并且由于“报应思想”在“当今的社会意识中广泛且深入”地存在着，因而“对这种思想的压制就是对人性的否定”，且将导致“对当今的公刑罚（pub-

---

⑤　泷川幸辰：《论刑罚》，载《论丛》第 12 卷第 3 号（1924 年），第 1 页及以下、第 6 页、第 7 页、第 9 页。

⑤　泷川幸辰：《对责任论的考察》，载《论丛》第 13 卷第 6 号（1925 年），第 1 页及以下、第 3 页、第 5 页及以下。

lic punishment）制度的破坏"［1926 年（大正 15 年）］。⑤⑤

这样，泷川幸辰从 1921 年（大正 10 年）左右开始，就以责任论和刑罚论为中心，进一步明确了其"古典学派"的立场。而正如泷川幸辰在刑罚的正当化依据问题上主张（刑罚）痛苦的"赎罪净化作用"，并在责任论上主张"道义责任论"所表明的那样，这时他的刑法理论具有浓厚的后期古典学派的色彩。 *304*

2. 那么泷川幸辰是以什么理由对"近代学派（新派）"的刑法理论进行批判的呢？

第一，正如前文所述的那样［参见本节（三）1 的论述］，应当认为泷川幸辰的责任论和刑罚论是在应当完全无法与"近代学派"的理论相容的方向上展开的。

第二，泷川幸辰以"近代学派"的"征表主义"对个人的自由来说是有危险的理论为由，对其进行了批判。他指出，"征表主义"的论者也主张"为了保障人的自由"而对一定行为进行处罚，"自不必说这本身是非常正确的"。在此基础上，泷川幸辰还指出，"但是这不过是从征表主义的立场出发的托词而已"。同时，泷川的这种观点还表现在他自己主张的否定性格责任论而支持行为责任的立场［1925 年（大正 14 年）］中。⑤⑥ 此外，泷川幸辰还指出，在贯彻"犯罪人主义"而轻视"犯罪事实"之时，犯罪人的"性格"就成了核心问题，而这违背了"社会普遍的法律确信"，导致了"苛酷的刑罚"；他还将"不能犯"从未遂犯中区别开来，承认了"共犯的从属性"；并进一步地认为前述观点能够满足有关的"社会要求"［1925 年（大正 14 年）］。在这些观点中都表明了泷川对近代学派的刑法理论的批判。⑤⑦

第三，泷川幸辰认为，近代学派主张的"责任的基础在于性格这一观点，是从个人主义的立场出发的"；随后他还从强调"社会全体的利益"和"社会连带的观念"的观点出发，对近代学派的特殊预防论、刑罚个别

---

⑤⑤ 泷川幸辰：《论社会防卫和犯罪人的危险性——意大利刑法草案的根本思想》，载《论丛》第 16 卷第 4 号（1926 年），第 1 页及以下、第 18 页、第 19 页、第 23 页。

⑤⑥ 参见前引注⑤④泷川幸辰：《对责任论的考察》，第 5 页及以下。

⑤⑦ 参见前引注⑤④泷川幸辰：《论刑罚》，第 8 页及以下。

化等观点进行了批判。虽然泷川幸辰对前述性格责任论的理解多少也是存在问题的，但他主张在贯彻刑罚的特殊预防功能之时，"刑罚统一的观念及其目的就被破坏了"[1925年（大正14年）]。⑱

3. 但在另一方面仍应引起注意的是，后期古典学派这一理论本身就是具有异质性的理论；并且在大正时代，这一理论就已经在泷川幸辰的刑法理论中有所萌芽。这一萌芽同时还表现在泷川幸辰从很早的时候开始，就对当时通奸罪规定的"不合理"性进行了主张 [1922年（大正11年）]⑲，提出了对自己堕胎罪和同意堕胎罪进行非犯罪化的方向，以及对1922年的苏维埃刑法表现出强烈的兴趣并对其进行了翻译和介绍等事实中 [1924年（大正13年）]。⑳

此外，就"宗教裁判"的问题，泷川幸辰认为其在文化史上的一个价值在于，其在表明了"思想犯"或"政治犯"即"确信犯"的审判，与其说是对"对法律的正面适用，还不如说是对支配者恣意性（Wellkur）的表现这一点上，比较多地参与了社会史"[1925年（大正14年）]㉑。此外，泷川幸辰对"启蒙时代的刑罚思想"和"近代自由刑的诞生"等问题的历史的研究成果虽然是在昭和时代初期完成的，但成功地使人们认识到了刑法的历史的、社会的性格，以及其自由保障机能的重要性。㉒

而前述这些侧面最终也影响了泷川幸辰昭和时代刑法理论的形成。

（四）大正时期泷川幸辰刑法理论的基础

目前，并没有著作或论文专门就泷川幸辰在大正时期的刑法理论的基础中的思想进行专门的整理和讨论。但是，以散见于泷川论文中的记述为线索进行讨论的话，不难发现其重要之处就在于，将刑法理解为"法益保护"法和对"条理"以及"文化"概念的观点上。

---

⑱ 参见前引注㉝泷川幸辰：《对责任论的考察》，第6页及以下。
⑲ 参见前引注㊿泷川幸辰：《论归责条件的本质》，第68页注①。
⑳ 参见泷川幸辰：《堕胎和俄国刑法》，载《论丛》第12卷第4号（1924年），第92页。
㉑ 泷川幸辰：《宗教裁判》（1929年），收录于泷川幸辰：《刑法史的一个断面》，1933年版，第1页及以下。
㉒ 泷川幸辰：《启蒙时代的刑罚思想》（1927年），收录于前引注㉑泷川幸辰：《刑法史的一个断面》，第161页及以下；另参见泷川幸辰：《近代自由刑的诞生》（1930年），收录于前引注㉑泷川幸辰：《刑法史的一个断面》，第137页及以下。

1. 首先，就法律和刑法的本质的问题，泷川幸辰认为，人虽然形成了社会并在其中过着共同生活，但"在人类互相接触之时必定产生利益的冲突"；而在社会生活中的个人之间，以及个人与社会之间发生"利益冲突"时，为了防止社会的崩溃而对利益冲突进行解决的"标准"就是"法律秩序"；对利益冲突进行解决的"力量"就是法律。由此，"法律的本质在于利益保护"，作为法律中一个部门的"刑法"自然也不能例外；只不过刑法是通过刑罚间接地、补充地对利益进行保护的，因而在保护的方法上有所差异。这样，泷川幸辰就在引用李斯特的基础上，通过将刑法理解为"利益保护"法，展现了其功利主义的思考。㉖

2. 随后，另一个重要的概念就是"条理"。泷川幸辰在1919年（大正8年）的论文中，已经将"条理"这一概念与对"生活条件"的保护联系起来进行了讨论[参见前文（一）1②的论述]。而泷川幸辰在1922年之后在对责任论的结构问题的讨论中也使用了"条理"概念；从中也能看出同样的思想［参见前文（三）1的论述］。他认为，社会生活的成立是以"人们互不侵害他人的生活利益为前提的"；而"社会生活的这一前提，即各自的行为准则就是所谓'社会生活的条理'"；也可以将其简称为"条理"。此外，泷川幸辰还进行了如下表述："社会是在其成员不对其他成员的生命、身体、名誉、财产、住宅、秘密进行侵害为前提才得以成立的；这一不成文的明令禁止就是'条理'"㉖。从前述表述中可以确认，泷川幸辰是以不对生命、身体、财产等"生活利益"这样的经验的、事实的、结果的东西发生侵害为前提，来理解"条理"这一概念的。而这种观点也正是他将刑法看作是"法益保护"法的反映。

此外，泷川幸辰还在将"违法"理解为"对日常生活的条理违反"的同时，认为"违法"可以在"对国家所认可的条理的违反"的意义上进行表述。但是，第二种表述只有在承认两种违法"超越了允许与国家意志相矛盾"的范围而被认为是并不正当的语境中才能得到运用。㉖ 而这里的重

306

㉖ 前引注㉗泷川幸辰：《罪刑法定主义的历史考察》，第80页及以下。
㉖ 前引注㉜泷川幸辰：《论归责条件的本质》，第46页及以下、第66页。
㉖ 前引注㊳泷川幸辰：《违法性认识（二）》，第30页。

点仍然在于,"违反了日常生活的条理"这一概念,及其思考方法。

对于大正时期的泷川幸辰来说,前述"条理"就并不是与"道德"毫无关系的。而"道德"也与风俗、习惯等相并列,成为对"条理"进行判断的"材料"之一。此外,泷川幸辰还认为"社会的理想"并不在于社会中"个人的自我实现",而是在于"社会本身的更为合理的实现";并主张这种理想的内容是由"所谓'道德的东西(das Ethisches)'所组成的"⑥⑥。但是,泷川幸辰在进行前述主张之时,也认为除个人的自由之外,包括了个人平等在内的"社会"的更具合理性的完全状态,也是"所谓'道德的东西'";而并未将其假想为道德本身、国家的道德或保守的道德。而在泷川对前述观点的具体适用中,特别值得注意的正是其认为当时通奸罪的规定在仅仅处罚妻子的通奸行为上具有"不合理"性的评论。⑥⑦

307   随后,由于泷川幸辰对"条理"的理解是与对"生活条件"或"生活利益"的保护相联系的,在他对"道德"这一对"行为准则"的"条理"进行判断的"材料"进行讨论时,就可以认为他将问题限定在了能够影响对"生活条件"或"生活利益"的保护的范围内。在这一意义上,泷川幸辰的基本思想是与所谓的"结果无价值论"接近的。

3. 此外,"文化"的概念在大正时期泷川幸辰的刑法理论中也有着重要的意义。例如,他认为刑法的正当性根据在于"文化的要求"[前文(一)1③],对"法律作为一种社会制度之所以是有价值而有力量的,是因为其内容与文化的要素相符合"进行了论证⑥⑧,并试图通过"文化的思想"来"调和"意思决定论和责任之间的"矛盾"⑥⑨。这里,如果从泷川幸辰的"条理"论是在 M. E. 迈耶的"文化规范论"的影响下形成的视角来看的话[前文(一)1②],他对"文化"概念的重视就有充分的理由。并且,泷川对"文化"概念的重视不仅表明了"文化"概念在新康德学派中所具有的重要性和影响力;同时也表明了大正时代的思想界中"文

---

⑥⑥ 前引注㊵泷川幸辰:《论归责条件的本质》,第 68 页。

⑥⑦ 前引注㊵泷川幸辰:《论归责条件的本质》,第 68 页注(一)。

⑥⑧ 前引注㊴泷川幸辰:《对责任论的考察》,第 15 页。

⑥⑨ 泷川幸辰:《刑法讲义》,1925 年版,第 30 页及以下(本书由泷川幸辰教授口述)。

化主义"思想的普遍存在。⑦ 正因如此，牧野英一在大正时代也赋予了"文化"概念以法理论上的重要地位；并且小野清一郎以"文化"概念作为自己法律理论的基础，将其看作是最为重要的概念［参见后文五（二）］。⑦

对于泷川幸辰来说，"文化"是"价值观念"，是"向理想进发的思想进步的可能性"，也是"人类"向着"理想的世界"进行"努力"的"目标"。这一"努力"只有通过"多数人的配合"也就是"社会力"才能得到"实现"；这样，"社会"的意义就在"文化的创造"中得到了强调。⑦

此外，泷川将作为"文化"的"创造者"的"社会"定义为"追求共同利益的多数人的结合"；并且将"国家"理解为"社会的一种形式"，是"包含了诸多方面的利益的社会"。这样，泷川幸辰所主张的就是一种"利益社会"的"社会"概念，并且他的国家观与多元的国家论也是非常相近的。⑦ 这样，虽然在泷川幸辰"所谓法治国"的范围内，"文化"以"社会秩序"的形态受到"国家"的保护，但在多个相互冲突的"利益及其遵循的条理"之中决定何者应为"法律秩序"所"承认"的，则是有着各种"利益"的"文化价值"。可以认为，泷川幸辰的前述基本思想受到了M. E. 迈耶的极大影响。⑦

308

4. 正如前文所述，泷川幸辰自其刑法理论的形成期开始，就认为法律的本质在于"利益保护"；刑法自然也不能例外，只是其在保护方法上与其他法律有所差异，因而只是具有补充性格的法律而已（参见前文1）。但同样难以否定的一个侧面是，正是从泷川幸辰将重点置于个人和社会或

---

⑦ 参见松本三之介：《大正民主的知识结构》，收录于松本三之介：《近代日本的知识情况》，1974年版，第116页及以下；另参见生松敬三：《"文化"概念的哲学史》，载《岩波讲座·哲学13·文化》，1971年版，第73页及以下。

⑦ 参见前引注⑳牧野英一：《现代的文化和法律》，第455页、第474页及以下。当时牧野英一的"文化"概念的内容未必是明确的，从自然科学的立场上来看的"能量"论的"文化"概念是其主要节奏。由此，牧野英一当时所谓的"文化"概念就不仅与小野清一郎的"文化"概念，也与泷川幸辰的"文化"概念是有所区别的。

⑦ 前引注⑲泷川幸辰：《刑法讲义》，第22页。

⑦ 前引注⑲泷川幸辰：《刑法讲义》，第23页及以下。

⑦ M. E. Mayer, Der Allgemeine Teil des deutschen Strafrechts，1915，S. 37 ff. ；Rechtsphilosophie，1922，S. 25 ff.

国家之间的调和即协调关系而非紧张关系的观点中，孕育出了他类推容许论的观点［参见前文（二）1］。但是，因为泷川幸辰是从认为刑法是"利益保护"法的观点出发的，所以他至少没有在刑法理论中强调国家和刑法的伦理的、道义的性格。而在他将违法理解为对"条理"的违反时，他对这一"条理"的理解也是与"生活条件"或"生活利益"的保护相联系的。并且，在他使用"道义的责任"这一用语的时候，其重点也在于避免将"现代的法感情"与像菲利草案那样对"责任"概念的否定联系起来；这样，他就并没有强调以刑法的国家的道义性为基础的、作为道义非难的责任。此外，泷川幸辰将"国家"看作是社会的"一种形式"，并采取了与多元的国家论相近的立场；而并没有将国家概念置于过高的地位中。他还将"社会"看作是"文化"的"创造者"，将包含了对个人平等的确保的"社会本身的更为合理的实现（social realization）"看作是"社会的理想"。这样看来，大正时期的泷川幸辰的刑法理论就是以他对前期古典学派的强烈关心和倾服为基础的；而前期古典学派又是以依据人类的合理的理性对旧制度的刑法制度进行批判，并与此相对立的个人主义的自由主义为基础的［前文（一）1和（二）2］。泷川幸辰的前述基本思想是以"社会"状况的变化为背景的；昭和时期泷川幸辰的刑法理论的形成则与其对"社会"矛盾激化的认识相密不可分。

309

（五）昭和时代初期倒向马克思主义的倾向，以及对牧野刑法理论的批判

1. 在昭和时代初期，第一次世界大战后的恐慌和这种恐慌的慢性化导致了资本主义"社会"中阶级矛盾的激化；而统治阶级以治安立法来应对这种社会状况，订立了《治安维持法》并对其进行了强化。在这样的背景下，泷川幸辰逐渐接触了马克思主义思想，并在部分理论中表现出了在一定程度上倒向这一理论的倾向。

泷川幸辰倒向马克思主义的倾向表现在他的如下论述中。

"在当下的社会中，在除贩卖其劳动力之外就无法保障自己的生活的无产阶级和购买劳动力并剥削其剩余价值的资产阶级之间存在对立；这种对立引起了无休止的阶级斗争。无产阶级通过他们超越民族和国境的团结，正在逐步打破资产阶级的束缚。当前无产阶级除应当摘下的枷锁之外一无所有，但他们终将获得整个世界。……对阶级利益的主张在违反现存

的社会秩序的意义上是犯罪；而且法律总以维持现存的秩序为其目的，因而一定是保守的。消灭犯罪、减少犯罪，即与犯罪的斗争根本点在于变革社会组织；但维持现存的社会秩序的话，对社会组织的变革就是不可能实现的。在这一意义上，通过刑罚和保安处分与犯罪进行斗争，实际上都不过是改良主义者的空论而已。"⑦

2. 泷川幸辰的部分观点在一定程度上倒向了马克思主义。而他也在1930 年（昭和 5 年）时，以"近代学派（新派）"在其"社会防卫主义、犯罪征表主义、主观主义"中所使用的"社会"究竟意味着什么为问题意识，对《治安维持法》提出了质疑⑦；强调在以阶级对立为现实的资本主义"社会"中必须采取罪刑法定主义和报应刑论，激烈地批判了牧野英一的教育刑论。这一批判主要表现在泷川的以下主张中。例如，他认为依据教育刑论的话，"教育是善，善应得到无限制的施行"；而刑罚却是"一种恶，因而必须对其进行限制"；由此，"教育刑主义只有通过对罪刑法定主义的废弃，才可能得到贯彻。但是，只要无法赞同从法治国向警察国的逆转，就不可能废弃罪刑法定主义"。自不必说"当下现实的刑罚并不是一种教育方法；理念上的刑罚是否是一种教育刑也是存在疑问的"。在"治安维持法等对确信犯施以重罚的刑罚法规"中，对"在思想上处于对立地位的犯罪人进行教育是不可能的。在此范围内，作为观念的教育刑绝对是不存在的"⑦。

此外，对于牧野英一批评自己的立场是"怀疑的立场"，并主张国家应从法治国向文化国发展、从罪刑法定主义向教育刑主义发展的观点，泷川幸

310

---

⑦ 泷川幸辰：《刑法讲义（改订版）》，1930 年版，第 33 页及以下；另参见泷川幸辰：《刑法讲义》，1929 年版，第 36 页及以下。当时的社会背景状况，泷川幸辰对这些情况的理解，以及泷川幸辰对马克思主义的理解和一定程度上倒向马克思主义的倾向，参见前引注㊱内藤谦：《泷川幸辰的刑法理论 3》，第 105 页及以下；另参见前引注㊱内藤谦：《泷川幸辰的刑法理论 5》，第 76 页及以下。

⑦ 泷川幸辰：《风早八十二译作：贝卡利亚的〈论犯罪与刑罚〉》，载《论丛》第 23 卷第 2 号（1930 年），第 125 页。

⑦ 泷川幸辰：《确信犯的犯罪人和教育刑》，载《论丛》第 25 卷第 4 号（1931 年），第 1 页及以下，特别是第 16 页、第 17 页和第 29 页。

辰进行了如下回应。⑱ 他认为，牧野英一的教育刑主义不仅"脱离了社会的基础"，而且是"超社会"的观点。如果在现在的"资本主义社会"之中"实施教育刑主义"的话，"民众除在垄断资产阶级的恣意命令下进入社会防卫设施（接受教育刑的场所）之外，就不可能有其他容身之所了"⑲。

（六）昭和初期刑法理论整体样貌的形成

1. 在泷川幸辰的刑法理论展现出了倒向马克思主义的倾向的同一时期，泷川逐渐完成了《刑法讲义》《刑法总论》《刑法各论》等一系列体系概说书，展现了其刑法理论的整体样貌。⑳ 其犯罪论、刑罚论的内容以新引入的构成要件论为其特色，但基本上仍处于其大正时期理论的延长线上，在许多问题上都受到了 M. E. 迈耶的影响。而这也表明，泷川幸辰对马克思主义的一定的倾斜虽然在一定程度上影响了他的犯罪论和刑罚论，但这种影响并未直接地表现在他的理论中。此外，这也表明成为泷川幸辰理论的出发点的态度是，不论是"国家主义是否妥当、无政府主义是否合理，抑或是应当维持私有财产制度还是施行共产主义制度的问题，都应受到另行的研究讨论。笔者仅尝试在承认现实制度的前提下对刑法进行说明"㉑。

此外，虽然受阶级斗争尖锐化的影响，强调罪刑法定主义的意义的态度逐渐得到了加强，但允许类推的结论基本上得到了维持。㉒ 泷川幸辰明确表明了禁止类推的观点㉓，并且为了在阶级对立的社会中对个人的权利和自由进行保障，而主张以"人权思想"为其基础，"严守罪刑法定这一

311

---

⑱　牧野英一：《刑法中法治国思想的展开》，1931 年版，序言、第 1～40 页、第 146～196 页，特别是第 163 页。

⑲　泷川幸辰：《刑法中法治国思想的展开》（对前引注⑱牧野书的书评），载《论丛》第 26 卷第 1 号（1931 年），第 126 页及以下、第 129 页、第 132 页。

⑳　参见前引注㉕泷川幸辰：《刑法讲义》；另参见泷川幸辰：《刑法总论》（1929 年版）收录于《现代法学全集》中；泷川幸辰：《刑法各论》（1930 年版），收录于《现代法学全集》中。

㉑　前引注⑳泷川幸辰：《刑法总论》，序言第 1 页。

㉒　前引注㉕泷川幸辰：《刑法讲义》，第 46 页。

㉓　泷川幸辰：《犯罪的预防还是犯罪人的大宪章》（1935 年），收录于泷川幸辰：《刑法杂笔》，1937 年版，第 366 页及以下。泷川幸辰就类推解释的问题所采取的态度的变迁及其意义，详见前引注㊱内藤谦：《泷川幸辰的刑法理论 4》，第 75 页及以下。

铁则,展开了其犯罪理论的叙述"㉞。这正标志着自 1932 年(昭和 7 年)起,泷川幸辰的刑法理论逐渐进入了确立时期。

但是在立法论的视角下,泷川幸辰在关于刑法分则的特定部分,例如在提出对通奸罪、自己堕胎罪等犯罪进行非犯罪化的方向等问题上,其问题意识和方法论都直接表明了他的部分理论已经在一定程度上倒向了马克思主义。㉟

2. 在犯罪论之中,泷川幸辰在昭和时代初期首先导入了新的构成要件理论。这时,泷川幸辰的问题意识主要在于罪刑法定主义的要求。他认为,"只要刑法没有进行规定,那么不论是应当在道德上、社会上进行排斥的行为,还是应当科以刑罚的行为,都不能认定为犯罪(参考罪刑法定主义的要求)。这种在刑罚法规中得到规定的概念的要素,被称为'构成要件'";而该当于构成要件,就是犯罪在概念意义上的首要要素。㊱ 而且,新的构成要件理论的导入也扫清了泷川幸辰犯罪论之中残存的主观主义的残渣,起到了为客观主义犯罪论打下基础的作用。㊲

就泷川幸辰关于违法论的构想而言,在认为"违法的实质"是对"条理的违反"这一点上,与大正时代的观点是完全相同的。这里泷川幸辰所说的"条理"是"道德的、宗教的、风俗习惯的命令和禁止,也是交易上和职务上的要求,是对个人进行调整的规范的总称"——这与 M. E. 迈耶的"文化规范"是相互对应的。泷川幸辰虽然认为违法是对"国家的条理的违反",但也指出了这种"条理"的"可变性",认为:"条理是以维持少数有产者所支配的现状为目标的;未必能成为确保多数无产者的幸福的标准。"而"革命者的行动虽然符合较高的道德标准,但却违反了其所处

㉞ 泷川幸辰:《犯罪论序说》,1938 年版,第 18 页;另参见泷川幸辰:《犯罪论序说(改订版)》,1947 年版,第 14 页;在"改订版"中,泷川将"铁则"换为"原则"。下文未做说明之处都是对"改订版"的引用。

㉟ 泷川幸辰认为,堕胎罪是由社会组织的缺陷所引起的(前引注㊀泷川幸辰:《刑法各论》,第 20 页及以下)。另外,通奸罪废止论的基础也在于,"孕育了一夫一妻制的家族制度的那种经济关系已经被消灭了";当时只处罚妻子的通奸行为的刑法规定宣告了由丈夫所代表的"统治阶级的彻底的胜利"(前引注㊀泷川幸辰:《刑法各论》,第 102 页)。

㊱ 前引注㊅泷川幸辰:《刑法讲义》,第 57 页及以下。

㊲ 详见前引注㊱内藤谦:《泷川幸辰的刑法理论 3》,第 103 页。

时代的条理"。他在进行前述论述的同时，还主张"我们不间断的努力的方向应当在于，使国家所承认的'条理'不至于被为了保护多数人的幸福的行为所违反"⑱。

　　泷川幸辰的刑法理论在1932年（昭和7年）进入了确立期；在这之后，他终于在"违法的实质"问题上转向了"对生活利益的侵害（或者危险）"的观点。⑲ 这一转向是泷川幸辰采取了客观违法论的明确表现，也适合于其对违法与道德进行明确区分的观点。⑳ 此外，泷川幸辰自大正时代开始就将刑法理解为"利益保护"法，并将"条理违反"与"对生活条件的破坏"或"对生活利益的侵害"紧密地结合起来［参见前文（一）1（1）、（四）2］；从这些观点来看的话，前述转向可以说有其内在的理由。

　　就泷川幸辰关于责任论的构想而言，他以违法（条理违反）性认识为中心构建责任论的观点也与大正时期［前文（三）1］相同。他认为，自己的责任论在与近代学派（新派）的"社会的责任论"相对立的意义上是"道义的责任论"㉑；并且，他使用了"道义的责任"这一概念。㉒ 就其理由而言，泷川幸辰认为在"现在（以及能够预想的将来）的社会组织"的背景下㉓，或者说从"人类的本性"和"事物的自然规律"来看的话㉔，"道义的责任"就是无法被打破的。并且，当时的刑法草案虽然大多承认各种各样的"保安处分"，但却不可能否定"刑罚"概念；这也是"道义的责任"的另一个证据。㉕ 而不论是从前述哪一方面来看，泷川幸辰都强调"责任"是从国家的道义和社会伦理的立场出发的非难；在这一意义

312

　　　⑱　前引注㊄泷川幸辰：《刑法讲义》，第82页及以下。

　　　⑲　泷川幸辰：《刑法读本》（1932年），第72页；另参见前引注㉞泷川幸辰：《犯罪论序说（改订版）》，第13页、第80页及以下。

　　　⑳　前引注⑲泷川幸辰：《刑法读本》，第5页及以下、第70页及以下；另参见前引注㉞泷川幸辰：《犯罪论序说（改订版）》，第68页及以下。

　　　㉑　前引注㊅泷川幸辰：《刑法总论》，第108页。

　　　㉒　前引注㊄泷川幸辰：《刑法讲义》，第89页。

　　　㉓　前引注㊅泷川幸辰：《刑法总论》，第108页。

　　　㉔　前引注㊄泷川幸辰：《刑法讲义》，第90页。

　　　㉕　前引注㊅泷川幸辰：《刑法总论》，第108页。

上，其立场都很难称得上是积极的“道义的责任论”。相反，泷川幸辰在对“法律上的责任”和“道德上的责任”进行区别的意义上，明确地承认了其所谓刑法上的责任就是前者而非后者。⑯ 在他刑法理论的确立期中，他以对期待可能性理论的采纳为契机，在采取了规范的责任论的同时，也认为责任就是“法律上的非难”而放弃了对“道义的责任论”和“道义的责任”概念的使用。⑰

3. 在这一时期，泷川幸辰的刑罚理论也基本处于其大正时代理论的延长线上。通过“刑罚的本质是报应，内容是痛苦，目的是对社会秩序的维持”⑱ 这一标语，其内容就得到了基本的展现。而他的刑罚“本质”报应论的内容，即“报应”或“以恶反对恶”，仍然停留在对“刑罚是什么”这一问题的回答上；这与他在大正时代的理论是完全相同的。此外，他还以刑罚的“痛苦”有着“赎罪的作用”[参见前文（三）1] 作为刑罚痛苦性的理由，以此维持了“赎罪”刑论的观点。⑲

在“如何确定刑罚”这一问题上，泷川幸辰对“一般预防”和“特殊预防”的问题进行了讨论。这里值得注意的是，他认为“人的一切行动都在目的和手段上受到制约。在这一点上，通过刑罚进行的一般预防就是应当受到排斥的”；这样，“一般预防”就是值得怀疑的，而“特殊预防”的意义就应得到肯定。就其理由而言，他论述道：“无法证明一般预防是否是有效的；并且，一般预防的残酷性除导致社会的反感和堕落之外并没有其他效果。与此相反，特殊预防在压制犯罪上的效果就具有现实的价值。由此，在科处刑罚的时候对特殊预防进行考虑，对维持社会秩序而言有着很大的意义。”⑳ 这时，虽然其“特殊预防”的具体内容还不甚明确，但这一主张是否与他对牧野英一的教育刑论的激烈批判[参见前文（五）2] 有所矛盾的问题就已经存在了。而从前述问题中可以看出，恐怕泷

313

---

⑯　前引注㊟泷川幸辰：《刑法讲义》，第 99 页；另参见前引注㊿泷川幸辰：《刑法总论》，第 115 页。

⑰　前引注㊳泷川幸辰：《刑法读本》，第 76 页及以下；另参见前引注㉟泷川幸辰：《犯罪论序说（改订版）》，第 126 页、第 144 页及以下。

⑱　前引注㊟泷川幸辰：《刑法讲义》，第 175 页。

⑲　前引注㊟泷川幸辰：《刑法讲义》，第 23 页及以下。

⑳　前引注㊟泷川幸辰：《刑法讲义》，第 108 页。

川幸辰的批判是以在对确信犯的处罚中作为一种"理念"的教育刑论的否定为中心的;而在对惯犯和常习犯的处罚中,他并没有全面地否定教育刑论。[101]

此外,在回答"刑罚为什么是合理的"这一问题时,泷川幸辰指出"社会的正义决定了其合理性";主张"刑罚不过是在整体上具有相对的合理性而已。即,犯罪人所处的社会的文明程度,特别是对犯人的人道的感情都在一定程度上决定了什么是合理的刑罚。"[102] 这里,"文化"这一概念[参见前文(四)3]就重新获得了意义。而泷川幸辰虽然也使用了"社会的正义"这一概念,但承认了这一概念的"相对"性。

泷川幸辰还明确地指出,刑法的"目的"在于对"社会秩序的维持"。这也反映了他的"法律的任务在于,通过拥护社会的存立条件和发展条件,使对社会秩序的维持变得可能"的观点。[103] 但泷川同时主张,为了达成前述"目的",就"超越刑法的报应本质,这是不被允许的。[104]"尽管前述主张具体而言具有何种意义仍是不明确的,但由于这里的所谓"报应"包含犯罪和刑罚之间的"均衡",在这里这种主张就至少意味着通过一般预防和特殊预防得到实现的"维持社会的秩序"的"目的"不得超过这种"均衡"。总体而言,泷川幸辰的报应刑论从正面回答了刑罚的"目的"和"合理性"的问题,并认为两者都是刑罚所必要的。因而可以说他的理论是典型的相对的报应刑论。

4. 泷川幸辰的刑罚论的另一个特征是,在采纳报应刑论的同时也主张死刑废止论。他认为,为了证明死刑的正当性,有效的理由就只有"在原始时代表现为同态复仇的形态的报应思想"而已。前述观点也正是死刑废止论所提出的唯一的积极理由;而死刑并不具有威慑力则是死刑废止论所提出的消极理由。此外,泷川幸辰还强调死刑是"野蛮时代的遗物";并在死刑的赎罪作用问题上,举例说明了死刑犯人并不满足具有赎罪观念这一刑罚的前提,明确地反驳了认为死刑是有作用的观点。而对于认为死

314

---

[101] 前引注⑦泷川幸辰:《确信犯的犯罪人和教育刑》,第20页及以下。

[102] 前引注⑦泷川幸辰:《刑法讲义》,第24页及以下。

[103] 前引注⑦泷川幸辰:《刑法讲义》,第9页。

[104] 前引注⑦泷川幸辰:《刑法讲义》,第175页。

刑的存在是"民族确信"的要求的死刑存置论，泷川指出在社会中存在"保守的民族确信"和"进步的民族确信"的对立，并在此基础上主张"传统和习惯在性质上通常是保守的，其作用在于维持社会的现状；相反，制定法却必须发挥培养社会中进步的要素的作用"〔小野清一郎对泷川幸辰死刑废止论的批判，参见后文五（七）1〕[105]。这样，泷川幸辰的死刑废止论就是他在报应刑论上采取相对的报应刑论的一个典型表现，同时也表明了这种报应刑论的高度相对化。

五、小野清一郎的刑法理论的形成过程

（一）诞生期（大正时代末期）小野清一郎的刑法理论及其法理学基础

1.1924 年（大正 13 年）到 1928 年（昭和 3 年）的这一期间，是小野 *318* 清一郎[106]刑法理论的诞生期。在这一时期，他对自己的刑法理论的法理学 *319* （法哲学）基础进行了思考，特别是对"正义"和"文化"的问题表现出强烈的兴趣。

小野清一郎在 1924 年（大正 13 年）发表的论文《论庞德的法理学》[107]中，就已经论证了刑罚适用的个别化是为了使得在各种不同的情况下都能实现"完全的正义"；并且他还主张，对"'正义'的深入认识（直观）"所具有的重要意义是由法律概念的结构和司法裁量所决定的。[108] 随后他还对庞德的观点提出了质疑，指出"庞德所设想的那种所有人的欲望都在妥

---

[105] 泷川幸辰：《试论死刑问题》，收录于泷川幸辰：《刑法史的一个断面》（1933 年），第101 页及以下。

[106] 小野清一郎的经历、业绩和刑罚理论，参见宫泽浩一：《小野清一郎的刑法理论》，载《法律时报》第 52 卷第 3 号（1980 年），第 97 页及以下，以及本文中引用的诸文献；另参见中山研一：《小野博士的刑法思想》，收录于中山研一：《刑法的基本思想》，1979 年版，第 54 页及以下。

[107] 小野清一郎：《论庞德的法理学（一）》，载《法学协会杂志》第 42 卷第 1 号（1924 年），第 21 页；另参见小野清一郎：《论庞德的法理学（二）》，载《法学协会杂志》第 42 卷第 2 号（1924 年），第 213 页；小野清一郎：《论庞德的法理学（三）》，载《法学协会杂志》第 42 卷第 3 号（1924 年），第 415 页。

[108] 前引注[107]小野清一郎：《论庞德的法理学（三）》，第 440 页。

协和调和中得到满足的观念"对实际的法律生活和法律科学的知识而言并没有指导意义，因为这些欲望和欲求之间必须依据"价值的标准"进行"批判选择"。而他在提出这一质疑的同时，也论证了这些质疑是对所有"社会功利主义"都有效的。[109]

此外，小野清一郎还在1925年（大正14年）发表的《论刑法中的正义》[110]一文中提出了如下主张。

"一切法律现象都只有通过正义观念才能得到理解，一切法律规范都只有以正义为依据才有理由。并且，纯粹的正义只有通过深入的认识（深层的直观）才能得到体验并有所体得；它与报应并不相同，也与社会生活或法律秩序的必要性不相同。这是因为在认为社会生活或法律秩序具有必要性之时，这种必要性就已经是经验的、功利的了；相比之下，正义的必要性则是更为内部的、纯粹的必要性。经验的、功利的必要性只有依据于这种伦理（内部的）的必要性才有意义。"

紧接着，小野清一郎指出"正义"是"绝对虚无的东西"，表明了其东洋的、佛教的观念。[111]小野在前述主张之中，将超越于经验的、功利的必要性的内部的必要性作为"正义"本身的问题来讨论，并指出"纯粹的正义"本身"只有通过更为深刻的认识（深层的直观）才能得到理解并有所体得"。在这一点上，可以看出小野清一郎的思想在这一时期就已经开始萌芽了。

此外，小野清一郎在1925年的论文《论正义和法律感情》[112]之中，

320　认为法律的世界本来就是"目的"的世界，但只有通过"更为高次元的目的"才能使前述目的得到确定；并且"这一目的追根到底，是来源于

---

[109]　前引注[107]小野清一郎：《论庞德的法理学（二）》，第234页及以下、第236页。

[110]　小野清一郎：《论刑法中的正义》，载《志林》第27卷第1号（1925年），第30页。

[111]　参见前引注[110]小野清一郎：《论刑法中的正义》，第37页及以下。小野清一郎在将这篇论文收录于《法学评论　下》中时，对这篇论文的结论一章进行了"全面的修改"；修改后的版本参见小野清一郎：《法学评论　下》，1939年版，第140页及以下。

[112]　小野清一郎：《论正义和法律感情——主要以古斯塔夫·留梅林的业绩的批判（一）》，载《国家》第39卷第5号（1924年），第1页；另参见小野清一郎：《论正义和法律感情——主要以古斯塔夫·留梅林的业绩的批判（二）》，载《国家》第39卷第6号（1924年），第7页；

失去了经验的（客观的）要素的、不具有意义的虚无的、纯主观的内心活动之中的。在这一意义上，我认为……纯粹的正义理念才是法律的终极原理"。并且他还论述道⑬："不能仅仅将法律看作是实现能够被实证地、外部地（或者说客观地）观察到的社会的目的或利益的手段……我本来也并没有轻视实证的目的的打算……可是如果在法律的根基之中没有对'正义'的内部的概括的话，法律就或多或少失去了其伦理的基础；而这样的法律充其量只不过是有着达成相对目的的技术价值的工具罢了。"⑭

2. 如前所述，小野清一郎对"正义"问题抱有强烈的兴趣、对"社会的功利主义"提出了质疑、并且对法律的"伦理的思考"非常重视的思想，与泷川幸辰将刑法理解为"利益保护"法、从功利主义的思想出发的理论之间存在诸多差异。前述小野清一郎的思想中本来应该潜藏着比泷川幸辰更强烈的后期古典学派的观点；但是小野清一郎在这一时期的论文中并没有表明"古典学派（旧派）"的刑法理论。相反，小野清一郎在前述《论庞德的法理学》一文中指出，庞德认为将刑法的适用进行个别化的理由在于，它属于对行为作出的道德判断；以前述理解为基础，小野清一郎认为"不如说犯罪人的性格才是唯一的依据"，并且主张刑罚适用的个别化"标准在于社会的刑罚目的和能够实证的犯罪人的性格"⑮。随后，小野清一郎在论文《论刑法之中的正义》中，主张"应该对现代刑法有所指导的思想并不是威吓，也不是报应，而应当是对人格的改善和对社会危险的预防这两点……我认为应该以对正义的体验为基础，在适当的范围内同时认同前述两点。"⑯ 虽然小野清一郎主张的特征在于其基础是对"正义的体验"，但这种刑法理论仍然与"近代学派（新派）"是相近的。从他的这种观点也可以看出，牧野英一的刑

---

⑬ 参见前引注⑪小野清一郎：《论正义和法律感情——主要以古斯塔夫·留梅林的业绩的批判（二）》，第 33 页。

⑭ 参见前引注⑪小野清一郎：《论正义和法律感情——主要以古斯塔夫·留梅林的业绩的批判（一）》，第 6 页及以下。

⑮ 参见前引注⑩小野清一郎：《论庞德的法理学（三）》，第 440 页及以下。

⑯ 参见前引注⑩小野清一郎：《论刑法中的正义》，第 39 页。这一部分在收录于前引注⑪小野清一郎：《法学评论 下》，第 140 页之时，被完全删除了。

321　　法理论对他来说有深刻的意义。⑰

　　3. 此后，小野清一郎在 1925 年（大正 14 年）发表的论文《论公刑罚的成立》⑱中，通过对比李斯特和宾丁的学说，介绍并批判了宾丁的理论，表明自己背离"近代学派（新派）"刑法理论的方向。在小野清一郎的理解中，宾丁认为现在的"公刑罚"的根本性质"仍然还是感情的反动"；而由于这种感情的反动是"社会的公共的感情"，因而受到了维持法律这一贤明的目的的限制。在此基础上，小野还就宾丁的前述观点，指出其在认为"公刑罚"是"感情的反动"这一点上没有发生动摇；因而"正是基于这种思考，宾丁的道义责任论才得以保持安定"。（但是小野就"道义的责任"的内容而言，作出了"其只对法律共同体之中的人格的主体而言有其意义"这样的说明。）此外，小野清一郎还主张"这一点的重要性不论是对宾丁的观点来说还是对旧派的刑法理论来说都是共通的"⑲。

　　小野清一郎还以李斯特的观点——认为冷静的而非冲动的、认清了自己的目的的刑事政策是为刑法发达史所昭示的难以否定的要求的观点——为例证，指出"新派的刑法理论"与观点是有所不同的。并且，他主张："我相信李斯特的前述结论是非常正确的。但无法否定的是，在这种'冷静的而非冲动的、认清了自己的目的的刑事政策'的深层，仍然存在着某种感情的、主观的东西。"小野清一郎认为，李斯特通过刑罚的客观化使冲动的国家行为转向了有意志的国家行为，"这无疑是非常正确的。并且在意志这一概念的根基之中也还包含了冲动的要素"⑳。

　　这样，小野清一郎就对李斯特和"近代学派"（新派）的刑罚理论，特别是对其责任论提出了质疑。小野指出："李斯特的刑法理论，特别是在其责任论中之所以存在极度欠缺安定性的概念，是因为他没有正确地理解责任（Schuld）纯主观的、冲动的本质，而是采取了如菲利的社会的责

---

　　⑰　小野清一郎与其恩师牧野英一之间的关系，表现出一种"非常曲折的学术轨迹"；这一点详见前引注⑯宫泽浩一：《小野清一郎的刑法理论》，第 100 页、第 102 页及以下。

　　⑱　小野清一郎：《论公刑罚的成立》，载《志林》第 27 卷第 9 号（1925 年），第 52 页；这篇论文在被收录于小野清一郎：《刑法和法哲学》之中时，在表达上发生了许多变动。本章所引用的部分虽然可能在表达上有所变动，但其内容在本质上是一致的。

　　⑲　前引注⑱小野清一郎：《论公刑罚的成立》，第 76 页。

　　⑳　前引注⑲小野清一郎：《论公刑罚的成立》，第 77 页。

任（responsabilite sociale）那样极为客观而理智的观点。而这也正是李斯 *322*
特和所有有着同样倾向的新派刑法学者的理论所共通的弱点。这样，就理
所当然地无法以行为或犯罪人的'危险'等能够被纯客观地观察到的概
念，来贯通作为规范的文化的法律，特别是在以对行为的社会评价为中
心的刑法。并不是说在当今的刑法之中可以忽视理性的、政策的要素的
重要性；但同样无法赞同认为刑法完全是对以刑事学为基础的刑事政策
的应用的观点。"⑫ 在此基础上，小野清一郎在这篇论文的最后提出了如
下主张：

"刑法的本质无法仅仅通过以自然科学的认识为基础的'危险 perico-
losita'和'斗争 Bekaempfung'两个概念来得到穷尽；相反，它与深刻
的感情世界有所联系。两者中更为本质的，显然是与我们更为亲近的主观
的世界；法律也正是以这种本质的主观世界为其基础。因而法律并没有拘
泥于一切合理的结构，而其真正的根基也通常是某种非理性的东西。我们
在研究宾丁和李斯特的理论时也不应舍本逐末，而应对内在于两种理论的
本质而普遍的东西进行探究。"⑫

这里，除认为应当对内在于宾丁和李斯特理论的本质而普遍的东西进
行探究之外，小野清一郎也表明了其脱离"近代学派"（新派）的刑法理
论的想法。他对近代学派所提出的第一个质疑，正是在"近代学派（新
派）"的刑法理论，特别是在其责任论中并没有将"责任"理解为"纯主
观而冲动的本质"。此外在小野看来，在与法律的"本质"相联系的"深
入的感情的世界"，以及在法律的"根基"中存在的"深层的主观世界"
和"某种非理性的东西"的问题上，"近代学派（新派）"也没能充分地
理解。

（二）"文化"概念和"文化主义的正义观"以及基于此的刑法理论

1. 在小野刑法理论的形成过程中，最引人注目的是其为法理学打下
基础的研究成果，即于 1925 年（大正 14 年）发表在《法学志林》杂志上
的论文《"文化概念"的法理学的意义》和在此基础上经加工而于 1928 年

---

⑫　前引注⑱小野清一郎：《论公刑罚的成立》，第 77 页及以下。
⑫　前引注⑱小野清一郎：《论公刑罚的成立》，第 78 页。

（昭和 3 年）得以出版的著作《法理学和"文化"概念——兼论对现代德
国法理学的批评研究》。本书中，小野清一郎参考了日本的"文化"论和
当时德国的法理学（科勒、贝尔斯海默、拉斯克、M. E. 迈耶、拉德布鲁
赫、明希的观点），推进了自己的思考，明确了自己认为"正义的终极原
理"在于"文化主义的（超人格主义的）正义观"之中的观点。这种"文
化主义的正义观"直到 1933 年（昭和 8 年）为止，都是小野清一郎刑法
理论形成过程中作为理论基础的基本思想；这点是特别值得讨论的。

　　2. 根据小野清一郎的论述，"文化"首先是指①"通过人类的价值实
现的过程"；其②在"人类的生活中历史地发展"，并且能够被分为③"精
神的"文化和"物质的"文化；或分为④"个人的（人格的、主观的）"
文化和"社会的（超人格的、客观的）"文化。以上这些就是"作为一种
经验的实在，对文化进行认识和批判的'概念'"⑬。

　　除主张前述文化概念之外，小野清一郎还进一步认为，能够对"文
化"的"理想论（超现实）的意义，即作为一种使'文化'成为'文化'
的文化价值，也即应当被作为与文化的形成相关的实践的理想的根据的文
化价值进行深入思考"。这里，可以说这种"得到深入思考的文化价值观"
就是"文化的'纯粹'概念"；但是，它并不是"作为一种经验现象的文
化概念"，而只是后者的"认识根据"，是"文化行动的实践原理的理念
（Idee）"⑭。

　　在小野清一郎看来，"法律"正是前述"文化现象"的一种。但是，
"（经验的）'法律'是与'正义'这种特殊的文化价值或文化理念的实现
有关的事实。因而对'法律'的考察无法越过'正义'这一概念"。因而
这里所谓的"法律"，正是指"与正义的实现相关的社会规律或秩序"。这
样，只有作为"法律的理念"的正义，才是"在与经验的、现实的社会生
活相适应的范围内，对普遍文化的统一理念体系的实现"；而"正义"也
赋予了法律以独立的"文化价值"。由此，"正义"就"不仅仅是主观的价

　　⑬　小野清一郎：《法理学和"文化"概念——兼论对现代德国法理学的批评研究》，1928 年
版，第 30～40 页。
　　⑭　前引注⑬小野清一郎：《法理学和"文化"概念——兼论对现代德国法理学的批评研
究》，第 43 页。

值，而同时也是在普遍妥当意义上的客观的价值"。但是，这种正义"深深地扎根于人们的全部经验之中，因而是一个难以捉摸的概念；因此归根到底，仍应该通过内部的直观来发现这一概念"⑫。

由此特别值得注意的是，小野清一郎在这里强调了作为"法律的观念"的"正义"是通过"体验"和"直观"才得以发现的。并且对小野清一郎来说，"不论是理念还是经验，价值还是实在，主观还是客观，人们的所有'体验'的内容，追根到底都不过只是与各种各样的意义相结合、相联系的对象而已"；并且"我们无法直接获知这种'体验的世界'，也无法对其进行实践，可以说它完全地超越了人们当前的认知范围；因而人们就这一问题也只有保持沉默"。在前述论证中，小野清一郎引用了佛教上的大乘起信论的观点⑬；这正是他理论中东洋的、佛教的思想的表现。

3. 那么，究竟什么才是前文所述的作为"法律的理念"的"正义"的究极原理呢？小野清一郎对这一问题作出了回答，在"采取'一种应该被称作是文化至上主义的超人格主义（transpersonalistisch）的正义观'"的基础上，得出了以下结论：

"正义的终极原理并不在于人格的价值，也不在于国家的价值，而是在于普遍文化的价值体系之中。而正义就是在与经验的、现实的社会生活相适应的范围内实现普遍文化的价值体系，换言之，即使是现实的社会生活适合于普遍文化的观念。"⑭

就此，小野清一郎就正义观和国家观的根本方向的问题提出了如下观点：

"个人主义的正义观认为，国家正是为了个人的幸福、个人的自由以及个人的人格完成才有理由存在。相反，超个人主义的正义观则认为，国家的威力、国家的富强和国家本身的道义的完成才是国家存在的意义。因

---

⑫ 前引注⑬小野清一郎：《法理学和"文化"概念——兼论对现代德国法理学的批评研究》，第358页、第363页、第366页、第371页。

⑬ 前引注⑬小野清一郎：《法理学和"文化"概念——兼论对现代德国法理学的批评研究》，第356页。

⑭ 前引注⑬小野清一郎：《法理学和"文化"概念——兼论对现代德国法理学的批评研究》，第409页及以下。

而前述正义观问题上的两个根本方向，也是国家理论问题上的两个根本方向。我无意采取其中的任何一种观点，而是通过'文化'这一概念对两者进行了超越和扬弃，并使其得到了综合。"⑫

需要补充的是，小野清一郎在这里所说的"个人主义的正义观"也可以说是"人格主义的正义观"；而"超个人主义的正义观"也可以说是"国家至上（绝对）主义的正义观"。

小野清一郎之所以没有采取"个人主义（人格主义的）正义观"，主要有三方面的理由。首先，他认为即使考虑到了"社会契约"，这一契约生效所必要的"理念"也"必须在契约订立之前（理论上）就已经存在"；其次，"自由权"虽然为近代国家的宪法所保护，但它也不可能是"没有界限的绝对自由"；再次，虽然应当重视个人的（或者说作为"个人的集合"的社会的）生存和幸福这一点是毋庸置疑的，但应当对个人或社会的生存进行保护的"理由或根据"仍应在于"某种个人或社会以上的东西"。并且，小野清一郎之所以没有采取"超个人主义（国家至上主义）"的正义观，是因为他认为国家只不过是人类在文化生活中所"经验的一个过程"，而并不是"正义的理念"本身；"国家"充其量不过是在能够表现"正义的理念"的范围内应当得到承认的"社会的威力"罢了。⑫ 不论怎么说，小野清一郎通过"文化主义的（超人格主义的）正义观"，对"个人主义的（人格主义的）正义观"和"超个人主义的（国家至上主义的）正义观"进行了扬弃和超越，并使两者得到了综合。

话说回来，小野所谓的"文化至上主义"是通过包含学问、艺术、技术那样的"客观的作品文化和主观的人格文化等全部文化在内的、统一的文化理想，才成为一种理想的"东西。并且，它同时是"在其实现之时顾虑到现实的社会生活，适合于现实的社会生活关系，在保障其力量、自由和利益时成为有着法律的特殊理念的东西"。由此，其具体的内容就可以说是与社会状况相适应的、由各种各样的价值观按照其各自的顺序排列而

---

⑫　前引注⑫小野清一郎：《法理学和"文化"概念——兼论对现代德国法理学的批评研究》，第412页。

⑫　前引注⑫小野清一郎：《法理学和"文化"概念——兼论对现代德国法理学的批评研究》，第373页。

得到的有一定弹性的东西。而继续于前述论述，小野清一郎展开了以下主张：

"或许某些场合中，应当认为比人格的自由更优先地考虑国威和国权是更为正义的；并且，在某些场合中比起学问和艺术，对社会的生存进行优先保护是更为正义的。然而，也存在与其正相反的场合。正如以社会或国家为究极原理是错误的那样，仅仅以文化的作品为究极的原理也是错误的。最为重要的是，既要服从一切文化的统一理想的统领，又要适应于现时的社会生活，还得无碍于对价值的实现。我认为只有在这一意义上使'文化创造'成为可能，法律才称得上是正义的。"[130]

4. 随后，小野清一郎从前述"文化主义的正义观"这一基本立场出发，在意识到"学派之争"的同时对刑法理论的问题进行了讨论。首先， *326* 他认为刑罚在"对法益的剥夺"，也就是"恶害"和"痛苦"这一意义上，在概念上就"不过只是'报应'而已"；但刑罚的"概念"论和刑罚的"理念"论或"目的"论应当在逻辑上有所区别；这样应该就可以防止"刑罚理论的争论"中出现"无用的观点差异"了。而这种刑罚的"概念"报应论与泷川幸辰的刑罚的"本质"报应论［参见前文四（一）1③的论述］本质上是相同的。随后，小野清一郎论述道："根据文化至上主义的法律理念论，就能够对报应主义和目的主义进行扬弃和综合了。"他还主张："刑罚虽然在'概念'上是'报应'，但这并不意味着刑罚因此就是绝对正义的；并且，'报应'本身并不是刑罚的唯一和最高的目的。"由此他主张："刑罚的合理根据实际上在于，它对于维持和促进现实的社会中的文化这一目的而言无论如何都不可或缺。"[131] 这里，小野的报应刑论也认为"报应"本身并不是刑罚的目的或合理化根据；在这一意义上属于相对的报应刑论。

如前所述，小野清一郎通过"文化之上的法律理念论"尝试对"报应主义"和"目的主义"进行扬弃和综合。在这种背景下，他认为"报应主

---

[130]　前引注⑫小野清一郎：《法理学和"文化"概念——兼论对现代德国法理学的批评研究》，第374页。

[131]　前引注⑫小野清一郎：《法理学和"文化"概念——兼论对现代德国法理学的批评研究》，第437页、第442页。

义（绝对主义）"是以"国家绝对主义的正义观"为基础的刑法理论的表述；而"目的主义（相对主义）"则是以"个人主义的正义观"为基础的刑法理论的表述。在持这种历史的认识的基础上，小野清一郎进一步认为尽管"在近代初期的法律思想和启蒙时期的法理学"中刑罚被"定义"为一种"报应"，但"威吓"和"矫正"同样是刑罚的目的。也正是在这一意义上，小野站在了"根本上是个人主义的原理"的立场上，因而并没有采取"报应主义"或"绝对主义"而采取了"相对主义"。对于前述结论，小野清一郎进一步分析道，19 世纪的"正统学派即旧派"中"绝对主义"是继承了康德和黑格尔的哲学传统的理论。他认为，康德尽管采取了"人格主义的立场"，但却承认"超越个人的国家的权威（Staatswuerde）"；因此在康德看来由"国家"所科处的刑罚就是应该被"绝对化"的。而在黑格尔处，则进一步基于其"国家至上主义的正义观"使刑罚被更进一步地"绝对化"了。当然，小野清一郎也没有否定前述康德和黑格尔哲学的传统之中存在重视"个人的人格"的"人格主义的要素"；只是认为最近"基于道义责任的理念的极端主观主义倾向"，实际上是前述"正统学派（古典学派）"即旧派所导致的。而古典学派的代表人物宾丁认为，故意的成立必须以具备违法性认识为必要条件，这正是这种"极端主观主义倾向"的一个例证。这里，小野清一郎虽然没有表明他对宾丁观点的态度，但通过前述分析可以看出，他应该并不赞同宾丁的观点。[132]

这里特别值得注意的是，小野清一郎将"近代学派"（新派）的刑法理论看作是与不同于前述"古典学派"（正统学派、旧派）观点的、"根本上是个人主义的"理论。他曾发表过如下论述："近代学派即新派的社会防卫的目的主义①以社会利益为优先，在这一点上从有着超个人主义的色彩；②认为'社会'概念大体上看来是以个人为单位的集合的社会概念，在这一点上从根本上来说是个人主义的；并且③其功利主义的立场与启蒙时期的刑法理论的思想相近。只是，启蒙时期的相对（报应）主义无法与'威吓'的思想相分离；但新派的相对主义重视'改善'的思想。在强调

---

　　⑬　前引注⑭小野清一郎：《法理学和"文化"概念——兼论对现代德国法理学的批评研究》，第 440 页。

特殊预防这一点上，这种'改善'思想也成为采取实证主义的主观主义的契机。"⑬ 这样，小野清一郎就在重视个人主义和功利主义这一点上，认为"近代学派（新派）"的刑法理论和启蒙时期的刑法理论之间具有近似性。并且小野还从这种观点出发，采取了对"近代学派（新派）"刑法理论的质疑态度。因而可以认为，虽然泷川幸辰在大正末期也指出"近代学派（新派）"是从个人主义的立场出发的，并对此进行了批判［参见前文四（三）2］；但两位学者进行批判的理由并不相同。

此外，小野清一郎还进一步如下论证了自己刑法理论的基本立场。

"前文已经论证过，报应本身并没有绝对的意义，它应当是以普遍 ₃₂₈ '文化'的理想为根据的正义的一个要求。在这种观点之中，刑罚的具体形成应当受到以普遍的'文化'为原理的正义本身的支配和统制。刑罚在这里不仅是对外部的实害的报应，也是对个人的道义责任的报应，并且在后者场合中是'正义'的报应（gerechte Vergeltung）。这种观点虽然很早就得到了新正统（古典）学派的主张，但笔者认为这种观点在对其根本理念的认识上，与新派的主观主义观点之间应该是没有差别的。两种观点都认为，只有在本来以社会防卫为目的的报应与道德的自由的理念相调和之时，刑罚之中才有'正义'可言。"⑭

这里，小野清一郎在将"对个人的道义责任的报应"看作是"正义报应"这一点上，表明了自己新正统（古典）学派的立场；但他在承认"报应"本来是"以社会防卫为目的"的同时，也主张只有在能够将这种目的与"道德的自由的理念相调和"之时，"刑罚之中才有'正义'可言"。依据这种理解，就有可能在近代学派理论和目的主义之间进行"扬弃"和"综合"。

此外，小野清一郎还认为，"近代学派（新派）"刑法理论之所以在责任论中主张"社会的责任（responsabilite sociale）"，并力图"排斥理论的道义的责任（responsabilite morale）"，是因为其在"实证主义的观点"上

---

⑬ 前引注⑫小野清一郎：《法理学和"文化"概念——兼论对现代德国法理学的批评研究》，第 441 页。

⑭ 前引注⑫小野清一郎：《法理学和"文化"概念——兼论对现代德国法理学的批评研究》，第 443 页。

认为"社会防卫"是"最高的原理"。就此，小野清一郎表明了自己的如下见解：

"笔者认为，社会的保安（安宁秩序的保护）是'文化'的基础需求，同时也是'正义'的一个要求。不仅如此，在国家的法律中也应当使社会的保安比道德的理念更为优先地得到满足。在这一意义上，刑罚必须是一种社会的责任。但是，在当下的刑法之中的责任同时也是'文化'社会的责任；这种责任不仅是对危险的预防，还是对公民个人的道德人格的承认，因而它也应该是承认道德的责任的。因而这种'道义的'责任实际上并没有超出所谓道德或法律的（sittlich-rechtlich）责任的范围。"⑬

如前所述，小野清一郎认为，在"社会的保安"必须比"道德的理念的满足"更为优先的意义上，应当承认在国家法律中的刑罚是"社会的责任"。只是在当下的刑法之中，"责任"不仅仅"是对危险的预防"，同时也是对"个人的道德人格的承认"；因此它必须是"承认了其道德的责任的'文化'社会的责任"；而这一意义上的责任也就"被认为是'道义的'责任"。但是，这里所谓"道义的责任"并不是指国家道义这一意义上的责任，而是在"承认个人道德的人格"这一意义上，以"个人"的"道德的责任"为前提的概念。只是，这里小野所谓"道义的责任"和"社会的保安"或"社会的责任"之间的关系仍然是不明确的。因而至少可以认为，小野清一郎通过"道义的责任"来限制近代学派（新派）的社会防卫论的观点是不够明确的。

5. 与泷川幸辰在其理论诞生期即大正中期的刑法理论相比的话，他的报应刑论也是一种相对的报应刑论；并且他认为刑罚的正当性根据在于③"文化的要求"［参见前文四（一）1］。不仅如此，"文化"概念对于泷川幸辰在大正时期的刑法理论整体来说也有着重要的意义［参见前文四（四）3］。小野清一郎在其著作《法理学和"文化"概念》中虽然并未提及泷川幸辰的理论，但两位学者在前述问题上可以说是共享了类似的理论基础。但同时也正如前文所述［前文五（二）2］，小野在强调自己理论中

---

⑬　前引注⑫小野清一郎：《法理学和"文化"概念——兼论对现代德国法学的批评研究》，第 443 页及以下。

的"文化"概念与"正义"理念之间的关联性上，表现出了其与泷川幸辰理论之间的异质性。泷川幸辰虽然也承认"正义"观念［参见前文四（三）1、四（六）3］，但他并未特别地对"正义"观念本身进行讨论。恐怕在泷川幸辰看来，正义应该是一个更为抽象的、观念的概念。

（三）构成要件理论的导入

小野清一郎主要是在贝林和M. E. 迈耶的影响下，在1928年（昭和3年）发表的论文《构成要件充足的理论》中导入了构成要件理论。在小野清一郎导入构成要件理论之时，其问题意识在于，并非只有在"以罪刑法定主义这一原则为根据时才应支持这一理论"；相反，其根据应在于"独立于罪刑法定主义的、在理论上先行于罪刑法定主义的法理上的要求"。

"即使全面地否定了罪刑法定主义"，犯罪的成立除必须具备违法、有 *330*
责、因果关系这些"普遍的思想"之外，也仍然以"该当于有特定的特殊结构的法律概念的行为"为其必要条件；而这也正是所谓"法理的要求"。他主张，由于这一要求在"以习惯法、判例法甚至是条理为依据而使刑罚法规得到承认的情况下"都是妥当的，并且在"构成要件该当"这一概念中的"构成要件也并非只有在成文法上被严密地规定时才存在"；因而构成要件理论就是一种独立于罪刑法定主义的、基于法理和原则的要求。[36] 也正是因此，小野清一郎才在导入构成要件理论的论文中引用了牧野英一的学说［牧野英一：《罪刑法定主义和犯罪征表说（1918年）》］，对在罪刑法定主义的基础上才得以主张的严格解释、类推禁止、刑法的溯及禁止、绝对不定期刑的禁止等代表性的原则的妥当性提出了质疑。[37] 泷川幸辰虽然也从罪刑法定主义的要求这一问题意识出发，并且与小野几乎在同一时间导入了构成要件理论［参见前文四（六）2］；但两人的理论终究是有所差异的。[38] 这些差异也终于导致两人在构成要件理论的内容，以及对是否允许类推的处理等问题上存在差异。但是，小野清一郎对构成要件理论的导入

---

[36] 小野清一郎：《构成要件充足的理论》（1928年），收录于小野清一郎：《犯罪构成要件的理论》，1953年版，第217页。

[37] 前引注[36]小野清一郎：《构成要件充足的理论》，第217页。

[38] 就其差异的具体内容，详见前引注①内藤谦：《刑法讲义总论（上）》，第173页及以下。

仍然有着重要的意义：它使"实行行为"概念得到了重视；并且它通过构成要件的理论结构来解决不作为犯和因果关系等问题⑬，为客观主义犯罪论打下了基础。

（四）刑罚论的具体展开

小野清一郎在 1931 年（昭和 6 年），发表了《论刑罚的执行犹豫和有罪判决的宣告犹豫》和《行刑法改正的基本问题》等论文。

1. 在前一篇论文（即《论刑罚的执行犹豫和有罪判决的宣告犹豫》）之中，小野清一郎指出即使采取了报应刑论的立场，只要不使报应绝对化，就仍然能够采用执行犹豫或宣告犹豫；并对此进行了比较法的检讨和立法论的提案。不论是前述两制度中的哪一种，都是为了实现"特殊的合目的性"而使刑罚的"一般的合理性"作出"让步"的制度；此外，在产生于"具体的正义"或"公平的精神"这一点上，两种制度也是相同的。⑭

331　　2. 在后一篇论文（即《行刑法改正的基本问题》）中值得特别注意的是，小野清一郎具体阐明了当时报应刑论的内容。在小野清一郎的如下主张中能够概括地看出他报应刑论的内容：

"我认为刑罚毕竟是一种恶害。这不仅是理论，更是现在的社会事实。"刑罚"不论如何使其理想化，在现实中它都毋庸置疑地可能引起对某种生命、自由或财产的剥夺；这种恶害事实至少应该发挥对社会的一般和特殊预防的作用"。同时也"必须认识到现实的刑罚在本质上看来是对法益的报应的剥夺，即某种恶害"。并且小野认为："作为在现实的社会中实施政治统制的手段，刑罚这种恶害无论如何都难以避免；但同时也因为刑罚的本质是一种恶害，而应当在可能的限度内避免刑罚的适用。这是因为在对现实进行率直的认识的同时，也应当在文化的视角下对这种现实进行批判和改造，并尽可能地对其进行完全的超越和克服。而就现存的社会事实进行考虑的话，不论是刑法理论上的目的刑还是教育刑，在'刑'的

---

⑬　前引注⑭小野清一郎：《构成要件充足的理论》，第 234 页及以下。

⑭　小野清一郎：《论刑罚的执行犹豫和有罪判决的宣告犹豫》（1931 年），收录于小野清一郎：《刑罚的执行犹豫和有罪判决的宣告犹豫·其他》，1932 年版，第 3 页及以下、特别是第 56 页。

范围内都是一种恶害。……人们在逐渐认清真实的现实状况的同时，也应当在实践中尽可能地努力将刑罚的恶害控制在必要最小限度的范围内，尽可能地对刑罚进行伦理的、技术的考虑。"[140]

基于前述立场，小野清一郎指出当时的行刑未免"太过于接近刑罚"了，并对此进行了批判；他主张在"当今人们文化的"要求下，行刑"必须是更为人道的"。随后，他进一步指出了当时的监狱在"物质的设备"和"精神的环境"上存在的问题，提议废除对服刑人员服装的特殊着色，还提议使教诲特别是宗教教诲得到解放，不必再向其所在国家的思想作出妥协。小野清一郎还进一步就监狱的自给自足主义对教育刑论的中心意识的过分强烈的支配这一事实情况，对由这一情况所展现出的教育刑论的"市民国家的功利主义"提出了质疑。此外，小野清一郎还积极地评价了服刑人员的分类制、累进制、犯人自治制和刑务委员会等制度。[142]

3. 小野清一郎在前述几篇论文中，对"近代学派（新派）"的刑法理 *332* 论和牧野英一的"教育刑论"进行了一些重要的批判。首先，小野清一郎针对为近代学派（新派）或刑事学的学者所主张的，认为累犯的显著增加应"归责于 19 世纪的刑法"的观点；主张其"根本原因"并不在于"道义的责任论"或行刑的"人道化"，而在于产业革命导致的中产阶级工商业从业人员的没落和无产阶级劳动人民的生活陷入不安等"经济的背景状况"[143]。

随后小野清一郎指出，如果不把牧野英一的"教育刑论"看作是一种"哲学的刑法理论"，而是将其看作是一种针对如何改善现在的行刑问题作出回答的"技术的理论"，那么它就是有价值的。但是，"作为一种技术的理论的教育刑论"在其"实际的适用上"仍有两点危险性需要警戒。第一，不要混同教育刑的理想的意义和其现实的状态。如果缺乏对"实然和应然之间的差异"的明确认识的话，教育刑论就将陷入"自我欺骗"之

---

⑭ 小野清一郎：《行刑法改正的基本问题》（1931 年），收录于前引注⑭小野清一郎：《刑罚的执行犹豫和有罪判决的宣告犹豫·其他》，第 258 页及以下。

⑫ 前引注⑭小野清一郎：《行刑法改正的基本问题》，第 260 页及以下、第 275 页、第 276 页。

⑬ 前引注⑭小野清一郎：《行刑法改正的基本问题》，第 268 页。

中，有导致"阶级的欺骗"的危险。在这一意义上，教育刑论虽然能够与"市民国家的官僚专断"之间相互协调；但仍然应当警惕的是，教育刑论同样可能导致行刑的实践逐渐远离"正义"的观念。第二，应当认识到即使不讨论教育的理想，教育在实践中也本就存在界限。小野清一郎指出，即使在监狱设施内的教育实践的效果是有限的，也不能一味地排斥采取了李斯特在经验科学方法论下认为存在"无法得到改善的犯人"的观点。并且小野清一郎认为，从"犯罪原因论"来看的话，"教育的缺乏"未必就是犯罪现象的重要原因；相比之下，作为"社会的要素"的"经济的要素"和作为"个人的要素"的"生物学的要素"都是更为决定性的原因。由此小野清一郎得出结论，对于因监狱外"社会教育"的失败而实施了犯罪的人来说，就不能徒然地从"逻辑的、观念的"视角下对在监狱中的"教育"所带来的效果进行考察，而必须从"经验的、实证的"视角下对此进行观察。⑭

　　此外，小野清一郎还认为，不论马克思主义者如何看待，牧野英一的"教育刑论"作为一种"指导行刑这一现在的文化行动的技术的基本观念"所具有的价值都"并没有限定在阶级问题"的范围内。但是小野清一郎也主张，应当在"哲学的刑法理论"的研究中"对教育刑论所谓'教育'的基础是何种意识形态的问题和'刑'的本质是什么等问题进行探讨和反省"。小野清一郎还举出了"对确信犯人的教育"的问题，作为教育刑论在实践上的界限的一个例子，他主张："虽然说对确信犯人的教育并非是完全不可能的，但对有着根本性差异的意识形态，且有着相当高度精神力的犯罪人来说，刑务官的教育无疑难以生效。至少可以说，对确信犯人的教育显然超出了普通刑务官能够实施教育的范围。"⑮ 这一主张与泷川幸辰对教育刑论的批判［参见前文四（五）2］虽不相同，但可以说相当接近；因而小野在这时恐怕也认识到了泷川幸辰对教育刑论的批判。

333

----

⑭　前引注⑭小野清一郎：《行刑法修改的基本问题》，第 270 页。

⑮　前引注⑭小野清一郎：《行政法修改的基本问题》，第 269 页。

（五）刑法理论整体样貌的形成

小野清一郎在 1932 年（昭和 7 年）出版了《刑法讲义》，并在这一著作中体系性地完成了对其刑法理论整体样貌的介绍。

1. 小野清一郎简略介绍了刑法理论与正义观和国家观之间的联系，明确提出了"文化主义的正义观"[参见本章前文五（二）部分]，并进行了如下论述。

"刑法理论的根基是普遍的正义观和国家观。历来的报应刑论者大多立足于国家绝对主义，使通过国家权威才得以维持的秩序被绝对化（作为权威 Macht 的主体的'国家'和'秩序'的观念）。这种思想的基础在于，刑罚具备威吓这种一般预防的机能；这也正是为笔者所难以赞同之处。而与此相反，目的刑论能使市民社会的保安目的被有计划地实现，从根本上来说是基于个人主义的、自由主义的正义观的；只是因为其合目的性和计划性，才在某种程度上使属于危险阶级的个人自由受到限制（利益社会 Gesellschaft 的意义上的'社会'和'目的'的观念）。我对前述正义的观念在根本上持怀疑态度，并且我的理想是在国家组织或者市民社会的利益之上，构建一种因文化而在本质上得到结合、在精神上得以协同的共同社会；我认为只有在这种理想的背景下，才能对现实的国民的共同社会中的正义问题进行考虑。这也就是文化主义正义观形成的背景所在。（在这一意义上，文化主义的正义观就是共同社会 Gemeinschaft 的'国民'和'文化'的观念。）"[146]

在前述概括的主张之中，小野清一郎在指出"目的刑论"的"根基"所在的同时，也表明了他对"近代学派（新派）"刑法理论的"根基"的基本理解和批判。这里，从小野清一郎认为"目的刑论"或"近代学派（新派）理论"的基础在于"根本上是个人主义的、自由主义的正义观"的立场中，能够看出他对所谓"利益社会"的社会观的质疑。小野清一郎随后也指出，他采纳的"文化主义的正义观"是以作为"共同社会"的国民和文化的观念为前提的。

随后，小野以前述"文化主义的正义观"为依据，在主张对"适当地

---

[146] 小野清一郎：《刑法讲义》，1932 年版，第 15 页及以下。

重视"刑罚的"保安意义"的同时，主张："应当划出其适当的界限。有必要在形式上依据法律对其进行约束，也应当在实质上通过国民的人格的自由以及道义责任的理念对其进行限制。即应当维持'法律刑'和'依据正义的报应'的观念。"⑭ 这里值得注意的是，小野清一郎通过维持"法律刑"和"依据正义的报应"的概念，主张通过"依据形式的法律的客观的拘束"和"国民人格的自由和道义的责任的理念"而使"刑罚的保安的意义"得到限制的观点。在这种主张中，能够看出"文化主义的正义观"和"道义责任论"所可能具有的自由主义的侧面。

小野清一郎论述道，在前述对刑罚"形式的制约"之下，刑罚"在可能的范围内应当是保安的并且是教育的。在这一意义上刑罚就应当既是'目的'刑也是'教育'刑"。并且小野清一郎还提出了如下主张："刑罚的机能本来是不应被分割的统一整体，但在对其进行经验的观察的基础上，如果将其分为对普通国民的精神的影响（所谓一般预防）和对受刑者个人的影响（所谓特殊预防）并进行分别考察的话，其不论在哪一方面都应该受到道义和社会伦理观念的支配"⑭。

前述"所谓一般预防"，并非"仅仅止于物质的威吓"，而是必须"使人们意识到超越了个人主观的那种客观文化的存在；但这种国家的干涉不得对国民人格自由造成不当的侵害"。小野清一郎主张："应当明确，刑罚保障由法律划定的客观界限，并且刑罚的报应性有着道义上的意义。即，只有以人格的道义责任的具备为前提条件才能科处刑罚；并且刑罚的执行从终局上来看有着非常明确的目的，即通过道义意识的觉醒使得国民的共同社会的存在得以维持。"这里可以说是通过以"人格的道义的责任"为"前提条件"（笔者要特别说明的是，其并非是"根据"或者是"理由"）的"科刑"，而使得处罚的界限设定问题也得到了考虑。也正因此，小野清一郎对前述部分添加了注释，主张："菲利的实证主义的、机械论的理论将自由意思看作'纯粹的幻想'，并且试图抛弃道义责任的观念，有着不当扩张处罚界限的危险。"借此小野就对"近代学派（新派）"的理论提

---

⑭ 前引注⑭小野清一郎：《刑法讲义》，第16页。
⑭ 前引注⑭小野清一郎：《刑法讲义》，第16页。

出了批判。⑭

此外，对小野清一郎来说，"所谓特殊预防，并不仅仅是在实证主义的思考下对有着危险性或恶性（pericolostia）的个人的改善，或对其加害的排除"。小野认为，"使这种目的的必要性得到认识，正是新派刑法学的功绩"；但是它也"应在此之上，更进一步地使受刑者人格中的道义观念得以觉醒，助益于其道德性格的完成"。并且，小野清一郎对牧野英一的教育刑论作出了肯定的评价，认为"这种由于近似于精神的意义关系的认识而得到提倡的'教育'刑的观念确实向着'目的'刑的观念迈出了一步"；同时，他也表明了自己质疑的态度，认为"如果这种'教育'是缺乏理念上规定的模糊的概念，并且其目的实际上就在于形成为市民社会贡献其能量的劳动者的话，那它就与李斯特所谓的'市民的，但却未必是道义的改善'这一概念没什么区别了"。小野清一郎的这种观点在最后的部分可以说与泷川幸辰对教育刑论的批判［参见前文四（五）2］在某种程度上是非常接近的。但是，小野清一郎还主张："笔者更进一步地认为，刑罚应当以使作为国民的共同社会中伦理的主体这一意义上的人格得以真正地完成为其最终目标。"⑮ 这里，小野清一郎也表明了其区别于泷川幸辰的伦理的、精神的理念论。

小野清一郎在对其报应刑论进行体系性的论述时，认为"刑罚"在"对犯罪这一被评价为不法且有道义的责任的行为的制裁，也就是在应当由国家对行为人科处的对法益的剥夺"这一意义上，其"本质"就在于"报应"。但是，刑罚并不以"报应"为其"本身的目的"，而是有着"维持社会的生活和文化的任务"。此外小野清一郎还主张，"报应"作为一种反报并没有绝对的意义，而只有在"侍奉普遍文化的理想"时才具有"正义的意义"；因而报应必须通过"文化的价值及其目的"才能获得其"意义"。同时，小野还主张"刑罚的报应"不管怎么说都是对"国家的法律秩序"的"维持"，而这里所谓"国家的法律秩序"应当是对"通常的国民生活和文化"的"维持"。因而前述小野清一郎的报应刑论是相对的报

⑭　前引注⑭小野清一郎：《刑法讲义》，第16页及以下。

⑮　前引注⑭小野清一郎：《刑法讲义》，第17页及以下。

应刑论，同时也是以前述"文化主义的正义观"为基础的报应刑论。而小野清一郎立足于这种报应刑论批判了"近代学派（新派）"的刑法理论，认为其只是提出了"目的"刑和"社会防卫"而已，但"这种目的观念不仅难以避免概念上极度的模糊性，还倒向了只对有形的物质利益的保护和防卫，因而有可能已经失去了其理想的意义"⑮。

2. 下面对小野清一郎的罪刑法定主义论进行简要介绍。小野清一郎主张："刑罚并不是由统治者恣意施行的；至少在存在政治的支配关系的限度内，以依据法律为必要的法律刑的观念和罪刑法定主义的原则就都是不可或缺的。这一结论不仅是文化的成果，还应当在社会阶级显著对立的当下，被特别地赋予新的意义。"这种主张的根据在于，"现代社会应当从以自由、平等为理念的利益社会的理想形态，逐步迈向以人道和文化为理念的共同社会的理想形态"；但是这不过只是"一个理想"而已，现实的社会不仅有着"利益社会的经济结构"，甚至遵循着"权威统治的社会原理"；而并没有变成"人道的、文化的共同社会"。以对这样的社会状态的认识为前提，"我们的理想是以人道和文化为理念的共同社会；同时我们也应当考虑适应于现实的国民社会的情况的正义"⑯。而将作为"理想"的"共同社会"和作为"现实"的"利益社会"或"统治社会"中的"社会"进行区别，就是小野前述论证得以成立的前提条件。

小野清一郎的罪刑法定主义论得以成立，还以如下的认识为基础。罪刑法定主义在"理念论上是以市民阶级的、个人主义的、自由主义的正义观为其基础的"；但"在市民阶级已经成为政治上的统治阶级之时，其保障个人自由的立场就不再具有过去那么大的意义"。由此，对刑罚法规的严格解释就导致了对社会防卫目的的损害。此外，"新生的无产阶级的精神形态也并非利益社会的、个人主义的，而是共同社会的、社会主义的；在这一意义上其与市民阶级的精神形态也有所差异"。并且，"在前述背景下，当今的罪刑法定主义不论从哪个方面看来，都失去了它在上个世纪（指 19 世纪——译者注）时曾具备的那种重要性"。小野清一郎还指出，

---

⑮　前引注⑭小野清一郎：《刑法讲义》，第 12 页及以下。

⑯　前引注⑭小野清一郎：《刑法讲义》，第 40 页。

337

从"罪刑法定主义中得到解放"正是近期刑法改正的"指导观念之一",近期得到讨论的对构成要件进行抽象化和概括化的要求,以及对法定刑范围的扩张和刑法解释的自由化等要求,都有着背离罪刑法定主义的精神的意义;而牧野英一的罪刑法定主义论正是这种倾向的代表。⑮ 随后,小野清一郎还提出了"当今的罪刑法定主义几乎完全失去了意义吗"的问题,并进一步主张了自己的罪刑法定主义论。这里需要注意的是,小野清一郎虽然认为应当赋予罪刑法定主义"新的意义",但这并不意味着他具体地主张了对刑法的严格解释和类推禁止等观点。

小野清一郎指出,与罪刑法定主义的关联性正是他主张构成要件理论的政策根据之一。他认为,由于刑罚是一种强制,也是一种恶害,因而应当尽可能地对刑罚进行限制;"应当为个人的政治和道德的自由留有余地。在现代社会中,利益和思想都有所差异的不同的阶级处于相互对立之中;因而前述限制也就更为必要。这是通过法律对刑罚进行限制的正义性所在,也是罪刑法定主义在现代不应失去政策的重要性的理由。构成要件的理论的基础也正在于,以被统治者的立场上的自由,使统治者的立场上的合目的性受到限制的正义观"⑯。这里应当注意的是,在对"阶级对立的现代"的状况有所认识的基础上,即使仅仅是泛泛而谈,也应当强调构成要件理论的罪刑法定主义的联系。就此可以认为,小野清一郎的"文化主义的正义观"在1932年(昭和7年)这一阶段仍然有着自由主义的侧面。 *338*

3. 下面将视角转换到犯罪论的领域。小野清一郎认为违法性的实质应当在于"处在历史发展中的现实社会生活中的文化";同时他还主张虽然"社会的文化"是复杂的,各种理念和目的间也存在竞合和冲突,但"正义的理念能使这种杂多得到统一"。他指出,行为的违法性"以经验的文化规范(公的秩序和善良的风俗)为其素材,因而只有立足于正义和合目的性的立场对其进行批判和选择,行为的违法性才得以成立";由此

---

⑮ 前引注⑭小野清一郎:《刑法讲义》,第38页及以下。
⑯ 前引注⑭小野清一郎:《刑法讲义》,第77页。

"行为的违法性就是在社会的文化或正义的立场上的客观的价值批判"⑮。小野清一郎高度评价了泷川幸辰实质违法论［国家的条理违反论，参见前文四（六）2］的源流，即 M. E. 迈耶的文化规范违反论；但小野在强调"正义的理念"所具有的意义这一点上与迈耶的理论是有所差异的。就此，也能看出小野清一郎对"文化"概念的思索和理解与泷川幸辰［参见前文五（二）5］是有所差异的。

在责任论中，小野清一郎认为"道义责任的本质"在于"立足于社会伦理的立场的非难"，强烈地主张了道义的责任论。他还认为，近代学派（新派）的"社会的责任论"或"主观主义"作为测定个人的社会危险性（恶性）的方法，虽然使犯意和过失得到了承认，但"其在理念论上仍是以社会伦理的价值判断为前提的"。由此小野进一步认为，在这一意义上，"道义的责任"的观念就是为"实证的危险性或恶性的观念"奠定基础的"本质的要素"⑯。这样看来，泷川幸辰虽然也将自己的责任论称为"道义的责任论"，但其含义与小野清一郎的主张有所不同［参见前文四（四）4，以及四（六）2］。

小野清一郎与泷川幸辰都表明了将违法性认识作为故意的要件的立场。小野清一郎也主张，如果将缺乏违法性认识的行为作为故意行为进行处罚的话，就"违反了道义责任的理念"，而这正是由"绝对主义的国家观和一般预防的、保安的刑罚观所导致的"。⑰ 小野还指出对这种见解的支持正是以"古典学派（旧派）"为依据的，并在此提及了泷川幸辰的学说［参见前文四（一）1②、四（三）1以及四（六）2］。

（六）客观主义犯罪论的意识形态基础

小野清一郎在1933年（昭和8年），以未遂犯论中的"主观说"的意识形态基础为问题意识，对其展开了批判。他认为，"主观说"是以"国家绝对主义的意识形态"为根据的，而"客观说"则是以"自由主义的意识形态"为根据的。小野从这种观点出发，对牧野英一和宫本英修的主观

339

---

⑮ 前引注⑭小野清一郎：《刑法讲义》，第107页。
⑯ 前引注⑭小野清一郎：《刑法讲义》，第125页。
⑰ 前引注⑭小野清一郎：《刑法讲义》，第142页、第148页。

主义观点进行了激烈的批判，认为其"是对 18 世纪的警察国家的法律状态的复辟；必须认识到恐怕只有在金融资本主义或帝国主义的政治势力实现了绝对统治的情况下，这种观点才得以在当今的刑法中实现"[158]。

在得出这一结论的过程中，小野清一郎指出："必须同时超越绝对主义（超个人主义）和自由主义（个人主义）的观点，在国家和个人之上更进一步地构建文化的共同社会；而这也正是人类的文化理想之所在。"小野清一郎以与前文所述的"文化主义的正义观"［参见前文五（二），以及五（五）1］相同的观点为基础，认为在现实中"国家无法成为一种理想的文化的共同社会。国家只是反映了其现实的地盘范围内的社会生活中的经济的文化的势力关系的统治社会而已。国家的统治应当为了整体的文化而得到肯定，同时也应当为了整体的文化而受到限制"。由此，小野清一郎主张："刑罚明显是一种强制；就此而言，不应使个人的自由或被统治阶级的自由受到抛弃。"此外，他还主张"分配的正义"本身在更为高次元的"整体的文化的正义"的观点中，应当受到"自由主义的限制"；但在"阶级之间存在显著对立的现代社会中，这种自由主义的原理被认为是妥当的范围也随之显著地扩大了"[159]。在小野的前述观点中，现实的"国家"和"理想的文化的共同社会"之间的区别是非常明确的。而通过这种区分，小野也为自己的客观主义的犯罪论打下了意识形态的基础。就此可以认为，在 1933 年（昭和 8 年），小野清一郎的客观主义与泷川幸辰是最为接近的。 *340*

（七）1934 年（昭和 9 年）以后小野清一郎与泷川幸辰的刑法理论的关系：概观

1. 难以否认的是，小野清一郎和泷川幸辰在各种立场上都保持了一定的距离。小野清一郎在 1934 年（昭和 9 年）对泷川幸辰的死刑废止论［参见前文四（六）4］进行了批判，认为这种观点"只不过是轻率地思考并进行了单纯的否定。从中只能看出论者从未体验过现实的社会生活中的

---

[158] 小野清一郎：《刑法总则草案中的未遂犯和不能犯》（1933 年），收录于小野清一郎：《犯罪构成要件的理论》，1953 年版，第 304 页、第 313 页。

[159] 前引注[158]小野清一郎：《刑法总则草案中的未遂犯和不能犯》，第 306 页及以下。

矛盾和懊恼，因而持一种乐天的理想家的态度"⑯。另一方面，泷川幸辰也在 1934 年表达出了对为小野清一郎所主张的"文化主义"的终极形态的希望和期待；但同时泷川对这种观点提出了如下疑问："由于是否能通过坦荡的文化主义大道到达终极形态存在很大的疑问，恐怕一时之间很难赞同小野清一郎教授的文化主义观点。"⑯

2. 小野清一郎和泷川幸辰的刑法理论的距离终于在 1936 年（昭和 11 年）之后逐渐扩大。在这一时期，小野清一郎采取了"法理学的普遍主义"的立场，主张法律是"伦理"和"道义"，认为"国家的法律"是"客观的道义精神"的"具现"和"展开"，并据此提出了"国家权威的基础在于道义"的观点。同时，小野清一郎还主张在"真正的整体主义"之中，"国家和个人"得到了"道义上的综合统一"；并对泷川幸辰的罪刑法定主义论（主张禁止类推解释的观点）进行了批判，认为这不过是"单纯的自由主义的立场"⑯。随后，小野清一郎在 1938 年（昭和 13 年）对泷川幸辰的《犯罪论序说》也进行了批判，认为它"仅仅具有消极的自由主义的政治性"。此外，小野清一郎还从认为违法性的实质在于"民族共同体的道义观念"的立场出发，反对泷川幸辰在违法性实质论中进行的轨道修正［参见前文四（六）2］；小野还对泷川幸辰的规范的责任论进行了批判，认为这也是泷川单方面的"个人主义化、人格主义化"。这些批判以小野清一郎的"文化的东洋主义"和"日本主义"，以及认为"刑法应当以对民族的道义观念的强化为其首要目的"的思想为其根基。对小野清一郎来说，罪刑法定主义也只是说"只有规定了犯罪和刑罚的法令才在象征着国家的权威的同时也表现了民族对道义的认识"⑯。这样，小野和泷川两位教授的刑法理论就终于在昭和时代的战前时期产生了决定性的距

341

---

⑯　小野清一郎：《泷川教授的刑法史观（书评）》（1934 年），收录于前引注⑪小野清一郎：《法学评论　下》，第 299 页。

⑯　泷川幸辰：《小野清一郎的著作〈论刑法中对名誉的保护〉（书评）》，载《法学协会杂志》第 52 卷第 11 号（1934 年），第 129 页。

⑯　小野清一郎：《法律学的普遍主义》（1936 年）；收录于前引注⑪小野清一郎：《法学评论　下》，第 19 页及以下、第 60 页。

⑯　小野清一郎：《"理论"刑法学的政治性》（1938 年），收录于前引注⑪小野清一郎：《法学评论　下》，第 321 页及以下。

离。但小野清一郎和泷川幸辰两位教授的刑法理论的确立和展开的问题在本章中仅仅得到了概要性的介绍,其细节问题仍留待后文探讨。

六、结语

行文至此,本书已经以泷川幸辰和小野清一郎的刑法理论的形成过程 *344* 为中心,对日本的"古典学派(旧派)"刑法理论的形成过程进行了探讨。本章在最后部分简要地对前文得出的结论进行概括和整理。

第一,在日本的刑法理论史上,旧刑法典订立的源泉是法国学派的折中主义(新古典学派)刑法理论;这种理论直到1890年为止都一直占据着通说的地位,并且直到1907年(明治40年)为止都是旧刑法典时代刑事实务的基本指针。这种折中主义刑法理论产生于近代学派和古典学派(新、旧两学派)的理论争论之前,成为市民社会形成时期的前期古典学派的土壤;这是一种对前期古典学派理论进行了一定程度上的折中的理论,但仍然属于前期古典学派系列的理论,有着自由主义性格。而前述"古典学派(旧派、后期古典学派)"的刑法理论在德国的学派之争的影响之下才终于得以形成之时,基本上并没有意识到自身与前述折中主义(新古典学派)的刑法理论之间的关联性。但是,仍有必要重新对折中主义的刑法理论作为日本的近代刑法学和近代刑法典的土壤所具有的意义进行深入的认识。在日本,随着深受"近代学派(新派)"刑法理论影响的日本现行刑法典的订立,日本刑法理论上的"近代学派(新派)"也逐渐变得有力;而司法实务即使在这种状况下也并没有倒向特殊预防目的刑论和主观主义犯罪论,这很大程度上正是因为折中主义的刑法理论的传统得到了 *345* 延续。在这一意义上,对于日本的"古典学派"刑法理论来说,折中主义的刑法理论实质上就起到了理论先驱的作用。

第二,在主要受到德国的学派之争的影响而自觉地展开了日本本土的"学派之争"的过程中,"近代学派(新派)"的理论先于"古典学派(旧派)"的理论得到了有力的主张;这与欧洲特别是德国的学派之争的展开过程有所不同。这种状况一方面有力地反映了现行刑法典成立时的学说的背景情况，另一方面也反映了"近代学派（新派）理论"对现行刑法典的影响。特别是在牧野英一的"近代学派（新派）"理论从大正时期开始一直到昭和初期都占据着学说上的支配地位的背景之下，就更应当重新确认"古典学派（旧派）"理论的先驱者大场茂马的刑法理论所具有的意义。此外，在泷川幸辰和小野清一郎使日本的"古典学派（旧派）"刑法理论得到有力的主张之时，正是以"近代学派（新派）"的刑法理论，特别是牧野英一的理论为其问题意识的。此外，两位学者还在某种积极的意义上受到了牧野英一理论的影响；他们正是通过与牧野英一的理论的对抗，才使自己的理论得以最终完成。例如泷川幸辰和小野清一郎的报应刑论虽然在其相对化的程度上有所差别，但总体上都表明了相对的报应刑论的立场；这正表明了他们的理论是在"近代学派（新派）"之后才产生的"古典学派（旧派）"理论。

　　第三，泷川幸辰和小野清一郎的刑法理论在采纳报应刑论和客观主义犯罪论的基本立场这一点上是相同的；但是在其形成过程以及其基础和内容中都存在差异。这些差异的根基在于，泷川幸辰对前期古典学派（前期旧派）有强烈的兴趣，并且采取了功利主义的基本思想；而小野清一郎却对德国法理学有着强烈的兴趣，并且采纳了精神主义的理念论。这些差异在两人对"近代学派（新派）"的批判方式上也得到了表现。泷川幸辰批判的重点在于，"近代学派（新派）"的理论对个人的权利和自由是有危险的；因而泷川在表现出向马克思主义的一定的倾斜的同时，也对"近代学派（新派）"的社会防卫论和主观主义所说的"社会"的定义提出了质疑。泷川幸辰的刑法理论在其形成过程中就已经受到了马克思主义的影响，具有浓厚的自由主义刑法理论的性格。与泷川幸辰的批判相对，小野清一郎批判的重点则在于，"近代学派（新派）"理论倾向于对单纯的有形的物质利益的保护和防卫，因而有可能使刑法的精神的和理念的意义被抹消。但是，前述小野清一郎的刑法理论是以"文化主义的正义观"为基础才得以形成的，这种理论通过道义的责任论和客观主义犯罪论，限制了"近代学派（新派）"的社会防卫论和主观主义犯罪论所导致的处罚范围的不当扩张；这一点表明了其自由主义的侧面。

346

第二章 "古典学派"
刑法理论的展开

一、引言

日本的"古典学派（旧派）"刑法理论在大场茂马之后，先后在 1917 *347*
年（大正 6 年）经由泷川幸辰、在 1925 年（大正 14 年）经由小野清一郎
得到了有力的主张；与以牧野英一为代表的"新派（近代学派）"刑法理
论形成了对抗关系。这种"古典学派"刑法理论的"前史"和"形成过
程"已经在上一章中得到了探讨①；本章仅对 1935 年（昭和 10 年）左右
（昭和的战前时代以后）开始的"古典学派"刑法理论的"展开"问题，
围绕泷川幸辰和小野清一郎的刑法理论展开考察。

二、泷川幸辰的刑法理论的展开

（一）昭和战前期的展开

泷川幸辰自 1917 年（大正 6 年）开始，就对近代市民社会形成时期 *348*

---

① 内藤谦：《日本"古典学派"刑法理论的形成过程》，载《法学协会百周年纪念论文集第
2 卷》，1983 年版，第 509 页及以下；另参见本书第 284 页及以下。本章后文中，简称本文为"形
成过程"。

的贝卡利亚和费尔巴哈等人的启蒙主义刑法思想和前期古典学派抱有浓厚的兴趣，形成了自己属于"古典学派"的刑法理论，并在 1929 年（昭和 4 年）的《刑法讲义》和《刑法总论》以及 1930 年（昭和 5 年）的《刑法各论》中展现了其整体样貌。在这些著作中，不仅能够看出他曾受到 M. E. 迈耶的影响，也能从一个侧面看出他在一定程度上有倒向马克思主义的倾向。

　　时至 1932 年，泷川幸辰终于在前述理论方向的延长线上完成了著作《刑法读本》。这不仅是一本面向一般人的刑法启蒙书，更是泷川幸辰对自己刑法理论的最简明扼要的表达。但是，《刑法读本》在 1933 年（昭和 8 年）（4 月 11 日），与《刑法讲义（改订版）》（1930 年版）一起受到了禁止发售的处分。而泷川幸辰本人也被以前述著作中所表达的思想为借口，革除了京都帝国大学教授的职务。[即所谓泷川事件。根据 1933 年（昭和 8 年）5 月 26 日"文官分限令"第 11 条第 4 号，泷川幸辰被命令暂停职务，随后又在这一年的 7 月 11 日被开除。]但是，泷川幸辰在这样的境遇之下，仍然在 1938 年（昭和 13 年）完成了著作《犯罪论序说》，在这一著作中"严守了罪刑法定主义的铁则，并在对犯罪理论的叙述"[2] 中更多地采纳了 M. E. 迈耶以后的德国刑法学的成果，特别是梅兹格尔的理论。

　　泷川幸辰在日本进入准战时体制、更为强烈地偏向全体主义和国家主义的背景情况之下，仍然一如既往地在《犯罪论序说》及这一著作出版前后发表的几篇论文中，对理论、制度和政策进行了"与'社会基盘'的关联性"这一方面的考察。同时，他为了保障在存在阶级对立的社会中的个人权利和自由，进行了以将"人权思想"作为基础的罪刑法定主义为中心构建刑法理论的尝试。并且，他还明确地反对当时废除类推禁止的倾

349

---

　　② 　泷川幸辰：《犯罪论序说》，1938 年版，序、第 18 页；另参见泷川幸辰：《犯罪论序说（改订版）》，1949 年版，序、第 14 页，收录于团藤重光等编：《泷川幸辰刑法著作集第 2 卷》，1981 年版，第 22 页。这里，泷川幸辰并没有使用"铁则"这一概念，而是使用了"原则"这一概念。下文中在对泷川幸辰的著作和论文进行引用时，对收录在前述论文集（后文简称为《著作集》）中的"铁则"概念都有所修改。

向。③ 就此看来，泷川幸辰的刑法理论可以说是在与昭和时代战前时期的时代洪流的抗争中得以确立的。

1. 泷川幸辰的犯罪论基本处于其到 1930 年（昭和 5 年）为止的昭和初期的理论（参见前文"形成过程"，本书第 310 页及以下）的延长线上。这里简要介绍他的理论在昭和时代战前时期的几个重要展开。

第一个值得注意的展开，是从认为违法性的实质在于"国家的条理违反"的见解向认为违法性的实质在于"法益的侵害"和"生活利益的侵害（或危险）"的见解的转向。④ 这既是泷川幸辰采取"客观的违法论"的反映，也与他明确区分法律和道德的观点相对应。此外，泷川幸辰从大正时代开始就将刑法理解为"利益保护"法，将"条理违反"与对"生活条件"和"生活利益"的侵害紧密相连；从这些理解（参见前文"形成过程"，本书第 305 页及以下）来看的话，前述转向之中也是有着内在的逻辑的。

第二个值得注意的展开，是以对期待可能性论的采纳为契机最终采取了"规范的责任论"。泷川幸辰认为，规范责任论之中"充满了一种对实证学派的反动"，或者说"充满了保障相对于国家的刑罚权的个人的权利和自由的希望；在这一点上，可以认为这种观点是一脉相承于对罪刑法定主义的重新认识的"⑤。并且，泷川幸辰在采纳"规范的责任论"的同时，也将责任看作是"法律上的非难"，停止了对"道义的责任论"和"道义的责任"等概念的使用。但是，泷川幸辰在使用"道义的责任"这一概念时，其重点也在于避免将"现代的法感情"与像菲利草案那样对"责任"概念的否定联系起来；因而他只不过是将自己的责任论称为"道义的责任论"而已，并没有强调责任是从道义或社会伦理的立场出发的非难。而在泷川幸辰对"法律上的责任"和"道德上的责任"进行严格的区别，并基

---

③ 泷川幸辰：《犯罪的防卫还是犯罪人的大宪章》，发表于 1935 年；收录于团藤重光等编：《泷川幸辰刑法著作集第 4 卷》，1981 年版，第 50 页及以下。

④ 泷川幸辰：《刑法读本》，发表于 1932 年，收录于团藤重光等编：《泷川幸辰刑法著作集第 1 卷》，1981 年版，第 66 页及以下；另参见前引注②泷川幸辰：《犯罪论序说》，第 38 页、第 88 页。

⑤ 前引注②泷川幸辰：《犯罪论序说》，第 122 页；另参见前引注④泷川幸辰：《刑法读本》，第 69 页。

于此认为刑法上的责任仅仅是前者这一点上，他的理论（参见前文"形成过程"，参见本书第 303 页、第 308 页、第 312 页及以下）在这一展开中并没有发生本质上的变化。

第三个值得注意的展开是对构成要件论问题的看法。泷川幸辰在昭和时代初期导入构成要件论时是以罪刑法定主义的要求为其问题意识的（参见前文"形成过程"，本书第 311 页）；但在这之后，他又采纳了贝林（晚年）所谓"指导形象"的构成要件理论⑥，并在对贝林理论的评论过程中受到了梅兹格尔的影响，最终将构成要件理解为一种"违法类型"。泷川幸辰认为，只有通过刑罚法规才能设定"犯罪的违法类型"，这是"尊重国民的权利自由的近代社会的要求"；在"只有通过法律才能对国民的权利和自由进行限制"这一点上，应当"使构成要件和罪刑法定主义紧密联系起来"，承认构成要件具有"限定应受处罚的行为范围的意义"。而在当时强调"从刑法的个人本位的自由主义到团体本位的威权主义的转换"的大背景之下，泷川幸辰却认为"刑法是犯罪人的大宪章"，并主张这是"刑罚法规的本来的机能"。从他的这些观点中不难看出，他的构成要件论中也存在否定类推容许论的倾向和反对"所谓权威刑法"的主张。⑦

但是，泷川幸辰在罪刑法定主义论和犯罪论中的前述展开也遭到了小野清一郎的批判［参见本章后文三（一）1 和 2］

2. 就刑罚论而言，可以认为在"刑罚的本质是报应，内容是痛苦，目的是维持社会秩序"这一主张中，如标语一般得到表明的泷川幸辰的观点是没有发生变化的（参见前文"形成过程"，本书第 312 页及以下）。泷川幸辰的著作《犯罪论序说》中虽然并没有包含刑罚论这一部分，但他在1938 年（昭和 13 年）的论文《一般预防和特殊预防》中指出，两种预防"都是为刑法所追求的、有共通性的目的"；同时，泷川还在其法治国思想中进一步指出，在以存在犯罪为条件才能对行为人科处刑罚这一点上，一

---

⑥　前引注④泷川幸辰：《刑法读本》，第 58 页及以下（这里，他将 Leitbild 译为了"指导形象"）。

⑦　前引注②泷川幸辰：《犯罪论序说》，第 20 页、第 62 页、第 71 页及以下。

般预防和特殊预防都应该对"报应观念"起指导作用。⑧ 而在《刑法读本》一书中，泷川幸辰对教育刑论进行了更为鲜明的批判，指出在资本主义社会中新派所谓使教育刑论成为可能的社会基盘是不存在的（参见前文"形成过程"，本书第 309 页及以下）。由于只有在构建起一个没有刑罚的社会的前提下才可能使刑罚被消灭，因而刑罚的消灭这一命题就与"从刑罚中解放犯罪人就是从犯罪中解放人类"的主张联系了起来。⑨

此外，在《刑法读本》等书籍被禁止发售之后，泷川幸辰的著作和论文的发表也受到了限制；泷川幸辰自己在战后也承认，他"为了使《犯罪论序说》免于遭受这种不幸，在表述上进行了模糊化处理"⑩。其实泷川幸辰的其他论文和著作大体上也进行了同样的模糊化处理。这无疑有碍于准确理解泷川幸辰在昭和时代战前期的刑法理论。

3. 泷川幸辰的罪刑法定主义论的特征在于，在认为罪刑法定主义的终极根据在于"人权思想（即'保障公民的权利和自由不受国家，特别是刑事裁判权的专制的侵害'的思想）"的同时，也主张应当在与"与社会基盘的关联性"的意义上对"制度的适当与否"的问题"进行判断"。从这种社会基盘论的立场出发，泷川幸辰进一步主张"罪刑法定主义是启蒙思想和自然法的人权思想的表现，其精神在于保护弱者不受强者侵害。因而只要社会内部存在强者和弱者的对立，罪刑法定主义就应当是刑法上的

---

⑧ 泷川幸辰：《一般预防和特殊预防》（1938 年），收录于团藤重光等编：《泷川幸辰刑法著作集第 4 卷》，1981 年版，第 743 页及以下。在这篇论文中，小野清一郎基于法治国思想，对与费尔巴哈的心理强制说紧密联系在一起的一般预防论作出了高度评价，指出"在观察和统计中能够得到把握的就只有一般预防作用归于无效的情况而已"，由此"一般预防"就不过只是"一种拟制"而已；"只不过是在幻想中才得以成立的"。与此相反，"特殊预防"则"具备了在理论上彻底解决问题的可能性"。（小野在昭和初期对这一问题的理解参见前文"形成过程"部分；另参见本书第 313 页。）就结论而言，小野认为"两种预防体系有着共通的出发点"，主要表现为以下三点："①犯罪是对动机要求（不论是标准的行为人还是具体的行为人）的征表；②刑罚的轻重由对行为动机的反对动机所决定；③责任并不是对犯罪的价值判断，而是基础在于犯罪人人格的、对处罚必要性的价值判断"。小野清一郎认为，在费尔巴哈和李斯特所处时代的社会背景下，"政治的和经济的状态都处于正常状态，这时特殊预防作为一种刑事司法的目标就因为符合社会整体的利益而是适当的；但在社会体系发生变化或遭遇经济危机的当下，一般预防则更为适当"。

⑨ 对新派教育刑论的批判观点，参见前引注④泷川幸辰：《刑法读本》，第 149 页及以下。

⑩ 前引注②泷川幸辰：《犯罪论序说》，第 11 页。

铁则"⑪。恐怕泷川幸辰自己也不得不承认，这里所谓"强者和弱者的对立"完全是为了避免发售禁止处分而在表达上作出的模糊化处理〔参见前文二（一）2〕，应当认为其意味着资本主义社会中的阶级对立。在这一意义上，可以说泷川幸辰认为在存在阶级对立的现实的资本主义社会中，罪刑法定主义如果不能被作为"铁则"得到严守，刑法就将沦为阶级压迫的手段。⑫

泷川幸辰正是以刑法的人权保障机能和制约国家刑罚权的机能为出发点，构建了自己以罪刑法定主义为中心的刑法理论的。这时泷川的罪刑法定主义论是以对现实社会中存在个人和国家的紧张关系的认识为前提的；而这与他在大正时代中期受到牧野英一的影响而认为应当允许类推解释的罪刑法定主义论之间存在本质上的差别。

在泷川幸辰尚未明确主张类推禁止的昭和时代初期，他就已经在很多情况下都表明了自己对各个犯罪类型进行限定解释的非主流的态度，并在立法论中提出了非犯罪化的方向。例如，泷川幸辰①批判了以不尊敬罪处罚在自己的日记中书写包含不敬意思的文字的行为的判例，认为这是"对罪刑法定主义精神的践踏"；并且②认为不解散罪由于具备不明确性而是"无赖的恶法"；③批判了杀尊亲属罪的严罚主义并要求对其进行改正；④提倡废止通奸罪；⑤提出了对自己堕胎罪进行非犯罪化的方向；⑥提出了对单纯赌博罪进行非犯罪化的方向。⑬ 这些刑法各论中的主张都鲜明且具体地表明了泷川幸辰刑法理论所具有的特征。

泷川幸辰本人在战后也认识到，自己的包含了前述主张在内的昭和时代战前时期的刑法理论，是在昭和初期理论的延长线上才得到进一步展开

---

⑪　前引注②泷川幸辰：《犯罪论序说》，第15页及以下、第19页及以下。

⑫　泷川幸辰：《犯罪类型和犯罪人类型》（1935年），收录于团藤重光等编：《泷川幸辰刑法著作集第4卷》，1981年版，第73页及以下。泷川幸辰的罪刑法定主义论和刑法任务、机能论，详见内藤谦：《泷川幸辰的刑法理论4》，载《法律时报》52卷第10号（1980年），第72页及以下；另参见本书第480页及以下。

⑬　泷川幸辰：《刑法各论》，1930年版。①的观点参见第128页，②的观点参见第125页，③的观点参见第6页，④的观点参见第102页，⑤的观点参见第20页，⑥的观点参见第92页。此外，泷川幸辰关于类推适用的观点及其变迁，参见前引注⑫内藤谦：《泷川幸辰的刑法理论4》，第75页及以下；另参见本书第486页及以下。

的。这种理论在与"整体主义国家"的"威权主义刑法"相"斗争"的方面，是"在马克思主义影响下的第三期自由主义刑法"理论。⑭

4. 就泷川幸辰的国家观而言，他将国家看作是在特定的"共同利益"之下成立的"社会"（"社会"是"个人的集团"）的一种，是与盈利公司、劳动组合、社会阶级等概念相并列的。同时，他在指出在国家具有作为一种手段的性质的基础上，国家作为"社会"的特征就表现在其以对相互对立的社会进行"统制"这种"共通利益"为内容这一点上。⑮ 由此，泷川幸辰的国家观就是将国家与全体社会等同看待的、所谓多元的国家观；这与强调国家的道义的意义的一元的、道义的国家观有着明显的差异。

泷川幸辰还认为，"法律是国家这种社会的团体规则"，认为宪法、民法、刑法、诉讼法等"所有的法律都是通过受到法所保护的利益才得以相互联系起来"的，"各个法律的本质并不在于受到保护的利益的特殊性，而在于保护手段的特殊性"。由此，泷川幸辰主张："刑法作为一种保护手

---

⑭　泷川幸辰认为，"自由主义刑法"可以分为以费尔巴哈为代表的"第一期的自由主义刑法"、以李斯特为代表的"第二期自由主义刑法"和第一次世界大战后的"第三期自由主义刑法"。泷川指出，第一次世界大战后的社会恐慌和恐慌的慢性化导致了资本主义社会中的阶级矛盾被激化；而与此相对，刑法的社会防卫任务就变成了"抵抗如浪潮般涌来的群众运动，而保卫逐渐踏入解体的资本主义"。而"资本主义也逐渐从作为其最后一块阵地的全体主义国家中退却（正如拉德布鲁赫所说的那样），虽然以刑罚处罚与整体主义国家的思想相反的思想，但社会普遍要求通过依法进行裁判来与这种处置相对抗。而第三期自由主义刑法正是在与这种威权主义刑法的斗争中，被卷入第二次世界大战之中的"。就第一次世界大战之后的社会和刑事政策的背景而言，泷川幸辰在指出"对马克思主义的借鉴成为不可或缺的理论力量"；而"受到了马克思主义影响的第三期自由主义刑法从对言论、思想、行动等自由进行主张的立场出发，要求废除压迫前述自由的法律，并限制裁判官的自由裁量权。在这一立场下，对罪刑法定主义进行重新确认的观点就得到了有力的提倡"。

参见前引注④泷川幸辰：《刑法读本》，第29页、第41页；另参见泷川幸辰：《自由主义刑法》，（1946年），收录于团藤重光等编：《泷川幸辰刑法著作集第5卷》，1981年版，第11页及以下、第17页及以下。

详细内容参见内藤谦：《泷川幸辰的刑法理论3》，载《法律时报》第52卷第9号（1980年），第105页及以下；此外，还可参见本书第505页及以下。

⑮　泷川幸辰：《刑法总论》1929年版，收录于团藤重光等编：《泷川幸辰刑法著作集第1卷》，1981年版，第171页及以下；另参见泷川幸辰：《刑法讲义》1929年版，第32页及以下；前引注④泷川幸辰：《刑法读本》，第22页及以下。详细内容参见内藤谦：《日本"古典学派"刑法理论的形成过程》，本书第307页及以下的部分；另参见内藤谦：《泷川幸辰的刑法理论5》，载《法律时报》第52卷第11号（1980年），第79页及以下；还可参见本书第518页及以下。

段的特殊性在于，其通过对刑罚进行预告和执行来预防并镇压对利益的侵害，以此来保护利益（虽然只是间接地）。"⑯

前述泷川幸辰的国家观、社会观和法律观都不是马克思主义的产物，因而泷川幸辰的刑法理论也不是马克思主义的刑法理论。但泷川幸辰的基本态度在于，从多元的国家观的立场出发，在认识到国家和法律的手段性的基础上进一步认为包含刑法在内的法律的本质在于对利益的保护；而并没有对国家和法律的道义性加以强调。泷川幸辰的这种基本态度在与他强调个人的权利的保障机能的罪刑法定主义论相结合，并进一步得出"犯罪人的大宪章机能"是"刑法的存在理由"的结论之时，就成为自由主义刑法理论的基础。

（二）昭和时代战后时期的展开

随着第二次世界大战结束后的宪法变革，自由主义和民主主义的原理也得到了强调。这本应是泷川幸辰的刑法理论的时代，但重新回归了大学的泷川幸辰更多地忙于大学中的行政职务。受此制约，泷川幸辰没能完成对《犯罪论序说》的更新，也没能详细地提出自己适应于战后变革的刑法理论。但是，他还是完成了《刑法中构成要件的机能》（1950 年）等若干论文，出版了《刑法讲话》（1951 年版）和《刑法各论》（1951 年版）两本著作。

1. 在战后，泷川幸辰的刑法理论也基本与昭和时代战前时期的理论相同。其犯罪论的基本构想仍然在于认为违法的实质在于法益侵害的法益侵害说和规范责任论。当然，为了防止刑法的人权保障机能和其作为大宪章的任务受到动摇，他也尝试了对犯罪论的单纯化，并否定了其在战前时期曾肯定过的主观的违法要素。并且，为了避免主观的要素被导入构成要件中，他的理论中也有着彻底贯彻客观的违法论或结果无价值论（虽然泷川幸辰本人对此并不承认）的意图的一面。⑰ 此外，泷川幸辰的理论也有就原来的理论发生倒退的部分。例如，他在期待可能性的基准的问题中，

---

⑯　前引注②泷川幸辰：《犯罪论序说》，第 29 页。详细参见前引注⑮内藤谦：《泷川幸辰的刑法理论 5》，第 80 页。还可参见本书第 521 页及以下。

⑰　泷川幸辰：《论刑法中构成要件的机能》（1950 年），收录于团藤重光等编：《泷川幸辰刑法著作集第 5 卷》，1981 年版，第 314 页及以下。

从以往的标准人（平均人）基准说出发，展开了以"必须将行为人引入行为的一类事实"为基准的理论。而与此相反，泷川幸辰在故意问题上作出了让步，对其期待可能性理论的适用范围进行了限定；他认为，只有在未必故意和间接故意的情况下⑱，才能以不具有期待可能性为由承认责任阻却。

2. 在昭和时代战后时期，泷川幸辰的刑罚论也与其在战前时期的理论基本相同。泷川幸辰在"刑罚的本质"即"使犯罪和刑罚有所联系的唯一的普遍要素"只能"是对动的反动和对恶行的恶报"这一意义上，对报应刑论进行了主张。这种报应刑论与"报应"这一道义的要求或道义的责任是没有联系的；而报应刑的核心在于，将报应理解为"对动的反动"，并且以发生了犯罪作为科处刑罚的条件。并且，"对动施加反动，是生物维持自我的本能，也是生物延续种族的本能"；而对犯罪施加的反动即刑罚实质上是一种痛苦，这"在经验上是不容否定的事实"。这样，泷川幸辰的报应刑论就将"报应"，即对动施加的反动看作是经验的事实；他也确实并没有将对违反道义的行为施加的实现道义的报应看作是刑罚的正当化依据，而是认为刑罚具有痛苦性的理由在于从受刑者的立场看来痛苦所具有的赎罪作用。⑲ 此外，他还认为刑罚的"目的"在于对社会秩序的维持，一般预防和特殊预防都是刑法所追求的共通的"目的"［参见前文二（一）2］。在这一意义上，泷川幸辰的报应刑论未必是与目的刑论相矛盾的，因而可以说是一种相对的报应刑论。然而正如泷川幸辰对死刑废止论的支持所表明的那样（其理由之一是死刑不具有赎罪作用），他的报应刑论的相对化程度可以说是非常高的。

此外，泷川幸辰还认为，在战后被分为立法、裁判、执行三个阶段的"刑事制度"的"终极目标"在于"维持法律共同体道德秩序"；而为了实

354

---

⑱　泷川幸辰：《论规范责任论中的期待可能性》（1950年），收录于团藤重光等编：《泷川幸辰刑法著作集第5卷》，第365页；泷川幸辰：《期待可能性的理论》（1952年），收录于团藤重光等编：《泷川幸辰刑法著作集第5卷》，第380页；泷川幸辰：《期待可能性的回顾》（1953年），收录于团藤重光等编：《泷川幸辰刑法著作集第5卷》，第398页及以下。

⑲　泷川幸辰：《刑法讲话》（1951年），收录于团藤重光等编：《泷川幸辰刑法著作集第2卷》，1981年版，第492页及以下、第690页及以下。

现这一终极目标，"原则上又应当以使犯罪人复归社会、回复失去的人性为目的"。为此，他主张有必要在"刑事制度"的前述三个阶段之外，"进一步追加一个保障被释放的人作为人的生活的阶段作为第四阶段"[20]；明确地对更生保护制度的重要性提出了展望。

3. 在战后的泷川幸辰的刑法理论之中保留了其社会基盘论的观点，延续了一直以来存在于其理论根基中的在一定程度上倒向马克思主义的倾向。例如，他认为犯罪和刑罚的"均衡"理念的起源是"商品交换的形态"；而"复仇正是从与这种均衡的交换形态，即由价值决定的交换形态有所关联开始才成为法律制度的"。他还主张："犯罪和刑罚之间的均衡关系，正是在前述均衡的交换形态极为普遍的现代社会，即马克思所说的'为资本的生产方式所统制的社会'中，才变得逐渐明确起来的。"泷川幸辰还指出，新派刑法学所主张的"根据行为人危险性格的程度确定对犯罪的刑罚"的所谓"危险刑法"的观点，以及其以"犯罪和刑罚之间的均衡关系是不合理的为由拒绝接受这种分析的结论"的观点都是错误的；其"谬误"之处在于，"他们在对责任刑法进行批判之时，认为对这种错误的见解和思想的反驳只有通过理论上的批判才能完成"。但是，"均衡关系中存在的不合理性并不是由刑法学者（在理论上）的误解所导致的，而是由现代社会的构造所催生并逐渐扩大的"。泷川幸辰进一步主张说："对刑法的根本性改正是以对社会组织的改革为前提的；因而不可能在脱离了客观的社会基础的情况下使罪刑均衡被废除。"同时他还"模糊地预想"到，"将来必定会发生从刑罚法向保护法的转向"[21]。

这样，泷川幸辰就在与他所谓"社会基盘"的关系的意义上，对报应刑论中犯罪和刑罚的均衡关系、对新派刑法学的批判、刑法的根本性改正三个命题进行了讨论。在这些讨论中，仍然可以看出马克思主义所带来的影响（特别是帕舒卡尼斯初期的理论观点）。[22]

---

[20]　参见前引注⑰泷川幸辰：《论刑法中构成要件的机能》（1950 年），第 314 页及以下。

[21]　参见前引注⑲泷川幸辰：《刑法讲话》（1951 年），第 493 页及以下、第 498 页、第 502 页及以下。

[22]　就泷川幸辰的"社会基盘"论，以及其一定程度上倒向马克思主义的倾向，详见前引注⑮内藤谦：《泷川幸辰的刑法理论 5》，第 76 页及以下。另参见本书第 503 页及以下的部分。

4. 第二次世界大战结束后，在为了应对宪法变革而于昭和 22 年（1947 年）进行的刑法部分改正之时，泷川幸辰对通奸罪的废除表现出赞成的态度；这与泷川幸辰从大正时期开始就不断主张的观点相呼应，因而可以说是理所当然的。但存在问题的是，泷川幸辰并没有全面地赞成（他曾经支持的）废除对皇室的犯罪（旧刑法第 73～76 条），并且在废除对外国元首和使节的暴行等犯罪（旧刑法第 90～91 条）时，表现出了令人费解的态度。㉓ 特别是从他自由主义的刑法理论来看的话，他在废除对皇室的犯罪问题上所表现出的态度或许会让人觉得不可思议。从这一情况或许也可以看出，泷川幸辰没能充分而全面地理解战后的变革的意义。但是，同样也不应忽视泷川幸辰的观点的根基中的另一方面。即，泷川幸辰强调昭和 22 年对刑法的部分改正不过只是"应急的措施"而已，"在社会的根基没有发生变化的情况下，应当是无法对刑法进行根本性修改的"。此外，泷川幸辰还指出"在自由平等并未被普遍承认的社会中，是无法在刑法中实现对自由平等的尊重的"；而立足于对当时社会现状的认识，泷川幸辰指出"在封建性、阶级性浓厚的日本，刑法改正的先决问题首先就是对社会基盘的重构"。而他也正是从这种立场出发，才主张即使是在废除对皇室的犯罪这一问题上，也"只有在清算了将天皇作为神祇崇拜的思想之后，对相关刑罚法规的废除才是有意义和价值的"㉔。 *356*

泷川幸辰还明确反对了《破坏活动防止法》的制定（1952 年），并举出了如下两个理由。第一，这一法律存在被滥用的危险，可能导致刑法的人权保障机能被"破坏"；第二，仅仅止于对个人的处罚，将导致对团体的规制变得困难。㉕ 这里，泷川幸辰延续了自己的自由主义刑法理论。

就第二次世界大战结束后进行的刑法全面改正工作而言，泷川幸辰仅对改正刑法准备草案的未定稿（1960 年）中与犯罪论相关的部分发表了

㉓ 泷川幸辰：《刑法的部分改正》（1948 年），收录于团藤重光等编：《泷川幸辰刑法著作集第 5 卷》，第 83 页。

㉔ 泷川幸辰：《刑法改正和社会基盘》（1947 年），收录于泷川幸辰：《刑法学周边》，1949 年版，第 87 页及以下。

㉕ 泷川幸辰：《无视人权的恶法》（1952 年），收录于团藤重光等编：《泷川幸辰刑法著作集第 5 卷》，第 268 页。

意见。㉖ 但是，由于泷川幸辰在 1962 年（昭和 37 年）不幸亡故，他最终没能参与之后的改正工作。

5. 泷川幸辰以基于人权思想的罪刑法定主义为中心的刑法理论和与此紧密联系在一起的犯罪论的客观主义的、结果无价值论的构造，仅仅从其以自由主义刑法的思考为基础的方面来看的话，是应当直接为战后日本的刑法学所接受的。泷川幸辰的刑法理论也确实在战后学界的一定范围内基本上得到了支持，强烈地影响了刑法学界。但是，到 1960 年（昭和 35 年）为止，日本的刑法学都在很大程度上受到了以目的行为论为基础的行为无价值论思想的影响，因而泷川幸辰的刑法理论并未被广泛接纳。而直到泷川去世后的 1965 年（昭和 40 年）左右，学界才开始对泷川幸辰的刑法理论，特别是其人权保障的侧面和结果无价值论的侧面进行重新认识。㉗

三、小野清一郎的刑法理论的展开

（一）昭和战前时期的展开

359　　　小野清一郎自 1925 年（大正 14 年）年开始，就对东洋的、佛教的思想和德国法理学产生了强烈的兴趣；并逐渐以"文化主义的正义观"为基础形成了"古典学派"的刑法理论。在 1932 年（昭和 7 年）的《刑法讲义》中，他明确了自己刑法理论的整体样貌。而正如前文所述，1933 年（昭和 8 年）前后这一时期正是小野清一郎的刑法理论与泷川幸辰的刑法理论最为接近的时期；尽管这时两人的理论基础就已经是有所差异的了。

　　　在日本终于进入了准战时体制、变得更为倾向于全体主义和国家主义

　　㉖　泷川幸辰：《草读〈准备草案〉》，收录于团藤重光等编：《泷川幸辰刑法著作集第 5 卷》，第 94 页。

　　㉗　内藤谦：《战后刑法学中的行为无价值论和结果无价值论的展开（一）》，载《刑法杂志》第 21 卷第 4 号（1977 年），第 1 页及以下；内藤谦：《战后刑法学中的行为无价值论和结果无价值论的展开（二）》，载《刑法杂志》第 22 卷第 1 号（1978 年），第 58 页及以下。就泷川幸辰的刑法理论与战后刑法学之间的关系问题，参见内藤谦：《刑法讲义总论（上）》，1983 年版，第 92 页及以下；另参见本书第 580 页及以下。

的背景情况下，小野清一郎在 1936 年（昭和 11 年）之后的论文中，展开了对刑法的"国家的道义性"这一大方向的强调所必要的法理学（法哲学）基础；并在 1945 年（昭和 20 年）战败之前出版了《全订刑法讲义》（出版印刷于 1945 年 8 月 15 日，发行于 1945 年 8 月 20 日，序文作于 1944 年 6 月 30 日）。而昭和时代战前时期，也正是小野清一郎的刑法理论得到确立的时期。

1. 首先，小野清一郎在 1936 年（昭和 11 年）的论文《论法理学的普遍主义》[28] 中表明了自己"普遍主义"的理论展开（这里的"普遍主义" *360* 更接近于整体主义，而与现在一般意义上使用的普遍主义有所差异）。在这篇论文中，小野清一郎对德国法理学的学说进行了评论和批判，指出黑格尔的"客观的道义"的"最高的实现"首先是在"家族"和"市民社会"，最终才是在"国家"中完成的，而这正是他"认为黑格尔的客观的观念论是法理学上的普遍主义的理由"。在此基础上，小野清一郎明确地表明了自己"放弃个人主义而采纳普遍主义和整体主义"的观点。这里，小野认为"真正的普遍主义通常意味着对个别的实在的超越，同时也是在更为高次元的立场上，从所有个别的实在之中归纳产生的普遍"。这也就是说，在将"当今的国家"看作是"不仅包含了全部的个人，而且超越了全部的个人的整体的生命体"的同时，也将其看作是"由这些全部的个人的人格所表现和创造出来的，包含了其中每个个人的主观而普遍的，并且因此就是对客观精神的实现的民族文化生活的整体"。这样，小野清一郎在将"法律"理解为"对国家生活中客观精神的规范的、统制的意思表述"的基础上，就可以认为"国家和法律"本身"就是一种特殊的文化现象。这种文化现象的内容是由国民的整体文化所决定的，同时它也有意识且自觉地影响了目的在于使整体文化得到发展和完成的统制实践本身"。

从这种"法理学的普遍主义"的立场出发，小野清一郎围绕"法治"的含义问题，首先根据"普遍主义的法律观"，明确表明了自己认为"法律秩序"作为一种"历史的和文化的人伦的条理"既是"伦理"也是"道

---

[28] 小野清一郎：《论法理学的普遍主义》（1936 年），收录于小野清一郎：《法学评论 下》，1939 年版，第 19 页及以下；另参见本书第 416 页及以下。

义"的观点。随后，他根据"国家的法律"是"客观的道义精神"的"具现"和"展开"的思考进一步主张说，"国家的权威就是有道义的基础的"；并且"真正的整体主义"中的"国家和个人"在"道义上是得到了综合和统一"的。由此小野清一郎主张，"整体主义的国家"归根到底仍然是"道义的"，因此在"应当对法律秩序进行重视"的意义上也应当是"法治"的。

此外，小野清一郎从前述立场出发，认为"法治国"这一概念在西方近代思想中完全是一种自由主义的观点，但在东亚并非如此。在东亚，"法治国"不仅是通过信赏必罚维持国家权威并保全公共利益的目的（正如在古代中国的法治中所表现的那样）的必然要求，也是对普遍主义的根据中重视"法"本身的"统治"的要求（这也表现在佛教的政道观中"正法治国"的理想中）。由此，小野清一郎主张真正的"法治"的基础并不是"个人主义和自由主义"，而是"整体主义和普遍主义"。他还主张由于19世纪时的"罪刑法定主义"也被认为"完全是个人主义的和自由主义的理论"，因而同样存在被不当地"夸大"的现象。相比之下，东亚的刑法中一直允许对法律的援引比附，承认存在轻微的"不应得为"的犯罪（虽然法无明文规定，但仍不应为之的行为。即《唐律疏议》注："谓律令无条，理不可为者。"——译者注）。以此为例证的话，罪刑法定主义的"普遍主义的意义"就得到了辩证和扬弃。

从前述"普遍主义"的立场出发，小野清一郎一方面反对了为牧野英一所主张的"罪刑法定主义的消解"的观点，另一方面也以泷川幸辰在1935年（昭和10年）的论文中正面表明了他拥护罪刑法定主义观点的论文为例，对泷川的这种罪刑法定主义支持论进行了批判，认为这不过是从"单纯的自由主义的立场出发"的理论，时至今日已经不再有说服力了"。

在小野清一郎自己看来，前述"法理学的普遍主义"是对"德国法理学中的普遍主义和整体主义的思想的学习，同时试图通过东亚的普遍主义世界观对这种思想进行深化的努力成果"㉙。这种"法理学的普遍主义"虽然并未采取个人主义和自由主义，但与截至1933年（昭和8年）为止

㉙　小野清一郎：《日本法理的自觉展开》，1942年版，第36页。

都作为小野清一郎刑法理论的基础的"文化主义的正义观"相对比的话（参见本书第 322 页及以下，第 339 页及以下），在以东洋的、佛教的思想为背景，并且使个人主义和自由主义成为扬弃和综合的对象这一点上，两者依然是有共通性的。但是在"文化主义的正义观"的语境下，"理想的文化的共同社会"和"现实"的"国家"之间毕竟是存在明确的区别的，而这就意味着这种语境下不可能主张"国家权威"有着"道义"的基础，也无法主张在"道义"上对"国家"与"个人"进行"综合统一"。而这也就意味着，在这种语境下不可能明确地主张法律秩序是"伦理"和"道义"的观点。在这一意义上，小野清一郎所主张的"法理学的普遍主义"和"文化主义的正义观"所具有的要素就是完全不同的。而这种不同也部分地表现在小野清一郎对"法治"意义概念的理解、对罪刑法定主义基础所持有态度的变化以及对泷川幸辰罪刑法定主义论的批判之中。而为小野所主张的这种"法理学的普遍主义"也逐渐与他对"民族共同体的道义观念"的强调和他提出的"日本法理的自觉地展开"的观点相联系了起来。

2. 小野清一郎在 1938 年（昭和 13 年）发表的对泷川幸辰的《犯罪论序说》的书评之中[30]，对泷川的客观主义的理论构造进行了重新评价；同时，也以泷川幸辰的"'理论'刑法学"仅仅止步于有着"消极主义的政治性"为由对他的理论进行了批判。同时，小野清一郎针对泷川幸辰在实质的违法性论中从"国家的条理违反"转向"生活利益的侵害（或者危险）"的观点的展开［参见前文二（一）1］提出了反对意见，认为违法性的实质应当在于"更深层的民族共同体的道义观念"。此外，针对泷川幸辰的构成要件理论和他采用的规范责任论［参见前文二（一）1］，小野清一郎也提出了批判，认为这种观点"在某些方面看来是个人主义化和人格主义化的"。小野清一郎还指出，自己这些批判的基础在于自己"文化的东洋主义"和"日本主义"，即"刑法应当以强化民族的道义观念为其首要目的，其次才应以社会的保安（一般预防和特殊预防）为目的"的主

362

---

[30] 小野清一郎：《"理论"刑法学的政治性——泷川幸辰著作〈犯罪论序说〉（昭和13年）》（1938 年），收录于前引注㉘小野清一郎：《法学评论 下》，第 321 页及以下。

张。这种主张就导致他在罪刑法定主义的问题上认为"正是规定了罪行的法令象征着国家的权威，并且这些法令同时表明了民族的道德意识"。就此来看，在昭和时代战前时期，泷川幸辰和小野清一郎刑法理论基础中存在的异质性就已经非常清晰了。

3. 小野清一郎在1938年（昭和13年）确立了认为构成要件是违法有责的行为类型的构成要件理论。在确立这一观点的同时，小野清一郎也认为"作为一种理念的违法性和道义的责任并不是并列的关系，而是立体的、重叠的关系，并最终能够归结于道义的责任"。以这一理解为基础，小野清一郎主张"贝林和迈耶在理论中之所以将构成要件、违法性和道义的责任这三个要素并列，是为了遵从诉讼程序中的认知顺序；这种观点在哈尔所谓刑事诉讼的思考的视角下虽然是有意义的，但这未免是一种割裂的思考。如果只考虑实体法理论的话，那么前述三个概念就应该是立体的重合的关系，由浅至深以构成要件、违法性、道义的责任的顺序渐次推进。其中，在形而上学的视角下最为根本的概念是道义的责任，而违法性仅仅是其部分表达，构成要件则是违法性的部分表达。并且总归来说，三个要素都是为了对某一犯罪的本质进行把握的概念上的契机，通过对这些概念进行综合统一，就能得出犯罪的具体概念了"。根据前述主张，小野清一郎进一步论述道："从近期沙夫施泰因通过将犯罪看作是'义务侵害'来综合地对刑事责任的观念进行一元化的尝试中，也能够看出他意图拯救之前割裂的思想的尝试。"[31]

如前所述，小野清一郎构成要件理论的根基就在于，不仅在观点上主张"道义的责任"是犯罪的根本的要素，而犯罪的本质是对道义的违反，"违法性""构成要件"又只不过是"道义的责任"的部分的表达，因而对构成要件的考察就无法脱离于对"道义的责任"的类型化；还在思想方法上重视对其进行综合统一的考察，而并非对犯罪进行分析的考察。小野清一郎还主张，"构成要件这一概念的整体是有意义的，是充满了伦理与道

<hr />

㉛　小野清一郎：《论构成要件概念的诉讼法的意义》，收录于小野清一郎：《犯罪构成要件的理论》，1953年版，第427页及以下。

义意义的法律上的观念形象"[32]。从前述小野清一郎的构成要件理论中可以看出，他在导入构成要件理论之时的问题意识是处在与罪刑法定主义相独立的法理的要求的延长线上的。并且，这种问题意识是与基础在于"日本的道义所要求的事理"和"日本的现实社会所要求的道义的事由"的类推容许论相联系的。[33]

泷川幸辰对前述小野清一郎将构成要件定义为违法且有责的行为类型的理论提出了质疑。理由在于，"责任"的"规范基准"正是在"行为的违法性"即法益侵害性上得到表明的，而"构成要件"概念之所以具有必要性，正是因为只有通过"构成要件"才能使违法行为得到类型化。[34] 由此可见，在并没有强调"道义的责任"是犯罪的根本的要素，而是认为在"违法"是"责任"的前提，而"构成要件"又是"违法"的前提这一意义上，可以认为在泷川幸辰前述理解的根基之中，存在着重视对犯罪进行分析而并非综合统一的考察的思想方法；而这明显是与小野清一郎有所不同的。由此，前述差异就反映在了两人导入构成要件理论之时所持问题意识之间的差异上。

4. 小野清一郎在 1940 年（昭和 15 年）的论文《论刑法中的道义和政策——对刑法改正草案的概括性批判》[35] 中，强调了自己认为刑法应当是"道义"的"实现"的观点。这里所说的"道义"，是指"人伦世界的事理"，即"包括道德在内的、存在于更高次元的国家和民族共同体之中的伦理"。这正是从正面对"法律应该是作为全体的国家的道义的实现"这一命题的主张。此外，小野清一郎还认为在刑法之中应当以"作为一种道义共同体的国家的自我认知"为"中心观念"；而"刑法"也应立足于"日本国家的自我认知"，并使"日本民族的、日本国民的道义"得到"明

364

---

[32] 前引注[31]小野清一郎：《犯罪构成要件的理论》，序言第 2 页。

[33] 小野清一郎：《全订刑法讲义》，1945 年版，第 54 页及以下；另参见小野清一郎：《新订刑法讲义总论》，1948 年版，第 51 页及以下。

[34] 泷川幸辰：《新刊介绍〈牧野教授还历祝贺刑事论集〉》，载《法学协会杂志》第 56 卷第 9 号（1938 年），第 83 页及以下（对前引注[31]小野清一郎：《论构成要件概念的诉讼法的意义》的介绍和批判）。

[35] 小野清一郎：《论刑法中的道义和政策——对刑法改正草案的概括性批判》（1940 年），收录于前引注[29]小野清一郎：《日本法理的自觉展开》，第 203 页及以下。

确的征表"。基于此，小野清一郎就进一步主张"刑事政策"应当是"在服务于通过刑法实现道义的技术的合理性的范围内的刑事政策"。

小野清一郎从前述基本立场出发，对刑法改正"暂定草案"（1940年"假案"）作出了评价；他认为，比起"暂定草案"的"总则"的规定，其"分则"的规定（包括对处罚范围的扩大和对法定刑的加重）更符合保护"国家的民族共同体"这一现实的必要性，因而是更为优秀的。相比之下，"总则"（于1931年发表）由于不仅受到了与实证主义、社会功利主义、个人主义联系在一起的新派理论的影响，还导致了唯物主义观念的流入；因而从"国民的道义"的大局来看的话，是有可能有害于"本国的淳美风俗"的。小野清一郎对此进行了毫不留情的反驳，认为这正是"刑法中道义的危机"。

5. 在日本终于进入了战时体制，整体主义和国家主义占据了统治地位的背景下，小野清一郎在1941年（昭和16年）的论文《日本刑法学序说》和1942年（昭和17年）的论文《日本法理的自觉的展开》中，表明了自己在这一背景下的基础理论。

小野清一郎认为，为了使"日本的法律"具有"所谓日本的性格"而自觉地展开的"日本法理"是指"内在于日本法的道理或事理"，其内容是"日本国家的道义"。小野主张，所谓"日本法理或日本法学"并不是指"狭义的、民族的固有的法律理论"，而是指"在日本法的历史传统的基础上，通过借鉴在当今西方法理学和法律学中处于支配地位的文化财产而得以改进的东洋法律；它同时也使世界法得到了展开"。小野清一郎还论述道："现实的普遍的世界之中包含了所有的差异状况，因而是一种平等的普遍；这正是对差别的真相的深入实际上却反映出真正的普遍来的理由所在。在日本法之中存在着日本法的'理'，而这种'理'也并非是抽象的普遍的'理'，而是内在于历史发展中且推动了历史发展的、具有个性的'理'。只有对此有所认识和自觉的关于日本法理的学问，才是日本法理学。"㊲

㊲　前引注㉙小野清一郎：《日本法理的自觉展开》，第2页、第11页、第12页及以下、第67页。

365

在小野清一郎看来，这种对日本法理的"自觉"是在作为"非连续的连续"的历史之中，对"日本法律的道义的事理"展开的"实践性、主体性"的"领悟"。在此过程中，"以日本臣民在实践中的体验为基础的直观"和"对这些直观进行综合的审视"是不可或缺的。这样，小野清一郎自大正末期之后在论文中表现出的重视"体验""直观""审视"的思想就得以贯通。而这里小野所主张的，正是在"东洋之学的传统"视角下发现对"西洋的学统"进行"根本上修正的契机"[37]。

小野清一郎还认为，就日本国而言"国家本身就是道义的共同体，而法律则是对国家道义的实现"。就作为日本法理的"国体"而言，他主张"处于万世一系的天皇统治之下的日本这个国家"就是"日本的法理中的法理，也是道义中的道义"，而"一君万民，君民一体的国体"则是日本的根本法理，也是"最高的道义"。而这种日本国家正是"大和民族的伦理共同体"。小野所主张的这种"日本法理"虽然与以种族主义的民族思想为基础的纳粹法思想并不相容，但他在前述"日本法理"中提出了"以日本的道义为代表的东洋的道义文化"的"大东亚法秩序"的构想。[38] 这种构想中对"国家的道义"的强调无疑更为鲜明地表明了他的理论所具有的国家主义、威权主义的侧面。

小野清一郎从前述"日本法理"的立场出发，主张在历来的刑法理论的对立之中，那种固执于绝对主义和相对主义的区分的做法本身就"不日本"，而"日本刑法"的目的在于"使共同体内部的道义生活得到不断的更新"。此外，报应主义和目的主义之间的争论也是"形式逻辑的分裂思想的产物"，不能认为报应和目的之间存在二律背反。刑罚明显是具有报应性的，但"日本刑法""并不只是报应的刑法，而是道义的惩肃的刑法"，因而其常常伴随着"道义的劝善，也就是教化"。小野还主张，客观主义和主观主义的对立在"日本法理"中也应当被"扬弃"。这里，日本的"道义和法是一体的"：所谓"道义"虽然是指"一种就人伦而言的客

366

---

③⑦ 前引注㉔小野清一郎：《日本法理的自觉展开》，第56页。

③⑧ 前引注㉔小野清一郎：《日本法理的自觉展开》，第72页、第89页、第93页、第96页、第127页、第138页及以下。

观的事理或条理",但同时也是"透过个人人格的主观才得以实现的精神秩序"。"道义"的概念也正是从前述观点出发才得到"扬弃"的。㊴

　　6. 在 1945 年（昭和 20 年）战败之前，小野清一郎以自己在昭和时代战前期之后展开的刑法的基础理论为根基，完成了《全订刑法讲义》［即《刑法讲义》（1932 年版）的"全订版"］一书。书中，小野清一郎以"刑法的基本观念就其本意而言是历史的；因而历史的文化，特别是国家和国民生活中的道义感才应当是刑法本来的基盘"的观点作为全书的基础。此外，小野清一郎还主张："在西方发展起来的所谓刑法理论虽然作为近代刑法的基本观念的理论而有其价值和作用，但我们不应拘泥于其概念的范畴。在此基础上，还应当依照日本的历史现实来阐明日本刑法的观念。"㊵

　　从这种观点出发，小野清一郎对 1932 年（昭和 7 年）出版的《刑法讲义》进行了"全订"；并在"全订"版中对"刑法的基本观念"这一部分进行了相当程度的改订和追加论述。例如，他曾在书中写道："我认为日本刑法的根基在于日本国家的道义；这种刑法应当是对在天皇的凌威之下国民生活的道义的法律的秩序的保全，也是对兆亿一心的'和'的实现"。此外，他还主张"刑法应当以显扬国家的道义为其重中之重"等观点。㊶ 在进行"全订"之时，小野清一郎特别地强调了"日本国家的道义"的概念，以此来取代 1932 年（昭和 7 年）《刑法讲义》的基本观念，即"文化主义的正义观"中"作为共同社会的'国民'和'文化'的观念"。

　　当然，"全订"版在现行刑法的体系解释论这一部分中也对 1932 年

㊴　小野清一郎：《日本刑法学序说》（1941 年），收录于前引注㉙小野清一郎：《日本法理的自觉展开》，第 172 页及以下；另参见前引注㉙小野清一郎：《日本法理的自觉展开》，第 98 页及以下。

　　此外，小野清一郎在 1942 年，就自己的刑法学作出了如下评价："小野清一郎的基本立场是，认可在刑法中的政策即目的合理性之上，还存在更上位的道义价值的合理性，即报应的理念。小野以这一理念为中心，在认为刑法就是对国家共同体中的文化的秩序的强力保障的基础上，对刑法的理论展开问题进行了考察。"这一部分参见小野清一郎：《刑法学小史》（1942 年），收录于小野清一郎：《论刑罚的本质·其他》，1955 年版，第 421 页。另参见本书第 423 页及以下。

㊵　前引注㉝小野清一郎：《全订刑法讲义》，序文第 1 页。

㊶　前引注㉝小野清一郎：《全订刑法讲义》，第 18 页及以下。

《刑法讲义》作出了若干修正；例如，将对"行为的违法性"的定义从"在社会的文化以及正义的立场上展开的客观的价值批判"变更为"在国家道义的立场上展开的客观的价值批判"[42]。但是，两版著作在实质内容上几乎没有发生变化。在强调"道义的责任"，以及认为违法性认识是故意的要件等立场上，小野在"全订"版中采取了与1932年版完全相同的态度。对于在1932年版中并未明确讨论的期待可能性的理论问题，"全订"版中指出"虽然期待可能性的观念本身是应该为道义的刑法所承认的"，但"期待可能性的概念只有在日本的国家的、国民的道义观念中才可能得到具体的理解"，并且"应当在日本法理的立场之中，使这种在社会自由主义的思想之下得到发展的理论得到扬弃"[43]。

（二）昭和时代战后时期的展开

在战后的1946年（昭和21年），小野清一郎由于受到剥夺职务的处分而被解除了东京帝国大学的教授的职务。但是，小野清一郎在这种境地之下仍然在1948年（昭和23年）出版了包含总论和各论在内的《新订刑法讲义》；并进一步在1952年（昭和27年）完成了《刑法概论》（后来又在1956年完成了《增订版》），又在1953年公开出版了其构成要件理论的集大成者《犯罪构成要件的理论》。

在解除了剥夺职务处分之后的1952年（昭和27年），小野清一郎成为法制审议会的委员，并于1956年（昭和31年）成为法务省的特别顾问。随后，他还作为刑法改正准备委员会的议长，整理完成了《改正刑法准备草案》（1961年），并在这之后成为法制审议会刑事法特别部会的部会长，主导完成了《改正刑法草案》（1974年）。《改正刑法草案》虽说并未原样采纳小野清一郎的意见，但他的观点深刻地反映在了草案的方方面面。由此可见，小野清一郎对战后的刑法改正工作产生了莫大的影响。

1. 小野在《新订刑法讲义》之中删去了与"天皇"和"国体"等相关的主张、描述和用语，这表明本书的"新订"也终于随着从明治宪法向

---

[42] 前引注③小野清一郎：《全订刑法讲义》，第131页。
[43] 前引注③小野清一郎：《全订刑法讲义》，第169页。

日本宪法的制度变革而得以完成。但除前述用语上的调整之外，《新订刑法讲义》在包含"刑法的基本观念"在内的许多部分中，都与战败前的《全订刑法讲义》几乎是完全相同的。例如，"在明确刑法的普遍的理念，即人伦的道义文化的同时，也应当自发地认识到这一理念在日本民族中特殊的具体形象，即日本法理；并由此形成日本的刑法理论。"此外，小野清一郎还引用了他在 1942（昭和 17）年发表的论文《日本法理的自觉展开》，主张"日本刑法是以国家的道义为根基的"，并且"刑法尤其应当以国家的道义本身为其重点。通过对现实生活中国民违背道义的行为施加刑罚这种报应，道义就能得到彰显和明确的征表；这既是刑法的本质，也是刑法本来的任务。这也是刑法在犯罪预防这一（社会）保安的目的之上的目的"。此外他还延续了自己认为"报应和预防在日本刑法中并不是二律背反，而是应当在'和'这一共同体道义中得到扬弃和综合的一对概念"的主张。④④ 这可能只是因为从"全订"到"新订"仅仅经过了不到 3 年，但从中能看出小野清一郎在刑法的法理学基础这一问题上的观点是十分顽固的。

　　此外，在与宪法的变革之间的关系问题上，小野清一郎主张"历史虽然发生了飞跃，但不论在怎样的飞跃之间都应该具有一定的连续性"。由此，"制度的实体理论"就并不是由"新宪法这一立法——不论这是多么重要的事件——所决定的。刑罚的本质问题在于，如何哲学地对历史的现实进行把握，而并不是立法上的决断问题"④⑤。

----

　　④④　前引注㉝小野清一郎：《新订刑法讲义总论》，第 17 页。与其类似的主张，参见前引注㉝小野清一郎：《全订刑法讲义》，第 17 页及以下。

　　④⑤　前引注㉝小野清一郎：《新订刑法讲义总论》，第 38 页。确实，报应刑论还是目的刑论的问题仅仅在立法上是无法决定的。但是，在日本的宪法中发生了从天皇主权向国民主权的变革，而这种表现出尊重基本人权的原理的"价值转换"自然也应当在刑法中有所反映。这一论述参见平野龙一：《现代刑法的机能》（1969 年），收录于平野龙一：《刑法的基础》，1966 年版，第 95 页及以下。这种观点要求，至少对国家刑罚权的根据和界限、罪刑法定主义的根据和内容、刑法的机能三个问题进行重新回答。这一论述参见前引注㉗内藤谦：《刑法讲义总论（上）》，第 8 页及以下、第 19 页及以下、第 51 页及以下。此外，这种观点还在立法论、刑罚论、体系的解释论中得到了全面的反映。这部分的内容参见前引注㉗内藤谦：《刑法讲义总论（上）》，第 111 页、第 114 页、第 141 页及以下、第 212 页及以下；另参见内藤谦：《刑法讲义总论（中）》，1986 年版，第 316 页、第 630 页等。

2. 小野清一郎对报应刑论的主张是与他对"道义的责任论"的主张相联系的。小野认为，"报应"是"人类深层次的道义要求"，而"刑罚"是"以犯罪这种反道义的行为为由，对负有道义上责任的行为人科处的法律的制裁；其内容是由国家作出的对法益的剥夺即恶害。因而在这一意义上刑罚就是道义的、国家的报应"。在将"报应"看作是"道义的要求"这一点上，可以认为前述道义的、国家的报应刑论是一种绝对的报应刑论。但同时，小野的报应刑论并不以"报应本身为刑法的目的"，而是以通过报应"维持国民的道义的秩序，促进公共的福祉"为刑法的目的。他认为："刑法的目的是进行道义的惩肃"，而"在这种基本的逻辑之下，对社会的保安（秩序维持）和对犯罪人的教育作为道义本身的要求，就被认为都是刑罚的目的"。由此，所谓一般预防和特殊预防也都应受到"道义的观念的支配"；而通过国民"道义意识的觉醒"使"国民的共同社会的道德秩序"得以形成并维持的一般预防和助益于"受刑者对其人格中道义观念的自发的认识，使其道德的性格得到完善"的特殊预防就应当是相互联系起来的。[46]

前述小野清一郎的道义的、国家的报应刑论在并未将报应本身作为刑罚的唯一目的这一意义上，有着相对的报应刑论的色彩。但是，由于小野认为一般预防和特殊预防都应该受到道义的观念的支配，因而这种报应刑论的相对化程度是较低的。

3. 小野清一郎认为，犯罪不仅是"国家意义上的危险行为，更在实质上是为国民的道义所不允许的行为，即反道德的、反文化的行为"；从这种观点中能够看出，他的犯罪论的基本构想在"重视被客观化了的行为整体的评价"和在"主观的和客观的"行为的"外部的实现中发现刑法评价的对象"的意义上是"客观主义"的；这也正是由其"本来道义的立场"所决定的。从这种立场出发，小野清一郎主张"违法性的实质"是"对国家的法秩序的精神和目的的违反，更是对其具体的规范要求的违背"。所谓"行为的违法性是立足于国家的道义立场之上的客观的价值批判"；因而所谓"道义的责任"就是"基于对行为人的道义上的非难，使

369

---

[46] 前引注㉝小野清一郎：《新订刑法讲义总论》，第12页及以下、第20页及以下。

其就其反道义的行为承担责任"㊼。

通过主张"道义的责任"这一概念，小野清一郎否定了新派理论所主张的主观主义犯罪论、社会责任论和社会防卫论；并进一步否定了新派理论所主张的对犯罪预防的目的进行无限制的追求和对处罚范围进行无限制的扩张的观点。就此可以说小野清一郎以道义的责任论为根基的犯罪理论有着自由主义的侧面。但是，小野清一郎的道义责任论在理论结构上，是以他将责任判断的主体即国家看作是最高的道义形态的观点为前提的；因而在他强调通过刑法实现"国家的道义"之时，这种理论结构就是与对国家的道义的权威性的强调紧密联系起来的。因而可以说小野的道义责任论也有着浓厚的国家主义的、威权主义的一面。

就其理论基础问题，小野清一郎论述道："应当对单纯是一种自由主义的客观主义和作为一种社会主义的主观主义进行扬弃，使其上升到以所谓日本的'和'的共同体这样的道义为基础的客观和主观主义的高度"。此外，他还引用了自己的论文《论日本法理的自觉展开》和著作《日本刑法学序说》，主张："不应支持执着于对物质的侵害的客观主义，同时也不应支持执着于个人的危险性的主观主义。这就需要一种能在更高的次元上理解人格和行为、主观和它的客观化之间的一体两面关系，理解这些概念在刑法中的特殊意义的客观主义。"㊽

4. 在战后，小野清一郎就自己与泷川幸辰的刑法理论之间的关系进行了如下表述："我和泷川教授的理论在世界观的根基上存在相当大的差异，但在刑法的理论结构上不可思议地有许多一致之处。这除了是因为我

㊼ 前引注㉝小野清一郎：《新订刑法讲义总论》，第80页及以下、第119页及以下、第134页及以下。

㊽ 前引注㉝小野清一郎：《新订刑法讲义总论》，第83页。此外，小野清一郎在第二次世界大战之后关于刑罚理论的论文还有《论作为伦理学的刑法学》（1950年）、《论道义的责任》（1950年）、《论犯罪的本质》（1951年）、《论刑罚的本质》（1955年），以上论文收录于前引注㉟小野清一郎：《论刑罚的本质·其他》；此外《刑法的基础理论》（1963年）、《论刑法中的责任原理》（1964年）、《刑法中的责任原理和所谓"责任说"》（1966年），以上论文收录于小野清一郎：《刑法与法哲学》，1971年版之中；这些论文中，小野清一郎认为法律（特别是刑罚）是"人伦的事理"，既是"伦理"又是"道德"的观点并没有发生变化。但是，小野清一郎减少了对"国家的道义"这一概念的使用。值得注意的是，小野清一郎仍然认为"法（法律）是国家在政治实践中对伦理的认识"。

们在研究资料上都参考了贝林和迈耶的理论，更是因为我们都基于强烈的自由主义意识，一致认为新派刑法学的主张对个人的自由是有所危害的。我们的理论在根本上都有着将刑罚与犯罪看作是一种伦理的现象，对其进行超越的批判并追问其本质的志向。"⑭

小野清一郎和泷川幸辰的刑法理论在基本立场上都采取了报应刑论和客观主义的犯罪论，并且两人的理论在批判新派刑法理论这一点上是完全相同的。而在现行刑法的体系解释论中，两人都采用了构成要件理论和所谓严格的故意说、形式客观说的未遂犯论、从属性说的共犯论等观点，因而也可以大致地认为两者间是具有共通性的。但是这些具有共通性的部分在内容上也存在差异之处〔例如构成要件理论的内容参见本章前文二（一）1和三（一）3〕；两人的理论在罪刑法定主义论和报应刑论的内容、违法性本质论、责任本质论等问题上都是有所不同的。两人在刑法理论的基础上存在的差别不仅在这里得到了反映，还在立法论上和对分则规定的解释态度上得到了更为具体而明确的表现。

小野清一郎还指出，他与泷川幸辰的观点之间一致性的本质在于，两人都将犯罪和刑罚看作是"伦理的现象"。这虽然也取决于对"伦理"内容的理解，但泷川幸辰至少在其刑法理论及理论基础之中都几乎没有使用"伦理"和"道义"的概念，也完全没有论及并强调"国家的道义"这一概念。⑮

5. 为了支持《改正刑法草案》，小野清一郎直到1986年（昭和61年）去世为止，都一直在主持对草案的批判论进行再批判的论战。《改正刑法草案》是以在明治宪法的背景下形成的改正刑法建议稿为出发点的，在这一点上它被认为在思想上偏向了国家主义、伦理主义和治安主义，并因此

㊽ 前引注㊽小野清一郎：《作为伦理学的刑法学》，第56页。

㊿ 泷川幸辰：《论责任的心理要素和伦理要素》（1943年），收录于团藤重光等编：《泷川幸辰刑法著作集第4卷》，第254页及以下。这里，泷川幸辰虽然例外地使用了"伦理要素"这一概念，但这只是对M. E.迈耶的"违法性认识被定义为一种伦理的责任要素"这一用法的借鉴。此外，泷川幸辰就道德与法律的关系问题的见解，参见前引注⑮内藤谦：《日本"古典学派"刑法理论的形成过程》，第80页及以下。似乎也可以在以"人权思想"为基础主张罪刑法定主义的意义上，认为泷川幸辰的观点本身就持一种"伦理的"（道德的）态度。

受到了批判。^⑤ 对于这种批判，小野清一郎回应道："在刑法是为国家所
制定的法律这一意义上，刑法以国家主义为基础就是理所当然的。"在此
基础上，他还认为："不论是在自由主义国家中还是在共产主义国家中，
都不存在一种既不能保障国家的治安也不能保障国民生活的安全的刑
法。"^⑤而对于草案有"伦理主义"倾向的批判，小野则进行了反批判，
指出"脱离伦理文化的目的合理主义"才是真正的问题所在。^⑤

　　6. 小野清一郎以刑法的国家道义性或社会伦理性为根基的刑法理论，
以及与这种刑法理论紧密相连的道义的、国家的报应刑论，还有以道义的
责任论和构成要件理论为核心的犯罪论的体系结构，都极大地影响了战后
的日本刑法学；也有许多学者在原则上继承了小野清一郎的理论。^⑤ 在以

　　⑤　平场安治、平野龙一编：《刑法改正的研究1：概论、总则》，1972年版，序言第3页
（平场安治执笔）。

　　⑤　小野清一郎监修：《刑法（第三版）》（口袋注释全书），1980年版，第21页（小野清一
郎执笔）；另参见小野清一郎：《对〈改正刑法草案〉的批判的再批判（上）》，载《法学家》第
570号（1974年），第20页及以下。但这里的问题在于，以什么为根据、在什么视角下、在什么
范围内对"国家的治安和作为其目的所在的国民生活的安全"进行"保障"。内藤谦教授就此问
题的意见，参见内藤谦：《保护法益：性质、分类、顺序》，收录于平场安治、平野龙一编：《刑
法改正的研究2：各则》，1973年版，第39页及以下、第51页及以下；另参见前引注⑰内藤谦：
《刑法讲义总论（上）》，第10页及以下、第51页及以下。

　　⑤　参见前引注⑤小野清一郎监修：《刑法（第三版）》（口袋注释全书），第20页；前引注
⑤小野清一郎：《对〈改正刑法草案〉的批判的再批判（上）》，第21页及以下。但是，这里的问
题在于，如何理解"伦理""道义""社会伦理""国家道义"这些概念的内容，这些概念与刑法
之间又有着什么样的关系。内藤谦教授就此问题的意见，参见前引注⑰内藤谦：《刑法讲义总论
（上）》，第47页及以下、第111页及以下；前引注⑮内藤谦：《刑法讲义总论（中）》，第325页及
以下。小野清一郎指出，纳粹屠杀犹太人的悲剧正是"脱离了道德，即脱离了伦理的文化的目的
合理主义"所带来的灾难。但是，有必要对日本在强调"正义""道义""伦理"和"国家道义"
的时代（特别是第二次世界大战前期、中期）发生的历史事件，即对这些概念如何影响了国内外
的理论进行重新考察。

　　在学派之争的关系上，小野清一郎指出：新派刑法学是一种"失去了伦理学观点的刑法学"，
并对此进行了反对。牧野英一则指出："有必要明确超越了报应论的伦理目标，确立更为高次元
的正义的理念。"此外，牧野英一还进一步主张："人们都有自己的伦理观和正义观，而对这种伦
理观和正义观的承认，正是基于实证的立场对传统的观点进行的批判所带来的结果。"在这种视
角下，所谓"伦理"和"正义"的具体内容就变得更加难以明确了。

　　小野清一郎的观点参见前引注⑱小野清一郎：《作为伦理学的刑法学》，第54页；牧野英一
的观点参见牧野英一：《刑法总论上卷》，1958年版，第123页。

　　⑤　小野清一郎的刑罚理论和战后刑法学之间的关系问题，参见前引注⑰内藤谦：《刑法讲
义总论（上）》，第90页及以下。

社会伦理违反为根基的意义上，小野清一郎的违法性论与"行为无价值论"是紧密相连的。[55] 值得注意的是，至少在犯罪论体系的结构问题上，战后的小野清一郎在对主观的违法要素的承认态度上，是比"行为无价值论"的观点更为限定的。他还主张，只有在对故意和过失的"类型化和特殊化是有意义的限度内"，故意和过失才作为一种责任类型，是构成要件的要素。因而除表现犯的主观的要素之外，倾向犯和目的犯中的主观的要素都不是违法的要素。[56] 此外，小野清一郎从很早之前就一直主张防卫意思不要论。[57] 就此看来，小野清一郎的违法性论所重视的，就是主观的和客观的行为的"外部的实现"。比起小野清一郎犯罪论的体系结构来说，战后刑法学中的"行为无价值论"在违法性论上无疑是更为主观化（内心化）的。

四、几个结论——代结语

本节以至此为止的讨论为基础，对能够得出的结论进行简要概括。 *375*

1. 日本的"古典学派（旧派）"刑法理论是基于对以牧野英一为代表的"新派（近代学派）"刑法理论的批判才得以形成和展开的；在从大正时代中期开始到昭和时代前期这一期间内，两个学派在近代天皇制国家和明治宪法的背景下发生了激烈的争论。这制约了日本的"古典学派"的理论，也使其拥有了自己的特征。

诚如上文所述，泷川幸辰和小野清一郎的刑法理论在采取报应刑论和客观主义的犯罪论的基本立场这一点上，可以被归为"古典学派"的理论。但是，两位学者的刑法理论有着不同的基础和内容。

---

[55] 前引注㉗内藤谦：《战后刑法学中的行为无价值论和结果无价值论的展开（一）》，第1页及以下；另参见前引注㉗内藤谦：《战后刑法学中的行为无价值论和结果无价值论的展开（二）》，第58页及以下。

[56] 参见前引注㉛小野清一郎：《犯罪构成要件的理论》，第44页及以下。

[57] 参见前引注㉝小野清一郎：《新订刑法讲义总论》，第123页；另参见前引注㉝小野清一郎：《全订刑法讲义》，第134页。

2. 从近代市民社会建立时期的启蒙主义刑法思想即前期古典学派开始，一直延续至 19 世纪后半期之后以德国为中心的后期古典学派为止，在刑法理论的谱系中一直有着自由主义的侧面；而泷川幸辰的刑法理论恰是使这种自由主义的侧面得到展开和发展的理论。这种理论的特征在于，以基于"人权思想"的罪刑法定主义为其理论结构的核心；并尝试对理论、制度和政策进行"与'社会基盘'的关联性"这一方面的考察。泷川幸辰在刑法理论中展现了自己对启蒙主义的刑罚思想即前期古典学派的强烈兴趣，也表明了自己在一定程度上倒向马克思主义的倾向。这种刑法理论是以刑法的人权保障机能和刑法的国家刑罚权的制约机能为出发点才得以形成和展开的。泷川幸辰的这种刑法理论并不是马克思主义的刑法理论，而是受到了马克思主义影响的自由主义的刑法理论。但是，这种刑法理论在近代天皇制国家和明治宪法之下所注定的命运，已经在泷川事件和泷川幸辰遭受著作发售禁止处分的历史之中得到了证明。

第二次世界大战之后，泷川幸辰虽然回归了大学校园，但却在时间上受到了诸多限制，没能对应战后的社会变革详细地阐明自己刑法理论的整体样貌。他也并未参与刑法的全面修改工作。

3. 小野清一郎的刑法理论基本上是后期古典学派的理论；是一种在这之上更为强调刑法的"国家的道义性"的理论。小野刑法理论的特征在于，以东洋的、佛教的思想为背景，认为法作为一种"人伦的事理"既是"伦理"又是"道义"；而他的刑法理论也正是以这种观点为基础才得以形成的。在昭和时代初期，小野的刑法理论是以"文化主义的正义观"为基础才得以形成的；在昭和时代战前时期之后，他有在"法理学的普遍主义（这里所说的'普遍主义'其实更接近'整体主义'）"的延长线上对刑法的"国家的道义性"进行了强调；从中能够看出"日本法理"的自觉的展开。而小野以"国家的道义"为根基的刑法理论在认为刑法具有实现"国家的道义"的积极机能这一点上，有着比起自由主义更为浓重的国家主义的、威权主义的色彩的色彩；因而可以说是一种适合于近代天皇制国家，即在明治宪法背景下的日本的整体主义和国家主义的理论。

小野清一郎在战后虽然受到了开除公职的处分，但他在被解除公职后仍然在刑法的全面修改工作中主导完成了"改正刑法草案"。从中能够看出，日本刑事法治的展开方向在第二次世界大战前后有着"连续"的一面；但同时，其"非连续"的一面也在"改正刑法草案"对刑法作出的全面修改最终并未实现的事实中得到了表明。

4. 在泷川幸辰和小野清一郎的刑法理论中，虽然存在前文所说的众多差异，但两人的理论在与"新派（近代学派）"进行对抗，并对其社会防卫论（以及与其相关的教育刑论）和主观主义犯罪论进行批判这一点上是完全相同的。就批判的理由和方法而言，泷川幸辰将重点放在了社会基盘论上，而小野清一郎则将重点放在了对刑法的道义基础的论述上；两人在这一点上无疑是不同的。但是，在基于报应刑论和客观主义犯罪论的基本立场，对"新派"的社会防卫论和主观主义犯罪论所导致的处罚范围的过度扩张进行压制这一点上，两人的理论又是共通的。这里，两位学者在认为新派的社会防卫论和主观主义的犯罪论对于个人的自由而言是有危险的这一点上是共通的。在这一意义上，新派理论虽然也成为小野清一郎扬弃和综合的对象，并成为其刑法理论的一个要素，但小野的理论仍然有着自由主义的侧面。特别是在第二次世界大战结束后，随着刑法学中新派的主观主义犯罪论逐渐失势，泷川幸辰和小野清一郎的客观主义的犯罪论就具有了更大的意义。但是，泷川幸辰和小野清一郎的刑法理论在是否有必要为客观主义犯罪论赋予实质的内容来使其得到进一步的深化的问题上，以及新派刑法理论就刑罚理论所提出的几个问题（例如，报应和预防的关系问题、改善刑论的问题、犯罪者处遇的问题等）上，留下了在战后的刑法学中值得重新讨论的问题。 *377*

5. 在第二次世界大战后的日本宪法中，发生了从天皇主权向国民主权的变革，尊重人权的基本原理得到了提倡；这就要求在刑法理论的基础中，至少对国家刑罚权的根据和界限、罪刑法定主义的根据和内容、刑法的任务和机能的问题进行重新探讨。这不仅反映在了立法论上，同时也在解释论中得到反映。就这一问题而言，泷川幸辰的刑法理论虽然表明了基本的方向性，但却并未提出有实质内容的详细对策，而是将其作为一个课题留给了战后的刑法学来讨论。相比之下，可以说小野清一郎是在否定前述问题意识的基本立场上才构建起其刑法理论的。作为小野清一郎理论基础的所谓"日本法理"主张的是国家（或者民族）共同体的道义性、文化主义的正义观、法理学的普遍主义，重视的是历史的连续性和传统性。而小野在自觉地展开前述"日本法理"的同时，也对近代性的超越、正义和道义以及伦理，还有刑法的日本的性格等问题进行了再次讨论（与昭和时代战前时期相同）。在这些讨论中，已经涉及了在当今对道德的改造、后现代理论和系统论等问题进行讨论的话语下仍有可能得到再次讨论的问题。只是在借鉴小野的前述观点时，有必要更为谨慎地考虑他在使用"道德""伦理""道义""正义"等概念时，是否抵触于作为日本国宪法的基本原理的个人的尊严的原理，又是否抵触于近代刑法中的罪刑法定主义、行为主义、限定刑罚的消极的责任主义等若干原则的问题。

6. 在战后刑法学中存在所谓"行为无价值论"和"结果无价值论"的展开。其中，"行为无价值论"与小野清一郎的刑法理论在各种方面都是能够联系起来的。相反，"结果无价值论"则能够与泷川幸辰的刑法理论相联系。因而可以说，第二次世界大战之后日本刑法学的展开受到了前述"学派之争"的重大影响。但必须注意的是，小野清一郎在违法论中对主观的违法要素的承认比战后的"行为无价值论"要更为限定；因而可以说"行为无价值论"的违法概念是更为主观化的。

378

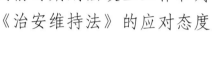

第三章 "古典学派"
刑法理论和立法问题
——战前时期刑法改正工作和对
《治安维持法》的应对态度

一、前言

日本的"古典学派（旧派）"刑法理论在大场茂马之后，分别在 1917 ₃₇₉年（大正 6 年）和 1925 年（大正 14 年）得到了泷川幸辰和小野清一郎的有力支持；并最终与以牧野英一为代表的"新派（近代学派）"刑法理论发生了对立。在直到昭和时代战前时期为止的期间，新旧两个学派展开了激烈的"学派之争"。

泷川幸辰和小野清一郎都在刑法理论中对"新派"的目的刑论，特别是对其社会防卫论、教育刑论和主观主义犯罪论的主张进行了批判；在采取了报应刑论和客观主义犯罪论的基本立场这一点上，两人的理论都属于"古典学派（旧派）"理论。但正如前文所述，泷川幸辰和小野清一郎的理论有着不同的基础和内容。

前文在讨论泷川幸辰的理论和小野清一郎的理论的共通性和异质性问题时，已经对"古典学派"刑法理论的"前史""形成过程"以及其在昭和时代的战前、战后时期的"展开"问题进行了讨论。[①] 本章结合小野清一郎和泷川幸辰的观点，对尚未得到讨论的"古典学派"刑法理论对立法问题的应对，特别是对从大正时代末期到昭和时代战前时期这一期间的刑法改正工作的应对态度，以及对《治安维持法》的应对态度问题进行考察。

二、对战前时期刑法改正事业的应对态度

（一）从《刑法改正纲领》到《暂定刑法改正草案》的成立

380　　　从 1921 年（大正 10 年）政府对临时法制审议会提出的是否有必要进行刑法修改（本章统一译为"刑法改正"。译者注。）的咨询开始，刑法改正工作在形成了 1926 年（大正 15 年）的《刑法改正纲领》（即前述审议会的答复，以下简称《改正纲领》）和 1927 年（昭和 2 年）的《刑法改正预备草案》（由司法省内部的刑法改正草案起草委员会作出）之后，终于在 1931 年（昭和 6 年）公开发布了《总则》，并在 1940 年（昭和 15 年）追加发布了《各则》，形成了《暂定刑法改正草案》（由司法省内设的"刑法和监狱法修改调查委员会"总会决议通过，效力相当于立法草案；以下

---

　　① 内藤谦：《日本"古典学派"刑法理论的形成过程》，载《法学协会 100 周年纪念论文集第 2 卷》，1983 年版，第 509 页及以下（本书简称为"形成过程"）；另参见内藤谦：《日本"古典学派"刑法理论的展开》，载《平野龙一先生古稀祝贺论文集上卷》，1990 年版，第 1 页及以下（本书简称为"展开"）；此外，就泷川幸辰的刑法理论，还可参见内藤谦：《泷川幸辰的刑法理论1》，载《法律时报》第 52 卷第 7 号（1980 年），第 65 页及以下；内藤谦：《泷川幸辰的刑法理论2》，载《法律时报》第 52 卷第 8 号（1980 年），第 75 页及以下；内藤谦：《泷川幸辰的刑法理论3》，载《法律时报》第 52 卷第 9 号（1980 年），第 100 页及以下；内藤谦：《泷川幸辰的刑法理论4》，载《法律时报》第 52 卷第 10 号（1980 年），第 72 页及以下；内藤谦：《泷川幸辰的刑法理论5》，载《法律时报》第 52 卷第 11 号（1980 年），第 75 页及以下（本章中简称"泷川理论"）；此外，就牧野英一、泷川幸辰和小野清一郎的刑法理论的特征，以及其与现代刑法理论之间的关系问题，参见内藤谦：《刑法讲义总论（上）》，1983 年版，第 92 页及以下。

简称《暂定草案》);这一时期刑法改正工作也就此告一段落。②

在前述刑法改正工作的进行过程中,国家主义和保守主义的动向即"淳风美俗论"与"新派"的刑事政策思想(社会防卫论及特殊预防论)在部分折中的过程中得以结合,这种结合的思想与在第一次世界大战之后逐渐得势的民主主义和社会主义(即所谓"大正民主"的)思想形成了对抗。而使"淳风美俗论"和"新派"的刑事政策思想的结合与部分的折中变得可能的,正是在近代天皇制国家和明治宪法之下的国家主义的、威权主义的价值原理。

《改正纲领》在第一项中明确提出,"淳风美俗论"是指"应当以维持 *381* 淳风美俗为最终目的,来确定对各个犯罪(科处)的刑罚的轻重;在规定了忠孝及其他道义的犯罪中更应特别注意这一点"。除前述"淳风美俗论"之外,在 1940 年公布的《暂定草案》各则在起草时还表现出了战时体制下的国家主义和整体主义的潮流;这反映在《暂定草案》的各则中:①对皇室的犯罪(第 154 条及以下),对神社的犯罪(第 230 条及以下)、对尊亲属的犯罪(第 336 条及以下、第 344 条及以下等)的显著扩大和强化的规定;②对以变革"国体"为目的实施的暴动和杀人一律处以死刑(第 165 条、第 167 条)的规定;③新设了"对安宁秩序的犯罪"一章(第 13 章),其中包括处罚以惑乱人心为目的而散布虚假事实与以损害法院和检察院的威信为目的进行公然诽谤的行为的处罚(第 243 条、第 244 条)的规定;并且④在其他犯罪中也普遍地提高了法定刑。

1931 年公开发布的《暂定草案》的总则基本继承了《改正纲领》(第 8~11 项,第 17 项,第 19 项,第 21 项等),规定了与"新派"的刑事政策思想有亲和性的若干项目,也包含了许多刑事政策的规定。例如,①导入了对常习累犯的不定期刑(第 91 条及以下);②新设了对实施违法行为的精神障碍者、酒精和药物中毒者,和厌恶劳动的犯罪人,以及在释放后仍有实施放火、杀人、强盗的显著危险性的人的保安处分(第 126 条及以

---

② 《暂定刑法改正草案》和到其成立为止的刑法改正工作,参见中山研一:《暂定刑法改正草案的历史考察——刑法改正准备草案的本质规定的前提》,载《法律时报》第 32 卷第 8 号 (1960 年),第 289 页及以下;另参见佐伯千仞、小林好信:《刑法学史》,载《讲座日本近代法发展史(第 11 卷)》,1967 年版,第 268 页及以下。

下）；③缓和了执行犹豫（缓刑）、假释的条件；④导入了判决的宣告犹豫（暂缓宣告）（第 105 条及以下）等。其中，项目①和②与"新派"的社会防卫论之间是有亲和性的；而项目③和④则与"新派"的特殊预防论之间是有亲和性的。

从《暂定草案》起草到成立的过程中，特别值得注意的是，刑法改正工作宣告开始的 1921 年（大正 10 年）也正是《治安维持法》的前身，即"过激社会运动取缔法案"在帝国议会上被提出（1922 年）的前一年。因而可以说，刑法改正工作与《治安维持法》的成立和扩张是处于同一个历史时期的。

前述《暂定草案》早已成为历史；因而在现时点看来，就"古典学派"对到《暂定草案》成立为止的刑法修改工作的应对态度进行考察，可能是缺乏现实意义的。但是，在第二次世界大战后的刑法改正工作中，完成了《改正刑法准备草案》[1951 年（昭和 36 年）]的刑法改正准备会不仅将《暂定草案》看作是"战前刑法改正工作的贵重的遗产"；更从这一立场出发以在《暂定草案》的"基础"上对其进行必要的修正为目标展开了工作。③ 在对《改正刑法草案》[1974 年（昭和 49 年）]进行审议的法制审议会刑事法特别部会以及部会所属各个小委员会上，行政当局也在对草案的审议中提出，应将《改正刑法预备草案》作为"重要的参考资料"④。《暂定草案》和战后的《草案》之间当然存在诸多差异，但不论是从前述审议过程上来看，还是从《改正刑法草案》在①规定了对常习累犯处以不定期刑（第 59 条）；②新设了对实施违法行为的精神障碍者、酒精和药物中毒者的保安处分（第 97 条以下）⑤；③在分则中采取了比个人法益更为优先地保护国家法益的基本构想⑥；④普遍提高了法定刑这几个方

③　参见刑法改正准备会：《刑法改正准备草案（附改正理由书）》，1961 年版，序言第 1 页。

④　法制审议会：《刑法改正草案（附改正说明书）》，1974 年版，第 86 页。

⑤　刑法改正草案对常习犯和累犯设定了不定期刑和保安处分；笔者的观点参见内藤谦：《刑法讲义总论（下）Ⅰ》，1991 年版，第 752 页及以下、第 767 页及以下。

⑥　就《改正刑法草案》（特别是法制审议会刑事法特别部会草案）的各则的基本构想，笔者的观点参见内藤谦：《保护法益：性质、分类与顺序》，载平场安治、平野龙一编：《刑法修改的研究 2 各则》，1973 年版，第 38 页及以下；另参见前引注①内藤谦：《刑法讲义总论（上）》，第 53 页及以下。

面的内容上来看，都很难否认在《暂定草案》和战后的《改正刑法草案》之间存在着连续性。

泷川幸辰和小野清一郎分别对到《暂定草案》成立为止的刑法改正工作采取了怎样的应对态度呢？（泷川幸辰和小野清一郎对战后的刑法改正工作的应对态度，以及两人与刑法改正工作之间的深层次的联系问题，参见本书第 355 页及以下、第 367 页及以下、第 370 页及以下"展开"部分的论述。）

（二）泷川幸辰的应对态度

从大正时代中期开始，泷川幸辰就提出了有着"古典学派（旧派）"骨骼的刑法理论；在昭和时代初期之后，他又在大正时代理论的延长线上形成并展开了受到马克思主义影响的自由主义刑法理论。泷川刑法理论的特征在于，在理论结构上以基于"人权思想"的罪刑法定主义为核心；并尝试在与"社会基盘"的关联性上对理论、制度、政策进行考察（参见本书第 298 页以下的部分，"形成过程"；另参见本书第 348 页及以下，"展开"部分；以及本书第 480 页及以下）。与小野清一郎不同，泷川幸辰在直到《暂定草案》成立为止的刑法改正工作中，都并没有担任委员或干事等职务并参与其中；但他仍然对刑法改正工作和《暂定草案》提出了许多值得关注的意见。

1. 在《暂定草案》的总则公开发布前的 1929 年（昭和 4 年），泷川 *383*
幸辰在论文《刑法改正的态度》⑦ 中，对《改正纲领》进行了批判。他认为，《改正纲领》所说的"'我国固有的道德和淳风美俗'的实质仍然是不够明确的"。他指出，"不论是旧刑法还是现行刑法，都对所谓关于忠孝及其他道义的犯罪进行了特别的考虑"，但"在当今的刑法改正工作中，还小题大做地考虑与忠孝相关的犯罪，这多少是让人感到不可思议的"。

此外，泷川幸辰在前述论文中还提出了法案起草过程的非公开性的

---

⑦ 泷川幸辰：《刑法修改的态度》，1929 年版，收录于《泷川幸辰刑法著作集第 5 卷》，1981 年版，第 492 页及以下。后文引用的泷川幸辰的著作、论文如有收录于前述著作集中的，均依此例。

问题。他主张："议会制度是在国民代表者的基础上才得以成立的制度，在以这种制度为基础对问题进行讨论的限度内，我反对法案起草中的秘密主义。至少在刑法中，草案起草的秘密主义就有可能导致罪刑法定主义失去其本来的意义。"泷川幸辰指出，虽然不论是《改正纲领》还是昭和2年草案（《改正刑法预备草案》）都在报纸或杂志上得到了刊载，但这些都不是政府或法制审议会发布的正式文件，因而只能说是一种非官方的发布。相比于欧洲诸国的刑法修改工作中"事无巨细地公开发布了草案的全文、理由书、委员会的讨论内容等全部事项"而言，"日本的刑法改正工作几乎完全是秘密进行的"；而这也正是泷川提出前述主张的契机所在。而泷川提出前述主张的理由则在于，他认为法律的制定和修改对国民有重大的影响，刑法更是直接关乎公民的生命、身体、自由和名誉的法律；因而在对刑法进行修改之时，执政者有义务对修改工作的进度和内容进行公开，使国民知晓其动向。相反，国民也有义务忠实地对修改的内容进行考虑，如有意见则应公开发表，尽可能地帮助执政者制定符合社会要求的法律。

泷川幸辰还主张，法律只要经过国民的代表者的集合即议会的承认就能成立；因而这一法律诚然可能是一部恶法，但仍有为国民代表所认可的可能性。由此，在起草向议会提出的法律草案的阶段，即使法案从内容上看有可能是恶法，执政者也有必要在法案一经提出之时就使国民获知这一法案并无保留地提出意见以供参考。而泷川在提出这一主张之时，很可能已经认识到，通过对1925年的《治安维持法》进行部分修改而使其扩张的法案在1928年已经得到了议会的认可并最终得以成立了。而不论前述认识是否存在，泷川幸辰在1929年（昭和4年）这一阶段"反对"了法案起草过程的"秘密主义"的事实都是值得特别注意的。而这一问题即使在当下也仍然是值得讨论的。

在第二次世界大战后的日本刑法改正工作中，草案的理由书或说明书确实得到了公布。但是，不论是刑法修改准备会的审议，还是法制审议会的刑事法特别部会或总会的审议，其议事速记都是"对部会外保密"的。在草案审议过程中，在除审议会委员之外的相关人员中，谁提出了怎样的提案，进行了怎样的发言，是否进行了投票决定等审议的详

384

细过程并没有对外公开。⑧ 即使向特定的研究者发布简要概括了刑事法特别部会的各个小委员会的议事过程的"议事要录",包含提案者、发言者、票决者姓名等信息的议事速记也并未得到公开;在这一意义上,其立法的秘密主义性质并未改变。就这一点而言,例如在联邦德国的刑法改正工作中,实际上也设置了与日本的法制审议会刑事法特别部会相类似的"刑法大委员会(Grosse Strafrechtskommission)";而与日本的情况显著不同的是,这一委员会的议事记录几乎完全得到了公开,并且除委员会委员之外的相关人员的提案、发言、投票都连同其姓名一起得到了公开。⑨

泷川幸辰认为,特别是对刑法这样的直接关系到公民的权利和自由,对公民的生活在整体上有着极大影响的基本法典来说,法典修改审议的理想状态无论如何都不应该是前文所说的非公开主义的状态。对包含发言者的姓名在内的审议内容进行公开,是与立法过程论中法制审议会的理想状态相关的问题;这一问题与法制审议会的委员和干事的构成问题一样,即使在现在也是极为重要的。⑩ 但是,迄今为止都很少有意识地就这一问题展开自觉的讨论;由此看来,泷川幸辰在昭和时代的初期就提出了这一问题,并明确"反对"了起草过程的"秘密主义",这一点无疑是特别值得参考借鉴的。

2. 泷川幸辰在 1930 年(昭和 5 年),发表了对在这一年成立的《关于防止和处分盗窃犯等犯罪的法律》(以下简称"盗犯等防止法")进行强烈

---

⑧ 就此问题而言,参见清水诚、内藤谦、平野龙一、松尾浩也、和田英夫:《〈座谈会〉刑法改正程序的问题点——对法制审议会的批评》,载《法律时报》第 46 卷第 6 号(1974 年),第 65 页及以下。

⑨ 联邦德国刑法大委员会中提案的特色,参见内藤谦:《联邦德国新〈刑法〉的成立——刑法改正草案的比较法的探讨》,1977 年版,第 24 页及以下。刑法大委员会中审议的实例,参见内藤谦:《刑法改正和犯罪论(上)——日本·德国·澳大利亚刑法改正工作的展开》,1974 年版,第 183 页及以下。

⑩ 对法制审议会的结构、审议手续、非公开性的批判和探讨,参见清水诚、内藤谦、平野龙一、松尾浩也、和田英夫:《〈座谈会〉刑法改正程序的问题点——对法制审议会的批评》,第 46 页及以下;另参见吉川经夫:《对刑法改正的审议经过的实证的探讨》,载吉川经夫:《刑法改正和人权》,1976 年版,第 35 页及以下。

批判的论文。⑪ 这一批判的着眼点是，在认为"盗犯等防止法"包含了对
正当防卫的扩大化的基础上，可以进一步认为这一法律在一定程度上扩张
了与盗窃犯无关的住宅侵入和不退去情况下的正当防卫的成立范围。就此
而言，以下批判是难以辩驳的，即这一法律的使命中多少包含了对劳动运
动的镇压。此外泷川还主张，"应当认为像'盗犯等防止法'那样的，除
使统治阶级的直接行为得到合法化之外并无其他功能的法律都是恶法"。

　　3. 紧接着，泷川幸辰在 1932 年（昭和 7 年）的论文《略论〈刑法改
正草案〉》⑫ 之中对《暂定草案》的总则（公开于 1931 年）进行了讨论。
他认为，到《暂定草案》的总则成立为止的日本的刑法改正事业与欧洲资
本主义诸国的刑法改正事业完全相同，其目的都在于应对第一次世界大战
背景下资本主义社会的变化，其基本的特征都在于"压制有组织的群众运
动，保护统治阶级的社会"。泷川幸辰还认为："由具备了前述特征的刑法
改正工作所孕育诞生的刑法规定当然应该是政策性的（官府的自由裁量的
余地大的、随机应变的）而非法律性的（在其性质上是死板而固定的）。"
而"只有以前述促成刑法改正的社会状况为背景，才能理解当下的《刑法
总论草案》将重点置于对'刑罚'和'保安处分'的新设上，而回避了对
有关'犯罪'的理论问题的解决的理由"。

　　泷川幸辰前述主张是以认为第一次世界大战前与第一次世界大战后的
刑法改正运动"在性质上有所差别"的观点为前提的。他认为，第一次世
界大战前的刑法改正运动是以将"自由竞争的社会的刑法变革为适合于垄
断社会的刑法"为目的的运动，日本从旧刑法向现行刑法的"转换"就是
这一运动的成果。这一修改的目标虽然仅仅在于完成"社会防卫"，但由
于这一"社会"仅仅是指"服从于资本主义统治的社会"，因而"所谓社
会防卫也就包含了许多宽泛而留有解释余地的刑事政策的要素"。泷川还

---

　　⑪　泷川幸辰：《论"盗犯等防止法"中对正当防卫的扩大化》（1930 年），收录于《泷川幸
辰刑法著作集第 4 卷》，1981 年版，第 205 页及以下。泷川对"盗犯等防止法"法案的批判，参
见《法律时报》第 2 卷第 1 号（1930 年），第 35 页。此外，"盗犯等防止法"的成立经过、至今
为止的运用和解释，参见内藤谦：《刑法讲义总论（中）》，1986 年版，第 389 页及以下。
　　⑫　泷川幸辰：《略论〈刑法改正草案〉》（1932 年），收录于《泷川幸辰刑法著作集第 5 卷》，
1981 年版，第 486 页及以下。

认为,"与此相反,战后(内藤谦注:第一次世界大战后)诸国的刑事法律修改运动则完全是在其他目的之下得到计划并逐渐完成的";他主张,在"战前就到达了发展的最高阶段的资本主义受到了在战后才勃兴起来的无产阶级的群众运动步步紧逼而逐渐衰落;这种社会背景下刑法的社会防卫任务,就在于压制有组织的群众运动而保卫现在的社会。这种社会防卫并不是对无组织的盗窃、强盗、杀人等犯罪的压制,而只是对有组织的群众运动的压制;并不是对普遍社会的保卫,而是对统治阶级统制下的社会的保卫。而这也正是为当今的刑法改正运动所具有的共通的社会意义;日本的刑法改正工作自然也未能成为例外"。

如前所述,泷川幸辰就《暂定草案》总则的成立和特征问题所提出的社会基盘论,也反映了他在昭和时代初期之后一定程度倒向马克思主义的倾向(参见本书第 309 页及以下,以及本书第 503 页及以下)。而泷川幸辰进行前述主张的根基则在于,《治安维持法》的成立和强化的现实状况(参见本章后文第三节部分)。

泷川幸辰并没有具体而个别地评价《暂定草案》总则的内容;这是因为泷川认为,这种个别的评价是以"刑法各则"和"行刑法"的公布为"绝对的前提条件"的。并且他认为,应尽可能在参阅过"修改理由书"之后再对其进行评价。泷川主张,例如《暂定草案》在第 30 条第 6 项新设了"限制居住"这一刑罚,但却并未明确这一刑罚是以何种方式、对何种犯罪(或者是犯罪人)适用的,因而也就不可能对其适当与否的问题进行讨论;仅仅抽象地对居住限制本身进行讨论并不能起到任何作用。此外,虽然说刑法的修改是以教育刑论为其"大方向",但刑罚作为一种教育是否名副其实,仍然只有在"行刑法公布"之后才能得到讨论;仅仅在观念上得出刑罚应当是教育而不是报应的结论,是没有任何实际意义的。

4. 泷川幸辰在 1933 年(昭和 8 年)遭受著作发售禁止的处分和泷川事件之后,其著作和论文的刊行都受到了限制(参见本书第 350 页及以下的"展开"部分)。在这种状况和战时体制的背景下,他在 1940 年(昭和 15 年)的论文《〈暂定刑法改正草案〉的各则——以〈刑法改正纲领〉为

中心》⑬　中仅仅以《改正纲领》的各个项目和《暂定草案》的规定之间的
关系为中心展开了讨论，可以说采取了相对克制的考察态度。但是，泷川
也对《暂定草案》中法定刑的普遍提高提出了明确的反对，指出："我很
难赞同《暂定草案》的做法，因为我对一般预防所具备的犯罪防治效果持
怀疑态度"。（泷川幸辰对一般预防的评价参见本书第 313 页，另参见本书
第 357 页。）并且，泷川幸辰还对在通奸罪中表现出的不平等处罚主义进
行了批判；而通奸罪废止论正是泷川从大正时代末期开始就一直主张的观
点。（参见本书第 306 页，另参见本书第 355 页。）此外，就《暂定草案》
对各则的规定进行细化并进而导致的条文数量增多的情况，泷川幸辰作出
了肯定的评价，认为这正表明了缩小裁判官（法官）的刑罚量定范围的
方向。

（三）小野清一郎的应对态度

小野清一郎从大正时代末期开始就以"文化主义的正义观"为基础，
构建了自己"古典学派（旧派）"的刑法理论。在昭和时代战前时期之后，
他又在"法理学的普遍主义"的延长线上着重强调了刑法的"国家的道义
性"，在自觉地展开了"日本法理"的同时，也展开了自己的刑法理论
（参见本书第 318 页及以下"形成过程"部分，另参见本书第 359 页及以
下"展开"部分）。此外，小野清一郎还参与了《暂定草案》的审议，在
审议委员会中担任干事，并于 1934 年（昭和 9 年）升任为审议委员会
委员。

1. 在 1930 年（昭和 5 年），小野清一郎与泷川幸辰一样，都在立法论
上对这一年成立的"盗犯等防止法"进行了批判。但小野批判的理由在
于，这部法律中包含了"以通过权威和实力支配来维持现存的社会秩序为
终极目标的正义观"；这与泷川是有所不同的。以此为基础，小野还对这
部法律提出了详细的解释论。⑭此外，他在论文中还对常习犯的刑罚加重
规定进行了批判，认为这是对不定期刑的采纳；并进一步主张应当通过设

---

⑬　泷川幸辰：《〈暂定刑法改正草案〉的各则——以〈刑法改正纲领〉为中心》，载《法律
时报》第 12 卷第 7 号（1940 年），第 21 页及以下。

⑭　小野清一郎：《论〈关于防止和处分盗窃等犯罪的法律〉》（1930 年），收录于小野清一
郎：《刑罚的执行犹豫和有罪判决的宣告犹豫·其他》，1931 年版，第 213 页及以下。

置法律机构来避免这种对个人的不当拘束。他的这些观点与刑法改正工作之间的关系无疑是值得注意的。

2. 在1931年（昭和6年），小野清一郎就"刑罚的执行犹豫和有罪判决的宣告犹豫"的问题发表了详细的研究成果，其中包括历史的研究和比较法的研究。[15] 这些研究的对象并不是《暂定草案》的总则规定；但其前提是《改正纲领》中以下两个提案，即缓和执行犹豫的条件并扩张其适用范围的提案，以及新设有罪判决的宣告犹豫的提案。在这些研究中，小野清一郎也在立法论上提出了议案，主张应当将可以适用执行犹豫的宣告刑的范围扩张至"五年以下的惩役和禁锢"直至"拘留"刑为止；此外，小野还认为应显著地缓和执行犹豫的适用条件，主张其适用不以前科要件为必要。此外，与关于执行犹豫的提案相并行地，小野清一郎还提出应新设有罪判决的宣告犹豫制度和刑罚的普遍免除制度。（这些观点与小野清一郎的报应刑论之间的关系，参见本书第330页。）

3. 小野清一郎在1933年发表了另一篇论文《论行刑法改正的基本问题》。[16] 这篇论文并没有以《暂定草案》的总则为前提和研究对象，但却详细阐明了小野清一郎在当时主张的报应刑论的具体内容（参见本书第331页及以下"形成过程"）。随后，小野清一郎在1934年（昭和9年）发表的论文《论刑法中对名誉的保护》中，基于详细的比较法研究和法制史研究，进一步展开了法理学的基础理论和对现行法的解释论。基于这些研究，小野清一郎展开了立法论上的考察和提案，认为在名誉毁损罪的构成要件上，应对是否作出诽谤的具体情形进行区别规定，并就这些事实的证明设置相关规定；在侮辱罪的构成要件上，则应对是否具备公然性的要件等问题进行区别规定。[17]

4. 在日本进入战时体制之后，小野清一郎在1940年（昭和15年）的

388

---

[15] 小野清一郎：《刑罚的执行犹豫和有罪判决的宣告犹豫》（1931年），收录于前引注[14]小野清一郎：《刑罚的执行犹豫和有罪判决的宣告犹豫·其他》，第3页及以下。

[16] 小野清一郎：《论行刑法改正的基本问题》（1931年），收录于前引注[14]小野清一郎：《刑罚的执行犹豫和有罪判决的宣告犹豫·其他》，第247页及以下。

[17] 小野清一郎：《论刑法中对名誉的保护》，1934年版，第3页及以下；小野对立法的提案，参见第429页及以下。

论文《论刑法中的道义和政策——对〈暂定刑法改正草案〉的概括性批判》⑱中阐明了自己的刑法基础理论，并在此基础上尝试对"暂定草案"进行了整体性的讨论。

在这篇论文中，小野清一郎强调刑法应当是对"道义"的"实现"。这里的"道义"是指"人伦世界的事理"，同时也是"包含了道德在内的，更为高次元的国家和民族共同体中的伦理"。这里，小野从正面主张了"作为整体的法律应当是对国家道义的实现"的命题。小野还认为，刑法的"中心观念"应该是"作为道义的共同体的国家的自觉"；日本的"刑法"应当立足于这种"日本国家的自觉"之上，使"日本民族的、日本国民的道义"得到"明确的征表"。至此为止，小野清一郎就明确地提出了"刑事政策"只有在"服务于通过刑法实现道义这一技术的合理性的范围内才是刑事政策"的主张。

以这种刑法基础理论为前提，小野清一郎指出从当时刑法改正的要求中能看出修改的三个契机。第一个契机是对"刑事政策"的"贯彻"；第二个契机是使"道义观念，特别是日本固有的道义观念"得到"明确的征表"；第三个契机则是对现行法中"立法技术缺陷"的"补正"。小野清一郎立足于前述基础理论，特别强调了前述第二个契机。换言之，小野认为第一个契机是以"个人主义的'社会'防卫"为目的的，是"市民的目的合理主义"的，展现了"新派"的性格。而"新派"学说在第一次世界大战后才获得普遍的支持，是"浸润在民本主义（民主主义）和社会思想（社会主义）"的"思想氛围之中"的；可以将其理解为一种"都市的、市民的、西洋的、近代的，概括来说是个人主义的精神形态"。

在此基础上，小野就前述第二个契机进行了如下论述："但不能忽视的是，在要求对刑法进行修改的政治动向中，发挥作用的是在这一时期逐渐变得有力的另一个契机。这就是表明了对前述近代化倾向的反动的国家主义和日本主义的倾向；即重视'日本精神'或'皇道'观念的立场。这一立场本来是从民族的道义意识出发的，就此而言其精神形态与目的主义

389

---

⑱　小野清一郎：《论刑法中的道义和政策——对〈暂定刑法改正草案〉的概括批评》（1940年），收录于小野清一郎：《日本法理的自觉展开》，1942年版，第203页及以下。

和主观主义之间有着根本的差别。因而目的主义者所谓的'公序良俗'与我所主张的'本国的淳风美俗'或'美风良习'之间就并非仅仅在表达上有所差异，而应当是有着实质性的根本差别的。"

小野清一郎虽然对前述第二个契机进行特别强调，但也认为在"刑事政策"这一点上能看出它和"道义观念"之间的一致性。他认为，"目的主义"本来是以"有效的社会防卫"为目的，而"排斥"所谓"单纯的自由主义"的；但"国家主义者""并未就此提出充分的刑法理论和刑事政策"。所谓"旧派"理论虽然以"黑格尔的国家主义思想"为基础，"其所带有的自由主义色彩却显然并不为日本国的国家主义者所需要"。基于前述理解，小野清一郎将 1926 年（大正 15 年）的《改正纲领》看作是"淳风美俗论"和"社会防卫论"的"妥协的产物"，是对"两种观点杂乱无章的陈列"。

在此基础上，小野清一郎批判了《暂定草案》的总则优先考虑第一个契机而非第二个契机的事实。他指出，"刑事政策的前进本来就是必要的"，但同时有必要警戒指导其"政策"的"'目的'主义即社会功利主义的思想是否超越了'政策'的界限，而导致刑法中的国民的道义观念发生动摇"。他主张："立足于只重视感性的经验的实证的机械论的决定论，即实证主义立场上的所谓新派刑法理论最终并没有支配委员会的大部分委员，但是委员会在不知不觉间受到了新派刑法理论欠缺理论上反省的实际思考的影响。这就导致刑法中的道义精神遭到了显著的无力化。或许多少有些夸张，但仍应认为这正是刑法中的道义危机，也是刑法本身的危机。"在小野清一郎看来，这显然可能有害于"日本的淳风美俗"。

小野清一郎前述主张的基础所在的具体问题点的核心在于，《暂定草案》总则对"不认为是犯罪"和"对其不予处罚"的表述进行了区别。《暂定草案》规定，在实施了法令行为（第 17 条）和正当防卫（第 18 条）等行为的场合下（即所谓违法阻却事由）"不认为是犯罪"；而对心神丧失者（第 14 条）、聋哑人（第 15 条）和缺乏故意的行为（第 19 条）（即责任阻却事由）则"不予处罚"。小野清一郎认为，这种表述上的区别并不仅仅是用语上的问题。"不认为是犯罪"有"完全不成立犯罪的意思"，而"不予处罚"则意味着"虽然成立犯罪，但仍不予处罚"。由此小野主张，

390

认为心神丧失者的行为也成立犯罪的《暂定草案》中的犯罪概念并不以具备"道义的责任"为前提条件，而仅仅是指"在伦理上无色和中立的对社会有危险的行为"。因而在《暂定草案》中，刑罚和保安处分在本质上就是一样的。而从这样的概念是受到"新派的观点"和"苏维埃刑法的观点"的影响的视角来看的话，"日本刑法就是以这种实证主义的、唯物主义思想为依据才得以编纂的，这在国民的道义的立场上是无法容忍的"。此外，小野清一郎还对《暂定草案》的总则规定中的不作为犯和正当防卫等规定进行了个别讨论，对其进行了批判。[19]

相比于总则的规定，小野清一郎认为《暂定草案》的各则在显著扩张并普遍强化了以对皇室的犯罪为代表的对国家和社会的犯罪的规定和普遍提升犯罪法定刑的规定上，无疑是更为优越的；"总体来看其更是远比现行法要优越"。其理由有两点：第一，这种规定更符合于保护"国家的民族共同体"的"现实的必要性"；第二，这种规定在"体系地认识"到"国家的民族共同体的客观的道义感的秩序的整体"的基础上，使对这种秩序整体的"无法容忍的侵害"即"犯罪"得到了"有序的排列"。小野认为，《暂定草案》的各则正反映了自总则公开之后的 10 年间，日本国内外的精神和思想的状态。例如，之所以新设"对神社的犯罪"（第 11 章）是理所当然的，是因为"其符合于为日本国民所憧憬的精神现实"。

小野清一郎并没有对《暂定草案》总则关于刑事政策的具体规定进行个别的评论；而是仅仅止于如下论述。他指出："虽然其中某些部分是适当的，但其他部分在道义上和政策上存在问题。我虽然并非没有考虑这些政策上的问题，但由于其最终并未付诸实施而只得不甚了了。此外，由于这些政策与对行刑法的修改之间存在诸多关联，因而无法在此进行讨论。"但是从小野清一郎在评论《暂定草案》对执行犹豫和假释条件的规定时的措辞，即"近乎极端地宽大"的语句中，能够看出他对《暂定草案》规定

---

⑲　《暂定草案》中与犯罪论相关的规定即小野清一郎对此的观点，参见前引注⑨内藤谦：《刑法改正和犯罪论（上）》，第 115 页及以下；另参见内藤谦：《刑法改正和犯罪论（下）》，1976年版，第 401 页及以下、第 538 页及以下、第 570 页及以下。

是持消极态度的。但是，小野清一郎也在立法论上提出了显著缓和执行犹豫之条件的提案［参见前文二（三）2］。并且值得注意的是，小野清一郎也主张"必要的刑事政策，特别是如同保安处分那样的刑事政策在单行法中进行规定即可；否则其将更为适合一种作为实体的'保安处分'"。小野清一郎对保安处分本身并不持消极态度，但却认为只有单行法才能规定保安处分。此外，他虽然没有讨论对常习累犯适用不定期刑的问题，但却就对常习犯适用不定期刑表明了肯定的态度［参见前文二（三）1］。

（四）若干讨论

正如前文所述，泷川幸辰和小野清一郎对刑法全面修改工作的应对态度是明显不同的。（虽然在对作为单行法的"盗犯等防止法"进行立法论上的批判的结论上两人是一致的。）但是，两人的态度之间所共通的是，对《暂定草案》中的刑事政策规定本身都没有展开个别而具体的讨论。泷川幸辰指出，犯罪是"社会组织的缺陷所导致的必然现象"，因而"与犯罪进行斗争的根本条件就包含在了对社会的经济结构的变革中"。而这一结论正是小野清一郎的主张的必然结论，即："以刑罚和保安处分与犯罪进行斗争，实际上不过是改良主义者的空论而已。刑法改正的运动和刑事政策的纲领都只有作为对现状维持的一种限度才能够实现。如果超过这种限度的话，不仅不可能完成修改，就连政策也将是无法实现的"[20]。可以说这也正反映了小野关于"刑事政策"只有在"服务于通过刑法实现道义的技术合理性的限度内"才是有意义的观点。[21] 此外，正如泷川幸辰在前文中所提到的那样，为了对《暂定草案》中刑事政策的规定进行精确的评论，有必要公布刑法各则、行刑法和理由书等材料。小野清一郎的评论也大多是在与行刑法有所联系的方面展开的，并没有过多地涉及《暂定草案》中关于刑事政策的规定［参见本章二（三）4］。

但是，《暂定草案》非常现实地规定了对常习累犯可以适用不定期刑，以及对精神障碍者实施的违法行为可以适用保安处分等一些存在疑问的刑事政策的提案。这些提案与"新派（近代学派）"理论的社会防卫论确实

392

---

[20] 泷川幸辰：《刑法讲义（改订版）》，1930年版，第1页。

[21] 前引注[20]泷川幸辰：《刑法讲义（改订版）》，第34页。

有着紧密的联系。但是，"新派"理论的展开本来就受到了目的在于制定新的刑法典的立法运动的影响，对立法论的讨论正是其基本特征之一。而"古典学派（旧派）"理论为了与"新派（近代学派）"进行对抗，有必要对这些提案的现实意义进行个别的讨论，并对这些提案所涉及的具体问题进行具体的回应。㉒

此外，《暂定草案》在关于刑事政策的规定之中，还包括了对执行犹豫和假释的条件的缓和，以及对有罪判决的宣告犹豫和刑罚的一般免除等一些在当下仍有讨论价值的提案。㉓ 对"古典学派"的理论来说，如何评价前述刑事政策的规定，又应对其采取何种应对态度，就应该是重要问题。这些规定显然并非只是泷川幸辰所说的"改良主义者的空论"而已；而泷川本人在进行前述批判时，也是以"在承认现实的制度的基础上尝试对刑法进行说明"的态度为出发点的。除此之外，泷川幸辰还在立法论上就刑法各论中的具体问题提出了若干提案，这些提案在昭和时代的初期虽然并未得到支持，但在当下得到了广泛的关注和主张（除了对通奸罪的废止，还包括自己堕胎罪、单纯赌博罪的非犯罪化的方向等。参见本书第311 页"形成过程"，另参见本书第 352 页"展开"）。小野清一郎也对前述刑事政策的问题进行了研究，提出了立法论上的提案［参见前文二（三）2］。但小野的研究和提案与《暂定草案》之间的关系并不明确［参见前文二（三）4］。

这样看来，"古典学派（旧派）"理论几乎没有对《暂定草案》中关于刑事政策的规定展开个别的、具体的讨论；就此而言，"古典学派（旧派）"的理论似乎就是有其界限的。

393

㉒　关于对常习累犯处以不定期刑，参见前引注⑤内藤谦：《刑法讲义总论（下）Ⅰ》，第751 页及以下；关于保安处分，则参见前引注⑤内藤谦：《刑法讲义总论（下）Ⅰ》，第763 页及以下。（在 1974 年《改正刑法草案》中规定了"不定期刑"，里面使用了"常习累犯"概念。而当前刑法中仅有"常习犯"和"累犯"的规定。因而，"常习累犯"是一个历史概念。——译者注）

㉓　刑罚的宣告犹豫和普通的刑罚免除，笔者的观点参见内藤谦：《轻微犯罪》，收录于前引注⑲内藤谦：《刑法改正和犯罪论（下）》，第674 页及以下。

三、对《治安维持法》的应对态度

(一)《治安维持法》的成立和扩张

由于第一次世界大战后发生的社会恐慌和恐慌的慢性化,日本资本主 *395* 义社会中的阶级矛盾受到了激化,劳动者抗议和农民抗议事件的数量也发生了显著的增加。除此之外,垄断资本在战后的恐慌中得到了进一步的强化,与其相对抗的共产主义和社会主义运动也逐渐得势;这就导致当时的统治阶级欲图通过刑事立法来捍卫"国体"和"私有财产制度"。在这样的背景下,为了实现社会防卫的目的而显著扩大了犯罪和刑罚的成立范围的《治安维持法》就得以成立。《治安维持法》不仅对共产主义运动和社会主义运动进行了镇压,还通过不断扩张适用和修改,对思想、信仰、学术的自由和结社的自由都进行了剥夺。

《治安维持法》的制定发生在 1925 年(大正 14 年)。[其前身是《过激社会运动取缔法案》,这一法案在 1922 年(大正 11 年)被提交给帝国议会,但在通过了贵族院的正式会议之后,并没有被提交给众议院,而是就此废弃了。]在这之后,随着 1928 年(昭和 3 年)对《治安维持法》的部分修改和 1939 年(昭和 14 年)对《思想犯保护观察法》的制定,以及 1941 年(昭和 16 年)对《治安维持法》的全面修改,《治安维持法》作为一种法制度已经发生了显著的变化,其范围得到了明显的扩大。到 1945 年(昭和 20 年)10 月 15 日收到联合国最高司令官的备忘录而由第 575 号敕令废止为止,这部法律共存续了 20 年,成为昭和时代前期日本法律制度的中枢。㉔

《治安维持法》使用了对"国体"的"变革"、对"私有财产制度"的"否认"等极端暧昧且多义的概念;并且其规定,只要是出于前述"对国

㉔ 就《治安维持法》,参见奥平康弘:《治安维持法小史》,1977 年版;小田中聪树:《治安维持法——1928 年修改的推进者和反对者》,载《法律时报》第 50 卷第 13 号(1978 年),第 30 页及以下;等。就《治安维持法》的具体运用,参见小田中聪树:《刑事诉讼法的历史构造》,1986 年版,第 10 页及以下。

体的变革"和"对私有财产制度的否认"的目的，即使仅仅实施了"组织结社"的行为，就成立受到刑法重罚的犯罪。这样，《治安维持法》所取缔和处罚的对象就不是"组织结社"这种具体的行为，而是通过"组织结社"（或其周边的行为）所追求的目的或动机；并且这种通过暧昧且多义的"目的犯"的规定对思想进行压制，是这部法律从制定之初就已经具备的特征。㉕而《治安维持法》首次得到适用，就是在镇压学生的社会科学研究组织及其社会运动的所谓"京都学联事件"（1926年）中；这也证实了这部法律的前述特征。

通过 1928 年（昭和 3 年）和 1941 年（昭和 16 年）的两次修改，《治安维持法》作为思想镇压法的特征得到了进一步的扩大和强化。在 1928 年的修改中，①规定了对以国体变革为目的的结社行为的重罚化（在第 1 条前段中导入了死刑的规定）；②新设了对以结社方式实现其目的的行为人（为了实现某种目的而实施结社行为的人）的处罚规定，进一步扩张了处罚范围。而在 1941 年的修改中，不仅①将"帮助结社"（第 2 条）和"准备结社"（第 3 条）的行为都规定为处罚的对象；②还将尚未形成结社的"集团"行为（第 4 条），以及否定国体的结社行为，甚至是所谓"类似宗教团体"（第 7 条、第 8 条）的结社行为都规定为处罚的对象。这些

㉕　首次将"国体"这一概念规定在法条中的，正是《治安维持法》。但是这一概念是具有多义性的。大审院判决［昭和 4 年（1929 年）5 月 31 日刑集第 8 卷第 317 页］指出，《治安维持法》所说的"国体"，是指"处于万世一系的天皇统治下的一切事物"。但是除此之外，"国体"至少也被作为一个教育敕语来使用；有着伦理的、道德的意义（即"日本臣民尽忠尽孝，兆亿一心，以世济其美；这是我国国体的精华，也是我国教育的渊源"）。事实上，《治安维持法》很多时候正是在这一意义上得到讨论、运用、适用的。这样，以国体的变革或否认私有财产制度为目的的结社行为，即使没有现实的实现可能性，也不能左右犯罪的成立［大判昭和 5 年（1930 年）1 月 28 日《法律新闻》，第 3090 号第 5 页］。此外，"结社"也未必是通过结社自身的力量使其目的得以实现的组织体，也包括利用其他有着相同目的的组织体实现目的的结社［大判昭和 7 年（1932 年）4 月 28 日刑集第 11 卷第 530 页］；同时，也不论这种组织活动究竟是秘密进行的还是公开进行的［大判昭和 8 年（1933 年）12 月 11 日刑集第 12 卷第 2310 页］；概括来说，所谓"结社"是指特定的多数人以实现共同的目标为目的，而随意结成的持续的团体［（大判昭和 16 年（1941 年）7 月 22 日刑集第 20 卷第 447 页"所谓天理教事件上告审判决"］。这样看来，即使实施的只不过是日常的行为的"结社"的"组织"行为，只要认定其具有"变革国体的目的"这一暧昧而多义的目的（主观的要素）的话，《治安维持法》就能得到适用。这里，《治安维持法》就表明了其思想压制法的基本特征。

对《治安维持法》的扩张和强化的规定，实际上都是对 1925 年以来对《治安维持法》的扩张解释和扩张适用的追认。

在前述"京都学联事件"之后，《治安维持法》又在"3.15"事件（1928 年）和"4.16 事件"（1929 年）中得到了正式适用。此外，还在"共产党人事件"（针对"共产党人"这一学者组织的处罚事件，发生于 1930 年）、司法官赤化事件（发生于 1932 年）、长野教员赤化事件（发生于 1933 年）、共产主义学会事件（发生于 1936 年）、人民战线事件（发生于 1937 年）、唯物论研究会事件（发生于 1938 年）等事件中得到了适用；《治安维持法》在这些事件中的适用使日本共产党陷入了在全国范围内都无法组织活动的破灭状态。而在 1935 年（昭和 10 年）之后，《治安维持法》又在对宗教团体的镇压中得到了适用；分别在第二次大本教事件（发生于 1935 年）、新兴佛教青年同盟事件（发生于 1937 年）、天理本道教团事件（1938 年）、基督教系日本灯台社事件（1939 年）、创价教育学会事件（1941 年）、横滨事件（1944 年）等事件中得到了适用。[26]

如前所述，《治安维持法》逐渐走上了一条不断扩大适用的道路。从 1928 年（昭和 3 年）到 1943 年（昭和 18 年）4 月为止，因违反《治安维持法》而被检举的人数达到了 67 219 名之多；其中共有 6 024 人被起诉。并且在从 1935 年（昭和 10 年）到 1943 年（昭和 18 年）4 月为止的期间，共有 1 780 名与宗教相关的人员因为违反《治安维持法》而被检举，其中共有 456 人被起诉。[27]

对于这样的《治安维持法》，泷川幸辰和小野清一郎采取了怎样的应

397

---

[26] 就《治安维持法》违法事件进行的详细的个案研究，参见我妻荣等编：《日本政治裁判史录 昭和·前、昭和·后》，1970 年版；本书中收录了以下所列论文：①松尾浩也：《京都学联事件》，小田中聪树：《3.15 事件、4.16 事件》，许世楷：《河上肇事件》，田宫裕：《司法官赤化事件》，宫地正人：《第二次大本教事件》，小田中聪书：《人民战线事件》，宫地正人：《企划院事件》，许世楷：《佐尔格事件》，田宫裕：《横滨事件》。除此之外，另参见稻垣真美：《拒绝服兵役的日本人——灯台社在战争时期之下的抵抗》，1972 年版；稻垣真美：《背着佛陀上街头——妹尾义郎和新兴佛教青年同盟》，1974 年版；山边健太郎：《社会主义运动半世纪》，1976 年版；小池健西、西川重则、村上重良编：《论宗教压制》，1968 年版等著作。

[27] 本章中的人数，参见《现代史资料（45）治安维持法》，美铃书房 1973 年版，附表一；出自《昭和 3 年至昭和 18 年 4 月〈治安维持法〉违反事件不同年度处理人员表》。

对态度呢？

（二）泷川幸辰的应对态度

在昭和时代初期，泷川幸辰在表明自己一定程度上倾向于马克思主义的观点的同时，也以罪刑法定主义为中心，形成了以报应刑论和客观主义犯罪论为基础的刑法理论。而泷川刑法理论的社会背景，正是第一次世界大战后发生的社会恐慌和这种恐慌的慢性化所导致的资本主义"社会"中阶级矛盾的激化，以及统治阶级欲图通过刑事立法来对此作出应对，进而导致《治安维持法》的出台和强化等一些社会状况。泷川幸辰自己对这些社会情况的认识自然也是其理论形成的背景。（参见本书第 105 页及以下"泷川理论" 3 部分；另参见本书第 506 页及以下的部分。）就此看来，在泷川幸辰当时的很多论文和著作中，都表现出了对《治安维持法》的有意批判。

当然，在作为《治安维持法》前身的《过激社会运动取缔法案》被提交给帝国议会的 1922 年 3 月到 1924 年 3 月这一期间，泷川幸辰正在海外留学。或许正因此，学界中对这一法案的尖锐批评虽然很多［例如，末弘严太郎的批判，参见后文三（四）］，但并未看到泷川幸辰的主张和批判。泷川幸辰开始提及《治安维持法》并对此作出批评，是在 1930 年（昭和 5 年）之后。

1. 在 1930 年（昭和 5 年），泷川幸辰在风早八十二翻译的贝卡利亚的《论犯罪与刑罚》的书评[28]中指出"当今日本的刑法学界中，'社会'防卫主义、犯罪征表主义和主观主义有着压倒性的优势"；但他也在书评中对前述"社会"实质上意味着怎样的"社会"提出了问题。此外，泷川还指出，"究竟应当如何运用前述那些主义来对当前阶段的资本主义背景下的刑法进行批判"，是本书"译者应当回答的问题"。泷川幸辰还主张，"从事物辩证发展的过程来看的话，特别是像《治安维持法》那样的法律显然只是一种无意义的反动；在何种意义、目的、方法、程度上能够认可这种刑法，是值得讨论的"。

㉘ 泷川幸辰：《风早八十二译著：论贝卡利亚〈论犯罪与刑罚〉》，载《论丛》第 23 卷第 2 号（1930 年），第 125 页及以下。

2. 泷川幸辰在 1930 年（昭和 5 年）发表的《刑事学界的回顾》[29] 一文中，对教育刑主义在现实中和理论中的存在余地提出了质疑。他认为，"例如，《治安维持法》对确信犯的犯罪人科以极刑；但通过刑罚对确信犯的犯罪人进行教育又有什么意义呢？笔者无法理解这种做法"。

3. 在泷川幸辰 1930 年（昭和 5 年）出版的《刑法讲义（改订版）》[30] 中，已经在其"条理"论和对确信犯的犯罪人的讨论中明确地提及了《治安维持法》（"形成过程"本书第 311 页；"泷川理论"，第 102 页）。他在该书中指出："社会中的'条理'虽然背离了少数有产阶级维持统治现状的目标，但它同时未必能成为确保社会中多数无产者幸福的标准。革命者以行动打破了保护少数有产阶级的现状，其目的在于改变受到剥削的多数人的命运。革命者的行动与现存的社会组织之间有着无法跨越的鸿沟。由此，革命者的行动虽然符合更高程度的道德，但却违反了当前时代的条理。也就是说，革命者常常头戴荆棘之冠。"在此基础上，泷川进一步主张："我们应以使得保护多数人的幸福的行为不再是违反'条理'的为目标不断努力，使国家承认这种'条理'。"就此看来，泷川幸辰的"条理"论确实仍处于他大正时期理论的延长线上。但同时泷川的前述论述也表明，《治安维持法》的成立和他一定程度上倾向于马克思主义的刑法理论之间不可调和的矛盾使他非常苦恼。

4. 泷川幸辰在 1931 年（昭和 6 年）的论文《论确信犯人和教育刑》[31] 中，强调了在阶级对立的现实的资本主义"社会"中，应当采纳罪刑法定主义和报应刑论（即，泷川主张只有在存在犯罪这种"恶"的情况下，才能对行为人科处刑罚这种恶害，即"无犯罪即无刑罚"这一意义上的报应刑论），并对牧野英一的教育刑论进行了激烈批判（参见本书第 309 页及以下）。对牧野英一认为确信犯的犯罪人和《治安维持法》只是一种例外现

㉙　泷川幸辰：《刑事学界的回顾》，载《法律时报》第 2 卷第 12 号（1930 年），第 27 页及以下。

㉚　参见前引注㉕泷川幸辰：《刑法讲义（改订版）》，第 82 页及以下、第 99 页及以下；泷川幸辰在 1929 年的初版《刑法讲义》中也有类似的论述，只是改订版中的论述更为详细。

㉛　泷川幸辰：《论确信犯人和教育刑》（1931 年），收录于《泷川幸辰刑法著作集第 4 卷》，1981 年版，第 605 页。

399 象的主张，泷川批判说："《治安维持法》等对确信犯的犯罪人进行重罚的法律规定表明，刑法中的重点已经发生了变迁"；而"将确信犯的犯罪人作为例外处理的刑法理论已经失去了理论性"。泷川幸辰还主张："对在思想上就处在对立关系之中的犯罪人进行教育是不可能的。就此而言，作为一种理念的教育刑就绝对是不存在的。"就确信犯的处罚而言，泷川幸辰赞同了拉德布鲁赫的提案，认为可以设置一种使确信犯的犯罪人在名誉上受到拘禁的特别处置措施来对其进行"监禁"。

5. 泷川幸辰在对 1931 年（昭和 6 年）的刑事法学界进行回顾的论文㉜中，指出在这一年中发生了许多适用《治安维持法》的事件，主张"应当至少在修改《刑法》的同时废止《治安维持法》"。其理由在于："本来《治安维持法》在构成要件的规定上就是模糊的，因而在依据该法认定的犯罪中就有许多是值得怀疑的；此外，还存在许多无法对行为究竟是在哪一点上该当于法律规定作出说明的情况。恐怕即使是对裁判所来说，在处理相关法律问题时能够确信其解释正确无误的情形也非常稀少吧。"

6. 在 1932 年（昭和 7 年）出版的《刑法读本》㉝ 中，泷川幸辰也提到了《治安维持法》。泷川幸辰从前述应当对政治犯（政治上的确信犯）的犯罪人科处名誉拘禁的观点（即前述拉德布鲁赫的提案）出发，对大审院昭和 5 年（1930 年）2 月 21 日判决（刑集第 9 卷第 2 号第 79 页）进行了批判。在这一判决中，大审院在对《治安维持法》的违反事件中，驳回了以穷尽了条理为由选择"禁锢"这一较轻刑罚的控诉审判决，并且在尚未说明理由的情况下选择了"惩役"这一较重刑罚。泷川幸辰认为这一判决"是非常不充分的"。

7. 在 1936 年（昭和 11 年），泷川幸辰在对《治安维持法》的批判几乎是不可能的社会背景之下［参见本章前文二（二）4、后文三（四）］对这一法律进行了进一步讨论。㉞ 他指出，《治安维持法》的最初适用就是以

㉜ 泷川幸辰：《今年的刑事法学界》，载《法律时报》第 3 卷第 12 号（1931 年），第 13 页及以下。

㉝ 泷川幸辰：《刑法读本》，1932 年版，收录于《泷川幸辰刑法著作集第 1 卷》，1981 年版，第 52 页及以下。

㉞ 泷川幸辰：《〈治安维持法〉的出发点》（1936 年），收录于泷川幸辰：《刑法杂笔》，1937 年版，第 229 页及以下。

学生为对象的（京都学联事件）；这能够看出"《治安维持法》的性格本就异常扭曲。尽管《治安维持法》可能只是在一开始被赋予了应当对思想犯适用的命运，但其适用从一开始就是不正确的，这也是不争的事实"。 *400*

就此看来，泷川幸辰曾有意地表明了自己对《治安维持法》及其适用的批判观点。只是这些观点很难说是一种正式的详细批判。

（三）小野清一郎的应对态度

在昭和时代初期，小野清一郎以"文化主义的正义观"为基础完成了自己的刑法理论（参见本书第322页及以下"形成过程"）。但在其著作和论文中鲜见对《治安维持法》的批判。他虽然在著作和论文中表明自己注意到了《治安维持法》，并尝试对这部法律作出解释和说明，但其中并不包括对这部法律的批判观点。

1. 从小野清一郎于从1931年（昭和6年）到1933年（昭和8年）这一期间发表的著作和论文中能看出，他已经注意到了《治安维持法》的存在。例如，他曾在"对确信犯犯罪人的教育"问题上，主张这种教育是非常困难的（1931年，参见本书第333页"形成过程"）；他还曾在罪刑法定原则的问题上，主张"特别是在社会的阶级对立非常显著的当下，更应重新明确其意义"（1932年，参见本书第336页及以下"形成过程"）；此外，他还曾以"未遂犯论在意识形态上的根据"为问题意识，批判了以"国家绝对主义的意识形态"为根据的"主观未遂论"。小野在这些著作和论文中不仅没有提及《治安维持法》，也未对这部法律进行批判。但是，这些著作和论文的背后隐藏着小野对《治安维持法》和作为这部法律成立和扩张的基础的社会现实的认识。值得注意的是，1933年前后这一时期也正是小野清一郎和泷川幸辰的在基础和内容上有所差异的刑法理论最为接近的时期。

2. 小野清一郎直接提及《治安维持法》的文字，是他在1937年（昭和12年）发表的论文《论思想犯与宗教》。[35] 小野在这一论文的草稿中指出，

---

[35] 小野清一郎：《论思想犯与宗教》（1937年），收录于小野清一郎：《法学评论 下》，1937年版，第387页及以下。

使违反《治安维持法》的思想犯和确信犯的犯罪人发生"转向"㊱的，并不
是"'在适用中逐渐发挥其能力'的不明确的教育刑论"，而"必须"是"更
为精神性的、理论性的、同时以人的体验为基础的教育或教化"；也就是
"教诲"。小野还指出："幸运的是，日本的行刑制度在相当程度上考虑到了
这一点，教诲师（监所中从事训导工作的人员）的努力在相当程度上有助于
对思想犯的教育。"他还举出了一些"因为宗教而在思想上发生了转变的服
刑人员"的事例。而小野前述观点的前提是，他认为，国家"以刑罚制裁"
的方式对违反《治安维持法》和《思想犯保护观察法》等法律的确信犯的犯
罪人"进行打击，是最为简单易行的方法；如果同时考虑到当时的紧急状态
的话，这种立法就完全是不可避免的。但与此同时，只在刑事司法上进行严
厉打击是无法解决问题的，有必要对盗窃罪和诈骗罪的犯罪人采取与对思想
犯、确信犯的犯罪人完全不同的处置措施"。

　　由此看来，小野在前述论文和草稿中并没有对《治安维持法》和《思
想犯保护观察法》进行批判，反而对两部法律都作出了肯定的理解。他认
为"考虑到当时的紧急状态的话，这种立法就完全是不可避免的"；但这
种观点显然存在问题。《治安维持法》是与所谓"普选法"（即《众议院选
举法》[大正 14 年（1925 年）〔法〕47 号法律]）捆绑在一起提交给议会，
也正是因此才得以通过审议的（即所谓"糖果和鞭子"的做法）；《治安维
持法》最初得到适用，也是在以学生的社会科学研究组织和社会运动为对
象的京都学联事件中；这些事实都表明，小野"立法当时社会所处的紧急
状态"的说法是存在问题的。

　　3. 在第二次世界大战战败前，小野清一郎完成并出版了《全订刑法
讲义》（1949 年）；并在这一著作中再次提及了《治安维持法》（包括《思
想犯保护观察法》和《预防拘禁法案》），并对其作出了解释。㊲ 这时他仍
然没有对《治安维持法》作出批判。相反，他认为当前的法律在以使国体
发生变革为目的的犯罪中设立了死刑或惩役刑；这正表明了"使国体发生

㊱　就《治安维持法》的适用及其转向问题，参见前引注⑳奥平康弘：《治安维持法小史》，第
134 页及以下。

㊲　小野清一郎：《全订刑法讲义》，1954 年版，第 360 页及以下。

变革这种目的在日本臣民的道义上是绝对不应得到容许的"。

4. 这里特别值得讨论的是,小野清一郎在 1936 年(昭和 11 年)之后的若干论文中,在强调刑法的"国家的道义性"的方向上展开了自己刑法理论的法理学(法哲学的)基础的论述。这一展开发生在日本进入战时体制,且国家主义和整体主义的倾向不断得到加强的背景之下(参见本书第 359 页及以下"展开")。

前述 1935 年(昭和 10 年)之后,《治安维持法》开始对宗教相关人员适用,而变成了一种宗教压制法。这里,不论是神道系、佛教系还是基督教系的宗教人员,只要其实施了与信仰有关的组织团体的行为,都将依据《治安维持法》受到检举、起诉和处罚〔参见本章(一)。另外,也有许多与不敬罪(旧刑法第 74 条)的处罚并行适用的情况〕。但是,究竟能否将前述宗教人员实施的与信仰有关的组织团体的行为认定为反道义(反社会伦理)的行为,并对这种行为进行道义的(社会伦理的)非难呢?如果认为宗教人员实施的与信仰相关的组织团体的行为本身就包含着对"国体"的"变革"或"否定"的"目的",因而能够对其进行"道义的"非难的话,那么就正如小野清一郎在 1942 年(昭和 17 年)所主张的那样,只能认为"万世一系的天皇统治着日本国家"就是"日本法理中的法理,道义中的道义";而"一君万民、君民一体的国体"就是"日本的根本法理",也是"最高的道义"了。[38] 在这一意义上,小野清一郎的道义的责任论在理论上是具备整合性的。但是,小野的这种观点也能够表明,日本的道义责任论特别是从 1935 年(昭和 10 年)之时起,就具备了浓厚的国家主义的、威权主义的色彩。而为小野清一郎所强调的、并且是当时日本的通说的"道义责任论"(在以义务违反〔社会伦理违反〕为基础的意义上,也就是违法论中的"行为无价值论")在不得不通过前述理论结构才能得到说明的意义上,就在根本上是存在疑问的。

就这种质疑而言,可能存在认为对"道义的责任论"的批判并不妥当的观点。其理由在于,即使与维持治安的法律相关的规定到现在还存在,

---

[38] 小野清一郎:《论日本法理的自觉展开》(1942 年),收录于前引注[13]小野清一郎:《日本法理的自觉展开》,第 89 页、第 127 页。

其在当今日本《宪法》的背景下也将因违宪而无效。笔者也赞同维持治安的法律在现实中将因为违反日本宪法而无效的观点（违反宪法第 19 条、第 20 条第 1 项、第 23 条、第 31 条）；但笔者同时还认为，这种违宪的判断正说明了刑事责任并非"道义的责任"，而应该是一种在以在日本宪法的基本原理和构造范围内的刑罚为手段，即非难可能性的意义上的"法律的责任"㊴。

（四）一些讨论

403　　正如前文所述，笔者认为"古典学派（旧派）"刑法理论所具有的最大的意义在于，对"新派（近代学派）"的社会防卫论进行反对，同时对由主观主义的犯罪论导致的处罚范围的过度扩张作出限制。古典学派的代表人物泷川幸辰虽然也批判了《治安维持法》，但他的批判并不正式也不详细；同为古典学派代表人物的小野清一郎则根本没有明确地批判《治安维持法》。在笔者看来，这正表明了日本"古典学派"的刑法理论是存在界限的。与旧派的两位代表学者相反，"新派"的代表学者牧野英一尝试结合作为《治安维持法》前身的 1922 年的《过激社会运动取缔法案》、1925 年的"治安维持法案"以及 1928 年对"治安维持法案"的修改等问题，对《治安维持法》作出了详细的评论。当然，牧野英一在指出之前几个法案中存在的诸多问题的同时，其基本态度是，从自由法论的立场出发，采取通过解释和运用使得恶法也是一种法律的妥协的立场，并最终得出承认立法的结论。㊵ 由此，牧野从教育刑论和社会防卫论的立场出发，认为即使对确信犯的犯罪人也能够进行教育；他在积极地支持了《思想犯保护观察法》[1936 年（昭和 11 年）]的同时，也不加批判地接受了《治

㊴　对"道义责任论"的疑问和"法律责任论"的内容，笔者的见解参见前引注①内藤谦：《刑法讲义总论（上）》，第 110 页及以下；另参见前引注⑤内藤谦：《刑法讲义总论（下）Ⅰ》，第 742 页及以下。就"社会伦理"或"道义"的内容而言，笔者的观点参见前引注①内藤谦：《刑法讲义总论（上）》，第 48 页及以下；另参见前引注⑤内藤谦：《刑法讲义总论（下）Ⅰ》，第 744 页及以下。

㊵　牧野英一：《论〈过激社会运动取缔法案〉》（1922 年），收录于牧野英一：《现实的法律和理念的法律》，1926 年版，第 271 页及以下；牧野英一：《论〈治安维持法〉法案》（1925 年），收录于前引注㊵牧野英一：《现实的法律和理念的法律》，第 378 页。就 1928 年《治安维持法》的修改，参见牧野英一：《思想国难令评释》，载《志林》第 30 卷第 8 号（1928 年）。

安维持法》中的预防拘禁［1941 年（昭和 16 年）］制度。㊶

之所以牧野英一有更多的机会对这一问题进行讨论，是因为从大正时代开始到昭和初期这一期间，新派刑法学是有力的学说。牧野英一作为新派刑法学的代表学者，公开发表观点的机会也就比较多；牧野英一自己也持一种积极地就社会问题发表自己观点的态度。与之相对，同样应该考虑到的背景事实是，在从大正时代末期到昭和时代初期的这一期间，泷川幸辰和小野清一郎都刚在学界崭露头角，还在忙于形成自己的刑法理论，构建自身的理论基础。但是即使考虑到这一点，刑事法学界因为过于迟钝的批判态度，而没能在立法论上形成对《治安维持法》的统一批判，也是不争的事实。仅有的例外是，在 1930 年（昭和 5 年）的"3·15 事件"和"4·16 事件"等《治安维持法》得到正式适用的事件中，刑法学者风早八十二在《现代法学全集》（日本评论社）第 30 卷发表的《论治安维持法》一文。但是，这一仅有的论文也在刊行的同时遭受了刊行禁止的处分；已经印刷的 3 万册论文也全部被没收、烧毁，并没有被读者所实际阅读到。㊷

正如前文所述，很难否定在当时的背景下对《治安维持法》进行批判是十分困难的。特别是相较于《过激社会运动取缔法案》的法案而言，《治安维持法》在法案中直接使用了对"国体"的"变革"等模糊的概念；这就导致对《治安维持法》法案的批判同时兼有着对天皇制的批判，甚至是对与"国体"概念紧密联系在一起的伦理的、道德的批判的意义；这导致批判变得更加困难。但是，学界也并非完全没能对《过激社会运动取缔法》的法案、1925 年《治安维持法》的法案以及 1928 年对《治安维持法》法案的修改作出尖锐的批判。例如，末弘严太郎就对《过激社会运动取缔法案》在条文中使用的"无政府主义、共产主义及其他"主义、"朝宪紊乱"以及"宣传"等模糊不清的概念进行了激烈的批判，认为这"是

404

㊶ 牧野英一：《〈思想犯保护观察法〉的思想的意义》，载《刑政》第 49 卷第 7 号（1936年），第 9 页；另参见牧野英一：《论预防拘禁刑在思想上的意义》，载《刑政》第 55 卷第 2 号（1942 年），第 12 页。

㊷ 这篇论文的草稿全部遗失了；其前篇部分收录于风早八十二：《政治犯罪的若干问题》，1942 年版，第 1 页及以下。此外，这篇论文还收录于吉川经夫：《刑法学和马克思主义》，载天野和夫等编：《马克思主义法学讲座①》，1976 年版，第 104 页及以下。

为法治国国民所无法忍受的"。他以俾斯麦的"社会主义者镇压法"的历史为例，强调了"当'权'者"以"'权力'对'思想'进行镇压"的危险性。[43] 除末弘教授之外，美浓部达吉也对 1925 年的《治安维持法》作出了根本性的批判，认为这一法律是"为了使某种思想被禁止而进行的严罚"。此外，美浓部达吉还正式地对 1928 年《治安维持法》的修改作出了批判。他指出，若要解决思想的倾向于险恶化的问题，第一要务是由执政者自身对经济组织和由此导致的政治腐败作出反省；如果不在这一方面进行努力，而只是徒然地对国民科以重刑的话，必将导致人心的进一步恶化；这显然比触犯刑法中内乱罪规定的情形还要有失平衡。美浓部达吉还指出，只有在具备了紧急性要件的情况下，才能以紧急敕令的形式发布命令；因而 1928 年对《治安维持法》的修改是涉嫌违宪的。[44] 虽然美浓部达吉对共产党和共产主义均持反对态度，但他对《治安维持法》的前述态度表明了他的自由主义精神。

但是，自泷川幸辰在 1933 年（昭和 8 年）遭受著作发售禁止和解除职务的处分（即泷川事件）之后，在 1935 年（昭和 10 年）又相继发生了天皇机关说排斥运动*、美浓部达吉著作发售禁止和贵族院议员辞职事件，在不久后的 1938 年（昭和 13 年）还发生了河合荣治郎著作发售禁止以及被诉事件；这些事件使得自由主义的思想本身也成为受到打压的对象；从自由主义的立场出发对《治安维持法》进行批判变得几乎不可能了。

---

　　* "天皇机关说排斥运动"是指由帝国大学教授美浓部达吉与御用学者穗积八束、上杉慎吉之间展开的一场关于"国体"、主权等问题的论争。论争起初仅局限在"天皇机关说"和"天皇主权说"的学术争辩层面，但随着天皇的"神性"被绝对化，对天皇进行法理学分析、认为天皇不过是一种"国家机关"的所谓"天皇机关说"不断受到攻击。1934 年 2 月 18 日，贵族院议员菊池武夫对"天皇机关说"发难，指责"天皇机关说"破坏"国体"，并攻击美浓部达吉是"叛逆者""学匪"，挑起了所谓"国体明征运动"。最终导致美浓部达吉被迫辞去贵族院议员职务，其著作也被禁止发售。——译者注

　　[43]　末弘严太郎：《〈过激社会运动取缔法案〉批判》（1922 年），收录于《末弘著作集Ⅳ·虚假效应》，1954 年版，第 153 页及以下。

　　[44]　美浓部达吉：《〈治安维持法〉批判》（1925 年），收录于美浓部达吉：《现代宪政评论》，1930 年版，第 206 页及以下；此外，也可参见美浓部达吉：《〈治安维持法〉的修改问题》（1928年）、美浓部达吉：《枢密院对紧急敕令的态度》（1928 年），美浓部达吉：《修改〈治安维持法〉的紧急敕令》（1928 年），等论文均收录于美浓部达吉：《现代宪政评论》一书中，特别是第 279 页及以下。

四、若干结论——代结语

以至此为止的考察为基础，简要得出以下结论。 *407*

1. 泷川幸辰和小野清一郎的刑法理论在采取报应刑论和客观主义的犯罪论的基本立场上，都可以被归类为"古典学派（旧派）"的理论；但两人的理论有着不同的理论基础和内容。比起两人在体系的解释论之中的差异，这种不同更明确地反映在两人对立法问题的应对态度上。

2. 在从大正时代末期到昭和时代战前时期的刑法改正工作中，泷川幸辰并没有担任委员或干事，也没有参与其中。并且泷川幸辰在昭和时代初期阶段，对改正纲领中的"淳风美俗论"进行了批判，还对刑法改正工作中起草过程的非公开性提出了强烈的质疑，认为这并非其应然形态。他对非公开性的质疑同样命中了现在的法制审议会的审议，因为在审议中发言者和票决者的姓名仍然是非公开的。此外，泷川幸辰从与自己一定程度上倒向马克思主义的观点紧密联系在一起的"社会基盘论"的观点出发，对 1931 年（昭和 6 年）公开颁行的《暂定草案》的总则进行了批判，认为《暂定草案》总则的基本特征在于打击有组织的群众运动并保卫统治阶级的统制秩序。随后，泷川幸辰在 1933 年遭受了著作发售禁止处分，并遭遇了泷川事件；而日本的社会也逐渐进入了战时体制。基于这些情况，泷川幸辰对在 1940 年（昭和 15 年）与总则一同发表的《暂定草案》的各则，就采取了非常克制的态度；他仅仅对法定刑的普遍提升提出了反对意 *408* 见，并对其中的通奸罪等规定提出了批判意见。

3. 与泷川不同，小野清一郎不仅参与了前述刑法改正工作，并担任了审议委员会的干事，并逐渐升任为委员会委员。小野明确地表明了他对 1940 年（昭和 15 年）的《暂定草案》总则和各则的看法，他从强调刑法的国家道义性的观点出发，认为《暂定草案》的总则受到了与实证主义、社会功利主义和个人主义相联系的新派（近代学派）刑法理论的影响；而在唯物主义的思想逐渐渗入日本的大背景下，从"国民的道义的大局"来看的话，《暂定草案》的总则规定就是有可能有害于"本国的淳风美俗"

的，因而是"刑法中的道义的危机"。在对总则采取批判态度的同时，小野清一郎也从前述基本观点出发，认为《暂定草案》在各则中显著地扩张和强化了以对皇室的犯罪为代表的对国家和社会的犯罪，并且普遍地提高了法定刑的做法是符合保护"国家的民族共同体"的现实的必要性的。他评价说，《暂定草案》各则的规定不仅比总则更为优越，而且《改正纲领》本身就远远胜过了现行法律的规定。

4. 泷川幸辰和小野清一郎在对前述刑法改正工作的应对态度上存在显著的差异。但两位学者应对态度上的共通之处在于，他们都没有对《暂定草案》的刑事政策的规定本身进行具体的探讨。但是，与"新派"刑法理论具有亲和性的提案被《暂定草案》规定成了刑法条文；其中包括导入对常习犯和累犯的不定期刑、新设过度重视社会保安的保安处分制度等一些不无问题的提案。与"新派"理论相对立、以对其进行批判为目的的"古典学派"理论无疑有必要对《暂定草案》的刑事政策规定本身进行个别的、具体的讨论。但是，这种讨论几乎完全没有发生；这也表明了日本"古典学派"刑法理论的界限所在。同时，古典学派的这种态度和界限也成为《暂定草案》中的这些不无问题的提案最终为战后的"修改刑法草案"在一定程度上所继承的一个原因。

5. 在《暂定草案》成立之前、刑法改正工作进行的同时，《治安维持法》这一典型的治安立法也得以成立，并在立法中发逐渐发生了扩张。

泷川幸辰对《治安维持法》进行了批判，或者说他明确表示了自己对《治安维持法》是有所认识的。但泷川并没有正式地对《治安维持法》作出批判，也没有具体地展开这种批判。同属古典学派的小野清一郎更是完全没有发表批判《治安维持法》的见解。不仅如此，由于小野的道义责任论是与在战时体制之下认为一君万民、君民一体的"国体"是"日本的根本法理"和"最高的道义"的主张有所联系的；因而这种道义责任论也能成为《治安维持法》理论上的基础。这是因为，《治安维持法》作为一部有着"思想压制法"特征的法律，其核心本就在于对以国体变革目的而实施的组织结社行为本身进行处罚。

诚然，在当时的背景环境下，对《治安维持法》进行批判是非常困难的。但是，如美浓部达吉和末弘严太郎等学者至少对《治安维持法》到

1928年（昭和3年）为止的扩张和强化都作出了严肃的批判。相比之下，日本的"古典学派"刑法理论在对《治安维持法》的应对态度问题上就表现出了明显的不足。

6. 如前所述，到昭和时代战前时期为止的"古典学派"刑法理论从对"新派"理论的批判观点出发，本应对包含刑事政策和治安立法在内的立法论上的问题进行个别而具体的讨论。但在战前，"古典学派"的刑法学者一直未对这一课题进行讨论。

第四章 "古典学派"刑法理论的一个断面

——泷川幸辰与小野清一郎的
相互理解和评价

一、问题的所在

410 　　日本的"古典学派（旧派）"刑法理论在大场茂马之后，分别在 1917 年（大正 6 年）和 1925 年（大正 14 年）得到了泷川幸辰和小野清一郎的有力支持。在"古典学派（旧派）"与以牧野英一为代表的"新派（近代学派）"刑法理论的对抗过程中，两个学派之间展开了直到昭和时代战争前期为止都没有停歇的激烈的"学派之争"。

　　泷川幸辰从大正时代中期开始，就表现出对近代市民社会形成时期的启蒙刑法思想和前期古典学派的强烈兴趣和倾服；并形成了自己以"古典学派"（旧派）理论为框架的刑法理论。在昭和时代初期以后，他又在自己大正时期刑法理论的延长线上，进一步形成并展开了受到马克思主义影响的自由主义的刑法理论。泷川幸辰的刑法理论的特征在于，以基于"人权思想"的罪刑法定主义为核心的理论结构和在与"社会基盘"的关联性上对理论、制度、政策进行考察的尝试。

　　小野清一郎自大正末期开始，就展现出对东洋的、佛教的思想和德国法哲学的强烈兴趣；并逐渐在"文化主义的（超人格主义的）正义感"的基础上形成了自己"古典学派（旧派）"的刑法理论；在昭和时代战前时

期以后，又在"法理学的普遍主义"的延长线上进一步强调了刑法的"国 　*411*
家的道义性"，在自觉地展开"日本法理"的同时形成、展开了刑法理论。
小野清一郎的刑法理论的特征是，以认为法是"人伦的事理"的"伦理"
和"道义"的基本思想为基础的理论结构，强调刑法应当实现"国家的道
义（国家的伦理）"。

　　这样，从泷川幸辰和小野清一郎的刑法理论的形成和展开的过程及理
论特征来看，两人的理论之间存在诸多差异。但是，两人的刑法理论都密
切关注着"新派"特别是牧野英一的刑法理论，对其目的刑论，特别是社
会防卫论和教育刑论的观点，以及主观主义的犯罪论的观点进行了批判。
此外，小野和泷川的刑法理论在采取了报应刑论和客观主义的犯罪论的基
本立场，以及借鉴贝林和 M. E. 迈耶的构成要件理论并尝试通过构成要件
理论对犯罪论进行体系化这一点上是共通的；因此从类型上来说，两人的
理论都属于"古典学派"（旧派）的刑法理论。此外，泷川幸辰和小野清
一郎的刑法理论与牧野英一的刑法理论都对现代的日本刑法理论产生了重
大的影响。

　　在前面的几章中，笔者对日本的"古典学派（旧派）"刑法理论的
"前史"和"形成过程"，以及其在昭和时代战前时期的"展开"进行了讨
论。此外，在自大正时代末期开始到昭和时代战前时期为止的这一期间，
"古典学派（旧派）"刑法理论对以刑法修改工作和《治安维持法》为中心
的"立法问题"的应对态度，以及由此表现出的泷川幸辰和小野清一郎理
论间的共通性和异质性，都已经在前文得到了讨论。[①]

---

　　①　内藤谦：《日本"古典学派"刑法理论的形成过程》，载《法学协会 100 周年纪念论文集
第 2 卷》，1983 年版，第 509 页及以下；另参见内藤谦：《日本"古典学派"刑法理论的展开》，
载《平野龙一先生古稀祝贺论文集上卷》，1990 年版，第 1 页及以下；内藤谦：《日本"古典学
派"刑法理论和立法问题》，载《创价法学（法学部开设 20 周年纪念号）》，第 21 卷第 2・3 合并
号（1992 年），第 181 页及以下。
　　此外，泷川幸辰的刑法理论还可参见内藤谦：《泷川幸辰的刑法理论 1》，载《法律时报》第
52 卷第 7 号（1980 年），第 65 页及以下；内藤谦：《泷川幸辰的刑法理论 2》，载《法律时报》第
52 卷第 8 号（1980 年），第 75 页及以下；内藤谦：《泷川幸辰的刑法理论 3》，载《法律时报》第
52 卷第 9 号（1980 年），第 100 页及以下；内藤谦：《泷川幸辰的刑法理论 4》，载《法律时报》
第 52 卷第 10 号（1980 年），第 72 页及以下；内藤谦：《泷川幸辰的刑法理论 5》，载《法律时报》
第 52 卷第 11 号（1980 年），第 75 页及以下。
　　牧野英一、泷川幸辰、小野清一郎的刑法理论的特征，以及三人刑法理论与现代刑法理论之间
的关系，笔者的观点参见内藤谦：《刑法讲义总论（上）》，1983 年版，第 79 页、第 90 页及以下。

就泷川幸辰和小野清一郎对对方刑法理论的理解和评价问题而言，虽然泷川对小野理论的正面列举和评价并不多，但小野在战前和战后都讨论并评价了泷川的理论。本章就泷川幸辰和小野清一郎对对方理论的理解和评价问题，就昭和时代战前时期和昭和时代战后时期的情况进行分别讨论。

二、昭和时代战前时期

412　　如前所述，泷川幸辰和小野清一郎的刑法理论在理论形成时就包含了不同的要素；而 1933 年（昭和 8 年）也是两人的刑法理论在内容上最为接近的时点。[2] 到这一时点为止，两人都着力于构建自己的刑法理论，在论文中并没有表达相互之间的理解和评价。表明两位学者对对方的理解和评价，并提及两人在思想和世界观的观点立场上存在相当程度的差异的，是泷川幸辰于 1933 年所谓泷川事件中被迫从京都帝国大学离职，而日本也进入战时体制，进一步倒向国家主义和整体主义的 1934 年（昭和 9 年）之后所写的论文。

（一）刑法史观、死刑论

1. 在 1920 年（大正 9 年）到 1933 年（昭和 8 年）这一期间，泷川幸辰发表了《切萨雷·贝卡利亚和托马斯·那塔雷——刑法学的先驱者》（1920 年）、《论宗教裁判》（1925 年）、《论启蒙时代的刑法思想》（1927年）、《试论死刑问题》（1928 年）（原论文题为《论死刑》）、《概观近代拘禁制度——成立及在 17、18 世纪的发达》（1928 年）、《近代自由刑的诞

413　生》（1930 年）、《论罗马的死刑》等刑法史的研究，收录于 1933 年（昭和 8 年）出版的著作《刑法史的一个断面》[3] 中。

在前述研究中，泷川幸辰在表明自己对启蒙刑法思想的强烈兴趣和倾

---

②　参见前引注①内藤谦：《日本"古典学派"刑法理论的形成过程》，第 523 页及以下、第 543 页及以下、第 564 页及以下。

③　泷川幸辰：《刑法史的一个断面》（1933 年），收录于《泷川幸辰刑法著作集第 1 卷》，1981 年版，第 483 页及以下。

服的同时，也指出以"实现秩序和劳动的教育"为重点的"近代的自由刑"的新"教化精神"是从启蒙思想中诞生的。随后，泷川幸辰认为"宗教裁判"的问题所具有的"文化史上的价值"在于，对"所谓思想犯和政治犯的犯罪人"，即"确信犯的犯罪人的裁判"，表明了"统治者的恣意性；在这一点上，它比起对法律的正面适用更能促进社会历史的发展"④。

除此之外还应注意的是，泷川幸辰在收录于《刑法史的一个断面》的1928年（昭和3年）的论文中，在关于贝卡利亚的研究的延长线上对死刑废止论进行了主张。⑤ 也正是在这一年，《治安维持法》在以变革国体为目的的组织结社罪中增设了死刑规定。虽然泷川幸辰在这篇论文中并未提及《治安维持法》，但从他对这部法律所表露出的批判态度来看⑥，这一立法事实或许也是他主张死刑废止论的一个契机。

这样看来，被收录在泷川幸辰的《刑法史的一个断面》一书中的几篇论文，就通过引起人们对刑法的历史的、社会的性格，以及刑法的人权保障机能的重要性的认识，影响了他昭和时代战前时期的自由主义刑法理论的形成和展开。

2. 小野清一郎在1934年（昭和9年）的论文《泷川教授的刑法史观》⑦中，对泷川幸辰的前述著作进行了介绍并作出了评论。小野对泷川在最初的论文中所讨论的"宗教裁判"问题作出了高度评价，认为这不仅是"历史学的或法律学的研究"，更是"一种社会心理学的研究"。

---

④ 泷川幸辰：《论宗教裁判》（1925年），收录于前引注③《泷川幸辰刑法著作集第1卷》，第491页及以下、第521页。

⑤ 泷川幸辰：《试论死刑问题》，收录于前引注③《泷川幸辰刑法著作集第1卷》，第533页及以下；泷川幸辰：《死刑废止论者的一个典型》，收录于《泷川幸辰刑法著作集第4卷》，1981年版，第543页及以下。泷川在这篇论文中，介绍了死刑废止论者的基本主张。就泷川幸辰关于死刑废止论的观点，参见前引注①内藤谦：《日本"古典学派"刑法理论的形成过程》，第538页及以下。

⑥ 泷川幸辰对《治安维持法》的应对态度，参见前引注①内藤谦：《日本"古典学派"刑法理论和立法问题》，第199页及以下。

⑦ 小野清一郎：《泷川教授的刑法史观》（1934年），收录于小野清一郎：《法学评论下》，1939年版，第298页及以下。

但是，就泷川幸辰表现出对启蒙刑法思想的强烈兴趣和倾服的几篇论文而言，小野虽然承认它们有补全至今为止没有得到充分介绍的部分理论知识的意义，但却认为泷川在这些文章的基础中所表明的"历史观"和"刑法理论的立场"本就是"应当得到讨论的问题，对此我将另做讨论"。

值得注意的是，小野清一郎对泷川幸辰主张的死刑废止论持批判态度。小野认为，从泷川幸辰对死刑废止论的主张中"只能看出一个并未经历过现实的社会生活，也未曾体会过其中深刻的矛盾和懊恼的，乐天的理想主义者的理论态度"。此外，小野还认为泷川在死刑的正当性理由的证明中，认为起到作用的只有原始时代的同态复仇形式之中得到考虑的报应思想的观点是不全面的；他指出，即使可能删去杀人罪中的死刑规定，也很难删去内乱罪、外患罪等犯罪中的死刑规定；从这一现实状况之中恰能看出，当今的死刑并非像泷川说的那样仅仅是对"个人情感的满足"，而同时也是为"超个人的国家生活所必要"的。小野进一步认为，不论是应当肯定死刑的理由，还是应当对死刑进行限制的理由，其基础都在于前述"超人格主义、文化主义的立场"⑧。

在战时体制下，小野清一郎的前述主张通过"日本法理的自觉展开"，与他认为"万世一系的天皇对日本国家的统治"是"日本法理中的法理，道义中的道义"，而"一君万民、君民一体的国家"是"日本的根本的法理"也是"最高的道义"的观点发生了融合。⑨ 这就进一步导致小野清一郎在对《治安维持法》的评价中，认为将死刑规定为"以变革国体为目的的组织结社罪"的法定刑之一的现实情况，正"表明了如变革国体这样的行为是日本臣民在道义上绝对无法接受的"⑩。

---

⑧　前引注⑦小野清一郎：《泷川教授的刑法史观》，第301页及以下。

⑨　小野清一郎：《论日本法理的自觉展开》，收录于小野清一郎：《日本法理的自觉展开》，1942年版，第89页、第127页。

⑩　小野清一郎：《全订刑法讲义》，1945年版，第366页及以下。小野清一郎对《治安维持法》的应对态度，参见前引注①内藤谦：《日本"古典学派"刑法理论和立法问题》，第547页及以下。

（二）"文化主义（超人格主义）的正义观"

1. 自大正时代末期开始，小野清一郎就以"文化主义的（超人格主义的）正义观"为基础，形成了自己的刑法理论。小野在 1934 年（昭和 9年）的著作《论刑法中对名誉的保护》也正是以前述正义观为其基础的。在这一著作中，小野清一郎对在 1928 年（昭和 3 年）的著作《法理学和"文化"概念》中有过详细论述的观点进行了概括和展开⑪，对"个人主义的或人格主义的正义观"以及"超个人主义的或国家主义的正义观"进行了"扬弃"和"综合"，表明了自己"超人格主义或文化主义的正义 *415*观"，并进行了如下论证。

"我承认前述两种相互对立的原理（内藤谦注：即，个人主义的正义观和超个人主义的正义观）都在某种程度上包含了正义的意义。但是，两种原理中的任意一种都不是正义的终极原理。而只有在对两者进行扬弃、综合的立场上，找出同时超越了个人和国家并且同时包含个人和国家在内的，存在于所有共同的社会生活中文化的发展和完善中的法律的最高的目的，才是对正义的终极原理的发现。我将这种终极原理命名为'超个人主义'或'文化主义'。在东洋的政治思想中，不论是儒教的王道思想，还是佛教的正法治国的理想，都受到这一终极原理的指导。并且，正是因为这一原理以客观的共同社会的文化为其方针，所以对它的实现就意味着对国家的超个人的权威的承认。但是，这并不意味着它是一种国家绝对主义的思想；因为它既是超个人的，同时也是超国家的。换言之，其并不以个人的自由或所谓社会的福祉为绝对的价值，而是期待在共同社会的文化的完善过程中，使全民的自由和幸福自动地得到增进，使人格得以真正地完成。而依照这种原理，共同社会的真正的理想就在于使个人以自由意思服务于文化；在这一点上，它充分地承认了人格创造的任务。"〔参见后

---

⑪ 小野清一郎：《法理学和"文化"概念》，1928 年版；书中所论，参见内藤谦：《日本"古典学派"刑法理论的形成过程》，第 547 页及以下。

文（三）]⑫

　　2.1934 年，泷川幸辰在对小野清一郎的《论刑法中对名誉的保护》进行介绍的论文中⑬，对这一著作作出了高度评价。例如，他赞同了小野清一郎认为狭义的名誉毁损罪所保护的是社会的名誉，而侮辱罪保护的是主观的名誉（名誉感情），并对两罪进行根本性区别的观点。但是，泷川对小野清一郎的基本思想即"超人格主义或文化主义"提出了质疑，指出："我与小野清一郎教授都期待着'个人以自由意思服务于文化'这一意义上的'真实的共同社会'的实现；期待着'在共同社会的文化的完善过程中，全民的自由和幸福都自动地得到增进，人格也真正地得以完成。'但是，我对通过文化主义的坦坦大道能否达到这一目标持怀疑态度，因而恐怕无法轻易赞同小野清一郎教授的'文化主义'的观点。我也将就此问题另行展开讨论。"

　　在泷川幸辰的刑法理论中，特别是在他大正时期的理论中，"文化"

---

　　⑫　小野清一郎：《论刑法中对名誉的保护》，1934 年版，第 216 页及以下。

　　小野清一郎在本书中，阐明了其理解的"个人主义（人格主义）的正义观"的内容，即：在发现"自由主义和民权主义"之时，"广义的社会主义"就同样归为"个人主义"的范畴了。就此，小野论述道："个人主义或人格主义的正义观"毕竟"是以个人的自由、幸福和人格的完成为最高目的的；因而在这种正义观下，国家和法律的形成只有符合这种目的的才是正义的。这种正义观萌芽于 18 世纪的启蒙主义思想，并在 19 世纪表现为自由主义和民权主义的要求，支配了当时的政治与法律。但是，在 19 世纪中叶以后，社会情况发生了剧烈变革，自由主义特别是经济上的自由主义逐渐变得难以保护个人生活的利益；由此逐渐催生了广义的社会主义，即社会政策、社会民主主义甚至是共产主义的主张和运动。在限制个人的自由，强调国家的统制这一点上，社会主义与自由主义之间是存在矛盾的；但其目的仍在于保障公民之间平等的物质生活和幸福，在这一点上社会主义也是属于个人主义的范畴中的。除此之外，自由主义在与现存的国家秩序相对抗而使自由得以实现这一点上，与自由主义之间也是有着共通点的"。

　　此外，小野清一郎还对他理解的"超个人主义的（国家主义的）正义观"的内容进行了如下论述。他认为，所谓"超个人主义的正义观或国家主义的正义观"是指，"以由国家的强力所形成的秩序的维持和国威国权的伸张为最高的目的所实施的行为，只要使国家的权威和秩序得以在内部实现对外扩张，就都是正义。这也是东洋极为古老的'霸道'的政治思想。这种思想在西方刚刚开始近代化时曾表现为国家绝对主义，在进入 19 世纪之后在德国被历史主义和浪漫主义所理想化，并由于资本主义的国民经济的实质必要性而获得了支持，并最终以帝国主义的形式得到了发展。社会主义的流行虽然暂时遭受了挫折，但最近又凭借法西斯和纳粹的政治运动而得以恢复。而归根到底在目的上仍然是一种个人主义的共产主义，在达成其目的的手段上至少必须以无产阶级专政为过渡，因而在这一点上实际上是接近于国家主义的"。

　　⑬　泷川幸辰：《小野清一郎著作：〈论刑法中对名誉的保护〉（书评）》，载《法学协会杂志》第 52 卷第 11 号（1934 年），第 129 页。

概念有着重要的意义。泷川的"条理"论也是在 M. E. 迈耶的"文化规范"论的影响之下才得以形成的;就此看来这种重要意义就是有其理由的。在大正时代的思想界,对"文化"概念的重视普遍表现为"文化主义";因而尽管可以说泷川的理论也是一种"文化主义",但这种理论却与小野的理论是有所区别的。例如,泷川并不认为从所有社会共同生活中的"文化"的发展和完善之中,能够发现法律的最高目的和正义的终极原理⑭;并且在昭和时代初期之后,他的部分理论还在一定程度上表现出了倒向马克思主义的倾向。⑮ 而这种区别也表现在小野虽然期待"文化主义"能够实现正义的终极形态,但泷川对"能否通过文化主义的坦坦大道达到这一目标持怀疑态度"上。

(三)"法理学的普遍主义"

在日本进入战时体制,更加强烈地倒向了整体主义和国家主义的大背景下,小野清一郎在 1936 年(昭和 11 年)发表了论文《法理学的普遍主义》。⑯ 这篇论文对小野清一郎与"日本法理的自觉展开"密切关联的刑法基础理论的展开有着重要的意义。在这篇论文中,小野提及了泷川幸辰在 1935 年发表的《犯罪的防卫还是犯罪人的大宪章》⑰ 一文,并对泷川对立于当时的时代潮流、坚决拥护罪刑法定主义、明确主张禁止类推解释的观点进行了批判,认为这只不过是"从单纯的自由主义的立场得出的结论,至今已经几乎没有影响力了"。

---

⑭ 泷川幸辰的刑法理论中的"文化"概念所具有的意义,以及小野清一郎刑法理论中"文化"概念所具有的意义,以及两者之间的关系,参见前引注①内藤谦:《泷川幸辰的刑法理论 2》,第 77 页及以下;另参见前引注①内藤谦:《日本"古典学派"刑法理论的形成过程》,第 531 页及以下。

⑮ 泷川幸辰在部分理论中存在的在一定程度上倒向马克思主义的倾向,参见前引注①内藤谦:《泷川幸辰的刑法理论 3》,第 100 页及以下;前引注①内藤谦:《泷川幸辰的刑法理论 5》,第 76 页及以下;前引注①内藤谦:《日本"古典学派"刑法理论的形成过程》,第 53 页及以下;前引注①内藤谦:《日本"古典学派"刑法理论的展开》,第 10 页及以下。

⑯ 小野清一郎:《法理学的普遍主义》(1936 年),收录于前引注⑦小野清一郎:《刑法评论 下》,第 19 页及以下。就这一论文,另参见前引注①内藤谦:《日本"古典学派"刑法理论的展开》,第 15 页及以下。

⑰ 泷川幸辰:《犯罪的防卫还是犯罪人的大宪章》(1936 年),收录于前引注⑤《泷川幸辰刑法著作集第 4 卷》,第 50 页及以下、第 76 页及以下。

小野在前述论文中提到的"普遍主义",本质上是"从个体向普遍运动的思想";即在"普遍主义的方向"上对"个人主义和普遍主义的对立"进行"扬弃"的思想。小野清一郎"正是在反对个人主义"的基础上才得以立足于"普遍主义和整体主义"的。⑱ 小野明确指出,如果依据"普遍主义的法律观"的话,"法律秩序"作为"历史的、文化的人伦条理"就既是"伦理"又是"道德"。而如果以"国家的法律"是"客观的道义精神"的"具现"和"展开"的观点为依据的话,"国家的权威就有了道义的基础";这样,"在真正的整体主义中,国家和个人就在道义上得到了综合和统一"。

　　直到1934年(昭和9年)为止,小野清一郎都主张以"文化主义的(超人格主义的)正义观"作为自己刑法理论的基础［本章前文(二)1］。与前段所说的"法理学的普遍主义"对比来看,可以发现小野清一郎在东洋的、佛教的思想背景下,并没有直接采纳个人主义和自由主义的观点,而是依据于"文化主义的(超人格主义的)正义观"或是"法理学的普遍主义",把它们都看作是"扬弃"和"综合"的对象;在这一点上,两种理念之间是有共通性的。但是在"文化主义的(超人格主义的)正义观"之中,其理想中的那种"文化的共同社会"和现实中的"国家"之间是存在区别的;因而如果依据这种正义观,就不可能主张使"国家的权威"有其"道义的"基础,并在"道义"上使"国家"和"个人"得到"综合统一"的观点;同理,也不可能明确地主张将法律秩序看作是"人伦条理"的"伦理"和"道义"的观点。在这一意义上,可以说"法理学的普遍主义"与"文化主义的(超个人主义的)正义观"在所包含的要素上是有所差异的。而这种差异在小野清一郎对泷川幸辰的罪刑法定主义论的批判中就已经有所体现。

　　　⑱　"普遍主义"这一概念是多义的。例如,当下一种被称作"普遍主义"的法律模型,就是一种着眼于法律的普遍性和自立性的模型;其典型代表是,M.韦伯在近代西欧的"法律支配"和"立宪主义"等自由的统治的前提下,作为"合法的支配"和"行使合理的法的思考"的一环所描绘的那种法律的存在形态。

（四）构成要件理论

1. 小野清一郎在1938年（昭和13年）发表的论文《构成要件概念在诉讼法上的意义》[19]中，对构成要件概念进行了重新考察，主张构成要件是在刑法分则中得到特殊、个别的规定的行为概念，是"特别"的构成要件；确立了认为构成要件是违法有责的行为类型的构成要件理论。小野认为，构成要件是在刑法分则的各个条文，即在每一条刑罚法规中得到特殊化的；也正是在这一限度内，构成要件是某种具体的犯罪行为的定型。他主张，历来行为的主观面都被认为只涉及责任问题，但在当今刑法分则的各个条文中能发现许多主观的要素，因而如贝林那样在构成要件的理论中就排除主观的要素的观点是不妥的；应当认为构成要件既是违法的行为类型，也是有责的行为类型。小野清一郎这种主张的基础在于，"在形而上学的视角下，犯罪中最根本的是道义的责任，违法性只是其部分表达，而构成要件则更是其部分的表达"；如果"由浅至深逐步推进的话，就形成了构成要件·违法性·道义的责任的顺序"。三个概念都是使一个犯罪概念得到本质把握的"契机"，三者的综合统一使具体的犯罪概念得以成立。

418

这样，小野清一郎的构成要件理论就有如下两个基础。首先，他认为犯罪的本质是道义违反，因而"道义的责任"就是犯罪的根本的要素；而"违法性"和"构成要件"都不过是"道义的责任"的部分表达，因而对构成要件的考察也是无法脱离"道义的责任"的类型化。其次，他认为比起对犯罪进行"分析"的考察，更应在思考方法上重视对犯罪的综合统一的考察。就此看来，小野的构成要件理论仍处在他在昭和时代初期导入构成要件理论之时所提出的问题意识的延长线上。[20] 彼时，小野的问题意识在于从独立于罪刑法定主义的法理的要求中发现构成要件论的意义；因而他以"日本的现代社会所要求的道义的事由"为依据，允许对构成要件进

---

[19] 小野清一郎：《构成要件概念在诉讼法上的意义》（1938年），收录于小野清一郎：《犯罪构成要件的理论》，1953年版，第405页及以下。

[20] 小野清一郎：《构成要件充足的理论》（1928年），收录于前引注[19]小野清一郎：《犯罪构成要件的理论》，第217页；另参见内藤谦：《日本"古典学派"刑法理论的展开》，第554页及以下。

行类推解释。㉑

2. 泷川幸辰在 1938 年（昭和 13 年）发表了一篇论文，对收录了小野清一郎的前述论文的《牧野教授还历祝贺刑事论集》进行了介绍。㉒ 文中，他针对小野清一郎的构成要件理论，就为何在刑法理论中有必要设置构成要件这一概念的问题提出了质疑。泷川幸辰主张，在以确定行为人的刑事责任为目的的刑事裁判中，罪刑法定主义是通过法律确定刑事责任基准的必然要求。构成要件是一种在其自身之中就包含了法益侵害的大小的"类型"，而违法性的大小又与法益侵害性的大小相"伴随"，因而法益侵害的大小就与构成要件相"伴随"，构成要件就是一种"违法类型"。随后泷川幸辰还主张，对较大的法益侵害有所认识（或者希望）的人，应当比起对较小法益侵害有所认识的人负更重的责任；而这一认识又只有在存在法益侵害（违法性）的前提下才是可能的。在这一意义上，"责任"的基准就在"行为的违法性"中得到了表明，因此也应在"行为的构成要件该当性"中得到表明。泷川幸辰还指出，贝林在从前述"犯罪类型"的客观的方面抽出构成要件的同时，也与此相应地赋予了构成要件对主观的和客观的两方面都进行规制的"指导形象"功能；因而不能如小野清一郎那样认为贝林的《构成要件的理论》（1930 年）是一部失败之作，而应该认为这是对其之前的大作《犯罪的理论》（1906 年）的补充和完善。泷川幸辰认为，在将构成要件理解为"特别"构成要件，将其看作是在刑法的各则中得到特殊而个别的规定的行为概念这一点上，小野清一郎的理论存在无法回答"为何刑法理论中构成要件是必要的"这一问题的风险，因而是存疑的。

与小野清一郎不同，泷川幸辰在自己观点的基础中并没有强调"道义的责任"是犯罪的根本要素。并且泷川在强调"责任"以"违法"为前提而"违法"又以构成要件该当为前提这一意义上，在思考方法上并没有重视对犯罪进行综合统一的考察，而是重视对犯罪进行分析的考察。这样看

㉑　小野清一郎：《新订刑法讲义总论》，1948 年版，第 52 页。

㉒　泷川幸辰：《新刊介绍：〈牧野教授还历祝贺刑事论集〉》，载《法学协会杂志》第 56 卷第 9 号（1938 年），第 82 页及以下。

来，泷川幸辰的前述构成要件理论同样处在其于昭和初期导入构成要件理论之时所提出的问题意识的延长线上[23]；因而其构成要件理论中包含了对禁止类推解释的主张。

（五）《犯罪论序说》

1. 在 1938 年（昭和 13 年），小野清一郎发表了对泷川幸辰的《犯罪论序说》一书的书评。[24] 在这篇书评中，小野对泷川客观主义的理论结构进行了重新评价和批判，认为泷川的"'理论'刑法学"有着"消极自由主义的政治性"。这一评价和批判中特别值得注意的是，小野清一郎就"新派"的代表人物牧野英一的刑法学和泷川幸辰的刑法学之间的异同问题发表了评论；并对自己和泷川幸辰的"思想的、世界观的立场的差异"进行了讨论。

小野清一郎首先着眼于泷川幸辰在《犯罪论序说》中特别强调并极力主张的罪刑法定主义的观点，认为其根据不外乎"大宪章思想"和"法治国思想"；基于此，泷川的立场"未必是原汁原味的 19 世纪的正统自由主义的"，而明显是"社会自由主义的"。即，小野认为泷川的"自由主义"是与其"阶级的国家观"相关联的；而与纳粹的权威刑法相比，这种国家观只是一种资本主义的国家观，因而没有特别进行讨论的价值。因此，应当认为泷川幸辰的前述立场"明显是社会自由主义的"。

小野清一郎还认为，泷川幸辰提出前述主张的意图在于，站在"社会自由主义"的立场上对暂时还处于"现在的社会基盘"上的现行刑法进行观察，以此形成自己的犯罪理论。这里，泷川幸辰的刑法学"很大程度上缺乏对刑法积极的、伦理的、政治的目的的关心；而仅仅在理论的消极面上对刑法具有的个人的自由的保障和'犯罪人的大宪章'的机能进行了单方面的强调"；而这正是泷川幸辰的刑法学与牧野英一等人的刑法学得以"互相区别开来的重要之处"。

420

---

[23] 泷川幸辰：《刑法总论》，1929 年版，第 67 页及以下；另参见泷川幸辰：《刑法讲义（改订版）》，1930 年版，第 57 页及以下；内藤谦：《日本"古典学派"刑法理论的形成过程》，第 535 页。

[24] 小野清一郎：《"理论"刑法学的政治性——泷川幸辰著作：〈犯罪论序说〉（昭和 13 年）》，收录于前引注⑦小野清一郎：《法学评论 下》，第 321 页及以下。

值得一提的是,小野清一郎认为泷川幸辰在"其带有社会主义色彩的启蒙主义的思想"上,本来与牧野英一是具有"同种倾向"的。但是在小野看来,牧野英一的刑法理论处在"国家意识激昂的明治 30 年代",因而不论是其"社会防卫"还是"目的主义"的主张,都是有着"实践意义"的"社会政策的刑法学";即在"所谓资本主义国家的刑法中,对社会主义的机能"进行提倡的刑法学。因而在牧野英一的刑法学中,就对"刑法的修改"和"刑事政策"等概念进行了充满热情的讨论。相比之下,泷川幸辰则"是在弥漫着共产主义气氛的大正时代开始其学业的",由此其"意识形态"就不可能与牧野英一的"分毫不差"。泷川幸辰认为刑法的"终极目标"在于实现"一般预防和特殊预防";但在现行的刑法中"这一目标"并没有"在实践中得到重视"。泷川幸辰对现行刑法的兴趣中心在于"其普遍的理论结构",他着力于"排斥其中政策的影响"。他虽然没有全盘否定"刑事政策"这一概念,但至少在其大作《犯罪论序说》中,他并没有阐明这一概念在什么范围内是有意义的。因而大体上可以认为,泷川幸辰的刑法学是一种"'理论'刑法学";并且有着"消极意义上的(自由主义的)政治性"。

421

在对泷川幸辰的刑法学和牧野英一的刑法学之间的"同种倾向"和"差别之处"进行了前述讨论之后,小野清一郎还对泷川幸辰的犯罪论理论结构上的内容进行了讨论。泷川幸辰将犯罪的要件分为构成要件该当性、违法性和非难可能性(责任)三个部分,但是这一区分不过是代表了在贝林和 M. E. 迈耶之后德国刑法学的主流观点的学说而已;而泷川和小野曾于同一时期在德国学习刑法学,这一历史背景也正是两位学者在日本先后采纳了这种德国的体系的原因。但小野清一郎认为,"泷川幸辰的犯罪论和我的犯罪论自然是不同的。虽然我们的犯罪论在理论轮廓上是共通的,但仍可发现在细微之处存在不少差异";本章虽然无法对这些差异进行一一列举,但也能举出如下几点。①在构成要件理论中,泷川幸辰最初似乎模仿了 M. E. 迈耶的理论,但之后采纳了贝林晚年的构成要件理论,将"犯罪类型"和"作为指导形象的事实构成(Tatbestand)"相区别。但是,小野清一郎"对这种思想进行了批判,并努力试图超越这种抽象理论",以《构成要件概念在诉讼法上的意义》确立了自己"违法·有责行为类型"的构成要件理论。此外，②泷川幸辰将小野清一郎所谓的"裸"的行为论置于构成要件之前；这在小野清一郎看来是"方法论上的错误"。并且，③就像李斯特曾认为的那样，泷川幸辰也认为违法性的实质是对生活利益的侵害或危险；而"反对"这种观点的小野清一郎则认为："这只不过是类型化的构成要件的实质而已；违法性的实质应当根植于更深层的民族共同体的道义观念，即客观的精神、文化规范或论者（即泷川幸辰——内藤谦注）所谓'条理'这一概念中。"

除此之外，小野清一郎还论证了他与泷川幸辰的观点与其说是在具体问题上有所差异，不如说是在根本的"思想和世界观的立场上有所差异"。泷川和小野虽然是"同一时代的刑法学者"，但两人在解决具体问题的过程中彰显出了不同的"个性"；即使两人都试图对"同样的刑法文化"有所贡献，但"其立场和目标"是有所差异的。小野指出："我生活在社会自由主义的时代中，并在这种时代背景下创造了自己的刑法学；但与此同时，我也对一直以来西洋文化的单方面垄断有所质疑，并且不断坚定着我作为一名熟悉东洋文化的日本人对本民族使命所具有的信念。这种信念是由我在青年时代曾受到的某种思想或宗教的烦扰和教养所导致的，因此即使在欧美留学期间，我也在对社会革命进行赞美之前，更迫切地渴望着对东洋诸民族的解放。也正是因此，我一直铭记着日本国家的体制，以及从佛教以及儒教中展开的日本精神所具有的重要性。"

这种立场在小野清一郎看来，是"文化的东洋主义"也就是"日本主义"，是与"西洋的基督教的个人主义和自由主义"相"对立"着的。而"刑法的基本立场"也正是由这一立场所决定的。例如，小野清一郎虽然也认可罪刑法定主义的重要性并"充分地认识到了"其"保障个人自由的机能"，但是对他来说"规定了犯罪和刑罚的法令既是国家权威的象征，同时也是民族道义意识的表现"。小野还指出："刑法首先应当以强化民族的道义观念为其目的；其次还应以社会秩序的保障（一般预防和特殊预防）为其目的"；主张刑法"在根本上应当以普遍主义、整体主义为基础"。此外，小野清一郎还总结说："我无法赞同忽视了前述目的和基础，使刑法偏重于'犯罪人的大宪章'的那种自由主义刑法。"

就前述这种泷川幸辰和小野清一郎的"思想的、世界观的立场上的差

422

别",小野清一郎在构成要件理论、违法性实质论和责任本质论三方面进行了"具体化"。小野清一郎认为,首先①自己的理论之所以要在构成要件论中对存在于现行刑法分则的条文中的"特别"构成要件进行探寻,是因为这种"特别"构成要件比"作为指导形象的事实构成(Tatbestand)"这样的"抽象的概念构成"更为忠实地以法令的规定为根据;②应当对违法性进行实质的理解而非形式的理解,因为对违法性的规定是以"民族的文化或客观的精神"为基础的;③责任的本质是以期待可能性为条件的非难,这无非是因为责任概念与个人在主观上对"客观的精神"的接纳有所联系而已。与此不同,泷川幸辰的理论,特别是他在《犯罪论序说》中的理论完全采纳了(第一次)世界大战后的"社会自由主义全盛时代"的"事实构成论"和"规范的责任论",而疏远了借鉴自 M. E. 迈耶的"条理"的观念;因而被小野清一郎批判为"单方面的个人主义化和人格主义化"。

2. 泷川幸辰并没有对前述小野清一郎的评价和批判作出回应。在泷川事件之后的 1935 年(昭和 10 年),逐渐发生了"天皇机关说排击运动""美浓部达吉著作发售禁止事件""贵族院议员辞职事件"等事件,在 1938 年(昭和 13 年)年又发生了"河合荣治郎著作发售禁止及被诉事件"等一系列事件;在当时的大背景下,连自由主义思想本身都成为被压制的对象,对小野清一郎的批判进行回应就变得更加困难了。可以说,在《刑法读本》《刑法讲义(改订版)》遭受发售禁止处分(1933 年)之后,泷川幸辰的著作和论文的公开发行就都受到了制约;他自己在战后也承认,即使是《犯罪论序说》也"为了免于遭受前述(发售禁止)不幸而不得已采用了许多模糊的叙述"[25]。

(六)《刑法学小史》

小野清一郎在 1941 年(昭和 16 年)的《刑法学小史》[26] 中,对自己和泷川幸辰的刑法理论进行了不涉评价的客观记叙。小野首先就自己的刑法理论作出了说明,指出:"小野的基本立场是,除承认刑法中的政策即

㉕ 泷川幸辰:《犯罪论序说(改订版)》(1947 年),收录于《泷川幸辰刑法著作集第 2 卷》,1981 年版,第 11 页。

㉖ 小野清一郎:《刑法学小史》(1941 年),收录于小野清一郎:《论刑罚的本质·其他》,1955 年版,第 409 页及以下、第 421 页及以下。

目的合理性之外，还承认报应的理念这种道义上的价值合理性；而这一理念的中心正是在国家共同体中，为了对文化秩序进行强力的保障而展开的刑法理论。"随后，小野承认自己的"解释理论的结构"大量借鉴了德国的贝林和 M. E. 迈耶的理论，并在此基础上指出贝林发表他的构成要件理论之时（1906 年）正是"新派刑法学隆盛的时代"，因而这种理论在德国并未受到重视。但贝林之后的 M. E. 迈耶正是在借鉴"新康德主义法律哲学"的成果的基础上采纳了贝林的理论，才最终构建起了自己的刑法总论体系，并垄断了刑法解释学的。在小野清一郎发表《构成要件充足的理论》（1928 年）之后，他也尝试在这一方向上进行过许多研究；在晚近的《构成要件概念在诉讼法上的意义》（1938 年）一文中又提出了几个"新方案"。

随后，小野清一郎还指出在泷川的刑法理论中能看出其师承自贝林和 M. E. 迈耶的"新解释理论的倾向"。小野还论述道："泷川的思想倾向强烈地反映了世界大战*后的社会自由主义；虽然这使人感到他对马克思主义的同情态度，但泷川仍然采纳了应暂且将现行法作为现行有效的法律来考察的立场，努力完成了他所谓的'理论'的刑法学。"小野清一郎还指出，在这之后，泷川幸辰在《刑法讲义》（初版出版于 1929 年）中明示了自己学说的纲领，认为"刑法的本质是报应、内容是痛苦、目的是维持社会秩序"是自己理论的基本观念。而他在晚近出版的《犯罪论序说》（1938 年）则是他理论的集大成者，"成就"了他关于刑法总则的犯罪理论的考察。

三、昭和时代战后时期

（一）对自由主义的认识上的一致性

第二次世界大战之后，小野清一郎也多次提及了泷川幸辰的刑法理论。如前文所述，在昭和时代战前时期，小野对泷川的刑法理论所具有的自由主义的特征作出了批判。而进入战后时期之后，小野清一郎却将重点

---

* 　指第一次世界大战。——译者注

放在了指出他与泷川幸辰刑法理论的共通性上，强调自己与泷川幸辰在"对自由主义的认识上是一致的"。

1. 小野清一郎在 1950 年（昭和 25 年）的论文《作为伦理学的刑法学》㉗ 中，就自己与泷川幸辰的刑法理论之间的共通性进行了如下论述。

"泷川教授和我都对主观主义（内藤谦注：牧野英一和宫本英修的主观主义）进行了批判，展开了所谓客观主义的刑法学。我们的理论在世界观的基础上虽然有相当大的差距，但在刑法理论的结构上不可思议地有许多一致之处。其原因除了在于我和泷川教授在研究资料上都借鉴了贝林和 M. E. 迈耶的理论，还在于我们都认为所谓新派刑法学的主张有危害个人自由的危险。在对自由主义有着强烈的认识这一点上，我们两人的观点无疑是一致的。这种一致性的根本在于，我们都认为应当不仅将犯罪，而且将刑罚看作是一种伦理的现象并对其进行超越的批判，并在批判中发现其本质。刑罚作为一种以社会防卫或保全为目的的手段，仅仅在刑事政策上对其进行的考察就不过是极度单纯的技术上的逻辑而已，不得不说是缺少伦理或社会历史上的基础的。从社会科学的或法理学的立场上对此进行批判，就是我们在这个时代被赋予的任务。"

2. 1969 年（昭和 44 年），小野清一郎发表了论文《刑法的制定及其变迁》㉘；他在文中指出，牧野英一门下的小野清一郎和胜本勘三郎门下的泷川幸辰在昭和时代初期之后，以新的形式形成了报应刑论和客观主义的刑法理论；这种对"新派"刑法学的目的刑论和主观主义的支配状态的"理论上的逆反"，正是以"虽然无法完全忽视社会保安的目的，但也应首先确立古典的自由主义和法律的伦理的自由主义"的思想为依据的。

诚然，泷川幸辰和小野清一郎的刑法理论在采取了报应刑论和客观主义犯罪论的基本立场上，对"新派"刑法理论的社会防卫论和主观主义犯罪论所导致的处罚范围的过度扩张进行了限制，两人的理论在这一点上也是有共通性的。两位学者在"新派"的社会防卫论和主观主义犯罪论有可

㉗　小野清一郎：《作为伦理学的刑法学》（1950 年），收录于前引注㉖小野清一郎：《论刑罚的本质·其他》，第 45 页及以下、第 56 页。

㉘　小野清一郎：《刑法的制定及其变迁——明治以来的 100 年》（1969 年），收录于小野清一郎：《刑法与法哲学》，1971 年版，第 141 页及以下、第 160 页及以下。

能使个人自由陷入危险的问题上也有着共通的认识；在这一意义上，即使是对小野清一郎的刑法理论来说，新派理论也不仅仅是依据"文化主义的（超个人主义的）正义观"和"法理学的普遍主义"而受到"扬弃"和"综合"的对象，而是同样有着自由主义的一面的。㉙ 小野清一郎在战后时期也一改自己在战前时期的批判态度，指出自己与泷川幸辰在"对自由主义有强烈的自觉上是一致的"。

（二）将犯罪和刑罚的本质看作是"伦理的现象"的"志向"

1. 正如前文所述，小野清一郎认为他与泷川幸辰在"对自由主义有着强烈的自觉上是一致的"，而其"根本"在于，两人都试图将犯罪和刑罚"看作是一种伦理的现象，以对其进行超越和批判，并在批判中发现其本质"。小野清一郎认为，在牧野英一和宫本英修的主观主义刑法学中也有着"主观主义的伦理"，而"伦理作为一种人伦的事理，其本身就是客观的"；在前述主张之前，小野清一郎还特别强调了刑法学中的"主观主义"不过是指"从个人自由的视角出发对伦理性进行的质疑"而已。㉚ 但在小野的观点中，"伦理"的内容应如何理解仍然是亟待讨论的问题。㉛

第二次世界大战结束后，小野清一郎仍在 1948 年（昭和 23 年）的《新订刑法讲义（总论·各论）》中自觉地展开了"日本法理"，并以"国家的道义"为基础展开了自己的刑法理论。理所当然的是，战后的小野不再将一君万民、君民一体的"国体"看作是"最高的道义"㉜。但是他在论文中并未改变自己认为法（特别是刑法）作为"人伦的事理"既是"伦理"又是"道义"的核心观点，只是更多地以"国家的伦理"和"国民的伦理"这两个表述，替代了"国家的道义"这一表述。并且在这些论文中，小野清一郎仍然坚持认为"法（法律）是在国家的政治实践中对伦理

429

㉙ 前引注①内藤谦：《日本"古典学派"刑法理论的形成过程》，第 559 页、第 562 页、第 564 页；另参见前引注①内藤谦：《日本"古典学派"刑法理论的展开》，第 24 页。

㉚ 前引注㉗小野清一郎：《作为伦理学的刑法学》，第 55 页。

㉛ 就"社会伦理"或"道义"的内容及其与刑法的关系问题，笔者的观点参见前引注①内藤谦：《刑法讲义总论（上）》，第 47 页及以下、第 111 页及以下；另参见前引注①内藤谦：《刑法讲义总论（中）》，1986 年版，第 325 页及以下；内藤谦：《刑法讲义总论（下）Ⅰ》，1991 年版，第 744 页及以下。

㉜ 小野清一郎：《新订刑法讲义总论》，1948 年版，第 17 页及以下。

的认识"㉝。

第二次世界大战结束后，小野清一郎认为法律是"人伦的事理，是道理或道义"，即"伦理"；这里他所谓的"人伦"是指"人类生活的某些场合下人与人之间的关系"。就"伦理"和"道德"与"法律"的关系而言，小野清一郎主张"道德"是"在各个个人对人格的实践中对伦理的认识"；而"法（法律）"则是"在国家的政治实践中对伦理的认识"。这样，"道德"和"法律"就是"同种客观的伦理"的"两种不同的表现形式，即文化形态"。这样，小野清一郎就将"伦理"理解为人类存在的应然道理，认为客观的"伦理"有着包含了人类存在的所有方面的意义，而法律正是"国家对这种伦理的认识"。小野清一郎还尝试在"伦理的行动方式是成问题的"这一意义上，构建一种作为"人伦的体系"的刑法各则。㉞

2. 相比于小野清一郎，泷川幸辰的刑法理论及其基础中极少使用"伦理""道义""道德"这几个概念，并且他完全没有对"国家的道义"和"国家的伦理"进行过强调。但是，泷川幸辰强调以"人权思想"为基础的罪刑法定主义本身，在并不限于功利目的的人类基本存在方式这一意义上，也可以说是一种"伦理的"（道德的）态度。除此之外，泷川幸辰也没有认为刑法和伦理道德就是毫无关系的，并且他在自己的"条理"论和"赎罪"论中也提及了"伦理"和"道德"。例如，泷川幸辰到昭和时代初期为止，都在被他认为是违法性本质的"对国家条理的违反"中，主张"道德"与风俗、习惯等相并列，都是对"条理"是什么这一问题进行判断的"材料"之一。只是泷川同时也认为，这种"条理"是"人们互不侵犯他人的生活利益"这一"社会生活的前提"，主张"条理"是与对"生活利益"（或者说"生活条件"）的保护紧密相关的。由此可以看出，

430

㉝ 前引注㉗小野清一郎：《作为伦理学的刑法学》，第 46 页。

㉞ 前引注㉗小野清一郎：《作为伦理学的刑法学》，第 44 页及以下、第 61 页；另参见小野清一郎：《刑法概论（增订新版）》，1960 年版，第 198 页及以下、第 200 页。此外，也可以参见小野清一郎：《论道义的责任》（1950 年）、《论犯罪的本质》（1951 年）、《论刑罚的本质》（1955年）等收录于前引注㉖小野清一郎：《论刑罚的本质·其他》一书中的论文。还可以参见小野清一郎：《论刑法的基础理论》（1963 年）、《法哲学序说》（1957 年）等收录于前引注㉘小野清一郎：《刑法与法哲学》一书中的论文。

泷川幸辰在以"道德"为"条理"的判断材料之时，没有脱离对"生活利益"进行保护的范围。[35]

在 1932 年的《刑法读本》和 1938 年的《犯罪论序说》中，泷川幸辰转向了认为违法的实质在于"对法益的侵害"和"对生活利益的侵害（或危险）"的观点〔这一点也受到了小野清一郎的批判，参见前文二（五）1〕。而从泷川幸辰"条理论"的内容来看的话，这种观点的转向是有其内在的线索和根据的。[36]

就刑罚论而言，泷川幸辰从大正时代末期开始直到昭和时代战后时期为止，都认为刑罚之所以具备痛苦性是因为这种痛苦有着赎罪的作用；即"通过刑罚所带来的痛苦来对犯罪进行'清偿'，使责任得以消解，并使社会恢复纯洁的状态"。泷川还认为，"占据了艺术制高点的悲剧也正是通过罪与罚使伦理的价值得到了重建的"，而"罪过没能得到'清偿'的悲剧和无罪而受难的悲剧之所以并不具有艺术的价值，正是因为只有在对罪过的'清偿'中才有使伦理的价值得到恢复、使社会得到调和的力量，即美的力量"[37]。同时他还主张，"通过刑罚使责任消解"的本质与"悲剧中的那种罪与罚的关系并无不同"。这样，泷川幸辰就直接以艺术上的悲剧为例，认可了"赎罪"是对"伦理价值的恢复"。

这种"赎罪"论正是原则上采取了合理的、经验的思考的泷川幸辰的刑法理论中形而上学的色彩最为浓厚的部分。泷川自己也认为，他的这种"赎罪"的观点可能受到几方面的批评；例如，可能有观点会认为这种观点混同了法与宗教，或认为其具有神秘性而无法得到科学的说明等。但是 *431*
对于这些可能的批判，泷川幸辰在举出前文中艺术上的悲剧的例子之前，就已经指出"痛苦具有赎罪作用，这是世界历史上最有意义的思想之一。

㉟　泷川幸辰的"条理"论的详细介绍，参见前引注①内藤谦：《泷川幸辰的刑法理论 2》，第 73 页及以下；另参见内藤谦：《日本"古典学派"刑法学的形成过程》，第 524 页、第 530 页及以下。

㊱　这一点参见前引注①内藤谦：《日本"古典学派"刑法学的展开》，第 4 页。

㊲　泷川幸辰：《刑法讲话》（1951 年），收录于《泷川幸辰刑法著作集第 2 卷》，1981 年版，第 693 页及以下。泷川幸辰在大正末期的"赎罪"论，参见前引注①内藤谦：《泷川幸辰的刑法理论 1》，第 71 页；另参见前引注①内藤谦：《日本"古典学派"刑法理论的形成过程》，第 527 页及以下。

如果一个思想在人类社会中经过了长期的考验，那么这一思想无疑就具备了成为一种思想的资格"㊳。此外，泷川幸辰在采取这种"赎罪"论的同时还主张了死刑废止论，举例说明了在死刑犯身上无法看出其具备了赎罪观念这一理论前提，而这"正是对认为死刑也有赎罪作用的观点的反驳"㊴。从前述主张中也能看出，泷川幸辰所谓的"赎罪"并非是从国家和社会的角度出发而以受刑者为对象的"赎罪"的要求，而是从受刑者的角度出发的"自我救赎"。

（三）对构成要件理论的重新讨论

1. 在第二次世界大战之后，泷川幸辰的刑法理论基本上仍处于他战前时期刑法理论的延长线上。他对犯罪论的基本构想也仍然在于，认为违法性的实质在于对法益侵害或危险的法益侵害说和规范的责任论上。

当然，泷川幸辰在1950年（昭和25年）发表的论文《刑法中构成要件的机能》㊵中，以将主观的违法要素还原为责任要素的意图为背景，对自己之前肯定的主观的违法要素进行了重新讨论。在讨论中，泷川尝试对主观的违法要素进行否定，并避免将主观的要素导入构成要件和违法性概念中。在这篇论文中，泷川幸辰否定了认为表现犯、倾向犯、目的犯、未遂犯中的主观的要素是违法要素的观点，而将这些要素理解为责任要素。这种否定的问题意识在于，"犯罪的理论结构逐渐变得复杂，这却意外地引起了刑法不言自明的前提，即人权保障的任务和大宪章任务的动摇"，因而有必要"使犯罪论得到简单化"。从这种观点出发，泷川幸辰认为，违法性在原则上应当是客观的；而在违法性的领域中，作为前述原则的例外对"难以证明"的主观的违法要素的渐次扩张，就是存在问题的。但是，泷川幸辰在这篇论文中虽然提及了小野清一郎与自己几乎同时将德语"事实构成（Tatbestand）"译为日语"构成要件"的背景事实，但却并未对小野在多年以来持续讨论的构成要件理论［前文二（四）1］进行评论。

432

㊳　前引注㊲泷川幸辰：《刑法讲话》，第693页。

㊴　前引注⑤泷川幸辰：《试论死刑问题》，第556页及以下。

㊵　泷川幸辰：《刑法中构成要件的机能》（1950年），收录于《泷川幸辰刑法著作集第4卷》，1981年版，第314页及以下。

2. 小野清一郎在战后发表了其构成要件理论的集大成者，即出版于1952 年（昭和 27 年）的《犯罪构成要件的理论》[41]；并在书中对泷川幸辰的前述主张进行了相当详细的讨论。小野认为，泷川幸辰彻底地贯彻客观的违法论而否定主观的违法要素是"有其原因"的，自己也"深有同感"。小野还认为，倾向犯和目的犯中的主观的要素确实并非是违法要素，而是责任要素。他指出，"采取客观的违法性论的学者无论如何都不能轻易地承认存在容许主观的违法要素存在的例外"。但是，小野清一郎也对此提出了自己的"质疑"，认为应当在表现犯的场合中例外地承认主观的违法要素。

但是，小野清一郎所理解的构成要件一直以来都是"违法有责的行为类型"；这与泷川幸辰所理解的"构成要件"终究是有所差异的。这里，原则上为小野清一郎所否定的主观的违法要素，在作为有责的行为类型这一侧面上就是构成要件的一种主观的类型。从小野的这种观点来看，他虽然对泷川幸辰否定主观的违法要素的观点是有"同感"的，但却仍旧反对了泷川的观点；认为对主观的构成要件要素的否定是他"归根到底是无法赞同的"。

（四）学术上的友情

1951 年（昭和 26 年），泷川幸辰在其著作《刑法讲话》的封面页祝贺了小野清一郎 60 岁生日，并将本书献给了小野清一郎。[42] 小野清一郎也在 1952 年（昭和 27 年）发表的对这一著作进行介绍的论文中，对两人的"友情"进行了"深刻的感谢"。小野写道："回顾过去三十年，我们两人沿着几乎相同的学术路线对同样的刑法学进行了研究和讲述；由此诞生的学术友情深深地联系着我们，这种友情也得到了泷川教授的认可。在人生路上能够有此知己，真是不可思议的因缘际会。"

此外，小野清一郎还在 1969 年（昭和 44 年）年的著作《我的道路，

---

[41] 小野清一郎：《犯罪构成要件的理论》（1952 年），收录于前引注⑲小野清一郎：《犯罪构成要件的理论》，第 1 页及以下、第 36 页及以下。

[42] 小野清一郎：《泷川幸辰著作〈刑法讲话〉》，载《刑法杂志》第 2 卷第 1 号（1951 年），第 154 页及以下。

433　　刑法学》㊸ 中指出，泷川幸辰与自己先后尝试了通过构成要件理论对犯罪论进行体系化；就此而言，"不谈细节问题的话，我和泷川幸辰在大体方向上的观点是相同的，因而我们并不是理论上的竞争者而是协作者，我们也确实一直保持着亲密的交流。他是我刑法学中的亲密战友"。

　　就此可以看出，小野清一郎和泷川幸辰在学术上确实是亲密的战友。

㊸　小野清一郎：《我的道路，刑法学》（1969 年），收录于前引注㉘小野清一郎：《刑法与法哲学》，第 463 页及以下、第 468 页。

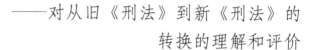

第五章 "古典学派"
刑法理论的一个侧面

——对从旧《刑法》到新《刑法》的
转换的理解和评价

一、问题的提出

"新派"（近代学派）刑法理论认为，在 19 世纪的欧洲发生的犯罪数 ₄₃₅量增加，特别是累犯数量的增加，是 19 世纪刑法在主张罪刑法定主义、报应刑论、客观主义犯罪论时，采取了无力的犯罪对策所导致的。因此，有必要以打击犯罪并进行社会防卫为目的，进行刑事立法的改革，形成和展开新的刑法。[1]

日本的现行《刑法》[1908 年（明治 41 年）施行] 在许多规定上都继受自旧刑法 [1882 年（明治 15 年）施行]；就这一侧面而言，可以说正处于旧刑法的延长线上。但在另一方面，新刑法的成立也受到了主导欧洲刑法修改运动的新派刑法理论的影响。在现行《刑法》成立的前后，新

---

[1]　关于欧洲的"新派（近代学派）"刑法理论的形成和展开，笔者的观点参见内藤谦：《刑法学说史（一）外国》，收录于中山研一、藤木英雄、宫泽浩一编：《现代刑法讲座第 1 卷》，1977 年版，第 129 页及以下。

派刑法理论即使在日本也受到了主张，成为有力的学说。② 例如，新派理论的代表者牧野英一指出："19 世纪的犯罪现象最有特色的一点"就是"一般犯罪数量的增加，特别是累犯数量的增加"；而"现代的刑法理论（新派理论——译者注）正是因为受到这一事实的刺激才得以产生并发展完善的；其发展完善也正是为了解决这一问题"。牧野英一认为，在 19 世纪发生的犯罪数量的增加，实际上是旧《刑法》的范本，即 1810 年法国《刑法》所依据的个人主义和罪刑法定主义所导致的；他主张在这一《刑法》订立之后，刑法理论"当然地走上了与裁判官相对立而保护被告人的道路"，虽然"明确地保证了个人的自由"，但"并没有走上打击犯罪而进行社会防卫的道路"③。

如前所述，新派刑法理论主张有必要针对犯罪数量的增加进行社会防卫；而与这种必要性相应地，也有必要在立法上从旧《刑法》向新《刑法》进行转换。与这种主张相对，从以报应刑论和客观主义犯罪论为基础的"古典学派"（旧派）刑法理论的立场出发的话，新派刑法理论的社会防卫论、教育刑论和主观主义犯罪论就有导致处罚范围的过度扩张的危险性；而这种危险性也受到了小野清一郎和泷川幸辰的批判。那么，小野清一郎和泷川幸辰又是怎样看待从旧刑法向新刑法的转换的呢？

在现行刑法施行 90 年之后的现在看来，在 1917 年（大正 6 年）泷川幸辰开始形成其有着古典学派骨架的刑法理论之时，旧《刑法》向新《刑法》的转换只不过刚完成了 10 年左右；而 1925 年（大正 14 年）小野清一郎展现出其古典学派刑法理论立场的萌芽之时，前述转换也不过刚刚经过了 18 年而已。并且，泷川幸辰还曾参与过新派刑法理论的先驱者胜本勘三郎的讲义和演习课程，小野清一郎也是在新派刑法理论的代表论者牧野英一的指导下开始其学术研究的。也正是因此，泷川和小野才强烈地认

---

② 旧《刑法》与现行《刑法》的特征、从前者向后者的转换、"新派"刑法理论对这种移行的影响，笔者的观点参见内藤谦：《日本"古典学派"刑法理论的形成过程》，载《法学协会100 周年纪念论文集第 2 卷》，1983 年版，第 510 页及以下、第 514 页及以下。与现行刑法的制定过程相关的问题，参见吉井苍生夫：《现行刑法的制定及其意义》，收录于山杉晴康编：《裁判和法律的历史展开》，1992 年版，第 461 页及以下；另参见前述论文中所引用的文献。

③ 牧野英一：《刑事学的新思潮和新刑法（增订版）》，1919 年版，第 55 页及以下。

识到了从旧刑法向新刑法的转换中，存在着新派刑法理论观点的影响；正如小野清一郎所说的那样，古典学派刑法理论的形成和展开④正是对新派理论的"理论上的反抗"⑤。

这里，泷川幸辰和小野清一郎是怎样理解犯罪现象和刑罚之间的关系的，两位学者又是怎样理解和评价从旧《刑法》向新《刑法》的转换的呢？本章尝试对这两个问题进行若干讨论。

二、泷川幸辰的理解和评价

（一）

在昭和时代的初期，泷川幸辰的理论在一定程度上有着倒向马克思主 *437*
义的倾向；以此为背景，他将"犯罪"与疾病、贫困、自杀、失业、卖淫等进行了同等理解，认为它们都是"由社会组织的缺陷所导致的必然现象"；因而"与犯罪进行斗争的重点在于，解决人口问题、土地问题、住宅问题、财富分配问题等社会问题"。泷川还主张，"简要来说，应当通过刑罚的威力使犯罪数量减少或彻底消灭。对社会的经济结构进行变革是与犯罪进行斗争的根本条件之一"。前述观点是与泷川的另一个观点相联系 *438*
的，即："在维持现存的社会秩序的同时，对社会组织的变革就是无稽之谈。在此意义上通过刑罚和保安处分与犯罪进行的斗争实际上不过是改良

---

④ 日本的"古典学派（旧派）"刑法理论的①"前史"和"形成过程"，②昭和时代战前、战后时期的"展开"，③对"立法问题"，即以从大正时代末期到昭和时代战前期的《刑法》修改工作和《治安维持法》的制定为中心的问题的应对态度，④泷川幸辰和小野清一郎对对方理论的理解和评价，以及泷川和小野两人理论之间的异质性和共通性，已经在其他论文中得到了讨论。参见①本书第 284 页及以下；②内藤谦：《日本"古典学派"刑法理论的展开》，载内藤谦等编：《平野龙一先生古稀祝贺论文集上卷》，1990 年版，第 1 页及以下；③内藤谦：《日本"古典学派"刑法理论和立法问题》，载《创价法学（法学部开设 20 周年纪念号）》第 21 卷第 2·3 合并号（1992 年），第 181 页及以下；④内藤谦：《日本"古典学派"刑法理论的一个断面——泷川幸辰和小野清一郎的相互理解和评价》，收录于《福田平·大塚仁博士古稀祝贺〈刑事法学的综合检讨（下）〉》，1993 年版，第 1 页及以下。

⑤ 小野清一郎：《刑法的制定及其变迁——自明治以来的 100 年》（1969 年），收录于小野清一郎：《刑法和法哲学》，1971 年版，第 160 页及以下。

主义者的空谈罢了。"⑥ 由于新派理论的核心在于,通过对刑罚和保安处分的刑事立法改革,在现存的社会秩序基础上使犯罪数量减少并最终消灭;因而泷川幸辰的前述观点自然意味着对这种新派理论的批判。

泷川幸辰对新派理论的社会防卫论、教育刑论和主观主义的犯罪论中提到的"社会"究竟是怎样的"社会"这一问题进行了讨论,主张在现实的资本主义社会中应当采取以罪刑法定主义和报应刑论为理论基础的客观主义的犯罪论;并借此对新派理论进行了批判。他指出,正因为刑罚是恶害,所以才有必要对其实施进行限制;而教育则是善,对善的施行不需要施加任何限制。因而要想贯彻牧野英一的教育刑论,就必须废弃罪刑法定主义。但是,这种废弃导致的从法治国向警察国的退行毕竟是无法接受的,因而牧野英一的理论被批判为是不可能实现的。此外,泷川幸辰还主张,在存在阶级对立的资本主义社会中,如果不能严守罪刑法定主义这一"铁则",将导致刑法成为阶级压迫的手段。⑦

在昭和时代战前时期,泷川幸辰认为在"市民社会"中,虽然"意味着反对封建的专制裁判的人权思想获得了胜利",由此在"树立了罪刑法定主义的刑法的背景下,犯罪的数量发生了增加,但并不能以这一事实为依据否定罪刑法定主义所具备的价值"。他还主张:"法治国保障一般人的权利自由不被不当地侵害;这对犯罪人来说也是一样的。认为对犯罪人的法律上的处置是犯罪增加的原因是没有任何意义的。不应仅通过刑罚的强制力,而是应该通过对犯罪原因的祛除来减少犯罪。认为罪刑法定主义是犯罪增加的原因的观点,其支持者的观察显然是过于轻率的。"不仅如此,泷川还认为:"犯罪是从社会的矛盾中产生的;这能够从在19世纪的市民社会中特别是盗窃罪的累犯数量的显著增加中得到证明。"⑧ 泷川幸辰的前述主张表明,新派刑法理论在从旧《刑法》向新《刑法》的转向问题上的主张是存在疑问的。

---

⑥ 泷川幸辰:《刑法讲义(改订版)》,1930年版,第1页、第34页。

⑦ 这一点参见前引注④内藤谦:《日本"古典学派"刑法理论的形成过程》,第534页;另参见前引注④内藤谦:《日本"古典学派"刑法理论的展开》,第6页。

⑧ 泷川幸辰:《论犯罪类型和犯罪人类型》(1935),收录于《泷川幸辰刑法著作集第4卷》,1981年版,第73页及以下。

（二）

在昭和时代战前时期，泷川幸辰尝试从反映出自己在一定程度上有着 *439*
倒向马克思主义的倾向的"社会基盘"论的观点出发，对从旧《刑法》向
新《刑法》的转向问题作出了适合于资本主义的发展阶段的理解和说明。
泷川将"来源于法国《刑法》的旧《刑法》"看作是"适合于资本主义的
自由竞争阶段的旧式刑法"，在此基础上，他进一步认为现行《刑法》是
世界上资本主义向"垄断阶段"的转向，即"日俄战争后日本的资本主义
的飞跃"的产物；其"非常夸张而勇敢地采用了"新派理论，"即使在社
会防卫刑法中也是最为出众的"⑨。

泷川幸辰主张，现行《刑法》删除了在 19 世纪的刑法中几乎没有例
外地得到规定的罪刑法定主义的规定，因而已经"完全地宣告了与在法国
大革命中诞生的自由主义刑法的分别"；并且"刑法的规定变得非常简
单"，在"对犯罪人的处置问题上强调了裁判所而并非刑法本身的作用"；
正如对杀人罪的法定刑幅度的显著扩大所表明的那样，这"实质上正是对
罪刑法定主义的取消"。泷川幸辰还认为"对裁判官自由裁量范围的扩大
是现行刑法的根本方针"，并主张"能够看出从刑法中的自由主义倾向向
专制倾向的转变"⑩。

当然，泷川幸辰也认为在现行刑法成立之时，其所处的"社会"是
"服从资本主义统治的社会"，因而"所谓社会防卫之中恐怕也包含了宽泛
的、留有余地的刑事政策的要素"。但是泷川幸辰也认为，自第一次世界
大战以来，在包括日本在内的几个国家中发生的刑法修改运动正是与资本
主义逐渐"没落的方向"相对应的；这种修改与"压制有组织的群众运
动，并对统治阶级的社会进行的防卫"有着共通的"社会的意义"。从这
种"社会基盘论"出发，泷川幸辰对《暂定刑法改正草案》的总则（未定
稿）和《治安维持法》展开了批判。⑪

---

⑨ 泷川幸辰：《刑法读本》（1931 年），收录于《泷川幸辰刑法著作集第 1 卷》，第 27 页及
以下。

⑩ 前引注⑨泷川幸辰：《刑法读本》，第 39 页。

⑪ 泷川幸辰：《刑法修改草案一瞥》（1931 年），收录于《泷川幸辰刑法著作集第 5 卷》，第
493 页；另参见前引注④内藤谦：《日本"古典学派"刑法理论和立法问题》，第 187 页及以下。

（三）

在第二次世界大战结束后，泷川幸辰在昭和时代的战后时期，也对从旧《刑法》向现行《刑法》的转换进行了讨论。泷川幸辰指出，以龙勃罗梭作为开拓者的"实证的刑法论"在旧《刑法》得到制定的时代，就已经为了实现社会防卫而提倡进行刑法改革了；因而"旧《刑法》是在风暴中诞生的"，与其说这种修改是从"旧《刑法》得到施行之时才开始的，不如说是在旧《刑法》施行之前就已经着手了"；因而可以说旧《刑法》"从制定的一开始，就已经注定了被修改的命运"。泷川幸辰还指出，包括法国《刑法》在内的各国刑法都遭到了"实证学派"（新派）的攻击，但各国的刑法典均未被轻易地付诸修改。相比之下，日本的旧《刑法》在仅实行了约 25 年之后，就轻易地转向了现行《刑法》；这或许是因为法国等国的《刑法》是所谓"用鲜血写就"的，但日本的旧《刑法》的订立并未"经历过这种艰辛"。这也导致"在日本，意大利的实证学派被以特写的方式得到呈现并迅速得到了赞同，最终一举使刑法得到了修改。比起认为这是一种进步，不如说这是由缺乏传统所导致的"[12]。由此可以认为，泷川幸辰在这里提到的所谓"缺乏传统"，是指日本的市民阶级没能自为地形成近代市民国家，而是在明治时代由自上而下的改革形成了近代天皇制国家；因而在日本就缺乏作为近代市民社会的刑法传统的历史事实。[13]

泷川幸辰还认为，广泛地承认裁判官的裁量自由有着"使国家的专断被复活的危险"。他主张，从这一点看来现行刑法也可以说是"危险的刑法"，并且"伴随着日本的军国主义化，这种危险也日复一日地扩大了"。他还指出，自 1921 年（大正 10 年）以来的刑法修改工作是在"国家主义的思想背

---

⑫　泷川幸辰：《刑法讲话》（1951 年），收录于《泷川幸辰刑法著作集第 2 卷》，第 506 页及以下。

⑬　本章内容被作为古稀祝贺纪念论文集的一篇献给了吉川经夫教授。吉川经夫教授认为："在西欧诸国，很早就存在着对刑法进行全面修改的提案；而对市民刑法传统的执着态度却使修改一直拖延而没能付诸实行。而在日本非但不存在市民通过斗争使市民刑法得以成立的历史，反而领先于整个世界地，通过了忠实于垄断资本的要求的新刑法。在这样的刑法之中，罪刑法定主义的固有基础自然就是不可能存在的。"

前段论述参见吉川经夫：《日本罪刑法定主义的沿革》，收录于东京大学社会科学研究所编：《基本的人权 4 各论 1》，1968 年版，第 22 页。

景"下得到推动的,而这种修改的必要性在于对日本所特有的道德和美风良俗的考虑,因而其在根本上是"极端反动"的。具体而言,1925 年(大正 14 年)《治安维持法》就是"对反国家主义的或反资本主义的行为(或者思想)的彻底的压制";而直到 1941 年(昭和 16 年)《治安维持法》的大规模修改为止,对其进行的几次修改都是对这种压制的"强化"。1941 年(昭和 16 年)对《刑法》的部分修改和 1942 年(昭和 17 年)《战时刑事特别法》更是直接地"为军国主义的强化提供了帮助"。泷川幸辰主张,"成为这种压制的走狗的,正是有着巨大的自由裁量权的裁判官。而从此也能够看出,裁判官的极端的自由裁量究竟有着怎样的危险性"[14]。

(四)

如前所述,泷川幸辰认为现行《刑法》中特别成问题的,是对裁判官裁量权的扩大。但从刑事司法的运用的视角来看的话,这种自由裁量的扩大是由检察权的行使中裁量权的扩大所导致的。而检察权的行使中裁量权的扩大,则 *441* 是由旧《刑法》删除罪刑法定主义的规定的立法事实和由此引起的法规的拘束性的缓和所导致的。此外,日糖事件〔1909 年(明治 42 年)发生的疑狱事件〕被揭露和对大逆事件〔1910 年(明治 43 年)〕的起诉等等事件,也促使司法部(特别是检事局)在明治时代末期之后逐渐在政治上得势。[15]

三、小野清一郎的理解和评价

(一)

小野清一郎在 1931 年(昭和 6 年)的论文《行刑法改正的基本问题》 *442*

---

⑭　参见前引注⑫泷川幸辰:《刑法讲话》,第 507 页及以下。

⑮　三谷太一郎:《近代日本的司法权和政党——陪审制成立的政治史》,1980 年版,第 49 页及以下;另参见前引注②吉井苍生夫:《现行刑法的制定及其意义》,第 481 页。关于日糖事件,参见雨宫昭一:《日糖事件——污职事件和检察权的扩大》,收录于我妻荣等编:《日本政治裁判史录·明治·后》,1969 年版,第 486 页及以下〔"污职"是一个日本法律上的概念,指议员、公务员等从事公共职务的人员(即公职人员)为满足私欲而利用职务牟取不正当利益的行为。具体行为类型包括侵占、受贿、公文书伪造、诈骗等。——译者注〕。关于大逆事件,参见松尾浩也:《大逆事件——疾风一般的裁判和处刑》,收录于我妻荣等编:《日本政治裁判史录·明治·后》,1969 年版,第 544 页及以下。

中，不仅具体地阐明了当时自己所主张的报应刑论的内容，还对犯罪现象和刑法的关系进行了讨论。小野清一郎认为，虽然有刑事法的学者试图使犯罪数量的普遍增加，特别是累犯数量的显著增加能够"归因于 19 世纪的刑法"，但其"根本的原因"并不在于"道义的责任论"和"行刑"的"人道化"；而在于产业革命所导致的中产工商业者的没落和无产劳动者的生活不安定这样的"经济的状况"。随后，小野在对牧野英一的教育刑论的批判中指出，在"犯罪原因论的"视角下，犯罪现象的重要原因未必在于"教育的缺乏"；相反，作为"社会的要素"的"经济的要素"是决定性的原因，而作为"个人的要素"的"生物学的素质"则是更为决定性的原因。⑯

小野清一郎的这种观点不仅包含了他对从旧《刑法》向新《刑法》的转换是新派刑法理论的主张的认识，同时也包含了对这种主张进行批判的意义。此外，在认为犯罪增加的"根本的原因"在于"经济的状况"这一点上，小野清一郎与泷川幸辰的主张是共通的。

（二）

小野清一郎在第二次世界大战末期起草了《对我国犯罪现象的认识——犯罪学的研究》一文，这篇文章在第二次世界大战结束后不久就得到了公开发表。文中，小野对从旧《刑法》向现行《刑法》的转换进行了极为重要的讨论。在这一研究中，小野尝试积累从 1882 年（明治 15 年）到 1941 年（昭和 16 年）为止 60 年间对日本的犯罪现象的刑事统计，并通过对统计的分析来阐明犯罪现象。在这一研究中，小野清一郎指出：①前述 60 年间，整体犯罪率（每 10 万人中犯罪人的总人数所占的比例）以 20 年为周期呈增减交替的态势，但在整体趋势上有减少的倾向；②以一石（十斗为一石，约 60 千克）大米的价格 P 除以日结劳动者每天的工资 L 所得的分数 P/L（这一表明购买一石米需要几天的工资的数字代表了居民生活的难易程度）的变化曲线，与表明犯罪现象

443

---

⑯　小野清一郎：《行刑法改正的基本问题》（1931 年），收录于小野清一郎：《刑法的执行犹豫和有罪判决的宣告犹豫·其他》，1931 年版，第 268 页、第 271 页。就小野的这篇论文，以及这篇论文与泷川幸辰的观点之间的关系，参见前引注②内藤谦：《日本"古典学派"刑法理论的形成过程》，第 555 页及以下。

的增减曲线之间呈平行关系；等等。[17] 这项研究对于犯罪学和刑事法学来说都有着难以忽视的意义。

小野清一郎在前述研究中，对从旧《刑法》向现行《刑法》的转换和犯罪数量增减的关系，以及新派刑法理论对这种关系的主张进行了讨论。他主张，如牧野英一那样，认为19世纪的犯罪增加完全是由个人主义刑法所导致的观点"至少是片面的"；因为即使个人主义的刑法在事实上没能防止犯罪数量的增加，这种普遍的增加也"应当有更为深刻的理由"。小野还主张，"应当通过复杂的历史的社会的原因来理解犯罪现象，刑法和刑事制度不过只是其中的一个要素而已"。小野清一郎指出，虽然仍应结合各国的统计数据，对在19世纪的欧洲发生的犯罪数量增加的事实进行更为仔细的讨论，但其主要原因大概"在于产业革命所导致的社会生活的变动"[18]。

在此基础上，小野清一郎主张："无法将日本的犯罪数量的增加看作是旧《刑法》或者是新《刑法》实施的结果。只有贯穿了刑法修改前后这一段历史的国民的生活，才是犯罪现象的本来的地盘；而犯罪也正表明了在这一地盘上的道义本身之中就是存在矛盾之处的。在这一范围内，更应就这段历史的国民生活，从各方各面对犯罪数量增减的原因进行探究。"[19]

此外，小野清一郎还认为，对"犯罪现象"的阐明来说，"成问题的不仅是刑法和刑事制度；这是因为前述犯罪数量的普遍的变化，与旧《刑法》或新《刑法》的实施之间并没有显著的关联性"。小野清一郎还以5年为一个期间对犯罪数量的变化进行了分析，指出在旧《刑法》的背景下能够看出：①在1902年（明治35年）至1906年（明治39年）（刑法犯91 550人，特别法犯40 305人，有罪总人数131 855人，犯罪率280.8；每5年对每年的有罪的被告人进行平均计数）这一期间，"犯罪已经急剧减少了"；同时②在1907年（明治40年）至1911年（明治44年）（刑法犯91 012人，特别法犯49 402人，有罪总人数140 414人，犯罪率

444

⑰ 小野清一郎：《对我国犯罪现象的认识——犯罪学的研究》，喜久屋书店1946年版（刑务协会1951年版），第9页及以下、第37页及以下、第45页。
⑱ 前引注⑰小野清一郎：《对我国犯罪现象的认识——犯罪学的研究》，第14页。
⑲ 前引注⑰小野清一郎：《对我国犯罪现象的认识——犯罪学的研究》，第14页及以下。

278.4）这一现行刑法制定之后的期间，"犯罪率的低落得到了保持"；但是③在1912年（大正1年）至1916年（大正5年）（刑法犯106 951人，特别法犯54 772人，有罪总人数161 723人，犯罪率298.9）这一期间"再次发生了增加"（累犯现象参见注⑳）。⑳

小野清一郎还指出，在旧刑法的背景下，④在1892年（明治25年）至1896年（明治29年）（刑法犯173 226人，特别法犯304 988人，有罪总人数203 724人，犯罪率486.9）这一期间，犯罪数量"空前地激增"了；而在随后的⑤1897年（明治30年）至1901年（明治34年）（刑法犯147 523人，特别法犯46 560人，有罪总人数194 083人，犯罪率438.6）这一期间，犯罪数量则"稍有减少但仍保持着高位"；他认为正是这种"犯罪现象的泛滥"导致了对旧《刑法》的批判。但是，小野也主张，前

---

⑳ 前引注⑰小野清一郎：《对我国犯罪现象的认识——犯罪学的研究》，第15页。

本章内容所举出的刑法犯、特别法犯、有罪总人数、犯罪率（每10万人中有罪总人员数所占比例），都来源于小野清一郎在前述研究中所做的统计表中的数据。小野清一郎以5年为一个期间，从司法部提供的刑事统计年报中获取每年的有罪被告人数的具体数字，再以5年期间内每年有罪被告人数的平均数作为这5年的数据，填入前述统计表中。

此外，小野清一郎在前述全部的统计中，都是以在裁判中被宣告有罪的被告人（裁判上的犯罪现象）为对象的，而并没有以实际上发生的全部犯罪或犯罪人员（实际的犯罪现象）为其对象；但是两者数据之间存在着很大的差距，例如在起诉犹豫尚未被规定的明治20年代、30年代和起诉犹豫被大量适用的大正年代之后两段期间，裁判上的犯罪现象中就存在大量被隐去的犯罪黑数上的差距。但是小野清一郎认为，明治时代实施了微罪不检举的制度，而司法警察力量也是在那一时期之后才逐渐充实起来的；因而比较接近的期间之内，被隐去的黑数实际上是确定的。就此而言，小野清一郎认为虽然有保留意见的余地，但仍应认为通过对裁判上犯罪现象的变动进行观察，基本能推测出实际犯罪数量的变动情况。

就累犯现象而言，小野清一郎认为仅仅从刑事统计中有前科的人的数量是无法得出其犯罪率的。在此基础上，他认为刑法犯中有前科的人在明治15年（1882年）至明治19年（1886年）（19 161人，这一数字是每5年中各年的有罪被告人中有前科的人的平均数）这一期间是最少的，这大概是因为新《刑法》刚刚适用的缘故；但是在这之后，累犯人数与普通的犯罪人数就基本是处于并驾齐驱态势的；比起普通犯罪人数来说，累犯的数量并没有显著的高低变化［明治20—24年（1887—1891年）共28 718人；明治25—29年（1892—1896年）共45 834人；明治30—34年（1897—1901年）共37 555人；明治35—39年（1902—1907年）共32 218人；明治40—44年（1908—1912年）共29 554人；大正1—5年（1912—1916年）共32 975人］。而如果将过去的60年分为三个期间的话，刑法犯中有前科的人在前期（明治15—34年期间）为年均32 817人；中期［明治35年—大正10年（1902—1921年）］为年均31 184人，而后期［大正11年—昭和15年（1922—1940年）］为年均34 754人；呈先减后增态势。但是，虽然数据上表现出了一定的增减变化，但目前为止仍然是不够明确的。

述时期发生的"犯罪现象的泛滥"的原因"未必只有自由主义的旧《刑法》；而是与当时的经济情况和社会状态有着很大的关系"。即，小野清一郎指出，甲午战争前后这一时期正处于尝试"进口和移植来的新生活方式"，并"向资本主义的经济结构进行决定性的跃进"的时代；即"社会经济的上升期"。这种社会经济状况一方面引起了"物价的急剧上升并导致了国民生活的困难"，另一方面"也刺激了人们的投机心理和射幸心理；与此同时，早期自由主义思想的浸润也导致了传统的道德意识的堕落"；在这些原因的共同作用下，盗窃和赌博这两种普遍存在的犯罪同时增加了；这也就导致这一时期的统计数据上出现了"犯罪现象的空前激增"[21]。

小野清一郎认为，即使是在旧《刑法》的背景之下，在前述时期之后的 1902 年（明治 35 年）—1906 年（明治 39 年）（前文①）这一期间，也能清楚地看到犯罪现象的显著减少。其理由在于，日本的产业经济在明治 30 年代这一时期虽然保持了持续发展，但也因为资金的不足等问题而陷入了停滞的状态；这反而使得国民生活得以回归"安定"的状态，并在"新的国民经济基础上使国家和社会生活逐渐步入正轨"[22]。小野清一郎还指出，由于同样的理由，在日俄战争期间［1904 年（明治 37 年）—1905 年（明治 38 年）］，犯罪数量也减少了。[23] *445*

此外，小野清一郎指出，比起旧刑法刚刚得到施行的⑥1882 年（明治 15 年）—1886 年（明治 19 年）（刑法犯 98 349 人，特别法犯 49 700 人，有罪总人数 148 049 人，犯罪率 402.6）这一期间，其后的⑦1887 年（明治 20 年）—1891 年（明治 24 年）（刑法犯 108 913 人、特别法犯 32 933 人、有罪总人数 141 846 人，犯罪率 354.0）这一期间的犯罪现象明显减少了。小野还认为，1882—1886 年的犯罪现象能够表明明治维新之后"剧烈的经济变革"和"社会阶层的转变"时期已经终结；因为从统

---

[21] 前引注⑰小野清一郎：《对我国犯罪现象的认识——犯罪学的研究》，第 42 页、第 62 页；关于盗窃、赌博罪数量的增加，以及杀人、强盗罪的变化情形，参见前引注⑯小野清一郎：《行刑法改正的基本问题》，第 16 页表 4。

[22] 前引注⑰小野清一郎：《对我国犯罪现象的认识——犯罪学的研究》，第 42 页。

[23] 前引注⑰小野清一郎：《对我国犯罪现象的认识——犯罪学的研究》，第 67 页及以下（附表为日俄战争期间被判处有罪的被告人数统计表）。

计中可以看出"犯罪数量的曲线已经越过了顶点并开始下降"。此外，随着货币改革的推行，物价也逐渐跌落下来，国民的生活逐渐有了余裕。因而到了 1887—1891 年之时，"经济秩序变得更为安定"；因而这时"犯罪数量的曲线也跌落了谷底"㉔。

但小野清一郎也承认，旧《刑法》在"事实上"对在 1892 年（明治 25 年）—1901 年（明治 34 年）（前文④⑤）期间发生的犯罪数量的增加来说是"无力"的，刑法也正是在这一意义上才发生了"镇压的危机"；同时，也很难否定"对自由主义的近代刑法的采用所导致的刑事政策的松弛和缓和正是造成这种危机的原因之一"。特别值得强调的是，小野认为这一时期犯罪数量的增加主要是由刑法犯数量的增加所导致的，特别法犯的数量反而减少了；这一事实使人联想到社会中发生了"普遍的道义危机"。此外，小野清一郎还主张"对旧刑法进行修改的要求"正是从前述"现实的危机"之中产生的；"其虽然受到了当时西洋的社会防卫、刑事政策等'刑事学的新思潮'的启发，但来自日本刑法传统的反抗也存在于其根基之中"。在此基础上，小野清一郎进一步认为在"日本的刑法文化"中也存在"罪刑法定的思想"（例如，《养老律》曾规定："凡断罪皆须引律令格式正文"），但这与"自由主义的近代的罪刑法定主义"有所不同；这种规定是如《新律纲领》中所谓的援引比附那样的，允许对刑罚法规的自由类推的规定。"相比之下，近来才导入的罪刑法定主义"通过使"裁判"变得"有逻辑"而有着确保"公正"的作用，其在成为以"宽恕"为旨趣且以消除人民的"冤屈"为目的的"日本法理"的媒介的意义上发挥了极大的作用；它"是超越了单纯预防政策的文化的收获"㉕。

小野清一郎还承认了现行《刑法》所具有的特定的刑事政策上的意义。即在现行《刑法》（新《刑法》）中，通过对犯罪构成要件的抽象化和对法定刑范围的扩大，裁判官的解释和量刑得到了自由化；而对累犯加重规定的严格化就"毫无疑问地有着使旧《刑法》背景下由自由主义导致的刑事制度的松弛和缓和得到匡正的作用"。另一方面，对假释和刑罚执行

㉔　前引注⑰小野清一郎：《对我国犯罪现象的认识——犯罪学的研究》，第 41 页。
㉕　前引注⑰小野清一郎：《对我国犯罪现象的认识——犯罪学的研究》，第 62 页。

犹豫的适用条件的宽缓化，也使其适用变得更加容易；这恰能预防由自由刑的行刑所导致的助长受刑者的累犯倾向的副作用，因而在这一意义上也有着"预防的效果"。小野还认为："不论怎样，可以说新《刑法》在刑事政策上的意图都在某种程度上起到了其作为现实的机能所应有的作用。特别是，它有着使盗窃犯罪和其他财产犯罪减少的效果。"同时，小野清一郎也指出："盗窃罪和抢劫罪的犯罪数量在新《刑法》施行以前就有减少的倾向，并且新《刑法》施行之后杀人罪和赌博罪的犯罪数量立即出现了激增，而抢劫罪的数量也相应增加了。"其"主要的原因在于经济状况的变动，或者是伴随着资本主义经济发展的社会生活的变化"。由此，小野清一郎主张："即使新《刑法》并未得到施行，犯罪数量的普遍增加恐怕也很难止于现在的程度，这一意义上应当肯定新《刑法》的政策所具有的效果。"[26]

（三）

第二次世界大战结束后，小野清一郎在 1969 年（昭和 44 年）的论文《刑法的制定及其变迁——自明治以来的 100 年》中对从旧《刑法》向新《刑法》的转向问题进行了讨论。他指出，旧《刑法》在施行后立刻就受到了批判，而对其进行修改的企图则"简要而言可以说是过于自由主义的"。小野主张，从旧《刑法》向现行《刑法》的变迁的"思想动机"除新派理论的"刑事学的新思潮"之外，与之相并列的，还有"来自旧律的严格的保安主义思想所带来的思想的反抗"。小野清一郎首先对后者进行了论述。[27]

小野清一郎认为，这里所谓"来自旧律的严格的保安主义思想"，未必就是指"西洋刑法学的概念中的绝对主义和报应主义"。即，在小野清一郎看来，西洋的"报应主义"是来源于"同态复仇思想"，经过"中世纪日耳曼法的报复思想"，并最终在"近代的市民社会中通过均衡的正义意识得到理论化的"；是一种"私法的意识形态"。与此相对地，"东洋的

447

㉖　前引注⑰小野清一郎：《对我国犯罪现象的认识——犯罪学的研究》，第 62 页；关于杀人、强盗、盗窃、伪造文书、赌博罪中的每个罪名的有罪被告人数和犯罪率，参见前引注⑯小野清一郎：《行刑法修改的基本问题》，第 16 页第 4 表。

㉗　前引注⑤小野清一郎：《刑法的制定及其变迁——自明治以来的 100 年》，第 151 页。

法律"最初就是以"公法的、超个人主义的思想"为"基础"的，因而自始就"完成了对同态复仇和报复的思想的超越"。小野清一郎指出，中世纪之后"法律的颓废"导致了对"复仇"的"认可"和"奖励"，但这"不过是对国家的刑事司法的不完善的补充而已"，将其与"犹太法中的同态复仇"或"日耳曼法中的报复"进行"同等看待无疑是错误的"。但小野清一郎也承认，如果认为"中国古代法家思想的'信赏必罚'的理论"是"报应主义"的话，那么在此意义上"旧律"就是"公法的报应主义"；但他同时还主张，这"无论如何都不是绝对主义的"，而不如说只是"功利主义的或实用主义的思想。它与以保安为目的的严格的一般预防主义没有差别"㉘。

小野清一郎还讨论了从旧刑法向现行刑法的转换的另一个"思想动机"，即要求对以"社会防卫"为目的的刑法进行合目的性的改革的新派理论思潮。小野根据刑事统计，指出自1887年（明治20年）开始的犯罪数量发生了显著的增加，而在1892年（明治25年）—1896年（明治29年）达到了顶点；而这恰恰成为从"旧律的保安思想"和"刑事学的新思潮"两方面出发对"自由主义的、客观主义的旧《刑法》"进行批判的有力证据。这里值得注意的是，在前述观点之后，小野清一郎继续主张道："这种犯罪增加的曲线实际上是明治时代初期日本的社会变动所导致的，应当以经济的和文化的若干条件为根据进行说明；而不应认为其只是旧《刑法》的责任"。同时小野清一郎还指出，这已经在《对我国犯罪现象的认识》［本节（二）］中，通过对刑事统计的收集和分析的尝试得到了说明。㉙

（四）

确实，对旧《刑法》来说，其在施行后即遭到了守旧立场根深蒂固的反对。在当时的立法机关即元老院中，也存在站在守旧派的立场上提出的、以废止旧《刑法》和《治罪法》而复活之前的《新律纲领》和《改订律例》为内容的对意见书（由津田真道议官起草，号外第36号意见书）

㉘　前引注⑤小野清一郎：《刑法的制定及其变迁——自明治以来的100年》，第151页。
㉙　前引注⑤小野清一郎：《刑法的制定及其变迁——自明治以来的100年》，第151页。

的修正决议和上奏［1883 年（明治 16 年）7 月］，而反对的观点也提出了对前述意见进行反驳的意见书。㉚ 元老院的前述决议和上奏可以说就是小 448
野清一郎所说的"来自旧律的严格的保安主义思想所带来的思想的反抗"。并且除此之外，在政府部门内部也存在着如山县有朋提出的"刑法改正理由"意见书（1883 年 10 月，由接受了山县思想的井上毅起草）那样的，从守旧的立场出发的旧《刑法》修改论的意见。㉛ 这种旧《刑法》修改论，虽然是以普鲁士宪法为蓝本来构想近代天皇制国家并推测未来发展的方向的；但这种修改论认为旧《刑法》是对"祖宗宪典的背驰"；理由在于，旧《刑法》在将内乱罪的预谋行为也作为犯罪处理（旧《刑法》第125 条第 2 项）的同时，却仅仅将大逆的未遂形态作为犯罪处理而不处罚其预谋行为（旧《刑法》第 116 条）；这与日本国的传统（大宝律）无疑是矛盾的。

在随后的现行《刑法》的制定过程中，旧律的社会保安主义思想并没有以旧律思想的形态得到正面的主张。但可以发现，这种社会保安主义的思想本身与新派的社会防卫论相结合，在旧《刑法》向现行《刑法》的转向过程中发挥了重要的作用。例如，对有着强烈的社会保安刑的特征的累犯加重的规定的严格化，正是这种作用的典型表现。㉜

四、几个结论

正如前文所述，泷川幸辰和小野清一郎的理论除采取了"古典学派" 450
的立场之外，同时还在犯罪现象和刑法的关系问题上，以及认为犯罪数量增减的根本原因在于社会的经济构造或经济状况的变化这一点上，基本是

㉚　手塚丰：《关于反对复活元老院内的新律纲领、改订律例的意见书》（1961 年）收录于手塚丰：《明治刑法史的研究（上）》，1984 年版，第 261 页及以下；另参见前引注②吉井苍生夫：《现行刑法的制定及其意义》，第 464 页。

㉛　手塚丰：《山县有朋的〈刑法改正理由〉意见书》（1970 年），收录于前引注㉚手塚丰：《明治刑法史的研究（上）》，第 269 页。

㉜　内藤谦：《刑法讲义总论（下）Ⅰ》，1991 年版，第 741 页及以下。

共通的。在这一意义上，两位学者都对将明治时代中期的犯罪增加仅仅归因于旧刑法的新派理论的观点进行了批判。

　　泷川幸辰尝试在与资本主义的发展阶段的对应关系上对从旧《刑法》向现行《刑法》的转向进行理解。他认为，现行《刑法》是受到资本主义的自由竞争阶段向垄断阶段的转向的影响，而勇敢地接受了新派理论的法典；它实质上取消了罪刑法定主义的规定，这在社会防卫刑法中也是最出众的。泷川指出，与法国等其他国家不同，自由主义的旧《刑法》在日本仅仅实施了 25 年就被迫转向了现行《刑法》；这说明在日本并不存在近代市民社会中的刑法传统。而现行《刑法》对裁判官自由裁量权的扩大和对罪刑法定主义规定的删除，都引起了国家专制复辟的危险。而这种危险正是在从大正时代末期到昭和时代战前时期的日本得到现实化的。

　　小野清一郎认为，从旧《刑法》向现行《刑法》的转换的思想动机在于，①新派的社会防卫论；和②来自能够从新律纲领的援引比附（容许类推适用）规定中看出的那种日本刑法传统的反抗，或者说来自旧律的严格的保安主义思想的反抗。可以认为发生在明治时代中期的犯罪数量的增加促进了（从旧《刑法》）向现行《刑法》的转换。但是小野清一郎也认为，这种犯罪数量的增加是由明治时代发生的日本的社会变动所导致的，只有通过经济的和文化的复杂条件才能得到说明；如新派理论那样将这种增加完全归因于旧《刑法》的观点是不妥的。同时，小野还尝试通过对刑事统计数据的积累和分析，对前述现象进行说明。此外，小野清一郎在承认现行刑法有着特定的刑事政策的意义的同时，并没有像泷川幸辰那样对现行《刑法》扩大裁判官自由裁量权和删除罪刑法定主义规定的做法进行讨论。而包括他前述分析在内的、对日本犯罪现象的犯罪学的研究，则直到现在都仍是不容忽视的。

第六章　"古典学派"刑法理论
　　　　和判例及实务
―――以共谋共同正犯为中心

一、问题的所在

　　日本的"古典学派"（旧派）刑罚理论在大场茂马之后，分别在 1917 452
年（大正 6 年）和 1925 年（大正 14 年）得到了泷川幸辰和小野清一郎的
主张而变得有力。至昭和时代战前时期为止，"古典学派（旧派）"与以牧
野英一为代表的"新派"（近代学派）刑法理论发生了对抗，并在新旧两
学派之间展开了激烈的"学派之争"。

　　在"学派之争"中，"古典学派"的客观主义犯罪论和"新派"的主
观主义犯罪论的对立，特别地具体表现在以下几个典型问题上。①就未遂
犯中实行着手的认定标准，客观主义犯罪论采取了以一定的客观行为和结
果发生的危险为标准的客观说；与此相对，主观主义的犯罪论则采取了以
故意在行为中的现实化为标准的主观说。②在不能犯和未遂犯的区别问题
上，客观主义犯罪论采取了客观的危险说或具体的危险说；与此相对，主
观主义的犯罪论则采取了主观说或主观的危险说。③就狭义共犯（教唆犯
和帮助犯）的成立问题而言，客观主义的犯罪论采取了共犯从属性说；与此
相对，主观主义的犯罪论则采取了共犯独立性说。这些差异实际上都是，是
否认为只有在对法益的侵害或危险在现实之中发生时才成立犯罪的问题。　453

在犯罪论中也存在前述意义上的客观主义和主观主义的对立；从这种对立的视角来看的话，判例和实务就通过大审院和最高裁判所的判决，表明了不论是在前述①②③的哪个问题中，都采取了倾向于客观主义的理论结构，至少是并未采纳主观主义的理论结构的态度。在这一意义上，牧野英一等人的"新派"主观主义犯罪论就没有为判例和实务所接纳；而泷川幸辰和小野清一郎等人的"古典学派"的客观主义犯罪论与判例和实务之间就是具有亲和性的。①

尽管如此，泷川幸辰和小野清一郎的刑法理论也并不是完全就没有对判例和实务中的理论结构进行批判或提出反对的意见。其中最明显的就是，泷川幸辰和小野清一郎在现行刑法的解释论中，对在判例中形成并展开的共谋共同正犯论进行了否定。

本章以与共谋共同正犯相关的解释论和立法论的问题为中心，在泷川幸辰和小野清一郎的刑法理论的展开过程中，对日本"古典学派"的刑法理论和判例与实务之间的关系，同时也以两人对判例的研究为对象展开讨论。②

---

①　内藤谦：《判例、犯罪理论和〈改正刑法草案〉》，收录于内藤谦：《刑法改正与犯罪论（上）》，1974年版，第26页及以下；另参见内藤谦：《刑法理论的历史的概观》，收录于吉川经夫、内藤谦、中山研一、小田中聪树、三井诚编著：《刑法理论史的综合研究》，1994年版，第688页及以下。

②　日本的"古典学派（旧派）"刑法理论的①"前史"和"形成过程"，②昭和时代战前、战后时期的"展开"，③对"立法问题"，即以从大正时代末期到昭和时代战前期的《刑法》修改工作和《治安维持法》的制定为中心的问题的应对态度，④泷川幸辰和小野清一郎对对方理论的理解和评价，以及泷川和小野两人理论之间的异质性和共通性，已经在其他论文中得到了讨论。参见①内藤谦：《日本"古典学派"刑法理论的形成过程》，载《法学协会100周年纪念论文集第2卷》，1983年版，第509页及以下；②内藤谦：《日本"古典学派"刑法理论的展开》，载内藤谦等编：《平野龙一先生古稀祝贺论文集上卷》，1990年版，第1页及以下；③内藤谦：《日本"古典学派"刑法理论和立法问题》，载《创价法学（法学部开设20周年纪念号）》第21卷第2·3合并号（1992年），第181页及以下；④内藤谦：《日本"古典学派"刑法理论的一个断面——泷川幸辰和小野清一郎的相互理解和评价》，收录于《福田平·大塚仁博士古稀祝贺〈刑事法学的综合检讨（下）〉》，1993年版，第1页及以下。⑤内藤谦：《日本"古典学派"刑法理论的一个侧面》，收录于《吉川经夫先生古稀祝贺论文集〈刑事法学的历史和课题〉》，1994年版，第1页及以下。

关于泷川幸辰的刑法理论，参见内藤谦：《泷川幸辰的刑法理论》，收录于前引注①吉川经夫等编：《刑罚理论史的综合研究》，第537页及以下（简称"泷川刑法理论"）。对包括明治时代以后的"新派"刑法理论的形成、展开过程在内的日本刑法理论的历史概观，"学派之争"，以及第二次世界大战后的刑法学和刑法理论的系谱，以及它们之间的关系问题，参见前引注①内藤谦：《刑法理论的历史的概观》，收录于吉川经夫等编：《刑法理论史的综合研究》，第683页及以下。此外，从学说的任务的观点上对判例和学说的关系进行的考察，参见内藤谦：《判例和学说》，收录于平野龙一编：《小野先生和刑事判例研究会》，1988年版，第168页及以下。

二、泷川幸辰和小野清一郎对判例的研究

（一）泷川幸辰的判例研究

1. 泷川幸辰 1915 年（大正 4 年）毕业于京都帝国大学法科大学院，*454* 在当年的 9 月成为见习司法官，并于 1917 年（大正 6 年）4 月成为判事（京都地方裁判所和区裁判所，法官）；虽然为期尚短，但也在实务中积累了许多经验。之后，他在 1918 年（大正 7 年）9 月开始担任京都帝国大学法科大学院的助理教授，担任刑法课程的讲师。在此前后，泷川幸辰发表了《论共犯从属性的性质》（1917 年）、《对罪刑法定主义的历史考察》[1918（大正 8 年）]、《违法性认识》（1919 年）、《论作为刑罚本质的报应》[1921（大正 10 年）] 等论文。随后在 1924 年（大正 13 年），泷川幸辰结束了在欧洲的留学并回到日本，写作了《刑法讲义》[1929 年（昭和 4 年），其改订版出版于 1930 年（昭和 5 年）]、《刑法总论》（1929 年）和《刑法各论》（1930 年）等著作，大体上展现了自己以受到马克思主义影 *455* 响的自由主义为基础的刑法理论体系的整体样貌；在《刑法读本》[1932 年（昭和 7 年）] 中，泷川更是对自己的理论进行了直接简明的表述。③ 但是，泷川幸辰在这些著作和论文中都很少对判例进行讨论。

2. 在 1933 年（昭和 8 年），泷川幸辰的《刑法读本》和《刑法讲义（改订版）》遭受了禁止出版的处分，而以他在两本著作中主张的观点为借口，泷川本人也遭受了停职处分并最终不得不从京都大学离职（所谓泷川事件）。在这之后，泷川幸辰才将精力集中于对判例的研究上，并就此发表了论文。即，泷川幸辰从 1934 年（昭和 9 年）4 月开始，在《法与经济》（立命馆大学官方刊物）和《民商法杂志》（竹田省、末川博编）等杂志上，连载了超过 120 篇的判例研究。这些研究的对象主要是大审院判例

---

③ 前引注②内藤谦：《日本"古典学派"刑法理论的形成过程》，第 523 页及以下；前引注②内藤谦：《日本"古典学派"刑法理论的展开》，第 3 页及以下；前引注②内藤谦：《泷川幸辰的刑法理论》，第 538 页及以下。

集第 12 卷［1933 年（昭和 8 年）］到第 15 卷［1936 年（昭和 11 年）］中与刑法相关的判决。这些判例研究收录于泷川的著作《最近的大审院刑事判例研究》［1935 年（昭和 10 年）。这本书中共收录了 30 篇］、《刑事法判决批评第 1 卷》［1937 年（昭和 12 年）。这本书中共收录了 50 篇，其中包括前书中收录的 28 篇］、《刑事法判决批评第 2 卷》［1937 年（昭和 12 年）。这本书中共收录了 70 篇］。

　　如前所述，泷川幸辰是在被剥夺了大学教授的职务之后，才集中地对自己就判例的研究进行发表的。就其原因而言，可能是因为剧烈变化的研究状况，导致泷川幸辰试图从自己刑法理论的具体观点出发，对当时判决的案例中的法律适用问题进行探讨；也可能是因为泷川幸辰注意到了自己历来的著作和论文中都很少提及判例，因而试图对其进行补全；当然，还可能是因为泷川幸辰感觉到自己恐怕很难再次作为理论家专注于研究了。

　　不论是前述哪种原因，泷川幸辰在前述《最近的大审院刑事判例研究》和《刑事法判决批评第 1 卷》的序文中，都指出了对判例的研究是存在界限的；他自己也并没有特别地重视这一研究。其理由在于，第一，在判决中得到确定的案件究竟是不是真实的社会情况是无从知晓的；第二，对判例的研究是寄生于判决这一创作的，因而不论研究本身有怎样的价值，也只不过是第二次的价值，这恐怕只是对理论研究的逃避而已。泷川幸辰认为："我对判例的研究只不过是以某种观点为视角，对通过判决而能够知晓其轮廓的案件中存在的法律适用问题进行的观察而已"④。

456

　　3. 在对判例的研究之中，泷川幸辰除了对历来的判例和学说进行了

---

　　④　泷川幸辰在《最近的大审院刑事判例研究》（1935 年版）第 1 页及以下的序文中，谈及了判例研究的界限。他指出："我其实并不了解刑事裁判的实际状况，也不知道判决中确定的具体事实是否是社会的真实状态，也不可能得知其具体详情。并且，判决的事实摘要中实际上并没有就犯罪人的境遇、遗传、犯罪的动机、具体情状等事实进行描述，因而我实际上并不清楚对具体的案件事实而言判决是否妥当。由此，我的判例研究就只不过是对通过判例而能够获知其轮廓的事实的法律适用的一种观点或意见，我的目光也仅限于此。这就像是沙上楼阁一样，并不清楚其社会'地盘'。这也正是我一般来说都无心对判例进行批评的最重要的理由所在。我非常担心，作为一名学者却对案例进行批评研究是否是一种对理论探究的逃避。不论这种批评有怎样的价值，结局来看都是寄生于判例这一创作的。这也是我难以对判例批评作出好评的另一个重要理由。前述第一个理由完全取决于判决的形式是否发生变动，因而对于研究者来说终究是无可奈何的；而前述第二个理由则是更为决定性的。"与此有相同旨趣的论述，参见泷川幸辰：《刑事法判决批评第 1 卷》，1937 年版，序文。

讨论，也从自己的刑法理论和解释论的观点出发，对判决的案件的法律适用进行了许多批判。在收录于书中的120篇判例研究之中，有40篇都是不赞成判例的理论结构和结论的。这里，泷川幸辰展现了自己在昭和时代战前时期的思想逐渐倾向于国家主义和整体主义的大背景下，反抗时代潮流、形成并展开自由主义刑法理论的理论家身影。⑤ 此外，泷川幸辰在判例研究中并没有强调"道义的责任"是犯罪的根本要素这一观点；而在认为"责任"是以"违法"为前提的，而"违法"是以"构成要件"为前提这一意义上，泷川的观点是重视对犯罪进行分析的考察而非综合统一的考察的；这可以说正反映了泷川幸辰将构成要件理解为"违法类型"的观点。⑥ 而单从《刑事法判决批评》这一书名中，似乎也能够看出这种观点的批判性。正是因此，本来应该接着第2卷出版的第3卷也最终没能获得出版许可。⑦

4. 泷川幸辰在其判例研究中，从类推禁止论的观点出发，对两个大审院判决〔昭和9年（1934年）6月21日刑集第13卷第843页"钩和吊针事件"，以及昭和9年（1934年）11月17日刑集第13卷1577页"水禽保护和山鸟捕获事件"〕⑧ 进行了批判，认为判决是不当的。⑨

泷川幸辰还从认为违法性认识是故意的要素的观点（即严格故意说）

---

⑤ 前引注②内藤谦：《日本"古典学派"刑法理论的展开》，第3页及以下；前引注②内藤谦：《泷川幸辰的刑法理论》，第540页及以下、第565页及以下。

⑥ 参见前引注②内藤谦：《日本"古典学派"刑法理论的展开》，第5页、第18页。

⑦ 泷川幸辰：《刑事判例的研究》，"随想"。收录于泷川幸辰先生纪念会：《泷川幸辰：著作和人》，1963年版，第172页。泷川幸辰指出："据出版者的表述，对以天皇为名作出的判决进行批评将触犯不敬罪，因而相关著作的出版是不被允许的。当时负责出版用纸的配给的情报局第二课课长，以及具体任职不详的某位陆军军官都发表过类似的意见。由此，对与《言论、机会、结社等临时取缔法》第18条规定，'流传散布与时局相关的信息，足以使人心被惑乱的人'有关的判决进行批评，就使得情报局第二课非常紧张。"

⑧ 关于泷川幸辰的类推禁止论、从大正时代的类推容许论到昭和时代战前时期的类推禁止论的变迁、其理论内容的理解，参见前引注②内藤谦：《泷川幸辰的刑法理论》，第546页及以下、第552页及以下。

⑨ 泷川幸辰：《北海道渔业取缔规则违反和罪刑法定主义》，收录于泷川幸辰：《刑事法判决批评第1卷》（1937年），又收录于《泷川幸辰刑法著作集第3卷》，1981年版，第14页及以下。另参见泷川幸辰：《水禽保护的取缔规则和山鸟的射猎》，收录于泷川幸辰：《刑事法判决批评第1卷》（1937年），又收录于《泷川幸辰刑法著作集第3卷》，第20页及以下。

出发，认为两个大审院判决［昭和 9 年（1934 年）2 月 10 日刑集第 13 卷第 76 页；昭和 9 年（1934 年）9 月 28 日刑集第 13 卷第 1230 页］的结论是存疑的⑩；此外，他还对承认杀人罪的共谋共同正犯成立的大审院判决［昭和 8 年（1933 年）11 月 13 日刑集第 12 卷第 1997 页］和一般性地肯定共谋共同正犯成立的昭和 11 年（1936 年）大审院刑事联合部判决（5 月 28 日刑集第 15 卷第 715 页）提出了反对意见［详细参见本章后文三（二）］。⑪ 但是泷川幸辰也在一些涉及违法性认识的案件中，基于对案件事实的考虑而肯定了一些判决的结论［大判昭和 11 年（1936 年）1 月 29 日刑集第 15 卷第 25 页，大判昭和 11 年（1936 年）11 月 26 日刑集第 15 卷第 1524 页］。⑫

457　　泷川幸辰当然也对大审院的判决作出过肯定的评价。例如泷川幸辰认为，以溃坝的情形符合紧急避险的成立要件为理由作出的无罪判决［大判昭和 8 年（1933 年）11 月 30 日刑集第 12 卷第 2160 页］不论在结论上还是在判决理由上都是适当的；同时他还表明了自己的理论观点，认为紧急避险并不是违法阻却事由，而是以不具有期待可能性为根据的责任阻却事由。⑬ 此外，就第五柏岛丸事件判决［大判昭和 8 年（1933 年）11 月 21 日刑集第 12 卷第 2072 页］而言，泷川幸辰参照德国的"疯马"事件，认为："大审院通过行动（译者注：判决）表明了其对以期待可能性为核心

---

⑩　泷川幸辰：《所谓违法性认识和错误》，收录于泷川幸辰：《刑事法判决批评第 1 卷》（1937 年），又收录于《泷川幸辰刑法著作集第 3 卷》，第 48 页及以下；另参见泷川幸辰：《家宅侵入罪和违法性认识》，收录于泷川幸辰：《刑事法判决批评第 1 卷》（1937 年），又收录于《泷川幸辰刑法著作集第 3 卷》，第 53 页及以下。

⑪　泷川幸辰：《通谋和共同正犯》，收录于泷川幸辰：《刑事法判决批评第 2 卷》（1937 年），又收录于《泷川幸辰刑法著作集第 3 卷》，第 120 页及以下；另参见泷川幸辰：《所谓共谋共同正犯》，收录于泷川幸辰：《刑事法判决批评第 2 卷》（1937 年），又收录于《泷川幸辰刑法著作集第 3 卷》，第 346 页及以下。

⑫　泷川幸辰：《法律的错误和狩猎法违反》，收录于泷川幸辰：《刑事法判决批评第 2 卷》（1937 年），又收录于《泷川幸辰刑法著作集第 3 卷》，第 323 页及以下；另参见泷川幸辰：《不明知〈众议院议员选举法〉与刑罚的减轻》，收录于泷川幸辰：《刑事法判决批评第 2 卷》（1937 年），又收录于《泷川幸辰刑法著作集第 3 卷》，第 331 页及以下。

⑬　泷川幸辰：《河堤破坏和紧急避难行为》，收录于泷川幸辰：《刑事法判决批评第 1 卷》（1937 年），又收录于《泷川幸辰刑法著作集第 3 卷》，第 37 页及以下。

的责任理论的有力支持。"⑭

5. 小野清一郎曾将泷川幸辰的《最近的大审院刑事判例研究》与草野豹一郎的《刑事判例研究第一卷》[1934 年(昭和 9 年)]结合起来,于 1935 年为两本书写了书评。在书评中,小野清一郎对泷川幸辰的判例研究进行了如下评价:"(本书)是细腻而敏感的,随处都可看出作者对德系刑法学的深厚造诣。如果非要指出缺点的话,就是其中某些方面稍有陷入了学说的观念性之中的可能性。"⑮

(二)小野清一郎的判例研究

1. 小野清一郎于 1917 年(大正 6 年)毕业于东京帝国大学法科大学院,并于当年的 5 月成为见习司法官,于 1918 年(大正 7 年)11 月成为东京地方裁判所兼东京区裁判所的检事(检察官)。与泷川幸辰一样,小野清一郎在经历了短期的实务工作后也于 1919 年(大正 8 年)1 月成为东京帝国大学法科大学院的助理教授(同时兼任东京地方裁判所的检事)。在这一时期,小野清一郎发表了《犯罪的时间和场所》(1918 年)、《危险主义的无过失损害赔偿责任论》(1919 年)、《论德国的新刑事诉讼法草案》(1922 年)等论文。随后,小野在 1922 年结束了欧洲留学,并在回国后成为刑事诉讼法课程的讲师;从这之后到 1923 年的这一期间,他分册撰写了《刑事诉讼法讲义》一书(于 1924 年合册),大体上阐明了自己刑事诉讼法的理论体系。在此基础上,小野清一郎从 1925 年(大正 14 年)到 1927 年(昭和 2 年)这一期间,对与刑事诉讼法相关的大审院判决进行了尽心尽力的研究,在《法学协会杂志》上连载了 57 篇的判例研究;并在 1927 年(昭和 2 年)出版了体系性地收录了 113 篇判例研究(包含前述 57 篇判例研究在内)的著作《刑事诉讼法判例研究》。在本书的序言中,小野清一郎指出,为了认识作为"规范"的"法律",有必要对它的"经验的资料"即"判例"进行研究。458 "我对判例进行研究的态度是,将其作为经验的'事实'进行观察,以

---

⑭ 泷川幸辰:《期待可能性和责任的轻重》,收录于泷川幸辰:《刑事法判决批评第 1 卷》(1937 年),又收录于《泷川幸辰刑法著作集第 3 卷》,第 65 页及以下。

⑮ 小野清一郎:《两则刑事判例研究书》(1935 年),收录于小野清一郎:《法学评论 上》,1938 年版,第 159 页。

此为契机来实现对综合了其'超'事实的'意义'和其'规范'意义的法律体系的认识。"⑯

随后，小野清一郎在 1927 年到 1928 年（昭和 3 年）这一期间，在《法学协会杂志》上连载了《原因自由行为》〔大判昭和 2 年（1927 年）10 月 16 日刑集第 6 卷第 413 页〕、《共犯的从属性》〔大判昭和 2 年（1927 年）10 月 21 日刑集第 6 卷第 392 页〕等 11 篇与刑法有关的判例研究（这些判例研究被收录于《法学评论　上》〔1938 年（昭和 13 年）〕之中）。随后，小野清一郎在 1928 年和 1932 年（昭和 7 年）分别写就了《刑法讲义各论》和《刑法讲义总论》，并在同一年出版了对两者进行了充分补订的《刑法讲义·全》。就此，小野清一郎大致地表明了自己以"文化主义的（超个人主义的）正义观"为基础的刑法理论体系的整体样貌。⑰ 小野清一郎的这一著作中虽然未必包罗了全部判决，但比起泷川幸辰的体系概说书来说，已经是将相当多的判决作为引用和讨论的对象了。

此外，小野清一郎还在 1935 年（昭和 10 年）时，认为对刑事判例进行研究的"研究者很少。虽然这可能是因为其实用价值不及民事判例；但对刑事判例的研究远比对民事判例的研究要落后，也是不争的事实"。他还感叹道，特别是比起民事判例而言，几乎没有对刑事判例的"累积的、综合的判例研究"⑱。而他的这种感受也导致了后来他对刑事判例研究会的创设。

2. 在小野清一郎与判例研究的纠葛中特别值得一提的是，他于 1938

---

⑯　小野清一郎在本书的序言中，就判例研究的方法论进行了如下论述："判例中呈现的法律现象是作为'事实'而得到记载和说明的；那么，判例研究究竟是以对这些'事实'中的逻辑进行梳理为任务呢？还是只有为了使作为'规范'的法律得到认识才有必要对作为经验资料的判例进行研究呢？换言之，研究判例究竟是为了认识某种法律，还是为了认识某种法律的应然形态呢？许多判例研究者面临这个两难问题都选择了前者——不论是采取了前者的态度，还是认为应当采取前者的态度。其方法论在于，将法律学，特别是将法律学中的判例研究看作是一种'社会科学'或'法律科学'的观念。与前面这些采取前者观点的主张相反，我更愿意采取后者的观点。"小野的这些论述无疑处在本文的延长线上。小野清一郎和刑事法判例之间的联系问题，参见松尾浩也：《小野先生和刑事判例》，收录于前引注②平野龙一编：《小野先生和刑事判例研究会》，第 215 页及以下。

⑰　参见本书第 318 页及以下、第 333 页及以下、第 359 页及以下。

⑱　参见前引注⑮小野清一郎：《两则刑事判例研究书》，第 158 页。

年（昭和 13 年）"在想要对刑事判例进行累积研究的热心同好们的催促下，组织成立了刑事判例研究会"，并直到晚年都一直主持着研究会。⑲小野清一郎本人也在研究会上发表了超过 140 篇刑法判例研究和超过 20 篇刑事诉讼法判例研究。

小野清一郎之所以组织刑事判例研究会，是"受到了团藤重光、出射义夫、岸盛一三人的请求"⑳。在这一研究会出版的《刑事判例评释集第 1 卷》［1941 年（昭和 16 年）］的 18 名执笔人之中有 15 名都是实务家。这表明了小野清一郎主持的刑事判例研究会是与实务紧密相连的。第二次世界大战之后虽然有众多学者都参加了这一研究会，但到现在为止这一研究会的特征仍然在于实务家的参加。

3. 比起泷川幸辰，小野清一郎确实认为对判例的研究具有更大的意义。但是，小野清一郎对判例研究的基本态度并不只是重视实务。在前述昭和时代初期的《刑事诉讼法判例研究》的序言［参见本章二（二）1］和《刑事判例评释集》的几篇序言（译者注：因有若干卷，故有几篇序言）中都表明了他的这种态度。例如，在《刑事判例评释集》第 1 卷的序文中，小野清一郎曾指出，研究会的目标在于通过判例研究"发现日本的国民生活中的深刻道理"㉑。换言之，即通过判例研究，尝试去发现社会生活中由人们的规范意识支撑而得以施行的法这一意义上的"活的法律"。

此外，小野清一郎还在《刑事判例评释集》第 13 卷的序言中进行了如下论述："我们刑事判例研究会的目的在于，对判例所表达出来的法律

---

⑲　小野清一郎：《刑事判例评释集第 1 卷》，昭和 13 年（1941 年）版，序文第 1 页；小野清一郎和刑事判例研究会之间的关系，参见前引注②平野龙一编：《小野先生和刑事判例研究会》，序文第 1 页。

⑳　小野清一郎：《刑事判例评释集第 16 卷》，1961 年版，序文第 1 页。

㉑　小野清一郎：《刑事判例评释集第 1 卷》，序文第 3 页。在这篇序文中，小野清一郎指出："法律的生命不应在于抽象的普遍理论之中，而是应当在于存在于生活事实中的深刻的道理或条理之中。"在此基础上，小野认为研究会的目标就应当在于："至今为止的法律学过于依赖西洋法律学那种形式主义的研究方法，而对在裁判中出现的具体事件进行研究的判例研究正是超越这种形式主义研究方法的一个思路。但是，判例研究不能仅仅止步于对表面事实的观察和作出随意的判断。对'目的'和'实益'的尊重固然是必要的，但仅止于此是远远不够的。必须在此之上发现更为深入日本的国民生活的深刻的道理。不论本书能否完成这一工作，我们刑事判例研究会都将以此为目标不断精进。"

观点进行学术讨论。但是这里所说的'学术的'并不意味着止步于法律实证主义的立场，即以实证的法令或判例的经验内容为绝对的立场。通过这些实证的法律渊源，客观的法秩序的内部结构就能得到理解，而遵从于实体理论的真正妥当的法律解释也就能够被发现。在这一意义上，当然存在应当对最高裁判所的判决也采取批判的态度的情况。也就是说，这种判例研究并不是单纯的'解说'。"㉒

4. 小野清一郎在其判例评释之中，在例如死刑的合宪性［最大判昭和23年（1948年）3月12日刑集第2卷第3号第191页］、尊亲属伤害致死罪的规定的合宪性［最大判昭和25年（1950年）10月11日刑集第4卷第10号第2037页］等问题上，均肯定了最高裁判所判决的合宪性。㉓

但是，小野清一郎对最高裁判所的判决也作出了不少批判性的评释。例如，小野清一郎对通过判决形成并展开的共谋共同正犯进行了批判［详见本章后文三（三）。而他对认为新潟县的《公安条例》是合宪的大法庭判决［最大判昭和29年（1954年）11月24日刑集第8卷第11号第1866页］所提出的反对观点也是特别值得注意的。㉔

就违法性认识问题而言，小野清一郎与泷川幸辰一样，都采取了与判例的理论结构不同的、认为违法性认识是故意的要素的立场（即严格故意说）。但是在多数情况下，小野清一郎都以对案件事实的考虑为由肯定了判例的结论［大判昭和14年（1939年）12月22日刑集第18卷第588页、大判昭和15年（1940年）5月9日刑集第19卷第290页］㉕等。但是，小野清一郎在其论文《经济刑法和违法性认识》［1941年（昭和16

㉒　小野清一郎：《刑事判例评释集第13卷》，1956年版，序文第1页。

㉓　小野清一郎：《论死刑的法理》，收录于小野清一郎：《刑事判例评释集第8卷》，1950年版，第114页及以下；另参见小野清一郎：《论尊亲属伤害致死罪的规定和宪法第14条》，收录于小野清一郎：《刑事判例评释集第12卷》，1954年版，第198页及以下。

㉔　小野清一郎：《依据条理对队列行进或集团示威运动进行限制是否合宪？》，收录于小野清一郎：《刑事判例评释集第16卷》，1961年版，第364页及以下。

㉕　小野清一郎：《论违法的惯行和违法性意识》［对昭和14年（1939年）判例的评释］，收录于小野清一郎：《刑事判例评释集第2卷》，1942年版，第289页及以下；另参见小野清一郎：《论经济统制违反和违法性意识》，收录于小野清一郎：《刑事判例评释集第3卷》，1943年版，第123页及以下。

年）〕中，对大审院作出的认为不可能认识到关东大地震之后颁行了"暴利取缔令"的人也能够违反这一命令的判决〔大正13年（1924年）8月5日刑集第3卷第611页〕结论提出了质疑，认为不知道这一命令颁布的人是不可能认识到自己的行为违反了"国家的条理"的。㉖ 在判例评释中，小野清一郎进一步表明了对判例结论的质疑，认为或许也存在违法行为成立过失而应受处罚的案例〔大判昭和15年（1940年）11月7日刑集第19卷第737页〕。㉗ 此外，就《刑法》第38条第3项"但书"的立法意图问题，最高裁判所在行为人没有认识到《爆炸物取缔罚则》第1条的规定的情况下就使用炸药炸毁吊桥的案例中，认为本案不应适用这一项但书规定，并对认为应当适用本项但书规定的原判决作出了撤销并发回重审的判决〔昭和32年（1956年）10月18日刑集第11卷第10号第2663页〕。小野清一郎立足于严格故意说的立场，对这一最高裁判决进行了反对，对原判决的结论进行了支持。㉘

5. 在小野清一郎的刑法理论的基础中，确实存在着与理论的研究紧密联系的直观的世界㉙；这种直观与实务的直观是互通的。并且，可以说在小野清一郎刑法理论的基础中的"文化主义的（超个人主义的）正义观"㉚ 或者说"法理学的普遍主义"㉛ 和他更重视对犯罪的分析的考察而非综合的考察的思想方法，以及他将构成要件理解为违法、有责的行为类型的构成要件理论㉜，都是与判例和实务有亲和性的。但是，对判例的批判也是贯穿了小野的刑法理论的重要要素，这也在他对共谋共同正犯的批判观点和认为违法性认识是故意要素的观点中得到了表现。

461

㉖ 小野清一郎：《经济刑法和违法性认识》（1941年），收录于小野清一郎：《论刑罚的本质·其他》，1955年版，第262页及以下。

㉗ 小野清一郎：《论经济统制违反中的违法性认识和商工省告示的性质》，收录于小野清一郎：《刑事判例评释集第3卷》，1943年版，第328页及以下。

㉘ 小野清一郎：《刑法第38条第3项但书的法意》，载《警察研究》第30卷第10号（1959年），第80页及以下。

㉙ 前引注②内藤谦：《日本"古典学派"刑法理论的形成过程》，第548页及以下；另参见前引注②内藤谦：《日本"古典学派"刑法理论的展开》，第20页及以下。

㉚ 参见前引注②内藤谦：《日本"古典学派"刑法理论的形成过程》，第547页及以下。

㉛ 参见前引注②内藤谦：《日本"古典学派"刑法理论的展开》，第15页及以下。

㉜ 参见前引注②内藤谦：《日本"古典学派"刑法理论的展开》，第17页及以下。

三、泷川幸辰、小野清一郎的刑法理论和共谋共同正犯

（一）问题情况

464　　　　通过判例得以形成和展开的所谓共谋共同正犯概念，在以通过直接的实行人的行为对法益造成现实的侵害或危险为前提这一点上，在一定程度上超越了"新派"的主观主义犯罪论和"古典学派"的客观主义犯罪论之间的对立（参见本章一）。共谋共同正犯问题的要点实际上在于，是否承认某种团体的责任；因此即使是采取新派的主观主义立场的论者，也可以以违反个人责任原则为由反对这一概念的成立（如牧野英一）；相反，在采取古典学派的共犯从属性说立场的学者中，也有以共同意思主体说肯定这一概念的成立的（如草野豹一郎）。在客观主义的学说之中，更是出现了一方面依据于个人责任的原则，另一方面通过行为支配说、间接正犯类似说、实质的实行共同正犯说等理论上的特殊构造，尝试使共谋共同正犯在一定基础上得到限制肯定的观点；而这种观点在第二次世界大战结束后也逐渐变得有力。

　　　　作为客观主义刑法学代表论者的泷川幸辰和小野清一郎在各自的刑法理论的展开过程中，又是如何处理共谋共同正犯的问题的呢？

（二）泷川幸辰的刑法理论和共谋共同正犯

　　　　1. 泷川幸辰在昭和时代初期的体系概说书中并没有对共谋共同正犯
465 的问题进行讨论。但是在 1934 年（昭和 9 年）之后的判例研究中，则表明了反对共谋共同正犯的观点［参见前文二（一）1、4］。

　　　　泷川幸辰对共谋共同正犯进行讨论并作出批判的体系书，是 1938 年（昭和 13 年）出版的《犯罪论序说》。[33] 书中，他对草野豹一郎的共同意思主体说进行了批判，并以此为中心，对以这种学说为理论依据的昭和 11 年（1936 年）的大审院刑事联合部判决（5 月 28 日刑集 15 卷 715 页）

---

　　　[33]　泷川幸辰：《犯罪论序说》（1938 年版，第 303 页及以下），收录于《泷川幸辰刑法著作集第 2 卷》，第 199 页及以下。

提出了质疑。

　　泷川幸辰首先指出，在昭和 11 年（1936 年）大审院判决中"残存了许多尚未解决的理论问题"；这一判决在"犯罪究竟是由一体同心的抽象的人实施的，还是由参与共犯的各个人通过一体同心的抽象的人分别实行的这一点上是不明确的"。泷川指出，依据草野豹一郎的所谓"共同意思主体说"，一体同心的人被称为"共同意思主体"，犯罪实行人就是代表了共同意思主体并实现其意思的人，因而实行就不是共犯参与人各自的实行，而是共同意思主体的实行。但是在草野的观点中，刑事责任的归属者并不是所谓的共同意思主体，而是构成共同意思主体的个人即各个共犯参与人。而对民法上合伙（合作社）理论的借用，则是草野豹一郎主张这种观点的理由。泷川幸辰对草野的观点进行了批判，认为这种观点将导致"各个共同实行者不得不为他人的行为承担责任；而这无疑违背了刑法上的个人责任原则"。

　　在泷川幸辰对共谋共同正犯或共同意思主体说的展开批判的过程中，特别值得注意的是，他主张"共同意思主体说为了承认各个共同参与人的独立责任（在遵从刑法上个人责任原则的范围内），就必须将共犯实行人的实行理解为各个共犯参与人的分别实行"，这样看来"各个共犯参与人就是相互将他人作为自己的手足来使自己的犯意得到实现的；因而在共犯实行人着手实行之际，共犯的谋议人也就着手实行了。共犯的谋议人虽然没有自己完成实行行为，但他在利用他人的实行着手而支配结果实现这一点上是间接的实行人，由此包括谋议人在内的各个共犯参与人均应各自独立地为自己的实行承担共犯的责任"。泷川幸辰认为，在尝试依据个人责任的原则来理解共谋共同正犯的观点中，"共同意思主体说"在①将他人作为自己的手足来实现自己的犯意，和②通过利用他人的实行行为来支配结果的实现这两个部分上，就与第二次世界大战后的有力观点，即通过行为支配说或间接正犯类似说的理论构造使共谋共同正犯得到限制的肯定的观点是相通的。

　　实际上，泷川幸辰在《犯罪论序说》中，引用并借鉴了布伦斯的观点，认为正犯的基础在于"预先就内在于行动之中的行为支配的可能性"[34]。此

466

---

　　[34]　前引注[33]泷川幸辰：《犯罪论序说》，收录于《泷川幸辰刑法著作集第 2 卷》，第 187 页及以下。Vgl. Bruns, Kritik der Lehre vom Tatbestand, 1932, S. 72 f.。

外，他还认为在间接正犯的正犯性问题中，所谓道具理论的根据在于，"利用无责任能力人的人认识到了自己才是唯一的负责人，其虽然并不具备直接的行为支配的可能性，但其行为支配与直接的支配是相当接近的"[35]。由此可以看出，在共谋共同正犯问题中，泷川幸辰认为从个人责任的原则出发也能采取行为支配说，并且认为这种观点是有合理性的。

但是泷川幸辰还认为，即使从个人责任的原则出发，对共谋共同正犯或共同意思主体说进行前述理解，"对他人行为的利用和支配的本质是什么这一问题也仍然是存在疑问的"。泷川幸辰指出，共同意思主体说通过借鉴民法上的合伙概念，认为利用和支配的本质在于"行为人的意志"；但刑法与民法之间毕竟是有所差异的，无法通过对违法效果的积极追求本身来认可其在法律上的效果（刑事责任）；"刑事责任是对积极追求违法效果并实施了'义务违反'行为的法律上的非难"。正是基于前述理解，泷川幸辰认为共谋共同正犯和共犯团体说是不可能成立的。而基于对共谋共同正犯概念的否定，泷川幸辰还主张应当对具体案件进行具体分析，以教唆犯或帮助犯对相关事实进行处理。

2. 在第二次世界大战结束后，泷川幸辰于1949年（昭和24年）发表了论文《论共谋共同正犯》。[36] 在这一论文中，泷川幸辰在现行刑法的解释论上采取了否定共谋共同正犯概念的立场，在立法论上则基于"当下是集团犯罪的时代"的认识，主张有必要对共同犯罪的规定进行修改。

泷川幸辰认为，从"社会感情"来看的话，将接受了背后大人物关于实行的决定并实际实施了实行行为的小人物认定为正犯，但却不将其背后的实际决策者即大人物认定为正犯，"有着不符合法律和社会感情的缺憾"；判例和部分学说正是为了迎合这种"社会感情"，才臆造出了共谋共同正犯的理论。但是泷川也主张："即使是在符合'社会感情'的情况下，也不应肯定那些无法通过法的解释得到说明的情形，而是应当将其作为对法的解释的歪曲加以抵制。"而就共谋共同正犯无法在现行《刑法》的解

467

---

[35]　前引注[33]泷川幸辰：《犯罪论序说》，收录于《泷川幸辰刑法著作集第2卷》，第193页。

[36]　泷川幸辰：《论共谋共同正犯》（1949年），收录于《泷川幸辰刑法著作集第5卷》，第444页及以下。

释论中成立的理由而言,泷川在这篇论文中的观点与他在《犯罪论序说》中所主张的观点是完全相同的。

泷川幸辰还指出,基本上可以确定地认为共谋共同正犯论是由"时势的要求"所促生的学说;而随着社会生活从简单变得复杂,社会生活中人们的关系也逐渐从孤立的转变为集团的,犯罪也明显有着从单独犯罪向共同犯罪变迁的倾向;这也就是泷川所谓的"当下是集团犯罪的时代"。泷川幸辰认为,在集团犯罪中,实行了犯罪的人基本上都是地位较低的小人物,而本应是犯罪核心角色的大人物却都藏在小人物的背后对其发号施令;因此,仅仅对实行者进行处罚并不能达到处罚的目的。在这种犯罪中,究竟是谁实行了犯罪这一问题实际上是无关紧要的,对指导者即大人物进行处罚则是有必要的;正是从这种必要性出发,才提出了使共同正犯的处罚范围得到扩大的共谋共同正犯这种共犯类型。但是泷川幸辰还认为,即使目的是正当的,也不能因此就承认所有能实现这一目的的手段都是正当的;应当在手段的意义上对这种手段进行批判。在这一意义上他主张:"共谋共同正犯打破了刑法共犯规定的框架,是跳脱于传统的共犯体系的。"

泷川幸辰主张,自中世纪的意大利学派之后,为刑法所承认的共同正犯、教唆犯和帮助犯之间的区别有着数百年的理论传统;但是"其在对于当今的复杂社会现象的包摄上可谓是漏洞百出的,因而有必要对共犯规定进行修改"。泷川幸辰认为,社会是运动的,但法律是固定的;以固定的法律对随着社会的变动而不断变化的犯罪现象进行调整无疑是非常困难的,因而"法律解释应有一定的弹性"。但同时,"法律解释也是有限度的",在"主张法解释的自由之余,也产生了打破法律的原有框架的可能性。打击暴力的人自己也应该谨慎地使用暴力;而以法律解释之名对法律的打破正是这样一种无形的暴力"。在此基础上,泷川幸辰主张:"应当严守法律,而不能以法律解释为名肆意突破法律。由此,应当对不符合社会要求的法律进行修改。"至此为止,泷川幸辰就得出了自己在立法论上的 *468* 结论,主张:"现行《刑法》第60条至第65条的规定并不完善,无法通过这些规定对日渐猖獗的集团犯罪进行调整。应当早日对共犯的规定进行修改。在不进行修改的情况下,也至少应当制定调整集团犯罪的特别法。"

3. 泷川幸辰在 1960 年（昭和 3 年）的论文《"预备草案"研读》㊲中，就刑法修改预备草案的未定稿（1960 年）第 26 条第 2 项关于共谋共同正犯［这一规定与改正刑法草案（1974 年）第 27 条第 2 项是一样的］的规定进行了讨论。他在立法论上赞成了设置共谋共同正犯规定的做法；但同时也指出有必要使这一规定内容更为精密，以限缩共谋共同正犯的成立范围。

泷川幸辰首先指出："不论是旧大审院还是现在的最高裁判所，都固执于在具备共谋的情况下即使缺乏实行也能成立共同正犯的观点，而完全没有重视学界的批评；正是鉴于大审院这种固执的态度，'预备草案'才为了对判例进行限制而规定了共谋共同正犯。"泷川还指出："笔者认为无法通过对现行法的解释为共谋共同正犯找到法律上的依据。但是，在上位者与下位者共谋决定实行犯罪，并由下位者实施了实行行为的情形中，实务家是在很难将上位者认定为教唆犯的情况下，不得已才找出了共谋共同正犯这条出路的。这一意义上，共谋共同正犯的理论并非是完全不能理解的；因为虽然在理论上存在矛盾，但在面临实际问题时，理论总是不得不向现实妥协。在这一意义上，笔者也赞成在刑法中新设共谋共同正犯的规定。"

当然，泷川幸辰也就这一规定的内容进行了如下评论："但是，也有必要使规定更为精细化以限缩共谋共同正犯的成立范围。为判例所承认的一些共同正犯，例如在并不是全员商谈，而是商谈的结果逐级传达给下级的情形中，就应当排除共谋共同正犯成立的可能性。否则判例的'暴走'将是不受限制的。共谋共同正犯的立法化无疑是非常困难的，但也正因为困难重重，才更不能搁置立法而放任判例肆意发展。有必要使每个判例都有法律上的根据。"

⁴⁶⁹ 泷川幸辰之所以主张即使是在立法论上也应当如前文所述那样将顺次共谋等情形从共谋共同正犯中排除出去，或许是因为他注意到了昭和 33 年（1958 年）练马事件最高裁大法庭判决（5 月 28 日刑集第 12 卷第 8 号

㊲　泷川幸辰：《"预备草案"研读——日本刑法学会春季总会上的说明》（1960 年），收录于《泷川幸辰刑法著作集第 5 卷》，第 94 页及以下。

第 1718 页）在顺次共谋的情况下也承认了共谋共同正犯的成立。但是泷川幸辰并没有特别地对这一判决进行引用和评析。

4. 对练马事件最高裁判决（伤害致死事件），大多数理论都认为其依据间接正犯类似说的观点对共谋共同正犯的成立进行了限定。但是在对被害警官等人的袭击计划是由他人策划、指导、指示的情况下，最高裁判所在判决中认为仅仅将这一计划传达给部下并使顺次的共谋关系得以成立的人也成立共谋共同正犯。在这一点上，不如说本案中共谋共同正犯的成立范围比昭和 11 年（1936 年）大审院刑事联合部判决是更为扩张的。从案件事实来看的话，最高裁判所在裁判要旨中指出："本案中处在指导地位的人对于直接共谋的人作出了如下指示：'帮助北部地区的党员们，在本月 26 日夜里分为两班，对 I 巡查和 K 进行殴打。'此外，其还就参加人员、集合场所、实行方法作出了指示并进行了共谋。"着眼于"处在指导地位的人"对犯罪计划相当细节的部分都进行了策划、决定和指示的实际情况，对谋议进行指导的行为可以说是与直接的犯罪实行人的行为起到了同样的作用，共同惹起了伤害致死的结果；因而在这种情况下，可以说是能够肯定共谋共同正犯的成立的。

5. 在这之后的对刑法改正草案［1974 年（昭和 49 年）］的审议过程中，特别值得注意的立法论上的问题是，在参考案［第一次案·1969 年（昭和 44 年）］的第 26 条别案第 2 项中，曾提出过规定了"除对谋议进行指导之外，还起到了与实行同等的重要作用"这一要件的"别案"⑧。这一提案通过规定前述要件，包括共谋共同正犯与起到帮助作用的谋议者之间的区别在内，总体上对共同正犯和帮助犯进行了区别。这一提案还表明，谋议的成立以"指导"这一典型的、客观的、外形的行为为必要。正如在泷川幸辰的前述主张中所表明的那样，如果为了防止共谋共同正犯的

---

⑧ 别案规定的内容是："两人以上谋议共同犯罪，共谋者之一基于共同的意思实行了所谋议的犯罪的，指导谋议或起到了其他与实行同等的重要作用的共谋者，都作为正犯处罚。"就这一别案规定的成立过程，参见法制审议会刑事法特别部会第一小委员会：《会议事要录（六）》，1969 年版，第 540 页及以下、第 549 页及以下、第 552 页及以下；另参见法制审议会刑事法特别部会第一小委员会：《会议事要录（七）》，1970 年版，第 611 页及以下。关于《刑法修改草案》和别案中关于共谋共同正犯的规定，以及对草案规定的质疑，参见前引注①内藤谦：《刑法修改与犯罪论（上）》，第 21 页及以下。

不当扩张而对其设立规定的话，参考案第 26 条别案第 2 项至少表明了比
改正刑法草案第 27 条第 2 项更为妥当的方向。但是，这一别案的规定在
470　将"起到了与实行同等的重要作用"这一有着浓重的评价要素色彩的概念
作为条文上共谋共同正犯的成立标准这一点上，仍应得到进一步讨论。

（三）小野清一郎的刑法理论和共谋共同正犯

1. 在 1932 年（昭和 7 年）的《刑法讲义》[39] 中，小野清一郎并没有
正面地讨论共谋共同正犯问题。他认为，是否应当将共同正犯中共同者的
行为认定为犯罪的实行行为，应该依据"其共同行为全体"是否符合构成
要件来进行判断；但是其中各个共同行为人的行为都必须是"对犯罪实行
行为本身的参加，即分担了犯罪实行行为本身"；从这一点中能够看出共
同正犯与帮助犯之间的区别。正是在这一意义上，小野清一郎对将仅仅实
施了望风行为的人认定为共同正犯的"某些判例"提出了质疑。他指出，
只有在实施了实行行为本身的一部分的情况下才可能成立共同正犯。而在
小野引用的、被认为存在疑问的判例中，裁判所认为与实行人进行了共谋
但只实施了望风行为的行为人也成立共同正犯［大判明治 42 年（1906
年）6 月 8 日刑录第 15 辑第 728 页，大判大正 2 年（1913 年）2 月 18 日
刑录第 19 辑第 217 页，大判大正 11 年（1922 年）10 月 27 日刑集第 1 卷
第 593 页］。

当然，小野清一郎也认为："在构成要件上的行为是对某种思想的表
示的情形（表示犯）中，其实行并不要求直接实施表示行为，间接地实
施了使他人接受表示的行为，也能够成立共同正犯。"这里小野所引用
的判例是大正 11 年（1922 年）大审院判决［4 月 18 日刑集第 1 卷第
233 页（恐吓罪事例）］；在这一判决中，大审院认为在高智商犯罪（译
者注：即与"暴力犯罪"相对的概念，如诈骗罪、恐吓罪等）中，对构
成要件行为实施的精神的加功也是实行中重要的部分，并依此认可了共
谋共同正犯的成立。小野清一郎认为应"在表示犯的意义上理解"前述
判决。即，对如高智商犯罪这样的，实行行为只不过是对特定的思想进
行表示的"表示犯"来说，可以通过对构成要件的解释使其成立共谋的

㊴　小野清一郎：《刑法讲义·全》，1932 年版，第 194 页及以下。

共同正犯。

2. 小野清一郎在 1945 年（昭和 20 年）的《全订刑法讲义》[40] 中，对共谋共同正犯问题进行了正面的讨论。小野在这本书中的观点完全继承了《新订刑法讲义·总论》[1948 年（昭和 23 年）][41] 中的观点；并且，本书在以昭和 11 年（1936 年）大审院刑事联合部判决和共同意思主体说为批判对象这一点上，与泷川幸辰的《犯罪论序说》[参见前文（二）1] 中的观点是相同的。

在《全订刑法讲义》中，小野清一郎在认为应当通过作为一个"整体"的共同行为是否符合构成要件，来对共同正犯的成立与否进行判断这一点上，与他 1932 年出版的《刑法讲义》中的观点是完全相同的。但是，《全订刑法讲义》中与 1932 年《刑法讲义》中的区别之处在于，在"对犯罪的实行本身进行分担"的情况之外，还认为包括"实施了为实行所不可或缺的行为"在内的其他情况也可能成立共同正犯；从这一点中能够看出共同正犯与教唆犯和帮助犯之间的区别。这里，小野清一郎引用并支持了大正 3 年（1914 年）的大审院判决 [6 月 19 日刑录第 20 辑第 1258 页（本案中，行为人在对盗窃罪的实行进行谋议之后，帮实行人保管外套并在路上等待）]；在本案判决中，裁判所认为即使共谋者对犯罪的实行进行了谋议，但在其并没有对"实行行为"或"与其紧密关联且必要的行为"作出贡献的范围内，不能成立共同正犯。

小野清一郎指出，"可是大审院近来的判例 * 采取了与我的前述观点不同的立场"。小野梳理了到在盗窃罪和强盗罪中也一般性地适用共谋共同正犯理论的昭和 11 年（1936 年）大审院刑事联合部判决为止的判例的形成过程；同时，他还批判了草野豹一郎以所谓"共同意思主体说"对这些判决的基础进行说明的尝试，指出共同正犯的成立未必以"共谋"为必要，并且在仅仅实施了"共谋"的情况下行为未必是被"共同地"实行的。小野清一郎主张，"共同意思主体说"是"私法中的

---

* 即前述大正 3 年（1914 年）大审院判决，6 月 19 日刑录第 20 辑第 1258 页。——译者注

[40] 小野清一郎：《全订刑法讲义》，1945 年版，第 2125 页及以下。

[41] 小野清一郎：《新订刑法讲义·总论》，1948 年版，第 204 页及以下。就新订和全订两版之间的关系，参见前引注②内藤谦：《日本"古典学派"刑法理论的展开》，第 22 页及以下。

合伙观念在刑法上的不当适用",而共同犯罪"不必具备这种连带关系";他特别强调,共同正犯应该是指两人以上的参与人中的每一个都值得作为"正犯"处罚的情形,而这就是"有着共同的实行的场合"。

但是,小野清一郎认为应当将两人以上的行为"作为一个整体进行考察",以此判断共同正犯中"实行行为"的有无;而不能将一个个的行为"割裂开来进行观察"。在这一意义上,在行为人虽然并未直接着手实行,但"共谋"了犯罪并"参与了望风"的情形中,就仍应将其认定为"共同正犯"而非"帮助"犯。对将在共谋了实行的基础上实施了望风行为的人认定为共同正犯的三个判例而言,小野虽然在 1932 年的《刑法讲义》中对它们提出了质疑,但他在 1945 年的《全订刑法讲义》和 1948 年的《新订刑法讲义·总论》中改变了自己的观点,再次引用了这三个判例并肯定了其结论。而这种观点改变也导致小野清一郎强调应以"全体的观察"来判断共同实行,并且共同实行中也包括了"为实行所不可或缺的行为"。

小野清一郎在 1945 年的《全订刑法讲义》和 1948 年的《新订刑法讲义·总论》中都未特别地讨论是否应在所谓"高智商犯罪"这种"表示犯"中承认所谓共谋共同正犯的问题,这与 1937 年的《刑法讲义》是有所不同的。

此外,小野清一郎还曾在立法论的问题上对《暂定刑法修改草案》第 25 条展开讨论。他认为,虽然这一条文通过规定"实施犯罪",而被认为或许能够包含①现行法中"实行了犯罪"的情况和②虽然实施了共谋但尚未付诸实行的情况两种情形;但是在认为"实施犯罪"只是对特定犯罪而言的范围内,"实施犯罪"就不存在于对特定犯罪的实行之外;因而在解释论上仍有争论的余地。其后小野清一郎主张道:"我决不是认为应当轻纵共谋者的责任,但是将只实施了共谋而并未付诸实行的人作为共同'正犯',即共同的实行者进行处罚,无疑是错误的。"这样看来,即使是在立法论上,小野清一郎也对设置包含了共谋共同正犯的处罚规定的做法持否定态度。

　　3. 在第二次世界大战之后,小野清一郎在 1953 年(昭和 28 年)的

《论犯罪构成要件的理论》[42] 之中，仍然认为判例所谓的"共谋共同正犯"，是"不承认构成要件的'实行'有着特别的意义的观点"。他认为，共谋共同正犯这一概念来自旧律（译者注：旧《刑法》）；而在欧洲，这一概念直到"正犯"概念被明确地提出为止都是与"正犯"相混同的。小野批判说，虽然草野豹一郎尝试根据"共同意思主体说"来阐明共谋共同正犯的理论基础，但"这归根到底仍是团体的责任论，与近代刑法中的个人责任原则是无法兼容的"。

小野清一郎还认为，在"某种构成要件以表示行为（言辞）为其内容的情况下，例如在胁迫罪、恐吓罪等犯罪中，也可能只委托共谋者中的一人实行犯罪"；在此基础上，他再次引用了前述大正11年（1922年）4月18日大审院判决，主张："判例曾在'高智商犯罪'问题上——大体上也可以说是表示犯或言辞犯——认为精神上的加功者也是共同正犯。判例到此为止都是正确的。"在这一点上，可以说小野延续了1932年的《刑法讲义》中的观点。但是，小野清一郎同时还主张："承认放火罪、杀人罪、伤害罪的共谋共同正犯是误入歧途的。"这里他虽然并未引用判例，但却表明了自己对到昭和11年（1936年）大审院刑事联合部判决为止的判例的变迁，以及接受了这种变迁的最高裁判例的质疑态度。 473

此外，小野清一郎还认为："'实行'并不是指共同的实行；例如，在盗窃现场望风的行为人虽然并未实施盗窃行为，但却分担了盗窃罪的实行行为。由此，以这一旨趣为由作出的判例就是正当的。"这里小野清一郎所提及并引用判例，是将在屋外望风的共谋者认定为共同正犯的最高裁判决［昭和23年（1948年）5月25日刑集第2卷第5号第507页］。小野清一郎的前述观点也是对他在1945年的《全订刑法讲义》和1948年的《新订刑法讲义·总论》中表明的观点的延续。

4. 在小野清一郎关于共谋共同正犯的判例研究中，特别值得注意的是他对第二次世界大战结束后大审院末期的判决［昭和22年（1947年）4月7日，载月刊判例第2辑第6号第60页］的评释，即《论共同正犯和

---

[42] 小野清一郎：《论犯罪构成要件的理论》（1953年），收录于小野清一郎：《犯罪构成要件的理论》，1953年版，第115页。

共同谋议》⑬（大概是因为刊载杂志的问题，本判决几乎未得到理论上的讨论）。这一评释也是小野清一郎关于共谋共同正犯的论文中最为详细的一篇。

在 Z 为了实施盗窃而请求 X 和 Y 共同参加并约好了共同实行，但 X 和 Y 因受到了其他事情的阻碍而没能参加实行的案件中，原审判决认为 X 和 Y 成立共同正犯；而前述大审院判决则作出了撤销原审判决并发回重审的决定。这一决定指出，"在本院历来的判例中，就盗窃罪和抢劫罪而言，都认为参与了谋议的人即使其没有亲自动手参与实行也应承担共同正犯的责任；而拘泥于之前判例的结论将导致共同正犯的成立范围被不合理地（过度）扩张，这种对概念的滥用显然是有害的"。在此基础上，本决定引用了昭和 11 年（1936 年）大审院刑事联合部的判决，在对其判旨进行了重新讨论后作出了如下论断："如是，在行为人之间的谋议并没有被固定化之时，已经自主谋划并决意实施盗窃罪的人以顺便参与犯罪即有机会获利为由劝诱他人参与犯罪并约定共同实行，而被邀约的参与人由于受到其他事情的阻碍而错过了参与的机会，从而并未特别地有助于劝诱者的犯罪行为的情况下，对于没有理由向实行人请求按照其所起作用分得利益的被邀约人来说，其不仅不应承担共同正犯的责任，也不应当承担帮助犯的责任。这是因为，这种情况下的被邀约人不仅没有参加其共同的事业（犯罪），并且没有帮助劝诱者的犯罪行为。"

小野清一郎认为："前述决定是大审院基于自我反省对之前判决观点的修正，至少在表明了共同正犯成立的限定这一点上是应予注意的。"由此，小野认为该决定中对原判决的撤销和发回重审的结论也是正当的。

在评释的过程中，小野清一郎首先认为，认可共谋共同正犯的大审院判例"理论上虽然是以'共谋'的观念为其契机的，但实际上是以应当对团结者进行严格处罚的政策考虑为指导的"。他还指出，"共谋"的观念根源于旧律，例如在新律纲领中就以共谋的观念作为共犯的基础，使"造意者"承担了非常重的责任。他还主张，这种旧律的传统是与法国的"智慧

---

⑬　小野清一郎：《论共同正犯和共同谋议》，收录于小野清一郎：《刑事判例评释集第 7 卷》，1951 年版，第 127 页及以下。

的正犯"(autheur moral ou intellectuel)的观念相符合的;它一方面带来了将教唆犯作为正犯处罚或与正犯同等对待的思想,另一方面导致认为共同正犯中的共谋者即使并未参与实行也应承担责任的思想。此外小野还认为,由于彼时正值"血盟团"这一为了实现政治意图而共谋杀人并分别实行的犯罪组织给世人留下强烈印象的时期,对这种现象进行防卫的"政策的必要性"也使得大审院确信前述共谋共同正犯判例是具有正确性的。

但是小野清一郎还认为,共谋和共同实行的意思毕竟是有所区别的。"共谋"并不是共同正犯的概念要素,特别是在参与人之间并无"共谋"即两人以上"共同谋议"的情况下,只要两人以上的参与者就犯罪的实行本身而言在主观和客观上是共同的话,就足以成立共同正犯了;从反面来看,即使参与人之间已经存在共谋,但在犯罪尚未付诸实行的情况下,或在虽然已经着手实行犯罪但其中有人并未参与实行的情况下,没有参与的人就不能成立其共谋的犯罪。就此,小野清一郎主张:"在与旧律不同的现行《刑法》的规定下,《刑法》在共犯的规定中对共同正犯、教唆犯和帮助犯三种参与形态作出了明确的区别;因而前述观点在逻辑上就是必然的。"也正是依据这种逻辑,小野才主张参与了共谋的人在并未自己实行而是将实行完全委托给他人的情况下,不能与自己实行犯罪的人被统一评价为正犯,而是仅应承担教唆犯或者帮助犯的责任;并以此为例,得出了"政策的"东西未必会引起不当的结果的结论。

在立法论上,小野清一郎同样认为,借鉴英美法中那样的"共同谋议"罪(conspiracy)的规定,并扩张对阴谋行为的处罚不失为一条可行之策。但他本人也认为:"但我更担心这种处罚规定的滥用。"

接下来,小野清一郎指出,大审院的前述判决"并没有防止"共谋共同正犯的概念自相关判例作出之后出现"被滥用的弊害";在这一点上,"对滥用的深思熟虑"才是"我断言大审院判例存在错误的理由"。

就此而言,小野清一郎认为,前述判决将共同正犯的本质限定在"如一心同体那样"地实行犯罪的范围内;这也就是说,在共谋者中的一部分人承担了实行这一重要任务之时,只有在实行被认为是一种"勠力同心的事业"的情况下,才能将所有人都认定为正犯。而通过"勠力同心的事

475

业"这一限定，在前述事实中就同样能够得出如前述的判决那样的，否定共谋共同正犯成立的结论了。根据前文所述的判决，共谋实质上是"谋议的固定化"，只是偶然达成的意思上的一致不足以成立共谋；而成为"一心同体"并"勠力同心"地实行，"就至少以存在某种程度的客观行动为必要（即，成立英美法上所谓'over act'的行动）。但是这并不意味着谋议人有必要直接参与实行"。小野清一郎却对这一判决的理论构造提出了质疑，认为"这虽然是非常微妙的观点，但总归是使共同的谋议成为共同正犯的一个要素"。他认为，在没有这样的"谋议"的情况下也可能存在"共同"正犯，前述观点"一方面是过多的要求，另一方面仅仅以'一心同体'和'勠力同心'对'共同'正犯进行认定也是不充分"的；他还主张，"实行本身的共同，也就是'勠力同心'是必要"的。此外，小野清一郎还批判说，英美法中"共同谋议"罪是"独立的犯罪"，这与"共同正犯属于完全不同的范畴"，因而"大审院的观点无疑是混同了共同谋议罪和共同正犯"。

5. 1980 年，小野清一郎在立法论的视角下，将《改正刑法草案》的第 27 条第 2 项"评价"为"实现了（对共谋共同正犯问题的）一种现实的解决策略"[44]。此外，"在认同共谋共同正犯的判例是以历史文化为根基的现实状况的同时，根据行为责任的理念以'基于共同意思的共同实行'为其要件，并据此使对共谋共同正犯的认定关联于《刑法》第 26 条第 2 项关于间接正犯的规定，从而抑制共谋共同正犯的过度扩张；我认为这正是一种现实的解决策略"。

此外，小野清一郎还就对这一规定提出的消极论调和反对观点进行了反批判，提出了如下主张："持'保持现行法的规定是妥当的'观点的学者数量众多，日本律师联合会也曾对现行法规定提出'这无疑使教唆犯和帮助犯的关系变得模糊'的反对观点；但却一直没有人提出比草案更为完善而现实的解决方案。但这也正是日本的立法思想的现状；从这个例子中，能看出死气沉沉的消极主义和为反对而反对的观点正在大行其道。这

---

④　小野清一郎、中野次雄、植松正、伊达秋雄：《刑法（第三版）口袋注释全书（1）》，1980 年版，序说第 34 页及以下（小野清一郎执笔）。

种观点几乎掩盖了主张积极立法学的末弘严太郎的观点，而关于美国立法过程的修辞论的研究也已经几乎不见踪迹了。"

6. 正如小野清一郎指出的那样，就共谋共同正犯展开的立法论上的讨论未必是活泼的。但值得注意是，在《改正刑法草案》的审议过程中得到单独提案的"别案"规定，至少指出了一种比草案的规定更为妥当的修改方向［参见前文三（二）5］。但不管怎么说，都应当为共谋的共同正犯划定合理的处罚界限，以防止其处罚范围的不当扩张；特别是在判例和实务将大部分在现实中发生的共犯案件都作为共谋共同正犯处理的意义上，这种要求就是极为重要而迫切的。[45] 而在学说上，则应以前述"别案"的规定为线索，在立法论上对这一问题进行进一步的深化讨论。

---

[45] 就此问题笔者的观点，参见内藤谦：《共犯论的基础》，载《法学教室》第 114 号（1990年），第 71 页；另参见内藤谦：《刑法讲义总论（下）Ⅱ》，2002 年版，第 1367 页及以下、第1377 页及以下。

第七章　泷川幸辰的刑法理论

一、前言

　　从大正时代中期到昭和时代，泷川幸辰从报应刑论和客观主义犯罪论的基本立场出发，与小野清一郎一同展开了"旧派"（古典学派）的刑法理论。① 特别在昭和时代初期之后，"旧派"（古典学派）刑法理论与以牧野英一为代表的"新派"（近代学派）刑法理论所主张的社会防卫论、教育刑论和主观主义的犯罪论产生了激烈的对抗。

　　泷川幸辰的刑法理论继承了从近代市民社会成立时期的启蒙刑法思想

---

　　① 直接以泷川幸辰的刑法理论为对象展开的讨论，参见木村静子：《刑法学者泷川幸辰先生》，载《论丛》第 72 卷第 4 号（1963 年），第 3 页及以下；另参见平场安治、木村静子、竹田直平、植田重正、佐伯千仞：《〈座谈会〉追思泷川幸辰先生》，载《书斋之窗》1963 年，第 110 号第 1 页及以下、第 111 号第 1 页及以下；小林好信：《泷川刑法学的变迁（一）——刑法学史上的地位》，载《天理大学学报》第 89 辑（1973 年），第 1 页及以下；小林好信：《泷川幸辰和罪刑法定主义》，载《大阪学院大学法学研究》第 1 卷第 1・2 合并号（1976 年），第 115 页及以下；小田中聪树：《泷川幸辰》，收录于潮见俊隆、利谷信义编著：《日本的法学家》，1974 年版，第 383 页及以下；中山研一：《泷川博士的刑法思想》，收录于中山研一：《刑法的基本思想》，1979 年版，第 83 页及以下；福井厚：《加古祐二郎和泷川幸辰》，收录于大桥智之辅等编：《昭和精神史的一个断面——法哲学家加古祐二郎及其日记》，1991 年版，第 43 页及以下。本章论述受到了前述论文的许多启发。［附记：章内容完成之后发表的对泷川幸辰的详细的传记，参见伊藤孝夫：《泷川幸辰——独行长路》，收录于《密涅瓦评传选》，2003 年版。］

和"前期旧派"（前期古典派）直到 19 世纪后半叶以后的"后期旧派"（后期古典派）的刑法理论，并使这一谱系中自由主义的侧面得到了展开和发展。其刑法理论在日本的"旧派"理论中的特征在于，以基于"人权思想"的罪刑法定主义为核心的理论结构和在与"社会基盘"之间的关联性这一意义上对理论、制度和政策进行考察的尝试。在泷川幸辰的刑法理论中，他表现出了对启蒙主义刑法思想和前期旧派的强烈兴趣，也在部分理论中表现出在一定程度上倒向马克思主义的倾向；这一点同时也在泷川形成和展开的以刑法的人权保障机能和国家的刑罚权制约机能为出发点的刑法理论上得到了反映。但是，泷川幸辰的刑法理论并不是马克思主义的刑法理论，而是受到了马克思主义影响的自由主义刑法理论。但在昭和时代战前时期的近代天皇制国家和明治宪法的背景下，这种刑法理论的命运也可以通过泷川的著作《刑法读本》（1932 年）以及《刑法讲义（改订 *479* 版）》（1930 年）所遭受的发售禁止处分和所谓"泷川事件"的历史事实得以窥见。

本书在前面几章中，已经对泷川幸辰的刑法理论进行过许多考察和讨论。其中包括他的理论在大正时代中期以后的"形成过程"，在昭和时代战前和战后时期的"展开"，对以到《刑法修改暂定草案》成立为止的《刑法》的全面修改工作和《治安维持法》的成立及扩张为中心的"立法问题"的应对态度；还包括对泷川幸辰和小野清一郎相互的理解和评价、泷川与小野的刑法理论的共通性和异质性等问题的讨论。②

---

② 内藤谦：《泷川幸辰的刑法理论1》，载《法律时报》第 52 卷第 7 号（1980 年），第 65 页及以下；内藤谦：《泷川幸辰的刑法理论2》，载《法律时报》第 52 卷第 8 号（1980 年），第 75 页及以下；内藤谦：《泷川幸辰的刑法理论3》，载《法律时报》第 52 卷第 9 号（1980 年），第 100 页及以下；内藤谦：《泷川幸辰的刑法理论4》，载《法律时报》第 52 卷第 10 号（1980 年），第 72 页及以下；内藤谦：《泷川幸辰的刑法理论5》，载《法律时报》第 52 卷第 11 号（1980 年），第 75 页及以下。

此外，还可参见内藤谦：《日本"古典学派"刑法理论的形成过程》，载《法学协会 100 周年纪念论文集第 2 卷》，1983 年版，第 509 页及以下；另参见内藤谦：《日本"古典学派"刑法理论的展开》，载《平野龙一先生古稀祝贺论文集上卷》，1990 年版，第 1 页及以下；内藤谦：《日本"古典学派"刑法理论和立法问题》，载《创价法学（法学部开设 20 周年纪念号）》，第 21 卷第 2·3 合并号（1992 年），第 181 页及以下；内藤谦：《日本"古典学派"刑法理论的一个断面——泷川幸辰和小野清一郎之间相互的理解与评价》，收录于《福田平、大塚仁博士古稀祝贺论文集〈刑事法学的综合探讨（下）〉》，1993 年版，第 1 页及以下。

本章主要以泷川幸辰的罪刑法定主义论及其变迁、他的"社会基盘"论以及他在部分理论中一定程度上倒向马克思主义的倾向为中心，尝试对泷川的社会观、国家观、法律观进行一些考察。

此外，就泷川幸辰的经历和功绩，也可以参见小田中聪树：《泷川幸辰的刑事诉讼法理论》［吉川经夫等编：《刑法理论史的综合研究》，1994年版，第587页及以下］。

二、罪刑法定主义论：刑法理论及其变迁

（一）罪刑法定主义的意义和机能——与刑法任务、机能论、犯罪论与刑罚论相关

480　　1. 泷川幸辰的刑法理论中最应得到重视的特征在于，他强调罪刑法定主义所具有的意义，并以此作为其在昭和时代战前时期对刑法的任务和机能进行考察的基本前提，同时也以此作为其客观主义犯罪论和报应刑论的基础原理。此外，他还认为这种罪刑法定主义拥护论的基础在于，它与"人权思想"和"社会基盘"之间存在密不可分的关系。

作为罪刑法定原则的根据，泷川幸辰举出了发源于英国大宪章的"人权思想"、虽然被宾丁命名为"平衡理论"但能够归结于所谓心理强制的思想以及以孟德斯鸠为代表的"三权分立理论"；他主张，前述思想中"平衡理论"和"三权分立理论"是表面的根据，为刑法学所承认的罪刑

（接上页）此外，泷川幸辰的刑法理论的特征及其与现代刑法理论之间的关系问题，参见内藤谦：《刑法讲义总论（上）》，1983年版，第82页及以下、第92页及以下；关于泷川幸辰的人物侧写，参见内藤谦：《泷川幸辰——自由主义刑法理论的主张者·日本刑法学者人物侧写（8）》，载《法学教室》第158号（1993年），第74页及以下。

［附记］关于泷川事件的介绍，参见最近出版的松尾尊党：《泷川事件》，岩波现代文库2005年版。

法定主义的根据首先应当归结于"人权思想"③。

这里泷川幸辰所说的"人权思想",是指发源于英国的大宪章、美国的人权宣言和法国的人权宣言,并与法国刑法有着紧密联系的"人权思想"。这种思想"与国家特别是其刑事裁判权的专制相对立,保障公民的权利和自由";同时也"使我们在面对国家时的权利和自由的不可侵害性得到保障"。此外,其人权思想也包含了"在国家内部的各种要素(阶级)的对立无法得到克服的限度内,有必要使罪刑法定主义成为保护弱者而限制强者的盾"这样的理念。④

　　泷川幸辰并非仅仅是在理念上强调了基于"人权思想"的罪刑法定主义。他还从"社会基盘论",即从认为"只有在某种制度与它所赖以立足的社会基盘之间的关联性的意义上对这一制度起到的作用进行评判,才能

481

---

③　泷川幸辰:《犯罪论序说》,1938 年版,第 4 页及以下;泷川幸辰:《犯罪论序说(改订版)》,1947 年版,序言第 3 页及以下;收录于《泷川幸辰刑法著作集第 2 卷》,1981 年版,第 15 页及以下。泷川幸辰的罪刑法定主义论,参见泷川幸辰:《对罪刑法定主义的再认识》,载《公法杂志》第 1 卷第 4 号(1935 年),第 1 页及以下;收录于《泷川幸辰刑法著作集第 4 卷》,第 37 页及以下。

泷川幸辰并没有完全否定"平衡理论"和"分权理论"所具有的意义。他认为,英国的大宪章思想漂洋过海,于 1774 年载入费城国民总会宣言,其中第 5 条记录了"人权"如果不受法律保护的话就可能受到剥夺;并于 1789 年再次载入法国的"人权宣言",成为 1810 年法国刑法第 4 条所载明的基本原则。在这一历史谱系的前提下,"人权保障"和"平衡理论"以及"分权理论"三者就在法国国民议会中相互结合了起来。

泷川幸辰是这样考虑的。基于"平衡理论"的心理强制是制定一种罪刑均衡的刑法的动机所在,其在对抗专制裁判以解放国民这一点上可谓功不可没。但是,这一理论以人们知晓刑罚法规为前提,而公民并不知晓刑罚法规却是一种常态。人们实际上知晓的,只有内在于刑罚法规的那种"条理"和以"条理"为基础的"法律义务"。因而前述理论在理论前提上是存在谬误的,罪刑法定主义的基础实际上是表面的。此外,"分权理论"在当时对专制制度的反抗中也起到了重要作用,但是这一理论完全封死了裁判官解释法律的可能性,而不论是法律制定者还是其他什么人,显然都无法完全洞见犯罪人生活的方方面面(也正因此,法律解释和法律学才获得了成立的余地),因而这对于罪刑法定主义来说也不过是只是表面上的根据而已。

如前所述,泷川幸辰就对"人权思想"是罪刑法定主义原则的原动力进行了论证。他认为,刑法学中应当承认罪刑法定主义的根据,首要渊源在于大宪章的"人权思想",即反对专制政治、保障国民的自由平等。他主张,通过"罪刑法定主义",国家"保障人们相对于国家而言的权利和自由的不可侵犯性"。参见前引泷川幸辰:《犯罪论序说》,序言第 3 页及以下;收录于《泷川幸辰刑法著作集第 2 卷》,第 15 页及以下。

④　前引注③泷川幸辰:《犯罪论序说》(序言第 4 页及以下),收录于《泷川幸辰刑法著作集第 2 卷》,第 15 页及以下。

对制度适当与否的问题作出回答"的立场出发，主张："罪刑法定主义是
启蒙思想和自然法的人权思想的表现，其精神在于限制强者而保护弱者。
由于社会内部存在着强者和弱者的对立，罪刑法定主义必须成为刑法上的
'铁则'。"⑤ 泷川之所以在这里使用了"强者和弱者的对立"的表达方式，
恐怕是因为他在第二次世界大战后为了避免发售禁止处分而特意采用的表
达⑥；它实际上应该意味着资本主义社会中的阶级对立。在这一意义上，
泷川认为，在存在阶级对立的资本主义社会之中，如果不能严守罪刑法定
主义这一"铁则"的话，刑法就将成为阶级压迫的手段。

　　泷川幸辰从前述"社会基盘"论的立场出发，就 1926 年苏维埃刑法
中对罪刑法定原则的废除，指出苏俄和其他国家在基本组织上是存在根本
性的差异的，因而没有必要在此下进行讨论。同时，他也对纳粹法学家所
主张的在威权国家中排斥罪刑法定主义的观点进行了激烈的批判，认为这
不过只是专制裁判的复活而已。⑦ 此外，牧野英一主张通过包容了多数和
少数、包容了强者和弱者的"文化国家的新理念"对罪刑法定主义进行修
正，进而提倡这一原则的消解；泷川幸辰对这种主张进行了反驳，认为：
"如果不在其与现实国家之间的关联上进行进一步论证的话，对所谓文化
国家的社会基盘的主张恐怕就是无法为他人所接受的。"⑧

　　2. 泷川幸辰认为，在对刑法的任务和机能进行考察之时，罪刑法定
主义的任务和机能就在于保障国民的权利和自由与保障犯罪人的权利和自
482　由。⑨ 他认为，虽然存在无法对两个机能的重要性进行排序而只能将其并

---

　　⑤　前引注③泷川幸辰：《犯罪论序说》（序文第 10 页），收录于《泷川幸辰刑法著作集第 2
卷》，第 19 页。

　　⑥　前引注③泷川幸辰：《犯罪论序说》（序言第 1 页），收录于《泷川幸辰刑法著作集第 2
卷》，第 11 页。

　　⑦　前引注③泷川幸辰：《犯罪论序说》（序言第 7 页及以下），收录于《泷川幸辰刑法著作
集第 2 卷》，第 11 页及以下。

　　⑧　前引注③泷川幸辰：《犯罪论序说》（序言第 12 页及以下），收录于《泷川幸辰刑法著作
集第 2 卷》，第 21 页及以下。

　　⑨　前引注③泷川幸辰：《犯罪论序说》（序言第 10 页），收录于《泷川幸辰刑法著作集第 2
卷》，第 19 页。

列地理解的情况⑩，但"归根到底两个机能都是可以归结为对犯罪人的保障这一个机能的"。不论是什么人都只有在犯了罪的情况下才与刑法发生交集，人们在没有犯罪的情况下就不会被科处刑罚；因而从终局上来看，通过罪刑法定主义保障的权利和自由特别地指向对"在犯罪情况下的保障"；而以此为理由，"刑法作为一部法律的存在理由就在于'犯罪人的大宪章机能'"⑪。

话说回来，泷川幸辰究竟是怎样理解这样的罪刑法定主义的任务和机能，以及他自己所认同的刑法的任务，即"社会的秩序维持"或"社会防卫"之间的关系的呢？泷川幸辰认为，"刑法作为一部法律，其以社会的秩序维持为任务是毋庸置疑的"；而"这一任务是通过对个人的权利自由的保障才发挥效力的"，并且"从刑法是犯罪人的大宪章的机能中可以使其作为法律而得以生存的正当性得到申明"⑫。随后，泷川幸辰进一步地肯定了"刑法一方面以通过惩罚犯罪人来保护社会为其任务，另一方面又以保障受惩罚的犯罪人作为人的价值为其任务"这种"刑法的二律背反性"；并且认为"刑法的这种二律背反在现在的社会之中，表现在有名的罪刑法定主义这一原则上"。由此泷川幸辰主张，"刑法的终极的目的在于于犯罪中保护社会，在现实中是通过以刑法保护犯罪人的形态得到表现

---

⑩　泷川幸辰：《对犯罪的防卫还是犯罪人的大宪章》（1935 年），收录于泷川幸辰：《刑法杂笔》，1938 年版，第 360 页；另收录于《泷川幸辰刑法著作集第 4 卷》，第 54 页。

⑪　泷川幸辰：《犯罪类型和犯罪人类型》（1935 年），收录于泷川幸辰：《刑法的几个问题》（1951 年版，第 22 页），另收录于《泷川幸辰刑法著作集第 4 卷》，第 75 页。

⑫　参见前引注⑪泷川幸辰：《犯罪类型和犯罪人类型》，第 20 页，收录于《泷川幸辰刑法著作集第 4 卷》，第 74 页。

有学者认为，现实的资本主义"社会"虽然以罪刑法定主义为刑法的基本原则，但事实上犯罪数量不断增加；泷川幸辰的前述观点由于无法回答维持"社会"秩序的要求，或者说其对"社会"秩序的维持是"无效"的，因而是存在问题的。对这种质疑，泷川幸辰回应说："前述事实不足以成为否定罪刑法定主义的根据。理由在于，法治国原则所保障的是包括犯罪人在内的所有公民的权利和自由，使其不被不当地侵害。法律上如何处理犯罪的人，不足以成为犯罪增加的原因。相反，只通过刑罚的作用也很难实现减少犯罪的目的，只有通过消除作为犯罪原因的社会事实才能实现。认为犯罪的增加是由罪刑法定主义所导致的，这无疑是一种极为轻率的观察，是错误的。"他回应道："犯罪是从社会的矛盾中产生的。19 世纪市民社会中的事实，特别是盗窃罪的累犯显著增加的事实证明了这一点。"

的；也就是刑法（在现实中）的现象形态是犯罪人的大宪章"⑬。

这样，泷川就提出了刑法的任务在于社会秩序的维持即社会防卫以及对个人的权利和自由的保障这样两点；并且在承认"刑法的二律背反性"的基础上，认为"刑法的现象形态"是"犯罪人的大宪章"。在这里，泷川幸辰在讨论作为二律背反的"刑法的任务"之一的"社会秩序的维持"即社会防卫之时，其所谓的"社会"应该是指存在着阶级对立的现实的"社会"。与此相对，泷川幸辰在主张"刑法的究极目的"在于"于犯罪中对社会进行保护"之时，其所谓的"社会"或许就是指不存在阶级对立的即所谓理想的"社会"吧。

这样看来，泷川幸辰的罪刑法定主义论的最大特征就在于，认为现实的资本主义社会中的刑法在任务和机能上存在二律背反，社会中的"刑法这种现象"是"犯罪人的大宪章"，刑法只有在能够确保自由保障机能的范围内才能对犯罪人进行处罚。即，罪刑法定主义通过人权保障机能划定了刑法能够作用的所谓"权利"范围。这种罪刑法定主义论以认识到在现实的资本主义社会中个人与社会和国家之间存在对立和紧张关系为前提；且表明了泷川幸辰的刑法理论的构成是以刑法的人权保障机能和国家的刑罚权制约机能为出发点的。这种罪刑法定主义论，与大正时代中期的泷川幸辰在牧野英一的影响下，以社会与国家和个人之间的"调和"与"协调"为基本思想提出的那种容许类推解释的罪刑法定主义论之间存在基础上的差异。

3. 泷川幸辰认为其犯罪理论是对"遵守罪刑法定主义原则"的"叙述"⑭。这首先表现在，泷川幸辰在昭和时代初期导入构成要件理论之时，就已经以对罪刑法定主义的要求为其问题意识了；此外还表现在泷川幸辰1938 年（昭和 13 年）在意识到自己受到了来自纳粹刑法学或受其影响的学者的"非难，即认为其没有对活生生的蓬勃生活（生命）的具体性进行把握"的同时，尝试通过将犯罪概念分为构成要件该当性、违法性和责任

---

　　⑬　泷川幸辰：《论刑法的部分修改》（1948 年），收录于前引注⑪泷川幸辰：《刑法的几个问题》，第 240 页及以下；另收录于《泷川幸辰刑法著作集第 5 卷》，第 74 页及以下。

　　⑭　前引注③泷川幸辰：《犯罪论序说》（序文第 14 页），收录于《泷川幸辰刑法著作集第 2卷》，第 22 页及以下。

性三个要素的组成，并使其成为"罪刑法定主义的原则"的"必然结论"这一点上。[15] 泷川幸辰还在梅兹格尔的影响下将构成要件理解为"违法类型"；这也是因为，只有通过刑罚法规才能设定"犯罪这一违法类型"，这正是"尊重国民的权利和自由的近代社会的要求"；而在"只有法律才能对国民的权利和自由作出限制"这一点上能够看出"构成要件和罪刑法定主义的紧密联系"，这样就承认了构成要件有着"对应受处罚的行为范围进行限定的意义"。在当时"刑法在从个人本位的自由主义向团体本位的威权主义的转向的路上高歌猛进"的背景下，从"刑法是犯罪人的大宪章"的"刑罚法规的本来机能"看来的话，泷川的前述观点中就存在着对容许类推的倾向的否认和对纳粹刑法学流派的"所谓威权刑法"的反对主张。[16] 而就泷川以采纳期待可能性论为契机最终采取了规范责任论的观点而言，其规范责任当然能够看作是"对实证学派的一种反动"；并且"在充满了限制刑罚而保障个人权利自由的希望这一点上，这种责任论与他对罪刑法定主义的重新认识是相通的"[17]。

484

泷川幸辰进一步指出，在他所主张的报应刑论的基础中也能看到对罪刑法定主义的要求。这一点在他对牧野英一的教育刑论进行批判之时是格外明确的。泷川幸辰所采纳的报应刑论在阐明刑罚的"本质"在于"报应"之时，这种报应刑论就止于刑罚这种恶害的科处必须以犯罪这种恶害的存在为前提，也就是"无犯罪即无刑罚"的意义。[18] 这也表现在泷川幸辰对刑罚的定义，即"刑罚是以犯罪的实行为条件，对犯罪人科处的恶报"之中。[19] 这里应当特别注意的是，泷川认为报应是刑罚的"条件"，

---

⑮　前引注③泷川幸辰：《犯罪论序说》（序文第 14 页及以下），收录于《泷川幸辰刑法著作集第 2 卷》，第 22 页及以下。

⑯　前引注③泷川幸辰：《犯罪论序说》（第 57 页及以下），收录于《泷川幸辰刑法著作集第 2 卷》，第 71 页及以下。

⑰　前引注③泷川幸辰：《犯罪论序说》第 126 页，收录于《泷川幸辰刑法著作集第 2 卷》，第 122 页。

⑱　泷川幸辰：《论确信犯的犯罪人和教育刑》［载《论丛》第 25 卷第 4 号（1931 年），第 27 页及以下］，收录于《泷川幸辰刑法著作集第 4 卷》，第 626 页。

⑲　泷川幸辰：《刑法讲义（改订版）》，1930 年版，第 175 页；这本书未被收录于《泷川幸辰刑法著作集》中。另参见泷川幸辰：《刑法读本》（1932 年版，第 40 页），收录于《泷川幸辰刑法著作集第 1 卷》，第 45 页。

而并不是"理由"或"根据"。泷川在对牧野英一的教育刑论进行批判时，主张在"无犯罪就无刑罚"这一"范围"内，"报应刑论—罪刑法定主义"就是应当得到"拥护"的。如若不然，刑法就将必然地"转化"为"社会卫生学"，而这又必然导致"使面对国家的个人保障牺牲于社会防卫"或"再次承认国家的专制"。泷川幸辰也承认，教育刑论以现实的犯罪实行为（刑罚的）条件；但是，教育刑论的支持者主张，认为"教育"即"善"的施行以犯罪的存在为必要的"条件"是没有意义的。⑳ 就这种主张而言，泷川幸辰指出，在被认为是作为刑法的最高原则的罪刑法定原则的标语而为费尔巴哈所推崇的"无法律就无刑罚""无犯罪就无刑罚""无法律就无犯罪"三个命题之中，以第一个和第三个命题为媒介，自己（泷川幸辰）的报应刑论所涉及的正是第二个命题。

4. 话说回来，泷川幸辰在强调罪刑法定主义所具有的意义时，并没有就其所主张的罪刑法定主义本身的内容及其派生原则进行列举式的具体说明。泷川幸辰在这里未必明确了罪刑法定主义的内容和派生原则中究竟包含了什么。从他将罪刑法定主义理解为"什么样的行为是犯罪，对这种行为科处什么样的刑罚，都应当以法律进行预先规定"来看㉑，其基本的内容除罪刑的法定原则（即法律主义）之外，至少还能够包含溯及处罚的禁止（事后法的禁止）。当然，在大正时代中期和昭和时代初期，泷川幸辰并没有将溯及处罚的禁止（刑法的不溯及）包含在罪刑法定主义本身的内容中［后文（二）1］。而他在昭和时代初期肯定溯及处罚的禁止的结论之时，也认为这不过是刑法的效力对象的问题，而非罪刑法定的问题。㉒在昭和时代战前时期和进入战后时期之后，泷川幸辰在关于罪刑法定主义本身的论述中并未提到溯及处罚的禁止的问题；此外，他也没有提到对不定期刑的应对等问题。不论如何都无法否定的是，泷川幸辰在罪刑法定主

485

---

⑳ 前引注⑱泷川幸辰：《论确信犯的犯罪人和教育刑》第 27 页，收录于《泷川幸辰刑法著作集第 4 卷》，第 626 页。

㉑ 前引注③泷川幸辰：《犯罪论序说》（序文第 5 页），收录于《泷川幸辰刑法著作集第 2 卷》，第 16 页。

㉒ 前引注⑲泷川幸辰：《刑法讲义（改订版）》，第 50 页及以下。

义的内容和派生原则这些问题中留下了不明确性。㉓

其理由之一在于，泷川幸辰在昭和时代战前时期以后都没有就刑法总论整体完成一本详细的体系书。《犯罪论序说》是以"犯罪论"为中心的著作，仅在其"序文"的部分对罪刑法定主义所具有的历史的和现代的意义进行了详细论述和强调；而战后的《刑法讲话》作为面向一般读者的"讲话"也是有其界限的。因而在这些著作中，都并没有特别地就溯及处罚的禁止和罪刑法定主义的其他派生原则进行论述。㉔ 反倒不如说，正是由于泷川在罪刑法定主义论中并没有对现行宪法第 39 条进行讨论，才导致出现了他并未将溯及处罚的禁止包括在罪刑法定主义本身的内容中的疑问。

这样看来，泷川幸辰所理解的罪刑法定主义本身的内容，主要就是罪刑的法定原则（法律主义）和类推禁止［泷川幸辰对类推禁止这一问题的观点的变迁，参见后文（二）1、7、8、9、10］。也可能存在这样一种理解，即对溯及处罚的禁止以及罪刑法定主义的其他派生原则的问题，在刑法论的任何一处都是能够得到具体回答的。但不得不承认的是，这种理解显然与泷川幸辰强调罪刑法定主义所具有的意义的态度是无法调和的。但是，笔者认为这种不调和和界限并不能构成对前文所述的泷川幸辰的罪刑法定主义论的意义和机能的否定。*486*

（二）罪刑法定主义论：刑法理论的变迁与刑法的解释
——关于类推适用的问题

1. 前文所述的泷川幸辰的罪刑法定主义拥护论的内容并未在他大正时代的刑法理论中得到表述。确实，在泷川幸辰的刑法理论诞生的大正时代中期，他已经①采取了承认"共犯的从属性"的极端从属性说（1917 年）㉕；

㉓　指出这一点的是中山研一：《刑法的基本思想》，1979 年版，第 101 页及以下。

㉔　泷川幸辰：《刑法讲话》（1951 年版，第 49 页），收录于《泷川幸辰刑法著作集第 2 卷》，第 524 页及以下。

㉕　泷川幸辰：《论共犯从属性的性质》［载《京都法学会杂志》第 12 卷第 9 号（1919 年），第 113 页及以下］，收录于《泷川幸辰刑法著作集第 4 卷》，第 352 页及以下。另参见前引注②内藤谦：《泷川幸辰的刑法理论 1》，第 66 页及以下；前引注②内藤谦：《日本"古典学派"刑法理论的形成过程》，第 524 页及以下。

②主张应将“违法性认识”作为故意的要件（1919 年）㉖；③刑罚的“本质”在于“报应”（1921 年）等观点㉗；展现出了其旧派（古典派）理论的骨骼框架。从前述三个主张中，我们能够看出泷川的旧派（古典派）刑法理论到最后为止都没有变更的内容的特征。㉘

但是另一方面，直到大正时代中期即 1921 年（大正 10 年）左右为止，泷川幸辰的刑法理论都在某种程度上受到了新派理论，特别是牧野英一理论的影响，而有着与其具有亲和性的一面。其中最为显著的，是在 1919 年（大正 8 年）的论文《罪刑法定主义的历史考察》之中，泷川在牧野的影响下，引用了牧野的论文并容许了在刑法中的类推解释。在该文中，泷川主张：“将所谓类推……从刑法的范围中排除出去的观点，实质上就是主张或试图主张能够以有限的刑法条文充分地对处在不断变动中的社会状态进行调整；借宾丁（Binding）的话来说，这完全是一种‘童话’。在私法中，人们已经从公平的立场出发得出了不容许类推是不行的结论；如果认为这是现代的要求的话，那么这种要求在刑法中也应当得到满足。大概正如在个人之间有必要维持公平那样，在社会和个人之间同样有必要维持这样的公平。”此外，对原则上不应允许类推解释，但在为了犯罪人的利益的情况下允许类推解释的观点，泷川幸辰认为这一观点“虽然以限制裁判官的专制而保护个人的思想为其核心，但是在其基础中并没有考虑到打击犯罪人而拯救社会的目的。也就是说，这是一种单纯拘泥于法国大革命思想的观点，在当今的时代中维持这种观点无疑是缺乏理由的”；并就此反驳了这种观点。对当时的泷川幸辰来说，罪刑法定主义在

　　㉖　泷川幸辰：《论违法性认识（违法性认识是否是犯罪要件？）（一）》，载《论丛》第 2 卷第 2 号（1919 年），第 19 页及以下；泷川幸辰：《论违法性认识（违法性认识是否是犯罪要件？）（二）》，载《论丛》第 2 卷第 3 号（1919 年），第 17 页及以下；两篇论文均收录于《泷川幸辰刑法理论著作集第 4 卷》，第 352 页及以下。此外，还可参见前引注②内藤谦：《泷川幸辰的刑法理论 1》，第 66 页及以下；前引注②内藤谦：《日本“古典学派”刑法理论的形成过程》，第 524 页及以下。

　　㉗　泷川幸辰：《作为刑罚本质的报应》［载《论丛》第 5 卷第 6 号（1921 年），第 9 页及以下］，收录于《泷川幸辰刑法著作集第 4 卷》，第 551 页及以下。另参见前引注②内藤谦：《泷川幸辰的刑法理论 1》，第 66 页及以下；前引注②内藤谦：《日本“古典学派”刑法理论的形成过程》，第 524 页及以下。

　　㉘　参见前引注②内藤谦：《泷川幸辰的刑法理论 1》，第 66 页及以下；前引注②内藤谦：《日本“古典学派”刑法理论的形成过程》，第 524 页及以下。

内容上仅仅是指，应当通过经由立法手续并得到公布的法律对犯罪与刑罚进行规定；而类推的禁止和溯及效力的排斥并没有包含在其内容之中。㉙

2. 此外，泷川幸辰在 1920 年（大正 9 年）的论文《论心理强制主义和意思自由》㉚，以及 1921 年（大正 10 年）的论文《决定论的报应刑的一个典型》㉛ 之中，在引用了耶林的大作《法律的目的》的同时，认为在"现象的世界中应无一例外地适用有充足理由的法则这一意义上"，应当采取作为一种"认识的形式"的意思决定论。㉜ 在前述两篇论文中，泷川分别以费尔巴哈的"心理强制主义"和梅尔克尔的决定论的报应刑论作为其主要的考察的线索。泷川幸辰还表现出将这种意思决定论和"报应观念在现代的文化思想范围内也能得到主张的报应刑"这一意义上的报应刑论，以及作为"现代文化要求"的"责任观念"相结合的意图；并且尝试主张一种"立足于决定论的基础上的报应刑"㉝。在这里，基于意思决定论的泷川的责任论与性格论的责任论是非常接近的；但是，泷川也意识到了如果不"在性格之外追求行为的原因"，或者不"将性格看作是世界生活的法则的必然现象"的话，就是不充分的。最后，泷川幸辰将对"决定论"

㉙　泷川幸辰：《罪刑法定主义的历史考察》[载《论丛》第 1 卷第 6 号（1919 年），第 56 页及以下，特别参见第 82 页及以下的部分]，收录于《泷川幸辰刑法著作集第 4 卷》，第 11 页及以下，特别参见第 34 页及以下。为了补强本章所引用的泷川幸辰的类推解释容许论，泷川在这里额外引用了牧野英一：《作为历史事实的法律和作为社会规范的法律》（载《宫崎教授在职 25 年纪念论文集》，1914 年版），收录于牧野英一：《罪刑法定主义和犯罪征表说》，1918 年版。关于牧野的这篇论文，泷川认为"他尽力在其他论文中尽力地对自己历来的方法论作出了回转"。关于泷川幸辰罪刑法定主义的变迁，参见前引注①小林好信：《泷川幸辰和罪刑法定主义》；横山晃一郎：《刑事法解释论批判——罪刑法定主义和刑法解释》，载《马克思主义法学讲座第 7 卷》，1982 年版，第 151 页及以下。

㉚　泷川幸辰：《论心理强制主义和意思自由——兼论费尔巴哈刑罚论的根本立场》[载《论丛》第 4 卷第 3 号（1920 年），第 1 页及以下]，收录于《泷川幸辰刑法著作集第 4 卷》，第 651 页及以下。

㉛　泷川幸辰：《决定论的报应刑的一个典型——兼论梅尔克尔的决定论》[载《论丛》第 5 卷第 1 号（1921 年），第 35 页及以下]，收录于《泷川幸辰刑法著作集第 4 卷》，第 674 页及以下。但是，泷川幸辰也有对意思决定论持怀疑态度的论文，参见泷川幸辰：《对责任论的一个考察》[载《论丛》第 13 卷第 6 号（1925 年），第 3 页]，收录于《泷川幸辰刑法著作集第 4 卷》，第 240 页及以下。

㉜　前引注㉛泷川幸辰：《决定论的报应刑的一个典型——兼论梅尔克尔的决定论》，第 37 页。

㉝　前引注㉛泷川幸辰：《决定论的报应刑的一个典型——兼论梅尔克尔的决定论》，第 54 页、第 60 页。

和"责任"的关系进行"调和"的、"立足于决定论的基础上的报应刑"这一"结论"的"理论的结构"问题，作为"残留的任务"留待之后解决。㉞ 但是，其在立足于"决定论"对"责任"问题进行考察的尝试上，至少可以说是表现了这种理论与新派理论之间的亲和性。

不仅如此，泷川幸辰还在肯定现行法上的"共犯的从属性"时采取了极端从属形式，而这也与责任主义原则是相矛盾的；在理论基础上存在疑问。㉟ 因此，牧野英一也注意到了泷川幸辰的这一论文，并对此进行了批判。㊱

此外，泷川幸辰在认为违法性认识是故意的要件问题上，原则上赞同了牧野英一主张的科处刑罚的根据在于"行为人的反社会性"的观点；而其主要论据在于，在行为人具备了违法性认识之时，"其反社会性"是最为明确的。并且，泷川幸辰在进行前述主张之时，引用并赞成了牧野英一"社会和个人的调和是对社会经济的合理调动，同时也是法律的本来意义，因此也是刑法的真正使命"的主张㊲；他自己也论述道："应当认为在社会防卫的同时对个人利益进行伸张是现代刑事政策的根本意义。"㊳ 当时的泷川幸辰与牧野英一一样，都以对社会和个人之间的矛盾进行"调和"为基本思想。此外，在讨论"违法性意识"的问题时，虽然泷川幸辰认为"违法"的概念的"日常生活的条理"违反的观念已经受到了 M. E. 迈耶的"文化规范"论的影响，但他也作出了"借牧野教授的话来说，违法性就是对公序良俗的违反"这样的论述。㊴

㉞　前引注㉚泷川幸辰：《论心理强制主义和意思自由——兼论费尔巴哈刑罚论的根本立场》，第 23 页；另参见前引注㉛泷川幸辰：《决定论的报应刑的一个典型——兼论梅尔克尔的决定论》，第 59 页及以下；前引注②内藤谦：《泷川幸辰的刑法理论 1》，第 70 页。

㉟　参见前引注㉕泷川幸辰：《论共犯的从属性》，第 127 页、第 129 页；此外，关于泷川幸辰的共犯论还可以参见大野平吉：《共犯的从属性与独立性》，1964 年版，第 70 页及以下。

㊱　牧野英一：《共犯从属性的文理基础》[载《志林》第 20 卷第 9 号（1920 年）]，收录于牧野英一：《刑法研究第 1 卷》，1948 年版，第 54 页。

㊲　前引注㉖泷川幸辰：《论违法性认识（一）》，第 37 页。

㊳　前引注㉖泷川幸辰：《论违法性认识（一）》，第 34 页。

㊴　前引注㉖泷川幸辰：《论违法性认识（一）》，第 40 页。

3. 泷川幸辰初次提及刑罚论的问题，是在他 1919 年（大正 8 年）的小论文《在〈古事记〉中表现出的复仇思想》中。这一论文中，泷川对冈田朝太郎认为上古时代的日本不存在复仇主义的刑罚思想的观点（冈田朝太郎：《日本刑罚论》，1894 年版）进行了反驳，对"通过《古事记》，能够看出古代日本的复仇思想是以相当粗野的形式存在的"的主张进行了论证。就此看来的话，这篇论文也可以说是从"报应感情"出发的泷川幸辰的报应刑论的一个布局。但是，泷川幸辰在这篇论文的结尾处表现出了向作为社会防卫论的目的主义的相当程度的倾斜。即，泷川幸辰在"在当今社会中，刑罚是为了对社会进行防卫才被（向行为人）科处的，因而是目的主义的"这一理解的基础上，认为："只有在被害人处于法律的目的即社会防卫的范围内之时，才能通过对其复仇要求的实现来使其复仇情绪得到满足；如果有人在前述范围之外仍然欲求复仇的话，那么这就将成为其反社会性格的征表。"他还论述道："刑法的理想在于最大限度地实现时代的要求；即实现社会防卫的要求和满足被害人的复仇情绪的要求。"⑩

在 1921 年（大正 10 年）的论文《作为刑罚本质的报应》中，泷川幸辰终于明确且详细地主张在刑罚的"本质"，即"认为某种现象是刑罚，而与其他现象在概念上进行区别"这一意义上"使犯罪和刑罚发生联结的唯一的普遍妥当的"要素，是作为"对恶行的恶报"和"对起动的反动" 489 的"报应"。这样，泷川幸辰就将"刑罚"定义为"报应"，但是这种场合中刑罚的"本质""目的"和"正当性"并不是同一个概念，他在有意识地避免了对"目的"进行正面论证的同时，认为刑罚的正当性在于"文化的要求"。据此，泷川幸辰的"报应刑论"并不意味着"犯罪必罚"主义，而是承认起诉犹豫和刑罚的执行犹豫的正当性；而其根据正在于这种"文化观念"（即刑罚的正当性在于"文化的要求"）。⑪

4. 此外，泷川幸辰在 1919 年（大正 8 年）的论文《罪刑法定主义的

---

⑩　泷川幸辰：《在〈古事记〉中表现出的复仇思想》［载《论丛》第 1 卷第 3 号（1919 年），第 140 页及以下、第 146 页］，收录于《泷川幸辰刑法著作集第 4 卷》，第 537 页、第 541 页及以下。

⑪　前引注㉗泷川幸辰：《作为刑罚本质的报应》，第 9 页及以下。

历史考察》中，对法律与刑法的本质进行了讨论。泷川认为，人们虽然形成了社会并进行着共同的生活，但"人们相互接触之处必定会发生利益的冲突"；在社会生活中的个人相互间和个人与社会间发生"利益的冲突"之时，为了防止社会的解体而对利益冲突进行处理的"标准"就是"法律秩序"，而其"力量"就是"法律"。因此，"法律的本质在于对利益的保护"；而作为一种法律的"刑法"自然也不例外，它只不过是在通过刑罚对利益进行间接的、补充的保护这一方法上与其他法律有所差异；因而刑法就是"补充的制裁法规"。而泷川在引用李斯特的同时，将刑法理解为"利益保护"法。[42]

5. 此外，前述泷川幸辰的大正时期的罪刑法定主义论的根基之中的"社会（国家）"观，应该看作是"'权利是权力的政策（Das Recht als Politik der Gewalt）'观念的展开。即，依据法律确定刑罚的思想的根基应当在于，社会（国家）为了个人而限制权力（刑罚权）的行使，对强者即社会（国家）和弱者即个人进行协调，使平和的状态得以维持这样一种利己的本能"[43]。泷川幸辰在这里引用的正是耶林的《法律的目的》。这样，泷川幸辰的罪刑法定主义的基础就在于，在社会（国家）的视角下为了实现与个人的"协调"而对刑罚权进行政策上的自我限制。泷川在这里尚未表明其"人权思想"[44]。

490　　　如前所述，泷川幸辰的刑法理论并非从其诞生开始就是旧派的理论；而是表现出了与新派之间的亲和性的侧面。并且泷川幸辰本人在这一时期，也有意识地避免了对两个学派观点的妥当与否的问题进行讨论。这即使是在泷川幸辰于 1921 年（大正 10 年）翻译、解读的毕克麦耶的论文中也有所体现。[45]

---

　　⑫　前引注㉙泷川幸辰：《罪刑法定主义的历史考察》，第 80 页及以下。

　　⑬　前引注㉙泷川幸辰：《罪刑法定主义的历史考察》，第 84 页。

　　⑭　泷川幸辰：《毕克麦耶：〈犯罪和保安处分〉（一）》，载《论丛》第 5 卷第 3 号（1921 年），第 73 页及以下、第 75 页；另参见泷川幸辰：《从旧学派看新学派——毕克麦耶：〈李斯特为刑法留下了什么〉解说》，载《论丛》第 5 卷第 5 号、第 6 卷第 2·4 号（1921 年）；前述两篇论文均收录于《泷川幸辰刑法著作集第 4 卷》，第 696 页及以下。

　　⑮　参见小田中聪树：《泷川幸辰的刑事诉讼法理论》，收录于吉川经夫等编：《刑法理论史的综合研究》，1994 年版，第 588 页、第 607 页注释 4；另参见前引注②内藤谦：《日本"古典学派"刑法理论的形成过程》，第 521 页。

6. 然而，是什么导致大正时期的泷川幸辰的刑法理论在到 1921 年（大正 10 年）为止的诞生时期之中，一直都与新派特别是牧野英一的理论之间存在着有亲和性的侧面呢？这一问题在泷川幸辰自学生时代开始就已经为旧派理论所吸引一事上是值得探讨的。

泷川幸辰认为，1921 年（大正 10 年）刑法学界的状况是"日本国的刑法学界——至少在现在看来——完全属于新派的领域"⑯。无法否认的是，泷川幸辰的这种认识，以及他在学生时代就参加了作为日本新派理论确立者之一的胜本勘三郎的课程和演习的事实⑰，还有牧野英一在当时的刑法学界所拥有的事实上的巨大影响力等，这些都是泷川幸辰的刑法理论诞生时期的背景情况，它们都影响了泷川的理论。但是前面介绍的都仅仅是背景而已，泷川的理论与新派理论具有亲和性的根基，仍然在于相应的实质的、理论的理由。

第一，牧野英一的刑罚理论在大正时代有着一定的积极的意义［内藤谦：《刑法理论的历史的概观（日本）》，另参见本书第 556 页及以下］，不能否定这影响到了年轻的泷川幸辰。

第二，泷川幸辰本人在大正时代提出的刑法理论本身在其基础中就有着与新派理论有亲和性的一面。泷川自其理论的诞生时期开始就认为法律的本质在于"利益保护"，刑法也不例外；就这一点，他引用并采取了与李斯特相同的观点。⑱

此外，泷川幸辰在大正时代的刑法理论的基础之中也使用了"条理"这一概念，他认为"违法"是以对"条理"的违反、"责任"则是以对"条理"违反的认识为中心而构成的。⑲ 这一观点受到了 M. E. 迈耶的"文化规范"论的强烈影响，而正如迈耶自己也承认的那样，他的"文化规范"论又在许多方面都继承自耶林的理论⑳；因而泷川幸辰也在作为其

491

---

⑯ 前引注⑭泷川幸辰：《毕克麦耶：〈犯罪和保安处分〉（一）》，第 75 页。

⑰ 中义胜、山中敬一：《胜本勘三郎的刑法理论》，载前引注⑮吉川经夫等编：《刑法理论史的综合研究》，第 140 页及以下。

⑱ Liszt, Lehrbuch des Deutschen Strafrechts, 18 Aufl, 1911, S. 72 ff.

⑲ 关于泷川所谓"条理"概念的考察，参见前引注②内藤谦：《泷川幸辰的刑法理论 2》，第 75 页及以下；另参见前引注②内藤谦：《日本"古典学派"刑法理论的形成过程》，第 524 页、第 530 页及以下。

⑳ M. E. Mayer, Rechtsnormen und Kulturnormen, 1903, Vorwort.

意思决定论和罪刑法定主义论的根基即"社会（国家）"观中，引用了耶林的观点。

但是迈耶的法律理论的基本特征在于，对"法律规范"和"文化规范"在概念上进行区别。[51] 他强调"文化规范"有着成为"法律规范"的拘束力的根基的意义；在这一点上迈耶的法理论表现出了批判概念法学的法律实证主义的一面。也正是因此，迈耶被认为是自由发挥运动的先驱者之一。[52] 而在泷川幸辰的"条理"论中也有着相同的思考。这在其"日常生活的条理"这一用语和思想中得到了表达。这样看来，泷川幸辰的刑法理论的基础（也完全是其初心所在），即包含了涉及耶林、李斯特、M. E. 迈耶观点的、对概念法学的法律实证主义的批判的要素。

此外，如果结合在泷川幸辰当时的社会观或国家观中存在的对社会与国家和个人之间进行"调和"和"协调"的思想来看的话，泷川幸辰的刑法理论中有着与新派特别是牧野英一的刑法理论具有亲和性的侧面就并非是无法理解的了。

第三，泷川幸辰在其研究生活的初期就对前期旧派（前期古典派）以及作为其源流的启蒙主义刑法思想表现出了强烈的兴趣，这些理论、制度和政策都是以人类合理的理性为基础的，因而在不承认无法为感性经验所获知的东西这一意义上，否定了形而上学的思想方法；在这一点上泷川的理论与新派理论之间也是有所联系的。[53] 泷川幸辰在其理论诞生的时期对费尔巴哈的心理强制说进行了反思，并由此采取了意思决定论的立场，这也是其前述思想的表现之一。确实，泷川幸辰在采取意思决定论的同时也固守了报应刑论；在"报应感情"不应为"经验"所否定这一意义上，用 *492* 泷川幸辰自己的话来说就是"经验的报应刑论"，与认为刑罚是有其"目的"的（目的刑论）观点是不相矛盾的。并且，泷川幸辰认为刑罚的正当

---

⑤１　M. E. Mayer, a. a. O., S. 16.

⑤２　Gnaeus Flavius, Der Kampf um die Rechtswissenschaft, 1906, S. 11. 另参见小野清一郎：《法理学和"文化"概念》，1928 年版，第 201 页。

⑤３　内藤谦：《刑法学说史（一）外国》，收录于《现代刑法讲座第 1 卷》，1977 年版，第 121 页及以下、第 133 页。

性在于"文化的要求"㉞。这些观点都为泷川幸辰的刑法理论在其诞生时期所采取的报应刑论与新派理论之间的亲和性留下了余地。

但是，泷川幸辰自 1921 年（大正 10 年）开始，逐渐在理论中彻底抹除了与新派理论有着亲和性的侧面，并且从正面对新派理论进行了质疑和批判。㉟ 在昭和时代初期之后，泷川更是从"社会基盘"论的观点出发，对牧野英一的新派理论，特别是教育刑论进行了激烈的批判。

7. 进入昭和时代之后，泷川幸辰在一定程度上展现出了对马克思主义的倾倒：他在尝试基于刑法阶级性的讨论构筑刑法理论的大厦之时，虽然承认了刑法不溯及既往的原则，但也保持了肯定刑法类推适用的观点。泷川幸辰在 1930 年（昭和 5 年）的《刑法讲义（改订版）》中，主张"在阶级斗争变得尖锐化的当下，有必要提倡罪刑法定主义的复活"㊱；但他也同时就类推适用的问题发表了如下观点："以刑法是限制人的自由的法律为理由，'刑法的类推适用不被允许'和'存疑时有利被告'等主张就出现了；但这些观点都是对罪刑法定主义的某个时代的要求的不加批判的接纳。也就是说，承认在对刑法的解释和对刑法以外的法律的解释之间存在差别的观点完全是没有根据的。社会是处于无限的进化和发展中的，刑法也必须通过解释来对新的社会生活进行规定。"㊲

但值得注意的是，泷川幸辰在前述著作中容许类推的文字之后的刑法解释部分中，认为刑法的解释"不可避免地仅仅对社会某一阶级的利益有用"；并作出了如下主张："法律的性质是区分主次地对社会中某个阶级的利益进行保护，但法律解释学的使命在于使法律向着保护多数人利益的方向前进。无视多数人利益的法律解释学是没有作为一种社会科学存在的价值的"㊳。这里，在作为社会科学的法律解释学之中，能够看出泷川幸辰的只有为了保护多数人的利益才允许对法律的类推适用的观点。

493

㊴　关于泷川所谓"文化"概念，参见前引注②内藤谦：《泷川幸辰的刑法理论 2》，第 77 页及以下；另参见前引注②内藤谦：《日本"古典学派"刑法理论的形成过程》，第 531 页及以下。

㉟　参见前引注②内藤谦：《泷川幸辰的刑法理论 1》，第 71 页及以下；另参见前引注②内藤谦：《日本"古典学派"刑法理论的形成过程》，第 526 页及以下。

㊱　参见前引注⑲泷川幸辰：《刑法讲义（改订版）》，第 41 页。

㊲　参见前引注⑲泷川幸辰：《刑法讲义（改订版）》，第 46 页。

㊳　参见前引注⑲泷川幸辰：《刑法讲义（改订版）》，第 46 页及以下。

8. 再随后，泷川幸辰在 1932 年（昭和 7 年）的《刑法读本》中没有提及类推适用的问题。至少没有提及类推容许论的观点。

在这本书中，泷川幸辰指出现行刑法即使在接纳了新派理论的"社会防卫刑法中也是有代表性的"⑤⑨；他从这种观点出发，以现行刑法在杀人罪的规定中扩大了裁判官的自由裁量为例，认为"这实质上是对罪刑法定主义的废除"；这"鲜明地表现出"现行刑法中发生了"从刑法中自由主义的倾向向统制的倾向的变化"。此外，就在现行刑法中废除罪刑法定主义的规定，泷川幸辰还认为当时通说观点，即主张没有必要在明治宪法第 23 条规定的基础上再在刑法中对同一事项进行重复规定的观点在"整体上来看未必是正确的"。泷川指出，明治宪法第 23 条规定的旨趣在于，使刑罚法规必须以成文法律的规定为其成立基础；同时这也意味着，仅进行成文的规定对刑罚法规来说就是充分的。但是，从采用委任命令形式规定的《警察处罚法令》等刑罚法规在现实中大量存在的现状来看，"认为仅以宪法第 23 条的规定就完善而充分地宣告了罪刑法定主义，无疑是过于轻率的。不进一步在刑法中确立这一原则的话，权利和自由就仍然无法得到充分的保障"⑥⑩。

9. 泷川幸辰在 1935 年（昭和 10 年）的论文《对罪刑法定主义的再认识》中，终于讨论了"社会基盘"论并将其作为罪刑法定主义的根据⑥①；他在同一年还发表了《对犯罪的防卫还是犯罪人的大宪章》一文⑥②，一面重新确认了前文中的核心观点，一面明确主张了刑法中的类推禁止。泷川幸辰指出，类推解释与扩张解释之间的区别是"极度流动的"因而也是"困难的"；他在将"刑法的类推"定义为"超越了法律规定的语言，将法律确定的犯罪构成要件扩张至法律没有规定的类似情形中去"⑥③ 的前提下，主张"在刑法中容许类推解释，意味着从法律中解放裁判官，而这必

---

⑤⑨　参见前引注⑲泷川幸辰：《刑法读本》，第 15 页。
⑥⑩　参见前引注⑲泷川幸辰：《刑法读本》，第 30 页。
⑥①　参见前引注③泷川幸辰：《对罪刑法定主义的再认识》，第 1 页及以下。
⑥②　参见前引注⑩泷川幸辰：《对犯罪的防卫还是犯罪人的大宪章》，第 353 页及以下。
⑥③　参见前引注⑩泷川幸辰：《对犯罪的防卫还是犯罪人的大宪章》，第 356 页。

将导致与罪刑法定主义的正面冲突"[64]。泷川幸辰在肯定了自由法运动对民事裁判的巨大意义的基础上，也指出了刑事裁判与民事裁判之间的差异：在被告人的对面出现的并不是被害人，而是代表着国家权力的国家机关，并且在裁判中承受积极的不利益的只有被告人一方。因此，裁判官通过自由裁量所创造（捏造）出来的犯罪，常常单方面地导致剥夺被告人的权利和自由的结果；而使被告人免于遭受这种不利益的制度就是罪刑法定主义。[65] 因此"禁止不利于被告人的类推解释，就应该是罪刑法定主义的当然结论"。并且，由于泷川支持刑法的类推适用，他就不可能对如下两个大审院判决持支持态度，即大判昭和 9 年 6 月 21 日判决刑集 13 卷 843 页（钩和钓针事件），以及大判昭和 9 年 11 月 17 日刑集 13 卷 1577 页（水禽保护以及山鸟保护事件）两个判决。[66]

10. 泷川幸辰从类推容许论转而支持类推禁止论的基本理由，包括他向拥护罪刑法定主义的态度转变，都处在泷川幸辰在昭和时代初期形成的刑法理论的整体状态的延长线上。[67] 但是，泷川幸辰不仅没有表明他观点转变的事实和根据，还在 1937 年（昭和 12 年）认为，类推禁止论和作为其根据的前述主张"在过去接近 20 年的学术生活中，是贯穿我的刑法观的主旋律"；这无疑是值得讨论的。[68] 确实，泷川幸辰的学说在基本骨架上是具有连续性的，但他本人对于时代和社会的变化也非常敏锐；因而在许多问题上他都使理论发生了变化，改变了自己的观点。[69] 在这些问题上，泷川幸辰存在几乎没有对观点变更的事实和根据进行阐明的问题，这也为理解泷川幸辰的学说带来了许多困难。可以说泷川在类推禁止论上的观点变更鲜明地体现出了这一问题。也正是因此，一直以来都存在着对泷川幸辰在从类推容许论转向类

---

[64]　参见前引注⑩泷川幸辰：《对犯罪的防卫还是犯罪人的大宪章》，第 366 页及以下。

[65]　参见前引注⑩泷川幸辰：《对犯罪的防卫还是犯罪人的大宪章》，第 378 页及以下。

[66]　参见前引注⑩泷川幸辰：《对犯罪的防卫还是犯罪人的大宪章》，第 382 页及以下。

[67]　前引注②内藤谦：《泷川幸辰的刑法理论 2》，第 101 页及以下；前引注②内藤谦：《日本"古典学派"刑法理论的形成过程》，第 535 页及以下。

[68]　泷川幸辰：《刑事判决批评第 2 卷》，1937 年版，序文第 3 页；收录于《泷川幸辰刑法著作集第 3 卷》，第 270 页。

[69]　前引注②内藤谦：《泷川幸辰的刑法理论 3》，第 103 页及以下。

推禁止论时采取的方法的严厉批判。⑦

11. 但就前述问题而言，笔者认为仍有几点值得讨论和考虑之处。

第一，泷川幸辰主张类推容许论的 1919 年（大正 8 年）论文和主张类推禁止论的 1935 年（昭和 10 年）论文中，对"类推"的定义是存在差异的。在较早的论文中，泷川对"类推"进行了定义，认为："类推是指根据在一条或数条规定的条文中直接得到表明的思想，对存在于条文背后的、包含了这种思想的上位思想进行合理的探究的一种法律解释方法。"⑦这一定义与其说是对类推适用中"类推"的定义，不如说更接近于对目的论解释即合理的扩张解释的定义。与此相对，在主张类推禁止论的 1935年论文中对"类推"的前述定义（前文 9、10 中），则正是对类推适用中的"类推"的典型定义。

此外，泷川幸辰在容许了类推解释的 1919 年论文中举出的适用类推解释的具体事例，只有盗窃电力这一个案例。这里，就《刑法》第 245 条和第 251 条，泷川幸辰主张在《刑法》第 235 条的规定"的背面当然潜藏着不得侵害他人财产权的思想；因而没有理由也没有必要特别地将电力看作是财物的一种"⑦。可以看出，泷川幸辰这一主张的论证与典型的类推解释也是有所不同的。而或许也正是与此相联系，泷川幸辰在开始明确地主张类推禁止论的 1935 年的论文中，确定地认为对盗窃电力行为的处罚仅仅"是法律解释，而并非类推适用"⑦。而泷川幸辰后来也一直采取类推禁止论的立场，因而在昭和时代战后时期，他也从管理可能性说的立场出发肯定了对盗窃电力行为的处罚；并进一步指出《刑法》第 245 条的规定不过是"为了避免解释上的疑义而作出的示例规定或注意规定"而已。⑦

---

⑦　前引注①中山研一：《刑法的基本思想》，第 107 页及以下；另参见前引注①小林好信：《泷川幸辰和罪刑法定主义》，第 115 页及以下。两篇论文中都包括了对这一问题的批判。

⑦　前引注㉙泷川幸辰：《罪刑法定主义的历史考察》，第 81 页。

⑦　前引注㉙泷川幸辰：《罪刑法定主义的历史考察》，第 83 页。

⑦　前引注⑩泷川幸辰：《对犯罪的防卫还是犯罪人的大宪章》，第 381 页及以下。泷川指出："类推说指出，如果认为'物'就是'有体物'，那么就将得出对不是有体物的电力进行的盗窃行为不成立盗窃罪的结论。这一批判是不成立的。因为在《刑法》中并不存在将'物'限制理解为'有体物'的根据。大审院的有关判决并没有认同对刑法规定进行类推适用；而只是阐明了对'物'的解释论上的观点而已。刑法中禁止类推的态度，至少刑法典规定犯罪问题之中应当得到遵守。"

⑦　泷川幸辰：《刑法各论》（1951 年版，第 107 页），收录于《泷川幸辰刑法著作集第 2卷》，第 317 页。

就泷川幸辰讨论过的唯一的具体事例即盗窃电力的事件而言，其1919年的论文和1935年的论文得出了同样的结论；这一事实或许正是由于他对作为讨论前提的"类推"采用了不同的定义。特别强调这一点的话，也可以说泷川幸辰事实上并没有改变自己的观点；这或许也已经为泷川幸辰自己所认识到了。但如果这样理解的话，泷川幸辰在从大正时代中期到昭和时代初期这一期间，那样鲜明而大张旗鼓地主张类推容许论，其必要性就是存在疑问的。但不管怎么说，泷川采取类推容许论并没有导致具体事例的处罚范围发生扩张，这也是不争的事实。

第二，泷川幸辰在采取类推容许论之时，即在从大正时代中期到昭和时代初期这一期间，并没有出现对刑法各则的各个犯罪的解释的松动或缓和；泷川反而明确表明了对各个犯罪的限定解释态度。此外还应当注意的是，泷川提出的非犯罪化的方向，在当时看来无疑是独树一帜的。

作为例子，泷川幸辰对①将在自己的日记中记载包含了不敬的意思表述的事件以不敬罪定罪的判例进行了批判，认为其"极端地扩张了犯罪成立的范围，是对罪刑法定精神的蹂躏"[75]；并且②不解散罪被批判为一条"无比糟糕的法律"，因为它不仅缺乏精确性，而且无法对群情激奋的公职人员产生教化效果。[76] 此外还对③杀尊亲属罪的严罚主义进行了批判，认为这只不过是借用了维持美风良俗之名而已[77]；对④通奸罪的废止进行了提倡[78]；⑤提出了自己堕胎罪的非犯罪化方向[79]；⑥提出了单纯赌博罪的非犯罪化方向。[80] 除此之外，还对⑦同时伤害罪和伤害罪共犯的规定（第207条）进行了批判，认为其责任推定规定是刑罚制度发展过程的一股逆流[81]；就⑧遗弃罪而言，认为行为在没有造成生命和身体的危险的情况下不成立犯罪。[82] 此外，泷川幸辰还就⑨《治安维持法》及其运用，表明了

495

[75] 泷川幸辰：《刑法各论》（日本评论社1930年版），收录于《现代法学全集第27·28卷》，第128页。

[76] 参见前引注[75]泷川幸辰：《刑法各论》，第125页。

[77] 参见前引注[75]泷川幸辰：《刑法各论》，第6页。

[78] 参见前引注[75]泷川幸辰：《刑法各论》，第102页。

[79] 参见前引注[75]泷川幸辰：《刑法各论》，第20页。

[80] 参见前引注[75]泷川幸辰：《刑法各论》，第92页。

[81] 参见前引注[75]泷川幸辰：《刑法各论》，第14页。

[82] 参见前引注[75]泷川幸辰：《刑法各论》，第22页。

其批判或持保留意见的观点。⊗

　　第三，泷川幸辰在明确采纳类推禁止论之后，对这种禁止论的适用竟然比通说要更为严格，并对若干判例都表明了其反对态度；这是格外值得注目的。除了在 1935 年的论文中讨论的两个判例，他还表明了对大判昭和 13 年（1938 年）7 月 28 日刑集第 17 卷第 614 页的“鸟兽和皮毛事件”中对类推解释的适用的反对观点⊗；将大判昭和 15 年（1940年）8 月 22 日刑集第 19 卷第 540 页所刊载的，将汽油车认定为火车的判例看作是类推适用的一个典型案例。⊗ 可以说泷川幸辰采取并彻底贯彻了类推禁止论。但从泷川的态度中能够看出，他主张类推禁止论的态度也并不是那么轻易的。

497　　第四，不能忽视泷川幸辰在包含了类推禁止论的、对罪刑法定主义进行拥护的主张中，与轻视这种主张的国家主义化、整体主义化的时代潮流和相关学说派别发生了对抗。⊗ 从现在的视角看来，泷川幸辰的罪刑法定主义论和类推禁止论或许是理所当然的主张。但是，应当认为在当时的情况下，与时代的潮流相抗衡而推行这种主张并不是一件容易的事情。

三、“社会基盘”论和向马克思主义的部分倾斜

（一）“社会基盘”论及其具体展开

503　　泷川幸辰的刑法理论的特征之一是，其在昭和时代初期之后展现出了向马克思主义的特定部分的倾斜；并通过与“社会基盘”之间的关系，对理论、制度和政策进行考察。

　　⊗　泷川幸辰对《治安维持法》的批判和应对态度，参见前引注②内藤谦：《日本“古典学派”刑法理论和立法问题》，第 199 页及以下。
　　⊗　参见前引注㉔泷川幸辰：《刑法讲话》，第 60 页及以下。
　　⊗　参见前引注㉔泷川幸辰：《刑法讲话》，第 55 页。
　　⊗　着眼于这一点展开的论述，参见前引注㉙横山晃一郎：《刑事法解释论批判——罪刑法定主义和刑法解释》，第 55 页。

泷川幸辰的前述尝试，除了是因为"社会基盘"论能够成为其拥护的罪刑法定主义的主张的基础，还因为通过"社会基盘"论能够对牧野英一的教育刑论进行否定。此外，在对现行刑法的成立、以李斯特为中心的新派（近代派）刑法理论的意义和界限、牧野英一的类推容许论的基础、1926年（大正15年）以后的刑法全面改正事业的展开、与整体主义国家的"威权主义刑法"相斗争的"第三期的自由主义刑法"的发生等问题进行讨论时，泷川幸辰都是通过与"社会基盘"之间的关联来进行考察的。在昭和时代战后时期，泷川幸辰在例如犯罪与刑罚的均衡的报应原则的基础问题上主张"均衡的交换形态的一般的现在的社会"的"结构"时，也能看出其"社会基盘"论观点的延续。

1. 泷川幸辰自1930年（昭和5年）开始，就表现出了一定程度上倒向马克思主义的倾向；同时，以"新派"的"社会防卫主义、犯罪征表主义、主观主义"观点中所谓的"社会"究竟意味着怎样的社会为问题，对《治安维持法》提出了质疑。[87] 并且还强调，在存在阶级对立的现实的资本主义"社会"中应当采取罪刑法定主义和报应刑论，对牧野英一的教育刑论进行了激烈的批判。泷川幸辰认为，"当下的现实的刑罚"并不是"一种教育方法"；同时他还主张，在"《治安维持法》等对确信犯予以重罚的刑罚法规"中"对存在思想的对立关系的犯罪人的教育是不可能的。在此范围内，作为一种理念的教育刑是绝对不存在的"[88]。

此外，针对牧野英一认为泷川幸辰的立场是"值得怀疑的立场"并进行的批判，以及牧野英一所主张的从法治国到文化国的展开[89]和从罪刑法定主义向教育刑主义的展开，泷川进行了反驳。泷川幸辰指出，牧野英一的教育刑主义是"与社会的地盘相剥离的"，并且是"超社会"的东西，现在的"资本主义社会"中如果"实行教育刑主义"的话，将导致"这一时期的民众除进入处于少数垄断资本主义阶级的恣意命令下的社会防卫的

[87]　泷川幸辰：《风早八十二译著：贝卡利亚〈论犯罪与刑罚〉》，载《论丛》第23卷第2号（1930年），第125页。
[88]　前引注⑱泷川幸辰：《确信犯的犯罪人与教育刑》，第1页及以下、第29页。
[89]　牧野英一：《刑法中法治国思想的展开》，1931年版，第163页。

设备（受到教育刑的场所）之外，就没有其他安身之所了"⑨。

2. 此外，泷川幸辰在昭和时代战前时期，指出现行刑法是在"全球化的资本主义"向"垄断阶段"的转换、"日俄战争后日本资本主义的飞跃"的影响下，"甚至是稍显夸张地勇敢接受"了新派的理论；"这在社会防卫刑法中也是有代表性的"⑨。此外，他还从世界的潮流出发，结合以李斯特为中心的国际刑事法协会（I. K. V.）的设立，对与现行刑法的成立相对应的"社会状态"进行了如下理解："国际刑事法协会设立之初，正值资本主义的黄金时代。即，资本主义的生产组织高度地发展了，无产者的生活水平也相对地提升了，社会在资本家与劳动者的妥协中平和地向着社会主义变迁；社会改良理论逐渐取代了革命理论。动摇了社会组织的根基的有组织犯罪（即所谓思想犯罪）非常少见，而成为问题的就只有非组织的财产犯罪的常习犯而已。"⑨ 于是泷川幸辰就这一时期的刑事政策的状况而言，认为应当进行防卫的是"服从于资本主义的统治的社会；因而社会防卫本身中也大量地包含了宽松而舒缓的刑事政策要素"⑨。

本书在前文中曾提到，泷川幸辰在第二次世界大战之后将"自由主义刑法"的历史展开划分为三个时期来进行考察。其中，由费尔巴哈所代表的"第一期的自由主义刑法"和由李斯特所代表的"第二期的自由主义刑法"具有时间上的继承关系，两者的生成与展开是以相同的社会情况为基础的。泷川幸辰认为在这种状况中"社会是信赖着国家和裁判官，认为这样是令人安心的"⑨。

但即使如此，前述泷川幸辰对"第二期的自由主义刑法"的理解，与

---

⑨ 泷川幸辰：《论刑法中法治国思想的展开》（对前引注⑧牧野英一：《刑法中法治国思想的展开》的书评），载《论丛》第 26 卷第 1 号（1931 年），第 127 页及以下、第 129 页、第 132 页。

⑨ 前引注⑲泷川幸辰：《刑法读本》，第 14 页及以下。

⑨ 前引注⑲泷川幸辰：《刑法读本》，第 29 页及以下。

⑨ 泷川幸辰：《〈刑法修改草案〉一瞥》（1932 年），收录于前引注⑩泷川幸辰：《刑法杂笔》，第 53 页。

⑨ 泷川幸辰：《自由主义刑法》（1946 年），收录于泷川幸辰：《刑法的几个问题》，1951 年版，第 257 页及以下、第 266 页及以下。前文也收录于《泷川幸辰刑法著作集第 5 卷》，第 11 页及以下、第 16 页及以下。

他对明治末期到大正前期的"社会状态"的理解几乎是一致的。前述理解出现在泷川于进入昭和时代战前时期发表的明确主张类推禁止论的论文中，其中他对牧野英一的类推容许论的基础进行了讨论。与牧野相似，泷川同样认为日本与欧洲的自由法运动之所以存在差异，是因为两者不仅在"对罪刑法定原则的法律确信"上存在差异，并且两者社会中"传统"的影响力大小存在显著差异。就此而言，"有必要对自由法运动发生时日本国的社会状态进行更为深入的考察。"他进行了以下论述："这是一个战争（第一次世界大战——内藤注）前夜的、日本国的资本主义一面画出其发展蓝图一面以全球化的资本主义为目标而向前跃进的时代。这一时期的社会极度和平，犯罪也大多是财产犯罪的常习犯。犯罪人虽然落伍于社会但并不是社会的敌人。社会也并不憎恨他们，而是将他们当作是不幸的人加以怜悯。应当对他们进行拯救，而不应对其施以惩罚。在这样的时代中，在刑法中对类推解释的容许就不至于引起犯罪人的不安；而这种容许本身也是极具进步性的。自由法运动就肩负起前述社会的状态，逐渐进入了刑法的领域。"⑨⑤

　　泷川幸辰对从明治时代末期到大正时代前期的社会状况、刑事政策状况以及与这些状况相对应的"第二期的自由主义刑法"的理解难免存在过度简化之嫌而有些许不实之处，因而这种理解本身就是存在问题的。但是这种理解也有其意义：泷川幸辰在大正时代中期受到牧野英一的影响而采取了类推容许论，其社会基盘论的理由正在于此；并且，泷川幸辰在大正时代中期的刑法理论以他自己持有的社会观、国家观为背景，这种理解正是其一个侧面的展现；此外，也正是因为泷川对社会情况具有这样的认识，他才在大正时代中期提出了对社会和国家与个人进行"调和"与"协调"的主张。

　　3. 然而泷川幸辰也注意到了"以 1914 年的世界战争为界，世界的状况发生了天翻地覆的变化"；并发表了以下见解："战前（第一次世界大战前——内藤注）达到了发展的最高阶段的资本主义，在战后的不安动摇和与此相伴随的无产者的群众运动的影响下，逐渐被逼向了衰落的道路。刑

---

⑨⑤　前引注⑩泷川幸辰：《对犯罪的防卫还是犯罪人的大宪章》，第 378 页及以下。

法的社会防卫的任务就应当在于，从如浪潮般涌现的群众运动中对逐渐踏入解体过程的资本主义进行防卫；而这种防卫的对象也不再是之前的盗窃、强盗等无组织的犯罪人，而是有着钢铁一样的组织的无产阶级群众。以对无产阶级群众的压制为目的，当今的资本主义国家纷纷着手开始对刑法典进行改正。"⑯ 泷川幸辰虽然将 1926 年（大正 15 年）以后的日本刑法的全面改正事业看作是前述过程的一环⑰，但在其考虑中也包括了《治安维持法》的成立、扩张及运用。⑱

泷川幸辰一定程度上倒向马克思主义的倾向，以及在昭和时代初期之后其刑法理论的形成和展开，是从前述他对第一次世界大战之后的社会状况和刑事政策的状况的认识之中产生的。

507 泷川幸辰就当时的社会和刑事政策的状况，再次在将其与"国际刑事科学协会"* 相关联的语境下发表了如下论述："在 1914 年第一次世界大战开始时这个协会就解散了。战争导致的动荡和不安定的社会状态促进了协会的解体。无产阶级群众开始因失业和贫困而感到困扰。贫富差距逐渐变得显著。犯罪数量也因此增加了。并且，犯罪是社会组织的矛盾的产物，而犯罪人是环境的牺牲者，这一事实也逐渐变得明确了起来。对犯罪人的威慑和改善作为一种无奈之举，显然是无法起到任何作用的。国际刑事科学协会逐渐被逼得走投无路。其创立的年份是 1889 年，解散的年份是 1914 年；这不可思议地与共产第二国际的创立和解散的年份完全一致。

---

* 是现代的"国际刑法学会"的前身。——译者注

⑯ 前引注⑲泷川幸辰：《刑法读本》，第 15 页及以下。

⑰ 泷川幸辰认为，日本在 1926 年之后的刑法全面改正工作与其他资本主义国家的刑法修改工作一样，都是为了应对第一次世界大战之后资本主义社会的变化。其基本特征在于"打击有组织的群众运动，保卫统治阶级的社会"。泷川认为："与其说有着前述特征的刑法修改工作所催生的刑法规定是一种形式主义的、固定的法律，不如说它是一种为官宪的自由裁量保留了宽大的余地的政策。"《暂定刑法改正草案》总则"将重点置于'罚则'和'保安处分'的新设上，而回避了对有关'犯罪'的理论问题的解决；只有以促使刑法修改工作开始的社会事实为背景，才能领会这一现象的原因。"参见前引注㉞泷川幸辰：《〈改正刑法草案〉一瞥》，第 51 页及以下。关于泷川幸辰对日本的这种刑法修改工作的应对态度，参见前引注②内藤谦：《日本"古典学派"刑法理论和立法问题》，第 184 页及以下。

⑱ 就这一点，参见前引注②内藤谦：《日本"古典学派"刑法理论和立法问题》，第 187 页及以下、第 199 页及以下。

但是，共产第二国际和国际刑事科学协会在采取了改良主义这一点上，是立足于相同的社会根据之上的；从这一点来看的话，前述时间上的一致性就并不是偶然发生的，而是历史发展中发生的必然现象。"⑨⑨

前述泷川幸辰理解中的社会的、刑事政策的状况，与他在第二次世界大战之后所理解的作为"第三期的自由主义刑法"的发生基础的那些状况是一致的。⑩⑩ 泷川幸辰认为，在对前述第一次世界大战后的社会的、刑事政策的状况的认识中，"受到马克思主义所教导而获得的力量是自不必说的"⑩⑪，在此基础上他还就"第三期的自由主义刑法"发表了如下观点："受马克思主义影响而发生的第三期自由主义刑法从主张言论、思想、行动的自由的立场出发，要求对压迫前述自由的法律进行废除，应当对裁判官的自由裁量进行限制；从这一立场出发，对罪刑法定主义进行重新确认的观点就得到了有力的提倡。第一次世界大战后，各国的资本主义退缩到其最后的阵地即整体主义的国家之中，并通过刑罚对反对整体主义国家的思想进行了压制；但是为了与这种处置相对抗，社会通常也要求依法进行裁判。这样，第三期的自由主义刑法就是在与所谓威权主义刑法斗争的同时被卷入第二次世界大战中的。而威权主义刑法正是整体主义国家的刑法思想，它主张刑法以对国家权威的高唱为目的。"此外，"虽然威权主义刑法这一现象主要是在德国和意大利发生的，但其势力及于了所谓轴心国的全部范围；因而战争时期的日本也被逐渐地纳入了威权主义刑法的支配下。许多学者和实务家都接受了整体主义国家中的威权主义刑法思想；将罪刑法定主义概括地归于自由主义刑法的名下，并对此进行了嘲讽。但是，有必要在当今的日本复活自由主义刑法并使其得到强化，同时迅速消除威权主义刑法"⑩⑫。

508

由此可见，泷川幸辰所描绘的"第三期的自由主义刑法"的立场，正

---

⑨⑨ 参见前引注⑲泷川幸辰：《刑法读本》，第33～34页。国际刑事科学协会和共产第二国际的观点，参见井藤誉志雄译：《宾特科夫斯基：〈马克思主义与刑法〉》，1931年版；另参见中山研一、山田宽译：《马克思主义与刑法》，1979年版。泷川幸辰应该是受到了这本书第156页以下观点的影响。

⑩⑩ 参见前引注⑭泷川幸辰：《自由主义刑法》，第267页及以下。

⑩⑪ 参见前引注⑭泷川幸辰：《自由主义刑法》，第267页及以下。

⑩⑫ 参见前引注⑭泷川幸辰：《自由主义刑法》，第268页及以下。

是昭和时代战前时期泷川幸辰的刑法理论的基本立场。这里特别应当注意的是，泷川幸辰认为对"第三期的自由主义刑法"的成立状况，即对第一次世界大战之后的社会的、刑事政策的状况的事实认识，是"受到了马克思主义的教导而由此获得的力量的；这是自不必说的"。同时他还认为，"第三期的自由主义刑法"也是"在马克思主义的影响下才得以发生的"。泷川幸辰确实并不是马克思主义刑法学者。但是他自己也承认，他的刑法理论在昭和时代战前时期得到形成和展开之时可能是以马克思主义为背景的。

　　4. 应当进一步认为，泷川幸辰在其大正时代中期的刑法理论中就内在地包含了昭和时代的刑法理论和导致他转向"社会基盘"论的要素。①泷川幸辰在大正时代中期，认为法律的本质在于"利益保护"，刑法也不是其例外，只是在保护方法上与其他法律有所差异。此外，他还明确地认识到了刑法是有着补充的性格的法律。无法否定的是，在泷川把重点放在对个人和社会与国家之间的调和和协调关系上，而非两者之间的紧张和对立关系上时，他的理论就具有了使类推容许论得以产生的侧面。但是，从他将刑法看作是"利益保护法"，并确认其具有补充的性格这一立场来看的话，泷川幸辰在大正时代中期的刑法理论中至少没有强调国家和刑法的道义上的意义和其独自的目的性。②在泷川幸辰把违法理解为对"条理"的违反时，他对"条理"的理解是与"生活条件"或"生活利益"的保护相联系的。[103]③在泷川幸辰使用"道义的责任"这一概念时，其重点在于没有将"现代的法律感情"与在菲利草案中那样的对"责任"概念的否定相联系起来，而只是单纯对这一概念进行使用而已；并且他并没有强调国家的道义性和以此为基础的、作为道义的非难的责任概念。[104]此外，④泷川幸辰将"国家"看成是"社会"的"一个形式"，并没有赋予其过高的地位。[105]⑤他还将"社会"看作是"文化"的"创造者"，将通过对个人

---

　　[103]　前引注②内藤谦：《泷川幸辰的刑法理论2》，第75页及以下；前引注②内藤谦：《日本"古典学派"刑法理论的形成过程》，第533页。

　　[104]　前引注②内藤谦：《泷川幸辰的刑法理论1》，第72页；前引注②内藤谦：《日本"古典学派"刑法理论的形成过程》，第528页、第422页。

　　[105]　前引注②内藤谦：《泷川幸辰的刑法理论2》，第77页及以下；前引注②内藤谦：《日本"古典学派"刑法理论的形成过程》，第532页及以下。

平等的确保使"社会本身合理地完成"看作是"社会的立场"⑩。并且⑥在前述大正时代中期的泷川幸辰刑法理论的基础中，有着对法国大革命的刑法制度进行批判和对抗的个人主义和自由主义的基本思想以及通过人类的合理的理性为刑法制度打下基础的启蒙主义的刑法思想，即前期旧派理论的强烈兴趣。⑩ 就此看来，大正时代中期泷川幸辰的刑法理论本身，就内在包含了昭和时代中泷川幸辰在对以"社会"状况的变化为背景的"社会"矛盾的激化的认识基础上形成的刑法理论，以及与其"社会基盘"论相联系的要素。

此外，从泷川幸辰自大正末期始至昭和初期止的一系列关于刑法史的研究中，也能一窥他进行刑法理论研究的内在动因。他在这一期间完成了《切萨雷·贝卡利亚和托马索·那塔雷——刑法学的先驱者》（1920 年）、《宗教裁判》（1925 年）、《启蒙时代的刑法思想》（1927 年）、《试论死刑问题》（1928 年，原文的题目是《死刑》）、《到近代拘禁制度的成立为止——概观其在 17—18 世纪的发达》（1929 年）、《近代自由刑的诞生》（1930 年）等刑法史的研究。在这些研究中，泷川对刑法的历史的、社会的性格的认知不仅成为"社会基盘"理论形成的基础，还使他进一步确证了刑法的人权保障功能的重要性。在这样的脉络中，泷川幸辰最终采用了报应刑论，并在贝卡利亚研究的延长线上主张了死刑废止论。⑩

5. 但是，泷川幸辰的"社会基盘"论并未限定在对前述问题的讨论中。例如他在就一般预防和特殊预防问题的看法中，也表达出了"社会基盘"论的观点。泷川幸辰在昭和时代初期，虽然仅仅是就其理论本身而言

---

⑩　前引注②内藤谦：《泷川幸辰的刑法理论 2》，第 78 页；前引注②内藤谦：《日本"古典学派"刑法理论的形成过程》，第 531 页。

⑩　前引注②内藤谦：《泷川幸辰的刑法理论 1》，第 66 页、第 69 页；前引注②内藤谦：《日本"古典学派"刑法理论的形成过程》，第 525 页。

⑩　这些刑法理论史的研究和死刑废止论的论文收录于泷川幸辰：《刑法史的一个断面》（1933 年版），收录于《泷川幸辰刑法著作集第 1 卷》，第 485～499 页及以下。泷川幸辰的死刑废止论的讨论，参见前引注②内藤谦：《日本"古典学派"刑法理论的形成过程》，第 529 页、第538 页；前引注②内藤谦：《日本"古典学派"刑法理论的展开》，第 9 页；前引注②内藤谦：前引注②内藤谦：《日本"古典学派"刑法理论的一个断面——泷川幸辰和小野清一郎之间相互的理解与评价》，第 4 页。

的，但仍对特殊预防论作出了比一般预防论更高的评价。[109] 在进入昭和时
代战前时期（1938 年）之后，泷川幸辰认为，从"对观察和统计的理解
仅仅在刑罚预告的一般预防作用归于无效的场合下才是可能的"这一命题
出发，"一般预防"仅仅是"一个拟制"，或者"不如说是建立在幻想之上
的"；而"特殊预防"就"具备了在理论上彻底解决问题的可能性"。但是
泷川幸辰也指出，费尔巴哈的一般预防论确实在法国获得了"胜利"。而
在泷川幸辰终于对李斯特展开讨论时，他指出李斯特的特殊预防论是在
"资本主义的兴盛期"之中"诞生发展"的，因而在"极度稳定"的当时
的"社会"中可以认为"这种理论对社会全体来说决不是不安定的，反倒
不如说是非常进步的"。（就李斯特的特殊预防论的"社会基盘"而言，前
述观点仍然存有较大的质疑余地。）此外，就结论而言，泷川幸辰主张，
如果"政治和经济的状态正常的话"，那么"特殊预防"作为"一种符合
社会全体利益的刑事司法的目标而言就是适当的"；相反，"在政治体系发
生变化、经济状况也宣告紧张的社会"之中，"一般预防"就"得到了提
倡"；而"通过比较费尔巴哈的时代和李斯特的时代，我们可以看出学说
与时代事件的关系。"[110] 可以认为泷川幸辰在一般预防和特殊预防的问题
上的前述主张正是以某种"社会基盘"论为基础的。但同样不能否定的
是，为了避免遭受发售禁止处分，泷川幸辰在这里的叙述中同样存在"模
糊化"的问题。恐怕也正是受此影响，泷川幸辰在 1938 年（昭和 13 年）
并没有提及在当时的日本应如何解决前述问题。综合来看泷川幸辰发表过
的全部著作和论文，大概可以发现泷川幸辰并不认为特殊预防是"适合"
当时日本的社会状况的。并且，泷川幸辰在进入昭和时代战后时期之后，
也在将"刑事制度"分为立法、裁判和执行三个阶段，认为其"最终目
标"在于"维持法律共同体的秩序"，并且"原则上是以犯罪人向社会的
复归和回复其失去的人性为目的的"；由此，泷川主张还有必要在"刑事

　　[109]　前引注⑲泷川幸辰：《刑法讲义（改订版）》，第 24 页。另参见前引注②内藤谦：《泷川
幸辰的刑法理论 3》，第 103 页及以下；前引注②内藤谦：《日本"古典学派"刑法理论的形成过
程》，第 537 页。
　　[110]　泷川幸辰：《论一般预防和特殊预防》（1938 年），收录于前引注㉞泷川幸辰：《刑法的几
个问题》，第 27 页及以下。

制度"的前述三个阶段之外,"额外增加一个对释放后的犯人作为人的生活进行保障的阶段,作为其第四个阶段";这里,泷川幸辰对更生保护制度的重要性进行了展望。⑪ 这里,泷川幸辰自己大概也注意到了,在第二次世界大战之后日本逐渐从"自由主义国家"演变为"民主主义国家",因而其"社会基盘"也发生了某种变化。

6. 此外,泷川幸辰的"社会基盘"论也在刑法各论中得到了反映。例如,泷川幸辰自昭和初期开始,就对堕胎罪抱有问题意识,认为这一犯罪是由社会组织的缺陷导致的。⑫ 在昭和时代战后时期,他也主张:"当今,堕胎罪作为一个社会问题正在得到妥善解决。"⑬ 泷川幸辰还认为,其在昭和时代战前时期就主张的通奸罪废止论的基础在于"孕育出了一夫一妻制这一家族制度的经济关系已经被消灭了";而当时仅仅对妻子的通奸行为进行处罚的刑法规定正表明了以夫权为代表的"统治阶级的彻底胜利"⑭。此外,在战前时期,泷川幸辰还提倡应当将性交同意年龄从13周岁以上提高至与婚姻年龄相同(当时是15周岁以上),其理由也在于,性交同意年龄与工厂劳动年龄一样,也有着应当随着无产阶级与资产阶级关系的变化而得到逐渐提高的性质。⑮

7. 诚然,泷川幸辰的"社会基盘"论并没有尝试对包含刑法各论在内的刑法理论的全部领域都进行讨论。并且,泷川幸辰所理解的"社会基盘",就其内容而言,未必是经过了充分的历史考察和实证分析的。但是,泷川幸辰的"社会基盘"论即使有着前述各种各样的局限性,也还是为刑法理论带来了对历史性和社会性的自我认识的重要契机,可以认为这正是使刑法的概念和理论的意识形态属性得到阐明的、尤为宝贵的第一步。

(二)一定程度上倒向马克思主义的倾向

1. 泷川幸辰的"社会基盘"论表明了他一定程度上倒向马克思主义的

⑪ 泷川幸辰:《论刑法中构成要件的机能》[载《刑法杂志》第1卷第2号(1950年),第2页及以下],收录于《泷川幸辰刑法著作集第5卷》,第314页及以下。

⑫ 前引注⑦泷川幸辰:《刑法各论》,第20页、第23页。

⑬ 前引注⑦泷川幸辰:《刑法各论》,第58页。

⑭ 前引注⑦泷川幸辰:《刑法各论》,第102页。

⑮ 前引注⑦泷川幸辰:《刑法各论》,第31页。这一结论也一直保持到了昭和时代战后时期。参见前引注⑦泷川幸辰:《刑法各论》,第79页。

倾向，也是他受其影响的产物之一。第一次世界大战后发生的社会恐慌以及这种恐慌的慢性化最终导致了资本主义"社会"阶级矛盾的激化，而《治安维持法》的成立和扩张就是统治阶级通过刑事立法对此进行处理；

512这种昭和时代初期的社会状况直接导致泷川幸辰表现出了在一定程度上倒向马克思主义的倾向。这种倾向在其昭和初期之后的著作和论文中得到了明确表述。⑯

2. 但同样应当得到考虑的是，泷川幸辰从大正时代中期开始就对马克思主义抱有了强烈的兴趣；这种兴趣至少是他展现出向马克思主义倾斜的一个契机⑰；而他的这种思想上的态度在 1921 年（大正 10 年）左右就已经存在了。当时，泷川在"认识的形式"上采取了意思决定论的立场，尝试将其与报应刑论相结合；这里，泷川表现出了对"决定论的报应刑论的一个典型"即梅尔克尔的决定论的强烈兴趣，并展现出了对性格论的责任论的好感；但他仍对此抱有疑问。他的疑问主要在于，梅尔克尔认为"行为的终极原因在于行为人的性格，在这之上就无法再找到其他原因了"；因而倾向于"不在性格之上另行探寻行为的原因"。泷川幸辰认为这"作为一种决定论来说未免过于温和了"；认为应当进一步对梅尔克尔所谓"不证自明的道理本身"进行讨论，并在"将性格看作是世界和生活的必

---

⑯　泷川幸辰的部分理论在一定程度上表现出了倒向马克思主义的倾向；这在他基于 1928 年的讲义案改订而成的《刑法讲义》（1929 年）中就已经有所表现，并且在《刑法讲义（改订版）》（1930 年）中得到了进一步加强。在本书中，泷川不仅在"犯罪斗争的根本问题"上讨论了"犯罪原因和社会组织"的问题，还进行了如下论证。首先，"在现在社会中占据了最重要的地位的犯罪"是财产犯罪，特别是盗窃犯罪；这种犯罪是由"贫困和失业等生活的不安定所催生的"，而"生活的不安定性的原因又蕴含于社会组织的不合理性之中"。继续于此，泷川幸辰指出："现在的社会之中，在除了出卖劳动力就无以保证自己的生活的无产阶级和购买劳动力并压榨其剩余价值的资产阶级之间存在着对立，发生了深刻的阶级斗争。无产阶级通过跨越了民族和国境的团结，逐渐挣脱了资产阶级的枷锁。在'所有国家的无产阶级团结起来'这一响彻世界的口号的感召下，无产阶级失去的只是枷锁，而他们获得的将是整个世界。但是，这种阶级利益的主张在违反了现存的社会秩序的意义上就是犯罪；并且法律通常是以维持现状为目的的，因而法律通常是保守的。因而对社会组织的变革，就是与犯罪进行斗争、消灭和减少犯罪的根本问题。在维持现存的社会秩序的同时寻求社会组织的变革，就不过只是一纸空谈而已。这一意义上，刑罚和保安处分所具有的与犯罪做斗争的机能，实际上就不过是改良主义者的空论而已。刑法修改的运动和刑事政策的纲领，也只有在维持现状的限度内才能得到实现。一旦超越了这一范围，它就不再是一种刑法修改，而是一种刑事政策了。"

⑰　参见前引注①小田中聪树：《泷川幸辰的刑事诉讼法理论》，第 609 页注㉓。

然现象的基础上，对行为人能否承担责任"进行判断。⑱ 这样，泷川幸辰就从决定论的立场出发，认为"如果将其贯彻到底的话，就应当在性格之上进一步探寻行为的原因"，而应当采取"将性格看作是世界生活的法则的必然现象"的思想态度。而这种思想态度也正成为泷川幸辰探寻"世界生活的法则"并最终靠近马克思主义的一个契机。此外，泷川幸辰 1924年（大正 13 年）还在对自己堕胎罪和同意堕胎罪的非犯罪化这一方向进行主张时，着眼于 1922 年苏俄刑法的堕胎罪规定，对其进行了介绍并表现出了好感。在进行前述介绍时，他认为苏俄是"未来之国"⑲。

3. 值得一提的是，目前尚不能断言泷川幸辰究竟是通过哪些文献接近马克思主义的。泷川幸辰对马克思主义理论的文献的引用，只有他在1931 年（昭和 6 年）的论文《确信犯的犯罪人和教育刑》中，就对确信犯的犯罪人科处死刑和其他较重的自由刑的意义问题进行回答时，所引用的帕舒卡尼斯的《法的一般理论与马克思主义》（山之内一郎译）及其内容的一部分（第 272～273 页）而已。⑳ 但正如这一引用所表明的那样，最为强烈地影响了泷川幸辰对马克思主义的理解的，也正是帕舒卡尼斯初期对刑法的理解。 *513*

4. 在昭和时代战后时期，泷川幸辰也保持了认为犯罪与刑罚的"均衡理念"起源于"商品交换的形态"的观点；认为"复仇是通过均衡的交换形态，即与依据于价值的交换形态相关联，才成为法律制度的"，并在此基础上主张："犯罪和刑罚的均衡关系，在均衡的交换形态普遍存在的社会，即马克思所谓'处于资本生产方式的支配之下的社会'之中，是非常明确的。"㉑ 泷川同时还对为所谓"新刑法学"［即新派（近代派）刑法学——内藤注］所采纳的"在与行为人的危险的性格相适合的范围内确定对某一犯罪的刑罚"的"危险刑法"观点，即在"不承认犯罪和刑罚之间

---

⑱　参见前引注㉛泷川幸辰：《决定论的报应刑的一个典型》，第 59 页；另参见前引注②内藤谦：《泷川幸辰的刑法理论 1》，第 67 页、第 70 页。

⑲　泷川幸辰：《堕胎和俄国刑法》［载《论丛》第 12 卷第 4 号（1924 年），第 92 页及以下］，收录于《泷川幸辰刑法著作集第 4 卷》，第 427 页及以下。

⑳　前引注⑱泷川幸辰：《确信犯的犯罪人和教育刑》，第 26 页。这一文献受到了宾德科夫斯基的观点影响。

㉑　参见前引注㉔泷川幸辰：《刑法讲话》，第 4 页及以下。

存在合理的均衡关系的基础上，认为对刑罚的讨论应集中于其目的合理性上"的观点进行了驳斥。他认为，这种观点的"谬误"之处在于，其在主张"犯罪人对基于自己的自由意志实施的行为，负担与行为的严重性成比例的责任"的观点中，"在对责任刑法的观念进行批判之时，仅仅只从理论上进行批判就足以对错误的观点或思想的错误作出充分的反驳"。泷川幸辰进一步主张道："这种不合理的均衡关系并不是由刑法学者的观点不同所导致的，而是产生并扩大于现代社会的结构中的。社会防卫的目的和均衡的报应原则之间的矛盾也并不只存在于书本和理论中，而是在生活本身中、在裁判所的判决中、在社会的构造中广泛存在的。"[122] 由此，"刑法的根本的改正是以社会组织的改革为前提的；在脱离了客观的基础的情况下，废弃罪刑均衡的原则就是不可能的"。与此同时，泷川幸辰还主张"应当得到提倡的，是使刑法从刑罚法转向法益保护法"；这种转向在现在虽然仍然是"模糊的，但仍然是可以想见的"[123]。泷川认为，"现在的刑法可以说是一块复杂的合金"，而"复杂的东西本身常常是难以发生变化的"；现如今，"在被历史地决定的全部刑法体系中，也穿插着当权者的利益是什么的问题"；而"当权者的利益是什么的问题，为刑法的体系烙下了历史的具体烙印"[124]。

泷川幸辰的这种主张，受到了帕舒卡尼斯如下刑法观点的影响，即，包含了责任、犯罪、刑罚等概念的"刑法"实际上是以商品生产社会中等价交换的形态为基础才得以成立的；由此，不现实地克服这种物质的关系，仅仅宣称对责任、犯罪、刑罚等概念的放弃，是不能解决任何问题的。而将前述观点看作是资产阶级新派理论的虚伪性和这种理论遭受挫折的原因，则正是帕舒卡尼斯的基本观点所在。[125]

5. 如前所述，泷川幸辰在一定程度上受到了马克思主义的影响。但是泷川幸辰也并没有将马克思主义作为自己的立场，并展开马克思主义的

---

[122] 参见前引注㉔泷川幸辰：《刑法讲话》，第 16 页及以下。

[123] 参见前引注㉔泷川幸辰：《刑法讲话》，第 11 页、第 18 页。

[124] 参见前引注㉔泷川幸辰：《刑法讲话》，第 7 页。

[125] 参见中山研一：《苏维埃法概论·刑法》，1966 年版，第 129 页及以下、特别是第 135 页；稻子恒夫译：《帕舒卡尼斯：〈法律的一般理论和马克思主义〉》，1958 年版，第 167～200 页。

刑法理论的。这在泷川幸辰的国家观、社会观、法律观中都得到了表现（后文四）；并且，能够看出泷川幸辰的犯罪理论与刑罚理论，其内容基本上是在资本主义社会历来的刑法理论的基础上，主要是借鉴了 1915 年以后的德国刑法理论，特别是比较多地参考了 M. E. 迈耶和梅兹格尔的理论才最终得以形成的。从昭和时代初期到昭和时代战前时期，在这一期间泷川在展现出向马克思主义的一定的倾斜的同时，当时的马克思主义学者也大多对泷川幸辰的刑法理论表现出了好感，但他们并没有将泷川幸辰看作是马克思主义的刑法学者。[126]

但正如泷川幸辰自己也承认的那样，他的刑法理论在马克思主义的影响下，作为一种自由主义的刑法理论，逐渐丰满了其具体内容。特别是从昭和时代初期到昭和时代战前时期，可以说是一种抵抗了国家主义化和整体主义化的浪潮的刑法理论。

四、社会观、国家观、法律观

泷川幸辰的刑法理论的基础所在，即他的社会观、国家观和与此相关 518的法或刑法的基本观点又是怎样的呢？就此问题，泷川幸辰并没有进行统一的详细论述；因而只能尝试以散见于泷川幸辰的著作和论文中的论述为线索进行讨论。

（一）社会观和国家观

1. 在大正时代，泷川幸辰就已经将"社会"看作是"文化"的"创造者"；并将"社会"看作是"追求共同利益的多数人的结合"；并将"国家"理解为"社会的一种形态"，将其看作是"包含了绝大多数方面的利益的社会"。这样，泷川幸辰的"社会概念"就是"利益社会"，同时在其国家观中也展现出了多元的国家观的萌芽。并且泷川认为，在国家是"所谓法治国"的限度内，"文化"就是以"法律秩序"的形态受到"国家"

---

[126]　吉川经夫：《刑法学和马克思主义》，载《马克思主义法学讲座①》，1976 年版，第 101 页及以下；另参见前引注①小田中聪树：《泷川幸辰的刑事诉讼法理论》，第 597 页。

的保护的；但是在可能相互冲突的"遵从复数种利益的条理"之中，究竟哪一种才是"国家"应当通过"法律秩序"所"承认"的，则是由有着各自"利益"的"文化价值"所决定的。[127]泷川幸辰的这种"文化"→"社会"→"国家"的思考，也受到了 M. E. 迈耶的极大影响。[128]

2. 从昭和时代初期到昭和时代战前时期，泷川幸辰都认为，大到"国际社会"小到"夫妇"的"社会"都是人类基于"共同的利益"相互结合起来才得以成立的。他主张，与"利益"种类的多样性相对应，"结合"的方式也是多种多样的；而不论这种结合的大小和强弱，所有这些结合在其形成了"社会"这一点上都是一样的。[129]对泷川幸辰来说，"社会"是"利益的共同体"，不论是营利公司、劳动合作社、政治结社、学术团体还是社会阶级，都是一个个的"社会"[130]。

泷川幸辰还将"国家"理解为所述作为"利益共同体"的"社会的一种形态"。泷川幸辰认为，"国家是以对对立的各种社会的统制这种共通的利益为内容的社会"[131]；并且他还主张："国家是为了整体社会而存在的手段，国家存在的目的是服务于社会整体。"[132]此外，泷川幸辰还曾作出过"在所有的社会之中，国家是最为鲜明的存在"的表述。[133]由此，泷川幸辰也认为对"各个国家"来说，"其法律"的特征就是由"其经济结构"所决定的。[134]

泷川幸辰的前述国家观认为国家和整体社会是完全一样的；这与强调

---

[127] 泷川幸辰教授口述：《刑法讲义》，1925 年版，第 30 页及以下；关于该书，参见前引注②内藤谦：《泷川幸辰的刑法理论 1》，第 74 页。

[128] M. E. Mayer, Der allgemeine Teil des deutschen Strafrechts, 1915, S. 37 ff.；Rechtsphilosophie, 1922, S. 25 ff. 关于泷川幸辰所谓"文化"概念，以及其与小野清一郎的"文化概念"之间的比较，参见前引注②内藤谦：《泷川幸辰的刑法理论 2》，第 77 页及以下；另参见前引注②内藤谦：《日本"古典学派"刑法理论的形成过程》，第 531 页及以下、第 554 页。

[129] 前引注⑲泷川幸辰：《刑法读本》，第 5 页。

[130] 泷川幸辰：《刑法讲义》，1929 年版，第 21 页。泷川幸辰在 1930 年出版的《刑法讲义（改订版）》中删去了这一部分。

[131] 前引注[130]泷川幸辰：《刑法讲义》，第 32 页。

[132] 泷川幸辰：《刑法总论》，收录于《现代法学全集第 10 卷》，日本评论社 1929 年版，第 2 页；另收录于《泷川幸辰刑法著作集第 1 卷》，第 171 页。

[133] 前引注⑲泷川幸辰：《刑法读本》，第 5 页。

[134] 前引注⑲泷川幸辰：《刑法读本》，第 7 页。

国家道义之意义的一元的、道义的国家观有着明显差别。此外，泷川幸辰还将"国家"看作是基于特定的"共同利益"才得以成立的"社会"的一种，将其与劳动合作社、学术团体等"社会"进行并列的理解；认为只有在对存在对立的各种"社会"进行"统制"这一"共通的利益"为内容这一点上，国家这种"社会"才具有其独自的特征。[135] 他的这种态度可以被看作是一种所谓多元的国家论的立场。不论如何，泷川幸辰在肯定国家的手段性质的同时，明确地否定了国家的自我目的性；并且他显然没有强调国家的道义的意义。

3. 在昭和时代战后时期，泷川幸辰并没有在他的著作和论文中明确地从正面主张前述多元的国家论的立场。但是在战后时期，泷川幸辰在对刑法各论中的罪名进行分类之时，并没有特别地将对国家法益的犯罪与对社会法益的犯罪相区别，而是采取了将刑法各论的体系分为对个人法益的犯罪和对社会法益的犯罪两种的二分法。[136] 并且从他采取这种分类的根据，即认为"国家也是社会的一种"的观点来看的话，可以认为前述多元的国家论的观点在其战后时期的刑法理论中得到了延续。

此外，即使是在昭和时代战后时期刑法各论的体系中，泷川幸辰也与昭和初期相同地，采取了将个人法益的犯罪排列在前，而将对社会法益的犯罪排列在后的体系。其理由在于"社会是个人的集合"，而杀人、伤害、盗窃、侵占等"以个人为行为对象的犯罪则是犯罪的典型"[137]。从这种体系编排中，能看出泷川幸辰将"社会"看作是"个人的集合"，并且以对个人法益的保护为出发点对刑法进行考察的立场。

4. 值得一提的是，在昭和时代战后时期，泷川幸辰主张，将构成要件导入刑法不仅是"政治的"，也是"法治国主义"的必然要求；而随着"现代刑法"的诞生，这一结论就变得更加明确了。同时，"法治国主义的国家"的发展变迁，也是从"绝对主义国家"向着"自由主义国家"，并进一步向着"民主主义国家"逐渐转向的。泷川幸辰认为，将构成要件导

---

[135]　前引注[130]泷川幸辰：《刑法讲义》，第32页。

[136]　前引注[74]泷川幸辰：《刑法各论》，第11页。

[137]　前引注[74]泷川幸辰：《刑法各论》，第11页。而在1933年出版的《刑法各论》（弘文堂书房）中，泷川幸辰例外地采取了将对国家法益的犯罪置于前列的体系。

入刑法对"绝对主义国家"来说，不过只是意味着对"受到法律保护的权利、为法律所平等对待的权利和受到依法裁判的权利的承认而已"（这种理解将"绝对主义国家"包含在"法治国"的范围内；但前述三种权利究竟能否得到"绝对主义国家"的保护则是存在很大疑问的）。而对"自由主义国家"来说，则意味着在前述三种权利之上"增加了对良心、言论、出版、集会、财产、通信、迁移等不受国家干涉的自由（权利）"的承认。而对"民主主义国家"来说，则意味着在"消极自由的基础上，还包括了对受教育的权利、劳动的权利、在疾病或残疾或生育时受到扶助的权利等积极的权利的保障"。此外，泷川幸辰在考察前述发展之时，还主张"现代刑法"是在"自由主义国家"中"发生"的。[138] 泷川幸辰的这种主张也意味着，现代虽然是"民主主义国家"的时代，但在"现代刑法"所"发生"之时所处的"自由主义国家"得到保护的"消极的自由"，在"民主主义的国家"的刑法领域中也应在最小限度的前提下得到保护。

（二）法律观

521　　泷川幸辰以前述社会观和国家观为前提，主张"法律是国家这种社会的团体规则"。他还认为，法律可以分为宪法、民法、刑法、诉讼法等各种部门，每个部门法在各自不同的领域发挥自己的职能；并且"所有法律是通过为法所保护的利益而得以相互联系起来的"。泷川幸辰主张："各个法律的本质并不在于其所保护的利益的特殊性，而在于其保护手段的特殊性。"这里，泷川幸辰认为刑法的特殊性在于，与通过"民法"使对财物的所有这一状态得到"直接"的保护不同，"刑法"通过刑罚对这一状态进行了"间接的保护"。泷川幸辰还主张："刑法通过对刑罚进行预告和执行来预防和镇压对利益的侵害，由此实现对利益的保护（虽然是间接地）；在这一点上刑法是有其自身的特色的。"[139]

这样，泷川幸辰认为"法"的本质或目的在于对利益的保护、刑法也是利益保护法、刑法的特殊性在于通过刑罚以间接的方法对利益进行保

---

[138]　泷川幸辰：《刑法中构成要件的机能》［载《刑法杂志》第 1 卷第 2 号（1950 年），第 7 页及以下］，收录于《泷川幸辰刑法著作集第 5 卷》，第 320 页。

[139]　前引注③泷川幸辰：《犯罪论序说》，第 1 页。

护、肯定刑法补充的和第二次的性质的基本立场就从大正时代中期［本章前文二（二）4］开始直到昭和时代都得到了贯彻，没有发生大的变化。

在泷川幸辰的这种法律观中，"社会"这种"个人的集合"是通过"共通的利益"才得以结合起来的；而"国家"正是前述"社会"的一种。这可以说是与泷川幸辰的社会观和国家观［前文（一）］相关联的。

此外，就道德与法律的关系问题，泷川幸辰在大正时代认为两者是紧密联系的，并以耶利内克的"法律是最小限度的道德"的标语对此进行了论证。⑭ 但是在进入昭和时代初期之后，泷川幸辰从认为"强制力"才是"法律的本质"的观点出发，指出在技术性的法律增加的背景下，耶利内克的前述标语"有招致误解的危险"⑭。在进入昭和时代战前时期之后，泷川幸辰主张，社会只有在逐渐发展为国家这种高度的社会形态后，才明确地分化出了"风俗""法律"和"道德"。其中，"国家通过强制力来保障其实现"的部分就是"法律"，而"诉诸人们的内心并使人期待其实现"的部分就是"道德"，就"过去曾发生的事实而言，以保持原样为理由而承认其具有拘束力的"部分就是"习俗"⑭。由此，泷川幸辰认为法律、道德和风俗是并行的概念；并从认为违法性的实质在于"国家的条理违反"的立场逐渐转向了认为违法性的实质在于"对法益的侵害"或"对生活利益的侵害（或危险）"的观点（即所谓"结果无价值论"）。⑭

由此看来，泷川幸辰的社会观、国家观和法律观都不是以马克思主义为依据的。但是他从多元国家论的立场出发，在强调国家和法律的手段性而非其自己目的性和道义性的基础上，认为包括刑法在内的法律的本质在于利益保护。他的这种基本态度，与他在昭和时代战前时期所主张的罪刑法定主义论，即认为"刑法的表现形态"是"犯罪人的大宪章"且强调刑

522

---

⑭　泷川幸辰：《论归责条件的本质》［载《论丛》第 7 卷第 2 号（1922 年），第 68 页］，收录于《泷川幸辰刑法著作集第 4 卷》，第 329 页。另参见前引注②内藤谦：《泷川幸辰的刑法理论2》，第 76 页。

⑭　前引注⑬泷川幸辰：《刑法总论》，第 16 页及以下。

⑭　前引注⑲泷川幸辰：《刑法读本》，第 5 页。

⑭　前引注⑲泷川幸辰：《刑法读本》，第 72 页。另参见前引注③泷川幸辰：《犯罪论序说》，第 13 页、第 80 页。昭和时代战前时期和战后时期泷川幸辰刑法理论的展开，参见前引注②内藤谦：《日本"古典学派"刑法理论的展开》，第 3 页及以下。

法保障个人的自由和权利的机能的理论，共同成为其"自由主义刑法理论"的基础。

五、结语

523　　泷川幸辰以基于人权思想的罪刑法定主义为核心的刑法的理论构造，以及与此相联系的犯罪论的客观主义的、结果无价值论的理论都是以自由主义刑法思想为基础的；在这一限度内，其理论本应是为第二次世界大战后的日本刑法学所广为采纳的。但是，到1960年（昭和35年）为止的日本刑法学在很大程度上受到了以目的行为论为基础的行为无价值论思想的影响，这就导致泷川幸辰的刑法理论没有得到广泛的采纳。直到1965年（昭和40年）之后，学界才逐渐对泷川幸辰的刑法理论，特别是其人权保障的侧面和结果无价值论的侧面进行了明确的重新认识。[14]

　　就对应于第二次世界大战后宪法的变革的刑法理论的构成而言，泷川幸辰的刑法理论确实指出了一种基本的方向，并在如下几方面切实地
524　影响了战后的刑法学。即：①对罪刑法定主义论和客观主义犯罪论展开的具体化和实质化；②通过"社会基盘"论展开的详细的历史的实证的分析；③与犯罪学、刑事政策学相结合而具体展开的刑罚论等课题。

---

　　[14]　参见内藤谦：《战后刑法学中的行为无价值论和结果无价值论（一）》，载《刑法杂志》第21卷第4号（1977年），第1页及以下；内藤谦：《战后刑法学中的行为无价值论和结果无价值论（二）》，载《刑法杂志》第22卷第1号（1977年），第58页及以下。

第三编　通　史

第一章　刑法理论史（外国）

一、前言

以本章有限的篇幅恐怕很难对外国的刑法理论史进行全面论述，这也 526 超过了笔者的能力范围。本章仅就与所谓"学派之争"相关的、古典学派（旧派）和近代学派（新派）的形成、展开、对立和发展，以两学派的相互对立最为激烈的德国为中心，对其思想的、社会的背景和历史的意义进行概观。同时与刑法理论的谱系相联系，对现代刑法理论的基本动向进行简要讨论。

二、古典学派的形成和展开

（一）

古典学派（旧派）的刑法理论是在从 18 世纪后半叶到 19 世纪伊始这一近代市民社会（资本主义社会）的形成期的欧洲形成的。其源流于对同态复仇的刑罚制度展开强烈批判的启蒙主义刑法思想。同态复仇的刑法制度以法律和宗教与道德的不可分性、由身份导致的处罚的不平等性、罪刑

527 专断主义、刑法的严苛性为其特征；其基础在于与王权神授说相联系的赎罪报应思想和为了表明绝对王政的权威性的一般威慑思想。与此相对，启蒙主义的刑法思想将刑法制度从宗教和王权中解放出来，并使人类的合理的理性成为其基础。启蒙主义的刑法思想将社会契约说作为刑罚权的根据和界限的基础；并从这种观点出发，提出了对法律、宗教和道德的严密区别，罪刑法定主义，处罚的平等性，罪刑均衡主义，严酷刑罚的废止，合理的、目的论的刑罚观的主张。①

这种启蒙主义刑法思想的典型代表是，意大利的贝卡利亚（Cesare Beccalia，1738—1794）的著作《论犯罪与刑罚》（Dei delitti e delle pene，1764）；他的刑法思想正是由社会契约论指导的。② 贝卡利亚认为，刑罚权的根据在于公民按照社会契约在必要最小限度上让渡给国家的自由的总和，因而超越这种根据的刑罚权的行使就都是对权力不正当地滥用；这样，就将刑法从宗教和王权的支配之下解放了出来。为了从这一原理出发对市民的行动自由进行保障，就应当在事先以法律对什么是犯罪和对犯罪科处的刑罚进行明确的规定；这就要求，对于犯了为法律所规定的犯罪的人来说，不论是谁都应不论身份地受到法律规定的刑罚的平等对待。由此，在主张罪刑法定主义而否定罪刑专断主义的同时，也打破了由身份导致的处罚的不平等性。此外，贝卡利亚还主张犯罪和刑罚之间的均衡性是必要的，衡量犯罪的真实尺度应该是其对社会造成的危害，而非犯罪人的意思。他在建立客观主义犯罪论的同时，也强调应该尽可能地减少被作为犯罪而科处刑罚的行为（即"非犯罪化"的志向）。他虽然主张刑罚的目的在于对犯罪的预防，但同时也以死刑和其他残酷的刑罚违反了社会契约并且弱化了人权保障的效果为理由，对其废止进行了有力的主张。这样，贝卡利亚就成了古典学派刑罚理论的先驱者。并且他的《论犯罪与刑罚》也被译为多国语言，引起了极大反响；强烈地影响了法国大革命的人权宣言和在此之后的 1791 年法国刑法典。

---

① 佐伯千仞：《刑法讲义（总论）》，1968 年版（改订版出版于 1974 年），第 52 页及以下；佐伯千仞：《启蒙时代和犯罪类型》，载《论丛》第 39 卷第 3 号（1938 年），第 380 页及以下。

② 贝卡利亚：《论犯罪与刑罚》，风早八十二、风早二叶译，岩波文库 1969 年版。

（二）

在理论上对前述启蒙主义刑法思想进行体系性的展开的，是被称为 *528* "近代刑法学之父"的德国刑法学家费尔巴哈（Anselm v. Feuerbach，1775—1833）。他从社会契约论出发，认为国家的目的在于保障个人间相互的自由。此外，他还在严格区分合法性和合道德性这一点上遵从了康德哲学，认为犯罪并不是对道德的违反，而是对法律的违反；将犯罪理解为是对权利的侵害。这种权利侵害说有着对被科处刑罚的行为范围进行限制的意义（"非犯罪化"的志向）。③ 此外，费尔巴哈还基于心理强制说，根据刑法对刑罚的预告主张了一般预防论，并以此作为罪刑法定主义的基础。

费尔巴哈的心理强制说的基础在于："如果每一个行为人都知道比起其欲图实施犯罪行为的冲动得不到满足所导致的不快感，其实施犯罪行为将导致更大的恶害不可避免地产生，那么其欲图进行犯罪行为的感性的冲动就能够得到遏制。"④ 在感性的世界中，人类的行动总是遵循着追寻快乐而逃避痛苦的原则，因而通过宣告与犯罪行为相对应的刑罚，就能够使人们受到心理上的强制并进而选择不进行犯罪，通过发挥一般预防的效果，使刑法的目的最终得到实现。而为了使前述心理强制成为可能，就有必要预先以法律规定犯罪行为和刑罚，并使其为一般人知晓；而这正是罪刑法定原则在刑法理论上的基础。

在费尔巴哈看来，犯罪是对权利的侵害，而处罚的基础则是过去的客观行为。在这一意义上，他也采取了客观主义的犯罪理论。而刑罚的执行则仅仅是对以心理强制为目的的刑罚预告的严肃性的表明。在当时启蒙思想的绝对主义背景下，特殊预防论的主观主义得到了格劳鲁曼和斯求贝尔等人的主张，但费尔巴哈认为这种学说在将处罚的基础诉诸行为人的心情和性格这种不确定的东西这一点上混同了法律和道德，且缺乏客观的标准；并以此为理由对这种主张进行了反对。

---

③ 费尔巴哈的权利侵害说及其社会背景，参见内藤谦：《刑法中法益概念的历史展开（一）》，载《东京都立大学法学会杂志》第 6 卷第 2 号，第 225 页及以下。

④ Feuerbach, Lehrbuch des gemeinen in Deutschland gultigen Peinlichen Rechts，（1. Aufl.，1801），14. Aufl.，1847，S. 38.

费尔巴哈将道德的报应观念从刑罚中排除了出去。他认为："道德的报应属于道义的秩序，而不属于法律的秩序；并且它在物理上也是不可能的"⑤；因而道德的报应观念既不是刑罚的目的，也不是刑罚的根据。⑥ 并且，费尔巴哈的心理强制说仅仅是以对以感性世界中的快乐和痛苦的选择能力为前提的，因而并没有采纳形而上学的意思自由论的观点。而在这之后，费尔巴哈起草了在近代刑法史上有划时代意义的 1813 年拜仁刑法典。

（三）

　　如前所述，古典学派的刑法理论通过贝卡利亚和费尔巴哈等人得到了形成和展开。其特征在于：对罪刑法定主义的确立、对刑法和宗教与道德的严格区别、所谓非犯罪化的志向、犯罪和刑罚之间的均衡性要求、客观主义的犯罪理论和一般预防的目的刑论；而道德的报应观念则受到了否定。这种刑法理论所欲图解决的，是在近代市民社会的成立时期社会的中坚力量将确保市民的自由和为了确保这种自由而在必要最小限度内对市民社会的秩序进行维持作为国家的任务，但同时又为了保障人权而提出为国家权力设定明确的界限的要求这一问题；其基本思想是个人主义的自由主义。这种刑法理论反映了资本主义得以确立时社会所具有的结构。这种社会结构的存在前提是，有着理性预见能力的平等同质的个人，在有预见可能性的基础上进行自由行为，由此使得预先设定好的平衡状态（即最大多数人的最大幸福）得以实现。而当这一前提最终崩溃之时，这种刑法理论自然也不可能维持原样不变。但是，刑法应当具有从国家的刑罚权中确保个人的自由这样的人权保障机能，这一理论本身就具有不受时代制约的意义。为了将其与这之后以形而上学的意思自由论和报应刑论为特征的德国古典学派相区别，将这种古典学派称为前期古典学派是妥当的。⑦

---

　　⑤　Feuerbach, a. a. O., S. 40.

　　⑥　关于费尔巴哈的理论，参见前引注①佐伯千仞：《刑法讲义（总论）》，第 58 页及以下；佐伯千仞：《刑法中人类观的问题》，载《论丛》第 47 卷（1942 年），第 749 页及以下；泷川幸辰：《刑法讲话》，1951 年版，第 99 页及以下。此外，还可参见山口邦男：《19 世纪德国刑法学研究》，1979 年版；庄子邦雄：《近代刑法思想史序说》，1983 年版。

　　⑦　平野龙一：《刑法总论Ⅰ》，1972 年版，第 5 页、第 11 页。费尔巴哈的刑法理论和所谓"古典学派"刑法理论之间的差别参见前引注①佐伯千仞：《刑法讲义（总论）》，第 61 页。

（四）

启蒙主义刑法思想或者说前期古典学派刑法理论在招致对旧制度（ancient regime）的刑事法制度的根本性改革一事上作出了极大的贡献。在依据这一改革的立法中，通过形式的"三权分立"论来贯彻罪刑法定主义，不仅否定了裁判官自由裁量的余地，还强化了从一般预防的观点出发追求刑罚的功利目的性的倾向；因而刑事责任的量是以社会的恶害（社会损害性）的程度为中心才得以确定的，而法定刑也被固定于一个狭窄的幅度之内。特别是在与反映了法国大革命理念的 1791 年法国刑法典相对比 *530* 之时，可以发现 1810 年法国刑法典（拿破仑刑法典）反映了第一帝制的反动的性格，将重点置于对犯罪的镇压这一目的性上，并且显著强化了刑罚。1810 年法国刑法典更多地受到了边沁而非贝卡利亚的影响。于是在法国，与自由主义思想的发展相伴随，为了缓和由对功利的一般预防目的的追求所导致的刑罚的严峻性和固定性，将刑罚的目的性（社会的效用）和报应性（正义）结合起来并予以折中的新古典学派［école néo-classique，也称为折中主义学派（école éclectique）］的刑法理论就在直到 19 世纪后半期为止的期间内成为支配的学说［基佐（Guizor）、罗斯（Rossi）、奥多兰（Ortolan）等］。这种新古典学派的理论在将犯罪理解为社会的恶害（mal social）的同时，也将其理解为道德的恶害（mal moral）；并由此实现了对两说的折中。

法国的这种新古典学派的理论在对前期古典学派的理论进行修正的同时，也是处在其延长线上的、有着自由主义的性格的理论。在这种新古典学派的主张之下，法国实施了对各种犯罪的法定刑的下调（1863年）和对政治犯的特别处遇（特别是 1848 年的死刑废止）等措施。随后，日本最初的近代刑法典即旧刑法典也在一个侧面上，表明了其是对这种法国新古典学派的理论的立法化的尝试（参见本书第 557 页以下、第 563 页注③）。

（五）

前期古典学派的刑法理论，特别是在 1840 年之后的德国，出现了向在日本至今为止通常被称为"古典学派"（旧派）的后期古典学派的刑法理论的改观。特别值得注意的是，形而上学的报应思想逐渐得到了强调。

而在这种强调之中，可以说是有着相比于启蒙主义思想的合理的个人主义更为强调超个人的民族精神的本源性和创造性的（政治）浪漫主义⑧、将法律看作是民族精神的产物并重视对其进行历史研究的历史法学派、特别是以形而上学的意思自由论为基础而主张绝对报应刑论的康德、黑格尔的唯心主义哲学的影响。

531　　康德从人格是目的本身，而不应作为一种手段被利用的立场出发，认为刑罚的科处不论是为了犯罪人本身还是为了市民社会，都不应作为促进其他的善的手段；相反，只有在以犯罪人犯了罪为理由的情况下才应当对其科处刑罚。由此，刑罚的根据就在于作为正义要求的报应，而只有均等的原理才能被看作是科刑的原理。这样，康德就根据同态复仇的法理主张了绝对的报应刑论。⑨ 相比之下，黑格尔依据其辩证法的理论，认为犯罪是对法的否定，而刑罚是对否定的否定；作为对法的否定的犯罪在质和量上都有着特定的范围，而作为对犯罪的否定的刑罚也应有着同样的范围。⑩ 由此，黑格尔就主张了绝对的、等价的报应刑论。黑格尔还认为，国家是伦理（人伦）理念的现实形态，也是最能使精神在其中获得普遍自由的人伦共同体；在对精神这一概念的辩证展开之中，黑格尔将国家置于客观精神的最高阶段，认为家族和市民社会这样的不全面的人伦正是在国家中才得到了最完全和具体的发现。⑪

　　前述黑格尔的哲学及其绝对等价的报应刑论强烈影响了刑法理论。将犯罪理解为对处于客观形态中的人伦或道义的法的侵害，将刑罚理解为对

---

⑧　前引注①佐伯千仞：《刑法讲义（总论）》，第 62 页及以下；另参见前引注⑥佐伯千仞：《刑法中人类观的问题》，第 753 页及以下；特别需要注意的是，本文受到了浪漫主义的较大影响。

⑨　Kant，Metaphysik der Sitten（1797），Ausgabe der philosophischen Bibliothek，S. 158 ff. 加藤新平、三岛淑臣译：《人伦的形而上学》，收录于《世界名著第 32 卷》，中央公论社 1972 年版，第 472 页及以下。

⑩　Hegel，Grundinien der Philosophie des Rechts（1821），ss97 Zusatz，ss101. 藤野涉、赤泽正敏译：《法哲学》，收录于《世界名著第 35 卷》，中央公论社 1962 年版，第 297 页及以下。此外，参见木村龟二：《黑格尔的刑法理论的现代意义》，收录于木村龟二：《刑法解释的若干问题第 1 卷》，1939 年版，第 30 页及以下。

⑪　Hegel，a. a. O.，ss33，ss157，ss257 ff. 另参见前引注⑩藤野涉、赤泽正敏译：《法哲学》，第 225 页及以下、第 384 页及以下、第 478 页及以下。此外，还可以参见船山信一译：《黑格尔〈精神哲学（下）〉》，岩波文库 1965 年版，第 23 页及以下。

前述法的恢复，以这种道义报应的观点为主轴，形而上学的、超个人主义色彩浓厚的所谓"黑格尔学派"（阿贝克、凯斯特林、贝尔纳等）在到1870年为止的德国占据了刑法理论的主流。[12] 而这种理论的社会背景是，德国的市民阶级在1848年的三月革命中受到了挫折；这之后，以建立一个能够与发达的资本主义国家相对抗的、统一而自由的德意志帝国为目标的运动，终于通过民族共同体的结成和贵族与容克地主的妥协，而以国家主义的普鲁士为中心最终得以顺利推进。[13]

（六）

以德意志第二帝国的成立和德国刑法典的制定（1871年）为背景，在法律实证主义和德国主观主义哲学的影响之下，所谓"古典学派"（后期古典学派）就在与近代学派（新派，参见后文三）之间的理论对决的过程中得到了形成。宾丁（Karl Binding，1841—1920）、毕克麦耶（Karl v. Birkmeyer，1847—1920）、贝林（Ernst Beiling，1866—1932）等人是其代表者。"古典学派（旧派）"在作为与近代学派（新派）相对立的传统理论这一点上是一个学派，但学派内部的理论内容不一而足。但是，古典学派在肯定形而上学的自由意思的存在、认可就依据自由意思实施的犯罪行为而言的道义的责任以及认为对有道义责任的行为所科处的是作为报应的刑罚这些观点上，则几乎是完全一致的。此外，在"古典学派"承认对前述作为道义报应的刑罚的科处本身就具有意义之时，其也就承认了有着科处刑罚的权能的国家有着道义上的优越性；而在其表明国家的权威这一点上，就表明了这种理论有着德意志第二帝国的政治统治方面的国家主义的、威权主义的侧面。另一方面，"古典学派"的理论在要求犯罪与刑罚之间的均衡性，将刑罚限定在与道义的责任相适应的范围内，重视作为自由意思的外部的、现实化的具体犯罪行为及其结果，并且成为客观主义的犯罪理论构建的基础这些方面上，也展现了其自由主义的侧面。[14] 此外，随着时间发

532

---

[12] 关于黑格尔学派，参见齐藤金作：《黑格尔学派的刑罚理论》，收录于齐藤金作：《共犯判例和共犯立法》，1955年版，第247页及以下。

[13] 内藤谦：《刑法中法益概念的历史展开（二）》，载《东京都立大学法学会杂志》第6卷第2号，第321页及以下。

[14] 关于后期古典学派的若干侧面的问题，参见前引注⑦平野龙一：《刑法总论Ⅰ》，第11页及以下。

展，"古典学派"的报应刑论也逐渐将重点转向了通过报应来达成一般预防的目的。

　　"古典学派"的前述两个侧面因为学者和时代的不同而在程度上有所差异。宾丁认为，刑法是为国民对国家的服从义务奠定基础的规范，犯罪的本质是对这种规范的有责的违反，而刑罚的本质在于通过报应即使犯罪人屈服于法律的强制来确证法律的权威。这种观点无疑具有浓厚的国家主义的威权主义的色彩。⑮　与此相对，确立了构成要件理论并构建了客观主义犯罪论体系的基础的贝林则只承认有限范围内的自由意思，认为刑罚是对依据自由意思作出的有责任的行为的报应，并且这一报应是为了维持社会秩序才被施加给行为人的；这种观点中自由主义的色彩则是更为浓厚的。⑯　而毕克麦耶从彻底的意思自由论的立场出发，认为作为与道义的责任相适应的刑罚的报应刑正是正义的要求，而通过这种报应刑就能够维持对国家的法秩序；这种观点可以说正处于宾丁和贝林的观点的中间。⑰　概括而言，可以说第二帝国在初期表现出的是其强烈的国家主义的侧面；而随着 1890 年以后实施的所谓新航路政策等导致的政治环境的变化，其自由主义的侧面也逐渐浮出水面。⑱

　　前述"古典学派"（后期古典学派）的两个侧面表明，德意志第二帝
533 国既是"国民主义的自由主义的"国家，也是"官宪国家和法治国家的一种特殊的混合体"⑲。作为其社会背景，德意志第二帝国是通过对容克地主阶级的支配地位的承认，才在市民阶级和容克地主阶级的结合之中得以

---

　　⑮　Binding, Die Normen und ihre Bedeutung fuer das Strafrecht，1908；Die Lehre vom Verbrechen，1906，S. 178 ff.，S. 420 ff. 另参见前引注③内藤谦：《刑法中法益概念的历史展开（二）》，载《东京都立大学法学会杂志》第 6 卷第 2 号，第 329 页及以下。

　　⑯　Beling, Velgeltungsidee und ihre Bedeutung fuer das Strafrecht，1908；Die Lehre vom Verbrechen，1907，S. 178 ff. 另参见平野龙一：《贝林》，收录于木村龟二编：《刑法学入门》，1975 年版，第 204 页及以下。

　　⑰　Birkmeyer, Grundriss zur Vorlesung ueber das deutsche Strafrecht，7. Aufl.，1908；Schutzstrafe und Vergeltungsstrafe, GerS. Bd. 67. 1906，S. 401 ff. 另参见下村康正：《毕克麦耶》，收录于前引注⑯木村龟二编：《刑法学入门》，第 67 页及以下。

　　⑱　Vgl. Rauch, Die klassische Strafrechtslehre in ihrer politischen Bedeutung，1946，S. 13 ff.

　　⑲　Radbruch, Einfuehrung in die Rechtswissenschaft，9. Aufl.，1952，另参见碧海纯一：《法学入门》，1975 年版，第 145 页。

成立的国家。第二帝国的社会是在以普鲁士为中心的"自上而下"的强权之下，才完成了对以易北河为界在东岸顽强地维持着容克地主经营的半封建社会和在西岸已经跃进到机械生产大工业时代的市民社会这两个异质且对立的社会构造（二重构造）的统一的；因而可以说第二帝国是有着阶层的以及权威的社会构造的国家。这里，为了在前述二重构造的规制下发展其"跛行型"的经济，强力的国家与市民一定范围内的活动自由就在作为一个与先发资本主义国家相对抗的后发的资本主义国家的第二帝国中共同存在着。[20]

前文所述的后期古典学派在并未严格区别刑法和道德与道义、以形而上学的自由意思为前提、主张道义的责任和对这一责任的报应这几点上是与前期古典学派有所差异的。[21] 但是，两者在认为犯罪与刑罚之间有必要具备均衡性，以及构建了客观主义的犯罪理论这些方面又存在共通性。这些差异和共通性可以说正是与后期古典学派的国家主义侧面和自由主义侧面相对应的。

日本现行刑法典的制定不仅广泛地参考了以 1871 年德国刑法典为代表的欧洲诸国的刑法典，同时受到了德国刑法的修改运动即新派（近代学派）刑法理论的影响（本书第 560 页及以下）。下文对新派（近代学派）的刑法理论进行详述。

三、近代学派的形成和展开

（一）

如前所述，近代学派（新派）的刑法理论是在与古典学派特别是后期古典学派的刑法理论的对抗中形成的。资本主义在 19 世纪后半叶的发达 *535*

---

[20]　松田智雄：《近代的历史构造论》，1948 年版，第 319 页及以下；另参见大野英二：《德国资本主义论》，1965 年版，第 15 页及以下；肥前荣一：《德国经济政策时序说——普鲁士进化的历史构造》，1972 年版，第 1 页及以下。

[21]　关于两者的关系问题，参见前引注①佐伯千仞：《刑法讲义（总论）》，第 61 页及以下；另参见前引注⑦平野龙一：《刑法总论 I》，第 11 页及以下。

导致了社会的变动；而与此相伴随的就是犯罪数量的激增，特别是累犯和少年犯罪的增加。近代学派解决前述问题的对策，正是在对仅仅将犯罪和刑罚看作是一种法律现象而主张报应刑论的后期古典学派进行批判，并认为其无法解决问题的基础上才得以产生的。近代学派的特征在于，尝试以实证主义的方法将对犯罪特别是犯罪人的研究与当时自然科学的发展相结合，并据此提出对策。其先驱者正是基于人类学的研究而提出存在"天生犯罪人"这一概念的意大利的龙勃罗梭（Cesare Lombroso，1836—1909）。㉒此外，意大利的菲利（Enrico Ferri，1856—1929）还将犯罪的原因三分为人类学的原因、社会学的原因、物理学的原因，借此否定了以意思自由为前提的"道义的责任"并主张了"社会的责任"。此外，他在起草刑法草案（1921年）时还排斥了"责任"和"刑罚"这两个历来得到使用的概念，而使用了犯罪人的"危险性"和"制裁"两个概念。㉓

536 　　对在前述过程中形成的理论进行整理和体系化并加以展开，最终成为近代学派（新派）的代表论者的，是德国的李斯特（Franz v. Liszt，1851—1919）。㉔他与比利时的普林斯（Adolphe Prins，1845—1919）和荷兰的胡梅尔（Gerand Anton Van Hamel，1842—1917）一同创立了"国际刑事学协会（Internationale Kriminalistische Vereinigung，简称 I. K. V.）"（1889年），为近代学派（新派）理论的国际普及作出了贡献。

（二）

　　李斯特在耶林目的思想的影响下，强调了刑法中目的思想的重要性；开创了通过经验对刑罚的合目的性进行理解的道路。他主张刑罚是通过目的思想获得其分量和目标的，与此相应地，刑罚的前提（犯罪）与刑法的

　　㉒　关于龙勃罗梭及其后的犯罪学的发展，参见吉益修夫：《犯罪学概论》，1957年版，第13页及以下。

　　㉓　山田吉彦译：《菲利：〈犯罪社会学〉》，1923年版；另参见金泽文雄：《菲利》，收录于前引注⑯木村龟二编：《刑法学入门》，第238页及以下。

　　㉔　牧野英一：《追思弗朗茨·冯·李斯特教授》，收录于牧野英一：《刑法和社会思潮》，1921年版，第251页及以下；另参见木村龟二：《李斯特》，收录于木村龟二：《刑法杂笔》，1955年版，第299页及以下；庄子邦雄：《李斯特》，收录于前引注⑯木村龟二编：《刑法学入门》，第83页及以下等文献。关于李斯特的刑法学及其法益概念，参见前引注③内藤谦：《刑法中法益概念的历史展开（二）》，第340页及以下。

内容和分量（刑罚制度）也就随之发生了变化；正是这种处于目的思想支配之中的刑罚权力成为刑法。这样，李斯特就对从盲目的反动到有目的意识的法益保护的彻底转换以及相应的理论形成提出了要求；并由此主动地展开了其目的刑论。㉕

李斯特在与对目的思想的重视紧密相连的刑事政策的领域中，将犯罪原因区别为个人的原因和社会的原因，认为刑事政策的固有课题在于对犯罪的个人原因进行排除，而对犯罪的社会原因进行排除则是社会政策的任务。并且他强调了社会政策的重要性，主张"以提升劳动者阶级的整体地位为目的的、冷静而有目的的社会政策就是最好的也是最有效的刑事政策"㉖。

与对犯罪的个人原因的排除这一刑事政策的课题相关，李斯特对历来的刑法理论从刑罚的对象即行为人上将行为剥离出来，并仅仅对后者进行考察的做法进行了批判，认为应受处罚的并不是"行为"而是"行为人"（行为人主义）；行为人的"反社会性格"和由此表现出的"对法秩序的危险性"共同决定了刑罚的种类和分量（主观主义、性格责任论）。㉗

从这种观点出发，李斯特将犯罪人分为"偶发犯罪人（Augenblicks-verbrecher）"和"状态犯罪人（Zustandsverbrecher）"，并进一步将后者分为能够进行改造的人和无法进行改造的人（犯罪人类型论）。㉘ 他主张，应当对偶发犯罪人进行威慑（在警告的意义上），对能够进行改造的状态犯罪人进行改造，而对无法进行改造的状态犯罪人进行无害化处理。具体而言，他提出对偶发犯罪人应强调短期自由刑的弊害、扩大罚金刑的适用、导入执行犹豫制度（缓刑）等㉙；对能够改造的状态犯罪人应通过相对的不定期刑进行改造（是"市民的"改造，但却并不一定是符合道义的改造）㉚；而对无法改造的状态犯罪人则应处以终身监禁或不定期监禁的

㉕ Liszt, Strafrechtliche Aufsaetze und Vortraege, I, 1905, S. 132.

㉖ Liszt, Aufsaetze Ⅱ, 1905. S. 234 ff., S. 246.

㉗ Liszt, Aufsaetze, I. S. 175; Liszt, Aufsaetze, Ⅱ. S. 191, 386.

㉘ Liszt, Aufsaetze, Ii. S. 163 FF.; Liszt, Aufsaetze, Ii. S. 191, 193, 194; Lehrebuch des Deutschen Strafrechts, 21. u 22. Aufl., 1919, S. 11.

㉙ Liszt, Aufsaetze, I. S. 360 ff., 386 ff., 407 ff.; Lehrbuch, S. 14 f.

㉚ Liszt, Aufsaetze, I. S. 392; Lehrbuch, S. 17.

刑罚。㉛

　　前述李斯特的基本构想，是与以自由意思为基础、与行为责任原理相结合的报应刑论为中心的后期古典学派的观点相对立的。他从意思决定论的立场出发，否定了以意思自由和其他行为的可能性为前提的"传统的责任概念"和"报应概念"；并以"目的刑"取代了"报应刑"的概念，主张刑罚唯一的正当化根据在于"以法律秩序的维持为目的的必然性"，而刑罚只不过是"为了社会的防卫手段"（社会防卫论）而已。㉜

　　在认为刑罚的任务在于通过适合于犯罪人特性的行动来预防犯罪人再次陷入犯罪这一点上，可以说李斯特的刑罚论将重点放在了以改造和社会复归为内容的特殊预防之上。㉝ 由此，逐渐产生了对刑罚制度和行刑制度的改革和对少年的特别处分的新设等要求。

　　此外值得一提的是，如果依据李斯特的前述构想，那么等到"行为"为止才科处刑罚就不仅是不彻底的，而且是矛盾的。李斯特以不能放弃刑法的法治国家机能为依据，通过主张"刑法典是犯罪人的大宪章"和"刑法是刑事政策不能跨越的藩篱"，对前述问题进行了回答。㉞ 他在与政治的发展，即启蒙主义的、自由主义的潮流和社会主义的潮流的综合相关联的意义上对前述问题进行了理解，指出启蒙主义所带来的罪刑法定主义对于 19 世纪基于个人主义的自由主义来说是不言自明的；并主张"我们将启蒙主义时代的传统看成是原则并固执于此"㉟。这一主张也使李斯特在其犯罪理论的结构问题上，认为应当从作为有意地引起外界的变化的客观行为出发，将其严格地区别于作为其属性的违法和责任，并通过客观的法益侵害和危险化来理解作为责任前提的实质违法性，同时也使责任的实质内容即反社会人格通过发生在过去的客观行为而能够被识别；据此，李斯特在不能犯问题中提倡了具体危险说，并且在共犯问题中提倡了共犯从属

538

　　　㉛　Liszt, Aufsaetze, I. S. 166 ff.；Lehrbuch, S. 16.

　　　㉜　Liszt, Aufsaetze, Ⅱ. S. 47 f.，51 f.

　　　㉝　Liszt, Lehrbuch, S. 7 f.，21.

　　　㉞　Liszt, Aufsaetze, Ⅱ. S. 80.

　　　㉟　Liszt, Aufsaetze, Ⅱ. S. 69 f.

性说⑯，最终并没有脱离客观主义的立场。

（三）

近代学派（新派）的形成和展开是横跨法律科学全体的、对法律实证主义的概念法学的批判动向予以强化的一个表现。这一倾向的社会背景是，与资本主义的高度化相伴随的社会问题的严重化。为了处理巨大的垄断组织在经济中的耸立、贫富差距、失业等社会矛盾，也为了处理作为成立时期的资本主义社会的前提的个人同质性和依据于个人自由活动的预定调和的崩坏，同时也为了回复个人的实质自由和平等，相对于法律实证主义的形式的合法性，实质的妥当性得到了强调。在刑法中，重点也从可罚性的问题转向了当罚性的问题，而在当罚性的认识之中也进一步地发生了如"从法治国家向社会国家"这一标语所展现的那样的变化。以近代学派展开了重视刑事政策的思考的刑法理论为背景，可以说存在着前述国家观的变迁和社会政策的扩充倾向。⑰ 但是，这一倾向与国家机能的扩大化和积极化也是有所联系的。而近代学派的主张就其内容而言，不论是行为人主义、主观主义、性格责任论、犯罪人类型论，都有可能导致刑法的适用为不明确且主观的要素所左右；包含着对个人自由和人权保障的危险。此外，如果将近代学派的社会防卫论中的"社会"看作是现实的概括的社会即国家，或者将其看作是现实的资本主义社会的话，那么这种社会防卫论就有着强调保卫社会现状的意义。这样，近代学派就有着国家主义的、威权主义的侧面。

近代学派的李斯特正是由于认识到了这一问题，才特别地对刑法的自由保障机能和罪刑法定主义进行强调，并主张刑事政策的界限止于刑法，因而他最终也没有离开客观主义犯罪理论的立场。在这一点上，他的理论有着自由主义的侧面。此外，如果着眼于近代学派（1）否定了以形而上学的自由意思为基础的报应刑论，（2）并尝试在经验的、合理的视角下考

---

⑯ Liszt, Lehrbuch, S. 110 ff. , 116 f. , 132 f. , 152, 200, 213 ff.

⑰ Vgl. E. Schmidt, Einfuehrung in die Geschichte der Deutschen Strafrechtspflege, 3. Aufl. , 1965, S. 353 ff. 另参见加藤新平：《法律物神性》，收录于加藤新平：《法学的世界观》，1950 年版，第 70 页及以下。（"法律物神性"是加藤新平对德语 Rechtsfetischismus 的翻译，意指一种"尊重法律"或"法律崇拜"的意识形态。——译者注）

察刑罚的效果和界限，（3）进一步主张刑法不过是为了实现犯罪预防目的的手段这一目的刑论，就可以说近代学派与前期古典学派尽管在结论上有诸多差异，但在其思想方法的基础上仍是紧密相连的。⑧

539　　不论是从现在的犯罪人处遇的理论来看，还是从人权保障的立场来看，近代学派（新派）刑事政策的主张中都包含了许多尚未澄清的问题（例如，不定期刑、对无法改造的犯罪人的无害化处理等）。其主张中也不乏极大地影响了之后的立法的观点〔例如，对短期自由刑的限制、对执行犹豫（缓刑）的导入、对罚金刑的扩大适用等〕。不管怎么说，近代学派都尝试跳出将犯罪和刑罚看作是单纯的法律现象的视域，将刑法理论与社会学、生物学等其他学科相结合，开辟了以实证的方法对刑罚的效果和界限进行探讨的道路。近代学派在正面提出犯罪人处遇的问题同时，尝试建立一种有着实质内容的刑法理论。但是，前述理论方法与人权保障的要求之间无疑是存在矛盾的，而近代学派并没有就这些矛盾应如何解决的问题作出回应。

四、学派之争和其后的展开

（一）

540　　将前文所述内容抽象化、图式化的话，可以认为后期古典学派（后期旧派）的核心观点在于以形而上学的自由意思为前提的报应刑论；这一学派还认为，刑罚作为一种报应是对维持法秩序的机能或一般预防机能的实现；但在犯罪理论之中，这一学派则在重视各个犯罪行为及其结果这一点上采取了客观主义的立场〔前文二（五）、（六）〕。与此相对，近代学派则从否定形而上学的自由意思的立场出发，采取了以改善刑和社会复归刑为中心的目的刑论，强调刑罚的特殊预防机能；而在犯罪理论中，近代学派则在将行为人的危险性、反社会的性格作为问题讨论这一点上可能是与主

---

⑧　前引注①佐伯千仞：《刑法讲义（总论）》，第 68 页；前引注⑦平野龙一：《刑法总论 I》，第 12 页；团藤重光：《刑法纲要总论》，1972 年版，第 14 页及以下。

观主义相联系的［前文三（一）、（二）］。对近代学派的主张，后期古典学派的学者也提出了强烈的反批判，并在 1890 年代到 1910 年代这一期间展开了两派之间的"学派之争"。特别地为人们所熟知的，就是在 20 世纪一开始发生在德国的李斯特和毕克麦耶之间的论争。[39]

（二）

但是，学派之争在进入 1920 年代之后逐渐趋于平缓。[40] 其理由之一就在于，两个学派都认识到了其主张在争论的过程中被过分地抽象化、夸张化了。另一个理由则是，在当时各国的刑事立法中，都表现出了对近代学派（新派）的刑事政策的提议在某种程度上的认同；两个学派逐渐在立法问题上实现了妥协。例如，就刑罚和保安处分的关系问题，在立法上同时规定刑罚和保安处分的方法，即针对后期古典学派提出的"责任"概念规定"刑罚"；而针对近代学派所提出的"行为人的危险性"规定"保安处分"的所谓二元主义的立法方法逐渐得到了采纳。近代学派所提议的对短期自由刑的限制适用、对执行犹豫（缓刑）和假释的设立和扩张适用、对罚金刑的扩张适用等等提案，也都在某种程度上得到了采纳。在学派之间的对立最为激烈的德国，也能够在 1909 年草案和之后的若干草案对前述若干制度的采用的过程中，看出对前述缓和倾向的接纳。

在这样的背景下，刑法理论中的两个学派逐渐接近了起来。例如，后期古典学派对意思自由进行了相对限定的理解，并使报应概念逐渐接近于一般预防的概念。近代学派也通过重视作为犯罪人反社会性格的征表的行为（犯罪征表说），逐渐接近了客观主义。两个学派的妥协导致"综合说（Vereinigungstheorie）"成为有力说。[41] 刑法的国家的、道义的正当化在于，通过正当的报应和有效的犯罪预防所能够实现的对法律秩序维持的必要性；希佩尔的观点正是这种观点的代表。而 M. E. 迈耶的"分配说

---

[39] 详见泷川幸辰：《刑法的学派之争》，收录于日本刑法学会编：《刑事法讲座 1 卷》，1952 年，第 21 页及以下；另参见大塚仁：《刑法中的新旧两派的理论》，1957 年版，第 23 页及以下。

[40] 学派之争及其缓和的倾向，Vgl. Liszt-Schmidt，Lehrbuch des Deutschen Strafrechts，25. Aufl.，1927，S. 27 ff.

[41] Hippel，Deutsches Strafrecht，1. Bd.，1925，S. 490 ff.

(Verteilungstheorie)"㊷ 所指出的，认为应当分别以报应、对法律的确证、目的刑作为对应于刑罚的法定、量定和执行三个阶段的指导理念的观点也表现出了两个学派之间的妥协。前述两种观点都是在后期古典学派范围内进行的尝试。而在 1920 年代的德国，近代学派的特殊预防论也以魏玛时代的社会国家论为背景，以行刑阶段的社会复归思想为基点逐渐渗透进刑法理论之中；其立法上的表现就是，1922 年拉德布鲁赫刑法草案和1927 年行刑法草案。

（三）

进入 1930 年代后，整体主义的政治动向逐渐登上了历史舞台。在作为整体主义典型的纳粹德国，刑法理论也表现为一种在历来的"学派之争"之中从未出现过的形态。在这种理论中，作为个人自由的堡垒的罪刑法定主义受到了彻底的否定。这种理论还强调刑罚应当是对违反了忠诚于民族共同体这一义务的赎罪报应；在大力提倡刑罚的威慑性的同时，也以从"结果刑法"和"侵害刑法"到"意思刑法"和"危险刑法"这一标语为背景，主张应当将历来的"结果刑法"替换为极具主观主义色彩的"意思刑法"［例如，否定通过"实行的着手"对预备和未遂进行区别的观点，而提倡"企行（预谋）"的概念］。㊸ 这里值得特别注意的是，这种理论将报应刑论和主观主义的犯罪论结合了起来。后期古典学派（后期旧派）的报应刑论在其抽象的图式中，一般是与客观主义的犯罪理论紧密联系起来的，但报应刑论的国家主义和威权主义的侧面在纳粹德国得到了异乎寻常的夸张，因而作为道义非难的表现的报应也就指向了行为人主观上邪恶的"意思"。这正说明了报应刑论未必是必须对应于客观主义的犯罪理论的。㊹

㊷　M. E. Mayer, Der Allgemeine Teiil des deutschen Strafrechts，1915，2. Aufl.，1923，S. 419 ff.

㊸　Nationalsozialistisches Strafrecht, Denkschrift des Preussischen Justizministers, 1933, S. 112 ff.，134 ff.；Nationalsozialistische Leitsaetze fuer neues deutsches Strafrecht, 3. Aufl.，1935. 另参见木村龟二：《纳粹刑法》，收录于杉村章三郎等编：《纳粹的法律》，1934 年版，第159 页及以下；牧野英一：《〈暂定刑法修改草案〉和纳粹刑法纲领》，1941 年版，第 121 页以下。另参见本书第 29 页、特别是第 31 页的内容。

㊹　前引注①佐伯千仞：《刑法讲义（总论）》，第 69 页及以下；另参见前引注⑥佐伯千仞：《刑法中人类观的问题》，第 760 页及以下；前引注⑦平野龙一：《刑法总论I》，第 13 页、第 40 页。

另外，近代学派（新派）的特殊预防的社会复归思想由于可能导致刑法的"软弱化"，而并没有在纳粹德国得到支持；但其社会防卫论、行为人主义、性格责任论和犯罪人类型论与纳粹刑法的民族共同体保护论和行为人刑法论紧密地结合了起来。而这无疑是对近代学派所具有的国家主义和威权主义的侧面的夸张的表现。[45] 这样看来，可以说纳粹刑法理论不论是对后期古典学派（后期旧派）还是对近代学派（新派），都剥夺了其自由主义的侧面而夸张地强调了其国家主义和威权主义的侧面，在实践的意义上超越了"学派之争"已经被图式化的内容。

五、现代刑法理论的基本动向——兼论刑法理论的谱系

（一）

第二次世界大战后，人们重新认识了保障人权的重要性；再次强调了 *543* 罪刑法定主义和法律适用的正当程序要求（due procedure）。在纳粹体制解离后的联邦德国，也在战后立即恢复了罪刑法定主义的规定。确如所言，罪刑法定主义对现代刑法理论来说正是最小限度的前提。由此来看，古典学派和近代学派的对立中所提出的问题是无法得到消解的。特别是就现代刑法的改正来看的话，近代学派所提出的对刑罚制度的改革和为了使犯罪人复归社会的处遇，这两个问题都引起了学者的强烈兴趣；并进一步引发了前述要求能否与在古典学派的基调下得到讨论的人权保障的要求相调和、又应如何对这些要求进行调和等问题的讨论。此外，在以价值观的多元化为特征的现代社会之中，究竟应该将什么定义为犯罪，并使其成为刑法的干涉对象的问题就得到了激烈的讨论（即"犯罪化和非犯罪化"的问题）。

（二）

在这种背景下，可以说现代刑法理论的基本动向的一大源流就是，尝试将近代学派的目的刑论思想以及其刑事政策的相关主张纳入古典学派的

---

[45] Vgl. E. Frey, Strafrecht oder soziale Verteidigung?. Schw. Z. Str., 1953, S. 405 ff.

报应刑论的基本概念体系之中。例如，法国的现代新古典学派采纳了认为
在有罪判决中应当维持传统报应刑的性格，但在刑罚执行的过程中则应当
采用适合于犯罪人人格的处遇的基本立场。[46] 在联邦德国，也一直都存在
着认为刑罚是与有着道义的责任的犯罪行为相均衡的报应，但在这种报应
刑的范围内也包含了对一般预防和特殊预防目的的考虑的观点。[47] 这些观
点的基础在于，无法从刑法中排除道义的非难或报应的观念；作为报应的
刑罚不仅能够通过作用于人们的规范意识实现一般预防的目的，还能通过
引起受刑人的悔悟和反省实现特殊预防的目的。可以认为，通过把刑罚限
定在与责任相均衡的报应的范围内，就能够在对无法限制的犯罪预防这一
目的进行追求的同时，使对人权的保障机能得到实现。

（三）

但是，从不同的视角出发对这种刑法理论提出问题的新的动向也逐渐
变得有力。特别是，法国的安塞尔的处于指导地位的"新社会防卫论（La
defense sociale nouvelle）"[48] 虽然说被纳入了近代学派的社会防卫论这一
流派，但同时进一步强调了人道主义和人权保障的立场，尝试将这种立场
和关于犯罪与犯罪人的人类学成果结合起来。相比于以前的社会防卫论，
新社会防卫论具有如下三个特征：①其刑事政策从保护个人的观点出发，
在犯罪人也有"社会复归的权利"（国家有着使犯罪人回复社会的义务）
这一福祉政策的、保护主义的理念的支撑下，超越了从犯罪人手中对社会
进行防卫的刑事政策的观点。②通过对"犯罪的危险性"的阐明，明确了
对"人格"进行彻底研究的必要性。③并没有否定刑法的存在意义〔即在
战后，也有如意大利刑法学者格拉马蒂卡等提出激进的社会防卫论，试图
将刑法还原为主观主义的社会防卫处分法，但这种主张并没有得到支持〕，
而是在排斥妨碍新处遇理念的实现的极端法律论主义的同时，尽可能地尊

---

[46] Roger Merle, Confrontation du droit penal classique et de la defense social, lepoint de vue doctrinal, Revue de science criminelle et de droit penal compare, 1964, pp. 725 a 736. 泽登俊雄：《现代的新古典学医》，收录于泽登俊雄：《犯罪人处遇制度论（下）》，1975年版，第48页及以下。

[47] Vgl. Maurach, Deutsches Strafrecht, Allg. Teil. 4. Aufl., 1971, S. 76 ff.

[48] Marc Ancel, La defense sociale Nouvelle (Un mouvement de Politique criminelle humaniste), Deuxieme edition revue et augmentee, 1966. 吉川经夫译：《马克·安塞尔〈新社会防卫论〉》，1968年版。

重了刑法和刑罚理论在现实中发挥的人权保障机能；并在维持这一现状的同时，在处遇制度一元化这一目的的指引下尝试对后者进行了修正。这种修正的核心要求是，对责任论进行变革、对刑事裁判手续进行两阶段的区分化和对刑罚与保安处分的一元化。具体而言，新社会防卫论①虽然承认"责任"的观念，但却认为"责任"并不是为了进行非难，而仅仅是从外部（行为人内心之外）追问并作为社会复归的手段发挥效用的"责任意识（sentiment de responsabilite）"而已。新社会防卫论还主张②由于刑事政策的活动基础在于对犯罪人"人格"的正确认识，因此应当将刑事程序二分为有罪判决的阶段和刑罚宣告的阶段。此外，③主张应当以犯罪人处遇制度的一元化作为犯罪防治的有效手段；根据其改善效果，在刑罚有效之时适用刑罚，而在保安处分有效之时适用保安处分，两者并用才有效果时也可能将两者并列适用。⁴⁹ 这样的新社会防卫论在法国、意大利等拉丁语系国家中得到了大力支持，也极大地影响了这些国家的刑事立法。

545

【附　记】

在法国，1994 年开始实施新的刑法典。据此，经历过多次大范围的部分修改的所谓最古老的近代刑法典，即 1810 年法国刑法典得到了全面的修改。新刑法典为了使其内容能够被全体公民所理解，设立了针对新的犯罪现象的规定；而其特征则在于表明了以人权为中心的基本价值。此外，新刑法典在认为犯罪和刑罚之间的锁链在于对社会非难的具体化这一点上是处于现代"新古典学派"刑法理论的基本范畴内的；但其在将对犯罪人的刑罚个别化原则明文规定在条文中，并且大幅采纳了替代自由刑的社会处遇措施这两点上，也可以说是对"新社会防卫论"的要求有所回应的。⁵⁰

㊽　泽登俊雄：《新社会防卫论的构想》《新社会防卫论的刑事政策》《新社会防卫论与保护主义》《新社会防卫论的特色》，收录于前引注㊻泽登俊雄：《犯罪人处遇制度论（下）》，第 1 页及以下；另参见书中所引诸文献。最近的研究动向，参见森下忠：《新社会防卫论的最新动向》，载《法律时报》第 48 卷第 6 号（1976 年），第 71 页及以下。

㊾　关于法国新刑法典，参见新仓修、水谷规夫、青木人志、赤池一将、冈上雅美、上野芳久、只木诚等人的研究，载《法律时报》第 66 卷第 6 号、第 7 号、第 8 号、第 9 号、第 10 号、第 11 号（1994 年）。

（四）

目光一转来到英美国家。在英美国家，独立于在欧洲大陆发生的古典学派和近代学派的体系化的刑法理论的展开和对立，基于实用主义的思想方法发展出了重视刑事政策的观点的刑法理论。在第二次世界大战后的英国，随着基于原有的道德和宗教的价值观的崩坏，通过法律对道德进行强制的伦理学家的立场逐渐后退，而以缩小通过刑法进行禁止的领域的非犯罪化为方向的改正则得到了尝试。此外，以尽可能地排除刑罚不合理的侧面和积极推进对犯罪人的教育改造为目的的犯罪人处遇制度的改革也得到了施行；同时，还发生了对死刑与自由刑的废止或缓和的非刑罚化的尝试。这一改革是在劳动党政权的统制下，与社会福祉政策的实现相并行而得到推进的；同时这一过程也正是从报应主义和一般预防的传统向功利改造主义的转换的历史。[51] 在美国，曾积极地尝试以将对犯罪人的改造和更生为目的的政策作为刑罚的内容，但推进了这一过程的是特殊预防的"社会复归思想（rehabilitative ideal）"。但是自古以来对于这种简单模糊的社会复归思想，都存在着其轻视了犯罪人的人权，且过低地评价了刑罚的一般预防效果的质疑。此外，即使是在美国，也存在从刑法机能的观点出发对刑法介入的妥当范围和通过刑法划定的犯罪圈的范围问题展开的重新讨论，并表现出了非犯罪化的倾向。[52]

【附　记】

但是，在1970年代之后的美国，以犯罪的增加为背景，对社会复归和个别处遇（刑罚的不定期性）的思想的质疑也逐渐强烈。而这一流变也使美国的刑罚思想从社会复归变为犯罪抑止（deterrence）和报应（retri-

---

[51]　大谷实：《比较法的研究·英国》，收录于平场安治、平野龙一编：《刑法修改的研究Ⅰ》，1972年版，第140页及以下；另参见大谷实：《刑法修改和英国刑事法》，1975年版。

[52]　松尾浩也：《论美国模范刑法典》，载《法学家》第306号，第26页及以下；另参见松尾浩也：《论美国总统特设咨询委员会报告书〈自由社会中犯罪的挑战〉》，收录于法务省刑事局：《刑事基本法令改正资料》第13号（1968年）；田宫裕：《比较法的研究·美国》，收录于前引注[51]平场安治、平野龙一编：《刑法修改的研究Ⅰ》，第151页及以下；芝原邦尔：《刑事政策的潮流——英美》，收录于《刑事政策讲座第1卷》，1971年版，第47页及以下。另参见盖哈尔特·W.O.穆勒著：《美国刑法学史：犯罪、法律和学者们》，齐藤丰治、村井敏邦译，1991年版。

bution）。(53) 不仅如此，美国还实施了以对恐怖活动的犯罪对策为中心的“犯罪化”和“重罚化”。这种变动固然有着对历来动向的某种反动的侧面，但更值得注意的是，它也展现了社会复归的思想的界限所在。但即使如此，社会复归的思想本身也并不会就此消失。

在北欧诸国中，赎罪刑或报应刑的思想已经成为一种过去式。刑法被理解为是为了专门预防犯罪的一种手段，而其中特殊预防的思想则在理论上占据了更为优先的地位。此外，这些国家的刑法典在分则中的非犯罪倾向也表现得非常清楚明确。其刑法理论的特征在于，其完全地克服了思辨的、形而上学的教义。(54)

近代学派在欧洲大陆所主张的那些观点，即对刑罚的效果和界限进行经验的、合理的探讨，以及重视犯罪预防的观点，在前述域外国家中即使尚未得到现实化，也可以说已经有了被现实化的倾向。与此相对，后期古典学派的那种报应思想在联邦德国却根深蒂固地残存了下来。但随着联邦德国新刑法的成立，即使是在联邦德国也出现了不同的动向。
547

（五）

直到1960年为止，联邦德国刑罚理论的主流都是以与道义的责任相均衡的报应为基础，而在其范围内认同一般预防和特殊预防目的的统合说。这种思想在刑法修改工作中也得到了反映，并成为1962年政府草案的基本构想。这一草案重视刑法的道义性和伦理性，展现了完美主义的“犯罪化”和“刑罚化”的方向。其原因不仅在于，代表了当时的刑法理论，并且在刑法的修改工作中占据了主导地位的学者，其大多数都是在第二次世界大战前成长起来的；而另一方面也在于，在纳粹时代主张了社会民主主义和近代学派思想的拉德布鲁赫以及采纳了其思想体系的学者大多在战后遭到了解职，但他们的继承者尚未成长起来。此外，当时的联邦德国正处于与民主德国的冷战对立的最高潮之时；而正是在这种背景下，与

---

(53) S. H. 凯迪许：《美国刑事司法的动向》，井上正仁译，载《刑法杂志》第24卷第1号（1980年），第1页及以下。

(54) 吉川经夫：《比较法的研究·北欧诸国》，收录于前引注(51)平场安治、平野龙一编：《刑法修改的研究Ⅰ》，第170页及以下。另参见松泽伸：《机能主义刑法学的理论——丹麦刑法学的思想》，2001年版。

国家和伦理的观念相结合的道义的责任才得到了重视。

但在 1960 年代的后半期之后，情况逐渐发生了变化。在实现刑法修改的过程中，1962 年草案的基本构想中的路线遭到了相当大幅的修正。联邦德国新刑法（新总则在 1975 年 1 月 1 日施行。也包含了在这前后对各则进行的一连串大幅的部分修改）比起旧刑法和 1962 年政府草案来说，实现了以犯罪者向社会的复归为目的、且重视特殊预防或改造的观点的若干刑事政策的改革。并且在各则之中，也在堕胎罪和性的表现罪等领域中极大地限定了处罚的范围，表明了其非犯罪化的方向性。这种路线修正的政治背景是，社会民主党成为连续当选的执政党，取代基督教民主社会同盟获得了联邦德国的政权主导权。但与此同时，作为新时代中坚力量的年轻刑法学者们不约而同地表明了对 1962 年政府草案的强烈批判态度，并共同起草了 1966 年刑法改正代替草案。无法否认的是，这确实对联邦德国新刑法产生了莫大的影响。当然，代替草案的构想并没有在联邦德国新刑法中得到完全实现。联邦德国新刑法是在对 1962 年草案和 1966 年代替草案的所谓妥协的基础上才得以成立的。即使如此，与德国刑法至今为止仍然具有的浓厚的报应、保安和犯罪化的色彩相比，1966 年代替草案的构想在优先考虑了特殊预防和改造和非犯罪化的观点这一点上，反映了其起草者即作为中坚力量的年轻学者的选择；在这一意义上，1966 年代替草案对于这之后联邦德国刑法理论的动向而言有着非常重要的意义。⑤

诚然，代替草案作为立法论的资料只是一个政策的提案；并且其共同起草者们的刑法理论未必就是一致的。但是，他们共同表明了对 1962 年政府草案的明确的批判态度，并且基于在刑事政策的构想上原则上的一致性，共同起草了 1966 年代替草案；因而似乎也可以看出，这些学者就基本问题的看法在某种程度上是共通的。下文将成为 1966 年代替草案的基

---

⑤ 联邦德国政府草案·代替草案·新刑法的成立过程及其具体内容，参见内藤谦：《联邦德国新刑法的成立》，1977 年版。

础的那些观点统称为"代案理论"，以理由书⑤⑥和起草者的论文⑤⑦为线索，尝试对这种理论的内容，以及它在刑法理论谱系中的位置进行讨论。

（六）

代案理论的基本构想主要有以下几点：（1）摆脱了道德主义，认为刑法应当起到保护法益和促使行为人向社会复归的作用，并重视刑事政策的、机能的考察方法。（2）在刑罚、改造和保安处分的问题上，将目的在于使行为人复归社会的特殊预防和改造置于理论的核心位置，而排除了形而上学的报应思想。（3）认为行为责任划定了刑罚的上限，而特殊预防和一般预防的观点则为人权保障设定了界限。（4）在各则中将犯罪的范围限定在以保护能够被明确地验证的并且具有重要性的法益为目的的必要最小限度（即补充性和有效性的限度）的范围内。

1. 在刑法的存在根据问题上，代案理论认为，刑法服务于人类所必要的法的平和秩序的维持。科处刑罚也并非是形而上地偶然发生的，而是不完整的人类在其共同生活中的一种有着必要性的痛苦（《理由书》第 2 页及以下）。刑法应当起到"保护法益（第 2 条第 1 项）"的作用。这无疑有着以下的意义：（1）责任本身并不是通过刑罚进行干涉的充分理由，只有对维持外部秩序而言所具有的必要性才能将刑法上的效果进行正当化。（2）不具有对社会的外部作用的态度即使值得被非难，也因为没有损害社会的平和而不能成为刑法的对象。由此，对道德的违反也能在构成要件的意义上进行理解，其在没有对社会造成危害的范围内，不受刑罚处罚（罗克辛的观点）。道德化并不是刑事立法者的课题，而国家也并非伦理规范 *549* 和宗教规范的创造者。法律仅仅以对人类社会的共同生活进行规制为其任

---

⑤⑥ Alternativ-Entwurf eines Strafgesetzbuches, Allgemeiner Teil, 1. Aufl., 1966; 2. Aufl., 1969. 本书第一版的日文翻译，是《1966 年德国刑法草案总则对案理由书》，收录于法务省刑事局：《刑事基本法令改正资料》第 15 号（1969 年）。文中引用时简称为"理由书"。

⑤⑦ Hg. V. Baumann, Programm fuer ein neues Strafgesetzbuch, 1968（佐伯千仞编译：《使新刑法典得以成立的程序——联邦德国反对提案起草者的意见》，1972 年版）；收录于 Misslingt die Strafrechtsreform?, 1969. 之中。此外，参见 Roxin, Sina und Grenzen staatlicher Strafe, JuS. 1966, S. 377 ff.; Franz von Liszt und die kriminalpolitische Konzeption des Alternativentwurfs, ZStW. Bd. 81, 1969, S. 613 ff.; Kriminalpolitische Ueberlegungen zum Schuldprinzip, MSchrKrim 1973, S. 316 ff。

务（鲍曼）。

　　前述代案理论虽然是刑法各则中非犯罪化方向的前提所在，但其基础并不在于道义的实现等先验的目标；尽管以国家权力来源于国民为由而使对这些道义目标的实现成为国家的任务所在。相反，其基础在于对国民个人的自由和利益的保护和确保对此而言是必要的社会生活的外部条件的观点（罗克辛的观点。其观点也表现在代替草案各则的具体内容中）。如此，前述代案理论就与强化客观主义犯罪理论的方向紧密联系起来。而这也表现在了代替草案中有必要对未遂犯的刑罚进行减轻的规定中（第25条第2项）。此外，在违法性的实质这一问题上，也可以说，代案理论超越了单纯的社会伦理规范违反，而有可能基于法益的侵害和危险化作出解读。

　　2.代案理论认为，在不得不为了保护法益而对犯罪人科以刑罚的场合下，刑罚的目标应当是尽可能地使行为人复归于社会。在这一意义上，虽然刑罚的目的在于特殊预防和一般预防，但特殊预防作为原则是优先于一般预防的。无论如何都不能允许为了实现不明确的一般预防效果而在行为人向社会的复归上作出牺牲（理由书第57页）；其理由在于，通过行为人向社会的复归能够使法秩序得到最大限度上的确保（理由书第3页）。由此，在构建刑罚制度时就应当将特殊预防的观点置于更为优先的顺位上（理由书第57页）。此外，虽然特殊预防的观点在量刑中也被认为是第一次的*（理由书第108页），但在重大的法益侵害（如对生命的犯罪等）和过失犯等问题上，也存在例外地首先从一般预防的观点出发的可能性（理由书第3页）。相比之下，行刑就只以促使行为人向社会的复归为其目标（代替草案第37条第1项）。这里所说的向社会复归，是指使行为人不犯罪，而不是使其成为在其他方面也不值得非难的市民（理由书第64页）。此外，代案理论还认为即使是在行刑的过程中也必须尊重受刑者的人格的自律性。

　　这样，代案理论就排除了报应思想（理由书第108页）。而报应思想
550 也为刑罚赋予了形而上学的基础；不仅成为合理的刑事政策的障碍，也使目的在于报应和责任均衡的处罚超越了国家的任务（鲍曼、罗克辛、拉格

---

　　*　得到优先考虑的。——译者注

纳等人的观点）。这样，代案理论实际上就在刑罚论中主张，应当与"康德和黑格尔进行诀别"。

3. 代案理论否定了"性格责任"和"行状责任"而仅承认"行为责任"；并且认为不论在怎样的场合下，"刑法都不能超过行为责任的限度（代替草案第2条第2项）"。这在从特殊预防或一般预防的目的出发来看有必要处以更为严厉的刑罚（例如更长期的自由刑）的场景中也是一样的。在这一意义上，行为责任确实有着为刑罚设定界限的机能，表明了国家刑罚权的界限。而这也正是法治国家的要求（理由书第3页）。相反，如果责任不具备刑罚限定机能的话，个人就成了国家任意处置的对象。但这终究是无法接受的，而这无非是因为将人看作是有着自由的责任的人，这正是法治国家和基本法的前提所在。并且，从这一前提出发并不能得出在具备责任时就处以刑罚的结论，而只能得出行为责任划定了处罚的上限的结论。由此，责任主义就成为目的在于从国家专制中对个人自由进行保护的重要原则（罗克辛）。

此外，代案理论并不以意思自由论为前提。自由意思的存在是无法在经验科学中得到证明的。而国家为了实现责任的均衡，仅仅以这种不切实的东西为根据就对行为人科处作为报应的刑罚，这显然是无法令人接受的。除此之外，虽然承认责任具有限定刑罚的机能这一点是以自由且可答责的个人为前提的，但这并不是从人类的尊严出发所提出的要求，即不是自由意思的存在与否这一存在问题；而是国家为了保护个人的自由，作为一种立法政策所作出的规范决定。因此，不能仅仅以意思自由为由向个人科以不利益（罗克辛）。

只是，在这一点上也存在一些不同的观点。在认可责任的刑罚限定机能的同时，刑法中责任的意义也并不仅限于此。责任意味着对赎罪的要求，如果认为给予犯罪人自发地满足这种要求的机会是使其复归社会的最好的方法的话，在这一意义上就可以说责任是刑罚的构成原理。这样，"赎罪"就并不是与报应相关的形而上的概念，而是与社会复归相关的概念。 *551*

不管怎么说，代案理论在认为行为责任划定了刑罚的上限这一点上是一致的。同时代案理论还认为，如果在特殊预防和一般预防的观点看来属于必要的刑罚限度比责任所划定的上限还低时，那么在预防的观点看来必要的范围内进行量刑即可。

4. 代案理论以对行为人的改造（社会复归）为中心对改造和保安处分进行了考察；指出在尝试了所有的改造措施却仍然不能使其得到改善的情况下，才考虑进行第二次的保安（即刑罚）（理由书第 119 页及以下）。这样，代案理论虽然肯定了刑罚和改造·保安处分的二元主义，但毕竟两者都以行为人向社会的复归为其核心目的；因而其在对犯罪人的处遇制度的意义上，实质上是一种一元主义的构想［执行中的一元主义（第 77 条。除保安设施收容之外）］。

5. 前述代案理论的背景是基本法（第 28 条第 1 项）所规定的"社会的法治国家"的思想［迈胡法（Maihofer）、阿图尔·考夫曼（Arthur Kaufmann）、罗克辛（Roxin）］。这种思想在以确保个人的尊严和自由为目的这一点上是一种法治国的思想；但在重视刑事政策的思考，即将行为人向社会的复归作为犯罪预防的核心目的这一点上，也可以说是一种社会国家的思想。但是，对两者的结合和调和并不是容易的问题。代案理论的一大特征就在于，其一方面表现出极端的法治国家的一面（通过行为责任限定刑罚，废止劳动收容处分，以初次被宣告社会治疗设施收容处分时受刑人的同意作为这一刑罚的要件等）；同时也表现出了极端的社会国家的一面（重视特殊预防、新设社会治疗设施，等）。

6. 从刑法理论的谱系上来看的话，代案理论可以说是处在前期古典学派和近代学派（新派，特别是李斯特）的理论的延长线上的。至少可以说，其作为后期古典学派的继承者的色彩是稀薄的。其拒绝了对法律和道德·道义进行严格的区分，而赋予刑法形而上学、道义的根据的观点；并在合理的、经验的视角下对刑法的根据和界限进行了考察，彻底排除了报应思想的影响，而采取了目的刑论的立场。在刑法各则中，代案理论的非犯罪化的方向也是以前期古典学派为目标的。其重视刑事政策的思考，并使特殊预防优先于一般预防的观点，与近代学派（新派）的李斯特的观点是异曲同工的。诚然，犯罪理论客观化的方向发源于前后期相贯通的古典学派。但是，近代学派（新派）的李斯特并未完全背离客观主义的犯罪理论。并且，代替草案的起草者们自己也主张，"代替草案是向李斯特理论

552

的回溯"（罗克辛）；并且讨论了"代替草案和拉德布鲁赫的遗产"（阿图尔·考夫曼）。

当然，代案理论也并没有原样接纳李斯特的刑法理论。在李斯特的理论中，并没有根据行为责任划定刑罚的上限的构想。此外，代案理论还否定了性格责任，拒绝了不定期刑。李斯特所主张的"无法改善的状态犯罪人"的观念也没有在代案理论中得到肯定〔代案的保安设施收容制度是以已经收容在社会治疗设施中，并尝试进行改造为前提的。（第70条）〕此外，在刑事政策提案的具体内容上，代替草案和李斯特的主张之间也存在相当大的差异。这种差异是由李斯特之后经验科学的发展所导致的，但其基本原因仍在于，代替草案更多地是以对人权保障的考虑为其基础的。虽然代案理论的结构和结论都仍有进一步探讨的余地，但至少其以下方面是值得特别注意的。即，比起至今为止的发达资本主义国家的刑法来说，仍然残留着更浓厚的形而上学思想和报应思想气息的德国刑法理论，也以脱离伦理道德为其基本思想，而将重点置于以行为人向社会的复归为目的的特殊预防上；同时还尝试使理论回转至强化客观主义犯罪论的方向上。

7. 代案理论的另一个基础在于，以价值的多元化为特征的现代社会的要求。代案理论的时代背景是，当时的联邦德国表现出了从冷战的国家观和思想中解脱出来的动向，而联邦德国的社会和国家也正处于比较安定的状态中。也可以进一步认为代案理论产生的社会背景是，在市民阶级遭遇了三月革命的挫折之后，德国的资本主义所形成的那种二重结构的跛行型发展模式终于在第二次世界大战后联邦德国加入欧洲共同体和民主德国对农村的社会主义改造，以及由此带来的工业化政策中得到了克服〔这也是由民主德国和联邦德国之间不同的社会结构所导致的。相关内容具体可参见本章二（六）〕。换言之，处于欧洲近代资本主义文化的周边国家的普鲁士德国，通过牺牲其"统一"而抓住了摆脱其"跛行型"发展的 *553* 线索。[58]

---

[58]　前引注⑳肥前荣一：《德国经济政策史序说——普鲁士进化的历史构造》，第46页及以下；另参见肥前荣一：《国民经济跛行型——普鲁士型》，收录于住谷一彦、伊东光晴编：《经济思想事典》，1975年版，第197页。

【附　记】

德国在 1990 年得到了统一；联邦德国刑法典在没有进行本质性的修改的情况下，就在原民主德国的五个邦中，作为统一德国的刑法典得到了适用。此外，在 1970 年代后半期之后，德国也通过新设规定的方式，对恐怖活动犯罪、环境犯罪等领域进行了犯罪化；同时有力地主张了积极的一般预防论。[59]

（七）

到此为止，现代刑法理论的一个基本动向就在于，在刑罚的理论中对刑罚的效果及其界限进行合理性的、经验科学的讨论；重视以行为人向社会的复归为内容的特殊预防的观点，同时也将一般预防的观点纳入考虑，并最终排除形而上学的报应思想。一方面在犯罪理论中，通过对道义责任论的质疑展现出了维持或强化客观主义犯罪论的方向性；另一方面也在犯罪和刑罚理论中，依据国家的任务在于对个人的保护和对人权的保障的自由主义的、人权保障的思想，在试图对国家权力加以限制的同时，排除了刑法的形而上的、道义的根据；并为非犯罪化的方向打下了基础。联邦德国的代案理论正是其鲜明的例证。也正是在这一意义上，现代刑法理论的新的基本动向就在于，在刑罚理论中对近代学派（新派）所提出的问题进行回应；同时在犯罪论中对前期·后期古典学派的客观主义的遗产基本予以继承；从人权保障的立场出发，对各种各样的问题进行重新探讨，在使其得到发展的同时，在非犯罪化论中进一步推进前期古典学派所指出的方向。而不论是哪一点，这些动向都可以说是为了脱离在后期古典学派和近代学派（新派）中都包含的国家主义的和威权主义的侧面而进行的尝试。

从刑法理论的谱系上来看的话，报应刑论和客观主义的犯罪理论之间的联系也未必是直线而必然的。并且，重视特殊预防的目的刑论和主观主义犯罪论之间的联系并不是直线而必然的。不如说，构建客观主义还是主

---

[59]　中山研一、浅田和茂监译：《贝恩德·许迺曼〈现代刑法体系的基本问题〉》，1990 年版；堀内捷三编译：《温福利特·哈赛默〈现代刑法体系的基础理论〉》，1991 年版；金尚均：《风险社会与刑法》，2001 年版；松宫孝明：《刑事立法和犯罪体系》，2003 年版；等。

观主义对犯罪理论，与采取报应刑论还是目的刑论之间并没有关系，而应554该主要是由在何种程度上重视刑法的自由保障机能和谦抑性（补充性）的原则与是否考虑到应当将刑罚限制在必要不可欠缺的最小限度范围内的制度所决定的；因而归根到底而言，也就是由是否从人权保障的立场出发对刑法甚至是国家的任务进行限制的问题所决定的。[60] 正因如此，在刑法理论史的视角看来，客观主义犯罪论在前期古典学派中就没有与报应刑论，而是与一般预防的目的刑论相结合起来的。此外，正如在纳粹德国的意思刑法论中所标明的那样，从报应刑论的立场出发也能使主观主义的犯罪论得到主张。相反，近代学派（新派）的代表学者李斯特也在采取了重视特殊预防的目的刑论的同时，强调了刑法作为犯罪人大宪章的机能，以至于并未远离客观主义犯罪论的立场。由此，以联邦德国的代案理论为代表的现代刑法理论的前述基本动向，在刑法理论的谱系的立场上就未必是矛盾的。

---

[60] 参见前引注①佐伯千仞：《刑法讲义（总论）》，第 49 页及以下；另参见前引注⑦平野龙一：《刑法总论Ⅰ》，第 39 页及以下。

第二章 刑法理论的历史概观（日本）

一、前言

556 　　本章尝试对明治前期以后的日本刑法理论的展开进行历史的概观。本章执笔过程中虽然参考了各位刑法理论史研究会会员的研究成果，但是在研究会上并没有对作为"通史"的"历史的概观"进行整理总结；因而本章内容也只是笔者的个人观点而已。

二、旧刑法典、现行刑法典的成立和刑法理论的情况

（一）旧刑法典的成立和折中主义（新古典学派）的刑法理论

　　1. 日本在明治前期以后继受了欧陆刑法，吸取了其刑法理论，制定了现代日本刑法典。明治维新之后，在 1866 年（明治元年）制定了暂行刑律，随后又制定了新律纲领（1870 年）和改订律例（1873 年）；这些律例属于中国法系的法律系统，并没有对作为近代刑法基本原理的罪刑法定主义进行采纳。日本的刑法是从旧《刑法》的成立开始，才逐渐走上近代化的道路的。

以制定近代法典来改正不平等条约并确立和整备统一的国家权力为 *557* 目的，在 1882 年（明治 15 年）与治罪法（刑事诉讼法）同时得到施行的旧《刑法》［明治 13 年（1880 年）太正官布告第 36 号］，其基础是司法省所招聘的顾问，即法国的法律学者波索纳德（Gustave Boisonade）在与日本本国委员的协议基础上起草的刑法草案［《日本刑法草案（1877 年）》］。这一草案在经过刑法草案审查局的审查修正后，又经过元老院的审议，最终得到了公布施行。这里的波索纳德是对 19 世纪后半叶在法国处于支配地位的学说，即折中主义的刑法理论［ecole eclec-tique；也被称为新古典学派（ecole neo-classique）］，特别是奥多兰（Or-tolan）的学说的坚定的支持者。因而波索纳德在起草前述草案的过程中，在以 1810 年法国刑法典为基础的同时，也借鉴了比利时刑法典、德国刑法典、意大利刑法草案；同时从折中主义（新古典学派）刑法理论的立场出发对其进行了较大幅度的修改。①

旧刑法典参照明治刑法典，规定了没有出现在波索纳德草案中的"凶徒聚众罪"；还在例如"对皇室的犯罪（第 116 条及以下）"中的"危害天皇等罪"中规定了死刑；这表明了其有着适合于明治时期天皇制国家的侧面。但是，旧刑法典在①宣告了罪刑法定主义（第 2 条、第 3 条第 1 项），②通过在犯罪的成立要件上要求故意、过失和责任能力而采纳了责任主义（第 77 条～第 82 条），③通过废除"闰刑"制废止了刑罚在身份上的差别对待，展现了其作为近代刑法典的性格。此外，旧刑法典关于①对有必要减轻未遂犯、从犯的刑罚进行了规定（第 109 条、第 112 条），②对刑罚的酌量减轻进行了规定（第 89 条、第 90 条），③故意和不知法律的规定（第 77 条）等方面的规定即使是在法国 1810 年刑法典中也并未出现；这

---

① 关于波索纳德，参见泽登俊雄：《波索纳德与明治初期的刑法理论》，收录于吉川经夫、内藤谦、中山研一、小田中聪树、三井诚编著：《刑法理论史的综合研究》，1994 年版，第 3 页及以下。

表明了旧刑法典是对折中主义刑法理论的立法化尝试。[2] 值得强调的是，从新律纲领和改订律例到旧刑法典的变革仅仅花费了 5 年时间，但是这些变革的完成在欧洲几乎用了一个世纪。

当然，尽管制定了前述有着近代法典性格的旧刑法典，但为了对自由民权运动和反政府运动等国民运动进行镇压，也还是通过《报纸条例》（1875 年制定，1876 年、1889 年、1883 年、1887 年改正）、《出版条例》（1875 年制定，1883 年、1887 年改正）、《集会条例》（1880 年制定，1882 年改正）、《保安条例》（1887 年制定）、《爆炸物取缔罚则》（1884 年制定）等特别法规，规定了对刑法的适用或特别运用。这种使犯罪和刑罚的成立范围得到扩大的侧面是适合于明治时代的近代天皇制绝对主义国家的。

2. 波索纳德通过他在司法省法学校（明法寮）开设的课程，培养了宫城浩藏、井上正一、矶部四郎、龟山贞义等许多刑法学家。在他们的学说支持和法国刑法学的背景的影响之下，折中主义刑法理论在直到明治 30 年（1879 年）的日本都占据了通说的地位。

正如其被称为"新古典学派"所表明的那样，法国的折中主义刑法理论在谱系上是归属于近代市民社会成立时期形成的"古典学派〔前期古典学派（前期旧派）〕"的；但也是对其进行了修正的理论。以启蒙刑法思想为源流的"古典学派"确实为旧制度（ancient regime）的刑法制度带来了巨大的变革。但是在基于"古典学派"的立法中通过贯彻形式的"三权分立"学说以落实罪刑法定主义，完全否定了裁判官自由裁量的余地；并

---

② 关于明治前期的刑法和刑法理论，以及旧刑法的制定过程，参见小野清一郎：《旧刑法与波索纳德刑法学》（1942 年），收录于小野清一郎：《论刑罚的本质·其他》，1955 年版，第 425 页及以下；佐伯千仞、小林好信：《刑法学史》，收录于《讲座·日本近代法发达史》第 11 卷，1967 年版，第 209 页及以下；西原春夫：《从刑法制定史看明治维新的性格》，收录于西原春夫：《刑事法研究第 2 卷》，1967 年版，第 213 页及以下；堀内捷三：《法典编纂和近代法学的成立——刑事法》，收录于石井紫郎编：《日本近代法史讲义》，1972 年版，第 113 页及以下；新井勉：《旧〈刑法〉的编纂》，载《论丛》第 98 卷第 1·4 号（1975 年）；手冢丰：《明治刑法史研究（上）》，1984 年版；吉井苍生夫、藤田正、新仓修编著：《刑法草案注解上·下（旧〈刑法〉别册 1·2）》，收录于《日本立法资料全集 8·9》，1992 年版；吉井苍生夫：《近代日本的西欧型刑法的成立与展开——对立法过程的一个考察》，收录于利谷信义、吉井苍生夫、水林彪：《法律中的近代和现代》，1993 年版，第 181 页及以下；最后，还可参见前引注①泽登俊雄：《波索纳德与明治初期的刑法理论》，第 1 页及以下。

且，在对一般预防观点的秉持中追求刑罚功利的目的性，意味着犯罪性的量仅由社会的恶害程度决定，这样一来，法定刑就是不具幅度的确定期间。特别是与反映了法国大革命理念的 1791 年法国刑法相对比的话，1810 年法国刑法典（拿破仑刑法典）反映了第一帝国的反动性格，将重点放在了镇压犯罪的目的上，显著地强化了刑罚。而伴随着法国自由主义思想的发展，为了通过追求功利的一般预防目的来缓和刑罚的严厉性和固定性，将刑罚的目的性（社会的效用）和报应性（正义）进行折中并结合起来的折中主义刑法理论，在到 19 世纪后半叶为止的法国就成为支配性的学说。这种折中主义刑法理论是通过将犯罪同时理解为社会性的恶害（mal social）和道德上的恶害（mal moral），才实现对前述两种观点的折中的。因此按照这种折中的观点，各种犯罪的法定刑就都得到了降低，同时政治犯的特别处遇等制度（特别是 1848 年废止死刑的规定）也都在法国得到了实现。③ 前述法国折中主义（新古典学派）刑法理论虽然对古典学派的刑法理论进行了修正，但仍是处在其延长线上而有着自由主义的性格的理论。

宫城浩藏和井上正一在对日本的旧刑法典进行理论上的解释并提出指导其适用的方法时，参考了前述折中主义（新古典学派）的刑法理论。④特别是被称为"东洋的奥多兰"的宫城浩藏在"刑罚权的基础"问题上也采取了"折中主义"的立场，主张："虽然是违背道德的恶行，但未对社会造成损害之时，不得对其处以刑罚。"并且，"损害社会的行为并无违背

559

③　关于法国的折中主义刑法理论，参见前引注②佐伯千仞、小林好信：《刑法学史》，第 225 页及以下；江口三角：《法国新古典学派的刑法思想》，收录于《团藤重光博士古稀祝贺论文集第 1 卷》，1983 年版，第 50 页及以下；另参见前引注①泽登俊雄：《波索纳德与明治初期的刑法理论》，第 9 页及以下；G. 斯特法尼、G. 路威斯尔、B. 普洛克：《法国刑事法（总论讲义）》，泽登俊雄、泽登佳、新仓修译，1981 年版，第 36 页及以下。

④　宫城浩藏：《刑法讲义》，1885 年版；宫城浩藏：《日本刑法讲义》，1884 年版；宫城浩藏：《刑法正义》，1893 年版；井上正一：《日本刑法讲义》，1888 年版。关于宫城浩藏和井上正一的刑法理论、两人刑法理论之间的差别，参见泽登俊雄：《宫城浩藏的刑法理论》，收录于前引注①吉川经夫、内藤谦、中山研一、小田中聪树、三井诚编著：《刑法理论史的综合研究》，第 23 页及以下；泽登俊雄：《井上正一的刑法理论》，收录于前引注①吉川经夫、内藤谦、中山研一、小田中聪树、三井诚编著：《刑法理论史的综合研究》，第 51 页及以下。

道德之处，亦不对其科处刑罚"⑤。宫城还在刑罚论中对刑罚进行了如下定义，认为"所谓刑罚是指社会公权力以犯罪为理由对犯罪人科处的痛苦"；虽然承认了这一概念的报应性，但"刑罚的首要目的在于防止再犯的危险，而再犯的危险的防止就必须使犯罪人悔悟向善"。并且"刑罚的次要目的在于防止看到犯罪的他人受到感染，而为了达成这一目的就必须通过展示犯罪必罚的后果来警戒他人"⑥。也就是说，刑罚的目的在于"惩戒"（特殊预防）和"善例"（一般预防）。宫城浩藏还对罪刑法定主义的历史意义和必要性进行了详细论述，主张禁止援引比附（类推解释）。⑦

在犯罪论中，宫城浩藏将责任与自由结合了起来；他在秉持责任的量是随着个别而具体的自由的量而变动这一观点的前提下，在解释"不论罪和减轻（旧刑法第4章）"时表现出了"折中主义"责任论的立场。除此之外，在以反道德性和对社会的恶害或危险为基准来解决未遂犯论的问题这一点上，宫城浩藏也表现出了折中主义的观点。⑧ 宫城浩藏强调，如果在未遂犯论中，允许在"外部的行为"尚未得到充分的表明的阶段就对"内部的行为"进行刑法干预的话，就难以使"我们的自由"得到"保全"；在预备和着手的区别基准上也是一样，只有在"犯罪人的行为进入了犯罪构成的事实的范围内之时"，或者"与犯罪构成的事实密切联系而不可分离之时"才承认实行的着手；"绝对不能"的行为即使具有反道德性，也将因为没有引起社会恶害的发生而不受处罚。⑨

560　　宫城浩藏等人的这种折中主义（新古典学派）刑法理论有着欧洲的传统，也借鉴了法国的近代刑法学；同时也在稳固日本近代刑法学的基础上作出了极大的贡献，成为其土壤。⑩ 确实，宫城浩藏等人的折中主义刑法理论并没有长期地占据日本刑法学的通说地位，在进入明治20年代之后，

---

⑤　参见前引注④宫城浩藏：《日本刑法讲义第1册》，第45页及以下。

⑥　前引注④宫城浩藏：《刑法讲义第1卷》，第171页及以下。

⑦　前引注④宫城浩藏：《刑法讲义第1卷》，第120页及以下。

⑧　前引注④宫城浩藏：《刑法讲义第1卷》，第469页及以下。

⑨　前引注④宫城浩藏：《刑法讲义第1卷》，第646页及以下；前引注④宫城浩藏：《日本刑法讲义第1册》，第818页及以下。

⑩　参见前引注④泽登俊雄：《宫城浩藏的刑法理论》，第25页；前引注④泽登俊雄：《井上正一的刑法理论》，第55页。

江木衷主要以德国刑法理论，特别是黑格尔学派的贝尔纳的理论为依据对日本刑法进行了学理上的讨论；日本刑法学也正是自此开始接纳德国刑法学的。⑪ 而自此之后，学说上新的"新派（近代派）"刑法理论逐渐变得有影响力，而现行刑法典的成立也受到了其强烈的影响［后文（二）］。尽管如此，以现行刑法为基础的裁判实务（判例）并没有走向过度的社会防卫论和特殊预防的目的刑论；并且，现行裁判实务还压制了对犯罪的主观主义解释，也没有离开客观主义犯罪论的立场。其一方面是因为在日本存在着折中主义刑法理论的土壤；而另一大要素则在于，前述折中主义作为一种无意识的传统，在之后的裁判实务中得到了延续。⑫ 在这一意义上，宫城浩藏等人所主张的折中主义的刑法理论就没有对在其之后展开的"新派"理论的主张进行讨论；并且与欧洲新旧两个学派的"学派之争"没有直接关系。这种理论作为日本的近代刑法学理论的土壤，到现在为止都仍具有一定意义；并且它最终为在日本得到了有力展开的"旧派（古典派）"刑罚理论所采纳，有着作为理论先驱的作用。

（二）"新派"刑法理论的吸收和现行刑法典的成立

1. 但是在 1880 年代的欧洲，与"古典学派"或"新古典学派"刑法理论相对抗、对其进行批判的"新派（近代派）"刑法理论逐渐兴起。在 1887 年（明治 20 年）开始的犯罪数量急剧增加的背景下，在进入明治 20 年代中期之后，在受到法国刑法学的影响的同时，宫城浩藏、井上正一等人的法国式的折中主义刑法理论也与旧刑法典一同，受到了对加罗法洛的新派理论进行介绍并对其作出高度评价的富井政章博士的批评，被认为作为一种过于"宽弱"的犯罪对策，是无力的。富井政章以新派社会防卫论

---

⑪ 参见江木衷：《现行刑法总论》，1887 年版；另参见江木衷：《现行刑法各论》，1888 年版；木田纯一、吉川经夫补丁：《江木衷的刑法理论》，收录于前引注①吉川经夫、内藤谦、中山研一、小田中聪树、三井诚编著：《刑法理论史的综合研究》，第 67 页及以下；小林好信：《江木衷的刑法理论》，载《大阪学院大学法学研究》第 8 卷第 2 号（1983 年），第 1 页及以下；佐佐木和夫：《江木衷的刑法理论与旧〈刑法〉的修改》，收录于《专修大学法学研究所纪要 18·刑事法的几个问题Ⅳ》，1993 年版，第 93 页及以下等文献。此外，就对德国刑法学的接纳，参见青木仁志：《从明治时代的法学协会看对德国刑法学的接纳》，载《福田平·大塚仁博士古稀祝贺〈刑事法学的综合讨论〉》（上），1993 年版，第 321 页及以下。

⑫ 参见前引注②小野清一郎：《旧刑法与波索纳德刑法学》，第 304 页及以下。

的国家主义的、威权主义的侧面为重点，强调应通过刑法的严格化对国家和社会进行保卫。[13]

561　　同时，师从意大利的龙勃罗梭、并在京都大学开设了最早的刑法讲座的胜本勘三郎也通过其理论将新派理论导入了日本。胜本勘三郎首先在日本对在欧洲发生的"学派之争"进行了正式的研究，为新派理论在日本的确立作出了贡献。他虽然在刑罚论中排斥了报应主义而采取了新派的保护刑主义，但却没有采取严罚主义的社会防卫论或主观主义，而是在犯罪论中较多地采取了客观主义的理论。[14]

　　此外，师从李斯特、并在东京大学开设了最早的刑法讲座的冈田朝太郎也基于进化主义（社会进化论）的基本立场，展开了主观主义的新派理论。[15] 而由牧野英一继承其讲席的古贺廉造［实务家（检事、判事、内务省警保局长）］也主张严罚主义的社会防卫论和与主观主义相结合的新派理论[16]；小畴传［实务家（判事）］也依据李斯特的教科书，引用大审院的判例对刑法问题进行了讨论。[17]

　　2. 此外，虽然旧刑法典在其刚施行时就付诸改正，但以进入明治30年代之后由资本主义的急速发展所带来的犯罪增加的现象为背景，从新派立场出发、对旧刑法典和折中主义刑法理论的批判也逐渐激增。此外，以

　　[13]　富井政章：《刑法论纲》，1889年版；富井政章：《刑法学理新论》，载《法学协会杂志》第9卷第5号（1891年），第7页；小林好信：《富井政章的刑法理论》，收录于前引注①吉川经夫、内藤谦、中山研一、小田中聪树、三井诚编著：《刑法理论史的综合研究》，第84页及以下。

　　[14]　参见胜本勘三郎：《刑法析义各论部分上·下卷（共2册）》（1899年/1900年），收录于胜本勘三郎：《刑法的理论及政策》，1925年版等。另参见中义胜、山中敬一：《胜本勘三郎的刑法理论》，收录于前引注①吉川经夫、内藤谦、中山研一、小田中聪树、三井诚编著：《刑法理论史的综合研究》，第140页及以下。

　　[15]　参见冈田朝太郎：《日本刑法总论总则之部》，1894年版；另参见冈田朝太郎：《日本刑法总论各则之部》，1925年版等；小林好信：《冈田朝太郎的刑法理论》，收录于前引注①吉川经夫、内藤谦、中山研一、小田中聪树、三井诚编著：《刑法理论史的综合研究》，第177页及以下。

　　[16]　参见古贺廉造：《刑法新论》，1898年版；另参见中义胜、浅田和茂：《古贺廉造的刑法理论》，收录于前引注①吉川经夫、内藤谦、中山研一、小田中聪树、三井诚编著：《刑法理论史的综合研究》，第109页及以下。

　　[17]　参见小畴传：《日本刑法论（总则之部）》，1904年版；小畴传：《日本刑法论（各则之部）》，1905年版。另参见宫泽浩一：《小畴传的刑法学》，收录于前引注①吉川经夫、内藤谦、中山研一、小田中聪树、三井诚编著：《刑法理论史的综合研究》，第214页及以下。

明治 14 年（1881 年）政变为契机，日本为了确立近代天皇制而以普鲁士宪法为范本制定了明治宪法；日本的法律制度也发生了从法国法向德国法的重构。以这种状况为背景，广泛参考了欧洲诸国的刑法，特别是较多地参考了 1871 年德国刑法典及作为其改正运动的新派理论的现行刑法[明治 40 年（1907 年）法律第 45 号]就在经过了若干次的改正作业和改正草案后，最终向帝国议会提出，并于 1908 年（明治 41 年）得到了施行。⑱

现行刑法典继受了旧刑法典的许多规定，有着处于其延长线上的侧面；但另一方面，它也受到了主导欧洲的刑法改正运动的新派刑法理论的强烈影响。这种影响主要表现在：①对犯罪类型进行了远比旧刑法典来说更为概括而弹性的规定，并且显著提升了法定刑的幅度，在犯罪的成立范围和量刑上都给予了裁判官广泛的裁量余地；②规定了在裁量中减轻未遂犯的刑罚；③规定了刑罚的执行犹豫（缓刑）[依据 1905 年（明治 38 年）的"关于刑罚执行犹豫的文件"（同年法律第 70 号）]，并且缓和了假释的条件等，扩大了刑事政策的适用范围；④规定了严格认定累犯加重，强化了其作为以社会防卫为目的的保安处分的性质。旧刑法典在仅仅施行了25 年后就为现行刑法典所替代；其大胆解决了围绕着成立于欧洲近代市民社会的刑法典持续讨论了近 20 年的问题，并最终付诸实施；这是特别有意义的。

前述致力于解决伴随资本主义急速发展而产生的犯罪数量增加现象的现行刑法典，正如在新派理论的影响下进行的刑事立法所表明的那样，比起当时的德国刑法典、法国刑法典（这些法典都是没有认识到新派理论就得以成立的法典），有着浓厚的新的现代法的色彩。

在第一次世界大战后的恐慌和恐慌的慢性化的影响下，日本资本主义社会的阶级矛盾逐渐激化，劳动者抗议和农民抗议的数量都逐步增加。在战后

⑱ 关于现行《刑法典》的制定过程，参见仓富勇三郎、平沼骐一郎、花井卓藏监修，高桥治俊、小谷三郎共同编写，松尾浩也增补解题：《增补刑法沿革综览》，1922 年版；增补复刻版发行于 1990 年。内藤文昭、火山正则、吉井苍生夫编著：《刑法（明治 40 年）（2）》，收录于《日本立法资料全集 21》，1993 年版；吉井苍生夫：《现行刑法的制定及其意义》，收录于杉山晴康编：《裁判与法的历史展开》，1992 年版，第 351 页及以下。

的恐慌之下得到了进一步强化的垄断资本和与其相对抗而兴起的共产主义、社会主义运动，促使统制阶层对天皇制（"国体"）和资本主义制度（"私有财产制度"）进行了治安立法的、刑事立法的防卫。这样，为了对近代天皇制国家和资本主义社会的社会防卫本身，《治安维持法》（1925 年）就得到了订立（并于 1928 年、1941 年得到了扩张和强化）；而犯罪和刑罚的成立范围也被显著地扩大了。《治安维持法》不仅压制了共产主义运动和社会主义运动，其适用和运用的过程还同时剥夺了思想、信教、学术的自由和结社的自由。⑲

此外，在《关于处罚暴力等行为的法律》（1926 年）、《关于防止盗窃等犯罪的法律》（1930 年）中也设置了对常习犯的加重处罚规定，大幅采用了社会防卫的观点。

三、刑法理论中"学派之争"的展开

（一）　总说

565　　在现行刑法典成立后的日本的刑法理论中，在以牧野英一、宫本英修、木村龟二等人为代表的"新派（近代派）"和以大场茂马、小野清一郎、泷川幸辰等人为代表的"旧派（古典派）"之间，展开了一场横跨明治末期与大正时期，一直到昭和时代战前时期为止的"学派之争"。对两个学派的观点进行极度类型化的概括的话，可以说"新派"是以目的刑论特别是社会防卫论和教育刑论以及主观主义的犯罪论为基本立场的；而"旧派"则采取了教育刑论和客观主义犯罪论的基本立场。

前述日本的刑法理论中的"学派之争"，显然受到了在 1880 年前后欧洲的刑法理论中，与以制定新的刑法典为目的的立法运动相关的、在"旧派（古典派，klassische Schule；ecole classique）"和"新派（近代派，moderne Schule；ecole moderne）"之间展开的"学派之争"，特别是在德

---

⑲　《治安维持法》的成立、扩张和运用，参见奥平康弘：《〈治安维持法〉小史》，1977 年版；小田中聪树：《刑事诉讼法的历史构造》，1986 年版，第 4 页及以下；另参见前书中引用的其他文献。此外，还可参见内藤谦：《日本"古典学派"刑法理论与立法问题》，载《创价法学》第 21 卷第 2·3 合并号（1992 年），第 197 页及以下。

国展开的"学派之争（Schulenstreit)"的影响。⑳ 从日本在明治时代前期以后引入了欧洲的近代刑法典和刑法理论，并以此为基础制定了适应于其近代天皇制国家的特质的近代刑法典，并进一步形成和展开了刑法理论的事实来看，这种影响也是有其理由的。但另一方面，日本的刑法理论中"学派之争"也展现出了与欧洲的学派之争不同的特征。其特征在于，日本的"学派之争"是在近代天皇制国家和明治宪法的背景下展开的；同时也是为其前史，即已经在前文中得到讨论的旧刑法典和现行刑法典的订立过程以及就此展开的刑法理论的情状所决定的。

(二)"新派（近代派)"刑法理论的展开

1. 将"新派（近代派)"刑法理论理解为现行刑法的解释论，并对其 566 进行了体系的、理论的展开，最终构建了壮大的刑法学体系的，是师从菲利和李斯特的牧野英一。他作为从明治时代末期到昭和时代战前时期"新派"刑法理论的代表论者，以"新派"理论在现行刑法典成立之时是有力说、现行刑法典自身也受到了"新派"理论的强烈影响并且作为"新派"理论对立面的"旧派"理论没有作为日本的传统固执地存在于现行刑法之中等事实为由，比较容易且彻底地基于"新派"理论，完成了对现行刑法的解释和体系化。

牧野英一以进化论的思想为基础，认为如果从以社会和个人的调和为最终目标的社会的进化趋势来看的话，刑罚理论应当从作为社会的反射运动的报应刑论，向着自觉而有意识的目的刑论，特别是教育刑论进化和发展。并且，犯罪理论也应当从重视犯罪事实（实害或危险）的客观主义犯罪论，向着以犯罪人的社会危险性（恶性）为基准的主观主义犯罪论发

---

⑳ 关于刑法学中的"学派之争"，参见大塚仁：《刑法中新旧两学派的理论》，1975 年版；另参见前引注②佐伯千仞、小林好信：《刑法学史》，第 254 页及以下；平野泰树：《法国刑法中新旧两派的斗争》，收录于《柏木千秋先生喜寿纪念论文集〈近代刑事法的理念与现实〉》，1991 年版，第 215 页及以下。对发生在欧洲和日本的"学派之争"，以及学派之争与现代刑法理论之间的关系进行的概括梳理，参见内藤谦：《刑法学说史（一）外国》，收录于中山研一、西原春夫、藤木英雄、宫泽浩一编：《现代刑法讲座第 1 卷》，1977 年版，第 121 页及以下；内藤谦：《刑法总论讲义（上）》，1983 年版，第 60 页及以下、第 88 页及以下。此外，本章中所谓"旧派（古典学派)"和"新派（近代学派)"以及"前期旧派（前期古典学派)"和"后期旧派（后期古典学派)"的概念，均来自前述内藤谦的论文和著作。

展。据此，犯罪作为社会中的生存竞争的余弊，对其进行合理的社会防卫（"社会保全"）就是可能的。㉑

牧野英一的新派理论，特别是他在大正时代的理论虽然有着固有的问题，但也有一定的积极意义。彼时，牧野对明治时代后期以后处于支配地位的概念法学的法律实证主义的思想方法进行了正面批判，对"法律的社会文化"进行了主张，展开了其自由法论的观点。㉒ 无法否定的是，在牧野的这种方法论之中，国家权力和个人之间的紧张关系是其研究的直接对象；这就导致他在本应受到罪刑法定主义的原则支配的刑法理论这一领域中过于轻易地肯定了刑法和刑罚的积极机能，并导致了对个人的权利和自由的危险；这正是其问题所在。特别是在当时的日本，在现行刑法典订立的当时新派理论正处于有力的地位，除稍后即将看到的大场茂马的刑法理论之外，并没有值得牧野英一批判的学说；并且，基于重视罪刑法定主义的法律实证主义方法论的"旧派"理论并没有作为一种传统固执地存在；这些历史背景都造成了牧野很难明确地认识到其观点存在前述问题。

567　　在包含了前述问题性的同时，牧野英一在大正时期的刑法理论也有着如下意义。其在大正民主制度的背景下，基于前述方法论，将与"国家"相对独立的"社会"作为直接的研究对象；并从刑法上的"公平"的观念出发对产生于"社会"矛盾中的问题进行了解决。在这一意义上，牧野在这一时期的刑法理论就为其刑事政策也是一种社会政策的观点提供了支撑。同时，这种理论在解释论和立法论方面也具有一定的积极意义。例如，牧野从对罢工权的承认出发，对《治安警察法》第 17 条的存废问题进行考察研究。㉓ 此外，牧野英一对教育刑论的主张也在思想上和实践中极大地影响了日本行刑理论的发展。

但是，牧野英一的进化论的思想本来就没有对国家和社会的现实状况

㉑　牧野英一：《刑事学的新思潮和新刑法》，1909 年版；牧野英一：《增订刑法通义》，1909 年版，第 5 页及以下；牧野英一：《日本刑法》，1917 年版，第 12 页及以下；牧野英一：《重订刑法上卷》，1937 年版，第 19 页及以下；牧野英一：《刑法总论上卷》，1958 年版，第 19 页及以下。

㉒　代表观点如，牧野英一：《法律的社会化》，收录于牧野英一：《现代的文化和法律》，1918 年版，第 1 页及以下。

㉓　牧野英一：《论〈治安警察法〉第 17 条——兼论所谓同盟罢业权》，收录于牧野英一：《法律中的正义和公平》，1920 年版，第 13 页及以下。

作出充分的分析，其在一个侧面上也可以说是过于轻易地肯定了这些现状。根据与此相联系的"乐天的国家观"，牧野在进入昭和时期之后，对从19世纪的法治国思想向20世纪的文化国思想的进化和展开进行了论述㉔；在对法律解释的无限性进行主张的同时，也预告了罪刑法定主义的消解。㉕ 随后，牧野英一在指出《治安维持法》存在许多问题的同时，也通过解释和运用使得"恶法亦法"，并从这种自由法论的立场出发采取了妥协的立场，最终承认了立法。㉖ 而牧野英一认为即使是对确信犯的犯罪人能够进行教育的教育刑论和社会防卫论的观点，也最终导致他在昭和时代的战前和战中时期都积极地支持了《思想犯保护观察法》（1936年）㉗；并不加批判地接受了在《治安维持法》（1941年）中规定的预防拘禁。㉘ 不仅如此，牧野英一在犯罪论的领域中对主观主义犯罪论的贯彻，也导致只要发现了有着犯意等主观的要素的行为的话，就能在原则上广泛地肯定犯罪的成立；这无疑是展开了一种使刑法过早地介入的解释论（例如，在实行的着手问题上他采取了主观说，在不能犯问题上采取了主观的危险说，在共犯问题上采取了共犯的独立性说，等等。）㉙

德国"新派"理论的代表论者李斯特固执地主张了启蒙思想所带来的的传统原则，确认并强调了罪刑法定主义的意义，因而并没有离开客观主义的犯罪论结构的立场（例如，在不能犯问题上采取了具体危险说；在共

㉔　牧野英一：《刑法中法治国思想的展开》，1931年版，第1页及以下。

㉕　牧野英一：《罪刑法定主义的消解》（1935年），收录于牧野英一：《刑法研究第6卷》，1936年版，第90页及以下。

㉖　牧野英一：《论〈国际社会运动取缔法〉法案》（1922年），收录于牧野英一：《现实的法律和理念的法律》，1926年版，第271页及以下；牧野英一：《论〈治安维持〉法案》（1922年），收录于牧野英一：《现实的法律和理念的法律》，1926年版，第378页及以下。关于牧野英一对《治安维持法》的应对态度，参见前引注⑲内藤谦：《日本"古典学派"刑法理论与立法问题》，第205页。

㉗　牧野英一：《〈思想犯保护观察法〉的思想意义》，载《刑政》第49卷第7号（1936年），第9页及以下。

㉘　牧野英一：《预防拘禁制度的思想意义》，载《刑政》第55卷第2号（1942年），第12页及以下。

㉙　前引注㉑牧野英一：《日本刑法》，第163页及以下、第169页及以下、第207页及以下；另参见前引注㉑牧野英一：《重订日本刑法上卷》，第251页、第331页、第441页及以下。关于牧野英一的刑法理论，参见中山研一：《牧野英一的刑法理论》，收录于前引注①吉川经夫、内藤谦、中山研一、小田中聪树、三井诚编著：《刑法理论史的综合研究》，第287页及以下。

568 犯问题上采取了从属性说等）；相比而言，牧野英一的这种轻视罪刑法定主义的主观主义的犯罪论有着独立的特征。而这些特征都反映出，牧野英一明确地拒绝承认个人和国家与社会之间的现实的紧张关系；也充分地表现出"新派"理论所具备的国家主义和威权主义的侧面，表明了其对个人的权利和自由来说所具有的强烈的危险。

2. 随后，宫本英修和木村龟二也加入了"新派"的阵营中。宫本英修在从大正时代末期到昭和时代这一期间，以主观的违法论和规范的责任主义为基础，构建了有特色的规范的主观主义犯罪论。宫本英修强调"谦抑主义"是刑法的一种根本性的主义，认为应严格地区别规范的评价和可罚的评价（例如在可罚的违法性论的意义上）；尝试通过可罚的评价对主观主义所导致的犯罪成立范围的过度扩张进行限制，展现出了有着对国家刑罚权进行限制的意义的理论结构。[30] 木村龟二在昭和时代战前时期，在牧野英一的影响下，从团体主义的基本立场出发对教育刑论和主观主义犯罪论进行了主张，对刑事政策展开了讨论。[31]

（三）"旧派"刑法理论的展开

1. 与牧野英一所代表的"新派"刑法理论相对，在现行刑法典订立之后的明治时代末期到大正时代前期这一期间，师从于毕克麦耶的大场茂马从"正统学派"即"旧派［后期旧派（后期古典派）］"的立场出发展开了论战。大场茂马采取了法律实证主义的立场，重视包含类推禁止在内的罪刑法定主义，在法律条文的解释问题上采取了严格的态度。[32] 并且，他认为刑罚必须与"正义报应"的观念相一致，主张了报应刑论。这里所说的"正义报应"是指，"对行为人欲图实施某种行为的意思及其所实施的行为来说是正当的报应"；换言之，"使罪责与恶害的实质成正比例，就是

　　㉚　宫本英修：《刑法纲要》，1928 年版；另参见宫本英修：《刑法学粹》，1931 年版；宫本英修：《刑法大纲》（1935 年版）。另参见铃木茂嗣：《宫本英修的刑法理论》，收录于前引注①吉川经夫、内藤谦、中山研一、小田中聪树、三井诚编著：《刑法理论史的综合研究》，第 425 页及以下。

　　㉛　木村龟二：《刑法解释的几个问题·第 1 卷》，1939 年版；木村龟二：《刑事政策的基础理论》，1942 年版。另参见西原春夫：《木村龟二的刑法理论》，收录于前引注①吉川经夫、内藤谦、中山研一、小田中聪树、三井诚编著：《刑法理论史的综合研究》，第 662 页及以下。

　　㉜　大场茂马：《刑法总论上卷》，1912 年版，第 255 页及以下、第 276 页及以下。

适合于正义的报应"㉝。并且，"报应刑"不仅"是为了满足人们本来的性格倾向和感情的要求，也是为了满足道义的要求"；"报应的观念"是"民众的道义的常识"，而"报应的性格倾向"使"正义观念的实行"成为可能。㉞ 此外，大场茂马还采取了客观的相当因果关系说，在对未遂犯和不能犯的区别问题上基本采取了客观说（相对不能·绝对不能区别说）等观点㉟；构建了其将重点置于行为的客观和结果的侧面上的客观主义犯 *569*罪论。

　　大场茂马的前述刑法理论的基础在于，刑法的目的虽然在于"对生活利益的保护"和"对法律秩序的保护"（两者最终都归于对"利益的保护"）；但他也认为："如果想要最大限度地维持法律秩序而保护生活利益的话，那么就应该以法律对世道风教进行保护，并声援每个人的道德观念，使民众在日常生活中所施行的道义准则的威力得到增强，并使其在法律上得到确保。"㊱ 而且大场茂马对"新派"理论进行了激烈的批判；他指出，"新派"理论在否认其是对犯罪的"镇压"而认为其目的在于对犯罪的"预防"之处都陷入了"刑法否定论"之中；其采取了倾向于"蔑视道德观念"且"轻视刑法的威严信用"的、在根本上有所错误的刑事政策；其"保安处分的刑法"不仅使"人的权利和自由"陷入危险，而且导致了最为拙劣的刑事政策。㊲ 大场也并非完全不承认刑罚的效用包括改善、威慑和特殊预防，而只是认为这些效用并不是刑罚本身的目的，因而应当只在与为了贯彻刑法的目的而"确保刑法的威严信用"这一刑罚的目的不相矛盾的范围内得到讨论。㊳

㉝　参见前引注㉜大场茂马：《刑法总论上卷》，第170页及以下。

㉞　大场茂马：《刑事政策大纲》，1909年版，第151页、第157页。

㉟　大场茂马：《刑法总论下卷》，1917年版，第472页及以下、第844页及以下。

㊱　参见前引注㉜大场茂马：《刑法总论上卷》，第143页及以下、第148页。

㊲　参见前引注㉜大场茂马：《刑法总论上卷》，第85页及以下、第109页及以下。

㊳　参见前引注㉜大场茂马：《刑法总论上卷》，第161页。关于大场茂马的刑法理论和刑事政策论，参见堀内捷三：《大场茂马的刑法理论》，收录于前引注①吉川经夫、内藤谦、中山研一、小田中聪树、三井诚编著：《刑法理论史的综合研究》，第232页及以下；大野平吉：《大场茂马的刑事政策理论》，收录于前引注①吉川经夫、内藤谦、中山研一、小田中聪树、三井诚编著：《刑法理论史的综合研究》，第263页及以下。

这样，在主要受到德国"学派之争"影响的情况下，大场茂马就通过对"旧派"理论的主张，使得日本学者也明确地认识到了"新派（近代派）"和"旧派（古典派）"正处于相互对决之中的事实；并在日本开始了这种学派之间的争论。而大场茂马的"旧派"刑法理论也分别在大正时代中期和大正时代末期，得到了泷川幸辰和小野清一郎的有力的展开；与牧野英一所代表的"新派"刑法理论形成了对抗。

　　2. 小野清一郎自大正时代末期开始，就对东洋的佛教思想和德国法哲学表现出了强烈的关心和倾服，形成了以"文化主义的（超个人主义的）正义观"为基础的"旧派（古典派）"的刑法理论。在昭和时代战前时期之后，他又在"法理学的普遍主义"的延长线上，即在"普遍主义的方向"上对个人主义与普遍主义和全体主义之间的对立进行了"扬弃"；他还对"国家的道义性"进行了强调，并在自觉地展开"日本法理"的同时展开并建构了其刑法理论。小野清一郎的刑法理论的特征在于，从认为法作为一种"人伦的事理"既是"伦理"也是"道义"的立场出发，进一570步强调应通过刑法来维持和形成国家的道义秩序。

　　小野清一郎的报应刑论是道义的、国家的报应刑论。他认为，报应的观念是人类深层的道义的要求，而刑罚正是以作为违反道义行为的犯罪为由，而对有道义责任的行为人科处的法律制裁；其内容是由国家所作出的对法益的剥夺即恶害。一般预防和特殊预防也受到道义观念的支配。即一般预防不可避免地强调使一般国民的道德意识得到觉醒；而特殊预防则不可避免地强调唤醒受刑者对道义观念的认识，以完善其人格中的道德品性。[39]

　　小野清一郎参考了贝林和 M. E. 迈耶，尝试通过构成要件理论将犯罪论体系化；并表明了其将构成要件理解为违法且有责的行为类型的独树一

---

[39]　小野清一郎：《全订刑法讲义》，1945 年版，第 12 页及以下、第 21 页及以下；小野清一郎：《新订刑法讲义总论》，1948 年版，第 12 页及以下、第 20 页及以下。在将新《刑法》规定纳入前述总论和各论之后，小野清一郎又在 1949 年完成了《全订刑法讲义》的"新订"，出版了《新订刑法讲义》一书。

帜的观点。小野清一郎的犯罪理论的特征在于，认为犯罪是在国民的道义中所不应容许的行为，也就是反道义的、反文化的行为；在这种立场下，小野将重点置于对被客观化的行为整体的评价，并在主观·客观行为的外部实现中发现刑法的评价对象，在这一意义上其立场是"客观主义"的；但这也本来就是一种"道义的立场"。从这种立场出发，小野清一郎认为，违法性的实质在于对国家法秩序的精神和目的的违反，也就是在国家的道义的立场中的客观的价值批判；而责任则是就某种反道义的行为对行为人进行的道义的非难。⑩

小野清一郎的这种刑法理论基本上是后期旧派的刑法理论；但他比德国的旧派更为强调刑法的国家的道义性。并且小野清一郎从前述立场出发对新派理论进行了批判，认为新派理论只倾向于对有形的物质利益的保护和防护，而有着忽视刑罚的精神和理想的意义的危险。⑪ 在小野清一郎的刑法理论中，直到 1933 年（昭和 8 年）为止，都尝试通过客观主义和道义责任论对由新派的社会防卫论和主观主义所导致的处罚范围的过度扩张进行着压制；因而可以说其有着自由主义的侧面。⑫ 但是在日本终于进入战时体制之后，小野清一郎通过自觉地展开"日本法理"，主张"一君万民和君臣一体的国体"不仅是"日本的根本法理"，也是"最高的道义"。这种对国家的道义的强调强烈地表明了其国家主 *571* 义和威权主义的侧面。⑬ 此外，小野并没有对《治安维持法》进行批判，而是以这部法律在以国体变革为目的的结社组织罪中，选择性地规定了死刑的做法为依据，论述说"以变革国体为目的的行为，是日本臣民在

---

⑩　前引注㊴小野清一郎：《新订刑法讲义》，1949 年版，第 86 页及以下、第 113 页及以下、第 134 页及以下。

⑪　前引注㊴小野清一郎：《新订刑法讲义》，第 13 页及以下。

⑫　小野清一郎：《论刑法总则草案中的未遂犯与不能犯》（1933 年），收录于小野清一郎：《犯罪构成要件理论》，1953 年版，第 304 页、第 305 页及以下、第 313 页。此外，还可参见小野清一郎：《刑法讲义》，1932 年版，第 15 页及以下、第 77 页。

⑬　小野清一郎：《论日本法理的自觉展开》（1942 年），收录于小野清一郎：《日本法理的自觉展开》，1942 年版，第 89 页、第 127 页。

道义上绝对无法容忍的事情"㊹。

　　3. 自大正时代中期开始，泷川幸辰就在对近代市民社会成立时期的启蒙刑法思想即前期旧派（前期古典派）展现出强烈的关心和倾服的同时，形成了其有着"旧派（古典派）"骨骼的刑法理论，并在昭和时代初期以后，在大正时代理论的延长线上进一步形成、展开了受到马克思主义的影响自由主义刑法理论。泷川幸辰的"旧派（古典派）"理论在采取了报应刑论和客观主义犯罪论的基本立场，以及通过参考贝林和 M. E. 迈耶的构成要件理论尝试对犯罪论进行体系化这两点上，与小野清一郎的理论之间存在共通性；但两人的理论在基础和内容上也存在许多有差异的要素。泷川幸辰的理论在日本的"旧派"之中别具一格的，是其基于"人权思想"而以罪刑法定主义为中心的理论结构，以及其在与"社会基盘"之间的关系的意义上对理论、制度和政策进行考察的尝试。泷川幸辰在昭和时代初期到昭和时代战前时期这一期间，以新派在社会防卫论、教育刑论和主观主义的观点中所使用的"社会"概念究竟意味着什么为问题意识，主张在现实的资本主义"社会"中有必要采取罪刑法定主义和客观主义的犯罪论；并以此对新派理论进行了批判。泷川幸辰认为，由于刑罚是一种恶，因而有必要对其进行限制；但如果彻底贯彻牧野英一的教育刑论的话，就将因为教育本身是一种良善，且良善的施行不应受到限制，而得出教育的施行不应受到罪刑法定主义的限制的结论，最终导致罪刑法定主义的废弃。而在无法认同这一废弃所导致的从法治国向警察国的逆转的限度内，牧野英一的教育刑论也自然是不可能的。泷川幸辰认为，在存在阶级

　　㊹　前引注㊴小野清一郎：《全订刑法讲义》，第 366 页。关于小野清一郎的刑法理论，参见宫泽浩一：《小野清一郎的刑法理论》，收录于前引注①吉川经夫、内藤谦、中山研一、小田中聪树、三井诚编著：《刑法理论史的综合研究》，第 475 页及以下；另参见内藤谦：《日本"古典学派"刑法理论的形成过程》，载《法学协会 100 周年纪念论文集第 2 卷》，1983 年版，第 543 页及以下；内藤谦：《日本"古典学派"刑法理论的展开》，收录于《平野龙一先生古稀祝贺论文集上卷》，1990 年版，第 14 页及以下；前引注⑲内藤谦：《日本"古典学派"刑法理论与立法过程》，第 189 页及以下、第 202 页及以下；内藤谦：《日本"古典学派"刑法理论的一个断面——泷川幸辰与小野清一郎之间的相互理解与评价》，收录于《福田平·大塚仁博士古稀祝贺论文集〈刑事法学的综合讨论〉（下）》，1993 年版，第 1 页及以下。小野清一郎对《治安维持法》的应对态度，参见前引注⑲内藤谦：《日本"古典学派"刑法理论与立法过程》，第 202 页及以下。

对立的资本主义"社会"中，罪刑法定主义如果没有被作为一项"铁则"被严守的话，刑法就将沦为阶级压迫的手段。⑮

　　泷川幸辰的报应刑论认为，刑罚的本质是对"动的反动"，刑罚是以犯罪的发生为条件而对犯罪人科处的恶报；因而在其应当与犯罪相均衡的意义上是一种"报应"。刑罚的终极目的在于对社会秩序（通过一般预防和特殊预防）的维持，而为了达成这一目的就不能容许对刑罚作为"报应"的本质的超越。⑯ 泷川幸辰的客观主义犯罪论在将构成要件理解为违法类型的同时，还认为违法性的实质在于对生活利益的侵害和危险化（即所谓"结果无价值论"），而责任则是在行为人违背法规范的期待而实施了与适法行为相反的违法行为的情况下，对其所施加的法的非难（规范的责任论）。⑰ 除此之外，泷川幸辰还对《治安维持法》采取了批判态度；同时，他在昭和时代初期就已经在杀尊亲属罪的问题中，就其严罚主义提出了批判，提出了对其进行改正的要求；在通奸罪的问题中，提倡对其进行废止；在自己堕胎罪和单纯赌博罪的问题上，提倡了非犯罪化的方向。⑱

　　如前所述，泷川幸辰并没有强调刑法的国家的道义性，而是延续了从启蒙主义的刑法思想和前期旧派到后期旧派的刑法理论的谱系，使自由主义的侧面得到了展开和发展。在泷川幸辰的刑法理论之中，除对贝卡利亚和费尔巴哈等人的启蒙主义刑法思想·前期旧派理论展现出强烈的兴趣之外，也展现出了他在某些观点上一定程度上倒向马克思主义的倾向；这也反映在他在形成和展开自己的理论时，以刑法的人权保障机能和对国家刑罚权制约机能为出发点的事实上。但是，泷川幸辰的刑法理论并不是马克思主义的刑法理论，而是受到马克思主义影响的自由主义刑法理论。而泷川幸辰却仍然因为前述刑法理论，被以1930年（昭和5年）的《刑法讲

572

　　⑮　参见泷川幸辰：《犯罪论序说》，1938年版，序文第1页及以下、第1页及以下；另参见泷川幸辰：《确信犯的犯罪人与教育刑》（1931年），收录于《泷川幸辰刑法著作集第4卷》，1981年版，第605页及以下。

　　⑯　泷川幸辰：《刑法讲义（改订版）》，1930年版，第23页及以下、第175页。

　　⑰　前引注⑮泷川幸辰：《犯罪论序说》，106页、第131页及以下、第142页。

　　⑱　泷川幸辰：《刑法各论》（1930年），收录于《现代法学全集》，第6页及以下、第20页、第92页、第102页。泷川幸辰对《治安维持法》的应对态度，参见前引注⑲内藤谦：《日本"古典学派"刑法理论与立法过程》，第199页及以下。

义（改订版）》和1932年（昭和7年）的《刑法读本》中的主张为借口，遭到了退职处分，被剥夺了京都帝国大学教授的职位［即所谓泷川事件（1933年）］。㊾

进入昭和时代战争时期之后，在国家主义和整体主义的倾向逐渐在日本刑法学中取得支配地位的背景之下，"新派"和"旧派"之间的对立逐渐失去了尖锐性，并就此迎来了侵略战争的失败。

（四）日本"学派之争"的特征

到此为止可以看出日本刑法理论中的"学派之争"有着以下几个特征。

573　　1. 在主要是受到德国学派之争的影响而自觉展开其"学派之争"的过程中，日本的情况与例如德国等欧洲国家的状况有所差异；在日本，"新派"理论先行于"旧派"理论得到了展开。在日本现行刑法订立的当时，"新派"理论不仅在学说上是有力的，而且强烈地影响了现行刑法典本身；但在当时的日本，与其相对立的"旧派"理论并没有作为一种传统而顽固地存在。由此，牧野英一才得以基于"新派"理论完成其对现行刑法的解释和体系化。相比之下，即使是在德国，"新派"的代表论者李斯特也固执于将启蒙主义思想所带来的传统作为刑法的原则，并强调罪刑法定主义和刑法的大宪章机能所具有的意义，因而最终并没有背离客观主义的犯罪论结构的立场。但与此相对的牧野英一提议消解罪刑法定主义，并表现在他在犯罪论中贯彻了主观主义而认可刑法的过早介入的观点上。此外，在富井政章和古贺廉造等人将日本的"新派"理论导入日本时，这种理论就已经表现出了国家主义和威权主义的侧面；而在牧野英一展开新派理论时，这样的侧面就被大量地保留了下来。而这也正是处在近代天皇制

㊾　关于泷川事件，参见前引注①小田中聪树：《泷川幸辰的刑事诉讼法理论》，第598页及以下。关于泷川幸辰的刑罚理论，参见前引注①内藤谦：《泷川幸辰的刑法理论》，收录于前引注①吉川经夫、内藤谦、中山研一、小田中聪树、三井诚编著：《刑法理论史的综合研究》，第537页及以下。另参见前引注㊹内藤谦：《日本"古典学派"刑法理论的形成过程》，第523页及以下；前引注㊹内藤谦：《日本"古典学派"刑法理论的展开》，第33页及以下；前引注⑲内藤谦：《日本"古典学派"刑法理论与立法过程》，第184页及以下、第199页及以下；前引注㊹内藤谦：《日本"古典学派"刑法理论的一个断面——泷川幸辰与小野清一郎之间的相互理解与评价》，第1页及以下。

国家和明治宪法背景下的日本的"新派"理论所具有的特征和特有的限制。

2. 在日本，滥觞于启蒙刑法思想的前期旧派（前期古典派）的刑法理论并没有形成和展开其自己的体系。这是因为，市民阶级在日本并没有通过自己的双手建立近代市民国家，而是通过自上而下的改革形成了近代天皇制国家；在这种历史背景下，形成于欧洲近代市民社会的成立时期的刑法理论，即前期旧派理论就没有在日本自发地形成其自己的体系。诚然，在日本的旧刑法典得到施行之时，处于通说地位的折中主义（新古典学派）刑法理论是一种受到前期旧派影响而保留了其自由主义性格的理论，但这种折中主义并没能长期保持其通说地位；在明治 20 年之后，这种理论由于受到了将重点置于国家主义和威权主义侧面的"新派"理论的强烈批判，而并未对现行日本刑法典的订立产生影响。

以这种背景情况为基础，在与"新派"理论的对抗中得以形成和展开的"旧派"理论就表现出比其自由主义的侧面更为浓厚的国家主义和威权 _574_ 主义的侧面。这样的侧面不仅表现在大场茂马的基础理论中，更成为小野清一郎理论的核心，表现在他对通过刑法维持国家道义秩序的形成和维持的强调上。在日本从前期旧派到后期旧派的刑法理论的谱系中，也并非不存在使自由主义的侧面得到发展的泷川幸辰的刑法理论那样的学说。但是，这种理论在昭和时代战前时期将面临何种命运，已经由其著作的发售禁止处分，即泷川事件这段历史得到了证明。这样，在日本的"旧派"理论作为一种以近代天皇制国家和明治宪法为背景的理论，又存在着这样那样的制约和独自的特征。

3. 如前所述，在日本的学派争论中，不论是"新派"还是"旧派"的主流观点都表现出了浓厚的国家主义和威权主义的侧面。在这一点上，可以看出两个学派之间在作为近代天皇制国家和明治宪法背景下的刑罚理论有着共通的性格。诚然，"旧派"之中也存在泷川幸辰那样的主张自由主义刑法理论的学者，并且"新派"之中也存在宫本英修那样的尝试构建一种有着限制国家刑罚权意义的理论的学者。但是，两人都并非其所属学派的主流；两人也都没有参与暂定改正刑法草案（1940 年）的起草表决等以对现行刑法的改正工作为代表的立法工作。

4. 在德国，"学派之争"本来是与新刑法典的立法运动相关的，特别是在关于刑罚理论和刑事政策的问题上，两学派展开了激烈的争论。而在日本，学派之争虽然在现行刑法典成立之后自觉地开始了，但其围绕现行刑法的解释，也在犯罪理论的领域之中引起了主观主义犯罪论和客观主义犯罪论的激烈争论。在这一过程中，为作为实务家的泉二新熊（检事总长、大审院院长）所主张的、在解释论中寻求对"新派"的目的刑论和主观主义犯罪论和"旧派"的报应刑论以及客观主义犯罪论之间的折中的折中主义的观点[50]，以及同样作为实务家的草野豹一郎（大阪控诉院院长、大审院部长）所主张的、依据共同意思主体说为包含共谋共同正犯在内的共犯打下理论基础的观点等[51]，都对日本的司法实务造成了极大的影响。

以前述直到昭和时代战前时期的"学派之争"为前提，战后的刑法理论终于得到了展开。

四、战后刑法学和刑法理论的谱系

（一）问题情况

在第二次世界大战后的日本宪法中发生了从天皇主权向国民主权的变革；在其中尊重基本人权原理的要求下，有必要对刑法理论的基础问题，或至少对国家刑罚权的根据和界限、罪刑法定主义的根据和内容、刑法的

---

[50] 泉二新熊：《改正日本刑法论 全》，1908 年版；泉二新熊：《日本刑法论》总论（增订第 40 版，1927 年版）；泉二新熊：《日本刑法论》各论（增订第 42 版，1931 年版）；等。另参见内田文昭：《泉二新熊的刑法理论（1）》，收录于前引注①吉川经夫、内藤谦、中山研一、小田中聪树、三井诚编著：《刑法理论史的综合研究》，第 373 页及以下；田宫裕：《泉二新熊的刑法理论（2）》，收录于前引注①吉川经夫、内藤谦、中山研一、小田中聪树、三井诚编著：《刑法理论史的综合研究》，第 395 页及以下。

[51] 草野豹一郎：《刑法总论讲义第一分则》，1935 年版；另参见草野豹一郎：《刑法要论》，1956 年版等。另参见真锅毅：《草野豹一郎的刑法理论》，收录于前引注①吉川经夫、内藤谦、中山研一、小田中聪树、三井诚编著：《刑法理论史的综合研究》，第 450 页及以下。

任务和机能等问题进行重新讨论。与此相应，战后的刑法理论不论是“新派”还是“旧派”，其主流学说都尝试着摆脱自身在战前的近代天皇制国家和明治宪法的背景下展开的“学派之争”之中形成的浓厚的国家主义和威权主义的侧面。

在这种状况中，刑法的人权保障机能的重要性就得到了再认识；罪刑法定主义和法律的正当程序原则也得到了强调。诚然，罪刑法定主义是近代刑法的基本原理，同时对于现代刑罚理论来说也是重要的前提。仅仅以是否在形式上对罪刑法定主义进行强调为依据的话，“新派”和“旧派”的对立所抛出的问题就是无法得到消解的。特别是在涉及现代刑事立法的应然形态（刑法改正等）的问题上，由“新派（近代派）”所提起的对刑罚制度的改革和犯罪人处遇的问题广受瞩目；其能否与在“旧派（古典派）”的基调中得到考虑的人权保障的要求相调和，以及应如何对两者进行调和就是成问题的。此外，在价值观逐渐多样化的现代社会中，在回应人权保障的要求，以及对犯罪和刑罚进行机能的、合理的、经验的讨论时，①什么是犯罪，以什么作为刑法的干涉对象为宜（“犯罪化”和“非犯罪化”的问题）；②刑罚的减轻，或者以替代刑罚的其他非刑罚处罚方式进行制裁是妥当的场合是否存在（“非刑罚化”的问题）；③应如何评价有意地谋求从对犯罪人的逮捕、裁判以及刑罚执行这一传统的刑事司法过程的最为简单明了的模式中脱离出来，转而尝试犯罪的非刑罚的处罚方式的做法［刑事司法的转向（diver- *579*
sion)］等问题就不仅在日本，也在国际上得到了激烈讨论。

在这样的问题状况之下，“新派”和“旧派”的对立发生了怎样的变化呢？可以说在日本战后的一大动向就是，在犯罪理论的领域中，具有“新派”特征的主观主义犯罪论的退潮。例如，即使是在昭和时代战前时期从“新派”的立场出发展开了主观主义犯罪论的木村龟二，在第二次世界大战之后仍立足于主观主义的犯罪论，也有意地将其与客观主义理论进行了结合，并进一步引入了目的行为论。(52) 这种倾向无疑最终确认了主观

(52)　木村龟二：《刑法总论》，1959 年版；第 1 页；木村龟二著，阿部纯二增补：《刑法总论·增补版》，1978 年版，第 1 页。另参见前引注㉛西原春夫：《木村龟二的刑法理论》，第 638 页及以下。

主义犯罪论对人权的保障来说是极其危险的结论。并且，犯罪理论中争论的重点逐渐转移到了"行为无价值论"和"结果无价值论"的对立[53]；以及应当对道义责任论采取怎样的态度的问题上。[54] 另一方面，如果对刑罚理论本身，以及在与刑罚理论相结合的意义上对犯罪理论进行考察的话，那么认为"新派"理论所提出的问题是属于"旧派"谱系的学说就并非是无法理解的。例如，以"旧派"为基本立场的学者也可能在认为行为人在具体行为中的邪恶意思才是其应受非难的根据的基础上，通过主张"旧派"的行为责任论在对具体人的理解上是不够充分的，来使人格责任论的观点得到提倡。团藤教授的折中观点就正是其表现之一。[55]

在这种动向之下，"新派"和"旧派"之间的对立可以说是表现出了妥协、调和、扬弃、综合的方向。但仅通过这些，仍然很难对前文所述的适合于现代的问题状况的日本刑法理论的基本动向进行理解。这里，笔者在刑法理论谱系的联系的意义上，就第二次世界大战后的刑法理论的动向稍加论述。

（二）首要的基本动向

现代刑法理论的基本动向中一个比较大的趋势是，在后期旧派理论的道义责任论，以及与其相对应的道义的报应刑论的基本框架之中，在某种程度上采纳新派理论的刑事政策的主张。

即使仅仅就日本的战后刑法学进行观察，也能发现以下观点得到了有力的主张：①以对刑法的社会伦理机能的重视为前提。②在刑罚理论之中，认为刑罚是对犯罪施加的道义（社会伦理的）非难的具体化，因而在

580

---

[53] 内藤谦：《战后刑法学中的行为无价值论与结果无价值论的展开（一）》，载《刑法杂志》第 22 卷第 4 号（1977 年），第 1 页及以下；内藤谦：《战后刑法学中的行为无价值论与结果无价值论的展开（二）》，载《刑法杂志》第 23 卷第 1 号（1978 年），第 58 页及以下。

[54] 真锅毅：《战后刑事责任论的轨迹——从"道义责任论"说起》，载《刑法杂志》第 24 卷第 1 号（1980 年），第 55 页及以下；泽登俊雄：《战后刑事责任论的轨迹——略论"社会责任论"》，载《刑法杂志》第 24 卷第 1 号（1980 年），第 70 页及以下。此外，到 1975 年为止的日本刑法理论的动向，参见三井诚：《刑法学说史（二）日本·战后》，收录于前引注⑳中山研一、西原春夫、藤木英雄、宫泽浩一编：《现代刑法讲座第 1 卷》，第 149 页及以下。

[55] 团藤重光：《刑法纲要总论（第 3 版）》，1990 年版，第 258 页。本书的第 1 版出版于1957 年。

与其相均衡的意义上是一种报应；而通过这种道义的报应使一般人和犯罪行为人的规范意识得到觉醒和强化，并最终起到一般预防和特殊预防的作用。③在犯罪理论中，认为违法的实质在于对作为法秩序基础的社会伦理规范的违反；而责任的本质是道义的（社会伦理的）非难可能性。⑤⑥

仅就日本刑法理论的谱系来说，前述首要的基本动向在以道义责任论和基于此的道义的报应刑论为核心来对刑法理论进行构建这一点上，基本上继承了小野清一郎的后期旧派的刑法理论。并且还可以看出的是，这种动向下理论的展开以在某种程度上对牧野英一等人的新派理论的刑事政策的主张的采纳为其方向。作为其展开之一，在采纳道义的责任论的同时，也提倡责任的根据是，责任的基础不仅在于犯罪行为，还在于其背后的人格的人格责任论；在人格的形成过程是可以非难的情况下，责任非难就在这种对人格的非难变大的范围内相应地增大了；这就使常习犯的刑罚加重有了根据。这种人格责任论在注意到刑法学已经经过了新派洗礼的同时，以实证科学的知识为基础进一步关注人的主体性，以图对具体的人进行理解。⑤⑦

这种后期旧派基本框架中的刑法理论作为传统的刑法理论，在其他国家也得到了有力的支持。例如，法国现代的新古典学派在一个侧面上有着与前述观点相近的立场；这种观点在到 1960 年前半期为止的联邦德国也曾一度是支配的学说。⑤⑧

这种首要的基本动向的基础在于，无法将道义的非难和道义的报应的观念从刑法中剔除；作为道义的报应的刑罚通过诉诸人们的规范意识能够实现其一般预防的目的；通过使受刑者悔悟和反省能够实现其特殊预防的目的。而通过将刑罚限定在与道义责任相均衡的报应的范围内，就可以说 *581*

---

⑤⑥　参见前引注⑤⑤团藤重光：《刑法纲要总论》；另参见福田平：《全订刑法总论》，1984 年版；大塚仁：《刑法概说（总论）》，1992 年改订增补版；等。这些理论书在细节上未必是完全一致的，但是基本上可以说有着相同的倾向。

⑤⑦　参见前引注⑤⑤团藤重光：《刑法纲要总论》，第 32 页及以下、第 257 页及以下；另参见前引注⑤⑥大塚仁：《刑法概说（总论）》，第 44 页及以下、第 382 页及以下；福田平：《全订刑法总论》，第 18 页及以下（福田平并没有采纳人格责任论。参见福田书第 171 页）。

⑤⑧　内藤谦：《刑法讲义总论（上）》，1983 年版，第 95 页及以下；另参见前引注⑳内藤谦：《刑法学说史（一）外国》，第 137 页及以下、第 140 页。

能够从对预防犯罪目的的无限定追求中，实现对个人权利和自由的保护了。但是，在坚持后期旧派理论基本框架的同时，以对刑法的社会伦理机能的重视和将道义的报应刑论和道义的责任论作为基本立场为基础，将导致第一个基本动向留下残余问题：能否脱去内在于后期旧派理论的国家主义、威权主义的侧面；能否与从人权保障的要求和对犯罪与刑罚的机能的、合理的、经验性的讨论之中产生的、以犯罪化和非犯罪化为代表的现代的问题状况进行正面对决。

（三）次要的基本动向

正如前文所述，对在后期旧派的基本结构之中存在的刑法理论的动向，从不同的视点提出问题的次要的动向也变得有说服力。

就日本的战后刑法学而言，以下观点也是有力的。即，①重视内在于与对刑法进行机能的考察的人权（自由）保障和法益保护这两个机能的谦抑性的原则，并以此为理论的前提；②在刑罚理论中对道义的报应刑论提出质疑，对刑罚的效果和界限进行机能的、合理的、经验的讨论，在直视犯罪预防、犯罪人处遇等刑事政策问题的同时，着眼于刑罚的特殊预防和一般预防的目的和作用，从保障人权的观点出发为刑罚的目的和作用设定界限；③在犯罪理论中，认为违法的实质并不在于对社会伦理规范的违反，而在于对法益的侵害和危险化；责任并非是道义的（社会伦理的）非难，而是以刑罚为手段的法律的非难（可罚的责任）。[59]

值得一提的是，前述次要的基本动向确认了：在近代市民社会成立时期超越了旧制度（ancient regime）的刑法制度才得以形成的"旧派（前期古典派）"，与在19世纪的德意志第二帝国（俾斯麦帝国）时期得到确立的"旧派（后期古典派）"在内容上是有所差别的，在此基础上应进一步明确地将前者理解为"前期旧派（前期古典派）"，而将后者理解为"后期旧派（后期古典派）"[60]。这种次要的基本动向在刑法理论的谱系中，处

582

---

[59] 佐伯千仞：《四订刑法讲义（总论）》，1981年版平野龙一：《刑法总论Ⅰ》，1972年版；平野龙一：《刑法总论Ⅱ》，1975年版等。这些刑法理论在细节上虽然有所差异，但同样也可以说是有着同种倾向的。

[60] 前引注[59]平野龙一：《刑法总论Ⅰ》，第5页、第11页；佐伯千仞：《刑法中的人类观问题》，载《论丛》第47卷第6号（1942年），第39页及以下；前引注[59]佐伯千仞：《四订刑法讲义（总论）》，第61页。

在从前期旧派向后期旧派的发展，以及从前期旧派向新派的发展过程中的自由主义侧面的延长线上。至少可以说这种动向中的理论作为对后期旧派理论本身的继承者的色彩，比起在首要动向中的理论是更为稀薄的；这些理论在继承了其自由主义侧面的基础上，对其进行了各种各样的发展。

就日本刑法理论的谱系来说，这种次要的动向也处于牧野英一、泷川幸辰、宫本英修等人刑法理论的延长线上，可以说是对前述学者们的理论进行的修正。换言之，在战后的日本刑法学中，这种次要的基本动向对强调与刑法的社会伦理机能相联系的道义的责任论和道义的报应刑论提出了质疑；其在着眼于刑法的人权保障机能和法益保护机能的同时，也以这两个机能为支点，使客观主义犯罪论得到了深化和发展。而在这一点上，这种动向又是处在泷川幸辰的刑法理论的延长线上的。此外，这种动向在对刑罚的效果和界限进行机能的、合理的、经验的讨论，并直视了犯罪者处遇等刑事政策的问题，着眼于对犯罪的预防这一点上，是处于牧野英一的刑法理论的延长线上的；而在强调刑法中谦抑主义的重要性这一点上，又是处于宫本英修刑法理论的延长线上的。但是，这一动向在直视刑事政策的问题这一点上，可以说是对泷川幸辰的刑罚理论进行了修正；而其在从保障人权的观点出发，通过行为责任原理对犯罪预防的目的和作用设定界限，同时否定主观主义犯罪论而采纳客观主义犯罪论这一点上，也对牧野英一和宫本英修的刑法理论作出了修正。

可能存在质疑的观点认为，前文所述的观点在认为这种次要的动向既处在立足于"旧派"基本立场的泷川幸辰的刑法理论的延长线上，又处在立足于"新派"基本立场的牧野英一和宫本英修的刑法理论的延长线上这一点上，可能是自相矛盾的。但这里必须强调的是，泷川幸辰虽然在对前期旧派理论和作为其源流的启蒙主义思想表现出强烈的兴趣和倾服的同时构建了自己的刑法理论，但前期旧派理论及作为其源流的启蒙主义思想也在认为理论、制度、政策的基础在于人类的合理的理性，以及在不承认感性的经验所不可能获知的东西这一意义上否定了形而上学的思想方法；在这一点上其与"新派"理论是有所联系的。反言之，如果着眼于"新派"理论否定以形而上学的自由意思为基础的道义责任论和道义的报应刑论，*583*并尝试对刑罚的效果和界限进行机能的、合理的、经验的探讨，从而进一步将刑罚看作是实现犯罪预防这一目的的手段而主张目的刑论这一点的话，就应当回想起"新派"理论的思想方法与前期旧派理论的思想方法有着共同或至少是类似的基础的事实；而不应仅着眼于其差异（"新派"主张特殊预防论，而前期旧派主张一般预防论）。[51] 在这一意义上，比起同样属于所谓"旧派（后期旧派）"的小野清一郎的思想方法，泷川幸辰的刑法理论在其基础思想方法上，就可以说在某个侧面上是与牧野英一、宫本英修的思想方法有着更为强烈的亲和性的。通过这种评论，或许能够对本段最初所提出的质疑稍作回答。

　　在国外，在现代刑法理论中存在的这种次要的基本动向也逐渐变得有影响力。例如，联邦德国从 1960 年后期开始逐渐变得有力的刑法理论，特别是以《刑法改正代替草案》为基础的那种刑法理论，就是这种动向的表现；而在法国，以安塞尔为代表性主张者的"新社会防卫论"也有着与这种动向相类似的一面。[52]

　　在这种次要的基本动向之中的刑法理论，不论是刑罚理论还是犯罪理论的基础都在于，通过自由主义的和人权保障的思想，以国家的任务在于对人权的保障和对个人生活利益的保护的观点为出发点，对国家的刑罚权加以限制。而这不仅意味着对以形而上学和国家道义的思想作为刑法的根据的观点的排除，并对道义的报应思想提出质疑；而且意味着建立一种通过与对刑法的机能的考察结合起来的合理的、经验性的思考，在直视犯罪预防和犯罪人处遇等刑事政策的问题的同时，也对以犯罪化和非犯罪化论、非刑罚化论为代表的现代的问题进行回答的观点。这种次要的动向着眼于作为近代刑法学原点的启蒙刑法思想和前期旧派理论的意义，由此出发，在刑罚理论中接受了新派理论提出的问题，在犯罪论中基本继承了前期和后期旧派的客观主义立场；从保障人权的观点出发对各种各样的问题进行了重新讨论，使刑法理论得到了进一步的发展。不管怎么说，这种动向都可以说是一种从不论是在后期旧派还是在新派之中都包含的国家主义

584

---

　　[51]　前引注㊳内藤谦：《刑法讲义总论（上）》，第 62 页及以下、第 73 页、第 93 页；另参见前引注㊾内藤谦：《泷川幸辰的刑法理论》，第 550 页及以下。

　　[52]　前引注㊳内藤谦：《刑法讲义总论（上）》，第 96 页及以下、第 100 页及以下；另参见前引注⑳内藤谦：《刑法学说史（一）外国》，第 138 页及以下、第 140 页及以下。

的和威权主义的侧面之中脱离出来的尝试。而这种次要的基本动向在日本的战后刑法学中，也在明确意识到了在战前的近代天皇制国家和明治宪法的背景之下发生的学派之争中，不论是“新派”理论还是“旧派”理论的主流观点，都带有异常浓厚的国家主义和威权主义的侧面的事实的基础上，对从其中脱离出来进行了尝试。

当然，这种次要的动向与战后所谓“历来的传统”是有所差异的；尽管两者在基本倾向上仍存在很大程度上的一致性，但在具体问题的解决中观点有所差异；并且在理论上留有进一步讨论余地的问题也有很多。此外，就次要动向与首要动向的刑法理论之间的关系而言，两者在对刑法理论所谓的“道义”或“社会伦理”的内容进行分析之时，也存在由其内容上的差异所导致的综合或接近的可能性。(63)

(63) 就此问题，笔者的观点参见前引注(58)内藤谦：《刑法讲义总论（上）》，第 47 页及以下、第 110 页及以下；另参见内藤谦：《刑法讲义总论（中）》，1986 年版，第 325 页及以下；内藤谦：《刑法讲义总论（下）Ⅰ》，1991 年版，第 744 页。

补　说 *

一、目的行为理论的法思想史的考察·补说

（一）

586　　到现在为止，目的行为论所主张的目的行为概念本身，不论在德国还是在日本都没能获得学者们的普遍支持。但是，以基于目的行为论的"行为无价值"为中心构建的"人的不法概念"（"人的不法论"）对两国的犯罪论体系和刑法解释论（即所谓"行为无价值论"）造成了重大影响。在人的不法概念的犯罪论体系和解释论中，故意并不是责任的要素而是违法要素和构成要件要素；故意犯和过失犯的区别是不法构成要件上的问题。① 这种观点虽然在德国已经占据了通说地位，但其反对观点（即所谓"结果无价值论"）在日本则受到了广泛的主张。

（二）

　　从法思想史的视角上看来，在第二次世界大战之后的联邦德国，韦尔

---

　　*　译者保留了本部分注释的绝大部分内容的翻译，同时舍弃了对其中少部分文献细节的翻译。特此说明。——译者注

　　①　福田平、井田良译：《汉斯·约阿希姆·希尔施：〈韦尔策尔之后的联邦德国刑法学（上）（下）〉》，载《法学家》第 934 号、第 936 号（1989 年）；另参见井田良：《犯罪论的现在和目的行为论》，1999 年版。

策尔作为自然法思想再生论的论者，基于存在主义的构想（"事物的逻辑结构"）提出了目的行为论的主张。

但是在 1960 年代之后，随着联邦德国对纳粹时代的司法实务、判例、法学和法律思想的研究逐步推进，战后联邦德国的自然法思想再生论的理论前提，即认为纳粹司法中的堕落和污点主要是由法律实证主义所导致的所谓"法律实证主义断罪说"就逐渐遭到了质疑。②

包含韦尔策尔的主张在内的第二次世界大战后自然法再生论虽然是以纠正法律实证主义为其课题的（参见本书第 37 页），但在纳粹时代，这一课题也包括了对实证主义、法律实证主义、自由主义、个人主义、新康德学派、价值相对主义的强烈批判和反对；自然法再生论以存在主义的倾向为其背景，认为强调民族共同体论和具体的秩序思想的观点是其法律思想的中心。在这一意义上，纳粹主义同样也是一种依据自然法论得到主张的、对法律实证主义的否定；在这一点上，也可以说第二次世界大战后的自然法再生论与纳粹主义有着连续性的侧面，而这正是其问题所在。③

587

---

② I. Staff（Hrsg.），Justiz im Dritten Reich. Eine Dokumentation，1964；B. Ruethers，Die unbegrenzte Auslegung. Zem Wandel der Privatrechtsordnung im Nationalsozialismus，1968；W. Rosenbaum，Naturrecht und positives Recht，1972；Manfred Walther，Hat der juristische Positivismus die deutschen Juristen im "Dritten Reich" werlos gemacht? . in：R. Dreier u. W. Sellert（Hrsg.）. Recht und Justiz im "Dritten Reich". 1989. 用日语对这一论文进行介绍的是本田稔，参见本田稔：《曼弗雷德·瓦特：〈法律实证主义是否剥夺了"第三帝国"的法学家的抵抗力?〉》，载《警察研究》第 62 卷第 11 号（1991 年），第 76 页及以下。

③ H. Rottleuthner（Hrsg.）. Recht，Rechtsphilosophie und Nationalsozialismus，1983. 本书的日语译文参见休伯特·洛特路斯勒编、纳粹法理论研究会译：《法、法哲学和纳粹主义》，1987 年版。另外，也可参见本书第 46 页以下的相关内容。

这一研究在日本的最新状况，可以参见青井秀夫：《实证主义传说之谜——第二次世界大战后法哲学的现实及其课题》，载冈本胜等编：《阿部纯二先生古稀祝贺论文集"刑事法学的现代课题"》，2004 年版，第 1 页及以下。另外，特别值得注意的是青井教科书中的相关内容。即，青井秀夫：《法理学概说》，2007 年版，第 266 页及以下、第 287 页及以下。

上述青井的论文从对拉德布鲁赫在第二次世界大战之后对法律实证主义的批判观点的详细探讨出发（其部分内容参见本书第 35 页和第 42 页注⑫），以纳粹时期的司法实践、判例和法学理论以及联邦德国自 20 世纪 60 年代末以来对它们的研究为素材（见本节前注②），指出了为了贯彻拉德布鲁赫彻底改变纳粹体制下的"制定法形态的不法"的现状（即法律实证主义的断罪论）的努力，必须同时注意到"超越制定法的不法实务"的存在。理由在于，应当受到清算的不法状态正是在日常生活中得到表现的，也正是从司法行政机关的日常业务中得到决定的数以万计的具体判断中得到实现的。相比较而言，这种披着日常生活外衣的不法更为隐蔽且深刻。仅仅清算"制

（三）

　　在这样的动向的影响下，自 1970 年代之后，不论是在联邦德国刑法学中还是在日本刑法学中，都认为韦尔策尔的目的行为论是在纳粹时代，以存在主义的倾向为背景，以对实证主义的反对和对新康德学派的批判为基础，在受到民族共同体思想和具体的秩序思想的影响的情况下，才得以成长起来的。因而比起笔者在前文的评论的时期来说，当下就有机会对韦尔策尔在第二次世界大战后的思想与他在纳粹时代的思想之间的连续性问题进行更为详细的讨论。④

　　但是，德国的普通的体系书和概说书通常都未对此进行正面讨论。目的行为论和以此为基础的存在主义的犯罪论体系，在第二次世界大战后成为有力的观点。⑤ 这恐怕是因为目的行为论提出了通过探求行为的存在构造为犯罪论打下基础的存在主义的方法论；而这种方法论显然有着超越目的行为论由于成长在纳粹时代的刑法理论体系中而受到的制约的意义。

　　现在德国犯罪论体系上的通说是，努力对以新康德学派为基础的"新

（接上页）定法形态的不法"而不清算这种"实务不法"，无疑是对纳粹法律现实的严重扭曲。

　　青井论文还对法律思想的动向进行了讨论。他以卡尔施米特、拉伦茨、韦尔策尔等法学家为例，指出纳粹法学家和法律理论中没有人正面对法律实证主义作出批判，但却酝酿着深刻的反现实主义的倾向。毕竟纳粹法律思想的支柱之一就是反现实主义（参见本书第 20 页以下和第 31 页以下）。

　　拉德布鲁赫批判法律实证主义的观点在战后被学术界和实务界以错误的视角观察并被错误地接受。其原因在于：（1）拉德布鲁赫在第二次世界大战前就有非常大的发言权和影响力，但这些观点在经过战争中的冷处理后其内容的可信度是存疑的。（2）第二次世界大战后"去纳粹化"进行得非常不彻底，特别是在大学和司法部门中都存在人事任用上的连续性，这导致了强烈的再纳粹化倾向，而不是去纳粹化倾向，这也是拉特布鲁赫的言论被错误理解的一个重要因素。（3）复兴法理学的强劲势头一直是德国法律思想界的优良传统，这也为批判实证主义的言论容易引起共鸣创造了环境。

　　作为对论点（2）的补充，青井就①大学教授（法学院）的人事关系的连续性、②司法机构的连续性和③公务员的连续性进行了具体说明。关于①，论文指出，为纳粹法秩序背书的学者，如福斯特霍夫、摩尔斯、达姆、沙夫施泰因、韦尔策尔和亨克尔等人，在 20 世纪 50 年代纷纷重返教坛，并在塑造战后的话语权方面发挥了极大的作用。由于这些人在战后极难突然改变自己的意识，意识形态的连续性由此产生，他们的理论只是稍微改变了纳粹色彩过于浓厚的表达方式，但很少改变其思想的基本结构，而这些思想与他们在纳粹时期的思想几乎是一样的。例如，这些学者普遍对在纳粹时期就非常活跃的再生自然法理论提出了主张，这正是这种连续性存在的证据。

　　④　Klaus Marxen, Der Kampf gegen das liberale Strafrecht eine Studie zum Antiliberalismus in der Strafrechtswissenschaft der zwanziger und dreissiger Jahre, 1975.

　　⑤　J. Jescheck/IT. Weigend, Lehrbuch des Strafrechts AT, 5. Aufl. , 1996, S. 209 ff.

古典的体系"和以存在主义为基础的"目的行为论的体系"之间进行"综合（Synthese）"的体系。⑥

二、战后刑法学之中的行为无价值论和结果无价值论的展开·补说

（一）

所谓"行为无价值论"和"结果无价值论"的对立⑦时至今日仍然存在。⑧　590

日本的"行为无价值论"中，许多观点都认为不法是由"行为无价值"和"结果无价值"并行地构成的。现在这种基本被认为是"行为无价　591
值论"（所谓"违法二元论"，或者说是以"人的不法论"为基础的行为无价值·结果无价值二元论，又称为"二元的人的不法论"），逐渐成为一种有力的观点。⑨

——————————————

⑥　Roxin, a. a. O. , s. 204.

⑦　行为无价值"论"和结果无价值"论"的名称，以及由此带来的学说类型化的统一上仍然是存在问题的；在两概念的内容上，本文与前文采取了同样的理解。

⑧　1980 年之后问题得到讨论的情况，参见《现代刑事法》第 3 号（1999 年）（特集）《违法性论》。

⑨　虽然在理论细节上存在不同，但以所谓"违法二元论"（即以"人的不法论"为基础展开的行为无价值·结果无价值二元论，或者说二元的人的不法论）——虽然在本书的分类看来总归是一种"行为无价值论"——为基础的刑法理论主要有：福田平：《全订刑法总论（第 4 版）》，2004 年版，第 143 页及以下；大塚仁：《刑法概说（总论）（第三版增补版）》，2005 年版，第 346 页及以下；西原春夫：《刑法总论（改订版）（上卷）》，1998 年版，第 131 页及以下；大谷实：《刑法讲义总论（新版第二版）》，2007 年版，第 242 页及以下；阿部纯二：《刑法总论》，1997 年版，第 134 页；板仓宏：《刑法总论（增补版）》，2007 年版，第 169 页及以下；川端博：《刑法讲义总论（第二版）》，2006 年版，第 283 页及以下；佐久间修：《刑法讲义（总论）》，成文堂 1997 年版，第 159 页及以下；等等。

在 1980 年之后，采取了这种所谓违法二元论的理论研究书主要有：野村稔：《未遂犯的研究》，1984 年版，第 145 页、第 298 页及以下；他认为应当"对行为进行事前判断，对结果进行事后判断"，并就此在"判断方法上采取违法二元论"。此外，还有川端博：《违法性的理论》，1990 年版，第 1 页及以下、第 64 页及以下；吉田宣之：《违法性的本质和行为无价值》，1992 年版，第 1 页及以下；振津隆行：《刑事不法论研究》，1996 年版，第 1 页及以下。另外还可以参见本书在第 255 页注⑬处对振津隆行论文的介绍。

近年来，存在主张以"行为无价值论（规范的一般预防论）"为中心的违法二元论，而对前述不法构造论进行重新构建的尝试⑩（下文称为"行为无价值的二元论"，或简称为"二元论"）。但是，这种观点自 1970 年代以来一直都是少数说；其主张不法仅由"行为无价值"构成，而结果的发生不过只是"处罚的条件"而已（下文称为"行为无价值一元论"或"一元论"）⑪；因而在字面上看来，这不过是一种行为无价值"论"而已。

与此相对，当前基本采取了结果无价值论的立场则得到了广泛的主张。⑫

在 1980 年代之后，出现了许多立足于结果无价值论，从评价规范论的立场出发，以规范论为中心，对行为无价值论（一元的·二元的）进行批判的讨论的研究。⑬ 此外，还涌现出许多将结果无价值论与"侵害原理""行为原理""因果论的犯罪论"相结合而展开的研究。⑭

（二）

行为无价值论（人的不法论）本来主张，刑法的第一次（首要）的任务是对"社会伦理的心情（行为）价值"的保护；而行为不具有价值的判断是以是否违反社会伦理为基准得到判断的。这样的理论在第二次世界大战结束后的日本，特别是在 1955 年之后大量地涌现了出来。与此相对，结果无价值论（物的不法论）却认为刑法的任务并不在于保护社会伦理的行为价值，而在于"法益保护"。结果无价值论以这种观点为基础，对行为无价值论展开了批判。这样，行为无价值论和结果无价值论之间对立的

---

⑩　井田良：《刑法总论的理论构造》，2005 年版，第 1 页及以下；另参见井田良：《对所谓"违法二元论"的一个考察》，收录于《阿部纯二先生古稀祝贺论文集〈刑事法学的现代的课题〉》，2004 年版，第 123 页及以下。

⑪　增田丰：《刑法规范的逻辑构造和犯罪论的体系》，载《法律论丛》第 49 卷第 5 号（1977 年），第 109 页及以下。

⑫　这些理论在细节上存在差异，基本采取了结果无价值论的观点，参见中山研一：《新版口述刑法学原论》，2003 年版，第 100 页及以下；

⑬　曾根威彦：《刑事违法论研究》，1998 年版，第 3 页及以下；松原芳博：《犯罪概念和可罚性》，1997 年版，第 175 页及以下。

⑭　梅崎进哉：《刑法中的因果论和侵害原理》，2001 年版；本书认为，行为反价值和结果反价值之间的争论是围绕近代刑法的基本原理即"侵害原理（没有侵害就没有犯罪）"的妥当性的争论。

根基就在于刑法任务论上存在的对立。

当然，笔者在前文中已经对 1975 年前后联邦德国与日本的学说进行过梳理。同时笔者还认为，即使采取了所谓"行为无价值论"，也未必不可能采取将刑法的任务限定在法益保护上，认为刑法上的行为无价值以对法益的侵害或危险即结果无价值为志向，并将行为无价值看作是通过该当于构成要件的方法和样态获得结果无价值的行动上的无价值的观点；这样，行为无价值的观点就未必是与反社会伦理性相结合的；已经有人主张了这样的学说。⑮

近年来，包括"一元论"和"二元论"在内的"行为无价值论"中的许多观点都将刑法的任务（目的）限定为"对法益的保护"，而非对社会伦理的保护。⑯ 在这一意义上，可以认为刑法任务论中的"行为无价值论"和"结果无价值论"的对立基本上发生了消解。⑰ 此外，通过对两种理论的批判，对其进行综合也未必就是不可能的。⑱

（三）

尽管如此，行为无价值论与结果无价值论的实质之中，仍然存在能否将故意一般地作为违法要素这样的犯罪论体系上的差别；在对物防卫、偶然防卫、被害人同意、不能犯等问题的解释论上也存在差异。⑲ 这是由两种理论的基础中存在规范论上的差别所导致的。

从规范论的立场出发，可以认为行为无价值论认为违法性是对行为规

⑮　在本书正文的稿件完成后，笔者又曾撰文认为，讨论的问题在于"社会伦理"的具体内容上。

⑯　参见前引注⑨福田平：《全订刑法总论（第 4 版）》，第 144 页。

⑰　这里，参见佐伯仁志：《刑法的基础理论》，载《法学教室》第 283 号（2004 年），第 47 页及以下；本文指出，现在的"学说背景之下，人们将认为刑法的任务在于对道德的保护的立场误认为是'行为无价值论'并对其进行批评，这不仅导致了对学说的理解上的混乱，也降低了理论的说服力"。

⑱　铃木茂嗣：《刑法总论（犯罪论）》，2001 年版，第 38 页。这里铃木教授指出，应当认为"规范的违法性在其'性质'上是一种行为无价值的判断，但在进行这种直白的理解的同时也应当认为违法论展开的'根据'是利益衡量中的违法状态，即结果无价值"。这种理论作为对所谓"行为无价值论"和所谓"结果无价值论"的综合，是非常引人注目的。

⑲　就行为无价值论和结果无价值论包括，对犯罪论体系、解释论上的个别问题进行的探讨在内，参见本书第 260 页［附记］所列的内藤谦《刑法讲义·总论》的相关页。

范（行动规范。命令、禁止这一意义上的意思决定规范）的违反（或者至少是以这种违反为核心），其判断必须是事前判断（至少原则上是事前判断）。相反，结果无价值论则认为违法性是对评价规范（以意思决定规范的必要性和正当性为问题，先行于意思决定规范得到考虑）的违反；其有无的判断必须是事后判断（至少原则上是事后判断）。⑳

　　因此，即使在认为行为无价值论也以法益保护为刑法的任务的情况下，法益保护也仅仅是订立一种行为规范的目的；因而这种行为规范的违反（行为无价值）未必能够还原为对法益的侵害和危险化（结果惹起）。即使不具备结果无价值（即论者所谓的"报应处罚的要求"），只要对于保护法益的目的来说是合理的，仅仅以行为无价值的具备就能够肯定处罚。㉑ 因而不管怎么说，行为无价值论与结果无价值论之间都是存在差别的；其认为违法的实质并不在于作为评价规范违反的对法益的侵害或危险化（结果惹起），同时也不认为违法判断是一种事后判断。

593　　在这种规范论中的差别的背后，是在刑法（刑罚）的理解上以犯罪的事前预防为中心，还是以犯罪的事后处理为中心的视角差异的问题。㉒ 前者（行为无价值论）认为刑法首要地是一种行为规范因而不法首要地是行为无价值；后者（结果无价值论）则认为刑法首要地是一种裁判规范（裁决规范）因而不法也首要地是一种结果无价值。

　　这样，即使行为无价值论中的许多观点都认为刑法的任务在于保护法益，其与结果无价值论在规范论、不法构造论、解释论上的诸多差异也是很难得到消解的。但是，在刑法任务论和保护对象论的领域中，行为无价值论和结果无价值论的基础就可以说是共通的。这也成为通过相互批判而在违法论上开拓新的成果的基础。

---

⑳　关于规范论问题，笔者的观点参见内藤谦：《刑法讲义总论（上）》，1983 年版，第 45 页及以下。

㉑　前引注⑩井田良：《对所谓违法二元论的一个考察》，第 131 页。

㉒　笔者认为，刑法（刑罚法规）的固有的机能在于对犯罪的事后处理。当然，这并不是说否定刑法在对犯罪进行事前预防上所具有的机能。这一点参见内藤谦：《刑法原论》，1997 年版，第 5 页及以下。

事项索引 *

（按照日语 50 音顺序排列）

---

* 所注页码为日文版页码，对此，请参考本书边码。——译者注

人名索引 *
（按照日语50音顺序排列）

---

* 　所注页码为日文版页码，对此，请参考本书边码。——译者注

か行

さ行

译后记

一、翻译本书的缘起

新中国成立七十多年来，特别是改革开放四十多年来，中国刑法学研究取得了丰硕的成果。总体而言，我国学者若干年前所提出的"只有观点的泛滥，缺乏理论的积淀"或中国刑法学仍旧处在"数量刑法学"阶段的状况，已在相当程度上得到了改观。尽管如此，改变被动尾随刑事立法的注释刑法学一家独大的局面，提升刑法学研究的知识性、学术性和主体性，仍是刑法知识共同体的根本任务。近年来，对于刑法的现实运作的关注（判例刑法学和刑法社会学）和对于刑法的"形而上"的研究（刑法哲学）都取得了可喜的进展。同样，刑法学具有深厚的文化底蕴和悠远的历史内涵，是一个丰富多彩的开放世界。如果不能坦诚地面对其他学者的刑法见解、其他国家的刑法文化，就会使自己丧失与刑法共同体的联系，就会使自己的既有知识变成僵化的、无发展能力的东西。"以史为镜，可以知兴替"。通过对刑法理论以及刑事立法、司法演进脉络的历史考究，可以启发我们发现和正视刑法规定和研究中所面临的问题，引导我们探索刑法发展的未来。因此可以说，对刑法史的研究对于提升刑法学的知识品格具有重要意义，是保证刑法知识可持续发展的重要环节。

对于刑法史的研究，清末的沈家本先生和民国期间的蔡枢衡先生等都作出了卓越贡献，新中国成立后的老一辈刑法学者中，也有人专门研究刑法史并取得了显著的成就（比如北京大学周密教授），而中年一代学者虽未见有以刑法史为题的个人专著问世，但曾经集体撰写过《近代西方刑法学说史略》《西方刑法史》等著作，产生了很好的影响。与此相对，青年刑法学者对于刑法史的涉猎，到目前为止更多停留在就个别问题发表单篇论文的阶段。这一方面是因为青年刑法学者受限于学术积累等，系统研究刑法史的储备可能尚有欠缺；另一方面，更是因为刑法史的研究并非热点，难以"短平快"地产生效益，所以青年学者往往缺乏关注的热情。

刑法史研究本身的重要意义与其在现实刑法学研究中的弱势地位连同青年学者的较少关注之间的鲜明对照，某种意义上可能会斩断刑法知识良性发展的深厚根基，并由此可能进一步导致刑法理论的发展失去支撑和方向。正是觉察到这种危机，加上内心怀着一份强烈的责任感，本人一直以来对于刑法史抱有浓厚兴趣，并开始了一些初步的研究。研究刑法史，可以研究本国的，也可以研究他国的。对于本国刑法史，除了已有先贤沈家本、蔡枢衡、周密等作了系统研究，还有若干关于"二十世纪的中国刑法学"研究的有分量的论文。与此同时，以刑法知识的去苏俄化和犯罪构成理论的变革是否必要为主题，当下中国刑法知识正处在重要的关口，这影响着对于当代中国刑法史走向的判断。基于以上理由，舍弃对于中国刑法史的研究而将其留待日后进行，或许是一个明智的选择。

研究他国刑法史，首先面临着对象的选择。三人行，必有吾师。在这个意义上，无论是我们以前学习过的苏联，还是对我国的刑事诉讼制度和刑事诉讼法学具有深刻影响的英美，无论是近代刑法学的故乡意大利，还是大陆法系的代表国家法国，其刑法史都有许多地方值得我们深入学习。长于思辨的德国作为现代刑法理论的主要产地，自然也是一个值得仔细学习的对象。而在我看来，将日本近代刑法史作为研究的对象是一项更为可行的选择。虽然在历史上，中国唐律对于日本古代刑法的制定曾起到过至关重要的作用，但明治维新之后，日本开始学习西方的近代刑法，先后以法国刑法典为摹本制定了 1880 年刑法（旧刑法）和以德国刑法典为摹本制定了 1907 年刑法（现行刑法），后者沿用至今。与此同时，在中国刑法现代化的进程中，中日法律文化的交流关系也发生了逆转。清末沈家本在主持刑法改革过程中，通过日本学者冈田朝太郎等的帮助，引入了大陆法系的法律制度，包括刑法制度，从而完成了中国刑法的现代化。中日刑法之间的交流虽在新中国成立之后曾有数十年的中断，但在 20 世纪 80 年代后期又重新开始，时至今日，这种交流更加频繁、深入（中日刑法学之间的交流较之中国与任何其他国家的交流都要更为深入、频繁），日本刑法学对于中国刑法学（特别是对中青年刑法学者）的影响也更为广泛、直接。这些都使得学习日本（当然是辩证地学习）刑法不但更为便利和经济，同时也具备了深厚的历史基础。中日刑法学源远流长的交流历史和蓬勃开展的交流现状都表明，对于日本近代刑法史的研究，应该是在研究他国刑法史时的首选。此外，在日本最著名的东京大学留学、访问两年的重要经历，也为我研究日本近代刑法史提供了必要的准备。

在自己以"近代日本刑法史研究"为题申请教育部青年项目顺利立项和以几篇核心期刊的论文成功结项之外，我目前仍然在承担中国人民大学的明德青年学者项目——"日本近代刑法史研究"，并且最终将以专著的形式结项。这本日本著名刑法学家内藤谦教授的代表作《刑法理论的历史展开》对于日本近现代刑法理论和立法、司法的演进脉络作出了极为清晰的勾勒，是深入研究近代日本刑法史的一个重要素材。将这本我当初一见到就爱不释手的书原汁原味地翻译过来奉献给中文读者，既是实现我的日本刑法史研究夙愿的一个重要环节，也可以说是我的荣幸。

二、内藤教授其人其书

作为译者，有义务对原著作者内藤谦先生进行必要的介绍。对此，在我试图查找资料以全面地完成这一任务时，我查到原东京大学教授佐伯仁志在内藤谦先生去世之后所撰写的一篇简短的追思文章，觉得放在这里十分合适，索性就直接将这些文字翻译过来（在此对佐伯教授表示感谢）。以下内容，除增加了极少的背景材料之外，全部来自佐伯先生的这篇短文。①

内藤谦教授，2016 年 1 月 17 日，以 92 岁高龄仙逝。先生与大塚仁教授、福田平教授同龄，在 1923 年 9 月出生于东京，1949 年毕业于成蹊高等学校（之所以毕业推迟，是因为患病的缘故）。1949 年 4 月，内藤先生考入东京大学法学部，1953 年 3 月毕业后，被东京大学研究生院录取，并获得全额奖学金。此后，经过在日本司法研修所的修习经历，他在 1958 年到东京都立大学法经学部就任专任讲师，第二年升任副教授，1967 年升任教授。在此期间，从 1962 年 7 月到 1964 年 9 月到德国科隆大学做访问研究。在 1978 年 10 月，内藤先生回到母校东京大学法学部任教。之所以在临近退休的时候还有机会回到东大登上教坛，是因为在此前一年，藤木英雄教授英年早逝，在松尾浩也等教授的恳请之下，内藤先生成为藤木教授的后任。在 1984 年 4 月份到年龄退休之后，又先后在千叶大学法经学部、创价大学法学部从事教育研究，直到 1999 年 3 月。已满 75 周岁之后，内藤先生一直健康地在家中专心从事刑法学的研究。

内藤先生的学术贡献之中，特别值得提及的，就是在从 1980 年 4 月开始于《法学教室》中连载的文章基础上，历经二十年以上写就的《刑法讲义总论（上）（中）（下Ⅰ）（下Ⅱ）》（有斐阁 1983—2002 年），它们被称为"学界的金字塔"。同时，内藤先生的毕生事业是刑法理论史的研究，其成果则汇集为本次翻译出版的这本《刑法理论的历史展开》（原著由有斐阁 2007 年出版）。

内藤先生对学问真诚，对人温厚。在（日文刊名：論究ジュリスト）这本杂志 2013 年冬季号所刊载的团藤重光先生追悼座谈会上的发言中，年届九旬的内藤谦教授最后说道，"从此以后，我要认真阅读团藤先生所留下来的著作，努力思考，继续学习"。这也正是描述先生的研究生涯的话语。在 90 岁还能说出这样的话来，这才是真正的学者。

---

① 参见佐伯仁志：《追思内藤谦先生》，东京大学大学院法学政治学研究科、法学部《新闻快讯》第 18 号，2016 年 7 月发行，第 6 页。

三、本书的翻译

要翻译本书，首先要解决版权问题。为此，要特别感谢日本中央大学教授（原东京大学教授）佐伯仁志先生与东京大学教授桥爪隆先生。向两位先生求助于版权事宜时，他们都非常热情，帮助多方联络，最终促成版权问题的顺利解决。这也要感谢像山口厚先生、西田典之先生等曾经的东大老师们，内藤先生的家人（版权继承人）正是在知道我曾留学东大受教于各位老师并翻译过山口厚先生的多部作品后，才慷慨同意我翻译这部内藤先生的大作与名作。

本书的翻译，也要感谢中国人民大学亚洲研究中心。我以译著形式向他们申请了中心的项目并获得批准，使得翻译工作有了基本的保障。这本书也算是这个项目的结项成果，借此向他们汇报和交差。

感谢恩师陈兴良教授为本书慷慨惠赐"中译本序"。陈老师在收到我发过去的本书清样之后，不到 40 小时就发来了超过 5 000 字的序文，实在令人感动。陈老师在序文中紧密结合本书的内容，详细谈了翻译本书的价值所在。陈老师的序文无疑将会提升本书的可读性，而他对两位译者的殷切期望也将会成为我们前进的动力。

感谢中国人民大学出版社和本书的策划编辑、责任编辑。人大社是我的伯乐，我有两本专著和多本译著都是借人大社的平台而面世的，这些书也为我带来了学界的肯定与认同。这次出版社又首肯了本书的翻译出版，并且出面联系了版权事宜，为本书的顺利出版扫清了障碍。后期编辑、校对过程中，人大社编辑的专业和敬业也直接保证了本书的文字质量。

当然，尤其要感谢的是本书的另一译者郭谭浩同学。他现在是我直接指导的中国人民大学 2020 级刑法学博士研究生，此前就读于中国政法大学，硕士生导师是我所尊敬的留日前辈、在日本刑事法著作翻译领域贡献巨大的张凌教授。郭谭浩早就过了日语一级，此前曾在日本中央大学交流学习一年，日语无疑是过关的。我在自己的日常研究中遇到日语文献的理解问题，常常会和他讨论，他也总能给我准确的解答。这是一个既有些新潮、前卫又肯踏实下工夫的小伙子，他在刑法基础知识的储备上也同样值得信赖。他承担了这本书绝大部分的翻译工作，其专业与细致保证了全书翻译的顺利完成。谭浩君 2022 年 10 月再次东渡日本，在日本刑法学界少壮派的代表性学者、东京大学法学政治学研究科桥爪隆教授指导下继续研修刑法，至今已经快两年时间，我期待着他更多的努力和更大的成绩。同时，在本书的翻译完成初稿后，我在我的学生群范围内组织了几次专题读书会，针对全书的翻译文字进行了逐句品读，并作出了必要的修正。借此机会，也向参加读书会并贡献了智慧的郑朝旭、徐桢清、何沛锡、步超凡以及万凤云、朱齐家等同学表示感谢。上述同学中的部分人以及王泰人、陈宇飞、孙弘毅、谭芊妍、张添琦等同学在暑假也参加了本书的校对工作，同样对他们表示感谢。

最后也感谢我自己。人到中年，诸多遭遇，各种感慨，所幸还在坚持。这本书的翻译出版，也算是我"日拱一卒"过程中的一个脚印。此后，会更坚定，也争取更从容。同时，本书的翻译与出版难免会有内容和文字上的错误，也恳请读者批评与包涵。

付立庆

2024 年 7 月 26 日　改定

图书在版编目（CIP）数据

刑法理论的历史展开 / （日）内藤谦著；付立庆，
郭谭浩译. -- 北京：中国人民大学出版社，2024. 8.
（当代世界学术名著）. -- ISBN 978 - 7 - 300 - 33045 - 7

Ⅰ. D931.34

中国国家版本馆 CIP 数据核字第 2024066C9D 号

当代世界学术名著

刑法理论的历史展开

〔日〕内藤谦　著

付立庆　郭谭浩　译

Xingfa Lilun de Lishi Zhankai

出版发行	中国人民大学出版社	
社　　址	北京中关村大街 31 号	**邮政编码**　100080
电　　话	010 - 62511242（总编室）	010 - 62511770（质管部）
	010 - 82501766（邮购部）	010 - 62514148（门市部）
	010 - 62515195（发行公司）	010 - 62515275（盗版举报）
网　　址	http://www.crup.com.cn	
经　　销	新华书店	
印　　刷	天津中印联印务有限公司	
开　　本	720 mm×1000 mm　1/16	**版　　次**　2024 年 8 月第 1 版
印　　张	35.5 插页 2	**印　　次**　2024 年 12 月第 2 次印刷
字　　数	536 000	**定　　价**　168.00 元